明清徽州典商研究

Research on Huizhou Pawn-brokers in Ming
and Qing Dynasties

王裕明　著

人民出版社

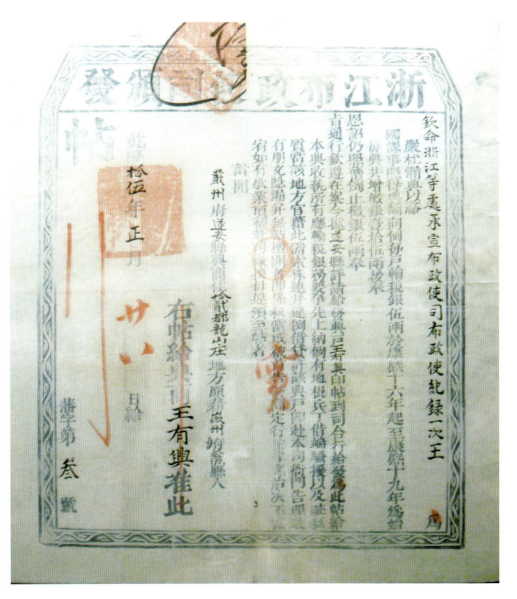

图版一　乾隆十五年浙江布政使司颁给王有兴典帖

（黄山市徽州文化博物馆藏）

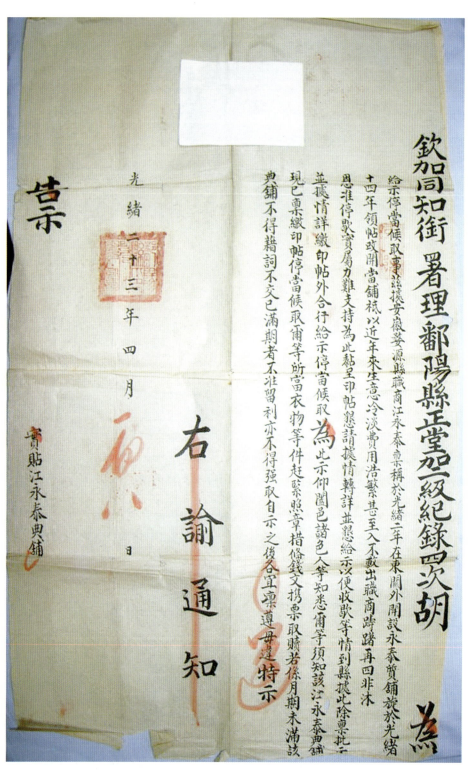

欽加同知銜　署理鄱陽縣正堂加一級紀錄四次胡　為

給示停當舖候取事茲據安徽婺源縣商江永泰稟稱於光緒二年在東關外開設永泰質舖旋於光緒

十四年領帖或開當舖祗以近年來生意冷淡費用浩繁甚至入不敷出職商踌躇再四非沐

恩准停歇實屬力難支持為此黏呈印帖懇請據情轉詳並懇給示以便收歇等情到縣據此除票批二

並撿情詳繳印帖外合行給示停當候取　為此示仰闔邑諸色人等知悉爾等須知該江永泰典舖

現已稟繳印帖停當候取所當衣物等件趕緊照章措修錢文攜票取贖若係月期未滿該

典舖不得藉詞不交已滿期者亦不准留利亦不得強取自示之後各宜凜遵毋違特示

告示

光緒 二十三 年 四 月　日

右 諭 通 知

賣貼江永泰典舖

图版二　光绪二十三年鄱阳县谕江永泰典歇业告示
（安徽省图书馆藏）

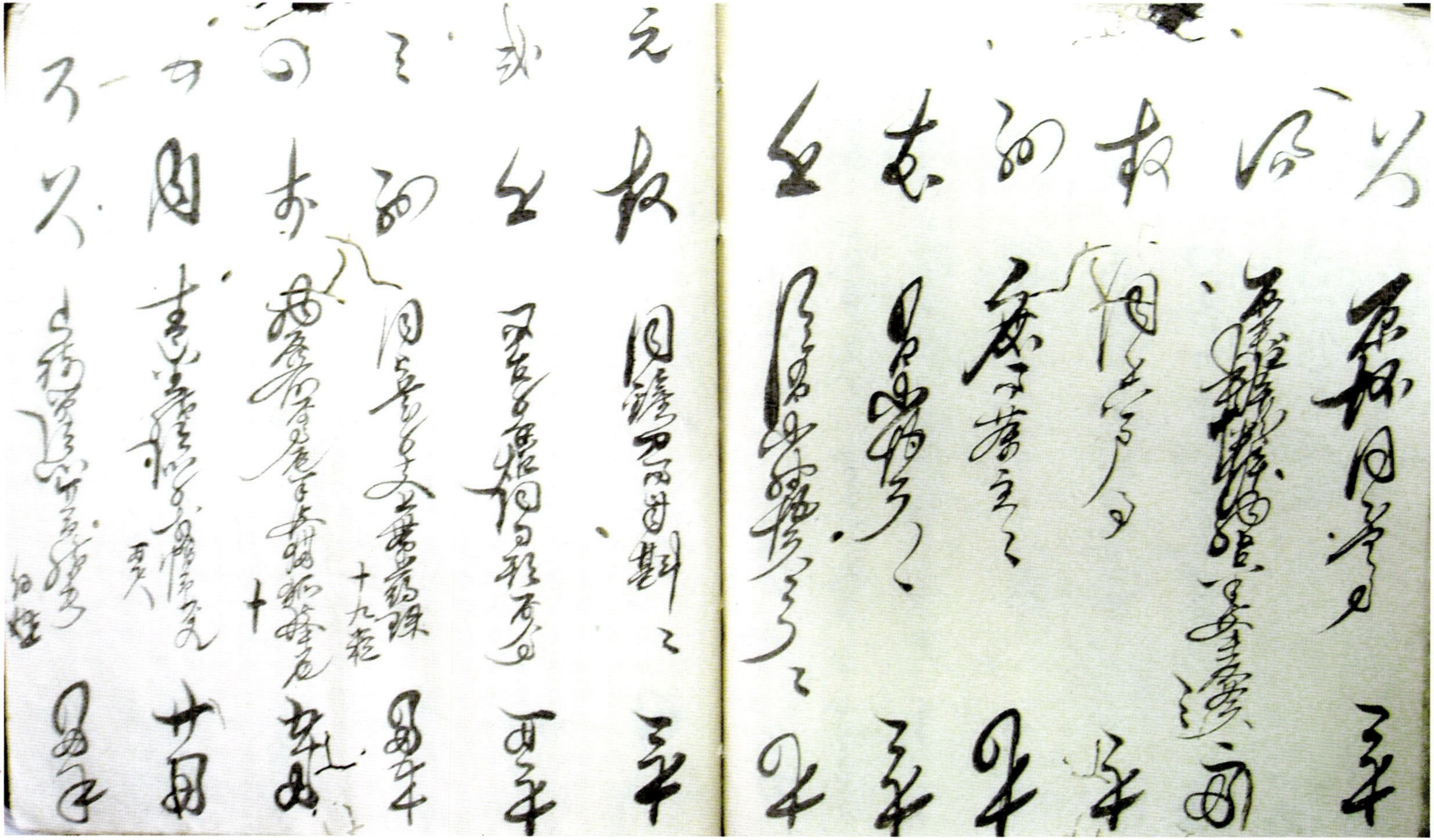

图版三 《当字簿》(南京大学历史系藏)

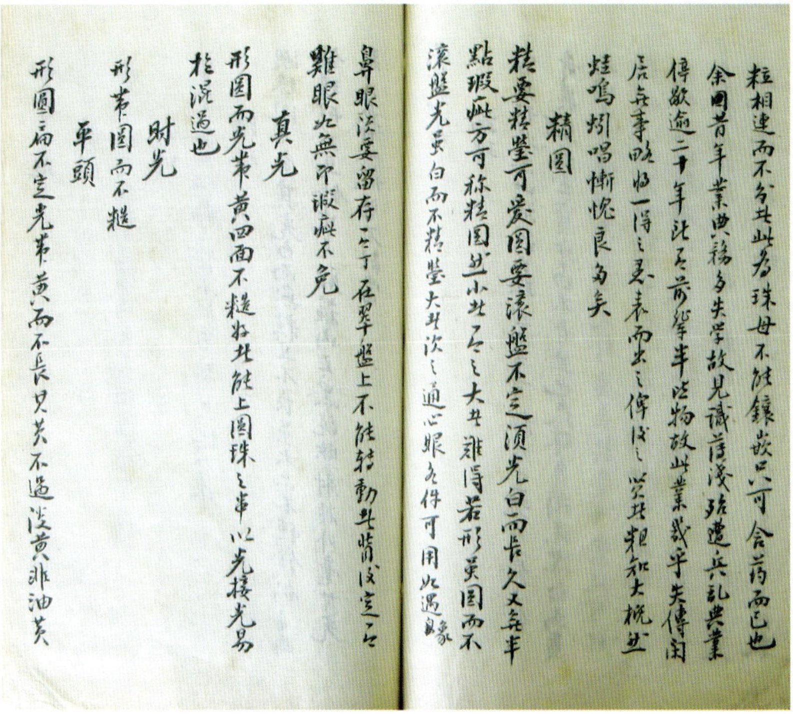

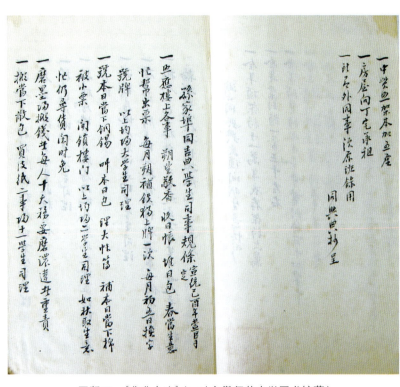

图版四　《典业杂志》之一（安徽师范大学图书馆藏）

图版五　《典业杂志》之二（安徽师范大学图书馆藏）

图版六 清末民初徽商典铺当票（网络图片）

图版七 光绪三十四年仁生典当票（栾成显先生提供）

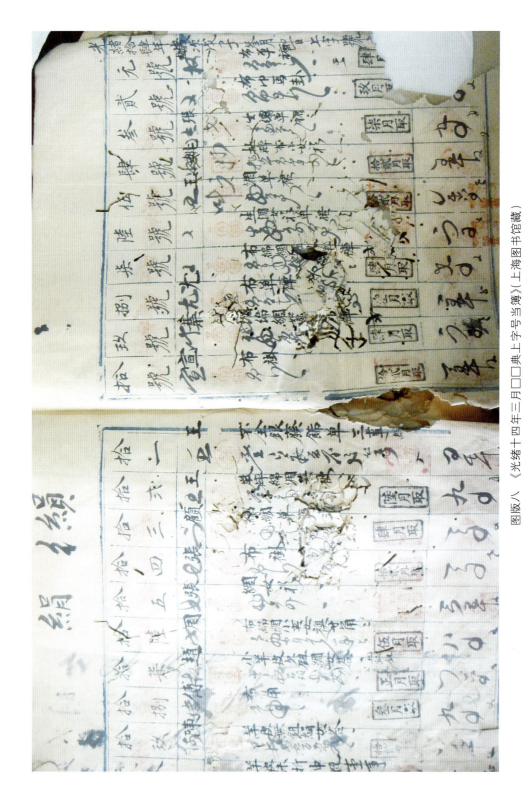

图版八 《光绪十四年三月□□典上字号当簿》(上海图书馆藏)

目　　录

凡　例 ·· 1

序 ··· 栾成显 1

绪　论 ·· 1

上　篇

第一章　典业类书 ·· 3

　第一节　学徒用书 ······································ 4

　　一　概述 ·· 4

　　二　数字表示 ·· 7

　　三　纪时表示 ······································· 12

　　四　货币表示 ······································· 15

　　五　当物表示 ······································· 18

　第二节　当物鉴识用书 ································· 20

　　一　概述 ··· 20

　　二　当物估价 ······································· 25

　　三　鉴物方法 ······································· 29

　第三节　典铺管理用书 ································· 33

　　一　概述 ··· 33

　　二　人事管理 ······································· 37

　　三　财物管理 ······································· 40

　　四　制度建设 ······································· 42

第二章　典业营业票簿 ···························· 47

　第一节　当票 ···································· 47

　　一　遗存述略 ······························· 48

　　二　活动时空 ······························· 51

　　三　当物当本 ······························· 56

　　四　经营状况 ······························· 59

　第二节　当簿 ···································· 64

　　一　遗存述略 ······························· 64

　　二　典当物本 ······························· 66

　　三　赎取时限 ······························· 73

　　四　挂失手续 ······························· 78

　　五　留取过程 ······························· 81

　第三节　赎取簿 ·································· 85

　　一　格式内容 ······························· 85

　　二　月息 ·································· 88

　　三　营业状况 ······························· 92

　第四节　架总簿 ·································· 96

　　一　格式内容 ······························· 96

　　二　活动时空 ······························· 101

　　三　架本当本 ······························· 103

　　四　赎取当期 ······························· 108

第三章　典业普通票簿 ···························· 115

　第一节　流水簿 ·································· 115

　　一　概述 ·································· 116

　　二　经营状况 ······························· 119

　　三　存典生息 ······························· 122

　　四　典当税捐 ······························· 126

　第二节　月总簿 ·································· 128

一　概述 ·· 128

二　商业资本 ···································· 132

三　经营效益 ···································· 138

四　分配方式 ···································· 140

第三节　年总簿 ···································· 142

一　商业资本 ···································· 143

二　赢利能力 ···································· 148

第四节　盘存簿 ···································· 154

一　概述 ·· 155

二　商业资本 ···································· 159

三　经营效益 ···································· 163

四　利润分配 ···································· 167

第五节　员工收支簿 ······························ 171

一　概述 ·· 171

二　收入事项 ···································· 175

三　辛俸收入 ···································· 177

四　年度收入 ···································· 181

第四章　典商社会生活文书 ···················· 187

第一节　置产簿 ···································· 187

一　概述 ·· 189

二　典本来源 ···································· 193

三　财产积累 ···································· 196

四　村落变迁 ···································· 201

第二节　分家阄书 ································ 205

一　遗存述略 ···································· 206

二　阄主身份 ···································· 209

三　活动地域 ···································· 214

四　商业资本 ···································· 218

第三节 家用收支账 ……………………………………… 221

　　一 概述 ………………………………………………… 222

　　二 收入来源 …………………………………………… 226

　　三 消费支出 …………………………………………… 231

第四节 书信 ……………………………………………… 236

　　一 典本来源 …………………………………………… 237

　　二 资本组织 …………………………………………… 241

　　三 当户当因 …………………………………………… 244

　　四 社会交往 …………………………………………… 247

下 篇

第五章　徽州典商活动时空 ……………………………… 253

第一节 兴衰过程 ………………………………………… 253

　　一 兴起 ………………………………………………… 254

　　二 兴盛 ………………………………………………… 256

　　三 中落 ………………………………………………… 258

　　四 复兴 ………………………………………………… 262

　　五 衰落 ………………………………………………… 264

　　六 衰败 ………………………………………………… 268

第二节 活动地域 ………………………………………… 271

　　一 徽州故里 …………………………………………… 271

　　二 江浙地区 …………………………………………… 276

　　三 长江中部 …………………………………………… 283

　　四 其他区域 …………………………………………… 288

第六章　徽商典铺经营管理 ……………………………… 292

第一节 商业资本 ………………………………………… 292

　　一　资本来源 ………………………………………… 293

　　二　资本组织 ………………………………………… 298

　　三　资本规模 ………………………………………… 302

第二节　经营方式 ………………………………………… 309

　　一　聘用经营 ………………………………………… 310

　　二　独资自营 ………………………………………… 315

　　三　其他方式 ………………………………………… 319

第三节　营业状况 ………………………………………… 321

　　一　当期 ……………………………………………… 322

　　二　利率 ……………………………………………… 325

　　三　经营效益 ………………………………………… 329

第四节　分配制度 ………………………………………… 334

　　一　正余利制 ………………………………………… 334

　　二　官利制 …………………………………………… 338

　　三　月折制 …………………………………………… 341

　　四　津贴制 …………………………………………… 344

第五节　两点辩证 ………………………………………… 347

　　一　典当类型辨 ……………………………………… 347

　　二　存款业务辨 ……………………………………… 354

第七章　徽晋典商比较 …………………………………… 359

第一节　活动时空 ………………………………………… 359

　　一　明代活动地域 …………………………………… 360

　　二　清前期活动地域 ………………………………… 361

　　三　清后期活动地域 ………………………………… 366

　　四　民国活动地域 …………………………………… 370

第二节　经营管理 ………………………………………… 373

　　一　典铺规模 ………………………………………… 373

　　二　当期 ……………………………………………… 375

三　利率 ……………………………………… 376

四　经营业务 ………………………………… 379

五　组织管理 ………………………………… 381

六　分配方式 ………………………………… 384

第三节　典本及身份来源 …………………… 387

一　典本来源 ………………………………… 387

二　典商身份 ………………………………… 392

第八章　徽州典商个案研究 ………………… 400

第一节　吴文奎的资本运行 ………………… 400

一　经营效益 ………………………………… 401

二　积累增长 ………………………………… 405

三　分散消耗 ………………………………… 409

第二节　胡学梓的家产规模 ………………… 417

一　商业资产 ………………………………… 419

二　土地资产 ………………………………… 423

三　房产 ……………………………………… 427

第三节　程林的财产分割 …………………… 429

一　资料整理 ………………………………… 430

二　经营效益 ………………………………… 433

三　分家方式 ………………………………… 437

第九章　徽州典商与明清社会 ……………… 442

第一节　徽商典业的社会作用 ……………… 442

一　经济作用 ………………………………… 442

二　文化作用 ………………………………… 447

三　社会作用 ………………………………… 452

第二节　徽州典商的社会关系 ……………… 457

一　基层社会关系 …………………………… 458

二　地方官府关系 ……………………………………… 461

三　民间组织关系 ……………………………………… 466

第三节　徽州典商的商业伦理 ………………………… 470

一　儒贾观 ……………………………………………… 470

二　义利观 ……………………………………………… 475

三　奢俭观 ……………………………………………… 479

第四节　典当业与明清社会变迁 ……………………… 483

一　大商人资本的出现 ………………………………… 483

二　商人社会地位的提高 ……………………………… 486

三　金融市场的变迁 …………………………………… 490

四　明清社会变迁的性质 ……………………………… 493

附录　余鲁卿《经历志略》 …………………………… 497

参考文献 ………………………………………………… 554

后　记 …………………………………………………… 588

凡　　例

一、文书档案中的残字、没有辨认的字,引用时以"□"表示。

二、文书档案中的异体字、错字、俗字、别字,引用时改为通用字。如"艮"改为"银","毛"改为"毫"。

三、文书档案中的繁体字,引用时改为简体字。如"壹"改为"一","贰"改为"二"。

四、少数徽州文书抄录后没有校对。如中国国家图书馆藏《万历收支银两册》。

五、少数徽州文书题名系笔者所拟,是否准确,尚待考证。如中国社会科学院经济研究所《乾隆四十二年张恒裕典总账》,原题名《乾隆四十二年典业账簿》。

六、注释中的《四库全书》、《四库全书存目丛书》、《四库全书存目丛书补编》、《续修四库全书》、《四库禁毁书丛刊》、《四库未收书辑刊》,略去出版信息。如"《四库全书存目丛书》,济南,齐鲁书社,1996 年,第 1 版",略为"《四库全书存目丛书》"。

七、注释中的中国地方志集成,略去出版信息。如"《中国地方志集成·安徽府县志辑》,南京,江苏古籍出版社,1998 年,第 1 版",略为"《中国地方志集成·安徽府县志辑》"。

八、文中帝王年号用括号标注公元纪年。其中,仅标注了公元年份而没有标注月、日。

九、部分《参考文献》中部分今人方志未予列出,所引文献可见文中注释。

十、限于篇幅,《参考文献》中部分今人论著未予列出,所引文献可见文中注释。

序

　　旧时当铺门前有楹联写道:"攘攘熙熙,易其所无;生生息息,尔我均安。"又曰:"上裕国富,富时取物困时典;下济民急,急处当衣缓处赎。"这既是从前典当生意的生动写照,也道出了典当行业的基本社会功能。在中国古代,以物质钱,即典当行为,早已有之。一般认为,南北朝佛寺质库的兴起,即标志典当机构的出现。唐宋时期,质当行业在社会上已相当普及,而成为一个专门行当。至明清时代,随着商品经济的发展,典当业十分繁荣,空前兴盛,并深深地渗透到民众的生活之中。当人们议论因质铺之困利而欲裁禁时,时人说道:"质铺未可议逐也。小民旦夕有缓急,上既不能赍之,其邻里乡党能助一臂力者几何人哉? 当窘迫之中,随其家之所有抱而趣质焉,可以立办,可以亡求人。则质铺者,穷民之管库也,可无议逐矣。"(顾起元:《客座赘语》卷五《三宜恤》)显然,这种被称为"穷民之管库"的典当业,难以缺少,已成为当时社会经济生活中的一个重要行业。毋庸讳言,典当业有苛剥小民的一面,故常遭诟病,但它在传统社会里延续发展千年以上,至今犹存,当自有其存在的理由和价值。在商品经济较为发展而近代银行业尚未出现之前,典当业实具民生性融资之功用,其社会经济地位与作用不容忽视。20世纪以来,人们对典当业的研究日渐增多。或考辨其源流,或阐述其文化,或作制度史论说,或从经济学分析,学者们从不同视角已写出多种论著。不过,总体来看,关于典当行业及其历史的研究仍是比较薄弱的。

　　明清时代最著名的商帮首推徽商和晋商,从典商来说亦是如此。王裕明博士所著《明清徽州典商研究》一书,取徽州典商为研究对象,以探究徽州典商文书为出发点,对徽州典商的经营实态和发展历程加以深入探讨,进而论述徽州典商与明清社会变迁诸问题,对明清徽州典商做了全面阐释和论证。迄今关于明清典业与典商的研究,亦颇有利用文书资料者,但其所引,或只限于少数个案,或仅为某些片断,较为零散,不成系统。与这种情况相比,全面而系统地搜集、整理、解读与研究徽州典商文书,以契约文书为基本资料和出发点来研究徽州典商,是本书最大的特色。本书一半篇幅是对徽州典商文书的专门研究。首先,作者在搜集典商文书资料方面下了很大工夫。徽州典商文书散见于徽州文书之中,而徽州文书馆藏又极为分散,加之其他原因,搜集之事,谈何容易。然作者克服各种困难,孜孜以求,坚持不懈,经过多年努力,虽不能说搜罗殆尽,但已尽可能地把分藏各地的徽州典商文书资料搜集到手。作者所掌握的典商文书资料,不只是某一方面的,而是全面的;不是零散的,而是系统的;不只是一般性的,而是颇有典型意义的。其次,在解读文书资料方面成就卓著。众所周知,契约文书字迹颇为潦草,本来就比较难认,而典当文书又自有其行业方面的一套写法,如同画符,仿佛天书,研究者亦多望而生畏。作者对当票和典当账簿的草书墨迹并未回避,而是经过多年钻研,一一加以辨认和解读,显示出其文书研读的基本功底。又,由于徽州文书多为转手收购,原本属于一户的文书多被打乱而分藏各地,成为文书研究的一个难点。作者多年来全面关注徽州文书,悉心考察,互相联系,找出了一批以徽州典商为中心的归户文书,大大提高了文书的利用价值。最后,在发掘契约文书的内在价值方面成绩突出。以典业当票为例,由于当票是典当行业的一种标志性文书,研究者多有提及,然不过是对这种文书形式做一介绍而已,作者则在大量搜集典票并一一解读的基础上,又将典票所载各个事项进行分类统计,揭示出有关典当的各种社会经济信息。此类事例还有不少。以上这些,无疑推进了典业文书的深入研究。

在关注契约文书的同时,作者还不遗余力地搜罗谱牒、方志、文集和小说等有关文献资料,将两者结合起来,互补参证。这样,就为徽州典商的深入研究奠定了雄厚的资料基础。在研究方法上,还努力做到个案研究与综合考察相结合,既有对徽州典商各个方面的宏观分析,又发掘出典型个案,单列章节做个案考察。再次是资料考证与理论分析相结合,不单是资料上的探究考辨,而且与明清社会变迁结合起来进行理论概括和分析。

正是在实证性研究的基础上,作者对徽州典商的颇多问题进行探讨,提出了新的观点。诸如徽州典商的兴衰原因、活动地域、资本规模、典当利率、经营效益、经营组织以及社会作用等,这些有关徽州典商研究的基本问题,此前研究虽已取得相当成果,但仍存在不少问题,或解释有误,或并不深入,或根本没有触及,该书对这些问题则进行深入探究,提出了独到见解,作出了新的解释。

该书多角度地论述徽典经营中各种利润和利润率;详细阐述了徽州典商所采取的正余利制、官利制、月折制和津贴制等多种分配制度;阐明了典业经营环节之间的关系,重新考辨了典当类型和存款业务;揭示了徽州典商家产积累过程、利润流向及其对地域社会的影响;并论及徽典内部员工的生活状况。在以上这些问题的研究中所取得的成果尤为突出。

文书档案本是当时社会公私各种交往活动中最初产生的文字记录和原始文本。第一手资料是它的基本属性。尽管利用文书档案困难重重,但作为科学研究来说,对文书档案这类一手资料,必须首先加以关注和利用。本书所取得的研究成果,恰与作者十分重视文书档案的发掘和利用这一点密切相关。关于传统社会的典当行业,应从不同视角做多方面研究。然遗存下来的典当契约文书,绝大多数都是经济方面的。这是因为,典当行为本是一种经济活动,典当业亦属社会经济方面的行业。所以,像本书这样,运用文书、以经济分析为主而进行的典当与典商研究,实为一种基础性研究,不可或缺。

本书也是徽商乃至徽学方面的一种基础性研究,亦是徽州文书研究取得的一个重要成果。

当然,从徽州文书公布的现状来说,目前研究者所能看到的仅是其中的一部分。因此,作者搜集的典当文书不可能没有遗漏。本书的研究仍属阶段性成果。即使是同一课题,今后仍有很大的继续探讨的余地。

栾成显

2012 年 3 月

绪　　论

　　徽州典商,指从事典当业经营的徽州商人。徽州典商是徽商中的一支重要力量。明代万历年间,休宁"商贾之最大者举醵,次则权子母轻重而修息之"①。民国时期,歙县"商业以盐、典、茶、木为最著"②。自明代万历至民国的300多年间,徽州典商在徽商中地位显赫,仅次于盐商而位居第二。因此,对徽州典商的深入探讨,有助于徽商研究和徽学研究的深化。徽州典商也是明清地域典商中的一支重要力量。明代万历年间,徽商"开当,遍于江北"③,地处江南的徽州典商不仅在江南占据统治地位,而且在江北亦居于主导地位。清代乾隆年间,全国典铺,"江以南皆徽人,曰徽商;江以北皆晋人,曰晋商"。④ 清代中期,徽州典商与山西典商平分秋色,同为全国两大典业商帮。明清时期,徽州典商在地域典商中地位突出,位居前列。因此,对徽州典商的深入探讨,有助于中国典当业史尤其明清典当业的了解。徽州典商又与明清社会关系密切。"徽人所为货殖者,典铺也;土著之人既贫甚矣,无典铺则称贷之路穷,而沟壑之患,不在异日而在目前。孰与彼之取什一、二之息者,犹有所济,而不至大困乎! 故曰'通其便,使民不倦'。"⑤

---

① [明]李乔岱纂修,万历《休宁县志》卷一《舆地志·风俗》,万历三十五年刻本,南京图书馆藏。

② (民国)《歙县志》卷一《舆地志·风土》,《中国地方志集成·安徽府县志辑51》,第41页。

③ 《明神宗实录》卷四三四,万历三十五年六月丁酉,台湾"中央研究院"史语所1962年影印本,第8200页。

④ 李燧:《晋游日记》卷三,乾隆六十年正月初一日至四月十五日;见黄鉴晖校注:《晋游日记 同舟公告　山西票商成败记》,山西人民出版社1989年版,第70页。

⑤ 焦袁熹:《此木轩杂著》卷八《货殖》,《续修四库全书》第1136册,第569页。

明清时期,徽商典铺对调剂民生作用明显。因此,对徽州典商的深入探讨,有助于对明清社会的认识。徽州典商研究有着较高学术价值和研究意义。徽州典商的研究意义和学术价值所在,业已引起诸多学者的关注。

一　徽州典商研究述评

（一）学术史回顾

概括说来,有关徽州典商的研究,主要包括徽州典商专题研究、徽商研究论及徽州典商、典当业研究论及徽州典商和地域典商研究论及徽州典商等方面。

徽州典商专题研究。迄今为止,专题研究徽州典商的专著仅见郑小娟、周宇合著《15—18世纪的徽州典当商人》。① 该著是作者在博士论文《徽州典商在明清徽商发展中的作用研究》②基础上修改而成的,分别就"徽商的兴起及其热衷于治典的原因分析、透视徽商在典当经营业上的成功、徽州典商例说、徽商发展过程中所起的作用、明清时期徽商典铺的总体发展趋势以及影响、徽商典铺资本的传承方式及其对徽商发展的意义"等方面进行论述,侧重于徽州典商在明清徽商发展中作用的研究。虽专题研究徽州典商的专著很少,但专题研究徽州典商的论文则较多。1986年王廷元《徽州典商述论》③一文是徽州典商研究首篇专题论文。该文着重论述了徽州典商的兴起背景和基本特点。该文的发表,标志着徽州典商研究正式从徽商研究中独立出来。此后,有关徽州典商的专题研究陆续展开,胡健社、王世华、范金民、夏维中和徐玲等皆有相关论述。其中,胡健社《论徽州典商的产生与发展》④一文简要概述了徽州典商的发展过程;王世华《明清徽州典商的

---

① 郑小娟、周宇:《15—18世纪的徽州典当商人》,天津古籍出版社2010年版。
② 郑小娟:《徽州典商在明清徽商发展中的作用研究》,厦门大学2008年博士学位论文。
③ 王廷元:《徽州典商述论》,《安徽史学》1986年第1期。
④ 胡健社:《论徽州典商的产生与发展》,《徽州社会科学》1989年第2期。

盛衰》①在高度概括徽州典商特点的同时,对其发展过程做了较为详尽的论述;范金民、夏维中《明清徽州典商述略》②一文在着重论述明清徽州典商特点的同时,较为详细地考察了徽州典商的衰落过程以及徽商典铺的社会意义;徐玲《明清以来徽州典当业在城市的分布与发展》③一文概述南京、苏州、上海和杭州诸城市徽州典商的活动情况。至20世纪90年代中叶,徽州典商研究进入新的阶段,开始利用徽州文书进行研究。栾成显《明末典业徽商一例——崇祯二年休宁程虚宇立分书研究》④一文利用阄书资料,考察了典商身份、家庭财产以及徽商诸问题,细致描绘徽州典商的生活实态和家族典商的端倪。封越建《清代前期一个徽州典铺的典当制度和经营管理》⑤一文通过对徽州文书《文谟典条约》的介绍,阐述了徽商典铺的经营方式、规章制度,重点考察了文谟典的典当制度和经营管理,指出清代及民国时期典当业基本制度和典铺格局至少在文谟典创办的乾隆前期就已经定型。特别值得一提的是,王振忠对徽州典商研究用力甚勤,不仅在资料发掘上不遗余力,而且研究角度亦有所创新,相继发表了《民国时期上海徽州典当商生活一瞥》、《汪作黼同年哀挽录中的徽州典商事迹》、《清代江南徽州典当商的经营文化——哈佛燕京图书馆新藏典当秘籍四种研究》、《清代徽州典铺伙计之信函汇集》和《寄往上海安亭镇的晚清徽州典商信札考释》诸文。⑥其中,《清代江南徽州典当商的经营文化》一文从商业文化的角度,阐述《典

①　王世华:《明清徽州典商的盛衰》,《清史研究》1999年第2期。
②　范金民、夏维中:《明清徽州典商述略》,《徽学》第二卷,安徽大学出版社2002年版。
③　徐玲:《明清以来徽州典当业在城市的分布与发展》,《徽州社会科学》2004年第4期。
④　栾成显:《明末典业徽商一例——崇祯二年休宁程虚宇立分书研究》,《徽州社会科学》1996年第3期。
⑤　周惊涛、李琳琦:《2004年中国徽学国际学术研讨会综述》,《安徽师范大学学报(人社版)》2004年第6期。
⑥　王振忠:《民国时期上海徽州典当商生活一瞥》,《徽州社会文化史探微:新发现的16—20世纪民间档案文书研究》,上海社会科学院出版社2002年版,第499—519页;《汪作黼同年哀挽录中的徽州典商事迹》,《安徽史学》2005年第2期;《清代江南徽州典当商的经营文化——哈佛燕京图书馆新藏典当秘籍四种研究》,《中国学术》总25辑,商务印书馆2009年版,第60—100页;《清代徽州典铺伙计之信函汇集》,《历史文献》第9辑,上海古籍出版社2005年版,第266—283页;《寄往上海安亭镇的晚清徽州典商信札考释》,《迎接亚洲发展的新时代》,复旦大学出版社2003年版,第266—279页。

业须知》、《至宝精求》、《玉器皮货谱》和《银洋珠宝谱》四种清代典业文献的价值。此外,汪庆元《汪氏典业阄书研究——清代徽商典当业的一个实例》和《徽商会票制度考略》①探讨了清代徽商典铺资本规模、构成和经营业务。汪崇筼《徽州典当资本的增值:以程虚宇家庭为例》和《徽州典当业研究中三个可能的误区》②就徽州典铺资本组织形态、利率、利润及其分配方式等问题提出一些新的看法。同时,笔者利用文书资料相继发表了《光绪振成典钱翔实存簿浅析》、《清末民初典当业当簿剖析》、《德安押当票剖析》、《清末质铺的经营特点——光绪用和质账簿分析》、《明清商人分家中的分产不分业与商业经营》和《明清分家阄书所见徽州典商述论》诸文,③从徽商典铺的不同类型,考察徽州典商的经营实态,以及徽州典商与地方社会的关系。

徽商研究论及徽州典商。1947年傅衣凌《明代徽商考——中国商业资本集团史初稿之一》一文,④不仅是徽商研究的拓荒之作,亦是论及徽州典商的首篇论文。该文从徽商经营行业的角度论述徽州典商,具体论及徽州典商的资本规模、活动地域和社会评价。兹后,有关徽商研究论著,在探讨徽商经营行业时多论及徽州典商。20世纪50年代日本学者藤井宏《新安商人的研究》⑤极为详细地论述了各地徽商中典商的活动情形,具体而细微。刘和惠《明代徽商程锁家世考述》⑥结合谱牒和文献资料,相互参证,对

① 汪庆元:《汪氏典业阄书研究——清代徽商典当业的一个实例》,《安徽史学》2003年第5期;《徽商会要制度考略》,《文献》2000年第1期。

② 汪崇筼:《徽州典当资本的增值:以程虚宇家庭为例》,《中国社会经济史研究》2004年第3期;《徽州典当业研究中三个可能的误区》,《安徽师范大学学报》(人社版)2006年第2期。

③ 王裕明:《光绪振成典钱翔实存簿浅析》,《江海学刊》1999年第4期;《清末民初典当业当簿剖析》,《中国社会经济史研究》1999年第3期;《晚清上海德安押当票》,《安徽史学》2003年第6期;《近代典当业质铺的经营特点——光绪皖南黟城用和质个案报告》,《学海》2004年第3期;《明清商人分家中的分产不分业与商业经营——以明代程虚宇兄弟分家为例》,《学海》2008年第6期;《明清分家阄书所见徽州典商述论》,《安徽大学学报(哲学社会科学版)》2010年第6期。

④ 傅衣凌:《明代徽商考——中国商业资本集团史初稿之一》,《福建省研究院研究汇报》1947年第2期。

⑤ [日]藤井宏:《新安商人的研究》,《东洋学报》1953年第36卷1—3号和1954年第36卷第4号;译文载于《安徽历史学报》1958年第2期和《安徽史学通讯》1959年第1—2期。

⑥ 刘和惠:《明代徽商程锁家世考述》,《历史研究》1982年第5期。

明末著名徽州典商程锁的家世和身世进行考述,并指出文献资料中的一些论误。陈忠平《明清徽商在江南市镇的活动》,①首次从区域史的角度,论及徽州典商在江南市镇的活动情形。日本学者臼井佐知子《徽州商人の研究》②在考察明清"典"、"当"异同基础上,利用徽州文书《(康熙程氏)应盘存收支总账》就徽州典商资本规模、经营方式以及收益分配做了较为深入探讨。此外,陈学文③、祝碧衡④日本学者川胜守⑤以及新宫学⑥分别对活跃于不同地域、主要为江浙地区的徽州典商进行了揭示。

典当业研究论及徽州典商。20世纪二三十年代,杨肇遇《中国典当史》⑦和宓公干《典当论》⑧曾对徽州典商的组织机构和管理制度有所论述。此后,罗炳锦在其发表的系列论文中⑨扼要介绍了徽州典商行帮特点。曲彦斌《典当史》、《中国典当手册》和《中国典当史》⑩对徽州典商的势力有所简述。刘秋根《中国典当制度史》、《明清高利贷资本》和《清代典当业的法律调整》等论著,⑪对徽商典铺的经营方式和特点、资本组织形态等方面着墨甚多。常梦渠主编的《中国近代典当业》,⑫对近代徽州典商行帮的组织机构、管理制度、经营模式、资本规模等特点做了较为详细的说明。黄鉴晖

①　陈忠平:《明清徽商在江南市镇的活动》,《江淮论坛》1985年第5期。
②　[日]臼井佐知子:《徽州商人の研究》,(东京)汲古书院2005年版,第221—308页。
③　陈学文:《明清徽商在杭州的活动》,《江淮论坛》1990年第1期。
④　祝碧衡:《论明清徽商在浙江衢、严二府的活动》,《中国社会经济史研究》2000年第3期。
⑤　[日]川胜守:《明末长江三角洲新安商人经济动态之一斑》,见周绍泉、赵华富:《'95国际徽学学术讨论会论文集》,安徽大学出版社1997年版,第184—189页。
⑥　[日]新宫学:《明末清初苏州常熟县的同业组织与徽州商人》,《江淮论坛》1996年第2期。
⑦　杨肇遇:《中国典当史》,商务印书馆1929年版。
⑧　宓公干:《典当论》,商务印书馆1936年版。
⑨　罗炳锦:《清代以来典当业的管制及其衰落》,《食货》1977年第5、6期;《近代中国典当业的分布趋势和同业组织》,《食货》1978年第2、3期;《近代中国典当业的社会意义及其类别和税捐》,《"中央研究院"近代史研究所集刊》第7辑,1978年版;《中国典当业的起源和发展》,《食货》1978年第7期。
⑩　曲彦斌:《典当史》,上海文艺出版社1993年版;《中国典当手册》,辽宁人民出版社1998年版;《中国典当史》,九州出版社2007年版。
⑪　刘秋根:《中国典当制度史》,上海古籍出版社1995年版;《明清高利贷资本》,社会科学文献出版社2000年版;《清代典当业的法律调整》,未刊稿。
⑫　常梦渠:《中国近代典当业》,中国文史出版社1996年版。

《中国典当业史》①也论及徽州典商。此外,台湾学者潘敏德②以及日本学者安部健夫③和有本邦造④、日山美纪⑤等对徽州典商皆有所论述,惜未见原文。

地域典商研究论及徽州典商。黄鉴晖《明清山西商人研究》和《中国典当业史》⑥从地域典业商帮角度对徽州典商和山西典商进行简单比较。刘建生等著《山西典商研究》⑦从徽典流变史、业务活动范围与经营特点、人事管理制度和行会管理制度与经营理念等视角对山西典商与徽州典商进行比较。叶显恩、谭棣华《明清广东的高利贷》⑧则从活动范围、资本规模等方面对广东典商与徽州典商、山西典商进行简单比较。

(二) 综述评论

上述论著已较为详尽的论述了徽州典商的活动时空和经营体制,初步探讨徽州典商的社会作用和社会关系,并对徽州典商与其他地域典商的经营特点做了比较。这些探讨无疑为徽州典商深入研究奠定了重要基础。不过,上述论著仍存在诸多不足,主要有以下几个方面。

1. 研究内容较为狭窄、论述不够深入。上述论著中,内容涉及徽州典商研究的,除徽州典商专题研究外,以徽州商人研究方面为多,次为明清典当业研究方面,而地域典商研究方面甚少。明清时期,地域典商除徽州典商外,尚有山西、广东、浙江、福建和陕西等典业商帮。而有关徽州典商同其他地域典业商帮有何异同、关系如何,缺乏深论。又明清时期,典当业的发展进入一个新的时期,典当业称谓出现一些新的名称,典当业经营方式也出现

① 黄鉴晖:《中国典当业史》,山西经济出版社 2006 年版。
② 潘敏德:《中国近代典当业之研究》,台湾师范大学历史研究所 1985 年版。
③ [日]安部健夫:《清代に于ける典当业の趋势》,《清代史研究》,东京创文社 1971 年版。
④ [日]有本邦造:《支那典当の经营研究》,《东亚经济研究》第 20 卷第 1、2 号,1936 年。
⑤ [日]日山美纪:《清代典当业の利子率に关する一考察——康熙—乾隆期の江南を中心として》,《东方学》第 91 辑,1996 年版。
⑥ 黄鉴晖:《明清山西商人研究》,山西经济出版社 2002 年版;《中国典当业史》,山西经济出版社 2006 年版。
⑦ 刘建生:《山西典商研究》,山西经济出版社 2007 年版。
⑧ 叶显恩、谭棣华:《明清广东的高利贷》,《平准学刊》第 3 辑上,中国商业出版社 1986 年版,第 281—301 页。

一些新的变化。而有关徽州典商在明清典当业发展过程中究竟扮演何种角色,尚无所论。同时,上述论著大多集中于经营特点的探讨,而对徽商典铺的资本形态、经营方式、赢利能力、分配制度和社会关系所论甚少、不够细致。如徽州典商资本形态有哪些,主要来源是什么,是如何积累的,规模到底有多大,不同组织下资本收益是如何分配的,等等,皆缺乏深度论述。又徽州典商的社会关系问题,如徽州典商个体之间的关系、徽州典商与其雇工伙计之间的关系、徽州典商与当户之间的关系、徽州典商与寄籍土著之间的关系、徽州典商与地方官府的关系、徽州典商与社会组织的关系、徽州典商与徽商之间的关系,等等,即使偶有所论,也多泛泛而谈。而这些问题不仅属于徽州典商研究内容,亦是相关明清社会经济的重大课题。

2. 研究资料不够丰富,文书利用严重不足。徽州典商研究资料包括文献、文书、碑刻和口述等多方面。目前有关徽州典商的研究,大多利用文献资料,其他资料利用不多,尤其是徽州文书中大量典商资料没有很好利用。如《徽州千年契约文书》收录徽州陈氏、休宁率东程氏、休宁隆阜戴氏、休宁山后黄氏、休宁高堨黄氏、休宁茗洲吴氏、休宁苏圻吴氏、休宁榆村程氏和歙县西溪南吴氏等典商资料,目前尚没有被充分利用。徽州典商文书极为丰富,具体参见下文"徽州典商文书遗存"一节。即使是利用文献资料,大多也是转引于《明清徽商资料选编》①,少有发掘。而近年出版的《四库全书存目丛书》、《续修四库全书》、《四库禁毁书丛刊》和《四库未收书辑刊》等大型丛书,即含有众多徽州典商资料。如明人文集中,《大泌山房集》载有休宁商山吴氏、休宁临溪吴氏、休宁榆村程氏、休宁率东程氏、歙县西溪南吴氏、歙县岩镇潘氏、歙县岩镇汪氏和歙县岩镇方氏等典商材料,《瑞芝山房集》载有歙县岩镇潘氏、歙县岩镇郑氏、歙县蓝田叶氏、歙县溪南吴氏和歙县临河程氏等典商材料,《两洲集》载有徽州汪氏、休宁商山黄氏、休宁榆村程氏和休宁隆阜戴氏等典商材料,《仁峰集》载有休宁商山吴氏、休宁苏圻吴氏等典商材料,尤其是《苏堂集》和《澹虑堂遗稿》则为徽州典商个人文集。其中,《苏堂集》为徽州典商吴文奎的遗稿,《澹虑堂遗稿》则是徽州典

---

① 张海鹏、王廷元:《明清徽商资料选编》,黄山书社1985年版。

商汪栋的存集。又遗存的徽州各姓家谱数量巨大,其中有关徽州典商资料亦极丰富。如乾隆《榆村程氏族谱》载有程绣、程懋英和程嘉树等诸位典商传记,乾隆《休宁西门大公房挥金公支谱》和嘉庆《汪氏世谱》载有汪可铭、汪可镇、汪自达、汪杰、汪栋、汪森和汪继燨等数位典商的生平和家世。

3. 徽州典商界定不清,相关论述讹误不少。目前有关徽州典商论著都缺乏对徽州典商的界定。故而,部分论著在论述徽州典商时出现将非徽州典商视为徽州典商的错误认识。有关这方面内容,可参见下文"徽州典商界定"一节。至于有关徽州典商的论述讹误,也相当常见。有的专著,不仅观点蹈袭前人,而且资料几乎都是二手。对于所引二手材料,既不注明转引,又不认真核对,以致错误迭出。有的万余字论文,硬伤不下数处。概括说来,或论点不确,或引文不准,或校对不谨,或材料不实,或释读不精,等等。如有学者认为明代典当资本"增值年利率随计利年数的增加而增加",又有学者认为明代以后"朝奉"演变为"徽人典肆的代表名称"等。

揆诸上述研究不足,徽州典商研究需调整思路,扩大视野,努力发掘新资料,尤其是文书资料,更新研究方法,深化研究内容,纠正谬误。

二 徽州典商界定

徽州典商的界定包括时间、空间和行业三个方面。三方面中,时间和空间易于界定,而行业界定相对不易。(1)时间界定方面。徽州典商兴起于明中叶,衰败于清末民初。因此,徽州典商的研究时限,上起明代中叶,下迄清末民初,长达四个半多世纪,相当于断代史上的"明清时期"。(2)空间界定方面。明清时期的徽州府共辖有歙县、休宁、婺源、祁门、黟县和绩溪六县。而紧邻徽州的宁国府泾、旌德、太平诸县商人,在徽商的影响下,亦颇为活跃,与徽商一道并称为徽宁商人,或统称为徽商。故而,徽州典商的地域界定为徽州一府六县,间及宁国府县。(3)行业界定方面。明清时期的典当业,在承继宋、元基础上,发展迅速,呈现出新的特点。典当类型形式复杂,典当机构名目繁多,典当商人的称谓和行为亦多种多样。典当类型的形式有典、当、质、押、代步等诸种;典当机构有典铺、当铺、当店、典当铺、典肆、解库、解铺、质库、质铺、质剂和押店等诸名;典当商人亦有典商、当商和子钱家诸称,典当商人的行为有开当、开典、写当票和权子母等诸种。

　　上述典当业称谓中,质剂、子钱家和权子母内涵更为广泛。其中,质剂作为典当机构名称,明代业已出现。例如,明代歙县郑氏,一生乐善好施,常"贷之簪珥质剂家"①。又明代歙县程杰,在扬州开有典铺,因经商滇蜀,便将"广陵质剂"②收歇。上述两例中的"质剂",属于典当机构名称。不过,"质剂"一词出现甚早,本意指买卖契约。"《周禮》'质剂'。注:'质剂',谓两书一札而别之也,若今下手书。疏:汉时下手书,即今画指券,与右质剂同也。傅别、质剂,皆今之券书也"③。其后,质剂衍变为借券或借贷。例如,明代谢陛认为,"质剂,即太史公之所谓子母钱者也"④。子钱家作为典当商人称谓,明代已经出现。例如,万历年间,方扬担任杭州知府,有"盗以物质子钱家"⑤。又嘉万年间歙县詹景风,曾见"丘太守行李困乏,典衣子钱家给之舟次"⑥。上述两例中的"子钱家"属于典商称谓。不过,子钱家本义指放贷者。例如,明代歙县洪大德,"念亲老不及三釜,时称贷子钱家,以供甘旨"⑦。同样,权子母作为典当商人行为称谓,明代业已存在,清代沿袭不变。例如,嘉庆八年(1803)北京当业会馆思豫堂碑记载,"通有无而权子母者,莫重于典当"⑧。又清代黟县典商胡元熙也说,"余不善治生,又不知搏

---

　　① 鲍应鳌:《瑞芝山房集》卷一二《汪母郑太孺人行状》,《四库禁毁书丛刊》集部第141册,第243页。

　　② 鲍应鳌:《瑞芝山房集》卷一二《程次公传》,《四库禁毁书丛刊》集部第141册,第259页。

　　③ 倪涛:《六艺之一录》卷二六一《下手书》,《四库全书》第835册,第567页。

　　④ [明]张涛修,[明]陆陛纂:万历《歙志》卷二〇《货殖》,万历三十七年刻本,南京图书馆藏。

　　⑤ 李维桢:《大泌山房集》卷八二《杭州守方公墓志铭》,《四库全书存目丛书》集部第152册,第432页。

　　⑥ 李维桢:《大泌山房集》卷八三《通判平乐府事詹公墓志铭》,《四库全书存目丛书》集部第152册,第464页。

　　⑦ 李维桢:《大泌山房集》卷八四《京山令洪公墓志铭》,《四库全书存目丛书》集部第152册,第484页。

　　⑧ 彭泽益:《清代工商行业碑文集粹》,中州古籍出版社1997年版,第45页。

节,虽权子母而不能储积"①。上述两例中的"权子母"属于典商行为称谓。不过,权子母本义指放贷行为。如清代浙江陆遇霖曾说过:"典质、贸易、权子母,断无久而不弊之理。始虽乍获厚利,终必化为子虚。惟田产、房屋二者,可持以久远。"②可见,质剂、子钱家和权子母,既可表示抵押借贷,又可表示信用借贷。而信用借贷和抵押借贷关系密切,同为典铺经营业务。"典,即古所谓质也。无,则出其家之所有衣饰器什之类,倍置于典,以为质,以贷子钱;有,则如其贷,偿之息,不踰三分,此不失利,而彼无厚损商之利。于人者,莫大于典"③。在一些情况下,质剂、子钱家和权子母属于典当业内涵。

需要指出的是,有关徽州典商的界定尚存在一些误区,或将祖籍徽州的典商视为徽州典商,或将典铺徽籍员工等同于徽州典商,或将徽州朝奉等同于徽州典商,或将具有徽帮经营特点的典铺视为徽商典铺,或将其他地域典商视为徽州典商,或将其他行业徽商视为徽州典商,等等。

将祖籍徽州的典商视为徽州典商,主要在于将从徽州迁至异地的徽人及其后裔仍视为徽民。迁至异地的徽人及其后裔,有的离开徽州不久,尚与祖籍保持一定的联系;有的离开徽州数十年甚至数百年,与祖籍久无联系。对于离开祖籍不久且保持联系的徽人及其子孙,尚可视为徽民;而对于离开祖籍久远且无联系的徽人及其后代,则不应视为徽民,即使经营典业,也不当视为徽州典商。如生于道光十九年(1839)、卒于民国十年(1921)的常州武进汪赞纶,为清末民初著名典商,其祖先汪康候于明代万历年间从徽州休宁上溪口迁至江苏常州。从汪康候到汪赞纶已为十传,将汪赞纶视为徽州典商明显不确。又潘祖谦、潘贞毅父子也为清末民初著名典商,曾担任苏州典业公所议董,可谓苏州典业界领袖。其祖先潘景文于康熙初年自歙县大阜迁居苏州黄鹂坊桥巷。从潘景文至潘祖谦已达7世,将潘祖谦、潘贞毅父子视为徽州典商亦过于勉强。

将典铺徽籍员工等同于徽州典商主要有三种情形。一是将典铺徽籍经

---

① 《道光十九年笃字阄书》第 1 册,写本,南京大学历史系藏。
② 张英:《恒产琐言》不分卷,《丛书集成初编》第 977 册,中华书局 1985 年版,第 2 页。
③ 金瑶:《栗斋文集》卷七《东泉金处士传》,《四库全书存目丛书补编》第 78 册,第 234 页。

理等同于徽州典商。典铺经理，又称执事、掌计，是典铺经营负责人并非典铺所有人。例如，清代休宁张恒卿"经理典业，始同生，继同昌，今改保源"①。据其所载，休宁张恒卿属于典铺经理而非徽州典商。二是将典铺徽籍柜员等同于徽州典商。典铺柜员，即指典铺柜台人员，分管典铺典赎业务，并非典铺所有人。例如，清代丝绸重镇濮院镇，"典当司柜多徽州人"②。据其所载，典铺中的徽人属于典铺柜员而非徽州典商。三是将典铺徽籍伙计等同于徽州典商。典铺伙计本是典铺员工的泛称，并非典铺所有人。例如，清代徽人陈得观，"少时在湖北枝江县某典铺为小伙"③。又徽州王某"寻为永昌典伙，积数十金，归娶妇，生子，复为典中总管"④。不论是陈得观还是王某，都是典铺员工而非徽州典商。徽州典商和典铺徽籍员工两者有着本质不同。徽州典商是典铺所有者，而典铺徽籍员工是典铺经营者。两者权限不同，不能等同混淆。

将徽州朝奉等同于徽州典商主要有两种情形。一是认为徽州朝奉为徽州典商的代称。"朝奉"本指"奉朝请"的官员。汉有"朝奉请"，宋有"朝奉郎"。宋元间，朝奉郎简称朝奉，始在徽州流传。方回作诗："谁忽呼予老朝奉，心知不是赝称呼"，下注"予旧守郡，阶官朝奉郎"⑤。元末，朱元璋平定徽州时，徽人自称朝奉前来相迎。朱元璋随即说道："多劳汝朝奉的。"⑥此后，朝奉一词在徽州传开，成为徽州富民的代称。明中叶以降，徽州典商属于富民之一，民间便以朝奉相称。冯梦龙《喻世明言》载，徽商汪三朝奉在明代湖北枣阳县大市街开设典铺。又凌濛初《初刻拍案惊奇》也载，徽州卫朝奉在南京三山街开设解铺。不过，至清中叶，朝奉仍为徽州富翁以及徽商的俗称。吕种玉记道："徽俗称富翁为朝奉。"⑦翟灏也载道："（朝奉）今徽

---

① 储学诔：《南汇县二区旧五团乡志》卷一八《遗事》，《中国地方志集成·乡镇志专辑1》，第856页。

② 乾隆《濮院琐志》卷七《杂流》，《中国地方志集成·乡镇志专辑21》，第501页。

③ 郑光祖：《一斑录》附编杂述五《为伙余生》，《续修四库全书》第1140册，第188页。

④ 乾隆《绩外冈志》卷四《杂记》，《中国地方志集成·乡镇志专辑2》，第918页。

⑤ 方回：《桐江续集》卷一○《村路有呼予老朝奉者》，《四库全书》第1193册，第330页。

⑥ 赵吉士：《寄园寄所寄》卷一一《泛叶寄》，《续修四库全书》第1197册，第131页。

⑦ 吕种玉：《言鲭》下《朝奉》，《四库全书存目丛书》子部第98册，第323页。

贾假此称谓。"①二是将称为朝奉的典铺徽籍经理或柜员视为徽州典商。清代中后期,朝奉逐渐演变为典铺经理或柜员的代称,典铺徽籍经理或柜员随之称为徽州朝奉。对此,梁章钜说道:"朝奉,今为掌质库之称。"②平步青也说道:"徽俗以管质库者为朝奉。"③又程趾祥亦说:"近来业典当者最多徽人。其掌柜者,则谓之朝奉。"④显然,徽州朝奉为典铺徽籍柜员而非徽州典商的代称。

将非徽州典商视为徽州典商还有下列三种情形。一是将其他地域典商视为徽州典商。例如,明代莆田陈季迪之父,"举室而迁金陵,即以质剂代耕"⑤。据其所载,陈季迪之父业典于南京,是为典商,不过季迪父为福建莆田人而非徽州人,是福建典商而非徽州典商。又明代小韩,"广张典库,纵蓄少艾,遂为杭城富人"。不过,"小韩者,杭州人"⑥,而非徽州人,是杭州典商而非徽州典商。二是将其他行业徽商视为徽州典商。例如,明代西门汪狮"率用盐监起","辄当室,遂贾淮海,坐致不赀"⑦。很明显,汪狮是徽州盐商而非徽州典商。同样,汪狮弟汪新、侄汪应亨也为徽州盐商而非徽州典商,将汪新、汪应亨视为徽州典商显为讹误。又,南京大学历史系藏有嘉庆年间孙晋轩《万载根源》账簿1册,据其所载,孙晋轩经营布业而非典业,认为孙晋轩为徽州典商明显不确。三是简单将"焚券"、"称贷"行为的徽商视为徽州典商。"焚券"、"称贷"行为只能说明徽商曾信用放贷,而非典商经营业务的抵押放贷,信用放贷和抵押借贷两者有着本质区别,不能混为一谈。故而所谓休宁西门汪一麟、婺源三田李贤、歙县许太明等视为徽州典商,皆缺乏有力证据。

① 翟灏:《通俗编》卷一八《朝奉》,《续修四库全书》第194册,第451页。
② 梁章钜:《称谓录》卷二八《朝奉》,《续修四库全书》第1253册,第589页。
③ 平步青:《霞外攟屑》卷一〇《员外朝奉》,《续修四库全书》第1163册,第685页。
④ 程趾祥:《此中人语》卷三《张先生》,《丛书集成三编》第77册,台北,新文丰出版社1997年版,第262页。
⑤ 汪道昆:《太函集》卷五九《明封征仕郎莆田陈长者墓志铭》,《四库全书存目丛书》集部第118册,第6页。
⑥ 钱希言:《狯园》第七回《小韩负恩报》,《续修四库全书》第1267册,第639、640页。
⑦ 汪道昆:《太函集》卷八〇《汪处士赞》,《四库全书存目丛书》集部第118册,第212页。

三　徽州典商文书遗存

　　徽州典商文书,特指徽州典商家庭的文书。遗存下来的徽州典商文书类型全面,数量可观,学术价值高,研究难度大。

　　类型全面。徽州典商文书种类繁多,按其内容分为典商经营文书和典商社会生活文书。典商经营文书分为官府帖照、典业类书和商业票簿。商业票簿又分为营业票簿和会计票簿两种。营业票簿,又称典铺专业票簿,专为典铺设置的,主要有当票、当簿、柜上草账、盆账、草销簿、归钱簿、留取簿、当总簿、架总簿、存箱簿、挂号簿、挂失票和买账等。会计票簿,又称典铺普通账簿,一般行业商铺皆设置的,主要有会票、借票、期票、流水簿、钱翔实存簿、收支簿、往来簿、股本簿、存款簿、月总、年总、轧清簿、滚存簿、兑换簿、盘簿、暂记簿和各种开支簿等。典商社会生活文书主要包括置产簿、分家书、家用收支账、祭祀簿、租簿、书信、日记、纠纷async卷和官府谕照,等等。安徽师范大学图书馆藏徽州典商文书类型多样,既有典商经营文书,又有典商社会生活文书。典商经营文书中,既有官府帖照,又有典业类书,同时还有商业票簿。具体而言,典业类书有《典业杂志》2 册,商业票据有程新盛等典当票20 余件,商业账簿有道光二十六年(1846)四月《盘查二十五年总及各业实本总》1 册和道光二十六年(1846)正月《盘查道光二十五年德新典总》、道光二十六年(1846)四月《盘查协和典实本总》、道光二十六年(1846)四月《盘查怡和典实本总》、道光二十六年(1846)四月《盘查敬义典实本总》、道光二十六年(1846)四月《丽南公公项》5 件,阄书有《胡开文分家书》和道光二十六年(1846)《各房财产清单》2 册,分家议约有万历三十八年(1610)正月《程梦旸兄弟立议约》、《万历三十八年十二月程少轩立遗嘱托孤议墨》和道光二十六年(1846)《汪左淇等立议墨》3 件,官府谕照有道光二年(1822)《巢县谕》、道光二十二年(1842)歙县汪运淦《户部执照》、道光二十七年(1847)《浙江布政使司颁给汪维新典铺增收税银监照》和光绪二十三年(1897)《鄱阳县谕》等各 1 件,以及光绪年间《申解江永泰典铺承领本息投兑缘由》10 件。产业契约有乾隆至道光年间陈主人契据约 30 件如道光六年《邵叶轩、萧锦文、王星彩、陈毓川等立议字》、道光六年(1826)《(陈)秀庭立收房价并顶替字》和道光三十年(1850)《陈菊芗立会券》等。

数量可观。徽州典商文书遗存总量至少有百簿册和数百散件。其中,典商经营文书约占总量的 1/3,典商社会生活文书约占总数的 2/3。从类型上看,当票、当簿、分家书、租簿和书信存量较大。其中,当票达百余件,当簿15 册以上,分家书 20 余册,租簿 20 册以上,书信至少 12 册和 50 件。尤其是,典商归户文书遗存亦很丰富。如清代婺源王有兴户遗存文书至少 56份,其中,黄山市博物馆藏有 54 份,分别为乾隆至同治官府公文 7 件、公文抄存 1 册、乾隆、道光票据 13 件、议墨合同 7 件、嘉庆、同治产业账簿 21 册、嘉庆、咸丰祭祀簿 3 册和嘉庆、同治诉讼案卷抄 3 册。① 又清民时期休宁茗洲吴维佐户遗存文书至少 33 册,具体为乾隆《文谟典条约》、《乾隆四十二年张恒裕典总账》、《乾隆四十八年吴丰典总账》、康熙《各堂祭文草底》、休宁茗洲《葆和堂庄仆条规》、道光休宁《吴氏誊契簿》、《各堂契券目录》、吴启贤堂《道光七年祁邑西庄租簿》、《道光七年祁邑东庄租簿》、《光绪十九年两庄收租流水簿》、《光绪二十一年两庄收租流水簿》、《光绪二十四年两庄收租流水簿》、《光绪三十三年西庄收租流水簿》、《宣统元年两庄收租流水簿》、《宣统三年两庄收租流水簿》、《民国元年两庄收租流水簿》、《民国三年两庄收租流水簿》、《民国六年两庄收租流水簿》、《民国七年两庄收租流水簿》、《民国八年两庄收租流水簿》、《民国九年两庄收租流水簿》、《民国十年两庄收租流水簿》、《民国十八年两庄收租流水簿》、《光绪九年收下湾发来租谷数目登记簿》、《宣统元年发谷账登记簿》、《民国初年禀租欠租清册》和《民国十五年祁庄收付总账》各 1 册,以及雍正、乾隆年间《往来手札要记三集》等《吴氏信底》6 册。②

学术价值高。主要有三:第一,徽州典商文书提供了大量鲜为人知的徽

---

① 倪清华:《黄山市博物馆徽州文书简介》,黄山市徽州文化研究院编:《徽州文化研究》第一辑,黄山书社 2002 年版,第 369—371 页。

② 道光休宁的《吴氏誊契簿》,藏于中国社会科学院历史研究所,其余均藏于中国社会科学院经济研究所。

州典商资料,可以弥补文献资料的不足。大体如下。一是直接提供了文献中没有记载的徽州典商资料,如《万历休宁钟泽程有敬立阄书》、《乾隆三十六年休宁王姓阄书》和《乾隆三十九姚阿汪立分家书》中典商程有敬、王有声和姚克基,均不见文献资料记载。二是提供了文献中无典业经营信息记载的徽州典商资料,如《崇祯二年程虚宇立阄书》、《乾隆十六年黄炽等立分家书》和《道光二十六年汪左淇等立阄书》中的典商程燮、黄楷和汪左淇,文献资料虽有记载,却非典业经营信息。三是提供了文献中典业经营实态记录不够明确的徽州典商资料。例如,胡学梓是清代著名徽州典商,其家产究竟有多少,一直模糊不清,现存的《乾隆五十八年各处资本》、《乾隆六十年胡氏分家书》、《嘉庆十九年天字号豆租阄书》和《道光五年天字号阄书》对此则有明确记录。第二,徽州典商文书详细记录典当业营业过程、经营体制、商业资本、赢利能力以及分配方式,完整地反映徽商典铺的经营实态。徽商典铺营业过程中是如何挂失和留取的,经营体制中采取了哪些激励机制,经营利润率究竟有多高,正余利和官利制是怎样的分配方式,等等,文献资料或无相关记载,或记载语焉不详,而徽州典商文书则记录详备。如《文谟典条约》详细记录了徽商典铺的分配制度,《民国十一年十月谷字号鼎泰典当簿》和《民国十三年四月光字号恒和典当簿》具体登载了典业经营过程中的挂失和留取情况,乾隆《时顺典年总》则完整记载了徽商典铺的赢利能力。第三,徽州典商文书细致记录徽商及其家庭的社会活动和生活状况,不仅揭示徽州典商的社会关系,而且揭示徽州典商的资本流向。如《明代徽州方氏亲友手札七百通》记录了徽州典商方用彬的交游状况,全面勾勒出徽州典商方用彬的人际网络。又同治元年(1862)《盐典例规登录》详细记录了典业陋规种类和数量,真实反映了徽州典商与官府两者之间的互动。

　　研究难度大。主要有三:第一,收集不易。徽州典商文书散见于徽州文书之中,而徽州文书馆藏分散,散藏于海内外一些图书馆、博物馆、高校、科研机构及私家手里。且囿于各种原因,大多公私藏家并不对外公布,有的因没有整理而无法开放,有的因破损严重而无法借阅,有的视为珍品秘不示人。第二,识读不易。徽州典商文书多属原始抄本或抄底,为登录者随手登录,书写随意,字迹潦草,兼之略写、速写,辨认不易。尤其当字例属特殊字

体,书写方式与众不同,字迹又特别潦草,即使经过多年的揣摩,也难以完全
识认。又诸多商业账簿,不仅记录大量数据需要识认统计,而且载有不少专
业术语,确切弄清这些专业术语含义亦绝非易事。同时,徽州典商文书还钤
有样式繁多的图章。这些图章多系篆体所刻,又讲究阴刻阳刻,没有一定的
书法知识积累,想准确辨认,谈何容易。第三,归户不易。徽州典商文书内
容详略不一,有的明确记载徽州典商经营典业信息,有的则没有明确记载徽
州典商经营典业信息。明确记载徽州典商经营典业信息的文书,易于认识,
可称为徽州典商直接文书;而没有明确记载徽州典商经营典业信息的文书,
则难以辨认,可称为徽州典商间接文书。南京大学历史系藏《万历分户税
册》、安徽师范大学图书馆藏《万历元年十二休宁县二十三都九图吴世顺推
收照会票》、《万历三十年五月休宁县二十三都九图一甲吴大兴推收照会
票》、安徽档案馆藏《乾隆五十九年休宁县二十三都九图一甲吴士进收税
票》、《乾隆五十九年休宁县二十三都九图一甲吴大兴金业票》、《道光三十
年休宁县二十三都九图一甲吴万奇金业票》、中国社会科学院历史所藏《万
历四十七年二月休宁吴世顺买地推、收照会票》、《天启元年八月休宁吴世
顺买地推、收照会票》、《天启七年八月休宁吴大兴推收照会票》、《明代天启七年
八月休宁吴世祯买地推、收照会票》、《崇祯十年吴世顺本户推收票》和《崇
祯十二年八月休宁吴世顺收税照会票》,等等,都没有明确记录典业经营信
息。不过,据《商山吴氏祖墓四至图》和有关明人文集记载,可知其皆属于
明代著名徽州典商商山吴氏的归户文书。又中国社会科学院历史研究所藏
《乾隆休宁吴氏分业合同汇抄》、上海图书馆藏《正德尚贤公分书》、安徽省
博物馆藏《万历二十七年卢道义限约》和北京大学图书馆藏《苏园祀产簿》,
都没有明确记录典业经营信息,而据《苏堂集》和中国国家图书馆藏《万历
收支银两册》记载可知,其皆属于休宁吴文奎归户文书。即便是徽州典商
直接文书,对书主籍贯、家世及生平的考证亦非易事。如中国社会科学院经
济所藏乾隆三十六年(1771)王锡蝦等立阄书,经考证,阄主籍贯实为休宁
而非章有义所言的黟县。又中国社会科学院经济所藏嘉庆十四年(1809)
黟县佩兰等立阄书,该阄书没有记录阄主姓氏,经考证,阄主姓程,籍贯黟县
桂林,亦非章有义所言的姓氏不明。

鉴于上述,拙著即以徽州典商为研究对象,以徽州典商文书研究为出发点,全面探讨徽州典商诸问题。在此基础上,把握明清典当业和明清社会,重点考察徽商典铺的经营实态以及明清社会的变迁过程。

上 篇

第一章 典业类书

典业类书,即典业日用类书,指供典铺日常使用的一种书籍。根据使用对象的不同,典业类书分为三种:一是学徒学习用书,如《当字谱》、《当字簿》等;二是柜员鉴识当物用书,如《玉器论》、《皮货论》和《金珠宝石论》等;三是典铺管理用书,如《典业须知》、《典业规条》等。遗存下来的徽商典铺日用类书,数量可观,达数十种。其中,安徽省图书馆藏有《当字初阶》、《皮货论》、《珠谱》和《金珠宝石论》各1册,安徽师范大学藏有《典业杂志》2册,黄山学院藏有《典业博谈》1册,南京大学历史系所藏有《当字簿》2册,中国社会科学院经济研究所藏有《文谟典条约》1册。此外,中国国家图书馆《珠宝古玩当货谱论》、《辨别珠宝古玩总论》、《珠宝指南》、《当谱》、《当谱集》和《典当谱》、南开大学图书馆《典当货物价目表》、浙江图书馆《典务必要》、南京图书馆《珠宝要论》《珠渊异宝》和《珠病名目汇言》、上海图书馆《看珠录》、《辨银》、《银谱》和《银水总论》、重庆图书馆《金银珠宝谱》、哈佛燕京图书馆《典业须知》、《至宝精求》、《玉器皮货谱》和《银洋珠宝谱》、私家收藏的《典业博物》《典业习规》《典业致要》《当铺全本》《当行杂记》和《当字》,以及《清史资料》和收录的宁寿堂《银谱》、中国国家图书馆编撰的《中国古代当铺鉴定秘籍》、赵金敏点校整理的《当铺鉴别珠宝文玩秘诀》、吴晓铃《双楉书屋考藏珍本丛书》收录的《当字谱》和《当谱》,部分亦为徽商典铺日用类书。有关徽商典铺日用类书,王振忠有过论述。①

---

① 《清代江南徽州典当商的经营文化——哈佛燕京图书馆新藏典当秘籍四种研究》,《中国学术》总25辑,商务印书馆2009年版,第60—100页。

典业日用类书是研究其他典业文书和了解典业经营规范的基础,通过对典业日用类书的介述,可以便于当票、当簿等文书的探讨。

第一节　学徒用书

　　学徒日用类书,指供学徒学习典铺基础知识的一种读本。现存的安徽图书馆《当字初阶》和南京大学历史系的 2 册《当字簿》,属于学徒日用类书。同时,有的当物鉴识用书也附录当字和相关知识供学徒练习使用,甚至有的典铺直接将旧当簿当作学徒学习用书。总之,无论是《当字初阶》还是《当字簿》,顾名思义,都是专供学徒学习当字的用书。

一　概　述

　　《当字初阶》,油印本,封面题"民国二十三年一月,当字初阶,曾楫舟题",同时附有"弟潘毅赠于沙市裕农典,二三、一、二□□,□□惠存"等字。其中,"当字初阶"为书名,"民国二十三年一月"为成书时间,"曾楫舟"为书名题名人。惠存者姓名被抹去,赠送者潘毅生平不详。内容由序言和正文两部分组成。序言载:

　　　　典当书法另成一体。考其字之形态,似脱胎于草书之十七帖,而以白字土语掺杂其间,以求便捷,其作用殆与速记之符号相仿耳。凡学生入典习业,必先从习字入手,既无法帖可临,惟赖旧日当账为唯一范本,藉资模仿。裕农典应沙市地方需要,成立于最短期间,规模较大,学生众多。其中虽有少数学生熟悉当字,而余则苦无样本可临。兹为各生学业速成起见,爰汇集典当应用各字,分门别类,由曾楫舟、汪明远、胡寿湄、(胡)次斋、(胡)均石、朱锡麟诸君,共同缮就范本,多份汇订成册,并经曾君楫舟题为《当字初阶》,俾学者有所适从,易于进步焉。然此册固非集当字之大成,而切合实用可作初学宝筏,略抒付印,微意以弁其端。贺吉甫识,二三、一、一七。

　　序言除题有序作者和作序时间外,主要说明《当字初阶》的成书经过。

序作者为贺吉甫,生平不详。作序时间为"二三、一、一七",即民国二十三年一月十七日(1934)。《当字初阶》编印的目的在于供裕农典学生学习当字。裕农典为民国二十三年(1934)贺吉甫等人筹资 6 万银元开设于湖北江陵沙市。① 裕农典成立之初,贺吉甫即委托曾楫舟、汪明远、胡寿湄、胡次斋、胡均石、朱锡麟等人编撰《当字初阶》。汪明远、胡寿湄、胡次斋、胡均石、朱锡麟等人生平不详,曾楫舟曾供职于湖北武汉武胜门永济典,熟悉典铺事务,了解当字写法,编有《当字入门》。对此,《典业博谈》②序言载:

> 　　余于清季末叶负笈省垣,辛亥鼎革弃书服贾,肆业鄂渚武胜门永济典。入典之初,见当字如画符,莫名其妙,悉心探讨,方识途径,详加研究,得窥堂奥,爰手编《当字入门》上下两集,举凡关于典当所用,各种衣色,分门别类,搜罗无遗,以便初学者得其门而入也。虽不值识者一笑,然未尝不为初学之一助耳。嗣后该典收歇,旋供职于武昌协记衣庄分设之大生庄。己未冬,邻店失慎,致肇祝融之祸,大生庄亦被延烧,而众之《当字入门》同为灰烬矣。明年入协记汉庄,屡欲重行,以期恢复,奈事繁心紊,卒致未果。十六年,革命军南下,汉协记因时局关系,暂告停顿,余遂任义昌衣庄事,见程辉庭君藏有《典业博谈》一本,内容丰富,堪为借镜,惜乎所载各项,只叙其然未述其所以然,未免有美中不足之憾,良可慨也。且时代递迁,物质值价,今昔迥然不同,考书中所记,与现代适用殊多不合之处。兹姑抄而袭之,不加删补,用作来日修编之鉴本也可。民国十九年仲冬武昌曾楫舟识于汉上。

该序言为民国十九年(1930)十一月曾楫舟所作。据其所载,曾楫舟于清季末叶赴武汉读书,辛亥革命后弃书服贾,供职于永济典。永济典为清兵部尚书刘维真开设,收歇于民国初年。③ 永济典收歇后,曾楫舟又先后供职于大生、协记和义昌等衣庄。曾楫舟供职永济典期间,编有《当字入门》上、下两集;供职于义昌衣庄时,抄录了程辉庭珍藏的《典业博谈》。《当字初

---

① 湖北省江陵县县志编纂委员会编纂:《江陵县志》,湖北人民出版社 1990 年版,第 487 页。

② 黄守五:《典业博谈》第 1 册,抄本,安徽黄山学院藏。

③ 董明藏、谭光熙:《武汉典当业略谈》,见常梦渠、钱椿涛主编:《近代中国典当业》,中国文史出版社 1995 年版,第 343 页。

阶》虽非《当字入门》，但与《当字入门》性质类同，渊源非浅，依次记录了号码、码银、条数、布匹件数、衣服件数、只数、自鸣钟及皮箱件数、当票日期、成对成双数目、颜色、当票头（用作衣服者）、首饰票头、铜锡票头、珠玉票头、材料名称、衣服名称、皮货种类、首饰种类、当票本钱、当票花色、大账花色和首饰花色等项内容。

《民国十一年汪记当字簿》，写本，封面题"汪记，民国壬戌年小阳春，当字簿"。"汪记"表示典铺名称或抄写人，"民国壬戌年小阳春"表示该当字簿抄写的年月，"当字簿"表示该簿记的类型和性质。账簿每页两面，每面纵分4行，横分3格。其中，纵一行，上格书写"赵"字；中格书写"原渍坏绸纱绸缎女褂青蓝裤□衫□衫十五件"；下格书写"六两二钱"。纵二行，上格书写"钱"字，中格书写"烂碎绸纱桌被衫二件"，下格书写"二两一钱"。纵三行，上格书写"孙"；中格书写"烂碎坏衫□长袄四件"；下格书写"八钱"。纵四行，上格书写"李"，中格书写"虫蛀坏绸绉马褂夹□□披□□十件"，下格书写"七两八钱"。如此类推，不再赘述。据其所载，纵行格式相同，横格略有差异。横格中，上格书写一个字，该字取自《百家姓》，并按照《百家姓》顺序依次书写；中格书写内容为物品状况、种类以及数量；下格书写内容为银钱数目。该当字簿的书写格式及内容，同典业账簿中当簿相类似。上格姓氏，与当簿次格当户姓氏相吻合，中格物品与当簿中第三格当物相一致，下格银钱数目与当簿中的当本相仿佛。以此来看，该当字簿为仿照当簿格式编写的。此外，该当字簿最后附录银两、日期和数字的表示和书写方式。

另一《当字簿》残簿，其格式有两种。一是每页两面，每面纵分5行，横分3格；二是每页两面，每面纵分5行，横分4格。据其所载，纵行格式相同，横格有所差异。就横分3格而言，其格式与《民国十一年汪记当字簿》相一致，上格书写姓氏，中格书写物品的状况、种类以及数量，下格书写的银钱数目，相当于当簿中当户、当物和当本。就横分4格而言，上格书写数字，次格书写姓氏，第三格书写物品状况、种类以及数量，下格书写银钱数目。其内容相当于当簿中的编号、当户、当物和当本。同样，该当字簿亦是仿照当簿格式编写的。

不论是《当字入门》，还是《当字初阶》，抑或是《当字簿》，皆是供典铺学徒学习当字用书。当字是典铺在长期经营过程中形成的一种特殊字体，书写方式与众不同，字迹特别潦草，"并非楷书，另作一种格式，牵连一串，令人莫识"①。至于当字的来源，现难以考证，一说源于草书十七帖，《当字初阶》即附和此说。抛开当字来源不说，就典铺学徒日用类书内容而言，主要有四项，分别为数字、货币、时间和当物的表达。

二　数字表示

在典业经营过程中，编号、纪时，以及当本和当物的计量等都需要用数字表示。

数字表达。民国以前，数字表达有汉字、草码、洋字和阿拉伯文4种。不过，阿拉伯数字使用不够广泛，"认识亚（阿）拉伯数字者寥寥无几，码号则用'〡、〢、〣、乂、ざ、亠、二、三、夂'等字，出票写账则用'壹、贰、叁、肆、伍、陆、柒、捌、玖、拾'等字，价格则以'亻'字表示之。如洋元换钱拾壹串贰（百），则写作'亻〡一〢'。重量则以'ン'字表示之。如银重九两九钱，则写作'ンダダ'"②。故而，民国以前，数字表达主要为汉字、草码和洋字3种。其中，汉字数字又分汉字小写和汉字大写两种。就汉字大写而言，数字1—10分别写作"壹、贰、叁、肆、伍、陆、柒、捌、玖、拾"。如《当字初阶》编码1—10号，分别写作"壹號、贰號、叁號、肆號、伍號、陆號、柒號、捌號、玖號、拾號"。其数字1—10分别以"壹、贰、叁、肆、伍、陆、柒、捌、玖、拾"表示。就汉字小写来说，数字1—10分别写作"一、二、三、四、五、六、七、八、九、十"。如《当字初阶》编码11—20号，分别写作"十一、十二、十三、十四、十五、十六、十七、十八、十九、廿"。其中，"一、二、三、四、五、六、七、八、九、十"分别表示数字"1、2……10"。草码数字1—9分别写作"〡、〢、〣、乂、ざ、亠、二、三、夂"。如某《当谱》将元丝8扣银800两，写作"元系二扣银捌佰两"③。其

———————————

① 佚名：《西江政要》卷九《严禁典铺票内楷书字迹毋许违例巧取重利并愿留取赎定限》，刻本，南京图书馆藏。

② （民国）《宣汉县志》卷五《职业·商业》，《中国地方志集成·四川府县志辑61》，第172页。

③ 曲彦斌：《中国典当手册》，辽宁人民出版社1998年版，第795页。

图1-1 《民国十三年四月光字号恒和典当簿》某页

中"三"就是草码数字"8"。又图1-1中"共"字下方的"丨"、"δ"和"土"
也是草码,分别表示数字"1"、"5"和"6"等。草码形象直观,比阿拉伯数字
或汉字数字更易于识别、理解、记忆和使用。典铺学徒日用类书虽没有将草
码数字列入学徒习字范畴,但在实际记账中,草码却是经常使用。洋字数字

1—10,则分别写作"18259パ:°&O"①。显然,洋字数字与汉字数字、草码数字皆有所不同,书写方式颇为特殊,是否属于典业专用字体,目前尚不清楚。

数字由来。除洋字数字由来不明外,其他 3 种数字出现的年代先后不一。汉字小写数字出现较早,形成于殷商,完善于姬周,定型于两汉。

表1-1　汉字小写数字演变过程

甲骨文	一	二	三	☰	✕	∩,∧	十	)(	九	∣
金 文	一	二	三	三,☷	☰,✕	介	十	八	九	十
汉 时	一	二	三	▥	✕	☆	十	八	九	十
现 代	一	二	三	四	五	六	七	八	九	十

资料来源:李俨、杜石然:《中国古代数学简史》,中华书局 1963 年版,第 9 页。

汉字大写数字出现于南北朝时期。《北凉神玺三年(399)仓曹贷粮文书》载有"主者赵恭、孙殷,今贷□石……拾斛,秋熟还等斛"②字样。其中,数字"拾"就是"十"的大写。又《西凉建初十四年(418)严福顾赁蚕桑券》载有"建初十四年二月廿八日,严福顾从□签得赁叁簿蚕桑"③等字样。其中,数字"叁"就是"三"的大写。大写数字,在公元 4 世纪前后已开始使用,到了公元五六世纪进一步普及。④ 由于汉字大写数字不易涂改,故其出现后,得以广泛运用。草码数字亦源远流长,与汉字小写同出殷商时代。近人杨荫杭曾做过考证:

今市井纪数,以"∣ ∥ ∭ ✕ ♂ 一 二 三 文",代一二三四五六七八九,

---

　　① 《至宝精求》(又称《珠谱》)不分卷,康熙抄本,南京图书馆藏胶卷,另中国国家图书馆和哈佛燕京图书馆藏抄本。

　　② 唐长孺:《吐鲁番出土文书》第 1 册,文物出版社 1981 年版,第 32 页。

　　③ 唐长孺:《吐鲁番出土文书》第 1 册,文物出版社 1981 年版,第 17 页。

　　④ 张涌泉:《数目用大写字探源》,见《汉语俗字研究》,岳麓书社 1998 年版,第 363—368 页。

谓之"号马（码）"。此法相传极古。考司马温公《潜虚》，以"Ⅰ Ⅱ Ⅲ ⅢⅠ Ⅰ 丁 ∏ ⅢⅡ ⅢⅢ"代"一"至"九"字，则 Ⅰ Ⅱ Ⅲ 与今之号马（码）同。ⅢⅠ Ⅰ 用极尽，盖本于籀文"三"。今"四"之马（码）不作号码ⅢⅠ而作"×"，"×"为"ㅇ"之古文，当与"ㅇ"为同字，盖"ㅇ"即篆文"×"字之变。今乃以"五"为"四"，此大误也。"上"与"丁"皆一纵一横。但"上"则上纵而下横，"丁"则上横而下纵；"二"之为形，一纵而二横，"∏"则一横而二纵；"三"之为形，一纵而三横，"ⅢⅡ"则一横而三纵；此其形虽有纵横之不同，而其理则一。《潜虚》之"ⅢⅡ"今亦不用，盖皆由极画太繁，因废去。"夂"即"久"，为"玖"之省，此不知始于何时。要为最后出之号马（码）。以古音言"九"、"久"不同韵也。《潜虚》所用之号马（码），亦不始于宋。今世所传王莽十品货布，其小布一百，幺布二百，幼布三百，厚布四百，用"一"、"二"、"三"、"四"字皆用极画。差布五百，用"五"字作"×"；中布六百，"六"字作"丁"；壮布七百，"七"字作"∏"；弟布八百，"八"字作"ⅢⅡ"；次布九百，"九"字作"ⅢⅠⅠ"。乃知《潜虚》所用号马（码），与汉世之号马（码）无异。自"六"以下，皆以一画代"五"，而更以极画计之。然此亦不始于汉。今世所传古币，如大阴、半周、兹氏等锐足之泉及明刀，皆周末列国时物，其背皆有号马（码），纵横兼用，与新莽币略同。则又在西汉之前。又考"上"、"丁"为"六"之号马（码），已见《左传》。《左传》"亥有二首六身，下二如身，是其日数。"其日数为"二万六千六百有六旬"。盖"亥"篆作"ㅈ"，从"二"。"二"即"上"字；下乃二人，谓一男一女。又从"ㄴ"，"象里子咳咳之形"。古铜器"亥"多作"ㅈ"，则《左传》所谓"二首六身"者，言上有"二"之号马（码）一，下有"六"之号马（码）三。《左传》所谓"下二如身"者，言以"二"之号马（码）从列，与"上、丁、丁"三号马（码）相并，其式为口。故曰"二万六千六百有六旬"也。要之吾国文字，以数字及甲子字为最古。但其中已有复体字，当在极画号马（码）之后。则号马（码）实为中国最古之文字，特今所用者稍有变迁耳。①

---

① 杨荫杭：《老圃遗文辑》，长江文艺出版社 1993 年版，第 127—128 页。

数字书写。应注意以下几个方面:第一,三种数字书写时,既可单独运用,亦可混合运用。如图1-1中"共"字下方的数字,却是草码和汉字小写混合运用,其中,"｜δ一"为草码,"九"、"三"则属于汉字小写数字。第二,大多情况下,数字书写格式同古籍版式相一致,由上而下、自右向左。如图1-1中数字"念二"就是按照自上而下书写的,"念"为数字20,为十位数,在上;"二"为数字2,属于个位数,在下。不过,数字既可竖写,也可横写,甚至横竖混写。如图1-1中"共"字下方的数字,却是横竖混写的,其中,草码"｜δ一"就是横写的,"九钱三分"就是书写的,该数字真实含义为"一(百)五(十)六(两)九钱三分"。第三,数字书写多简化、省略和别字。如图1-1中的"千"字简化为"丿"。又数字20,有时写作"二十",有时写作"贰拾",有时则写作"廿",甚至有时写为别字"念"。又数字"0",有时写作"〇",有时写为"零",有时省略不写。如图1-1中的"一千廿",应为"一千

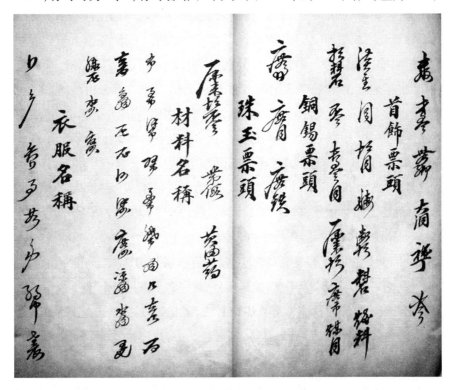

图1-2　《当字初阶》当物票头及名称

零廿",而在书写时就省去了"0"。尤应注意的是,数字"一、二、三"在书写时往往会少一横。如图 1–2 中"三分"的"三",在"分"上写作二横而非三横。

三　纪时表示

纪时表示主要指纪年、纪月和纪日的记载方式。

纪年表示。纪年法主要有数序纪年、王位纪年、年号纪年、国号纪年、干支纪年、太岁纪年和公元纪年,等等。其中,数序纪年、年号纪年和干支纪年最为常见,应用最广。数序纪年法的表达与书写参见数字的表达与书写,兹不赘论。年号纪年法,指使用帝王在位的名号以记录在位期间年序的方法。年号纪年法始于汉武帝,迄于清朝宣统,是我国历史上使用时间最长的纪年法。每个朝代每位新皇帝登基时都要改元重建"年号"。如明朝开国皇帝朱元璋,又称"洪武帝"。"洪武"就是朱元璋的年号。干支纪年法,指运用天干和地支组成的 60 组不同名称循环纪年的方法。天干,根据太阳运行对万物的影响,将其分为 10 个周期,分别用"甲、乙、丙、丁、戊、己、庚、辛、壬、癸"表示。地支,就是将黄道附近一周天等分十二,十二等分由西向东分别用"子、丑、寅、卯、辰、巳、午、未、申、酉、戌、亥"表示。10 天干和 12 地支按顺序便组成 60 干支。上述三种纪年法,大多情况下并非单独使用,而是结合在一起。如 1368 年,或记为"戊申",或记为"洪武戊申",或记为"洪武元年",或记为"洪武元年戊申"。记为"戊申"的,为干支纪年;记为"洪武戊申"的,为年号和干支结合纪年;记为"洪武元年"的,为年号和数序结合纪年;记为"洪武元年戊申"的,是年号、数序和干支结合纪年。又乾隆休宁黄氏《家用收支账》[①]首页题"雍正十一年岁次癸丑收支流水账"。其中,"雍正"为年号,"十一"为数序,"癸丑"为干支,也是年号、数序和干支结合纪年。

纪月表示。纪月法主要有数序纪月法、干支纪月法、季节纪月法、花木纪月法、别名纪月法和律吕纪月法,等等。其中,数序纪月、干支纪月、季节

---

① 王钰欣、周绍泉主编:《徽州千年契约文书(清、民国编)》卷八《休宁黄氏家用收支账》,花山文艺出版社 1991 年版,第 4 页。

纪月、花木纪月和别名纪月较为常见。数序纪月和干支纪月,同数序纪年和干支纪年方法一致,兹不赘论。季节纪月法,指用孟、仲、季的排行来表示一年四季中每季的月次。孟代表每个季度中的第一个月,仲代表季度第二个月,季代表季度第三个月。因此,一年一至十二个月分别命名为"孟春、仲春、季春、孟夏、仲夏、季夏、孟秋、仲秋、季秋、孟冬、仲冬、季冬"等。花木纪月法,指以花木名称和与之生长期相应月份命名的纪月方法。一年中一至十二月分别为"梅月、杏月、桃月、槐月、榴月、荷月、桐月、桂月、菊月、檀月、葭月、栎月"等。别名表达法,指以特定名称纪月的方法。如一月称"春月、王月、正月、端月",二月称"花月、如月、丽月",三月称"辰月、蚕月、瓜月",四月称"余月、清月、乾月",五月称"午月、后月、皋月",六月称"未月、伏月",七月称"兰月、巧月、凉月",八月称"酉月、壮月",九月称"玄月",十月称"良月、阳月、夜月",十一月称"复月、辜月、子月",十二月称"腊月、冰月",等等。上述纪月法中,既可单独使用,亦可相互结合。如《民国是十年汪记当字簿》纪月为"小阳春",就是别名纪月法。又《雍正九年陈广盛月总》[1]载,一月"春王正月、杏月",二月"杏月",三月"桃月",四月"麦秋月",五月"蒲月",六月"暑月",七月"巧月",八月"桂月",九月"菊月",十月"阳春月",十一月"阳月",十二月"腊月",既有数序纪月法,又有花木纪月法,同时还有别名纪月法,属于混合纪月法。

纪日表示。纪日法主要有数序纪日法、干支纪日法、月相纪日法和节日纪日法等。其中,数序纪日、干支纪日和节气纪日较为常见。数序纪日和干支纪日,同数序纪年、数序纪月、干支纪年、干支纪月本质相同,兹不赘论。月相纪日法,指一月中根据月相的盈亏来纪日的方法。其中,初一为"朔",初二为"既朔",初三为"朏",初八为"上弦",十四为"几望",十五为"望",十六为"既望","二十三"为下弦,三十为"晦"。节日纪日法,根据一年中节日的来纪日方法,如正月初一为春节,正月初七为人日,一月十五日为上元节,正月十五为元宵节,五月初五为端午节,七月七日为七夕节,七月十五日中元节,八月十五中秋节,九月九日重阳节,等等。

---

① 《雍正九年陈广盛月总》第1册,写本,安徽省图书馆藏。

三八

知《潛虛》所用號馬，與漢世之號馬無異。自「六」以下，皆以一畫代「五」，而賈
以積畫計之。然此亦不始於漢。今世所傳古幣，如大陰、牛周，茲等錢足之泉及明
刀，皆周末列國時物。其背皆有號馬，從橫乘用，與新莽幣略同。則又在西漢之前。
又考「上」「丁」為「六」之號馬，已見《左傳》。《左傳》「玄有三首六身，下
二如身，是其日數。」其日數為「三萬六千六百有六旬」。蓋「玄」篆作「本」，從十
「三」。「三」即「上」字，下乃二人，謂一男一女。又從「乚」，「乚」象義子咳之
形。古銅器「玄」多作「介」，則《左傳》所謂「三首六身」者，言上有三「玄」之
號馬「一」下有「六」之號馬三。《左傳》所謂「下二如身」者，言以「二」之號馬從
列，與「上」「丁」「丁」三號相並。其式為口。故曰「三萬六千六百有六旬」也。
要之吾國文字，以數字及甲字為最古。但其中有複體字，當在積畫號馬之後。則
號馬實為中國最古之文字，特今所用者稍有變遷耳。

《申報》一九三零年十月十二日

號馬考

今市井紀數，以「一二三Ⅹδ十」字文」，代「一二三四五六七八九」，謂之「號
馬」。此法相傳極古。考司馬溫公《潛虛》以「一二三ⅩⅠ亠」代「一」至「九
字」，則「一二三」與今之號馬同。「三」用積畫。蓋本於籀文「三」。今「四」之號馬不作
「亖」而作「Ⅹ」，「Ⅹ」為「五」之古文，當與「δ」為同字，蓋「乚」即籀文
「Ⅹ」字之變。今亦以「五」為「四」，此大誤也。「亠」與「丁」皆一從一橫但
「亠」則上從而下橫，「丁」則上橫而下從。「亠」之為形，從而一橫，「Ⅱ」則
一橫而三從，「亖」之為形，從而三橫，此其形雖有從橫
之不同，而其理則一。《潛虛》之「Ⅲ」今亦不同用，蓋皆由積畫太繁，因廢去。
「Ｘ」即「久」，為「玖」之省，此不知始於何時。要為最後出之號馬，以古音言
「九」、「久」不同韻也。《潛虛》所用之號馬，亦不始於宋。今世所傳王莽十品貨
布，其小布一百、幺布二百、幼布三百、厚布四百，「一」「二」「三」「四」字皆
用積畫，差布五百，「五」字作「Ⅹ」，第布六百，「六」字作「丁」，壯布七百，
「七」字作「Ⅱ」，第布八百，「八」字作「Ⅲ」，次布九百，「九」字作「Ⅲ」。乃

三七

纪时的书写并不复杂,不过应加以注意的是,在实际记账中,"月"字往往写成"⼁","初"字往往写为"刀"。

四　货币表示

明清时期,货币种类有银币、铜币和纸币三种。其中,纸币问题较为简单,银币和铜币问题则颇为复杂。银币分为银两和银元两种,铜币也分为铜钱和铜元两种。

银两,为称量计值的银币,单位为两、钱、分、厘,单位间采取十进位制。清代白银由银炉铸造,以元宝状为主,统称宝银。各地宝银名称繁多,成色和重量也不一致。根据成色的不等,银两可分为纯银、足银、纹银和标准银4种。银两的称量标准为"平",清代各地的"平"也不一样,主要有库平、漕平、广平、关平和公砝平5种。其中,库平为税收缴纳的标准单位,漕平为征收漕粮折色的标准单位,广平为对外贸易所用的标准单位,关平为征收进出口税的标准单位,公砝平为汇兑价格计算的标准单位。此外,徽典账簿中多提及的"河平",也是清代一种重要的"平"。① 遗憾的是,有关"河平"单位标准,文献资料记载甚少,具体不详。由于银两成色不同、称量标准迥异,流通过程中需要不断换算,十分烦琐。因此,清代对银两的使用实行虚银两制,各地对银两的名称、重量和成色都有明确的规定。如在江苏泰兴,雍正十二年(1734)官府规定,出入银色"以九六为则"②。虚银两中,规元、行化银、洋例银和炉银4种较为重要。其中,规元,又称九八规银,通行于上海地区,以漕平一两为标准,成色以库平银94.4%为标准,习惯以九八扣除。行化银,即行平化宝银,简称行平,通行于天津地区,成色为98.775%。洋例银,通行于汉口地区,成色为98.0272%。炉银,又称过账银,通行于营口地区,成色为99.2%。

银元,按面值计值的银铸币,单位为元、角、分,单位间采取十进位。中

---

① 道光十九年《笃字阄书》(南京大学历史系藏)载有"一扣该阿娇娘存河平元丝银一百一十两,加平银五两一钱七分;一扣该接领益泰、恒丰两典黔邑书棚生息本河平元丝银八百两,加平银三十六两八钱;一扣该荣公祠先泽会生息本河平元丝银一百五十两,加平银七两零五分"等字样。

② 《文漠典条约》第1册,写本,中国社会科学院经济研究所藏。

国银元始于明代中期从海外流入,其时主要为西班牙银元和荷兰银元。清代康熙年间开海后,外国银元在中国流通日益增多,除西班牙银元和荷兰银元外,尚有葡萄牙银元、美国银元和墨西哥银元等。其中,西班牙银元,俗称本洋,19世纪中叶以前盛行于中国;墨西哥银元,简称墨洋,俗称鹰洋,又讹称英洋,19世纪中叶以后盛行于中国。至于清政府自铸银元,始于光绪年间。光绪十六年(1890),两广总督张之洞在广东铸造银元,币值分为"一元、半元、二角、一角、半角"5种,重量分别为7.2钱、3.6钱、1.44钱、0.72钱和0.36钱,成色皆为90%。

铜钱,分为制钱和私钱两种。制钱,指明清官局监制铸造的铜钱,其形式、分量、成色皆有一定规制。制钱单位为文,一枚为一文,一百枚称足陌,一千文称为一串、一贯或一吊。根据重量和面值的不等,清代制钱又分为大钱和小钱两种。清代大小钱之称有两种情形。一是道光以前,钱重的制钱称大钱,钱轻的制钱称小钱。如康熙年间,重1.4钱的制钱称为大制钱,每千文准银一两;重1钱的制钱称为小制钱,每千文准银7钱。二是特指咸丰年间铸造的大面值制钱。咸丰年间,清政府为了解决财政危机,特地铸造当十、当五十、当百、当五百和当千等大面值制钱,这种大面值的制钱即称为大钱。制钱在使用过程中,常有短陌和扣串扣底的习惯。其中,短陌,指以不足一百实数的钱当做一百钱、不足一千实数的钱当做一千钱使用的现象。短陌现象源远流长,上起东汉,下迄清季。"《抱朴子》云:'取人长钱,还认短陌'。钱之有折,其来久矣。""《梁史》大同间铸铁钱,自破岭以东以八十为陌,通百名曰东钱;江、郢以上七十为陌,名曰西钱;京师以九十为陌,名曰长钱。帝诏通用足陌而人不从,末年遂以三十五为陌。唐天祐中以八十五钱为百,后唐天成中减五钱,汉乾祐中复减三钱。宋初凡输官者,亦用八十或八十五为百,然诸州私用则各随其俗,至有以四十八钱为百者。太平天国三年,诏所在用七十七钱为百。"①清代以七十钱当做一百钱使用极为普遍,

---

① 嘉庆《芜湖县志》卷一《地里志》,《中国方志丛书·华中地方715》,台北成文出版社1983年版,第150—151页。

称为七折钱。如芜湖，"市钱以七十为一百，谓之七折钱。其足百，则谓之长钱。"①清乾隆中期，制钱在按文计算的同时，出现按两计算的方式。如乾隆二十二年(1757)，陈敬修将3余亩田地卖给苏州沈氏，得价"七二串钱"42两。② 清代中后期按两计算的制钱，单位为两、钱、分，单位间采取十进位制。对于制钱按两计算的原因，尚不清楚。日本学者岸本美绪认为按两计算的七折钱是相对银两而言，指银1两折钱700文。③ 其实并非如此，按两计算的七折钱仍是相当于足钱而言的，属于短陌范畴，即七折钱10两折足钱7两，或折足钱7000文。④ 所谓扣串扣底，指在原有串钱中扣除若干钱。扣串扣底习惯由来已久。方志载："每贯底除二钱，谓之底串。唐宪宗元和中，京师用钱，每贯除头二十文。穆宗长庆元年敕内外公私用钱，每贯除垫陌钱八十，以九百二十为贯，垫陌即底串也。"⑤又清代朱家角，扣串扣底的习惯为，"底串，足百九九至九七，七折六九至六七。腰串，每千每两中亏或四或二。无底串，千曰通足，两曰足底钱。有时钱，每两杂沙钱，自十至三十。有申钱，无沙钱，以九六为百"。⑥ 短陌和扣串扣底习惯在清代极为普遍。在清代宿松，对于足钱，"每百文中扣去一文者，谓之九九钱；扣去二文者，谓之九八钱；或每千中另扣数文，谓之扣去底钱。串钱甚有以七十六文为百者，谓之七六钱；以八十文者为百者，谓之八足钱；其一无所扣者，谓之十足钱"。⑦

与制钱相对的是私钱。所谓私钱，指私人所铸的钱币。在实际流通中，

---

① 嘉庆《芜湖县志》卷一《地里志》，《中国方志丛书·华中地方715》，台北成文出版社1983年版，第150页。

② 洪焕椿：《明清苏州农村经济资料》，江苏古籍出版社1988年版，第104页。

③ ［日］岸本美绪撰，刘迪瑞译：《清代中国的物价与经济变动》，社科文献出版社2010年版，第295—328页。

④ 如《道光二十二年隆泰典盘总》载，该年隆泰典存架本银30001.035两，钱4537.007两。钱本七折足钱3175.905两，存现足钱1591.071两。二共足钱十一折申银4333.614两。经计算，七折钱10两折足钱7两。又嘉庆《松江府志》卷三○《学校志》载：乾隆三十一年奉贤县绅士捐"七折钱六十两三钱六分，折足钱四十二千二百五十二文"。经计算，七折钱10两折足钱7000文。

⑤ 嘉庆《芜湖县志》卷一《地理志》，《中国方志丛书·华中地方715》，台北成文出版社1983年版，第151页。

⑥ 嘉庆《珠里小志》卷三《风俗》，《中国地方志集成·乡镇志专辑2》，第510页。

⑦ (民国)《宿松县志》卷一七《实业志·商业》，《安徽府县志辑14》，第379—380页。

制钱往往掺杂私铸钱。对于没有掺杂私铸钱的纯制钱,有的称为制钱,有的称为典钱;对于掺有私铸钱的制钱,有的称为时钱,有的称为市钱,有的称为乡货钱。汪辉祖说过,"自鹅眼以至制钱凡数等,杂小钱者,曰时钱;其稍净者曰乡货钱,纯制钱者曰典钱"。① 至于典钱,又说法不一,有称典钱为"当铺中所用者"②,有称"白铜大官板钱,大小一律,俗称'平头饷'。主要用于缴纳公款及典当业,故名典钱"③。

铜元。光绪二十六年(1900)广东铸造银元的同时,开始铸造铜元,以代替制钱,其后各省纷纷仿效,面值分为 5 分、1 分、5 厘和 1 厘 4 种,成为银本位的辅币,属于银元系统。

五 当物表示

当物,指当户向典铺借款的抵押物。学徒学习用书主要记录了当物种类、材料、名称、数量、票头以及当本。

当物种类。《当字初阶》所载当物分为衣服、皮货、首饰、铜锡和珠玉 5 类。其中,衣服类又分"褂、裤、短褂、裙、袼、巾、□、老衣、□、□、单被、寿衣、□、棉絮、□、□、袄、绸袄、□、□、□、围裙、□、□、帐、帐顶、棉、丝袍、斜□、站裙、□□、寿衣、□"等 35 种,皮货类又分"羊皮、狐皮、灰鼠皮、草上□□皮、灰脊皮、银鼠皮、狐狸皮、干尖皮、窝刀皮、杂皮、划皮、珠皮、密羊皮、紫貂皮、貂眼皮、貂狸皮、狐□皮、老羊皮、猞猁皮、猴皮、狐□皮、猫皮、紫猫皮、香鼠皮、猞猁狸皮、獭皮、狼皮、海狐皮、狗皮、豹皮"30 种。首饰类又分"□、□、戒、□、签、链、指签、顶签、巴签、扁、插、丝签、发签、项圈、链联、指扁、如扁、凉扁、它签、丁香、叶、扣针、扣带头、印、牙签、手钏、围链、表、母苏钏、帽人、帽字、帽正、项链、钻石、表链、壳□、脚、秋叶、条、锭、叶、叶、废饰"等 51 种。铜锡和珠玉两类没有具体说明。对于衣服类当物,又有材料之别和颜色之分。材料有"布、月布、洋布、羽布、布、绒布、绸、丝、去丝、□、□、

---

① 汪辉祖:《病榻梦痕录》卷下,《续修四库全书》第 555 册,第 682 页。
② 张家骧:《中华币制史》,民国大学出版部 1925 年版,第 98 页。
③ 赵恒:《湖南鼓铸和使用铜元纪略》,《湖南文史资料选辑第 4 集第 8—9 辑》,湖南人民出版社 1982 年版,第 279 页。

绸、尼、尼、纱、洋纱、废纱、凉绸、水绸、□、绿尼、水纱、夏纱"等。颜色有"青、蓝、白、□、□、黄、灰、子、石、将、酱、茄、月、土、红、录、黑、废"等。

票头,为书写当物的一项制度,指写在当物种类数量前面的词语。不同种类的当物,票头不一。"如抵押品为金银首饰,则金不曰'赤'而曰'淡',银不曰'纹'而曰'铜'。如为铜锡器皿,则常冠以'废'字。如为绸布羔裘衣服,则常以'破碎'、'溃烂'、'虫蛀'、'光板'等字形容。"①票头制度源远流长,至少在唐代已经出现。唐代典业账簿载:"张元爽正月十八日取壹佰文,南坊住钗,破白布头巾一。"其中,"白布头巾一"指当物,"破"为票头。又载"极碎白布衫一",其中,"白布衫一"表示当物,"极碎"为票头。② 元代,票头制度沿袭不废,如将焦赤金写作"淡金",将好珍珠写作"蚌珠",将一领簇新的衣服写作"原展污了的旧衣服"。③ 明清时期,票头书写渐成一定规则。如清人李燧曾说过:"其书券也,金必曰淡,珠必曰米,裘必曰蛀,衣必曰破。"④在清代朱家角,黄金写作"淡",白银写作"低",铜器、锡器、铁器均写作"废",大珍珠写作"细",小珍珠写作"药",衣服无论新旧都写作"烂",细毛皮衣服写作"毡",粗毛皮衣服写作"光",呢绒羽毛写作"蛀",绸缎棉布成匹者,写作"角"。⑤ 由此可知,票头词语皆为贬义词,以达到规避风险的目的。同时,不同种类的当物,所用票头词语不同。《当字初阶》载,衣服类票头有"破、碎、烂、碎烂、溃烂、霉烂、油烂、汗烂、翻烂、尿烂、湿烂、破烂、泥烂、鼠烂、虫烂、扯破、破、溃碎烂、粉碎烂、复染、假做、折旧、两样、无扣、无袖、无纽、两折、光板、无脚、大洞、补丁"等,首饰票头有"淡金、铜、坏铜、两断、断坏、料石、烧料、坏料石、不全、废不全铜、原来坏、费饰、煤铜"等,铜锡票头有"废锡、废铜、废铁",珠玉票头有"原来坏不全、带假、黄油药"等。

① 杨肇遇:《中国典当业》,上海商务印书馆1929年版,第39页。
② 唐长孺:《吐鲁番出土文书》第5册《唐质库账历》,文物出版社1981年版,第314、316页。
③ 无名氏:《施仁义刘弘嫁婢》,见王季思主编:《全元戏文》第6卷,人民文学出版社1999年版,第803—804页。
④ 李燧:《晋游日记》卷三,乾隆六十年正月初一日至四月十五日;见黄鉴晖校注:《晋游日记 同舟票商成败记 山西票商成败记》,山西人民出版社1989年版,第70页。
⑤ 嘉庆《珠里小志》卷三《风俗》,《中国地方志集成·乡镇志专辑2》,第511页。

当物的书写,大致有以下特点。一是半边字。如"褂"写成"卜","裤"写成"广","衫"写成"彡","袍"写成"包","搭"写成"荅","被"写成"皮","缎"写成"段","银"写成"艮","铜"写成"同","铁"写成"失","锡"写成"易","短"写成"矢","碎"写成"卒","翻"写成"番","件"写成"牛",等等。二是别字。紫色的"紫"写成"子",绿色的"绿"写成"录",酱色的"酱"写成"将",首饰的"饰"写成"市",插签的"签"写成"千"。三是连写。"伍件"写成"伍牛","光板"写成"木光反"。四是草书,特别潦草,难以辨认。如《当字初阶》有关数字、颜色和票头的书写即是如此。如数字"十九"写成"玄","一件"写成"魁"。颜色中"青"字写成"扌","蓝"写成"圣"。当票头中"破"字写成"尹","碎"写成"旬",烂字写成"驷"。

当字字数并不多,但要完全辨认和书写亦非易事,又其内容广泛,涉及数字、纪时、物品和金融诸方面,若想融会贯通,需要花费相当精力。所以,无论是《当字初阶》还是《当字簿》,都是根据学徒自身的特点,采用循序渐进的方法,由易而难,由简单到复杂。

第二节 当物鉴识用书

当物鉴识用书,又称《当谱》,指供柜员学习鉴识当物基础知识读本。现存安徽省图书馆《珠谱》《金珠宝石论》和《皮货论》、黄山学院《典业博谈》、浙江图书馆《典务必要》、中国国家图书馆及美国哈佛燕京图书馆《至宝精求》和《银洋珠宝谱》、《续修四库全书》收录的《看珠录》、《典业杂志》收录的《管见集》以及私家收藏的《典业博物》等属于徽典柜员鉴识当物用书。

一 概 述

《至宝精求》成书于康熙年间,封面题有"翠竹轩郑记,至宝精求"等字,内容由序言、当物论和附录组成。序言除题有序作者以及作序时间、地点外,旨在说明《至宝精求》成书经过。序作者为"天都澹庵",作序时间为"康熙丙戌端月",作序地点为"鄂郡客舍"。其中,"澹庵"应是序作者的字或号,姓名不详,"天都"指徽州,说明序作者为徽州人。"康熙丙戌端月"为康熙四十五年(1706)正月,反映了《至宝精求》成书时间。"鄂郡"指湖北武昌,反映作序地点。成书经过为,"吾友眉山,经营翘楚,鉴赏颇精,博采群识,订成一谱"。其中,"眉山"应姓郑,为书作者的字或号,生平不详;"经营翘楚",说明书作者经商有成;"鉴赏颇精",则说明书作者从事典业经营。又,澹庵和眉山两人互为好友,可见书、序作者皆为徽州人,这表明《至宝精求》应为徽州典商所作。当物论为"珠谱"、"宝石论"和"首饰秘诀"3部分,附录为"银色辨要"、"吊水称金法"、"评银洋色法规"、"宝银色病价"、"各省锭色"、"本洋色病价"、"鹰洋色病价"、"洋字"和"量木头码尺寸法诀"等。序言具体如下:

> 夫五云焕彩,骊滨钟照乘之奇;万壑精英,洛浦重连城之价。辉煌奕稷,炫耀古今,光怪陆离,允称世宝。且也定风夺造化之功,辟尘幻阴阳之气,则物之至贵者莫如珠,而珠之足贵者,讵非以温润皎洁为不世之珍耶?然而品类各殊,妍媸自别,有真有伪,有劣有优,有体势之迥相绝者,有形相之稍相近者,亦有依稀仿佛自是而非者,又有异产天姿为染濡而色变者,更有赋质参差而神采可观者。至于新旧轻重之间,种种不一,灿烂当前,心摇目乱,欲为臆度,恐难定物之低昂,若加定评,又虞失殊之泾渭,踌躇辗转,卒无确见。虽有明月夜光,未免鱼目混淆之叹。每见世之称具眼者,各挟一谱为规,往往有得有失,或近或远,非拘牵于往价,即模棱于两端,不几贾胡为千古独步也哉!吾友眉山,经营翘楚,鉴赏颇精,博采群识,订成一谱,问序于余。愧余荒谬少文,焉敢妄喙?然见其分门别类,各有品题,较重量轻,纤毫必晰,且究其出产,度其体势,以定其价值之多寡,持此应世,可鲜暗投之诮矣。殆所谓珠之指南者非耶?今而后读斯谱,可与之言珠,亦不必深知珠而后可读斯谱也。不然者圆活变通,存乎其人,因时措宜,各随其用,苟无卓识,则糟粕徒存矣,是何异偶阅经史,而遽谓精微之蕴道在是矣,其然岂其然乎,是为序。皆康熙丙戌端月题于鄂郡客舍,天都澹庵识。

《看珠录》成书于康熙年间,抄录于雍正年间,由序和当物论组成。序有两篇,一为康熙年间原序,一为雍正元年抄序。康熙年间原序与《至宝精求》天都澹庵序内容基本一致,仅个别字不同,并略去作者题名和作序地点,作序时间题为"康熙丙戌春月",即康熙四十五年正月(1706)。抄序除题有抄者和抄写时间外,重点说明看珠方法。抄者"健庵汪浩"生平不详。其中,"汪浩"应为抄者姓名,"健庵"应是汪浩的字或号。从姓氏来看,汪浩为徽州人可能性较大。看珠方法载有"先看几面以及生相,次看眼大眼小"等字样。当物论分为"珠谱"、"宝石论"和"首饰论"3部分,内容与《至宝精求》相一致,不过抄录次序混乱。

《珠谱》成书于乾隆年间,抄本。封面题有"珠谱 附宝石绸缎罗皮货"等字,内容由序言、当物论和附录组成。序言题有序作者、作序时间和成书经过。序自题"海阳毓和主人",说明作者为徽州休宁人,生平不详。作序时间题"乾隆壬午春",即乾隆二十七年(1762),反映了《珠谱》成书时间。序载,"余家业典有年,得来吴越诸名,讲求最久,不觉汇集成书"。知作者为徽州典商,经营于吴越地区。当物论分为"辨认首饰诀"、"绸缎纱罗"和"皮货"3部分,附录为"王文肃公本箴"和"朱柏庐先生治家格言"。

《典业博谈》约成书于同光年间,具体不详,抄录于民国十九年(1930),封面题有"黄守五,典业博谈"等字,内容由序言、当物论和《物意管窥》组成。黄守五生平不详。序言两篇,一为原序,一为抄序。原序简单交代成书经过。其序为:

> 盖典业者,自遭兵乱之后,诸同人星散流离,前辈老者作古,与余同时者,今皆白发翁矣。所以后辈无前辈之教导,以至珍珠、古玩、宝玉、金银首饰,各种皮毛,难分真假,勿辨高低。见识全茫,使后辈何能习业,而我行岂不失传。今升平已久,各省典业渐次复兴,使家辈有立足之地,于是各处叩教仁人君子,见识高者,赐之大略,聚而书之。方见物件之高低,谨录各种于后。

书作者本是"典业"中人,约生活于道光至同治年间,曾于道光二十二年(1842)亲见大钟一座,又于同治二年(1863)见友人在香港买标。序中的"兵乱"当指咸同兵燹,"今升平已久,各省典业渐次复兴"当指同光年间。抄序内容参见前节《学徒学习用书》。抄序除题有抄者、作序时间、地点外,

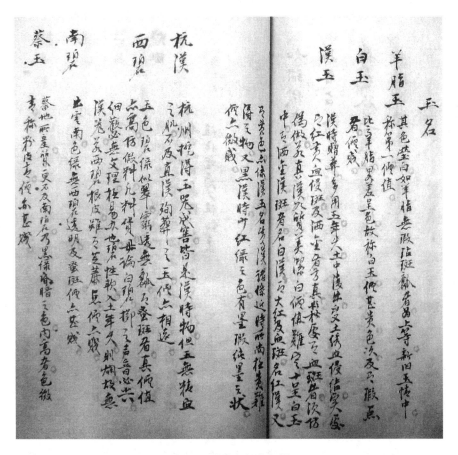

图1-3　乾隆年间《珠谱》

特地说明《典业博谈》一书的由来，即抄者曾楫舟抄自程辉庭君所藏。当物论由"珍珠论、玉器论、翡翠论、白玉论、碧露论、珊瑚论、宝石论、玛瑙论、水晶论、蜜蜡论、琥珀论、绿松论、铜磨石、青金石、试金石、金星石、看包金论、试金论、赤金成分及折扣、纹银成分及折扣"等组成。

《物意管窥》成书年代不详，由序言和当物论组成。序言说明成书经过：

昔人有博古搜珍等集，及我行老前辈不少辨物要诀，其开示后人者，可谓详且尽，闲尝检阅其编帙，亲受口诀，所有宝藏、货财、服物、器用，历见而历验之。恶不夺美，伪不乱真，每若有心得焉，余寝馈此道十余载,虽未能望尘于一二,而涉猎所经,记问所及,终不敢与前哲有所差池,每欲质诸有识,折其衷心,正其谬,以勒为成书。凡年来采之余群书,闻之于前哲,得之于阅历者,悉执笔而率意录之,曰《物意管窥》。

根据序言所记,知作者为典业中人。《当物论》共分4卷。其中,卷一为"各式皮草论、绣货文武黻黼论、绫罗绸缎头论、湖丝土丝论、出口洋庄论"。卷二为"钟表论、珍珠论、打底。铙砂、清白玉宝石论、各项杂石论"。卷三为"金银首饰论、铜锡铁枪炮论"。卷四为"入口洋货皮头论、各色夏布论、来路本地棉布论、各项窑瓦器论、象牙尾藤草席论"。

《皮货论》成书于光绪年间,作者不详,由序言、皮货论和摘录组成。序言记录作序时间为"光绪二十四年季夏",内容为抄录明代崇祯年间内阁大学士江夏贺逢圣《致乡亲戚友书》。

《典务必要》成书年代不详,作者不详,内容分为幼学须知和当物论两部分。幼学须知主要阐述典铺学生"做人之道"。当物论由"珠论、宝石论、首饰论、毡绒论、字画书籍论、布货论、绸绢论和皮货论"等组成。

《银洋珠宝谱》成书年代不详,作者不详,内容由序言和当物论组成。序言交代成书经过:

> 尝见《博物志》、《山海经》云:"珠至三分,可称为宝",况也有一钱二钱奇异,可为至宝乎?曰:"不尽然也"。夫珠以身圆洁白为贵,而圆又要滚盘不定,其光彩要长,精莹可爱,故可称精元之号,然此种者世所罕有……余因昔年曾业典务,亦不学无文,见识浅薄,殆造兵乱,二十年典铺停歇,所有前辈博者,尽皆辞世,此业几乎失传。余闲坐无聊,将自己浅薄之见,表而出之,惭愧之甚。后之君子,见者粗知大概,执之高明,仍祈斧削,则幸也。

该序引自《至宝精求》、《看珠录》和《典务必要》等"珠论"总论,并略作改动。据其所载,作者为典业中人,"昔年曾业典务","殆造兵乱,二十年典铺停歇",因"闲坐无聊,将自己浅薄之见,表而出之"。其中,"兵乱"不详,"二十年"当为光绪二十年(1894)。当物论由"论珠名、湖珠、各珠定价之由、珠目、湖珠论、看金珠诀、苏谱首饰论、满洲首饰捷径折银法例、学看本洋板式、估看鹰洋法、看英洋板式、银经发秘"等组成。

《典业博物》，封面题有"汪汉光，典业博物"等字，由序和当物论组成。汪汉光生平不详，序内容与《银洋珠宝谱序》基本一致。当物论包括"玉器类论、翡翠类论、假珠类、羊皮论"等。

《金珠宝石论》，抄本，成书年代不详。封面题"俊卿订"，并钤有两枚"俊卿"图章，知作者为"俊卿"，生平不详。内容由序和当物论组成，序极为简单，具体为"是书也，独述金银珠宝。习典事者，须当玩此而熟记之。□不一。"当物论由"论金、银器、洋钱"等组成。

《管见集》作者不详，由当物论和附录组成。当物论由"珠论、论玉器、宝石、皮货论"等组成，附录为水包称金法及口诀。其中，"珠论"总论与《银洋珠宝谱序》和《典业博物序》基本一致，其成书时间应在咸同兵燹以后。

上述徽典柜员鉴识当物用书，最早的为康熙年间《至求精宝》，最迟的为光绪年间《皮货论》。这说明，有清一代，徽典对柜员鉴识当物用书十分重视。柜员鉴识当物用书的作者基本为典业中人，是作者长期实践的心得，因而实用性较强，内容多由序、当物论和附录3部分组成，其中当物论为其核心。

二 当物估价

正确评估当物价值是柜员鉴识当物用书的目的之一。当物价值的大小与其种类、产地、特性、等次和规格密切相关，所以，柜员鉴识当物用书对当物的类别、产地、特性、等次和规格记载详细，而且大多情况下注明价目。如《典业博谈》有关宝石中"田黄冻"的论述：

> 阮洲石，产于苏州。其色洁润泽，层红、层青、层白，俱是细苏造插屏、挂屏。其大小不一，有楼台亭宇，或山水、树木、花草、人物、鸟兽之类，一层层脱出异样颜色，亦巨悦目。可阮亦有以绿端石冲（充）阮洲者，为其石不洁，结粗嵩（松）而有砂，又俱是本地造，系肇庆、端州所产，有人呼千层石是也。

该记述中，"阮洲石"为物品的名称，属于田黄冻一种。田黄冻种类众多，除阮洲石外，尚有"砚石、太湖石、公孙石、摩子壳石、金岩"等。"苏州"表示阮洲石的产地，"色洁润泽，层红、层青、层白，俱是细苏造插屏、挂屏"

表示阮洲石的色彩。"大小不一,有楼台亭宇,或山水树木花草、人物、鸟兽之类,一层层脱出异样颜色"表示阮洲石的形状。色彩和形状属于物品的特性。"亦有以绿端石冲阮洲者"表示绿端石是假阮洲石,常被充作阮洲石。"其石不洁,结粗蒿而有砂,又俱是本地造,系肇庆、端州所产,有人呼千层石是也",交代绿端石产地和特性,从而表明绿端石虽是宝石之一,其产地和特性与阮洲石有着本质不同,两者不能混为一谈。该记述交代了阮洲石的名称、产地、特性和鉴别,却没有交代等次和价目。而《物意管窥》有关"洋灰鼠皮"的论述,则明确论及其等次和价目:

> 洋灰鼠皮,系花旗吕宋所来,其皮色与西兔略同。白板者是兔,其色哑暗灰蓝不能分清;黄蜡板者是洋灰,其色毛底紫红,毛面青灰,白针如混雪一般,毛长鲜明油润,以一纯色自为贵;其板黄系用奶子油所硝,以如黄暗色,忌红日晒,久则走油板响毛折,不能复硝慎之。上、中、下褂桶约值银八十、六十、四十元,毛短色杂者不等。

该论述中,除交代洋灰鼠皮名称、产地和特性外,还交代了洋灰鼠皮的等次和价目。其中,"洋灰鼠皮"为物品名称,"花旗、吕宋"为其产地,"花旗"指美国,"吕宋"指菲律宾。"其皮色与西兔略同"表示洋灰鼠皮的特性,"白板者是兔"和"黄蜡板者是洋灰"表示白板兔皮和黄蜡板洋灰皮易与洋灰鼠皮混淆,需要区别。"其色哑暗、灰蓝不能分清"表示白板兔皮的特性,据此可以区别白板兔皮和洋灰鼠皮。"其色毛底紫红,毛面青灰,白针如混雪一般,毛长鲜明油润,以一纯色自为贵,其板黄系用奶子油所硝,以如黄暗色,忌红日,晒久则走油、板响、毛折,不能复硝"表示黄蜡板洋灰皮的特性,据此可以区别黄蜡板洋灰灰皮和洋灰鼠皮。"上、中、下"表示洋灰鼠皮分为 3 个等次,"银八十、六十、四十元"表示不同等次的价目。该记述交代了洋灰鼠皮的名称、产地、特性、等次、价目和鉴别方法。而决定价目的就是物品的种类、产地、特性和等次。

种类不同,价格不一。当物种类总分珠宝首饰、衣服、器皿和字画 4 大类。每大类又分为若干项,如珠宝首饰类分为珍珠、玉器、宝石和金银等项,又衣服类分为棉布、丝绸和皮货等项,器皿分为铜锡、铅锌等项。每项又分为若干种,如珠有龙青、粉白、凤阳湖、马铃湖、含泥、和子、美人湖、浅水、采

阳湖、血湖、秋子、珠溜、广珠、仙雀庄、新珠、震泽湖和珠母等种,皮衣有貂
皮、狐皮、天马皮、猞猁皮、狸皮、豹皮、鼠皮、狼皮、獭皮、兔皮、獾皮、猴皮、羊
皮、海龙皮和海虎皮等。不同的类别当物,价格不一,珠宝和衣服的价值不
可同日而语,金银首饰和铜锡器皿的价值同样不能相提并论。就是同类的
不同种当物,价格也不一。如《管见集》所记"獭皮"价格:

> 獭类甚多,有藏獭、江獭、水獭、土獭之别,其价高低不一,藏獭而带
> 紫色毛肥者,每价银四两。江獭毛短而铃长,淡紫色,亦能做色。水獭、
> 土獭毛薄带灰色。近日里下河一带,有等渔船善捕獭,其獭之巢穴及物
> 性皆悉,捕来售与硝皮店,再溅色或煮玄,做成马褂,只值银十两左右,
> 江獭比藏獭次一等,比土獭高一等,藏獭做领,拔去铃为獭绒,其绒紫
> 色,土獭底绒白色,市上做色之獭尾,假充洋貂尾卖者,须仔细看,若真
> 紫貂尾,其底绒厚而带红色矣。

獭皮有藏獭、江獭、水獭和土獭等数种,不同种类的獭皮,价格明显高低
不等。其中,藏獭最高,每张值银 4 两;江獭次之,土獭最低,每张价格都不
及 4 两。

同种物品,产地不同,价格不一。《典业博谈》载,疋头绸绵,"以杭州为
贵,苏州者次之"。对于疋头绸绵来说,产于杭州和产于苏州的价格不同,
由于杭州"出产七厘湖丝",兼之"监管织造内局者"设在杭州,所以杭州绸
绵价格高于苏州的。又飞狸皮,云南出产的,其"板厚而且绵如羔皮,其色
紫红润滑,箭毛长软,绸密而有白蔴点起。褂桶约值银二十元,马褂桶约值
银十一二元"。江西出产的,其"毛稀疏而粗硬,其色常红而无点,其板极
薄。马褂桶约值(银)四元"。徽州出产的,其"形如犬只猫,其色淡,其毛稀
疏,短而哑不甚滑,其毛底或黄或蓝不一,染色可以混充射狸孙也。袍桶约
值银十四元,褂桶约值银十二元,马褂桶约值银六七元"。对于飞狸皮来
说,产地有云南、江西和徽州等,各地飞狸皮毛色质地均有所不同,故而其价
格因地而异。其中,云南最高,马褂桶约值银十一二元;徽州次之,马褂桶约值
银六七元,相当于云南产的一半;江西最少,马褂桶约值银 4 元,相当于云
南产的 1/3,徽州产的 2/3。

同种物品,重量不同,价格不一。如《至宝精求》载,珠子,"一厘:精,二

钱,时值六分。二厘:精,二钱五分,时值一钱六分。三厘:精,五钱,时值三钱五分。三厘五毫:精,六钱,时值四钱五分。四厘:精,八钱,时值六钱。七厘:精,三两五钱,时值三两。重三两,值银十五两;重五两,值银三十两,重十两,值银一百二十两"。对于精珠,其重量从 2 钱至 10 两不等,重量不等,价格不同,重 2 钱的价银 6 分,重 10 两的值银 120 两,后者的重量是前者 50 倍,然价格却是 2000 倍。可见,珠子越重,价值越大,价格越高。

同种物品,等次不同,价格不一。例如,《至宝精求》载,湖珠,"一分重,价值五六两;如有腰箍,只值三两,次之价可二两;若色黄,仅估一两。其重至一分二厘至一分半者,果能圆白全美,价值十两;或有腰箍,则每粒在五六两之间。其色黄者二三两。美人湖光圆(者),可照前价。如系血湖,虽身份似前,而估二三两足矣"。又《典业博谈》载,上江米珠,"约值价银对换,次每两价银七钱,再次五钱,更次三钱"。可见,上江米珠分为 4 等,每等价格不一,上等珠 1 两,值银 1 两;二等珠 1 两,值银 7 钱;三等珠 1 两,值银 5 钱;四等珠 1 两值银 3 钱,等次越低,价格也越低,下一等次的价格相当于上一等次的 70%。又《物意管窥》载,黑紫羔皮,"总要色润滑,双绒底,通身匀,方拼者为贵,亦要分上、中、下 3 等,后学者需要留意,恐以山羊皮混冲,其价千里。马褂桶上约值银五十五元,中约值银四十元,下约值银三十元"。黑紫羔皮 3 等,制成马褂桶亦分为三等,上等值银 55 元,中等值银 40 元,下等值银 30 元。

同种物品,年代不同,价格不一。如三分圆珠,康熙年间《至宝精求》载其价格为"八十四两",而雍正年间《看珠录》载为"八十两"。又《物意管窥》载,双播喊密面大半夹板,"道光末、咸丰初,有播喊怡掌,字号大八件,细花油金两个,致行七日,红石眼八石、十石不等。初到时,每个值银五十元至四十七八(元);至咸丰五六年,每个值银三十元至二十八元;至十年,值银二十三四元。同治二年,有友人出香港买标,买得七日两致标十对,每对价二十元"。自道光末年至同治初年十余年间,播喊怡掌的价格由银洋 50 元跌至 20 元,跌幅甚大,达 60%。又《物意管窥》载,吕宋石壳座钟,"同治元年始见,至戊辰夏时,约共来得十对。初到时,每个约值银一百元,至戊辰全美者尚值银五十元"。自同治元年(1862)至七年(1868)的 6 年间,吕宋石壳座钟的价格由银洋 100 元跌至 50 元,跌幅为 50%。又日字样本钟,"高约一尺七八,阔六七寸。如猪兜盆样,扪画皮抹吧和油,面白铁,用油粉色画字,铁针囊内事件不满三寸,行长尾骑马,双法条打铜须,初到时值银四元,日贱一日,值银□元"。①

三　鉴物方法

使柜员能够快速、准确辨别当物真伪,也是鉴识当物用书的目的之一。当物鉴别方法很多,"有影寻形之法,如烧青遮盖以辨其色,而知其是也。有寻龙点穴之法,如龙头簪环钯类,看其棱角头翎是也。有古镜重磨之法,如松烟熏黑类旧者,将指头一擦即退其黑是也。有寻根问树之法,如三勾料作者,钻磨不出,直用火攻之是也。有子不应眼之法,如贯头圆铇观其外则好,以手扳太硬是也。有手不应心之法,如伪金环戒指者,而心处其,其以手得其轻是也。有眼不应耳之法,如贯侵肚环,见其外好以耳听卓无声是也"。② 从其论述中可以看出,鉴识当物主要有两种方法:一是根据当物本身属性来鉴别,所谓辨其色、观其形、听其声、嗅其味、擦其外物和掂其轻重即是;二是借助其他物品来鉴别,所谓"用火攻"即是。此外,鉴别者本身的素养、态度对当物的鉴别也极为重要。概括说来,对当物的鉴别应从当物属性、借助外物和鉴别者本身三方面着手。

1. 根据当物本身属性鉴别,就是根据当物形色味觉声等特性来鉴别。

形状鉴别。根据当物的大小、长短、粗细、厚薄和方圆来鉴别。《管见集》载,"珍珠毛,此乃秋衣,其毛要细,如珠一般滚圆,其皮板要薄。有种蜜老羊皮假充者,其珠必大,其板厚则铲薄以充者,总要看毛之大小,分清不分清也"。珍珠毛和蜜老羊皮属于两种不同的皮货,价值相差大,两者的区别在于形状。其中,珍珠毛外形细、圆、薄,而蜜老羊皮毛外形粗、大、厚。又《典业博谈》载,羚羊皮,"出自陕西口外,其毛长大而质轻,毛尖银嫩而细软,色白绒足,每件袍总重约一斤余两,价值三十余两之谱。又有一种毛短

---

① 《典业博谈》第 1 册,抄本,黄山学院图书馆藏。
② 《管见集》,见《典业杂志》中册,安徽师范大学图书馆藏。

而银嫩,如鹰爪一般,如蒜瓣一样,要次一等。亦要轻球为妙,然分西、北口,若北口板子厚些,西口薄些。还有一种半山货,名曰怀货,毛虽肥厚而糙粗,毛硬板厚而重,并有些气味难闻,乃用鸡脚菜煎水刷成纽毛假充羚羊皮,又充萝葡丝煮亦多。如穿久则成饼,如绵条一般。仔细斟酌此物总以轻裘、银嫩、细软为贵,粗糙毛硬有鼻气者,即贱之耳"。区别羚羊皮的真假在于观其形状,真羚羊皮质轻、毛尖、银嫩而细软,而假羚羊皮毛粗硬、板厚重。

颜色鉴别。根据色彩的种类、深浅、浓淡以及变化来鉴别。《管见集》载,碧露,"此件要颜色鲜艳,如桃花之色,仍要透水,品像要好,方为上品。如有裂坏,其价次之。按碧露分五色,而红色为上,其余价不高也。如不透水,即次之,淡者又次之。又有新坑、老坑之说,新坑者嫩,不及老坑之价也。有种帽花、带头、烟壶盖等件,色白淡,而底下用红纸衬托,以显其红,须要留神。又有水晶溅色假充者,其中绵而色不正,中有红绿,此凭据也。又有桃花石洗成而假充者,此物红而无宝色,均须仔细"。玉器类碧露伪品较多,区别碧露的真伪在于辨其颜色,真碧露颜色鲜红或淡红,而假碧露颜色不正,中有红绿、色白淡。又《管见集》载,葡萄狄,"即猞猁之狄也,按猞猁背上之毛,黑花色为脊,两边肚皮之毛,白色为狄,而狄之中间有黑毛,所以名为葡萄狄,以其状如葡萄故也,用气吹之,底绒紫色,白狐狄吹开全白,此分别也。每遇猞猁套或马褂,总是像生开居多,所以两袖底,及前后心背有白团,吹开即别真假矣"。鉴别葡萄狄的真假在于辨其颜色,吹开猞猁背上毛,呈现葡萄状颜色的为葡萄狄,呈现全白色的为白狐狄。

气味鉴别。如区别羚羊皮的真假,除观其形状外,重要一点就是闻其气味。其中,假羚羊皮"气味难闻",而真羚羊皮则无难闻气味。

声音鉴别。如阮洲石,"以手击之,声如水音为贵",无水声则价贱。

大多情况下对当物的鉴别,并非仅仅依靠当物某一属性来鉴别,而是依靠当物多面属性来鉴别。如《看珠录》载,假金杯,"形如瓮,荷叶式,用黄铜凿成,外面镀金,每只约重三两之外。形身秀小,托之颇重,底亦极厚,亦能坠手,杯外枝杆盘绕,连以小叶花蕊,皆镀厚金,沿边走汗金丝。虽钻锉里外皆黄。惟用重刮,再将刮开之处上石,试以水银,或将刮处呵气一门,必见两样颜色,即知真伪矣"。鉴别真假金杯需要从形状、颜色等方面来鉴别。

2. 借助外物鉴别，主要借助水、火和光等日常物体来对当物进行鉴别。

借助水鉴别。常见方法有两种：一是用水浸，一是用水煮。如《至宝精求》载，明月重辉，"将珠先浸一夜，次日以益母草烧灰浸汁，入面少许，以好绢袋盛之，轻手探取，洗其色，鲜明如新。忌麝香，麝香能暗其色。如珠被油浸者，用鹅鸭粪晒干烧灰橙汁，绢袋盛洗为妙。如珠色焦黄者，穗子浸汁洗，再用研碎萝卜淹珠过一宿，其色能转白"。辨别珠子明月重辉，可以用水浸方法。经过水浸后珠色由焦黄转成白色的，为明月重辉，否则不是。又《看珠录》湖光一变，"色红而带微白者，用两新砂锅贮河水，各候滚沸数次，用新白纱片或细夏布作袋，盛珠于内，吊于罐水之中，微火煮之，候此罐水干，则以二罐易之，但舔水须滚水，若冷水即染水黑矣。火不可急，急恐破裂生纹。惟看其身份，宜其火候。若水深而面白者，虽犹治之，亦无光色也"。辨别珠子湖光一色，可以用水煮的方法。经过水煮后，有光色的则为湖光一色，无则不是。

借助火鉴别。主要为火烧法。如《典业博谈》载，通心圆危（钜），"其危（钜）有夹的，惟烧叶最多，整易只是类旧，疑其满身花燥似带滑者，又加以黑里。有条汗口最易识之，若银的汗口有不露，若是夹铜及烧叶者，无有不露之理。声轻色浮，但怕火攻。若以手顺折，则综纹果铜，俱以白脚，都有瞒过即可，直望其脚黑矣，若是斜视其脚，故此白也"。鉴别首饰通心圆危（钜），可用火烧法。经过火烧后，汗口处便会显示出不同金属物。

借助日光鉴别。主要是光照法。如《典务必要》载，看西洋红法，"将石放日中，一照慢红，有金星银翅，毫光闪闪，耀入眼花为真。且沉水皆红，提起皆清，可验也"。鉴别宝石西洋红，可以光照方法。经过光照后，有"金星银翅，毫光闪闪，耀入眼花"便是西洋红，无则不是。又水晶，"将石于水中、日中取得火出者为真，无火为假"。鉴别宝石水晶，即可用水浸和日光照射的方法。经过日中照射，有"火出"的便是水晶，无则不是。

借助其他物体鉴别。如《典务必要》载，阻马绿，"将石放在路中，以快马加鞭远来，跑至石边，必然徒见惊跳，肉颤胆寒，缩头退步之状者为真"。鉴别宝石阻马绿可用跑马方法。又子母绿，"将石与孕妇佩带，至月足除之，分娩临盆，安康顺遂，坐蓐无虞。时逢子午，此石之色格外转绿者为真"。鉴别子母绿可用孕妇佩戴法。

3. 提高鉴别者鉴别能力,有助于鉴识当物的真伪。

当物种类繁多,当物的真假有时不易辨别。鉴别者除掌握当物属性鉴别和借助物体鉴别两种方法外,提高自身鉴别能力更为重要。提高自身鉴别能力,需要端正鉴别态度,熟知鉴别程序。对此,《典业博谈》作者黄守五总结为,从"细处究其详,辨其巧,留心在意,目击耳入耳,反复察理,真伪立分。须要件件用神,熟处自能生巧矣",具体概括为"十思"、"九疑"、"三番"、"四复"。

十思。举目观颜色,摇声似响钟,伪处无磨路,手扳硬似弓,至巧为青盖,最软是红铜,尾轻头更重,腰细脚丝松,委屈成观勉,湾湾总不同。

九疑。皮浮防夹弊,骨实断非低,类旧多烧叶,图新不是师,似老痕无老,今时比昔时,声升轻且跳,钻处起砂飞,灰蓝是铜底。

三番。一任留心便是佳,何论白叟与童孩,虽云二十年来业,三读知珍妙理开。

四复。眼见色符,必须举手。既折看脚,切勿斜观。正者一两,伪者九钱。金不怕火,银不怕煎。

"十思、九疑、三番、四复"用口诀的形式,读起来朗朗上口,易于记忆。所谓"十思",是从正面强调真实当物本身的色、形、声、质等属性,并以此来鉴识当物的真伪。所谓"九疑",是从反面论述赝品的色、形、声、质等属性,以此同真实当物属性进行对比,从而可以鉴识当物的真伪。"三番"和"四复"指鉴别者鉴识当物的态度。其中,"三番",就是鉴别时要小心谨慎,仔细端详,反复察看,以免走眼,误假为真。"四复",就是鉴别时要从不同角度、不同方位对当物进行全面察看,同时借助必要的辅助物以鉴别真伪,最后正确评估当物的价值。

徽典柜员鉴识当物用书,是长期实践经验的总结,概括了一般鉴定规律。它一方面内容丰富,实用性强,反映了徽典柜员较高的鉴定水平和社会物品的多样性;但另一方面又内容陈旧,缺乏时代气息,难以满足徽典柜员的鉴定需要。顺便指出的是,虽然传统鉴定方法不尽科学,但在现今仍有其实用价值,特别是对于从事信托行业、文物工作的初学者更具有一定的学习参考价值。①

第三节　典铺管理用书

典铺管理日用类书,指规范典铺经营管理用书。现存中国社会科学院经济研究所乾隆《文谟典条约》、中国国家图书馆和哈佛燕京图书馆《典业须知》,以及私家收藏的《习业要规》、《典业致要》都属于徽典管理日用类书。另,安徽师范大学图书馆《典业杂志》和宓公干《典当论》也收有徽典规条。

一　概　　述

《文谟典条约》,写本,封面题有"文谟典条约"5 字,书内容分为"出入"、"衣当"、"栈货"、"取赎"、"卖货并栈"、"食用"、"辛俸"和"禁戒"8 部分。其中,"辛俸"载有"回徽照月扣算"字样,可知文谟典经营人员来自徽州,则其当为徽州典商所开。又"出入"条载有"发当钱文照泰邑通例九八底串","栈货"条载有"泰邑所当栈货,麦豆、米稻、穄子、棉籽、豆饼、蚕豆、安豆几种"等字样,可知文谟典开设于以"泰"字开头的县境。明清时期,以"泰"字开头的县份有山东泰安、江苏泰兴、浙江泰顺和江西泰和等,根据徽州典商的活动地域来看,当以江苏泰兴可能性较大。又"食用"条载有"重阳为骚人遨客之节,登高作赋,似与市厘无与。但丰典旧例,以九月初八大抵过忙,借此节期,一蔬一肴,聊致犒劳之意"字样,又"辛俸"载有"今本典亦照丰典旧例,作九五拨津,柜友赎利百两津贴五两,按季支付"字样,可知文谟典条约多采自丰典。据《乾隆四十二年张恒裕典总账》②载,"一存丰典内丙三月十五日移钱作银、一存丰典内丙四月初一日移钱作银"。又《乾

---

① 赵金敏:《当铺鉴别珠宝文玩秘诀》,燕山出版社 1991 年版,"前言"第 7 页。
② 《乾隆四十二张恒裕典总账》第 1 册,写本,藏中国社会科学院经济研究所。账簿题名为笔者根据有关资料拟定,尚待进一步考证。下同。

隆五十三年至五十七年休宁茗洲吴芝亭信底》①也载有"寄泰兴丰典致孚省叔"、"致孚省叔于泰兴吴丰典中"等书信。又《乾隆四十八年吴丰典总账》②载有"家中各存本，乾隆四十八年三月十五日，借文谟典钱一百万"字样。由此可见，《文谟典条约》中丰典当为吴丰典，同时可知吴丰典开设于江苏泰兴。又张恒裕典也开设于江苏泰兴。综合来看，文谟典亦开设于江苏泰兴。又"辛俸"条载，"管楼事项轻，丰典例有犒勤之贴，今本典亦仍之，但新开不能多增，以渐递加可也。今议己巳年四月至十二月每月贴二钱，庚午年每月贴三钱，辛未年每月贴四钱，壬申年每月贴五钱，以后不覆再加，所贴之数按季交付"。可知《文谟典条约》制定于"己巳年"。据前所述，此处"己巳年"应为乾隆十四年（1749），即文谟典约开设于乾隆十四年（1749）。

《典业须知》抄本，作者不详，由序和正文组成。文中多次提及"我新安一府六邑"等语，知其作者出自徽州。其序载："吾家习典业，至予数传矣。自愧碌碌庸才，虚延岁月。兹承友人邀办惟善堂事，于身闲静坐时，追思往昔，寡过未能，欲盖前愆，思补乏术。因拟典业糟蹋情由，汇成一册，以劝将来。不敢自以为是，质诸同人，金以为可，并愿堂中助资刊印，分送各典，使习业后辈，人人案头藏置一本，得暇熟玩，或当有观感兴起者，则此册未始无小补云尔。"知其作者出身典业世家，曾承办浙江杭州新安惟善堂事务。又作者在"谆嘱六字"中提及："金陵为繁华之地，近日学生习气，专以好吃好穿为务，银钱不知艰难，吃惯用惯，手内无钱，自必向人借贷，屡借无还，借贷无门，则偷窃之事，势有不能不做。"据此推断，作者曾从业于金陵典铺。又"贻福"中载有"金君厚堂太先生之嗣君字少堂，于咸丰乙卯科举人，于浙江裔籍"字样，"咸丰乙卯"为咸丰五年（1855），知其编纂年代应在该年以后。咸丰五年，浙江金姓举人只有金曰修和金曰项两人，皆为杭州钱塘籍，③金少堂应为两人其一。其中，金曰修，字少伯，号子汀，原籍安徽休宁，同治四

---

① 《乾隆五十三年至五十七年休宁茗洲吴芝亭信底》第 1 册，抄本，藏中国社会科学院经济研究所。

② 《乾隆四十八年吴丰典总账》第 1 册，抄本，藏中国社会科学院经济研究所。账簿题名为笔者根据有关资料拟定，尚待进一步考证。下同。

③ 光绪《杭州府志》卷一一〇《选举五》、一一三《选举七》，《中国方志丛书·华中地方199号》，台北成文出版社 1974 年版，第 2163、2196 页。

年（1865）进士，历任内阁中书、兵部员外郎等职，编有《浙省安徽会馆录》。① 据《歙县志》载，金厚堂似乎为金高德。金高德，"字厚存，潜口人，商于杭州，倡建江干惟善堂"②。至于杭州新安惟善堂司事，光绪《新安惟善堂征信全录》虽有明确记录，惜所记人物生平不详，难以对作者进行判断。

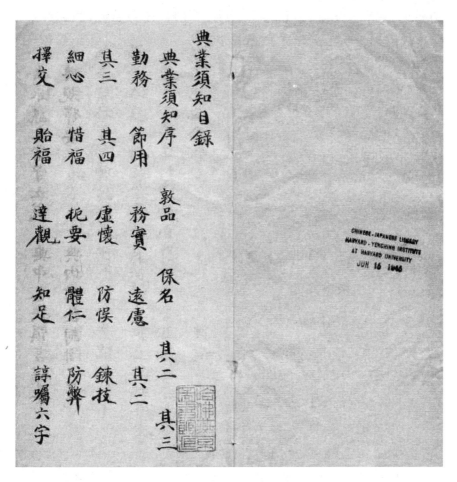

图1-4　《典业须知》目录

　　① 朱彭寿：《清代人物大事纪年》，北京图书馆出版社 2004 年版，第 1194、1506 页；汪庆元：《徽学研究要籍叙录》，《徽学》第二卷，安徽大学出版社 2002 年版，第 365 页。
　　② （民国）《歙县志》卷九《人物·义行》，《中国地方志集成·安徽府县志辑51》，第 388 页。

　　《典业杂志》,作者不详,内容由官府文牍、典铺经管文约以及当物论组成。其中,官府文牍主要为有关典铺开歇、当期利率、榜规、税捐和案件公文,如"全国典当业条例草案、江督通饬苏皖赣三省各属典铺取息定期文、安抚宪底稿、休宁县传谕"等。典铺经管文约又分为经营文约和规章制度两部分。经营文约主要为有关典铺开歇、当期利率、经营情形和案件等文契,如"苏宁典商请改洋数限期禀、扬州典商禀陈营业困难情形、崇明致泰典被纯泰庄朦控上各宪诉禀、安庆同春典筹议公所请减架本禀稿、芜湖同福典开张请帖禀稿、孙家埠厚庆典业歇业禀、屯溪宏元典同裕典议约、湖口同吉典顶单、殷家汇同泰典被窃案件"等。典铺规章主要为榜规和内部管理章程两种,榜规有"屯溪同裕典遵奉宪示核定榜规十条、安庆惠通质木榜规条、宿松县下仓埠同昌典榜规"等,内部管理章程有"芜湖同福典分派出息章程、同福典停当后同人规则、孙家埠同吉典学生司事规条、湖口丁宅同吉典规章、同吉典续定章程、湖口同兴典规章十条、同兴典学生规定章程、同兴典学生司事章程和湖口同兴典重订销号规章"等。当物论主要为"管见集、试验金刚钻真赝法、平规指掌"。"管见集"为柜员鉴识当物用书,"试验金钢钻真赝法"为鉴别金刚钻方法,"平规指掌"为各地银两平的标准。据其所载,《典业杂志》应与宁国府太平县苏成美家庭典铺有关。苏成美(1827—1894),字怀之,号迈周,晚清著名商人,建有住宅"宝善堂",生有文贯、文卿、文郁、文选、文振5子。成美父子先后在安庆、芜湖、大通、贵池、屯溪、青阳、宿松、南京、苏州、杭州、武汉、长沙等地开有众多典铺。① 而《典业杂志》中所载典铺正是位于这些地方。其中,屯溪宏元典于光绪元年(1875)由黄子奇顶替给苏怀之,宣城县孙家埠厚庆典于光绪二十九年(1903)由黄荣略顶替给苏宝善堂,湖口同兴典于光绪二十七年(1901)由丁宅顶替给太平县商人苏同兴。显然,顶替3座典铺的正是苏成美父子,从而表明《典业杂志》所记内容与苏氏典铺关系密切。

　　《习业要规》,王振忠藏,作者及成书年代都不详,记录典规11条,较为全面地概括了典铺学生行为规范。《典当论》收录有民国八年(1919)南京

---

　　① 陈朝曙:《苏雪林与她的徽商家族》,安徽教育出版社2008年版,第74—84页。

《某典规条》和《学生职务》。其中,规条共18条,主要规范典铺营业时间和人事制度。《学生职务》共分18类,每类下设若干项,极为具体。同时,规条中载有"典员请假须俟营业之清闲时,轮流更替。不得同时并请。本地人每月不得逾五日。外县人每年不得逾六十日。安徽人三年准假六个月。有眷属在宁者,不得常用住宅,违者以逾假论"字样,说明该典人员来自苏、皖两省,以徽商经营可能性较大。不管怎样,清末民初南京典业属于徽帮经营则毋庸置疑。

徽典管理日用类书旨在对典铺人事、财物和制度等方面进行全面规范。

二 人事管理

人事管理主要体现在人员的组织结构、岗位职责和日常生活诸方面。

组织结构。典铺管理用书对典铺人员构成有明确记录。《典业须知》载,徽典人员由执事、司楼、管饰、掌头柜、同柜诸友、管钱、副楼、副事、写当票、卷包、学生、厨房上灶、厨房下灶、打更、司务等组成。其中,乾隆泰州徽商《文谟典》人员由执事、柜员、管楼、管栈、管饰、小官和管厨等组成。光绪《湖口同兴典规章》载,同兴典由执事、司楼、正钱饰、副钱饰、头柜、二柜、三柜、四柜、五柜、正写票、副写票、清票、捲包四人、大学生、二学生、三学生、四学生、五学生、六学生、七学生、八学生、九学生、十学生、十一学生、初进学生、厨房正灶、厨房副灶、更夫和茶行等人员组成。《民国八年南京某典规条》亦载,该典由执事、管包、管钱、管饰、柜员、写票、清票、卷包、挂牌和学生等人员组成。由此看来,徽典人员多少不一,有的不及10人,有的可达30余人,概括起来,由执事、管楼及副手、管饰及副手、管钱及副手、柜员、副楼、学生、管厨和更夫等组成。另外,徽商典铺大都专设出官一职,以处理典铺与官府之间事务。徽商典铺人员,按其职位和级别分为不同的缺。从其职位来看,分为内缺、外缺、中缺和学缺4种。其中,管饰、管包、管钱,属于内缺;柜员属于外缺;副楼、副事、写当票、卷包等副手,属于中缺;学生属于学缺。管厨和更夫则不分缺,专为典铺勤务人员。同一职位缺中,又分为不同等级。柜缺一般分为四等,分别为柜缺一、柜缺二、柜缺三、柜缺四;学生一般亦分为四等,分别为学缺一、学缺二、学缺三、学缺四……初进学生,等等。典铺人员之间等级森严,特别讲究论资排辈,职位升迁以入店时间为标准,依次升级,由学徒升中缺,再至柜缺、内缺。每一缺中不同等级,同样是逐步升迁,不得逾越。

岗位职责。徽典按岗设位,按位设人。徽商典铺人员,不同缺位承担不同事务,同缺不同人员,也分工明确,即"一人有一人之专职"。对此,典铺管理用书对典内人员岗位职责有明确规定。光绪年间《湖口同吉典规章》规定,执事调度"典务大小事件",司楼"经管包楼事件,兼训导学生",司钱"经理账目",司饰对"柜上逐日当下首饰,收明过印",司柜要"确实估值"当货,司首柜"经管柜前柜房事件",写票"务要票帐合符,如未听明,再重问花色件数,方行落笔,免其讹错",卷包"务要衣件,照小票点明数目件数,如有多少,即行问明柜上,如有不对,经手自赔,倘货当贵者,当即告知司楼酌行",清票"逐日赎取之票,核其经收,按月注销结算,订成清票总薄",挂牌"须要对小票号形,本钱件数,如有不对,经手自赔",学生"专司查当,以及零星事件"。同吉典从执事到学生,都有具体职责,而且各司其职,不得越俎代庖。其中,执事最为重要,负责全典一切事务。对此,《典业须知》载:"此缺最繁,事无巨细,皆所应管,倘他人之过失,即自己之失察。且是众人之表率。一动众目昭彰。"又《屯溪苏同裕典规章》也载,执事"总管各务,筹理出入银钱,督察通典情形,悉心布置,以昭安靖"。此外,司楼一职亦相当重要,主要负责包楼和训导学生两项事务。其中,包楼是典铺存放衣件、皮货当物所在,又称库房,事关重大。对此,《典业须知》载,司楼"收货专司之责",为"学生之领袖"。又《屯溪苏同裕典规章》也载,管楼"督同捲包,估值货物,如有信当,不得徇情朦弊,立饬经手,照章赔罚,倘楼房内遗失货物,查察不出者,责令照赔"。司楼不仅要管理楼房事务,还要检查每号当物价值是否符合,一旦发现价物不符,便向执事汇报,以追究柜员之责。若不汇报,由此造成的损失,便由司楼坐赔。同时,对于楼房遗失当物以及其他原因造成的损失,司楼也要按价赔偿。典铺其他人员中,柜员全面负责对外生意,准确估值当货。其中,首柜,又称大掌柜、掌头柜,属于柜员中最重要职务。如《典业须知》载,掌头柜,"外之大缺也,通柜友之首领,息柜外之争端,干系颇重"。掌柜对各种当物须能够充分鉴定、准确估价,否则就会上当受骗,给典铺带来不必要损失。

日常生活。典铺管理用书对典内人员日常生活管理严格。一是要求典铺人员无事不得出门。如《文谟典条约》载,典内人员,"生意稍暇,只宜在店内照看,无故不得在市上闲游,更不得呼朋引类,坐茶坊闲谈,盖渐不可长,是以不得不防微而杜绝也"。又《典业须知》也载,典中同人,"无事不得出门闲荡,以荒正事";对学生要求尤严,规定"不准出门"。二是严禁典铺人员赌博、嫖娼、吸烟和演戏。如《文谟典条约》规定,"一切纸牌、骰子、骨牌、象棋之具,总不宜设,倘有犯者立辞出店"。"花柳之迷人最易溺,不知损德,身固当切戒,而生意场中尤为人所忌,一或不戒被人捉短,百般诈措,不但自失体面,而本典亦为削色,且心志虫惑,用度奢侈尤联,类而至是,又不特体面所关,更有误于生意","呼庐页戏,公令严禁,而私防亦不可不密"。又《典业须知》规定,典中"赌具不准进门,虽正月初闲,亦不准赌钱"。同人"毋许在外游荡,不准花柳"。典中"不准吸烟,查出立辞不贷,或在外面亦然"。又《民国八年南京某典规条》规定,"冶游赌博及一切违法举动,为典业所必禁"。三是节制酗酒。如《文谟典条约》规定,酒以"合欢,适可而止,毋得贪纵"。又《典业须知》规定,"每逢佳节,每桌酒四斤,不准多添,因酒能乱性,亦能壮胆,不可饮多"。对于违反典规人员,轻则训诫罚款,重则辞退开除。如《文谟典条约》规定,饮酒过度,"倘有乱德乱仪者,罚钱十文入公"。对于赌博、嫖娼、吸烟和演戏的,"有犯尤惩","立辞出店"。又《典业须知》载,学生年幼,"所有做错事件,明白告知,警其下次"。而对参与赌博、嫖娼、吸烟和演戏的,则"立即撤退"。四是要求典铺人员诚实守分、和睦相处。如《幼学须知》载,凡"为人处世、必须立品端方为上,务在诚实待人,不可使用心术"。又《典业须知》亦载,典铺人员"务宜守分",同人之间"以和为贵,能让一言,即可无事,况同锅吃饭,亦有前缘,何能依自己之性情"。徽商典铺对人员的挑选极重人品。如执事,"须要择其老成持重,磊落光明之辈,方可托寄重任"。五是要求典内人员勤学技能。典业具有很强的专业性,初学者需要学习各类技能,逐渐积累知识和经验,方能循序渐进。典内备有《当字簿》和《当谱》供学生练习当字和鉴识当物。如《民国八年南京某典规条》规定,学生"每晚公事毕后,即练习当字及书算等类,以备考察,评定甲乙。屡列前茅者,记功。功多遇缺提升"。徽商典铺不仅注重对典内人员技能训练,而且对人员挑选极重能力,如司楼,"须择老成练达,见识有为之人"。

徽商典铺组织严密、等级森严,实行岗位负责制,权责分明,注重人员的选任和培训。

三 财物管理

徽商典铺对财物的管理主要体现在财物的安全、检查和赔偿诸方面。

财物安全。典铺不仅存放大量当物,而且还存放不少银钱,是重要金融场所,典铺安全直接关系到众多当户和商家的财产安全,安全保管是典铺财物管理最基本要求。典铺安全管理主要在于三防,即防火、防盗和防骗。防盗就是防止典铺财物被盗窃。典铺防盗措施除坚固房屋建筑和夜巡外,特别要求典铺按时开关大门。如《典业须知》规定,"典中大门,宜晚饭九点钟即行上锁"。又《湖口丁宅同吉典规章》规定,"当门晨开晚闭,二鼓上锁,诸友不得擅自出入,遇有紧要事件,须禀明执事,方准开门"。又《同兴典规章》规定,"本典每日开门,以七点钟为期,不得过七点钟之后,凡同事诸君,每日清晨须于未开门之前即起,不得睡至开门之后"。防火就是防止火灾。典铺防火措施主要是按时熄灯、小心用火。如《文谟典条约》规定,"火烛之戒,宜时时防范,人人谨慎,平时当包及早印清入楼,毋得延至临晚,若初旬拥忙不得不点灯搬包,执事者须呆坐楼内照管灯笼,再关门上灯后,柜友不得轻易收票上号,若果紧急不能推却,须一人掌灯,一人执票查货","各人归房宜熄灯","烟灰亦极误事,防范亦宜严密"。又《典业须知》也规定,"灯笼除除夕之外,一概不准上楼,此干系甚重,不可不察"。典中"不准吸烟,查出立辞不贷,或在外面亦然"。又《湖口丁宅同吉典规章》规定,诸友"夜间睡后,房内不准点灯,小心火烛为要",司更二人,"晚间不得熟睡,小心慎防小人,及外面火烛等事,紧要切切"。又《民国八年南京某典规条》规定,"火最关紧要,卧室内不得擅藏洋火油烛,及其他引火危险物品。虽值严寒,不得私用火炉,炎暑不得私燃蚊烟。违者立即撤退"。学生"倘有私藏洋火,私点洋烛,俟查照灯火后,私看闲书小说者,查出将该学生撤退"。

防骗措施主要是加强对典印和当票的保管。如《典业须知》规定，典印"长存柜内，而众同人良莠不齐。须防其做他处之用。倘若滋生事端，害非轻浅"。当票"或存橱内，或用箱盛，须要关锁。已印过之当票，须收管事先生房内，或存首饰房内，须要可靠之人经管，每日出若干，收回若干，均要记数，一张不能少。此亦关乎大事也"。

财物检查。检查财物目的在于及时发现问题，纠正错误。对财物的检查始终贯穿于典当经营各个环节之中。收当时细心检查当物，以便准确评估当价，以免估价过高而造成损失。如《文谟典条约》规定，当衣裳"需要看是何等货色"，"如系蚩烂油衣，又无可改造，则虽贯头甚好，亦宜少当"。当金珠首饰，高低真假"须好仔细认估"，"珠之粒数、金之轻重，亦宜细心点明称清，方可填注簿票"。当铜锡器皿需先"察其有无损坏，然后辨其质之高下，以定价值"。收当后仔细检查当物，一方面仍要确认当价评估是否合适，另一方面核实与票簿登记是否相符，以便及时收进库房。如《文谟典条约》规定，管楼、管饰者，"本日当货印完随即刷清，倘有空印，经手云系即退，必须查明挂号，若非即退，即令值柜者向经手索货，无货交进，即代上挂号销清，不得延至次日，以滋弊端"。每日所当衣饰等货，"午后值柜者即照号簿写牌"，"拣扦将牌吊完，管楼者随即印清入楼"。盘存时检查当物，一方面再次确认当价评估是否合适，另一方面核对是否遗失、少件或错取。如《文谟典条约》规定，"凡皮箱大宗必需开看估值，有不值者，注明当簿，俟盘完后将不值之号汇抄一单，粘在柜友吃饭堂内，以便经手者时时寓目，频频催取"。取赎时检查当物，以免误取。如《文谟典条约》规定，取货出楼"需先挂号，方准小官登内号取货"。同时，对于钱账也要相互比对核查。《文谟典条约》规定，每日所收银钱，"晚间一并交进，分文毋得挂欠"，倘有未清者，"即向柜上经手者查阅"。又"挂号簿银本之下，须写柜友两个名字，以便查考"。

财物赔偿。典铺人员分工明确，各司其职，各负其责，一旦犯错由此造成的损失，需要按价赔偿。如《文谟典条约》规定，每日当货"毋论现当转当，俱要注明经手，责在管楼者逐日查明，倘有遗漏随即补写，如违或至卖货有补本，而无可稽查应补之本，罚管楼者代偿"。每日衣包首饰，"倘有少

— 41 —

数,随即向经手者查问,如脚帖与账簿相符,所少之物系经手赔补"。典房货物,"倘有少数,注明誊清簿后,或取或卖,皆坐管楼者赔偿"。如发现当价评估失准,责在经手柜员,由经手柜员赔偿损失,"所当各项栈货总照市价七折为则,经手烂当,坐本利赔销"。又《湖口同吉典规章》载,司柜,"当货须确实估值,满日如有贵货,买客剔出,经手自销,取赎少收本利,当货多发本钱,经手自赔"。写票,"务要票帐合符",如有不对,"经手自赔"。卷包,"务要衣件,照小票点明数目件数,如有多少,即行问明柜上,如有不对,经手自赔"。挂牌,"须要对小票号形,本钱件数,如有不对,经手自赔"。学生"寻错货,及漏包打坏铜锡等件,管理自赔"。徽商典铺赔偿制度认真严格,其目的在于,一方面减少商家损失,另一方面促使典铺人员经营过程中更为谨慎。

四 制度建设

徽商典铺在管理过程中制定一系列规章制度,以便有章可循、有规可依。徽商典铺规章,既有典铺营业榜规,又有典铺管理总则,同时还有不同人事物事细则。

榜规,又称营业规则,本是官府制定典业经营法规,主要规定典铺当期、利率、税捐和赔偿制度等。当票中所谓"遵照宪例"就是榜规。清代榜规多为省府两级制定,甚至也有管理数省的总督颁布实施。如光绪二十一年(1895)宿松县下仓埠同昌典榜规就是由安徽宣布政使司制定颁布,共10条,具体如下:

1. 现定新章,试开公典,原为接济贫民起见,应援照新章,按月取息二分,一月之外,过期五日,方准收利两月。

2. 新章系招徕试办,地方典铺无多,设一时资本不继,应听随时禀请停当,待措资本。

3. 当货应制钱银洋,各从其便,钱当钱赎,银当银赎,银钱出入,概以曹(漕)平足色,制钱足百为准,当钱当银,悉听当户之便,不得稍有抑勒,以免争较。

4. 照新章完税外,城典每月捐钱二十千文,乡典每月捐钱十千文,此外各项公事,一概免捐。

5. 当货应遵新章,期以连闰十八个月为满,过期不赎,应听变价,周转资本,如过期愿留者,按月上利,不得空留,至兵役号衣,军装器械,珠玉古玩,字画翠饰,一概不准强当,至于货物,倘有虫伤鼠咬,各安天命。

6. 当货现钱取赎,如抽取衣物,均归估值,转换新票,不得强将他物抵押。

7. 盗窃行踪,本难预测,若有质典赃物,应由失主认明,备本取赎,免其交利,俟获贼追出本银,给还失主,如此之事,原与典铺无涉,失主不能另生枝节,牵案典铺。

8. 当户失落当票,须开明花色,及所当月日、钱数,邀请的实保人,并典境地甲承保,由典查明,核算相符。交给本利,填补新票,倘月日钱数,记忆不清,又无的保,不准补给失票。

9. 典钱出入,向用制钱足百,当户人等,不的掺和少钱,短少扣底,强行取赎。

10. 典铺原为便民而设,军民人等,一概不准故违,强当强赎,违者禀究。

该典共立榜规 10 条。其中,第一条规定该典月息以及计息方式,第二条规定典铺歇业,第三条和第九条规定使用的货币,第四条规定典铺缴纳税捐数量,第五条规定当期和上利,第六条规定经营过程换当手续,第七条规定赃物处理方式,第八条规定挂失处理方式,第十条规定当物种类。

典铺总则,即典铺内部制定规条,旨在规范典内人员行为准则。同治九年(1870)屯溪苏同裕典共制定规章 20 条。具体如下:

1. 典内诸同事,各有专司,不得擅离职守,凡学生皆不准出典门。

2. 典内各友,临睡务须互相照应火烛,至二更后,不准点灯看书、烘火,因火烛无情,尤不准点油纸捻进房,违者着执事面斥,以昭慎重。

3. 典伙不准私自出门赌博、嬉游、酗酒及外务等事。

4. 典门每日以夜饭前责令司更关锁,钥匙交进账房收管。

5. 各伙吃烟,不准吃进包房内,以及柜台里,至各楼上尤严禁止,以防火烛。

6. 典伙如有正事出外,当禀明执事,不得擅自私出典门,限以二更为度,毋许在外留宿。

7. 典伙亲友往来,不得擅自留宿。

8. 各伙回宅,须预先与执事嘀定,每年准以两个月为度。更灶回家,自倩(请)替工,钱均已出。

9. 典伙不准将自己衣物在本典质当,并不准借用当下衣物。

10. 存箱失票,出典售利,各款照后,开章程分派。

11. 执事总管各务,筹理出入银钱,督察通典情形,悉心布置,以昭安靖。

12. 管楼督同捲包,估值货物,如有信当,不得徇情朦弊,立饬经手,照章赔罚,倘楼房内遗失货物,查察不出者,责令照赔。

13. 管饰逐日每件封对,过细估值,如有铜饰、假珠皆即声明,经手赔本,倘饰房内遗失货物,查察不出者,责令赔偿。

14. 管钱并理钱票,逐日出入,即登薄核明,票根相符,倘有失察舛误,稽查不出,责令照赔,并不准私自移借,即本典伙友,亦不准向钱房内悬宕银钱。

15. 分清系专抄票本,核计月利,列明字号,免防弊窦,如有错误,惟经手自问,以专责成。

16. 柜友不准徇情信当,如有此情,不独立饬经手赔偿外,仍估计信当若干,按数议罚。

17. 柜前倘有无知之人,出言不逊,无宜宽恕,切勿与之较量,设有故意滋事,亦须告知执事与伊理论,缘生意之道,总以忍耐、和气息事为贵。

18. 本日即取,及巧日两利,均归经手柜上独受。

19. 取赎倘有错号,惟经手柜上与学生对赔。

20. 写错花色当本票帐相符,柜上独认,如票账不符,各赔一半。

20 条总则分为两部分内容,一是针对全体典内人员的,一是针对特定职位的。其中,第一至十条表示典内全体人员应当遵守的制度,主要侧重于日常生活方面;第十一至二十条表示特定职位人员应当遵守的制度,侧重于典铺经营方面。无论是针对全体人员还是针对特定职位人员,也不论是侧重于日常生活方面还是侧重于经营方面,总之都是关于典铺人事管理和财务管理,具体分析参见前述,兹不赘论。

典铺细则种类较多,既有人事方面细则,也有财务保管方面细则,同时还有分配制度方面细则,等等。其中,人事方面细则有"学生规定章程"和"司事章程"等,财务保管方面细则有"出入章程"、"衣当章程"、"栈货章程"、"取赎章程"、"销号规章"和"当价规则"等,分配制度方面细则有"食用章程"、"辛俸章程"、"分派出息章程"和"停当后同人规则"等。如光绪年间《芜湖同福典当价细则》所定细则为财务保管方面细则,具体如下:

1. 绸皮男装估值七折洋码,一两当洋四角五分。

2. 绸皮女装估值七折洋码,一两当洋四角正。

3. 外国输入之件,年年更新,照上当价,应再作九折看估。

4. 土布乡装估值七折洋码,一两当洋五角正。

5. 足色纹银首饰,每重一两当洋九角正,成色递减。

6. 赤金首饰照进价每一换(即每值时价银一两)当洋一元。

7. 钟表照时下估值,卖出价值洋十元当洋四元(此条后奉东示,一概不当)。

8. 铜锡器皿估值时价按照新旧酌当。

9. 古玩玉器、军装号衣一概不当。

10. 机器风琴一切玩戏之物,一概不当。

该细则共 10 条,首先规定了典铺可接收哪些物品,哪些物品不可接收。其中,可接收物品种类为布绸皮类衣件、金银首饰和铜锡器皿等,而古玩玉器、械器风琴和军装号衣等当物则典铺不接收。至于钟表,开始接收,后规定不接收。其次是当物价格评估的原则,主要有三:一是种类不同、价格不一;二是时代不同价格不一;三是性别不同、价格不一。同时规定,柜员估价当物时要小心谨慎,以免失宜;若估值过高,无人取赎,将由经手柜员赔偿损失。对此,该细则后载:

以上所列之价,应细心酌估,不得任意高抬低捺,两失其宜。如当价溢出所定之额,在一成以内未至一成者,(如男装估值十两,当至四元九角之类),即登于不值簿,将来满货时,无论卖价如何,应将多当之价,归经手人赔补削本,仍归入本字号售卖,不得援销赔之例销号售归,以杜取巧之弊,而免启悬欠之端。

徽商典铺管理用书记录了徽商典铺管理方式和制度,反映了徽商典铺管理水平。徽商典铺严于人事和物事管理,健全规章制度,三方面相辅相成,各环节又环环相扣,为徽商典铺经营提供了有力制度保障。徽商典铺管理的成功经验与现代企事业管理模式颇有相通之处。不可否认,徽商典铺内部等级森严,按部就班,难以充分调动人员的积极性。徽商典铺的管理,既有科学合理的一面,又有僵化保守的一面。

典业类书为典铺经营管理业务手册,仅供本典内部员工使用,不公开印行。典业类书从商业角度出发,具有很强的商业色彩和实用性,是典铺长期以来经营管理实践经验的总结,可资现行典当行和企业借鉴。

第二章　典业营业票簿

当票、挂失票、当簿、柜上草账、草赎簿、留利簿、日清簿、当总簿、架总簿、存箱簿、挂号簿和卖账等是根据典铺经营环节设置的账簿,属于典铺专有账簿,通常称为营业票簿。典业经营票簿主要记录了当物、当本、架本、赎本、当期和月息,以及典当、盘存、挂失、留取和赎取环节,细致反映了典铺的经营特点和经营过程,一定程度上揭示出徽商典铺的活动时空和经营效益。其中,当票、当簿、草赎簿和架总簿等是主要营业票簿。

第一节　当　　票

当票,为典铺发给当户质物后的凭证。"上载典当招牌,地址,抵押期限,利息计算,以及虫蛀霉烂各安天命等语。中列一行,上有当本二字,下空之处,即为填写当本数目之用。其右一行,填写押品名目件数。再右一行,上列字号,字则以《千字文》中之字为标准,每月一字,顺次而下,号则一月一排,自一号起,逐次做成交易而递移,至月底届若干号,即为此月所做成交易之号数。下月初一起,则顺次另换一字,又自一号起矣。左方最末一行为年月日,即填做成交易时之年月日也。"[①]通过对当票的分析,不仅可以认识当票的格式和内容,而且还能够了解典当铺的经营特点,甚至可把握特定时空下的社会经济状况。

---

① 杨肇遇:《中国典当业》,上海商务印书馆1929年版,第30—31页。

有关当票的格式,所论甚多,兹不赘述。现以管见当票为例,就徽商典铺的活动时空、经营特点和营业状况做一论述。

一 遗存述略

遗存下来的徽商典铺当票数量不少,达百件以上。其中,安徽师范大学图书馆、黄山市文化博物馆和南京大学历史系资料室等单位收藏较多。

安徽师范大学图书馆藏有当票至少 29 件。其中,乾隆五十三年(1788)二月十一日规字 1166 号程允升典当票 1 件收录于《明清徽商资料选编》①,其余 28 件分别为程新盛典 16 件、胡开源典 2 件、天元典 2 件,以及程允升典、开泰典、贻丰典、祥发典、胡裕成典、胡恒丰典、鼎兴典和春祥当等各 1 件。具体为:乾隆四十九年(1784)七月初二日黄字 196 号、乾隆五十年(1785)七月初九日张字 947 号、乾隆五十年(1785)八月十六日寒字 1459 号、乾隆五十一年(1786)七月二十七日岁字 3716 号、乾隆五十二年(1787)八月初五日生字 830 号、乾隆五十四年(1789)正月二十七日李字 2523 号、嘉庆七年(1802)十月初五日阳字 427 号、嘉庆十年(1805)正月二十四日(菜)字 1187 号、嘉庆十年(1805)二月二十七日(重)字 2960 号、嘉庆十年(1805)四月二十六日木字 3165 号、嘉庆十年(1805)五月十一日薑字 1158 号、嘉庆十年(1806)十二月二十七日翔字 2352 号、嘉庆十一年(1806)二月三十日师字 3539 号、嘉庆十一年(1806)三月二十一日火字 2537 号、嘉庆十一年(1806)四月二十日帝字 2026 号和嘉庆十三年(1808)八月二十七日坐字 2623 号等程新盛典各 1 件,乾隆五十五年(1790)四月十一日日字 1140 号和嘉庆五年(1800)三月十七日芳字 1918 号胡开源典各 1 件,乾隆五十六年(1792)十二月十二日益字 5836 号和乾隆五十六年(1792)十二月十二日益字 5892 号天元典各 1 件,乾隆五十三年(1788)七月初八日造字 757 号程允升典、乾隆五十六年(1792)十二月十四日若字 6138 号开泰典、乾隆五十六年(1792)十二月十二日兰字 1375 号贻丰典、乾隆五十八年(1793)二月初九日浮字 544 号祥发典、嘉庆七年(1802)八月十四日驹字 1802 号胡裕成

---

① 张海鹏、王廷元:《明清徽商资料选编》,黄山书社 1985 年版,"插图"第 6 页。

典、嘉庆十年(1805)三月二十日征字 2519 号胡恒丰典、光绪元年(1875)五月七日海字 866 号鼎兴典和光绪十九年(1894)十二月二十日衣字 6782 号春祥当等当票各 1 件。

黄山市徽州文化博物馆至少藏有当票 16 件,分别为和泰典当票 6 件和德安押当票 10 件。具体为:道光二十年(1840)九月初一日往字 4443 号、道光二十年(1840)十一月初二日收字 9136 号、道光二十年(1841)十二月十九日冬字 11442 号、道光二十年(1841)十二月二十四日冬字 11666 号、道光二十年(1841)十二月二十七日冬字 11995 号和道光二十年(1841)十二月二十七日冬字 11996 号等和泰典当票各 1 件,同治七年(1868)五月二十五日暑字 2985 号、同治七年(1868)五月二十六日暑字 3075 号、同治七年(1868)五月二十六日暑字 3128 号、同治七年(1868)五月二十六日暑字 3138 号、同治七年(1868)五月二十六日暑字 3139 号、同治七年(1868)五月二十六日暑字 3154 号、同治七年五月二十六日暑字 3167 号、同治七年五月二十六日暑字 3168 号、同治七年(1868)五月二十六日暑字 3173 号和同治七年(1868)五月二十六日暑字 3195 号等德安押当票各 1 件。16 件当票均展览于徽州文化博物馆。

南京大学历史系藏有当票 10 件,都是德安押的,具体为同治六年(1867)二月二十四日玄字 2141 号、同治六年(1867)二月二十四日玄字 2148 号、同治六年(1867)二月二十五日玄字 2204 号、同治七年(1868)五月初三日暑字 377 号、同治七年(1868)五月初六日暑字 709 号、同治七年(1868)五月十三日暑字 1608 号、同治七年(1868)五月十五日暑字 1857 号、同治七年(1868)五月十九日暑字 2264 号、同治七年(1868)五月十九日暑字 2309 号和同治十三年(1875)十二月廿八日弟字 3358 号等各 1 件。

中国社会科学院历史所藏有 3 件,分别为乾隆五十年(1785)八月二十二日寒字 1982 号程新盛典、嘉庆十年(1805)九月十二日遵字 1833 号胡恒丰典和咸丰十年(1860)七月二十四日玙字 1170 号义记①等当票各 1 件。

① 王钰欣、周绍泉:《徽州千年契约文书(清、民国编)》卷二《咸丰十年义记当票》,花山文艺出版社 1991 年版,第 510 页。

安徽省档案馆藏有 5 件,分别为和泰典栈当票 2 件和德安押当票 3 件,具体为道光二十年(1840)十一月二十四日收字和泰典 2 件、同治六年(1867)十一月初八日昃字 962 号、同治七年(1868)正月二十四日宿字 2168 号及同治十三年(1874)十月二十五日民字□号等德安押当票各 1 件。①

徽州税文化博物馆藏有民国十三年(1924)十月初八日谦字 504 号恒升公典和民国十九年(1930)九月一日身字 20 号万源典当票各 1 件。

黄山市休宁县某私家至少藏有 5 件,分别为光绪三十四年(1908)正月十九日念字 1660 号和光绪三十四年(1908)正月二十七日念字 2545 号仁生典当票各 1 件,以及某典铺光绪十五年(1889)二月初三日长字 45 号、光绪十五年(1889)二月二十九日长字 964 号和光绪十五年(1889)三月十一日日字 483 号当票各 1 件。

安徽大学徽学中心藏有芬圃当票 2 件,分别为同治元年(1862)九月初一日视字 797 号和同治元年(1862)九月初一日视字 798 号各一件。②

又,《近代民间金融图志》收录 4 件,分别为嘉庆十六年(1811)十月二十九日梧字 952 号王有兴典、咸丰十年(1860)七月初一日往字 42 号元裕、光绪二十五年(1899)十一月廿一日教字 1689 号洪隆公典和民国二十三年(1934)十一月十二日肠字 1048 号恒升公典等当票各 1 件。③《故纸堆》收录 1 件,为光绪二十八年(1902)九月二十九日爱字 1965 号同裕典当票。④《徽州:书业与地域文化》收录 1 件,为道光十一年(1832)十二月初七日画字 975 号项嘉德典当票。⑤ 王振忠收藏 1 件,具体为民国□年□月初七日禽字 1640 号恒益典当票。⑥ 网络图片至少 30 件。其中,清末万泰典当票 8

---

① 严桂夫:《徽州历史档案总目提要》,黄山书社 1996 年版,第 169—170 页;严桂夫、王国健:《徽州文书档案》,安徽人民出版社 2005 年版,"前言"第 17 页、"正文"第 296—297 页。

② 刘伯山:《徽州文书》第 2 辑第 7 册,广西师范大学出版社 2006 年版,第 450—451 页。

③ 傅为群:《近代民间金融图志》,上海书店出版社 2007 年版,第 78—81 页。

④ 《故纸堆》编委会编:《故纸堆》,北京图书馆出版社 2003 年版,"巳册"第 6 页。

⑤ 米盖拉、朱万曙主编:《徽州:书业与地域文化》,中华书局 2010 年版,第 422 页。

⑥ 《〈朱峙三日记〉所见晚清武昌县民俗及其变迁》,《民俗研究》2001 年第 1 期;《徽州社会文化史探微——新发现的 16—20 世纪民间档案文书研究》,上海社会科学出版社 2002 年版,第 501 页。

件、仁生典当票 3 件、万源典当票 1 件，以及道光十三年（1833）七月二十四日简字 2072 号胡恒兴典、同治十二年（1873）九月二十一日河字 1754 号崇隆典、光绪三年（1877）七月初六日白字 450 号恒升典、光绪六年（1882）十二月廿七日安字 2150 号和光绪九年（1884）十二月初二日宾字 53 号豫和典、光绪十六年（1890）正月二十九日国字 12024 号和 12048 号朱泰和典、光绪十九年（1893）十一月十六日黄字 845 号和民国十四年（1925）九月十二日物字 706 号同裕典、民国四年（1915）十月二十八日诸字 2623 号万洪当、民国十一年（1922）八月十一日门字 1482 号洪隆公典和民国二十三年（1934）二月十九日垣字 3356 号恒升公典等各 1 件。另，黄山市歙县档案馆藏有光绪二十六年复泰典等当票 2 件①，休宁渭桥谢氏遗存乾隆朱豫大典当票 1 件②。

二 活动时空

当票对字号、典当日期和开设地址有所记录，据此可以考察徽州典商的活动时空。

初开年月。根据当票字头，可以推断典铺的初开年月，进而可以看出典商的活动时间。每张当票都编有字号，字号为当票制度之一。当票字号制度始于何时，现已难以考证，应不迟于明中叶。小说载，嘉靖四十三年（1564），苏州山塘王相国府典铺年总账载有"姜字五十九号，当洞庭山某寺《金刚经》一卷，本米五十石"一笔业务。③"姜字五十九号"即为该笔业务的当票字号，其中"姜"为当票字头，"五十九"为当票编号。当票字头取自《千字文》，每月一字，按序选用，初开首月为"天"字，次月为"地"字，第三月为"玄"字……余以此类推。如"江西丰城白马岩吴家，其所开典当之账簿。以千字文编号，每月用一字。凡用千字文一周，则必大设酒食，请族人

---

① 严桂夫：《徽州历史档案总目提要》，黄山书社 1996 年版，第 172 页。
② 汪宗义、刘萱：《清初京师商号会票》，《文献》1985 年第 2 期。
③ 凌濛初：《二刻拍案惊奇》卷一《进香客莽看金刚经 出狱僧巧完法会分》，《古本小说集成》第 5 辑，上海古籍出版社 1995 年版，第 15 页。

及诸司事会饮,已二百数十年矣"①。按照《千字文》顺序,根据当票发出年月和字头可推断典铺初开时间。如两件程允升当票,其发票年月及字头分别为乾隆五十三年(1788)二月规字和乾隆五十三年(1788)七月造字,即"规"字对应"乾隆五十三年二月"、"造"字对应"乾隆五十三年七月"。"规、造"两字分别位于《千字文》中第368、373位,相隔5位,而乾隆五十三年(1788)二月至七月也相差5个月。两者相吻合。故而,程允升典当票"天"字头对应乾隆二十三年(1788)六月,即程允升典初开于乾隆二十三年(1788)六月。②

开设地点。根据典铺的开设地址,可以判断徽州典商的活动地域。上述当票中,有的明确记录了典铺开设地,有的没有记录典铺开设地。明确记录典铺开设地的当票中,有的直接说明所在的县镇,有的只注明所在的街巷而没有注明所在的县镇。在注明典铺所在的街巷而没有注明县镇当票中,由于史料的关系,有的可以考察出所在的府县,有的则难以考察出所在的府县。程允升典、胡恒丰典和同裕典等当票明确记录了典铺所载的县镇。其中,程允升和胡恒丰两典开设于休宁厚街,同裕典开设于歙县深度。开泰典和王有兴典当票仅注明所在的街道而没有注明所在的府县。由于材料的关系,开泰典所在府县难以考证,而王有兴典所在的府县尚可考证。据《乾隆十五年正月浙江布政使司颁给王有兴典帖》可知,王有兴典开设于"严州府遂安县十二都龙山庄"。经考证,上述当票中各典活动时空如下表2-1。

① 徐珂:《清稗类钞》第五册《门阀类·吴氏各房轮值典当》,中华书局1984年版,第2127页。
② 上述当票中的字头有两点需要说明。一是部分当票的字头为《千字文》所没有。如义记咸丰十年七月的"玙"字、芬圃同治元年九月的"视"字、德安押同治十三年十二月的"弟"字和洪隆公典光绪二十五年十一月的"教"字等,为《千字文》所没有。据年月与字头对应关系可知,开设于咸丰六年七月的芬圃,至同治元年九月字头应为《千字文》中的"鸟"字而非"视"字;开设于同治五年十二月的德安押,至同治十三年十二月字头应是《千字文》中"罪"字而非"弟"字;开设于同治元年的洪隆公典,至二十五年十一月字头应为《千字文》中"物"至"邑"间某字而非"教"字。出现这种情况的原因在于,当字头遇到《千字文》中不够吉利的字时,通常换用他字代替。二是8件程新盛典当票字头所推断的初开年月并不一致。如据乾隆四十九年七月黄字、乾隆五十年七月张字、乾隆五十年八月寒字、乾隆五十一年七月岁字、乾隆五十二年八月生和乾隆五十四年正月李字等可知,该典铺初开于乾隆四十九年四月;而根据嘉庆十一年四月帝字和嘉庆十三年八月坐字推知,该典铺应初开于嘉庆五年四月。究其原因不详。

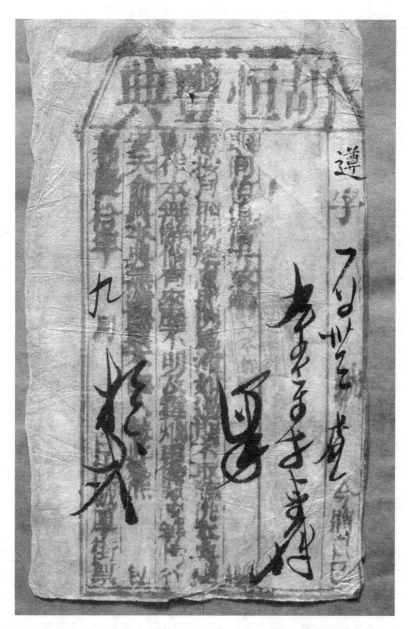

图 2-1　嘉庆十年九月十二日遵字一八三三号胡恒丰典当票

表2-1 当票所见徽州典商活动时空一览

编号	典铺	发票年月	字头	排位	初开年月	开设地点
1	程新盛	乾隆五十四年正月	李	59	乾隆四十九年四月	城南金家巷
2	程允升	乾隆五十三年八月	造	375	乾隆二十三年六月	休宁厚街
3	胡开源	乾隆五十五年四月	日	9	乾隆五十四年八月	—
4	天元典	乾隆五十六年十二月	益	319	乾隆三十一年三月	北门北口桥
5	开泰典	乾隆五十六年十二月	若	283	乾隆三十四年二月	北街
6	贻丰典	乾隆五十六年十二月	兰	266	乾隆三十五年五月	嘉口北门
7	祥发典	乾隆五十八年二月	浮	421	乾隆二十四年四月	—
8	胡裕成典	嘉庆七年八月	驹	134	乾隆五十七年三月	休城西街
9	胡恒丰典	嘉庆十年九月	遵	586	乾隆二十二年六月	休宁厚街
10	王有兴典	嘉庆十六年十月	梧	765	乾隆十五年正月	浙江严州遂安
11	项嘉德典	道光十一年十二月	画	437	嘉庆元年九月	歙县
12	胡恒兴典	道光十三年七月	简	883	雍正十一年二月	休宁屯溪
13	和泰典	道光二十年九月	往	20	道光十九年二月	—
14	元裕	咸丰十年七月	往	20	咸丰九年正月	歙西塌田
15	芬圃	同治元年九月	视	—	咸丰六年七月	—
16	崇隆典	同治十二年九月	河	67	同治七年五月	—
17	德安押	同治六年二月	玄	3	同治五年十二月	上海大马路
18	鼎兴典	光绪元年五月	海	65	同治九年十二月	休宁屯溪
19	恒升典	光绪三年七月	白	1133	乾隆三十一年七月	休宁屯溪
20	豫和典	光绪六年十二月	安	287	咸丰七年十一月	歙县富塌下街
21	朱泰和典	光绪十六年正月	国	92	光绪九年六月	江西景德镇
22	同裕典	光绪十九年十一月	黄	4	光绪十九年八月	歙县深度

续表

编号	典铺	发票年月	字头	排位	初开年月	开设地点
23	春祥当	光绪十九年十二月	衣	87	光绪十二年七月	武穴镇上正街
24	仁生典	光绪三十四年正月	念	206	光绪十六年十月	岩镇上新街
25	洪隆公典	民国十一年八月	门	626	同治十一年二月①	歙县
26	万洪当	民国四年十月	诸	345	光绪十三年十一月②	休城西街
27	恒升公典	民国二十三年十一月	肠	808	同治七年八月③	歙西堨田
28	恒益典	—	禽	435	光绪十五年④	湖北蕲春
29	□□典	光绪十五年三月	日	9	光绪十四年七月	—

　　上述典铺中,从时间上看,开设最早的为胡恒兴典,初开于雍正十一年(1733)二月;开设最晚的为同裕典,初开于光绪十九年(1893)。其中,开设于雍正年间的1座,开设于乾隆年间的11座,开设于嘉庆年间的1座,开设于道光年间的1座,开设于咸丰年间的3座,开设于同治年间的5座,开设于光绪年间的7座。可知,开设于咸同兵燹前的共有14座,占总数48.3%;开设于咸同兵燹后的共有15座,占总数51.7%。经营时间最长的为恒升典,达91年;经营时间最短的为胡开源典,不及1年;经营时间超过30年有程新盛、程允升、祥发、胡恒丰、王有兴、胡恒兴、恒升、洪隆、恒升(公)和恒益10典。这29家典商,既有典业世家,亦有典业新人。从空间上看,除9座开设地点不明外,开设于安徽的有14座,开设于湖北和浙江的

---

　　① 一说开设于同治元年、歇于民国二十年,业主胡贡西,见安徽大辞典编纂委员会:《安徽大辞典》,上海辞书出版社1992年版,第367页。

　　② 一说开设于光绪八年、歇于民国三十三年,业主汪静波、吴蝶卿,见安徽大辞典编纂委员会:《安徽大辞典》,上海辞书出版社1992年版,第367页。

　　③ 一说开设于同治九年、歇于民国二十七年,见安徽大辞典编纂委员会:《安徽大辞典》,上海辞书出版社1992年版,第367页。

　　④ 湖北省蕲春县地方志编纂委员会编:《蕲春县志》,湖北科学技术出版社1997年版,第384页。

各2座,开设于江苏和江西的各1座。其中,开设于安徽14座的都位于徽州府,湖北2座的都位于黄州府,浙江的2座分别位于嘉兴府和严州府,江苏的1座位于松江府,江西的1座位于景德镇。徽州府的14座分别为歙县7座和休宁7座,黄州府的2座分别为广济和蕲州各1座,松江府的1座位于上海县,严州府的1座位于遂安县,嘉兴府的1座不明。安徽徽州、湖北黄州、江苏松江和浙江严州都位于长江流域,属于长江中下游地区。当然,仅据现存当票考证徽州典商的活动区域,其所反映的只是部分情况。但由此不难看出,清中期以降,徽州典商主要活跃于长江中下游地区;且咸同兵燹后,徽州典商仍相当活跃。

三　当物当本

当物种类和当本数量反映了当户身份。现将上述当票中的当物和当本列表2-2。

表2-2　当票所见当物和当本一览

编号	当票	当物	当本
1	程新盛典黄字196号	假石低银如簪插签两支	0.6两
2	程新盛典张字947号	欠钟坏低银帽饰四事	0.8两
3	程新盛典寒字1459号	原坏无珠欠假石不全低银簪头签□签五事	0.8两
4	程新盛典寒字1982号	欠扣□布□□绸女对褂□寸二件	0.6两
5	程新盛典岁3716号	无珠石不全低银□如簪废饰三事	0.3两
6	程新盛典生字830号	低银小元牌□□二条	0.3两
7	程新盛典李字2523号	□□夏小□一件	0.766两
8	程新盛典阳字427号	废铜□一事	0.5两
9	程新盛典菜字1187号	低银方□三事	0.857两
10	程新盛典重字2960号	□□□□□□□低银□□四事	4.5两
11	程新盛典木字3165号	不全欠□□□同银干一支	1.2两
12	程新盛典薑字1158号	坏废市□□三事	0.6两
13	程新盛典翔字2352号	□铅□废一□	1.714两

编号	当票	当物	当本
14	程新盛典师字 3539 号	低银方一支	0.5 两
15	程新盛典火字 2537 号	□布女裙一□	0.8 两
16	程新盛典帝字 2026 号	废铜壳一事	0.429 两
17	程新盛典坐字 2623 号	不全欠带□□□低银签□□四事	1.429 两
18	程允升典造字 757 号	碎土绸单裙单裤二件	0.8 两
19	程允升典规字 1166	旧布□□□	0.25 两
20	胡开源典日字 1140 号	低银小簪一只	1.1 两
21	胡开源典芳字 1918 号	低银簪一只	1.2 两
22	天元典益字 5892 号	坏布单角坏对褂单□三件	0.3 两
23	天元典益字 5836 号	扯碎布夹袄一件	0.18 两
24	开泰典若字 6138 号	坏布单裤一件	0.15 两
25	贻丰典兰字 1375 号	碎布补褂一件	0.12 两
26	祥发典浮字 544 号	碎布褂一件	0.2 两
27	胡裕成典驹字 1802 号	布女夹袄一件	0.714 两
28	胡恒丰典征字 2519 号	欠珠低银千镯□四事	4 两
29	胡恒丰典遵字 1833 号	碎布单寸一件	0.4 两
30	王有兴典梧字 952 号	□□小裤□一件	0.3 两
31	项嘉德典画字 975 号	碎青布□□夹寸一件	1.3 两
32	胡恒兴典简字 2072 号	短脚不全低银小□插签□□七事重七钱	0.5 两
33	和泰典往字 4443 号	□□□衫答三件	0.666 两
34	和泰典收字 9136 号	紫色□□十五件	1.21 两
35	和泰典冬字 11442 号	霉烂□□五件	1.11 两
36	和泰典冬字 11995 号	霉烂□□□裤十件	1.029 两
37	和泰典冬字 11996 号	霉烂□□□三件	0.659 两
38	元裕往字 42 号	补丁单褂一件	0.3 千文
39	义记玙字 1170 号	布女夹褂一件	0.3 千文
40	芬圃视字 797 号	低银损戒一事	0.1 千文

编号	当票	当物	当本
41	芬圆字视字 798 号	□羊皮布女絮短袄尺角二件	0.53 千文
42	德安押玄字 2141 号	坏布单裤一件	0.15 千文
43	德安押玄字 2148 号	原狗皮□坏毛□一件	1.5 千文
44	德安押玄字 2204 号	淡金插签押四厘三事	18.2 千文
45	德安押宿字 2168 号	溃烂扯□无毛狐皮□女袄一件	8.72 千文
46	德安押暑字 377 号	洋布单裤一件	0.2 千文
47	德安押暑字 709 号	烂布单衫一件	0.45 千文
48	德安押暑字 1608 号	原淡金一事绸围袄一件	6.9 千文
49	德安押暑字 1857 号	男褂女褂袄绸裤三件	2.3 千文
50	德安押暑字 2264 号	坏裙一件铜表一事	3.42 千文
51	德安押暑字 2309 号	烂布单被一件	0.4 千文
52	德安押暑字 2985 号	碎绸单裤一件	0.3 千文
53	德安押暑字 3128 号	碎□单裤一件	0.74 千文
54	德安押暑字 3139 号	低银镯一双	3.7 千文
55	德安押暑字 3154 号	坏布女褂一件	0.3 千文
56	德安押暑字 3167 号	青□□单裙二件	1 千文
57	德安押暑字 3195 号	皮羊单□一双	0.4 千文
58	德安押弟字 3358 号	烂旧光板羊皮屑六事	1.5 千文
59	崇隆典河字 1754 号	粉碎土□□□角□□□□□锁三事	1.27 两
60	鼎兴典海字 866 号	低银损簪一双	3.78 两
61	恒升典白字 450 号	碎补洞布褂衫两件	0.3 两
62	豫和典安字 2150 号	碎布夏女褂夹旧□答三件	1.14 两
63	豫和典宾字 53 号	碎布孩女□二件	1.21 两
64	泰和典国字 12024 号	银元镯一双	2.8 千文
65	泰和典国字 12048 号	破夏衫一件	0.7 千文
66	同裕典黄字 845 号	破棉絮裤一件	0.4 两
67	同裕典爱字 1965 号	原烂废铜香炉□□一事	0.3 两
68	同裕典物字 706 号	同□挖耳千□□废市不计事	18 元

编号	当票	当物	当本
69	春祥当衣字 6782 号	土绸兰裙洋布短褂裤单角笞四件	0.8 千文
70	洪隆公典教字 1689 号	碎青洋布褂裤夹袄扯□角十件	3.55 千文
71	洪隆公典门字 1482 号	碎女坏褂一件	0.25 元
72	仁生典念字 1660 号	碎□布□裤□□□一件	0.07 元
73	仁生典念字 2545 号	坏铜□小□□一事	0.3 元
74	万洪当诸字 2623 号	坏铜饰□□千□□□□□一事	1.8 元
75	恒升公典肠字 1048 号	低□□废市一支	0.3 元
76	恒升公典谦字 504 号	碎□□夹□一双	0.2 元
77	恒升公典垣字 3356 号	碎□□小□□一事	2.02 元
78	恒益典禽字 1640 号	□□□□□□布夹裤三件	0.16 元
79	□□典长字 45 号	废铜段夹□□一事	0.04 千文
80	□□典长字 964 号	废□□□□一事	0.05 千文
81	□□典日字 483 号	粉烂绸□□录对搭一件	0.1 千文

上述 81 件当票中,就当物而言,共有衣物、首饰和器皿 3 类。其中,衣物 46 件,首饰 22 件,器皿 12 件,衣物和器皿 1 件,衣物中皮衣类 4 件。衣物类当物占总数 57%,其他类当物占 43%。这说明当物以衣物为主,其次为首饰。就当本而言,最多的为银洋 18 元,最少的为钱 40 文。其中,银 1 两以下的有 54 件,银 1—2 两之间的有 18 件,2—5 两之间的有 6 件,5—10 两之间的有 1 件,10 两以上的有 2 件。当本银 1 两以下的占总数 66.7%,银 1 两以上的占总数 33.3%。这说明当本以银 1 两以下为主。从当物种类和当本量可以看出,当户以济急为目的的平民为主。

四 经营状况

当票中所载的当期、利率和当号等反映了典铺经营状况。

当期和利率。上述当票中,有的记录典铺的当期和利率,有的没有记录典铺的当期和利率。现将各典当期和月息列表 2-3。

表2-3　当票所见各典当期和月息一览

编号	典铺	当期	月息	编号	典铺	当期	月息
1	程新盛典	宪例	宪例	13	元裕	4	—
2	程允升典	宪例	宪例	14	义记	4	—
3	胡开源典	宪例	宪例	15	芬圃	宪例	3分
4	天元典	宪例	宪例	16	崇隆典	18	2.5
5	开泰典	宪例	宪例	17	德安押	6	6分
6	贻丰典	宪例	宪例	18	恒升典	18	2
7	祥发典	宪例	宪例	19	朱泰和典	26	2
8	胡裕成典	宪例	宪例	20	豫和典	24	2.5分
9	胡恒丰典	宪例	宪例	21	同裕典	24	2分
10	王有兴典	宪例	宪例	22	春祥当	24	2分
11	胡恒兴	宪例	宪例	23	恒益典	2□	宪例
12	项嘉德	36	宪例	24	万源典	18	2分

　　上述24座典铺中,就当期而言,为宪例的有13座,36个月的有1座,26个月的有1座,24个月的有2座,18个月的3座,6个月的1座,4个月的2座,不明的1座。就月息而言,为宪例的13座,为2分的4座,为2.5分的2座,为3分的1座,为1.8分的1座,为6分的1座,不明的2座,同时为宪例的胡开源典和部分程新盛典钤有"一分八厘"印章。所谓宪例,就是地方官府所规定的当期、利率。在长江中下游地区,宪例多为当期24个月、月息2分。如乾隆十五年(1750)某当票,"遵宪例起息,期以二十四个月为满。"又安徽旌德县"旧例每月以十分之二为息"①,建德县"向系每月二分起息"②。由此看出,23座典铺中,当期长短不一,18个月以上的20座,6个月以下的3座;月息亦高低不等,2分以下的17座,3分以上的2座。从类型看,当期18个月以上的为典当铺,6个月以下的为押铺或代步;月息2分以下的为典当铺,3分以上的为押铺或代步。从时间上看,当期6个月以下、

---

① 嘉庆《旌德县志》卷八《人物·懿行·戴若义》,《中国地方志集成·安徽府县志辑53》,第238页。

② 宣统《建德县志》卷五《食货·杂税》,《中国地方志集成·安徽府县志辑63》,第225页。

月息 3 分以上的集中于咸同年间。这说明,徽商典铺在官府规定基础上,适度降低利率。

日均当号。根据当票中的日期及号数,尚可推知该当票所在月份的日均当号。如程新盛典嘉庆十一年(1805)二月三十日师字 3539 号当票表明,程新盛典在嘉庆十一年(1805)二月三十日至少典当了 3539 号,则其日均当号约为 87.1 号。据此,上述当票中,各典不同月份日均当号列表 2-4。

表 2-4　当票所见各典不同月份日均当号一览

编号	当票	日均号
1	程新盛乾隆四十九年七月初二日黄字 196 号	98.0
2	程新盛乾隆五十年七月初九日张字 947 号	105.2
3	程新盛乾隆五十年八月二十二日寒字 1982 号	90.1
4	程新盛乾隆五十一年七月廿七日岁 3716 号	137.6
5	程新盛乾隆五十二年八月初五日生字 830 号	166.0
6	程新盛乾隆五十四年正月廿七日李字 2523 号	93.4
7	程新盛典嘉庆七年十月初五日阳字 427 号	85.4
8	程新盛典嘉庆十年正月廿四日菜字 1187 号	49.4
9	程新盛典嘉庆十年二月廿七日重字 2960 号	109.6
10	程新盛典嘉庆十年四月廿六日木字 3165 号	251.9
11	程新盛典嘉庆十年五月十一日薑字 1158 号	121.7
12	程新盛典嘉庆十年十二月廿七日翔字 2352 号	105.2
13	程新盛典嘉庆十一年二月三十日师字 3539 号	87.1
14	程新盛典嘉庆十一年三月廿一日火字 2537 号	117.9
15	程新盛嘉庆十一年四月二十日帝字 2026 号	120.8
16	程新盛嘉庆十三年八月二十七日 2623 号	101.3
17	程允升典乾隆五十三年七月初八日 757 号	97.1
18	程允升典乾隆五十三年二月十一日 1166 号	94.6
19	胡开源典乾隆五十五年四月十一日 1140 号	106.0
20	胡开源典和嘉庆五年三月十七日 1918 号	103.6
21	天元典乾隆五十六年十二月十二日 5836 号	112.8
22	开泰典乾隆五十六年十二月十四日 6236 号	486.3
23	贻丰典乾隆五十六年十二月十二日 1375 号	445.4
24	祥发典乾隆五十八年二月初九日 544 号	114.5

编号	当票	日均号
25	胡裕成典嘉庆七年八月十四日 1802 号	60.5
26	胡恒丰典嘉庆十年三月十日征字 2519 号	128.7
27	胡恒丰典嘉庆十年九月十二日 1833 号	152.8
28	王有兴典嘉庆十六年十月二十九日 952 号	32.8
29	项嘉德典道光十一年十二月初七日 975 号	139.3
30	胡恒兴典道光十三年七月二十四日 2072 号	86.3
31	和泰典道光二十年十二月	69.2
32	元裕咸丰十年七月初一日 42 号	42.0
33	义记咸丰十年七月二十四日 1170 号	48.8
34	芬圃同治元年九月初一日视字 798 号	798.0
35	德安押同治六年二月二十五日玄字 2204 号	88.2
36	德安押同治六年十一月初八日昃字 962 号	120.2
37	德安押同治七年正月二十四日宿字 2168 号	90.3
38	德安押同治七年五月二十五日暑字 2985 号	119.4
39	德安押同治十三年十二月廿八日弟字 3358 号	119.9
40	崇隆典当票同治十二年九月二十一日 1754 号	83.5
41	鼎兴典光绪元年五月七日 866 号	123.7
42	恒升典光绪三年七月初六日 450 号	75.0
43	豫和典光绪六年十二月廿七日 2150 号	79.6
44	豫和典光绪九年十二月初二日宾字 53 号	26.5
45	泰和典光绪十六年正月二十九日 12048 号	415.4
46	同裕典光绪十九年十一月十六日 845 号	52.8
47	同裕典光绪二十八年九月二十九日 1965 号	67.8
48	同裕典民国十四年九月十二日物字 706 号	58.8
49	春祥当光绪十九年腊月二十日 6782 号	308.3
50	洪隆公典光绪二十五年十一月廿一日 1689 号	80.4
51	洪隆公典民国十一年八月十一日门字 1482 号	134.7
52	仁生典光绪三十四年正月二十七日 2545 号	94.3
53	万洪当民国四年十月二十八日 2623 号	93.7
54	恒升公典民国廿三年十一月十二日肠字 1048 号	87.3
55	恒升公典民国十三年十月初八日谦字 504 号	63.0
56	恒升公典民国二十三年二月十九日垣字 3356 号	176.6

续表

编号	当票	日均号
57	恒益典民国□年□月五日禽字 1640 号	328.0
58	□□典光绪十五年二月廿九日长字 964 号	33.2
59	□□典光绪十五年三月十一日日字 483 号	43.9

上述各典不同月份中，日均当号数最多的为 798 号，最少的为 26.5 号。其中，在 50 号以下有 7 件，50—100 号之间的有 23 件，100—200 号之间的有 22 件，200—300 号之间的有 1 件，300—400 号之间的有 2 件，400—500 号之间的有 3 件，500 号以上的有 1 件。50—200 号之间的共 45 件，占 76%；其他的占总数 24%。日号数以 50—200 之间为主。日号数与经营效益颇为密切，日均号数越多，经营效益越好；反之，日均号数越少，经营效益越差。由此看出，同治元年（1862）九月芬圃经营效益最好，其次为乾隆五十六年（1792）十二月天元典、开泰典和光绪十六年（1890）正月泰和典，再次为民国年间恒益典和光绪十九年（1894）十二月春祥当；反之，嘉庆十六年（1811）十月王有兴典最差，其次为光绪十五年（1889）二月□□典、咸丰十年（1860）七月的元裕和义记两典铺。各典经营效益差别甚大，其原因主要有经营月份和地理环境两方面。就经营月份而言，十一月、十二月为典当旺季，六月、七月为典当淡季。如嘉庆十年（1805）程新盛典，月份不同，号数不一，则经营效益不等。就地理环境而言，城市典当经营效益好于乡村典当，大城市典当经营效益好于一般市镇。如朱泰和典经营效益好于同时的豫和典、同裕典，则是因为朱泰和典开设于著名商业市镇景德镇，而豫和和同裕两典开设于歙县乡村。

当票记录了典铺名称、字号、当物、当本和典当时间，甚至还记载了开设地址、当户、当期和利率，从而反映了徽商典铺的活动时空和特定时空的经营实态。长江中下游地区是徽州典商的主要活动区域，徽商典铺的当期利率在官府规定基础上，有时会当期适当延长、利率适度降低。典业经营效益具有季节性和区域性特点。

第二节　当　簿

　　当簿,又称典账、大账、字号簿,是典当营业的主要账簿,也是柜房的重要账簿,记录了典铺名称、类型、账簿设立时间、字号,以及典当、盘存、挂号、留取和赎取等经营环节。其中,典当环节记录了序号、当物、当本、当户、经手柜员,以及钤有表示不同当物的种类和保管方式的图章。盘存环节除钤有盘存年分图章外,有的还完整记录盘存时间及经手人员。赎取环节除钤上赎取年月图章外,有的还记录赎取时间和利息。挂号环节主要记录挂失人姓名、住址和保证人身份住处,进而推知典铺的开设地址。留取环节则记录留取时间和留利数,进而可以推知典铺当期。同时,根据字号和立簿年月可以推断典铺除开时间。当簿所载内容丰富,不仅可以了解徽州典商的活动时空,而且完整反映了徽商典铺经营过程和特点。

　　有关当簿的格式,所论甚多,兹不赘述。现以管见当簿为例,就徽商典铺的经营环节做一论述。

一　遗存述略

　　遗存下来的徽商典铺当簿在 10 册以上,主要如下:

　　南京大学历史系资料室 6 册。其中,《源来典同治十二年闰六月宝字号》1 册,残,存 1—1210 号;《(善茂当)宣统二年十月缘字号、十一月善字号》1 册,全存;《(鼎颐典)宣统三年二月分字号》1 册,残,存 391—2797 号;《□□质民国三年十一月弊字号》,残,存 151—3010 号;《(朱均和典)民国八年六月遐字号》1 册,残,存 6001—9043 号;《朱□□典□□年七月□字号》①,残,存 3631—5010;《乾隆休宁潘氏置产簿》夹订 3 张残页,存 3111—3120、3151—3160 和 3171—3182 号,同时在页面折缝钤有"宝树堂"图章。为下文叙述方便,现将该 3 张残页当簿的典铺称为"宝树堂典"。又,《崇祯

---

　　①　《朱□□典□□年七月□字号》题名为笔者根据账簿内容所拟,尚待进一步考证。

十年至康熙祝圣会簿》夹订 1 张残页,存 443—450 号。

上海图书馆 3 册。其中,《礼和典同治十三年□月□字号》1 册,残,存 931—2850 号;《□□典光绪十四年三月上字号》1 册,残,存 1—2650 号;《恒和典民国十三年四月光字号》1 册,存 1—1350 号。

安徽省图书馆 2 册。其中,《□□典民国□年□月璧字号》1 册,破损,不能借阅。《鼎泰典民国十一年十月谷字号》1 册,全存,共 2121 号。

另,安徽省档案馆藏《万洪当光绪三十年贤字号》当簿 1 册,①王振忠藏有《恒益典民国□年□月□字号》当簿 1 册,②安徽大学桑良至藏有 1 册③,屯溪一古籍书店收有恒庆典光绪三十年(1904)三月宙字号第三册和七月月字号第一、三册④。中国社会科学院历史所藏有《□□典光绪十年五月珠字号》和《□□典光绪十年十月珍字号》当簿 2 册,存放不清,具体不明。

如前所述,根据字号及其对应月份,可以推断典铺的初开年月。如源来典同治十二年(1873)闰六月对应《千字文》第 236 位"宝"字,知其该典初开于咸丰四年(1854)八月。又据前文所述,万洪当初开于光绪十三年(1887)十一月,恒益典开设于光绪十五年(1889)。据此,现将各簿所立年月、字号、《千字文》排位和初开年月列表 2–5。

表 2–5　当簿所立年月、字号、《千字文》排位和初开年月一览

编号	簿名	年月	排位	初开年月
1	宝字号源来典	同治十二年闰六月	236	咸丰四年八月
2	上字号□□典	光绪十四年三月	329	咸丰十一年八月
3	珠字号□□典	光绪十年五月	53	光绪六年三月
4	□□典珍字号	光绪十年十月	58	光绪六年三月
5	月字号恒庆典	光绪三十年七月	10	光绪二十九年九月
6	贤字号万洪当	光绪三十年	204	光绪十三年十一月

---

① 严桂夫:《徽州历史档案总目提要》,黄山书社 1996 年版,第 173 页。

② 王振忠:《徽州社会文化史探微》,上海社会科学出版社 2002 年版,第 501 页。

③ 桑良至:《珍贵的徽商经营档案——咸丰年间经商账簿》,《大学图书情报学刊》2008 年第 1 期。

④ 承蒙黄山学院马勇虎先生提供部分图片。

编号	簿名	年月	排位	初开年月
7	缘字号善茂当	宣统二年十月	230	光绪十八年四月
8	分字号鼎颐典	宣统三年二月	364	光绪七年九月
9	弊字号□□质	民国三年十一月	590	同治六年三月
10	遐字号朱均和典	民国八年六月	121	光绪三十三年十月
11	谷字号鼎泰典	民国十一年十月	218	光绪三十一年四月
12	光字号恒和典	民国十三年四月	56	民国八年十月
13	□字号恒益典	—	—	光绪十五年

13 典中,从开设时间看,源来典最早,开设于咸丰四年(1854);恒和典最迟,开设于民国八年(1919)。其中,开设于咸丰年间的 2 座,开设于同治年间的 1 座,开设于光绪年间的 9 座,开设于民国年间的 1 座。这说明,咸同兵燹后,随着社会的稳定和经济的恢复,一度遭到沉重打击的徽州典商又逐渐活跃起来。

另需说明的是,据《黟县志》所载,鼎泰典开设于民国八年(1919)而非光绪三十一年(1905)。鼎泰典,"民国八年开设于黟县城区,由张鼎泰经营,资金 2.5 万银元,并在渔亭设鼎泰分典。民国十八年,渔亭鼎泰分典遭火焚毁,损失 1.9 万银元"。① 又据下文可知,开设于民国八年(1919)恒和典也开设于黟县。而据《黟县志》载,民国八年(1919),黟县共开设 2 座典铺,除鼎泰典外,另一座为泰裕典而非恒和典。泰裕典,"民国八年设于黟县城区,由李泰裕经营,资本 2 万银元。② 这说明《黟县志》有关民国年间典铺记载并不十分准确。

二 典当物本

典当是典铺经营的首要环节,也是典铺经营的主要环节,因而当簿对典当内容的记录最为详尽,其中对当物和当本两项记录最为完整。

---

① 黟县地方志编纂委员会编:《黟县志》,光明日报出版社 1989 年版,第 297 页。
② 黟县地方志编纂委员会编:《黟县志》,光明日报出版社 1989 年版,第 297 页。

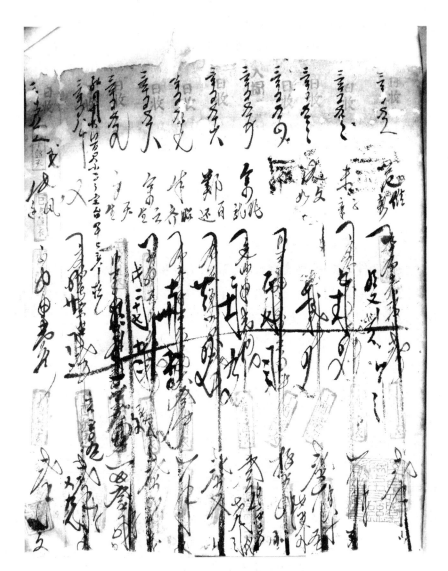

图2-2　《乾隆休宁潘氏置产簿》夹订当簿残页

当物。当簿详细记录当物种类、数量及保管方式。如《光绪十四年上字号□□典当簿》载：

　　4号，扯碎布小衫一件，入楼。

　　6号，生绸女衫单裙三件，存箱。

11 号,不全银废饰单三事,饰。

16 号,布绵绸小夹女袄寸角二件,存箱。

17 号,小羊皮欠纽绸女褡一件,上有银纽,皮货。

19 号,羊皮无纽绢女褡一件,皮货。

60 号,银饰挖耳千三枝五钱上珠,饰。

73 号,无柄铜大斗一事,铜锡。

79 号,绸丝棉线五两五钱,入橱。

84 号,夏布女衫裙□□□,入楼。

93 号,边绸丝一两,入橱。

95 号,小铜提铜一事,铜锡。

上述 12 件当物中,种类有衣服、首饰、铜锡和丝绸商品等;各种当物数量多少不一,多为一件或一事,多则三件或三事;不同种类当物保管方式也不一样;如布绸类衣服存放楼房或存箱,皮货类衣服存放皮货房,首饰类存放首饰房,铜锡类存放铜锡房,丝绸商品存放橱房。通览各典当簿,当物绝大多数为衣服、金银首饰、铜锡器皿、珠宝玉器和名人字画诸种,也有偶尔一见的丝、绒等杂货。同一类物品又有众多规格。衣服既有褂、裤、衫、裙、袄、袍等普通服装,也有被、褥、帐等日常生活用品;质地既有低廉的麻、苎、布料,也有昂贵的缎、罗、绸、绉、羽、纱、绒、皮货等;就是款式也不单调统一,而是单、夹、套并存、长短不一。此外,不同性别、不同年龄的服装样样俱全,几乎无所不有。金银首饰既有普通的戒指、手镯、钏、签、项链等装饰品,也有锁、盒等用具;至于铜锡器皿,以炉、壶为主;寥寥几件的珠宝玉器各个不同;一帖字画,实属罕见。总而言之,这些当物涉及当时人们生产生活各方面,因而种类较为繁多。如此丰富的当物,各类所占的比例又是如何,现将部分当簿前 300 号当物种类列表 2-6。

表 2-6　部分当簿前 300 号当物种类一览

类型	衣件	首饰	铜锡	珠宝玉器	其他	总计
源来典	237	60	2	1	1	300
善茂当	260	36	3	1	1	300

类型	衣件	首饰	铜锡	珠宝玉器	其他	总计
鼎颐典	237	59	4	2	1	300
□□质	249	19	3	—	29	300
朱均和典	296	—	4	—	—	300
总计	1279	174	16	4	32	1500

各类当物在所列 5 典中数量极为不均,悬殊甚大。衣件为大宗,占 80% 以上;其次是金银首饰,在 15% 左右;再次是铜锡,不及 2%。珠宝玉器及其杂货或有或无,说明典当物品具有较强的集中性。当物的多样与集中,说明近代社会物品表面上特别丰富,其实单调贫乏。近代经济虽然在不断进步,但其速度却极为缓慢。人们的服饰变化不大,很少推陈出新,一件衣服典于当铺,几年价值基本保持不变,就是最好的证明。同时,当物的多样性,揭示出当户的广泛性;当物的集中性,说明当户身份狭隘性,主要以平民为主。

有的当物名称前,标有"夏"、"冬"等字样,说明该当物具有季节性。鼎颐典第 394 号,"夏布褂一件"。□□质第 216 号,"夏布褂一件"。对于善茂当来说,属于夏衣则较多。第一号,"夏裙一件";第二号,"夏衫裙两件";第三号,"夏褂一件"。在该簿前 300 号衣件中,能够明确确定为夏季物品共有 123 号,占 39%。善茂当记载的时间为农历十月,此时天气已渐寒冷,夹衣棉袄方用,夏衣却闲置,贫苦平民无钱使用,正好典入当铺。夏衣冬典,反过来冬衣夏典。正值六月收当的朱均和典簿中属于冬天的棉袄的特别多,6002 号,"布夹花袄一件";6009 号,"布女袄一件";6121—6130 号,皆是夹衣、夹袄。该簿中冬衣约占总数十之七八。这说明当物具有鲜明的季节性。

衣件当物中,有不少洋布制成品。部分当簿中,洋布当物比比可见,在前 300 号当物中,各典洋布和土布数量具体如表 2-7。

表2-7　当簿所见各典洋布和土布数量一览

典名	源来典	善茂当	鼎颐典	□□质	朱均和典
洋布(件)	35	31	43	不详	103
土布(件)	92	123	20	不详	50
洋布占土布比%	38	23	215	—	206

鸦片战争后,洋布大量涌入中国市场。据有关资料统计,道光二十二年(1842)外国输华棉布数量近2万千码,民国八年(1919)超过90万千码。前后77年时间里,增长47倍,年均增长速度达60%。洋布的输入,一开始就深为城镇居民、富有阶层以及小店主们所喜爱。[①] 洋布的大量输华倾销,改变了我国传统服饰,势必同我国原有的土布展开激烈竞争。对于鼎颐典和朱均和典来说,洋布数量绝对超过土布数量,就是很好的例证。可以看出,清末民初,洋布当物的数量呈现着不断上升的趋势,说明当物深深地打上了时代烙印。综上所述,典当物品具有多样性、集中性、季节性和时代性特点。

当本。当本是当物的抵押价值,不同的当物,当本大小不等,悬殊极大。其中最大的为鼎颐典1222号,"金镯子一双,重五两一钱,250元";其次为该簿553号,"帽饰,上有药珠不计数,75.55元"。源来典当本最多的为1039号,"原画一帖,26200文",善茂当当本最多的是754号,"银丝镯子,重二钱二分,23.1两";□□质当本最大的2564号,"杂货,25.7元"。当本最少的仅有百文,如源来典17号、20号当本只有百文,恒庆典5号、18号当本也同样为百文。不同当号当本如此悬殊,反映当户身份差异极大,相关论述,参见"赎取簿"一节。

当本也是当户典当物品的目的所在,典铺只有通过放出当本才能收取利息。在一定时间里,典铺典当当号数和放出当本额直接反映出其经营规模和效益。一般说来,典铺典当当号数越多,放出当本额越大,其所存架本就越多,规模更大,经营效益就越好,反之亦然。现将部分当簿所存的每日当

---

① 李必章:《上海近代贸易经济发展概况》,上海社会科学出版社1993年版,第399页。

本及当号数列表2-8(当本货币单位:源来典和朱均和典为钱文,善茂当为银两,鼎颐典、鼎泰典和质为洋元)。

表2-8　部分当簿所见每日当本及当号数一览

日期		一	二	三	四	五	六	七	八	九	十
源来典	当本	346830	342200	308940	338510	315110	300280	—	—	—	—
	号数	191	204	160	168	173	194	—	—	—	—
礼和典	当本	—	—	—	—	—	—	—	—	—	131.61
	号数	—	—	—	—	—	—	—	—	—	181
善茂当	当本	34.75	43.95	38.45	24.45	50.75	44.6	6.65	65.2	128.75	73.05
	号数	27	30	34	22	34	26	11	52	86	49
鼎颐典	当本			—	—	312.96	282.12	278.96	212.88	363.3	184.23
	号数			—	—	113	80	87	76	67	82
□□质	当本	410.55	372	402.2	384.35	457.3	333.65	365.15	364.15	—	—
	号数	415	345	360	384	385	358	346	356	—	—
朱均和典	当本										
	号数										
鼎泰典	当本	253.4	147.47	201.39	316.83	238.1	198.31	107.13	298	175.04	107.84
	号数	147	89	85	100	60	100	65	92	71	63
恒和典	当本										
	号数										
鼎泰典	当本	253.4	147.47	201.39	316.83	238.1	198.31	107.13	298	175.04	107.84
	号数	147	89	85	100	60	100	65	92	71	63
日期		十一	十二	十三	十四	十五	十六	十七	十八	十九	廿
源来典	当本	—	—	—	—	—	—	—	—	—	—
	号数	—	—	—	—	—	—	—	—	—	—
礼和典	当本	124.23	97.63	60.53	60.26	72.97	166.44	192.28	121.78	100.51	46.67
	号数	65	131	104	100	99	89	83	107	99	63
善茂当	当本	62.05	50.65	79.05	60	87.25	180.1	112.3	100.05	57.25	117
	号数	30	38	43	55	72	99	72	63	56	72
鼎颐典	当本	346	251.5	399.6	—	—	—	—	—	—	—
	号数	111	104	113	—	—	—	—	—	—	—

续表

□□质	当本	—	—	—	—	—	—	—	—	—	—
	号数	—	—	—	—	—	—	—	—	—	—
朱均和典	当本	—	—	—	—	939100	459100	498150	483850	770600	490900
	号数	—	—	—	—		296	254	287	365	290
鼎泰典	当本	188.53	213.48	228.74	162.03	336.32	88.09	153.42	133.76	273.66	114.82
	号数	90	73	107	88	112	56	70	53	62	46
恒和典	当本	—	—	—	—	—	—	—	—	—	—
	号数	—	—	—	—	—	—	—	—	—	—
鼎泰典	当本	188.53	213.48	228.74	162.03	336.32	88.09	153.42	133.76	273.66	114.82
	号数	90	73	107	88	112	56	70	53	62	46
日期		廿一	廿二	廿三	廿四	廿五	廿六	廿七	廿八	廿九	三十
源来典	当本	—	—	—	—	—	—	—	—	—	—
	号数	—	—	—	—	—	—	—	—	—	—
礼和典	当本	57.18	89.09	70.38	132.08	141.09	242.86	—	—	—	—
	号数	95	89	105	115	169	186				
善茂当	当本	36.56	58.35	70.4	51.55	97.4	53.5	12.85	17.95	25.15	725
	号数	25	37	44	46	51	32	15	21	16	62
鼎颐典	当本	—	—	—	—	—	—	—	—	—	—
	号数	—	—	—	—	—	—	—	—	—	—
□□质	当本	—	—	—	—	—	—	—	—	—	—
	号数	—	—	—	—	—	—	—	—	—	—
朱均和典	当本	210400	640900	553500	581050	479250	—	—	—	—	—
	号数	120	307	266	330	463	—				
鼎泰典	当本	100.09	78.65	123.77	150.64	96.48	209.28	184.02	188.78	154.9	—
	号数	52	48	65	51	55	43	57	61	50	—
恒和典	当本	—	—	—	—	—	—	—	—	—	—
	号数	—	—	—	—	—	—	—	—	—	—
鼎泰典	当本	100.09	78.65	123.77	150.64	96.48	209.28	184.02	188.78	154.9	—
	号数	52	48	65	51	55	43	57	61	50	—

表2-8当本货币单位互不一致,有银两、洋元、钱串等。清末民初,大

体上银1两兑换洋1.4元,洋1元兑换钱1200文。经过折算后,部分典日平均当本及当号数见表2-9。

表2-9　部分当簿所见每日均当本及当号数一览

典名	源来典	礼和典	善茂当	鼎颐典	□□质	朱均和典	鼎泰典
当本(元)	271.1	157.1	86.36	316.09	386.17	462.64	180.1
当号	181.00	111.00	44.00	95.00	369.00	298.00	73.00
每号当本	1.5	1.4	1.96	3.315	1.48	1.55	2.46

从表2-9可以看出,日均放出当本中,朱均和典最多,接着依次为□□质、鼎颐典、源来典、鼎泰典、礼和典,最少的为善茂当。日均典当当号数,□□质最多,其次分别为朱均和典、源来典、礼和典、鼎颐典、鼎泰典,善茂当最少。综合而言,□□质和朱均和典经营状况最佳,次为源来典,再次为鼎颐典、礼和典、鼎泰典和善茂当经营状况最差。究其原因,□□质正值民国初年,由于战争的破坏,一方面使各地典当铺的数量急剧减少;另一方面人民生活更趋艰难,为了生计,不得不去典当的人数大为增加,同时它又是一个质铺,经营方式灵活,所以生意特别兴旺。朱均和典位于张謇兴办实业所在地,该地经济发展迅速,商品经济也特别发达,所以典业经营状况良好。就源来典和善茂当而言,源来典位于上海市内,又地处繁华的商业区,店铺林立,经济活跃,同样典铺效益良好。而鼎泰典、礼和典善茂当位于乡镇,属于乡村典铺。虽然崇明县位于长江口岸,地处南北要冲,清末亦此经商的也较多,但是它毕竟三面环水、面积狭小,属于待垦之地,人烟稀少,经营效益特别有限。善茂当的经营状况不及源来典,城市典当业胜于乡村。总的说来,典当业的经营状况受诸多因素制约,但与商品经济发展的程度相一致,城市和富裕地区的典铺经济状况良好。

三　赎取时限

赎取是典当经营的最后环节,也是典铺经营的主要环节。当簿对赎取的记录详略不一,有的记录赎取时间,有的没有记录赎取时间;在记录赎取

时间中,有的记录赎取利息,有的没有记录赎取利息。根据当簿有关赎取情况的记录,可以看出当物未赎取率、赎取期限、不同月份赎取量和利息。

未赎取率。上述部分当簿中,当物未赎取量、总数和未赎取率列表2-10。

表 2-10　部分当簿所见当物未赎取量、总数和未赎取率一览

典名	源来典	善茂当	鼎颐典	□□质	朱均和典
字号	宝字号	缘字号	分字号	弊字号	退字号
未赎取号数	139	169	111	249	18
总号数	1024	1226	423	1034	978
未赎取率(%)	13.57	13.78	28.24	24.08	1.84

由表2-10中可知,源来典和善茂当未赎量占总数的13%—14%,这大体与十当九赎比例相符。鼎颐典和□□质未赎取率占25%左右,比例之高,实属罕见。这是因为两典赎取期限正值清民之交,战争连年不断,人民颠沛流离,生活困苦不堪,赎取能力大为降低。况且两典对当物的估价偏高,对于本身价值不高的当物,人们理所当然不愿赎取。朱均和典未赎取率不及2%,可谓最低。究其原因,一是该典赎取期限特别漫长,人们赎取时间充分。二是该典位于经济富裕地区,有能力赎取。因而赎取率大大提高。

赎取期限。上述部分当簿中,不同月份赎取数量列表2-11。(本月赎取为0,次月赎取的月数为1,余类推)

表 2-11　上述部分当簿中,不同月份赎取数量一览

序号	源来典		善茂当		鼎颐典		□□质		朱均和典	
	月份	号数	月份	号数	月份	号数	月份	号数	月份	号数
0	闰六	248	十	118	二	99	十一	425	六	48
1	七	175	十一	141	三	69	十二	151	七	95
2	八	128	十二	110	四	25	一	70	闰七	172
3	九	73	一	31	五	19	二	63	八	200
4	十	49	二	33	六	14	三	49	九	113

续表

序号	源来典		善茂当		鼎颐典		□□质		朱均和典	
	月份	号数	月份	号数	月份	号数	月份	号数	月份	号数
5	十一	34	三	91	闰六	7	四	42	十	108
6	十二	26	四	85	七	6	五	25	十一	26
7	一	9	五	63	八	15	六	8	十二	64
8	二	11	六	165	九	10	七	2	一	2
9	三	17	闰六	51	十	17	—	—	二	4
10	四	14	七	10	十一	14	—	—	三	6
11	五	17	八	27	十二	13	—	—	四	3
12	六	4	九	17	一	6	—	—	五	5
13	七	5	十	5	二	5	—	—	六	13
14	八	9	十一	7	三	1	—	—	七	3
15	九	5	十二	14	四	—	—	—	八	2
16	十	7	一	3	五	2	—	—	九	15
17	十一	7	二	4	六	14	—	—	十	9
18	十二	5	三	10	七	6	—	—	十一	4
19	一	12	四	6	八	2	—	—	十二	26
20	二	6	五	4	九	3	—	—	一	3
21	三	1	六	7	十	2	—	—	二	6
22	四	1	七	1	—	—	—	—	三	10
23	—	—	八	8	—	—	—	—	四	1
24	—	—	九	8	—	—	—	—	五	5
25	—	—	十	10	—	—	—	—	六	7
26	—	—	十一	6	—	—	—	—	七	1
27	—	—	十二	25	—	—	—	—	八	—
28	—	—	一	1	—	—	—	—	九	1
29	—	—	二	2	—	—	—	—	十	8
30	—	—	三	2	—	—	—	—	—	—
31	—	—	四	4	—	—	—	—	—	—
32	—	—	五	3	—	—	—	—	—	—
33	—	—	六	4	—	—	—	—	—	—

序号	源来典		善茂当		鼎颐典		□□质		朱均和典	
	月份	号数	月份	号数	月份	号数	月份	号数	月份	号数
34	—	—	七	2	—	—	—	—	—	—
35	—	—	八	8	—	—	—	—	—	—
36	—	—	九	12	—	—	—	—	—	—
37	—	—	十	4	—	—	—	—	—	—
38	—	—	十一	4	—	—	—	—	—	—
39	—	—	十二	31	—	—	—	—	—	—

从表2-11中可以看出,不同的月份,赎取数量有所不同。在后3/4赎取期限内,5典表现完全一致,各典每月赎取数量一般不到20号,变化微小,几乎不变,赎取的总数也不及总当数的1/3。反过来,在前1/4期限内,赎取总量达总当数2/3,每月赎取数量大,而且参差不齐,变化巨大。其中,源来典、鼎颐典、□□质表现一致,本月赎取数量最多,为赎取的最高峰,然后是逐月急剧递减,几乎呈直线下降。善茂当和朱均和典呈现曲线变化。善茂当是先多后少,然后又多,在较短时间内出现两次赎取高峰,除早赎原因外,因善茂当收有大量夏季衣服,到了第二年春夏之际,天气渐热,人们必然纷纷赎取回去,再呈赎取高峰。朱均和典赎取量是先少后多,然后又少。这是因为该典设于上冈镇,七月、八月、九月正是农村收获的季节,经济活跃,形成赎取旺季。

各典赎取期限长短不等,相差甚大。□□质赎取期限为8个月,源来典为22个月,鼎颐典为24个月,朱均和典为29个月,善茂当为40个月。宝树堂典从康熙五十五年(1717)十二月至康熙五十九年(1720)四月共40个月,从而说明该典赎期达40个月。理论上赎取期限就是当期,实际并非如此,赎取期限是长于而不是等同于当期。

利息。上述当簿中,宝树堂典残页详细记录赎取时间和赎取利息,根据当本就可以计算出典铺的利息率和月息。现将该当簿残页中3171—3182等号当本、赎取年份、赎取月日、利息、利率和当赎月数列表2-12。(当本、

利息单位:两)

表2-12　宝树堂典残页所见当本、赎取年份、赎取月日、利息、利率和当赎月数一览

编号	当本	赎取年份	赎取月日	利息	利率(%)	月数
3171	0.21	57	7.16	0.063	30.0	20
3172	0.06	56	5.17	0.004	7.5	4
3173	0.26	56	1.10	0.004	1.5	1
3174	0.84	56	1.17	0.013	1.5	1
3175	0.30	56	2.11	0.009	3.0	2
3176	0.27	56	□.23	0.004	1.5	1
3177	0.60	56	11.30	0.101	18.0	12
3178	0.25	57	2.17	0.052	21.0	14
3179	1.314	57	□□	0.394	30.0	20
3180	0.20	56	4.20	0.012	6.0	4
3181						
3182	0.50	57	8.13	0.150	30.0	20

　　首先要说明的是,该残页当簿对其立簿年代虽没有明确记载,不过可据其赎取时间和盘存年代来推断。就赎取时间而言,如3371号为"ㄖ╧七月十六日",3178号为"戊二月十七日",3182号为"ㄖ╧年八月十三日"。"ㄖ╧"为草码"五十七",即3371号和3182号的赎取年份为某朝五十七年。明清及民国时期有"五十七年"的只有康熙和乾隆两朝。就盘存年代而言,共有"丁酉"、"戊戌"、"己亥"和"庚子"4个年份。这4个年份在康乾两朝分别为"康熙五十六、五十七、五十八和五十九年"和"乾隆四十二、四十三、四十四和四十五年"。由此断定,宝树堂典当簿立簿年代为康熙年间。

　　从利息率来看,最高的为30%,最低的1.5%,由此初步判断该典月息为1.5%。具体说来,3172号和3174号两者赎取时间分别为康熙五十六年(1717)五月十七日和康熙五十六年(1717)一月十七日,相差正好4个月,而其利率分别为7.5%和1.5%,相差6%,由此推断月息为1.5%。同样,从3178号和3174号也可判断其月息为1.5%。又,3173号赎取时的利息

率为 1.5%，说明该号当物赎取时利息是按 1 个月计算的，其典当时间只有两种情况，或为本月，或为上月。若属于本月典当本月赎取的话，从赎取时间康熙五十六年（1717）正月初一来看，则该月第一日共典当了至少 3173号，一日典当 3000 余号，况且又是大年初一，这种情况基本不可能，由此可知该号当物属于上月典当，进而推断该残页当簿的立簿时间为康熙五十五年（1717）十二月。又 3172 和 3180 两号赎取时的利息率都是 6%，而赎取时间分别为康熙五十六年（1717）五月十七日和康熙五十六年（1717）四月二十日，这说明两号当物若在正月十七日赎取则按 1 个月计息，若在正月二十日赎取则按 2 个月计息，考虑到典铺"过五"的计息方式，两号当物的典当时间应在十三日至十五日之间，则日典当约为 220 号，其经营效益较好。又 3176 号赎取时间仅注明日期"二十三日"，既没有年份，也没有月份，不过从其赎取利率为 1.5% 可知，利息是按 1 个月计算的，若该赎期日期为康熙五十五年（1717）十二月二十三日，则属于本月典当本月赎取，利息按 1个月计算，与事实相符；若该赎期日期为康熙五十六年（1717）正月二十三日，据前所述，其月息应按 2 个月计息，则与实际不符，故而 3176 号赎取时间应为康熙五十五年（1717）十二月二十三日。

四 挂失手续

当户遗失当票后，为防止别人冒领当物而造成不必要的损失，应向典铺挂失。当簿对挂失的记录详略不一，有的没有记录，有的记录详细。现将部分当簿有关挂失记录摘录如下。

源来典 249 号，挂失票人范金元，住在大马路天来衣庄对过，□生烟店内；保人德亨泰衣庄。

源来典 989 号，失票人丁世海，住八仙桥西，保人章生友，在三第关桥章天盛洋火店。

礼和典 1853 号，十二年十二月廿五日挂失票人元子川，住老新桥西首。

礼和典 2800 号，刻日挂失票人王长郎，住协安沙，海字末三阳□，正保广昌郎，住协安沙新镇对南王乾坤西□甲□□。

礼和典2811号，十一月十三日，挂失票人六道郎，住汤老□河西头灶内，正保刘金串，住蟠龙镇甲长。

善茂当缘字1241号，挂失票人周村，住璐玙镇东北。

善茂当善字第416号，失票人陆在兹，住四激镇，

善茂当善第461号，失票人朱泰，住本镇东油车对门。

朱均和典7489号，挂失票人朱明，住姜王灶；保人徐景衡开银匠店，又地保秪大。

朱均和典8221号，挂失票人李英台，住海门北三十里，大生粉厂旁边；保人王三元，住大纲公司当兵士；又保人吴稚卿，开永丰杂货店；地保秪大。

鼎泰典209号，本日挂失票人余五云嫂，住本村，保人伊子春泽、代祖。

鼎泰典624号，本日挂失票人汪福兄，住四都官路下，保人王寄发，住王家门楼对面。

鼎泰典395号，癸六月二十八日，挂失票人汪茂青住五都陈同山，保人集成号代，王兆丰。

鼎泰典1856号，本月二十七日，挂失票人俞容仁，住高祈，保人胡棣如兄。

恒和典959号，本月二十二日日挂失票去。

恒和典1152号，本年五月二十一日挂失票去。

据其记载，挂失主要记录挂失时间及当票号数、挂失人姓名及住址、保人姓名及住址。保人为挂失人的担保人，有商家、商人、市民、士兵、甲长及地保等，其中以商家及地保为主。保人给挂失人担保，必须出具保单。保单记录挂失人姓名和住址、当物的名称、当本和典当时间，以及保人姓名、住址和责任。如《民国十二年六月二十八日汪兆丰保单》载：

立保证书人在隆昌号汪九丰，今因五都陈同山汪茂青，于壬戌年十月初四日，布角坏短袄裤当在宝典，计当去本洋一元△角△分。其当票遗失，非请补挂失票无从取赎，特央弟出作保证，日后倘原票来取纠葛，归弟理楚，决与宝典无涉，所具保证书是实。民国癸亥年六月二十八日

立保证书人汪兆丰。(钤"义成号"印)

挂失手续相当复杂,目的在于充分保护典铺和当户双方利益。根据挂失人和保人的姓名、住址,尚可蠡测出典铺开设的地点。就源来典而言,根据《上海地名小志》记载,"大马路"最早源于18世纪50年代上海英租界跑马总会修建的一条道路,后形成著名的商业街。"八仙桥"也是旧上海的一个繁华的商业区。所以该典在上海城内。又据有关资料记载,光绪年间,源来典开设于英租界,商家为杨翰仙。① 就礼和典而言,协安沙位于崇明县,"距城三十里,东至平安沙,西至海,南至长安沙,北至海。"②蟠龙镇,位于崇明县"城东十五里"。③ 就善茂当来说,四滧镇、璎玳镇亦位于崇明。其中,四滧镇,距城60里;璎玳镇,距城63里。④ 由此推测善茂当开设于崇明县某镇。又据有关资料记载,善茂当应为施姓所开。⑤ 就朱均和典而言,"大纲公司"由1919年张謇创办,属于淮南盐垦公司一部分,大约位于今天江苏射阳和盐城之间。⑥ 又据有关资料记载,朱均和典为安徽朱念陶开设于盐城上冈镇(现属建湖县)。⑦ 朱均和典前身为道光二十八年(1848)徽州宋端甫开设的日新典,同治十三年(1874)日新典被转卖给镇江刘恒兴、盐城曹厚培和上冈王聘卿3人,光绪十五年(1889)刘恒兴因赌博将日新典输给朱念陶。朱念陶为安徽泾县人,父亲为朱幼鸿,祖父为朱鸿度。朱鸿度本为盐商,咸同兵燹间避难上海,捐纳道台,结交李鸿章和盛宣怀,先后创办裕源纱厂和裕通面粉厂。朱幼鸿精于工商,捐纳道员,曾随父襄事浙江牙厘局,担任浙江铜元局总办,先后创办裕通、裕亨、裕泰纱厂,裕丰、裕隆、裕亨面粉厂,并开设盐号和典铺数十处。朱念陶为幼鸿长子,长期住在上海,自己并

① 补留生:《印雪斋官商便览》第1册,光绪三十二年刊本,南京图书馆藏。
② (清)林达泉、李联琇修纂,光绪《崇明县志》卷二《沙》,光绪七年刻本,国家图书馆藏。
③ (清)林达泉、李联琇修纂,光绪《崇明县志》卷三《市镇》,光绪七年刻本,国家图书馆藏。
④ (清)林达泉、李联琇修纂,光绪《崇明县志》卷三《市镇》,光绪七年刻本,国家图书馆藏。
⑤ 周之珂:《崇明县志》,上海人民出版社1989年版,第582页。
⑥ 李通甫:《南通张季直先生逝世四十周年纪念集》,见沈云龙主编:《近代中国史料丛刊续编》第62辑,(台北)文海出版社1979年版,第56页。
⑦ 夏瑞庭:《上冈的典当》,《盐城文史资料选辑》第2辑,出版地、年代不详,第80—83页;沈省言、王益斋、宋渭卿:《盐城的典当银钱业》,《盐城文史资料》第1—2辑,出版地不详,1984年版,第101—109页。

不经理朱均和典,先后聘请安徽顾春廷、黄少芙和许树生3人经理。从姓氏上看,黄少芙和许树生可能为徽州人。就鼎泰典而言,除四都官路下、五都陈闾山和高祈等地名外,还有江村堨、程家庄、湖阳村、鸡头山、六都等地名,其中,四都官路下和五都陈闾山属于黟县村庄,高祈、湖阳、鸡头山位于黟县一都,江村堨和程家庄位于黟县五都,①知该典开设于黟县某村。另,恒和典钤有"黟县嘉祥"图章,可以判断其开设于黟县。同时簿中夹有书信一札,载为"流光荏苒,瞬息春回,听腊鼓之频吹,闻爆竹之除旧,兹际三阳启泰,六吕司春,恭维岳父母大人,献岁以来,锦堂集庆,兰室迎羊,遥瞻德门,倾心颂祝,婿黎川寄足票六,如恒岁月"等字。"黎川"即休宁黎阳,说明簿主为徽州人可能性极大。又《崇祯十年至康熙祝圣会簿》当簿残页载有"上屋汪、金竹宋、山背汪、簪下方"等当户姓氏和住址。其中,"簪下、金竹、山背"位于休宁十三都二、三两图,且祝圣会为休宁十三都三图旌城汪、吴、王三姓举办的迎神赛会,这说明记录该残页当簿的典铺应开设于旌城。其他诸典质或无挂失记载,或因挂失情况记载不详,因而也就无法考察其开设地点。从时空上看,上述诸典活动于咸同兵燹后的长江下游苏皖地区。咸同兵燹期间,长江中下游地区饱受战争蹂躏,各地典铺受到严重打击,纷纷歇业。善茂当、鼎颐典、鼎泰典、朱均和典和□□质均开设于咸同兵燹后。上海受咸同兵燹影响小,开设于咸丰四年的源来典能够保存下来。

五 留取过程

留取,又称上利,指当物满期时,当户一时无款赎取但又不愿放弃当物,以交纳一定的利息来延长赎取期限的方法。上利多寡,由当户自己决定,有上短利和上满利两种。上利时,有的在原当票写明上利日期、数目等,并登入留利簿;有的将旧票注销,另开新票,名为换票。当簿对留取的记录也详略不一,有的没有记录,有的则记录详细。如宝树堂典残页3122号注有"留庚四月"等字。该留取既没有记录上利时间,也没有记录上利数,仅记录留

---

① 道光《徽州府志》卷二《舆地志·乡都》,《中国地方志集成·安徽府县志辑48》,第151页。

至时间。其中,"庚"指"庚子",为康熙五十九年(1720)。"留庚四月",指
该当物上利后留至康熙五十九年(1720)四月。而《民国十一年十月谷字号
鼎泰典当簿》和《民国十三年四月光字号恒和典当簿》有关留取记录较为详
细。其中,《民国十一年十月谷字号鼎泰典当簿》相关记录如下:

32号,甲三月廿九日收利洋一元,留乙六月。88号,甲二月廿五日
收利洋二角,留乙二月。

843号,甲二月廿七日收利洋三角,留乙二月。966号,甲二月廿五
日收利洋三角,留乙三月。

1120号,癸三月廿三日收利洋三角,留甲九月,甲五月廿二日收利
洋六角,留乙七月。

据其所载,留取记录主要记录上利时间、留至时间及上利数,从而可以
推断留当期限、典铺月息和当期。

月息与当期。1120号留取记录中,"癸三月廿三日"指民国十二年
(1923)癸亥三月二十三日,"甲九月"指民国十三年(1924)甲子九月,"甲
五月廿二日"指民国十三年(1924)甲子五月二十二日。"乙七月"指"民国
十四年乙丑七月"。该号留取记录表明,该当户曾两次留当,其中,第一次
留当,上利时间为民国十二年(1923)三月二十三日,上利洋三角,期限从满
期后至民国十三年(1924)九月;第二次留当,上利时间为民国十三年
(1924)五月二十二日,上利洋六角,期限从民国十三年(1924)十月至民国
十四年(1925)七月。第二次留取准确记录留当期限和上利数,根据原当本
数,可计算上利利息率和月息。经计算,留当期限共10个月,上利利息率为
20%,则月息为2%,该典月息二分。又经计算,第一次上利利息率为10%,
按月息2%计算,留当期限应为5个月,则该典满期时间为民国十三年
(1924)四月。现将上述各号上利数、当本、利息率、上利月份、留至月份以
及满期月份列表2-13。

表2-13 民国十一年（1922）十月谷字号鼎泰典当簿各号上利数、当本、
利息率、上利月份、留至月份以及满期月份一览 （单位：分）

号数	上利数	当本	利息率	上利月份	留至月份	满期月份
31	100	356	28	13.3	14.6	13.4
88	20	100	20	13.2	14.2	13.4
143	100	505	20	13.3	14.2	13.4
163	70	350	20	13.3	14.2	13.4
259	50	250	20	13.4	14.2	13.4
697	30	150	20	13.4	14.2	13.4
746	50	250	20	13.4	14.2	13.4
781	60	300	20	13.2	14.2	13.4
843	30	150	20	13.2	14.2	13.4
945	48	400	12	13.2	13.10	13.4
966	300	1363	22	13.3	14.3	13.4
1120	90	300	30	12.3	14.7	13.4
1599	300	1000	30	13.3	14.7	13.4
1969	300	5000	6	13.2	13.7	13.4

由此可以看出，鼎泰典谷字号满期时间为民国十三年（1924）四月。又其典当月份为民国十一年（1922）十月，从典当月份至满期月份的间期，便为当期，从民国十一年（1922）十月至十三年（1924）四月共18个月，即鼎泰典当期为18个月。上利时间来看，各号略有不等，最早的为民国十二年（1923）三月，最迟的为民国十三年（1924）四月，属于满期月份的有3号，距离满期1个月的有4号，距离满期2个月的有6号，超过满期3个月的有1号，由此看来，上利时间多在距离满期2个月内。同样，各号留至时间也略有不等，最早的为民国十三年（1924）七月，最迟的为民国十四年（1925）七月，延长3个月的有1号，延长6个月的有1号，延长10个月的有8号，延长11个月的有1号，延长14个月的有1号，延长15个月的有2号，延长期限在1年以内的有11号，在1年以上的有3号。可见，留取期限多在1年以内。显然，通过留取，使得当物的赎取期限得以延长，此即说明，当物赎取期限并不等于当期，而是长于当期。各典留取数量虽不引人注目，如鼎泰典

留取号数约占总数1%,不过留利却是典铺一项较为重要的收入。如时顺典乾隆元年(1736)取利银为1576.868两,留取上利银136.625,上利同取利比为8.664%;时顺典五年(1740)取利银为1588.835两,留取上利银为137.977两,上利同取利比为8.684%;乾隆四十二年(1777)张恒裕典正月收取利银为6825两,留取上利银为8.785,上利同取利比为12.87%。两典上利银约占取利银的10%。

同样,根据留取记录,亦能推断出恒和典月息和当期。该当簿载:

> 164号,乙七月初四日收利洋五角,留丙二月;丙二月初四收利洋五角,留丙七月,(本五元)。

> 525号,乙九月收利洋三角,留丙二月;丙二月二十一日收利洋三角,留丙七月,(本三元)。

据其所载,164号留取记录中,"乙七月初四日"指民国十四年(1925)乙丑七月初四日,"丙二月"指民国十五年(1926)丙寅二月,"丙七月"指民国十五年(1826)丙寅七月。该号留取记录表明,该当户曾两次留当,其中,第一次留当,上利时间为民国十四年(1925)七月初四日,上利洋五角,期限从满期后至民国十五年(1926)二月;第二次留当,上利时间为民国十五年(1926)二月初四日,上利洋五角,期限从民国十五年(1926)三月至该年七月。经计算,第二次留当期限共5个月,上利利息率为10%,则月息为2%。第一次上利利息率10%、月息2分、留当5个月可知,该典光字号满期时间为民国十四年(1925)九月。又其典当月份为民国十三年(1924)四月,则其当期为民国十三年(1924)四月至十四年(1925)九月共18个月。又525号留取记录表明,该当户亦曾两次留当。其中,第一次留当,上利时间为民国十四年(1925)九月,上利洋三角,期限从满期后至民国十五年(1926)二月;第二次留当,上利时间为民国十五年(1926)二月二十一日,上利洋三角,期限从民国十五年(1926)三月至该年七月。经计算,第二次留当5个月,上利利息率为10%,则月息为2%。从第一次上利利息率10%、月息2分、留当5个月来看,该典满期时间为民国十四年(1925)九月,当期亦为18个月。由此推知,恒和典与鼎泰典一样,月息2分、当期18个月。

当簿记录了典当、盘存、挂号、留取和赎取等经营环节内容。当物的种类既丰富又集中,具有时代性、区域性和季节性特点。不同类型的典当铺,其赎期、规模和经营状况各不相同,具有不同的特点。典当铺因当期长,周转资金多,规模大;质押店当期仅为数月,周转资金少,规模小。典当铺的经营状况与商品经济程度趋于一致。咸同兵燹后,徽州典商随着社会经济的恢复而重新活跃在长江中下游传统区域。

第三节　赎取簿

赎取簿有两种:一为挂号簿,一为草赎簿。其中,挂号薄,"为赎取当物之登记簿。由查当之学生登录,有一定格式。上书字号,次书号数,下书当本及经手柜员与取当学生之脚名"①。草赎簿,"又称草结簿、或草销簿,或曰赎簿。将一日间各柜员所经手之赎取票字号,及取本利,分录于上,结一总数,以与柜上草账之取本利合计,核对数目。并摘录字号,以便与挂号簿上之字号打销。此簿每柜员各有一册,由学生做名下齐分抄。或由外分清抄写"。② 挂号簿和草赎簿颇为类似,都是当物赎取登记簿,都记录字头、号数、当本和经手人;略为不同的是,挂号簿载有经手柜员和学生脚名而不载赎取利息,草赎簿载有利息而不载经手柜员和学生脚名。遗存下来的赎取簿很少,仅见 2 册,分别藏于南京大学历史系和徽州税文化博物馆。

一　格式内容

两册赎取簿所载格式和内容,大体如下。

徽州税文化博物馆 1 册,保存完整,陈列于该展馆,题名"清光绪十四年典业账簿",仅见两面。具体如图 2-3 所示。

从图 2-3 中可以看出:每面纵分 12 行,横分 4 格。其中,右面纵 1 行(自右至左)写有"取六四号"4 字,第二行写有"本四百五十八两三钱七分"

---

① 宓公干:《典当论》,上海商务印书馆 1936 年版,第 119 页。
② 宓公干:《典当论》,上海商务印书馆 1936 年版,第 119 页。

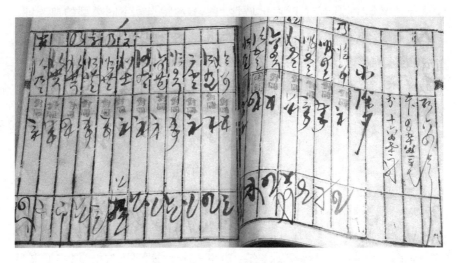

图 2-3 《清光绪十四年典业账簿》十二月二十九日记录页面

等字,第三行写有"利十六两七钱二分五厘"等字,第四、五行间写有"小除夕"3字。第六行第1格(从上至下)写有一"乃"字,第二格写有"二八八十"4字,第三格写有"二钱"两字,第四格写有"四厘"两字;第七行第一格空格,第二至四格分别写有"三四四一、五钱五分、一分一厘"等,八行一格空格,二至四格分别写有"三九七三、三钱五分、七厘"等,第九行第一至四格分别写有"龙、四一七二、六钱、一钱四分四厘"等字,第十行第一至四格分别写有"字、六百四六、一钱、四厘"等字,第十一行第一格空格,第二至四格分别写有"一七五三、四钱、一分六厘"等字,第十二行第一格空格,第二至四格分别写有"二二九七、五两二钱、二钱零八厘"等字。左面第一行第一格空格,第二至四格分别写有"四八八四、一钱、二厘"等字。第二行第一格空格,第二至四格分别写有"一二九七、一钱、四厘"等字。第三行第一格空格,第二至四格分别写有"二二五三、二钱、八厘"等字。第四行第一格空格,第二至四格分别写有"二三零六、一钱五分、六厘"等字。第五行第一格空格,第二至四格分别写有"六百二七、二钱、八厘"等字。第六行第一格空格,第二至四格分别写有"一四九二、二钱、八厘"等字。第七行第一至四格分别写有"文、四八一一、二钱、八厘"等字。第八行第一至四格分别写有"乃、三二三二、一钱五分、三厘"等字。第九行第一至四格分别写有"字、二

二三三、一钱五分、六厘"等字。第十行第一至四格分别写有"乃、四六二六、四钱、即"等字。第十一行第一格空格,第二至四格分别写有"四六三六、五钱五分、即"等字。第十二行第十二至十四格分别写有"官、一六九二、三钱、四分八厘"等字。同时,右面第六至十二行和左面第一至十二行第二格都钤有"对同"图章。

从其记录来看,右面第四、五行间"小除夕"3字表示日期,即为阴历十二月二十九日。联系题名,可以断定该账簿设立时间为"光绪十四年十二月"。进而看出,右面第一至三行则是对十二月二十八日赎取情况的总结,右面第六至十二行和左面第一至十二行是对二十九日各项赎取的记录。其中,右面第一行"取六四号"4字表示小除夕前一日二十八日赎取的号数,第二行"本四百五十八两三钱七分"表示二十八日赎取的当本,第三行"利十六两七钱二分五厘"表示该日赎取的利息,第六行第一格中的"乃"字为当票字头,第二格数字"二八八十"表示当票的编号,第三格数字"二钱"表示当本,第四格数字"四厘"表示赎取的利息。第七行第一格空格,表示该当票字头同前行,即第六行第一格的"乃"字,第二格数字"三四四一"表示当票编号,第三格数字"五钱五分"表示当本,第四格数字"一分一厘"表示赎取利息。余类推,兹不赘述。这里还有几点需要说明,一是字头都是选自《千字文》,两面共有"乃、字、龙、文、官"5个字头。5字位于《千字文》第七十三至八十五之间,依次为"龙、(师、火、帝、鸟)、官、(人、皇、始、制)、文、字、乃"。二是第二格数字为草码和汉字小写混合体,大小不一,无规律可循,用以记录当票号数的。三是左面第十行"乃4626"和第十一行"乃4636"两号只记当本,没有利息,仅第四格中写有一"即"字。这表明两当号是当天入当、当天取当。"即"字即表示"即取"。对于"当天入当,当天取当"的当号,虽不及一天,也要计收一个月的利息,这种利息的收入,不归典铺所有,而是分配给全店员工。四是"对同"图章,表示该项记录内容经过核对无误。可知,该簿两面记录内容分为两部分:一是右面第一至三行,记录光绪十四年(1889)十二月二十八日的赎取账务,为该日赎取号数和本利数的小结;一是其余各行,记录光绪十四年(1889)十二月二十九日的赎取情况账务,逐笔记录每号当票的字头、编号、当本和利息。由此看来,"清光绪十四年典业账簿"实为"光绪十四年十二月立草赎簿",逐笔记录每号当票的字头、编号、当本和利息,每日一结赎取号数、当本和利息。

南京大学历史系所藏残册,封面、首页全无,仅存 42 页。每面纵分 10 行,横分 6 格。以第五页第一面为例,纵一行不分格,写有"本,九十一两四钱五分"等字。第二行也不分格,写有"利,十两零五钱一分五厘"等。第三格同样不分格,写有"十三日"3 字。第四至十行第一格写有汉字"归、体、率、迩、王、宾"等字。第二格写有数字"一千零三十六、六千一百二十二、三千八百三十二、六千二百五十七、二百三十七、三千四百零六、七千六百七十二"等数字。第三格写有汉字"陆、史、支、蒋、张、任、周、王"等。第四格一律盖上"对同"章。第五格写有数字"二两六钱、三两五钱、七钱、五钱、六钱、三钱、一两七钱"等。第六格写有数字"三钱一分二厘、五钱六分、七分、七分、一钱四分四厘、二分四厘、二钱零四厘"等。据其所载,该面内容分为两部分:一是第一、二行,记录十二日的赎取本利数;一是第四至十行,记录十三日赎取账务。十三日赎取账务中,第一格"归、体、率、迩、王、宾"等字表示当票字头,第二格数字表示当票编号,第三格汉字"陆、史、支、蒋、张、任、周、王"等表示当户姓氏,第四格"对同"图章表示该项记录内容已经核对无误,第五格数字表示当本,第六格数字表示利息。另,该簿部分页面的地脚写有一些数字,如第四页地面即写有"九十两七钱、十两零七钱九分六厘"等数字,它表示十二日统计的本利。可知,该赎取簿逐笔记录每号当票的字头、编号、当本、利息和当户,同时对每日的赎本和利息总以小结。

总之,赎取簿记录了每日赎取当本和利息,以及每号的字头、号数、当本和利息,而对每日赎取号数和当户姓氏则记载不一。由此可以推断出典铺的初开时间、月息、当期和利润,进而探求不同月份存本的赎取变化及其规律,正确估计某月的典当总量及经营状况。

二 月 息

月息。赎取簿虽没有明确记录月息,却完整记录各字号赎取时当本和利息,从而可计算出各字号赎取时利息率,再根据字头排列顺序,即可推算出月息。

光绪十四年(1889)十二月赎取簿月息。如前所述，"乃 2880"号赎取时，当本"二钱"、利息"四厘"，则利率为 2%。据此方法，现将当票字头、当号、当本、利息及其利息率列表 2-14。

表 2-14　光绪十四年(1889)十二月二十九日前 19 号所赎取当票字头、当号、当本、利息及其利息率一览

编号	字头	当号	当本	利息	利率(%)
1	乃	2280	0.20	0.004	2
2	乃	3441	0.55	0.011	2
3	乃	3973	0.35	0.007	2
4	龙	4172	0.60	0.144	24
5	字	646	0.10	0.004	4
6	字	1753	0.40	0.016	4
7	字	2297	5.20	0.208	4
8	字	4884	0.10	0.002	2
9	字	1297	0.10	0.004	4
10	字	2253	0.20	0.008	4
11	字	2306	0.15	0.006	4
12	字	627	0.20	0.008	4
13	字	1492	0.20	0.008	4
14	文	4811	0.20	0.008	4
15	乃	3232	0.15	0.003	2
16	字	2233	0.15	0.006	4
17	乃	4626	0.40	即	—
18	乃	4636	0.55	即	—
19	官	1692	0.30	0.048	16

上述各字号的利率高低不等，最低为 2%，最高为 24%。若把利率从高到低排列起来，不难发现，利率的高低与字头的顺序趋于一致，相邻两字间的利率相差 2%，据此断定该典铺月息应为 2 分。同时利率中，出现同一字头有两种不同利率和同一利率有两个不同字头的情况。例如，同一"字"就有两种利率，如"字 4884"和"字 1297"的利率分别为 2%和 4%。又利率为

4%就有"字"和"文"两个字头,如"字1492号"和"文4811号"的利率都是4%。这是因为利息是按月计算的,当赎期限不超过一个月,按一个月计息;超过一个月又不超过两个月,按两个月计息,这样本月不同日期的当物,同在下月某日赎取时,利率就有两种。如本月初四日和十六日典当,到下月十五日赎取,前者按两个月计息,后者则按一个月计息。该情况同时说明,同一字头不同利率之间的差,就是月息。如同一"字"不同利率之间差为2%,则进一步说明该典月息为2分。

南京大学历史系赎取簿月息。如该第四页第二面和第五页第一面赎取时当票字头、当号、当本、利息及其利息率列表2-15。

表2-15 南京大学历史系赎取簿第四页第二面和第五页第一面赎取时当票字头、当号、当本、利息及其利息率一览

编号	字头	当号	当本	利息	利率(%)
1	戒	639	5.00	0.10	2
2	戒	6811	0.50	0.13	26
3	率	4318	0.50	0.07	14
4	宾	1974	0.80	0.11	14
5	宾	1146	0.60	0.08	14
6	鸣	4902	4.00	0.24	6
7	竹	3231	0.25	—	—
8	竹	2539	0.50	0.01	2
9	竹	2959	0.45	0.009	2
10	竹	3258	0.30	—	—
11	归	1036	2.60	0.312	12
12	体	6122	3.50	0.56	16
13	归	3832	0.70	0.07	10
14	率	6257	0.50	0.07	14
15	遐	237	0.60	0.144	24
16	王	3406	0.30	0.02	8
17	宾	7672	1.70	0.20	12

上述各字号的利率高低不等,最低为2%,最高为26%,若把利率从高到低排列起来,则不难发现,利率的高低与字头的顺序趋于一致,相邻两字间的利率相差2%,所以该典铺的月息为2分。同样,利率中,同一字头有两种不同利率。如"归1036"和"归3832"的利率分别为12%和10%,"宾7672"和"宾1974"的利率分别为12%和14%。现将同一字头不同号数赎取利率列表2-16。

表2-16　同一字头不同号数赎取利率一览

字头	号数	利率(%)	字头	号数	利率(%)
臣	—	—	率	2640	16
	1374	30		3890	14
伏		30	宾	2509	14
	2908	28		3589	12
戎	1321	28	归	1214	12
	2606	26		2648	10
羌	—	26	王	1624	10
	2017	24		2084	8
遐	2112	24	鸣	1808	8
	1034	22		2401	6
迩	—	22	凤	1657	6
	2837	20		2282	4
一	1878	20	在	3033	4
	2090	18		3728	2
体	2018	18	竹	—	2
	3555	16		—	—

由表2-16中可以看出,同一字头不同当号虽有两种赎取利率,但利率之差却是一致的,皆为2%。同一字头的利率之差正是典铺的月息,故而该典月息为2分无疑。

根据月息、字头和立簿年月,尚可推知典铺初开年月。就光绪十四年(1889)十二月赎取簿而言,该典月息2分,赎取时利率为2%的有"乃"和

"字"两个字头。《千字文》中,"乃"位于"字"之后,故而该簿立簿月份的字头为"乃"字。"乃"字位于《千字文》第八十五位,即该典已经营了85个月。又"乃"字头对应"光绪十四年十二月",据此推知该典初开于光绪八年(1882)正月。就南京大学历史系赎取簿而言,该典月息亦为2分,而记载利率为2分的月份字头为"竹"和"在"。《千字文》中,"竹"字位于"在"字之后,故而该簿立簿月份的字头为"竹"字。"竹"字位于《千字文》第一百三十二位,则该典经营已有132个月、近11年。遗憾的是,由于该簿立簿年月不明,也就不能推知该典铺初开的时间。

三 营业状况

两册账簿虽对营业状况无明确记载,不过从每日赎取利息和当票号数尚可得到一定的反映。

从日取利看营业状况。就光绪十四年(1889)十二月赎取簿而言,该簿二十八日共取64号,赎取当本458.37两,得利15.725两,利息率为3.43%。若按此推算,该月应取1920号、赎取当本14751.1两、获利471.75两。而该月正是一年中赎取最为兴旺的十二月,其取利应多于其他月份。从下文月总簿分析可知,一年中,十二月取利占年取利1/6。由此推知,该典年取利约为2800两。就南京大学历史系赎取簿而言,该簿记载了十二至十七日共6日的赎取号、当本和利息,从而可以整体了解其经营状况。如十三日共赎取64号,赎取当本66.25两,收取利息8.5两。而利息与赎本比,即为利息率,可知该日利息率为12.5%。现将6日赎取号、当本、利息及利息率列表2-17。

表2-17 南京大学历史系赎取簿日赎取号、当本、利息及利息率一览

编号	日期	号数	赎本	利息	利息率(%)
1	十二	70	91.450	10.510	11.000
2	十三	64	66.250	8.500	12.500
3	十四	58	66.670	10.470	15.600
4	十五	63	105.200	14.730	14.000

续表

编号	日期	号数	赎本	利息	利息率（％）
5	十六	72	100.007	14.260	14.000
6	十七	62	67.540	8.906	13.000
7	总数	389	497.117	67.226	13.500

各日赎号、当本、取利都不相等，差别不大。就赎号而言，十六日最多，为72号；十四日最少，为58号，前者是后者的1.25倍。就赎本而言，十五日最多，为105.2两；十三日最少，为66.25两，前者为后者的1.6倍。就取利而言，十五日最多，为14.73两；十三日最少，为8.5两，前者为后者的1.7倍。就利息率而言，最多的为十四日，为15.6％；最少的为十二日，为11％，前者是后者的1.4倍。6日中，共赎取389号，收回当本497.007两，取利67.226两，本利共564.303两，6日平均利率为13.5％。该典月息为2分，则其资本约7个月循环一次。平均每日赎取65号，收回当本82.846两，取利11.204两。若按此计算，则月赎取2000号、赎本2500两、赎利350两，年赎取24000号、取本30000两、取利4200两。

从日典当号数看营业状况。可从两方面来判断：一是根据"即取"情况来判断每日典当号数；一是根据同一字头不同利率来判断每日典当号数。

根据"即取"情况来判断每日典当号数。就光绪十四年（1889）十二月赎取簿而言，据前所述，该簿"乃4626"属于光绪十四年（1889）十二月二十九日当日典当、当日赎取，这说明光绪十四年（1889）十二月二十八日典当号数不超过4625号。按此计算，每日典当号数为165号，则该月典当号数约为5000号。就南京大学赎取簿而言，该簿十三日账务载有"竹3341，即"字样。它表明该字号为当日典当、当日赎取。由此推知立簿月份每日典当号数应为257号。同样，十五日账务"竹3936，即"表示该月每日典当号数应为262号。又，十六日账务"竹4079"亦无取利记录，它也表明该字号为当日典当、当日赎取。据此推知该月典当号数应为255号。综合来看，该簿立簿月份日典当号数为260号左右，则月典当号数为7800号左右。

根据同一字头不同利率来判断每日典当号数。对于同一日同一字头赎取来说,利率越高,其号数越小,故而根据利率差可以推断每月典当号数。就光绪十四年(1889)十二月赎取簿而言,该簿同一"字"就有两种利率,如"字4884"赎取时利率为2%,而"字1297"赎取时利率则4%。这说明,"字4884"是按1个月计息,而"字1297号"则按2个月计息。按照典铺"过五"计息方式,"字4884"典当日期应在光绪十四年(1888)十一月二十五日至三十日之间,而"字1297"典当日期应在光绪十四年(1888)十一月一日至二十四日之间。以此推知,该典光绪十四年(1888)十一月日典当号数为175号左右,月号数在5000号左右。就南京大学赎取簿而言,该簿十三日账务载,"王2603"当本2.25两、赎取利息0.18两,则其利率为8%;而"王1534"当本1.2两、赎取利息0.12两,则其利率为10%。赎取利率"王1534"高于"王2603",而号数则是"王1534"小于"王2603"。"王2603"利率为8%,表明该当号按4个月计息;"王1534"利率为10%,表明该当号按5个月计息。按照典铺"过五"计息方式,"王1534号"典当日期在八日以前,而"王2603"典当日期则在九日以后。同样,十六日"在3033"载,当本为2.2两,赎取利息为0.009两,则其利息率为4%;十七日"在3728"载,当本为1.4两,赎取利息为0.028两,则其利息率为2%。十六日"在3033"利息率为4%,表明该当号赎取时按2个月计息;十七日"在3728"利息率为2%,表明该当号赎取时按1个月计息。按照典铺"过五"计息方式,十六日"在3033"典当日期在十一日以前,十七日"在3728"典当日期在十三日以后。由此可以看出,该月每日典当号数约为300号,按此推算,则月当号在9000号左右。每月当号达9000号左右,应该说,该典经营效益非常好。

两相比较,《光绪十四年十二月赎取簿》典铺的经营效益不及南京大学历史系赎取簿的典铺。

另,每号当本数的多寡,一定程度上反映了当户的身份。当本数越大,其价值越高,当户身份则越高;反之,当本数越小,其当物价值越低,其当户身份应越低。现将南京大学赎取簿各号当本列表2-18。

表2-18 南京大学赎取簿各号当本分布一览

当本	<1两	1—2两	2—5两	5—10两	>10两	总计
数量	238	84	60	13	2	397
比率（%）	59.9	21.2	15.1	3.3	0.5	100

从表2-18中可知,当本在1两以下的占绝大多数,为总量的60%;1—2两之间较多,占总量20%以上;2—5两之间的较少,约为总量的15%;5—10两之间的很少,仅占总量3.3%左右;而10两以上的极少,不及总量的1%。2两以下尤其1两以下,多为下层百姓,占总数60%—80%,5两以上尤其10两以上,多为中上层人物,不及总数的4%。同样,当簿也详细记录每号当本的数量,如宣统二年(1910)十月善茂当各号当本量分布见表2-19。

表2-19 宣统二年(1910)十月善茂当各号当本分布一览

当本	<1两	1—2两	2—5两	5—10两	>10两
号数	805	293	174	38	10
占总号比（%）	60.98	22.20	13.18	2.88	0.76

从表2-19中可知,当本在1两以下的占绝大多数,为总量的61%;1—2两之间的较多,占总量22%以上;2—5两之间的较少,约为总量的13%;5—10两之间的很少,不及总量3%左右;而10两以上的极少,不及总量的1%。2两以下尤其1两以下,多为下层百姓,占总数80%,5两以上尤其10两以上,多为中上层人物,不及总数的4%。善茂当各号当本量分布同赎取簿的一样,这说明,当户以济急的下层百姓为主。

赎取簿详细记录每号当物赎取的号数、当本、利息和利率,从而说明徽商典铺月息为2分,当本多在银1两以下,当户以济急的下层百姓为主,典当业主要为调节平民余缺的金融机构。

第四节　架总簿

架总簿，又称架本簿，"用以记载架上存货之总值，系凭当总、取总、买账、留取四簿，结算实存之数。盖典当受押货物，未经赎取及满取未出者，均在架上。各种货物数目，如金银首饰器具之属，某物当本共为若干，某也号数共计几何，于每年盘货时，以月为单位，各列一总数于架本簿上，供稽考而征实在，亦如普通商店之有货总簿也"。① 架总簿以当总、取总、买账、留取四簿为登记依据，定期结算各货实存数目。通过架总簿分析，一方面可以了解典铺中架本、当本、赎本以及卖本的数量及变化，从中可以探讨典铺的经营状况；另一方面可以厘清典铺中架本、当本、赎本以及卖本之间的内在联系，进而可以探究典铺的经营特点。

遗存下来的架总簿不多，仅见南京大学历史系《光绪二年用和质架总簿》和中国社会科学院经济所《光绪十九年二月立架本抄底》②各1册。另，中国社会科学院经济所《乾隆四十二年张恒裕典总账》中载有《乾隆四十二年盘存架总》。该总账除盘存架总外，尚有《乾隆四十二年月总》、《乾隆四十二年收支汇总》和《乾隆四十二年典本盘总》等项内容。用和质除《光绪二年用和质架总簿》外，尚遗存《光绪二年用和质钱翔实存簿》1册。

一　格式内容

《光绪二年用和质架总簿》。账簿封面自右至左分为3行，竖排。右边一行题为"光绪二年正月吉日立"，用以表示该账簿设置的时间。中间一行题为"用和质"，用以表示该典铺的名称和类型；左边一行题为"架总"，用以表示账簿的类别。同时中行"用和质"3字上钤有"质钱用物，不准会票"图章，用以表示经营业务范畴。它表明用和质只从事抵押借贷而不从事会票

---

① 宓公干：《典当论》，上海商务印书馆1936年版，第120页。
② 《光绪十九年二月立架本抄底》题名为笔者根据账簿内容所拟。

借贷。账簿正文每页两面，无固定行格，书写格式由上而下。首页第一面共10行，第一行书写"光绪二年新正月用和质栈架总吉立"，与封面内容相一致，交代了账簿的设立时间、典铺的名称和类型以及经营范畴。正式账务共记录光绪元年(1875)十二月各字号架本、光绪二年(1876)十月各字号架本和光绪二年(1876)各月架本3项内容。其中，光绪元年(1876)十二月所存各字号架本记录如下。

> 同治十二年十一月秋字号旧存钱本三钱五分，入，拜公存一床店用……

> 十三年十月阳字号旧存钱本九十八两六钱三分，丙正月取钱本二十八两一钱九分，三月取钱本五钱三分，除取仍存钱本六十九两九钱一分，计出钱本六十九两三钱一分，仍存钱本六钱，入，大铜盆一个，店用。

> 云字号旧存钱本一百四十九两七钱五分，丙正月取钱本八两六钱五分，二月取钱本四钱，三月取钱本一两六钱，除取仍存钱本一百三十九两一钱，计出钱本八十五两一钱四分。范尧章先生托留衣钱本六两六钱，入，打还荣老手金屯取钱本四十七两三钱六分，消号取。

光绪二年(1876)正月用和质架总簿立簿时，记账者首先按时序记录所存架本各字号的当本年月和存本数量。其中，所存架本共有"秋、藏、闰、余、吕、调、阳、云、腾、致、雨、露、结、为、霜、金、生、丽、水、玉、出"21字号。所存架本字号的年月为"同治十二年十一月"至"光绪元年十二月"，共26个月。各字号都取自《千字文》，并按照《千字文》字序取用的，每一字号对应某一月份，如秋字号对应"同治十二年十一月"，阳字号对应"同治十三年十月"。又，上述字号所载的"旧存钱本"数，是指光绪二年(1876)正月初或光绪元年(1876)十二月底该字号所存当本数，亦即光绪二年(1876)年初该字号所存架本数。同时，对于光绪二年(1876)年初所存各字号架本在光绪二年(1876)逐月取本和满期处理情况亦有记录。各字号当本在光绪二年(1876)的取赎情况各不相同，如"秋、藏、闰、余"四个字号没有赎取，只有"消号"，这说明这四个字号当物至光绪二年(1876)皆已满期，所存当物属于死当。"吕"等其他字号至光绪二年(1876)仍有赎取，说明这些字号当物至光绪二年(1876)没有满期。不过，"吕、调、阳、云"四字号仅赎取至光绪

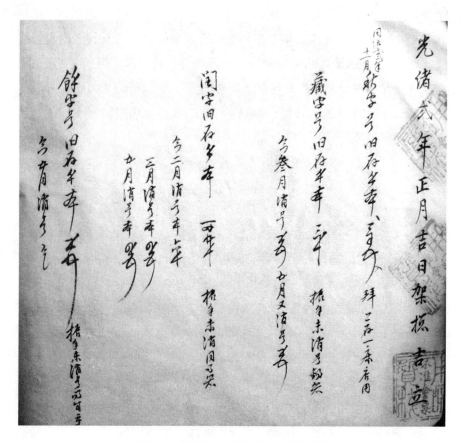

图 2-4　《光绪二年用和质架总簿》首面

二年（1876）四月，即至光绪二年（1876）五月，四字号当物业已满期，这说明光绪二年（1876）五月曾对满期当物集中处理。在处理时，出现托买当物情况，"范尧章先生托留衣"即是指这种情况。

《光绪十九年二月立架本抄底》。封面题有整理者拟名"典业账簿"。内首页右栏写有"光绪十九年二月吉日立"，用以表示该账簿的设立时间。账务则记录了光绪十九年（1893）二月川字号至二十二年（1896）二月职字号逐月当本，以及各字号在其后逐月的取本及存本。如光绪十九年（1893）二月川字号账务记录如下。

川字号当本八千三百七十千文，光绪十九年二月

　　本月取本一千一百二十千零四十文,仍存本七千二百四十九千六百文

　　三月取本一千五百二十八千二百文,仍存本五千七百二十一千四百文

　　四月取本五百三十三千五百五十文,仍存本五千一百八十七千八百五十文

　　……

　　甲五月卖本四十七千八百五十文,仍存本一千七百十七千四百文

　　又(五月)取本五十四千二百五十文,仍存本一千六百六十三千一百五十文

　　戊三月卖本六千六百五十文,仍存本一千文

　　己正月取本一千文

　　上述引文中,“川字号当本八千三百七十千文,光绪十九年二月”表示两项内容,一表示光绪十九(1893)二月该典铺字头为“川”字;二表示该月川字号的当本为钱8370千文。同样,“本月取本一千一百二十千零四十文”表示光绪十九年(1893)二月川字号当本在本月赎取了钱1120040文,“仍存本七千二百四十九千六百文”表示光绪十九年(1893)二月川字号当本在本月赎取后仍存本钱7249600文。所谓“仍存本”,既表示赎取后所存的当本,也表示赎取后的架本。如“本月取本一千一百二十千零四十文,仍存本七千二百四十九千六百文”,则记录光绪十九年(1893)二月川字号当本在本月的取本及所存架本。“甲五月卖本四十七千八百五十文”中“甲”为“甲午”略写,表示光绪二十年(1894)年份的,“五月卖本”表示光绪十九年(1893)二月川字号当物在光绪二十年(1894)五月已经满期并开始出卖。由此可见,《光绪十九年二月立架本抄底》记录各字号当物处理时间和数量。与《光绪二年用和质架总簿》不同的是,《光绪十九年架本抄底》封面及内页既没有交代立簿的典铺名称,也没有交代账簿的类型;同时,正式账务既没有记录光绪十九年(1893)二月立簿时以前各字号所存架本数,也没有记录该典各月总架本数。两相比较,《光绪十九年架本抄底》内容不及《光绪二年用和质架总簿》丰富。尤其是,《光绪十九年二月立架本抄底》没有

钤盖典铺图章,显属抄录底本,并非原架总簿。

《乾隆四十二年盘存架总》。内容分为两部分,一是通过账务计算出该年的架总,二是通过各字号盘存出该年的架总。其中,通过月总计算出该年的架总记载如下。

　　　上年原存架本一万六千零三十九两二钱五分八厘

　　　内衣本一万一千零九十七两六钱一分四厘

　　　内栈本四千九百四十一两六钱四分四厘

　　　本年当出本三万二千五百零六两二钱七分九厘

　　　本年共赎本二万九千七百六十二两四钱二分七厘

　　　本年春秋盘存字至重字共卖货本七百七十四两五钱七分

　　　净存架本一万八千零八两五钱四分

"上年原存架本"表示该架本为上年(乾隆四十一年)年终张恒裕典架本,同时也是张恒裕典乾隆四十二年(1777)年初架本。这说明,该盘存架总不仅记载了张恒裕典乾隆四十二年(1777)年初架本数,还记录了张恒裕典乾隆四十一年(1776)年终架本数。"内衣本"和"内栈本"说明架本包括衣本和栈本两方面。所谓栈本,是指栈房当物的架本。栈房,指专门用于搬取笨重当物的仓库。①"当本"、"取本"和"卖货本"分别表示张恒裕典乾隆四十二年(1777)典当、赎取和售卖满期当物的本数。"净存架本"表示张恒裕典乾隆四十二年(1777)年终架本。由此不难发现,架本、当本、取本以及卖本之间的关系为:

　　　年终架本=年初架本+本年当本−本年取本−本年卖本

同时,张恒裕典乾隆四十二年(1777)年终架本数,又是张恒裕典乾隆四十三年(1778)年初的架本数。这说明,该盘存架总不仅记录张恒裕典乾隆四十二年(1777)年初的架本数,而且还记录该年年终架本数;不仅记录乾隆四十二年(1777)的架本数,而且还记录乾隆四十一年(1776)、四十三年(1778)的架本数。另,盘清各字号架本记录如下。

---

① 李蓉汀供稿,张扬整理:《崇德的典当业》,《桐乡文史资料》第9辑,出版地、年代不详,第83—87页。

礼字存架本四十一两四钱零九厘

聚字存架本二十一两八钱七分六厘

……

兄字存架本二千零六十五两三钱六分五厘

弟字存架本二千七百三十八两五钱六分九厘

以上三十二字号共存架本一万八千零八两五钱四分

据其所载,存有架本的字号有"礼、聚、成、集、上、和、下、睦、夫、唱、妇、随、外、受、傅、训、入、奉、母、仪、诸、姑、伯、叔、犹、子、比、儿、孔、怀、兄、弟"32 个。32 字号共存架本 18008.54 两,该架本数与通过账务计算出该年架本数相符合。

二　活动时空

三典账簿都没有明确记载典铺的初开年月及所在地点。不过根据架总簿所载内容,并结合相关资料,尚能推断其活动时空。

初开时间。如前所述,根据字头可以判断典铺的初开年月。

张恒裕典初开时间。张恒裕典乾隆四十二年(1777)年终所存架本字号为"礼、聚……孔、怀、兄、弟"等。这说明,该典乾隆四十二年(1778)十二月的字字为"弟",十一月字头为"兄",十月字头为"怀",九月字头为"孔"字,余此类推。实际情况亦是如此。如乾隆四十二年(1778)十二月月总载:"支银二千八百八十两零三钱八分八厘,本月弟字号当本。"可知该月对应字头为"弟"字。另一至十一月月总所载各月字头分别为"诸、姑、伯、叔、犹、子、比、见、孔、怀、兄"等。其中,"诸"位于《千字文》第 345 位,"姑……弟"分别位于千字文第 346……356 位。经推算,该典初开时间为乾隆十四年(1749)五月,距离乾隆四十二年(1777)近 30 年。尚需说明的是,字号中的"聚、成、集"等字为《千字文》所没有。《千字文》中"礼"与"上"之间为"别、尊、卑"3 字。由于"别、卑"2 字所不够吉利,故将"别、尊、卑"3 字替换为"聚、成、集"。

用和质初开时间。如前所述,用和质"秋"字对应同治十二年(1873)十一月,"阳"字对应同治十三年(1874)十月,"致"字对应光绪元年(1875)正

— 101 —

月。其中,"秋"字列《千字文》中第 21 位,"阳"字列《千字文》中第 32 位,"致"字列《千字文》第 35 位。由此推知,用和质初开于同治十年(1871)三月,距离光绪二年(1876)正月已有 2 年多。

《光绪十九年二月立架本抄底》典铺初开时间。如前所述,该典光绪十九年(1893)二月字头为"川"字,三月字头为"流"字,四月字头为"生"字,光绪十九年(1893)五月至光绪二十一年(1895)二月字头分别为"息、原、向、全、康、容、再、若、思、言、语、本、顺、笃、初、诚、美、慎、中、宜、令、荣、业、所、籍、甚、佳、境、学、理、登、仕、摄、职"等。其中,"川"字为《千字文》中第 273 位,"流"字为《千字文》中第 274 位,"职"为《千字文》中第 310 位。由此推知该典初开于同治十年(1871)十月,距离光绪十九年(1893)约 22 年。尚需说明的是,"生、原、向、全、康、再、语、本、顺、中、佳、境、理"等字为《千字文》所没有,分别替代《千字文》中"不、渊、澄、取、映、止、辞、安、定、终、无、竟、优"等不够吉利之字词。

开设地点。三典架总簿中,《光绪十九年二月立架本抄底》没有相关地名记载,难以判断其开设地点。现就张恒裕典和用和质的开设地点做一考证。

张恒裕典开设地点。《乾隆四十二年盘存架总》虽没有相关地名记录,不过该典月总和典本盘存却载有相关地名。其中《月总》中"十月总"载,"支银五两,交凝秀书院存冬季利";《典本盘存》亦载,"凝秀书院存客本"银 83 余两。两条材料所载的地名相同,皆为"凝秀书院"。乾隆年间,江西新淦、湖南江华、江苏嘉定和江苏泰兴等地皆建有凝秀书院。不过,账簿中的凝秀书院应位于江苏泰兴。泰兴凝秀书院,"在城东隅,明天启中建"①。

用和质开设地点。《光绪二年用和质架总簿》也没有相关地名记载,不过《用和质银洋钱收支总簿》却载有地名材料一条。这条材料"载在九月钱总"中,"支钱七百文,轿,德(超)往西递"。同时,这条材料又被记录于光绪二年(1876)正月至十月钱总中,"支钱七百文,德超兄病,回,轿"。这条材

① 光绪《泰兴县志》卷一三《经制志·学校》,《中国地方志集成·江苏府县志辑 51》,第 113 页。

料所记的是,光绪二年(1876)用和质店员德超因病被送回西递,用和质付给路资 700 文。德超为用和质员工,这一点该簿记载极为明确,如在"二月钱总"中,"支钱六千五百文,德超春俸"即为明证。据上述所载事例可知,德超应是西递人。而西递时属徽州黟县,主要为明经胡氏聚居。另 700 文的路资,则说明了用和质距离西递不会太远。又据银洋钱收支总簿记载用和质在乡间设有"代步",这则说明用和质应该开设于邻近西递的某一城镇中。此外,《用和质银洋钱收支总簿》还多处提及屈公和湛四公等相关材料,略举数例如下。

　　四月,支洋十元,屈公春季费。五月,支洋十元,屈公夏季费。

　　八月,支洋十元,屈公秋季费。十月,支洋一元,湛四公祝敬。

　　十月,支洋三元,送府委员庞。十月,支洋三元,县房详文纸笔费。

同时,这 6 条材料也收载在该簿光绪二年(1876)正月至十月银洋总中。据上述材料所载,光绪二年(1876)十月用和质曾出洋 3 元领取县房详文,从而说明了用和质当在某一县域之内。而屈公和湛四公与府委员一样先后接受用和质的规礼,则表明屈公和湛四公应属于官府人员。据此即可以查找与西递邻近县域方志与之核对。结果发现,只有黟县志记载"知县:屈承福,江苏监生,同治十二年四月署,光绪三年正月卸","典史:湛元珠,光绪元年十一月署,三年七月卸"①等如此内容。当然,这里的屈承福和湛元珠是否就是《银洋钱收支总簿》中提及的"屈公"和"湛四公"无法肯定。不过从时间和姓氏上来看,二者却是相当地吻合,况且黟县城距离西递也不是太远,按此推断,用和质当设在黟县城中。

三　架本当本

架总簿主要内容就是对架本的记载。架总簿所载架本共有 3 项,一是某一时段某一典铺所存各字号的架本,二是某一典铺不同时段的架本数,三是不同典铺的架本数。

某一时段某一典铺所存各字号的架本,通常指某一典铺某一年终时的

---

① 　(民国)《黟县四志》卷五《职官志》,《中国地方志集成·安徽府县志辑 58》,第 34 页。

所存各字号架本及其总架本。3册账簿中,《乾隆四十二年丁酉岁盘存架总》和《光绪二年用和质架总簿》对此都有记录。其中,《乾隆四十二年丁酉岁盘存架总》对该年张恒裕典所存各字号架本记录见表2-20。

表2-20 乾隆四十二年(1777)张恒裕典所存字号架本一览

编号	字头	年份(乾隆)	月份	存本(银两)	比率(%)
1	礼	四十年	六	41	0.278
2	聚	一	七	21	0.117
3	成	一	八	66	0.367
4	集	一	九	87	0.483
5	上	一	十	125	0.694
6	和	一	闰十	109	0.606
7	下	一	十一	96	0.533
8	睦	一	十二	244	1.356
9	夫	四十一年	一	144	0.800
10	唱	一	二	290	1.611
11	妇	一	三	174	0.967
12	随	一	四	86	0.478
13	外	一	五	122	0.678
14	受	一	六	90	0.500
15	傅	一	七	60	0.333
16	训	一	八	216	1.200
17	入	一	九	268	1.489
18	奉	一	十	306	1.700
19	母	一	十一	302	1.678
20	仪	一	十二	692	3.844
21	诸	四十二年	一	365	2.028
22	姑	一	二	592	3.289
23	伯	一	三	575	3.194
24	叔	一	四	437	2.428
25	犹	一	五	975	5.417
26	子	一	六	1218	6.767

编号	字头	年份（乾隆）	月份	存本（银两）	比率（%）
27	比	—	七	252	1.400
28	儿	—	八	949	5.272
29	孔	—	九	2896	16.089
30	怀	—	十	2065	11.472
31	兄	—	十一	1392	7.733
32	弟	—	十二	2738	15.211
—	总量	—	—	18008	100.000

从表 2-20 中可以看出，乾隆四十二年（1777）终张恒裕典共存有 32 个字号的架本。各字号架本数量不等，差别极大，最多的为乾隆四十二年（1777）九月孔字号银 2896 余两，最少的为乾隆四十年（1775）七月聚字号银 21 余两，前者是后者的近 140 倍。各字号平均架本为银 563 两，其中，超过平均数的字号有 10 个，低于平均数的字号有 22 个。超过平均数的都是乾隆四十一年（1777）十二月以后的字号架本，而乾隆四十一年（1776）十一月以前的字号架本都低于平均数。从各字号所存架本占总架本的比率来看，超过 10% 的有 3 个字号，在 5%—10% 之间的有 4 个字号，在 1%—5% 之间的有 12 字号，在 0.5%—1% 之间的有 7 个字号，不及 0.5% 的有 6 个字号。超过 10% 的有 3 个字号，时间上属于乾隆四十二年九月以后；在 5%—10% 之间的有 4 个字号，时间上在乾隆四十二年（1777）五月以后；在 1%—5% 之间的有 12 字号，时间上基本在乾隆四十一年（1776）八月以后；在 0.5%—1% 之间的有 7 个字号，时间上在乾隆四十年（1775）十月以后；不及 0.5% 的有 6 字号，时间上在乾隆四十年（1775）九月以前。这说明，不同字号的当本，经过取本以后，存本时间越长，数量越少。

某一典铺不同时段的架本数，通常指某一典铺某一年度不同月份的架本总数。3 册账簿中，只有《光绪二年用和质架总簿》记录光绪二年（1876）正月至十月间每月架本数。具体如表 2-21。（单位:文）

表 2–21　用和质光绪二年（1876）逐月架本一览

月份	字号	架本	月份	字号	架本
一	昆	8570587	六	珠	8635060
二	冈	8692276	七	称	8704554
三	剑	8646215	八	夜	8653826
四	号	8750210	九	光	8684079
五	巨	8511094	十	—	7403348
闰五	阙	8546074	—	—	—

从表 2–21 中可以看出，在用和质光绪二年（1876）的前 11 个月中，除第十月的架本因其缺少该月的质本而少于其他 10 个月的之外，其他各月的架本量略有不等、差别不大，基本维持在 8500—9000 千文之间，并不随时间的变化而发生大的波动，即使在满货处理的月份也是如此。考虑到典当业经营的季节性，用和质架本在经营旺季的十一月及十二月份会有所增加，但也不会太多。总的说来，用和质的架本在 9000 千文左右。

当本。架本与当本关系极为密切，当本是架本的基础，架本是当本的特殊表现。三典架总簿分别记录了不同月份的当本数。其中，用和质光绪二年逐月当本见表 2–22。（单位：文）

表 2–22　用和质光绪二年（1876）逐月当本一览

月份	字号	当本	月份	字号	当本
一	昆	1043560	闰五	阙	1020332
二	冈	1442848	六	珠	816457
三	剑	1410964	七	称	1040444
四	号	1323279	八	夜	1098480
五	巨	998521	九	光	1177784

从表 2–22 中可以看出，各月当本数量不等，差别较大，最多的为二月，超过 1400 千文；最少的为六月，只有 800 余千文，前者约为后者的 2 倍；平均各月当本为 1137 千文。其中，超过平均数的有 4 个月，不足平均数的有

6 个月。各月当本量波动明显,从正月至六月,当本数量是先增后减,增加幅度较大;二月份达到一典当高峰,三、四月份微有减少,变化不大,四月份以后大幅减少,六月份跌至谷底。六月份以后,陡然增加,且递增趋势保持不变,十二月份将达到全年典当高峰。当本的波动性,反映典业经营具有极强的季节性。

《光绪十九年二月立架本抄底》所载光绪十九年(1893)二月至二十一年(1896)十二月各月当本列表 2-23。

表 2-23 《光绪十九年二月立架本抄底》典铺逐月当本一览

(单位:千文)

年份	十九年		二十年		二一年	
月份	字号	当本	字号	当本	字号	当本
一	一	一	思	7259	令	6495
二	川	8370	言	8288	荣	8215
三	流	8635	语	8512	业	8881
四	生	6348	本	7198	所	8277
五	息	7888	顺	7716	基	8792
闰五	一	一	一	一	籍	7087
六	原	6260	笃	6378	甚	6555
七	向	6158	初	6082	佳	9061
八	全	8600	诚	9400	境	8565
九	康	8645	美	9710	学	9196
十	容	8747	慎	10268	理	8790
十一	再	9070	中	9739	登	10941
十二	若	14484	宜	17558	仕	17274
总数	一	93205	一	108108	一	118129

从表 2-23 中可以看出,各月当本数量不等,差别较大。36 个月中,最多的为光绪二十年(1895)十二月,超过 17558 千文;最少的为光绪二十二年(1896)正月,只有 6219 千文,前者是后者的 3 倍;月平均当本为 8873 千文,超过平均数的有 12 个月,不足平均数的有 24 个月。同一年份中,各月

当本波动明显,同用和质一样,从正月至六月,该典当本数量是先增后减,增加幅度较大;三月份达到一典当高峰,四五月份微有减少,变化不大,六月份以后大幅减少,七月份跌至谷底。七月份以后,陡然增加,且递增趋势保持不变,至十二月份达到全年典当高峰。一年中不同月份当本的波动性变化,反映典业经营具有极强的季节性。各年当本量差别不大,约在10500千文。不论是月当本数还是年当本量,《光绪十九年二月立架本抄底》典铺比用和质多,约为用和质的6倍。这说明不同典铺尤其不同类型的典铺在同一年份或月份中,其当本量是不等的,甚至差别很大。

四 赎取当期

三典架总簿共记录同一字号当本在不同月份的赎取量、同一月份不同字号当本赎取数以及同一典铺不同月份赎取量等项内容。《光绪二年用和质架总簿》和《光绪十九年二月立架本抄底》记录了同一字号当本在不同月份的赎取情况。其中,《光绪十九年二月立架本抄底》典铺光绪十九年(1893)二月川字号当本在本月至二十五年(1899)正月取本数列表2-24。

表2-24 《光绪十九年二月立架本抄底》典铺川字号当本逐月赎取一览

(单位:文)

月份＼年份	十九年	二十年	二十一年	二十二年	二十三年	二十四年	二十五年
一	—	80250	10200	26000	1650	—	1000
二	1120400	185500	19400	—	—	—	—
三	1528200	53950	10200	350	800	—	—
四	533550	40750	2400	—	—	—	—
五	438000	54250	8050	300	—	—	—
闰五	—	—	4050	—	—	—	—
六	207100	30950	15550	—	7800	—	—
七	208100	83900	4650	—	3000	—	—
八	243500	71100	1750	200	—	—	—
九	574950	71650	10050	25450	—	—	—
十	539800	74050	3000	1900	—	—	—

续表

月份＼年份	十九年	二十年	二十一年	二十二年	二十三年	二十四年	二十五年
十一	528700	52500	1100	1450	—	—	—
十二	322000	34250	12750	2100	—	—	—

从表2-24中可以看出:(1)各月取本数量不等,差别甚大。最多的为光绪十九年(1893)三月,取本数达1500千文;最少的为光绪二十二年(1896)二、四、六等月份,取本数为零;其次为光绪二十二年(1896)八月,取本数只有200文。由此说明,随着时间的推移,月赎取量呈现递减趋势。(2)满期当物为数不少,处理复杂。如川字号当本在光绪二十年(1894)五月开始出卖,这说明川字号当物在光绪二十年(1894)五月已经满期,则该字号当物在光绪二十年(1894)四月以前属于当期内赎取,在光绪二十年(1894)五月以后属于当期外赎取。经统计,当期内共赎取6604750文,占当本的78.91%;当期外共赎取647800文,占当本7.74%;卖本1117450文,占当本13.35%。由此来看,满期当物处理时间长于当期。

《光绪二年用和质架总簿》记录了同一月份不同字号的赎取数。如光绪二年(1876)正月各字号赎取数如表2-25。(单位:文)

表2-25　和质架光绪二年(1876)正月各字号赎取一览

字头	典当月份	赎取钱本	字头	典当月份	赎取钱本
调	同治十三年九月	500	霜	光绪元年六月	12115
阳	同治十三年十月	28890	金	光绪元年七月	10760
云	同治十三年十一月	8650	生	光绪元年八月	6910
腾	同治十三年十二月	117060	丽	光绪元年九月	18205
致	光绪元年正月	50710	水	光绪元年十月	39735
雨	光绪元年二月	9540	玉	光绪元年十一月	34625
露	光绪元年三月	9680	出	光绪元年十二月	176000
结	光绪元年四月	7320	昆	光绪二年正月	160720
为	光绪元年五月	12395	总数		703115

从表 2-25 中可以看出,同一月份中,不同字号的赎取量不等,差别巨大,最多的为光绪元年(1875)十二月出字号,达 176 千文,最少的为同治十二年(1873)一月秋字号等,赎本量为零;其次为同治十三年(1874)九月调字号,赎本量只有 500 文。同一月份中不同字号的赎取量,按时间排列,一是波动明显;二是距离月份越长,取本数量越少。从而显示出,取本与当本成正向,与时间成反向。

《光绪二年用和质架总簿》记录同一年份不同月份的赎本量。如光绪二年(1876)正月至十月赎本量见表 2-26。(单位:文)

表 2-26　和质架光绪二年(1876)逐月赎取一览

月份	赎本	月份	赎本	月份	赎本
一	703115	五	998357	八	1149208
二	1321159	闰五	801112	九	1147530
三	1457025	六	722525	十	957310
四	1219284	七	970896		

从表 2-26 中可以看出,各月赎取数不等,差别较大,最多的为三月,达 1457 千文;最少的为正月,只有 7000 千文,前者是后者的 2 倍。各月赎取数波动明显,从正月到六月,先增后减;从六月到十二月,亦是先增后减。各月赎取数波动情况与当本数变化相一致,从而显示出取本与当本成正向。

当期。三典架总簿虽没有明确记录各典当期,不过却记录满期当货及处理时间,由此可以推断典铺当期。当期有官府规定的法定期限和各典当铺自己规定的市场期限两种。一般情况下,在当期内,当物可以随时赎取;超过当期,当物便不准被赎,成为死当。为了收回当本和利息,典铺对死当必须处理。典铺对死当的处理,常集中在一年中的春秋两季分别处理。因而从当物的质当时间、停赎时间及处理时间三者之间的关系就能够推测出典铺的当期。三典账簿中,时顺典账簿没有记载满期当货处理时间,但在月总中则有明确记录。其中,《用和质架本总簿》就载有有关月份当物的质当时间、停赎时间及处理时间,现举两例如下:

（同治十三年八月）吕字号旧存钱本五十四千九百八十文，丙（光绪二年）二月取钱一千六百文，三月取钱五百文，四月取钱六百文，除取仍存钱本五十二千二百八十文。

光绪元年三月露字号当物旧存钱本三百十一千五十文，丙正月共取钱本九千六百八十文……八月取钱一千八百五十文，除取仍存钱本九十千九百三十文，十月出衣本六十四千九百二十文，又出饰本二十四千一百七十文。

上述第一条材料交代了用和质吕字号当物的质当时间和停赎时间，分别为同治十三年（1874）八月和光绪二年（1876）四月；第二条材料则交代了光绪元年（1875）三月当物的停赎时间和处理时间，分别为光绪二年（1876）八月和十月。而对当物的处理时间，《光绪二年用和质银洋钱收支总簿》记载更为详细，具体如下：

光绪二年五月，收恒德出衣洋七十三元八分六厘二。计衣钱本二百六十五千二百八十文，申洋二百七十八元五钱四分四厘，除收仍欠二百零四元六钱八份一厘，外欠使用廿七元八钱五分四厘，言定中秋兑清……

光绪二年闰五月，收老涵出饰洋一百八十元五钱三分六厘。计饰钱本一百八十四千二百二十文，九八扣实洋外使用洋一并收清。

光绪二年十月，收恒德今出衣洋八十一元八钱八分六厘。计衣钱本二百二十三千一百二十文、洋一元一分，申洋二百二十五元三钱五分一厘，除收仍欠一百四十三元四钱六分五厘，外欠使用二十二元五钱三分五厘。收老涵出饰洋九十元八钱八分八厘。计饰钱本一百千零三百文，每千文九角扣，并使用洋收清。

从表面上看，上述三条材料说明了光绪二年（1876）用和质分别在春季的五月和闰五月及秋季的十月三次处理了死当。不过明显的是，闰五月和五月处理的当物属于同一死当，此一死当至五月都已经满期。也就是说，用和质光绪二年（1876）处理死当的时间实分别为五月和十月两次。据上述两簿所载，现对光绪二年（1876）两次处理当物的质当时间、停赎时间、处理时间及当赎相隔时间整理列表2-26。

表2-26　用和质光绪二年(1876)满当处理时间一览

编号	字头	质当时间	赎取时间	期货处理时间	当赎相隔月数
1	吕	同治十三年八月	光绪二年四月	光绪二年五月	22
2	调	同治十三年九月	光绪二年四月	光绪二年五月	21
3	阳	同治十三年十月	光绪二年三月	光绪二年五月	19
4	云	同治十三年十一月	光绪二年三月	光绪二年五月	18
5	腾	同治十三年十二月	光绪二年六月	光绪二年十月	19
6	致	光绪元年正月	光绪二年九月	光绪二年十月	21
7	雨	光绪元年二月	光绪二年八月	光绪二年十月	19
8	露	光绪元年三月	光绪二年八月	光绪二年十月	18
9	结	光绪元年四月	光绪二年九月	光绪二年十月	18

从上述表2-27中发现,光绪二年五月的满货处理出售了同治十三年(1874)十一月留存的当物而没有出售同治十三年(1875)十二月留存的当物,这说明同治十三年(1874)十一月的当物到光绪二年(1876)五月已经满期,而同治十三年(1875)十二月的当物却没有满期。就是说,光绪二年(1876)五月应该是同治十三年(1874)十一月当物的当期,而光绪二年(1876)五月距离同治十三年(1874)十一月为18个月,即用和质的当期应为18个月。同样的是,光绪二年(1876)十月的满货处理出售了元年(1875)四月的留存当物而没有出售元年(1875)五月留存的当物,也说明光绪元年(1875)四月留存的当物至光绪二年(1876)十月刚好满期,而光绪元年(1875)四月至二年(1876)十月相间也正好是18个月,与前文推断的当期为18个月完全符合。需要说明的是,当物满期后,原则上不能再赎取,实际上当物期满时常常会等待一段时间才能处理,这个时间便成为自然留当时间。在此期间内,当物是可以赎取的,因而当物的赎取时间略长于当期。上述表中提及的同治十三年(1874)八月、九月、十二月、光绪元年(1875)正月及二月的当物停赎期限都超过当期。

《光绪十九年二月立架本抄底》亦记录各字号满期处理年月。现将光绪十九年(1893)各字号当物典卖时间列表2-27。

表 2–27　《光绪十九年二月立架本抄底》所载部分字号当物典卖时间一览

字头	典当年月	始卖年月	当卖间期
川	十九年二月	二十年五月	15
流	十九年三月	二十年十一月	20
生	十九年四月	二十年十一月	19
息	十九年五月	二十一年二月	21
原	十九年六月	二十一年二月	20
向	十九年七月	二十一年五月	22
全	十九年八月	二十一年五月	21
康	十九年九月	二十一年五月	20
容	十九年十月	二十一年五月	19
再	十九年十一月	二十一年五月	18
若	十九年十二月	二十一年五月	17
思	二十年一月	二十一年五月	16
言	二十年二月	二十一年五月	15
辞	二十年三月	二十一年八月	19

从上述表中发现,光绪二十年(1894)五月的满货处理出售了光绪十九年(1893)二月留存的当物而没有出售光绪十九年(1893)三月留存的当物,这说明光绪十九年(1893)二月的当物到光绪二十年(1894)五月已经满期,而光绪十九年(1893)三月的当物却没有满期。就是说,光绪二十年(1894)五月应该是光绪十九年(1893)二月当物的当,而光绪二十年(1894)五月距离光绪十九年(1893)二月为 15 个月,即张恒裕典的当期应为 15 个月。同样的是,光绪二十一年(1895)五月的满货处理出售了二十年(1894)二月的留存当物而没有出售二十年(1894)三月留存的当物,也说明光绪二十年(1894)二月留存的当物至光绪二十一年(1895)五月刚好满期,而光绪二十年(1894)二月至二十一年(1895)五月相间也正好是 15 个月,与前文推断的当期为 15 个月完全符合。

《乾隆四十二年盘存架总》虽没有记录满期张恒裕典当物处理时间,不过其月总却有着明确记载。如"十月总"载,收卖"益、咏、乐、殊、贵、重"六字号货本 475 余两。就是说,"益、咏、乐、殊、贵、重"等字号当物到乾隆四十二年(1777)十月都已经满期。其中,"重"本为《千字文》中"贱",与乾隆四十二年(1777)十月字头"怀"相间 30 位。由此推知,张恒裕典当期为 30 个月。

　　不同类型的架总簿所记内容并不一致,略有差异,主要记载了架本、当本和取本诸形态以及相互之间的关系。架本的多寡,直接反映了典铺规模的大小。三典中,张恒裕典架本是用和质的 3 倍多,则张恒裕典规模大于用和质。当期的长短,取决于官府规定的赎取期限。三典中,张恒裕典当期长于用和质,则说明典当铺当期长于质押铺。无论是架本还是当本、取本,都是处于不断变化之中,波动明显,揭示出典业经营具有强烈的季节性。

　　徽商典铺经营票簿揭示出徽州典商主要活跃于长江中下游地区,咸同兵燹后徽州典商仍相当活跃。经营利率和当期多遵守官府规定,利率以月息 2 分为主,当期以 24 个月为多。营业状况具有鲜明的季节性和区域性,年当本和年取本变化明显,乡镇典铺经营效益不及都市。当物种类以衣件为大宗,当本额多在洋 1 元以下,当户以中下层平民为主,典业主要为调节平民余缺的金融机构。

第三章　典业普通票簿

会票、借票、期票、流水簿、钱翔实存簿、收支簿、往来簿、股本簿、存款簿、总账、月总、年总、轧清簿、滚存簿、兑换簿、盘簿、暂记簿和各种开支簿等，一般商铺都会设置，属于典铺普通账簿，又称会计票簿。典业普通账簿主要记录各种收支事项及数量，反映了典铺的资本构成和经营状况，揭示出典铺的经营效益和分配制度。

第一节　流水簿

流水簿，又称日总簿、日结簿、现金日记账，"凡属银钱进出，均须一一登入，一日为纲，中分二栏，上叙收支事由，下记银钱数目，收字较高，支字较低，以醒眉目，举凡当出本也，取本利也，以及杂用零划等等，靡不逐次记上，用途既广，关系自大，为众账之汇海，系分目之源泉，凡百账目，均由此誊出，故对于流水簿，须随手登记，以免事过境迁偶忽漏登，则头绪全无，不可稽考，其重要不待烦言而解，簿上每日结存之数目，须与实存所存银钱数目相符，每晚停业结出，当检点一过"。① 概括而言，就是逐日记录各项银洋钱收支事由和数目。由此看来，流水簿内容最为丰富。遗存下来徽商典铺或徽商经营典铺流水簿不多，仅见南京大学历史系《光绪振成典钱翔实存簿》1册。现就该簿对典业流水簿做一分析。

---

① 宓公干：《典当论》，上海商务印书馆1936年版，第121页。

一 概 述

该账簿保存较为完整。封面书写"光绪十一年七月吉立振成典钱翔实存簿"等字,清楚地交代了该账簿类型,以及设立的商铺和时间。账簿每页两面,每面十行,分为上下两栏,记载了立簿时间、上册实存钱洋种类及数目、逐日收支及实存和最后一日实存总结4项内容。同时,每月月终也要实存总结。

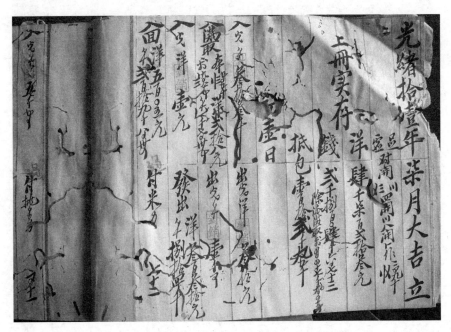

图 3-1 《光绪十一年振成典钱翔实存簿》首面

该账簿所载内容极为丰富,从中可以反映出振成典的初开时间、地点、月息、当期、架本、资本、经营效益、管理状况以及与社会各组织之间的关系等诸问题。

开设地点。账簿没有明确记录振成典经营所在地。不过,簿中载有不少地名,这为考证该典的开设地点提供了诸多信息。这些地名有:

七月十七日　付宁绍会馆熘口疏七百文

十八日　付湖州信力十四文

廿七日　付嘉兴凌贡元卷仪洋二元

八月十三日　付本镇各衙门节敬洋二十元

九月初九日　付关帝庙戏疏一百文

廿七日　付爱山书院息、师善堂捐洋三十三元,钱八十文

十月一日　付申信力钱七十文

十七日　付乌镇分府告示钱六百二十文

十一月廿日　付菱湖洋信力钱一百文

十二月四日　付徽州信力钱一百文

七日　付浔溪义塾、娄港息洋九十九文、钱八十文

这些地名中,属于府县级的有湖州、嘉兴、上海、徽州四地。其中唯有湖州被反复提及,且湖州又位居四地中心。由此而断,该典极有可能设于该府之内。众所周知,浔溪(即南浔)、娄港皆在湖州境内。不仅如此,乌镇和菱湖又是闻名遐迩的江南市镇,在清代分辖于湖州府的乌程县和归安县,这为振成典设于湖州府内进一步提供佐证。同时振成典中秋节送礼给"本镇衙门",这说明该典设于府内某镇。而对于上述其他地名,民国《南浔志》多有记载:

宁绍会馆,北栅外下霸,嘉庆中建成,咸丰时毁,同治五年重修,光绪六年复建。

师善堂,在南栅青华观内,康熙六十年建……同治四年拨丝绢款为经费,六年重建。

关帝庙,一在西栅祇园寺左,旧名长春道院,乾隆二十四年后殿增建文昌阁……

据此可以初步断定振成典位于南浔镇。对于这一推断,光绪《南浔育婴堂征信录》可进一步提供佐证。光绪《南浔育婴堂征信录》明确记载了振成典多次向育婴堂捐款一事。如光绪十六年(1890),该堂"收振成典助钱九十千文"。至此可以充分断定振成典设于南浔镇上。南浔镇在清代归属湖州乌程县,与本省嘉兴府和江苏省苏州府毗邻,"介江浙间,水陆交通,人

物殷阜，史迁所谓缩縠之口，与海盐之澉水，同为浙西繁镇"。① 南浔于南宋淳祐年间成为市镇，很快就"市井繁阜，商贾辐辏"②。明清时期，南浔是著名丝绸业市镇。明中叶后，发展成为"烟火万家"③的巨镇。清初，"商贾于此辐辏，人物于此殷繁"。④ 光绪时，南浔镇的繁盛甚至超过了湖州城，当时谚曰："湖州一个城，勿及南浔半个镇。"⑤南浔经济的繁荣，为典当业提供了广阔市场。

初开时间。该账簿本身没有记录振成典的初开年月，但可从其售本的字号和时间来推断。该簿载有"七月售本良、知、过、必、改、得、能、莫，十一月售本遗、罔、谈、彼、短"字样，"良、知……彼、短"诸字皆选自《千字文》。如前所述，典铺营业时，每月按顺序从中选取一字，开业首月为"天"字，次月为"地"字，余下类推。售本是当物的满期处理，一年处理两次，分别在春秋两季，也就是说"莫"字号当物在光绪十一年（1885）六月满期，"短"字号当物在十一月满期。振成典当期为18个月，兼之光绪十年（1884）闰五月，则"莫"、"短"字号对应的典当月份分别为光绪十年（1884）二月和五月，且两字分别位于《千字文》中第175、180位，据此可知振成典初开于同治八年（1869）九月。即振成典开设于咸同兵燹以后。对此，史料记载，咸丰十年（1860）六月，南浔镇上6家典铺首先遭到清军的恣意纵掠，接着又被乡民和土匪趁火打劫，抢掠一空，放火焚烧，以致六典尽毁。⑥ 振成典开设于同治八年（1869），距离战争结束的同治二年（1863）只有6年时间，这说明随着社会的稳定，传统典当业在南浔又重新活跃起来。

开设商家。据有关资料记载，振成典并不是徽商所开，而是浙江镇海方

① （民国）《南浔志·刘锦藻序》，《中国地方志集成·乡镇志专辑22上》，第1页。
② 同治《南浔镇志》卷二六《碑刻二·嘉应庙救牒碑》，《中国地方志集成·乡镇志专辑22下》，第298页。
③ 同治《南浔镇志》卷一《疆域·潘尔夔〈浔溪文献〉》，《中国地方志集成·乡镇志专辑22下》，第9页。
④ 同治《南浔镇志》卷二八《碑刻四·重修罗祖祠碑记》，《中国地方志集成·乡镇志专辑22下》，第330页。
⑤ 林黎元：《南浔的"四象八牯牛"》，《湖州文史》第4辑，出版地不详，1986年版，第50页。
⑥ （民国）《南浔志》卷四五《大记事四》，《中国地方志集成·乡镇志专辑22上》，第527页。

家所开。方志载,民国初年,南浔"振成当为宁波方家开设"①。宁波方家即
指镇海方氏。对于这一说法,账簿有关信息亦可佐证。账簿载:七月初七
日,"付寿康四百两。"又同月二十日,"又付延康六百两,洋二千七百十二
元;又付安裕六百两"。这里的寿康、延康、安裕,皆为上海钱庄,由镇海方
性斋所开设。其中,寿康开设于同治五年(1866),安裕开设于光绪五年
(1879)。② 从账簿所记内容来看,光绪年间,振成典与上海方家寿康、延康、
安裕等钱庄业务往来密切,从而进一步证实振成典为方性斋或其子孙所开。
振成典虽不为徽州商人所开,应由徽籍人员经理。咸同兵燹后,徽州典商势
力虽有所下降,但江南典当业仍由徽帮把持,典铺多由徽人经理,员工亦多
徽人。该账簿所载"付徽州信力"清楚表明,振成典存在徽籍人员。此即说
明,振成典的经营实态直接反映典业徽帮的经营特点。

二　经营状况

振成典收入一栏中,记载了收入事由及钱洋数目两项内容。收入项
目较为简单,主要包括满取、回洋、抵包、汇兑及陈欠等。其中,回洋和满
取两者本质相同,都是指赎取本利,不过,满取特指满期当物的赎取本息,
两回洋则指当期内赎取本息。振成典对满取的记载,特地注明原当本多
少,利息若干。现将振成典光绪十一年(1885)七月满取的当本与利息列
表3-1。

表3-1　振成典光绪十一年(1885)七月满取当本与利息一览(单位:文)

日期	当本	利息	利率	日期	当本	利息	利率
一	23550	8985	38.0	五	19250	7560	39.3
二	6440	2484	38.6	六	12370	4768	39.4
三	10700	4222	39.5	七	4850	1873	38.6
四	12420	4888	39.4	八	16420	6273	38.2

① 南浔镇志编纂委员会编:《南浔镇志》,上海科学技术文献出版社1995年版,第155页。
② 中国人民银行上海市分行编:《上海钱庄史料》,上海人民出版社1960年版,第730—734
页。

日期	当本	利息	利率	日期	当本	利息	利率
九	5420	2136	39.4	二十	3500	1330	38.0
十	16060	6107	38.4	二十一	22870	8919	39.0
十一	14750	5648	38.3	二十二	800	320	40.0
十二	6250	2387	38.2	二十三	12350	4759	38.5
十三	10000	3868	38.7	二十四	3980	1539	38.7
十四	2850	1111	39.0	二十五	6200	2488	40.1
十五	12400	4744	38.3	二十六	7120	2765	38.8
十六	8150	3159	38.8	二十七	600	240	40.0
十七	1550	613	39.5	二十八	10720	4173	38.9
十八	3500	1330	38.0	二十九	4990	1970	39.5
十九	2400	932	38.8	三十	15520	6251	40.3

利息与当本之比就是利率,而利率又为当期×月息。表中利率皆在37%—40%之间。清末民初,典当月息一般在2%—3%之间,当期常以18个月为准,留当2个月,满期20个月,所以该典月息则为2分。2分月息应是光绪年间浙江省通行规定。清光绪九年(1883)和十年(1884)的宁波府慈溪县义成典当票载:"遵奉宪示,按月二分起息,限十八个月为满。如过期不取,发卖作本,如有来处不明,及损坏、鼠伤、蛀烂、不测等情,与本押无涉。认票不认人。"①显然,振成典严格执行浙江省颁布的典业规章制度,月息2分,当期18个月。

振成典支出一栏中,记有每日的当本和赎取数。其中,七月累计当本为洋6940元,钱2472文。按当时"洋1元兑换钱1100文"计算,则该典七月份当本折合为洋9190元。经过统计,振成典光绪十一年(1885)七至十二月当赎总额见表3-2。

---

① 傅为群:《近代民间金融图志》,上海书店2007年版,第77页。

表3-2　振成典光绪十一年(1885)七月至十二月当赎总额一览

	月份	七	八	九	十	十一	十二(前9天)
当本额	洋(元)	6940	6740	6620	5790	7790	7689(2330)
	钱(千文)	2472	2622	2384	2242	2400	2745.6(832)
	合计(元)	9190	9124	8787	7830	9990	10183.8(3086)
赎本额	洋(元)	11217	10126	8954	9601	8150	6151.2(1864)
	钱(千文)	2407.9	2358.1	2221.5	2071.5	2516.5	1472.5(446.2)
	合计(元)	13407	12270	10974	11484	10438	7491(2270)

　　振成典十二月份当赎情况仅记有前9天数据,表中十二月当赎总额就是根据9天数额换算而来的。为保持数据的真实,特将这9天的当赎数额附后。根据上述表中数据,又可如图3-2所示。

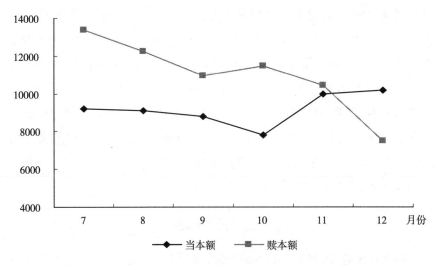

图3-2　振成典光绪十一年(1885)七月至十二月当赎总额图

　　从图3-2中可以看出,当本额七、八、九3个月基本相差无几,十月最低,十一月明显回升,十二月最多;赎取额七、八两月最多,九、十、十一三个月次之,十二月最少。当本额与赎取额相比较,七月至十一月,赎取额大于当本额,其中七至十月表现最为突出;十一月份表面看来赎取大于放当,若除去满货处理和赎取时所付利息,则赎取的当本已不及放出的当;;十二月则是放当远远超过赎取。这种营业状况到了民国仍大体如此,有人生动而又形象地指出:"以江浙而论,二、三月间,茶市发动。四、五月间,丝业兴起,市场顿形势闹,资金需要紧急,典当营业,因而畅旺。六月炎暑,为闲月,有清水六月之谚。七八九之交,新谷登场,杂粮收获,为赎取时期,典当收回本利。十、十一月平平。十二月一月,典当营业最盛,盖年关将届,平民及小工商业者之缺乏资金者,群向典当贷款,门庭如市,每至应接不暇。乡村典当具有极强的季节性。"[1]

典铺所存当本的总和,即为架本。按照理论而言,架本=每月当本×当期,实际并非如此,因为放赎是同时进行的。若据前述当簿所载,典铺平均当期为实际当期的一半,则振成典资本9个月左右就可循环一次,则振成典的赎取利率为18%。若按前述草赎簿所载,2分月息的典当资本7个月左右循环一次,赎取利率为14%。综合两者来看,若振成典典当8个月循环一次,则赎取利率为16%。根据振成典7—12月每月当本约洋9000元计算,可知振成典的架本在7.2万元左右。资本与架本关系密切,架本是资本的一部分,除架本外,资本尚包括流通资本。若以流通资本占架本20%计算,则振成典资本近洋9万元,较为雄厚;按此推知,振成典每月毛利润为洋1400元左右,年毛利润在洋1.7万元左右,除支付员工工资及借存钱款利息后,所得利润也较为丰厚。从咸同兵燹后到甲午战争期间,国内取得短暂的稳定,经济回升,湖州地区经济获得明显的发展,振成典每月放出巨额当本,就是这种经济现象的反映。

三 存典生息

典铺开业后,随着业务的不断开展,或遇经营旺季,自己有限的资本常不敷使用。典铺必须想方设法筹集资金。其中之一就是吸收社会上闲置之钱存入典中。清代,存典生息这一现象发生了较为显著的变化。存款的范围大大扩大,除私人存款之外,政府官款存典十分普遍,尤其是一些社会性组织,如书院、善会、善堂、祠庙等,将受捐之款或支用余款存典生息,以充分

---

① 宓公干:《典当论》,上海商务印书馆1936年版,第109页。

发挥其社会作用。有关此方面内容,不仅文献记载不胜枚举,而且徽州文书也有大量记录。文献资料所载的如,乾隆三年(1738),山阳县育婴堂将存款发典生息;乾隆九年(1744),淮安普济堂亦将存款发典生息。① 乾隆九年(1744),苏州城六门义学,将每年所"得租银,发典生息"。② 又乾隆九年(1744),歙县徐士修捐助"银一万二千两解交府库发典生息,以资(紫阳书院)膏火"。③ 又乾隆二十年(1755),无为芝山书院将余款"(一)千五百金有奇,存质库,收其子钱"④。文书记录的如,乾隆年间,江苏泰兴凝秀书院将余款存典生息。⑤ 嘉道年间,巢县巡江、颜料、快丁等项余款存于陈谦益典生息。⑥ 道光年间,黟县惠济堂经费存于隆泰典生息。⑦ 光绪年间,江西鄱阳普济堂经费存于江永泰典生息。⑧ 同样,振成典也有不少这些社会组织的存款,这可从支付利息中看出,主要有:

　　七月十六日　　付善举息洋一百零五元,钱五百五十文。

　　八月十六日　　付忠文会息洋拾八元,钱二十文。

　　九月廿五日　　付浮溪书院息洋一百七十八元,钱六百七十三文。

　　　　廿七日　　付爱山书院息洋廿五元,钱二百八十文。

　　　　三十日　　付积谷息、育婴堂息洋九十五元,钱一百廿五文。

　　十月初四日　　付恤嫠会息洋三十五元,钱八百五十文。

　　　　初七日　　付五湖书院息洋十二元,钱六百七十文。

　　　　廿二日　　付安定书院息洋十二元,钱九百廿文。

---

　　① 乾隆《淮安府志》,《中国方志丛书·华中地方》第 397 号,(台北)成文出版社 1973 年版,第 910 页。

　　② 《清高宗实录》卷二一五,乾隆九月四日丁丑,中华书局 1985 年版,第 765 页。

　　③ 乾隆《歙县志》卷一六《奏疏》,《中国方志丛书》华中地方第 232 号,(台北)成文出版社 1975 年版,第 1417—1418 页。

　　④ 嘉庆《无为州志》卷九《学校志》,《中国地方志集成·安徽府县志辑 8》,第 129—130 页,

　　⑤ 《乾隆四十二年张恒裕典总账》和《乾隆四十八年吴丰典总账》,中国社会科学院经济研究所藏。

　　⑥ 《道光二年七月巢县谕》1 件,安徽师范大学图书馆藏。

　　⑦ 《道光二十二年隆泰、恒裕、敦和、泰丰、长隆、长兴、恒隆七典盘总》第 1 册,中国社会科学院历史研究所藏。

　　⑧ 《光绪二十一年八月鄱阳县谕(申解江永泰典铺承缴普济堂成本息银)》1 件,安徽师范大学图书馆藏。

十一月廿一日　付爱山书院息洋一百六十元,钱六百十文。

十二月一日　付浔溪义塾息洋三十八元,钱五百八十文。

存款于振成典的社会组织有忠义会、恤嫠会、育婴堂等善会善堂和浔溪、爱山、五湖、安定等书院。其中,爱山书院,在府治西,"官捐银八百一十二两,绅士捐银二千八百八十八两,今捐修郡学余银一千两,前后共银四千七百两,详明有案,分发各典商生息"。① 育婴堂之款主要存于开泰、新和、振成、安济四典和申庄银台生息。其中,光绪十六年(1890),南浔育婴堂存振成典等四典钱7010千文,获利息63.9千文,年息9厘。②

这些存款利率高低不等,较低的为月息6厘,较高的为月息1.5分,甚至达到月息1.8分或2分,其中以月息1分或年息1分居多。月息6厘的,如光绪年间浙江余杭县将南湖经费洋万元交给本县3座典铺生息,议定按月"六厘起息"③。月息1.5分的如,同治十一年(1872),江苏金陵崇善堂将一部分公款交给新开庚兴公典,规定按月"一分五厘"④生息。又光绪年间山东临沂县栖流所将部分筹款银发给郯城、沂水两县典铺,要求按月"一分五厘生息"。⑤ 月息1.8分的如,乾隆十八年(1753),安徽青阳县蓉城书院将银500两存典生息,规定月息"一分八厘"⑥。月息2分的如,光绪年间,山东临沂县栖流所将部分筹款银发给费县典铺,约定按月"二分生息"⑦。月息1分的如:同治十一年(1872),江苏金陵崇善堂"湘平银二千两,札府发交永益典生息,按月支取息银,按月一分起息,闰月照付"⑧。又江苏通州紫琅书院,"余圣言捐钱二百四十千,存典月息一分;在院生童崔兆蟠等捐钱三百四十四千,存典月息一分;李相皋捐钱五百六十千,存典月息一

---

① 同治《湖州府志》卷一八《学校》,《中国地方志集成·浙江府县志辑24》,第350页。
② 《南浔育婴堂征信录》不分卷,第1册,铅印本,南京图书馆藏。
③ 光绪《余杭县志稿》不分卷《南湖苕溪善后章程十条》,《中国地方志集成·浙江府县志辑5》,第1147页。
④ 《金陵崇善堂征信录》不分卷,第1册,光绪二十四年刻本,南京图书馆藏。
⑤ (民国)《临沂县志》卷五《食货》,《中国地方志集成·山东府县志辑58》,第50页。
⑥ 光绪《青阳县志》卷二《学校志》,《中国地方志集成·安徽府县志辑60》,第86页。
⑦ (民国)《临沂县志》卷五《食货》,《中国地方志集成·山东府县志辑58》,第50页。
⑧ 《金陵崇善堂征信录》不分卷,第1册,光绪二十四年刻本,南京图书馆藏。

分;郡绅当捐钱四千四百千,存典月息一分;知州金咸捐钱五百千,存典月息一分;习中节堂捐钱五百千,存典月息一分;郡绅当续捐钱二千一百二十千,存典月息一分。"①又浙江湖州爱山书院生息银,"议定每月以一分行息,每年可得息银五百六十四两,遇闰加息四十七两"。②又浙江余杭育婴堂"前届余洋二百元,存放万兴点(典),月一分起息"③。另,振成典社会组织的存款月息多为1分。这样的利息在当时虽是通例,却是相当高的,据下文述知,典当净利多不足1分。典铺收受此类存款,必然赔利,在当时钱庄业很发达的情况下,典铺容易筹集资金,不愿接受这类存款。因而这些社会组织借助官府势力,强迫各典接受。金陵崇善堂,"同治九年,将各县应缴还牛本湘平银八千七百五十两,由府转发盐典生息;同治十一年,拨银二千两作为恤嫠经费,解交江宁府衙门,转发金陵省城永益典生息"。④

　　典铺吸收存款,本意扩充资本,利于周转,因时所需。但这些组织不管典铺是否需求资金,强行存款,且利息较高,影响了典铺的利润,违背了典商的初衷,不利于典当业的正常发展。光绪年间,苏州典业生意清淡,转运艰难,众典商汇议,要求典当公所照会义仓、书院、善堂各经董"请将前发各款一体提取,置产生息,以恤商情"⑤。又称"吴邑济大、久大两典领款过多,难于转运。请将苏沪厘金等款匀拨常郡各典分领,并声明男普济堂存款,可否照会经董沈绅提回置产等情"⑥。振成典在不到半年时间内,支付利息达千元以上,而此类存款利息占70%,这无疑增加了振成典额外支出,加重了振成典的负担,对该典发展起着一定的消极作用。社会存款对典当经营是一把双刃剑,对资本周转固然十分重要,但因时有异,若过分地强调其正面作用,则是有失偏颇的。

---

① 光绪《通州直隶州志》卷五《学校》,《中国地方志集成·江苏府县志辑52》,第261页。
② 同治《湖州府志》卷一八《学校》,《中国地方志集成·浙江府县志辑24》,第350页。
③ 光绪《余杭县志稿》不分卷,《中国地方志集成·浙江府县志辑5》,第1157页。
④ 《金陵崇善堂征信录》不分卷,第1册,光绪二十四年刻本,南京图书馆藏。
⑤ 《苏州府公牍录存》不分卷,第1册,抄本,南京图书馆藏。
⑥ 《苏州府公牍录存》不分卷,第1册,抄本,南京图书馆藏。

四 典当税捐

振成典钱翔实存簿中载有下列支出:

　　七月初九日　付夏季官费洋三十八元,钱五百十五文;付府经水寿分洋二元。

　　　　　十七日　付宁绍会馆熘口疏钱七百文。

　　　　　二十二日　付惜字会疏洋四元,钱九百六十文。

　　八月初二日　付邑募赈洋四元。

　　　　　初九日　付财神庙戏疏钱五百文。

　　　　　十二日　付厘卡送礼钱九百八十文。

　　　　　十三日　付本镇各衙门节日敬洋二十元;付巡司送礼八百四十文。

　　　　　二十三日　付土地堂戏疏三百文。

　　　　　二十五日　付正保谈茂春寿分一百文。

　　九月初三日　付惜舆戏船等洋五元,钱二百六十五文。

　　　　　二十五日　付施药捐(七、八、九三个月)九千文。

　　　　　二十六日　付秋季官费洋五十一元,钱八百八十七文;付分府总投寿分七千文。

　　　　　二十七日　付师善堂捐洋九元,钱九百文。

　　十月十三日　付巡司告示钱一百文。

　　　　　十九日　付县告示钱五百五十五文。

　　　　　二十四日　付官俸钱一百零九千文。

　　十一月十二日　付地保林阿六寿分洋一元。

　　上述支出皆是振成典的税捐,主要包括官费、浮费及公益捐三种。官费,顾名思义,是由地方政府向典铺强行征收的,以供地方政府办公费用的额外摊派。由于文献资料对官费的记载几成空白,官费的征收标准及源于何时难以详明。根据该簿的记录,官费是按季征收,且数额略有不等。官费征收的方法与目的与典当月费颇为相似,官费极有可能就是常为人提及的月费。月费大概源于道咸之际,数额较大。如清末江苏南通县,"各典每月纳月费钱三百六十六千文"①。

公益捐中既有固定的月捐,又有大量的临时捐助。月捐产生于咸丰年间,其时清王朝为镇压太平天国运动,急需大量军费,而政府财政匮乏,便向各业商人劝捐,典商也是劝捐对象之一。由于军费需源源不断地补充,在一些地方,这种临时性的劝捐逐渐演变成固定的、带有强制性的月捐。江苏省内各典均有月捐,"典分三等,按季月捐……下等捐二十千文"②。月捐是名捐实税。太平天国运动失败后,月捐并没有废除,而是由助饷改为公益捐,振成典即按月捐助施药局。南京"典铺前经每月议定,每月捐钱三十千文,以作地方善举之用,所有初开协和典捐当奉拨归救生局济用,继开之悦来、永益两典捐项均为兴善堂恤嫠经费"③。甚至有人倡议用月捐充作地方修志经费。不过,此时月捐数额略有降低,"上等典捐三十千文,中等二十千文,下等十千文"。④ 此后,典当月捐直到清亡才正式免除。振成典对善会、善堂、会馆等社会组织及赈灾、会戏等社会活动也多次慷慨捐助,典当业对社会公益事业具有义不容辞的责任。光绪十七年(1891),振成典为南浔育婴堂"助钱九十千文"⑤。江苏常熟儒寡儒孤总会,"由县拨典捐以作经费"⑥。江苏通州的东渐书院,"同治七年建,典商捐钱六百千"⑦。顺治八年,浙江湖州南浔镇云兴寺重修,"本镇油坊典铺盐本各行"⑧大量捐输。此外,典当业积极参与会戏等民间活动。可以看出,振成典每次捐款的数目虽然不大,但次数频仍,并且渗透到社会各个方面。当然,这些公益捐,有的是典铺为积善而作的义捐,有的是迫于舆论或政府强制下而作的劝输。

浮费有两项:一是规费,一是告示费。每逢节日,振成典都要向当地各

---

① (民国)《南通县志》卷五《赋税下》,《中国地方志集成·江苏府县志辑51》,第147页。
② 《溧城各典抢案》不分卷,第1册,抄本,南京图书馆藏。
③ 《金陵崇善堂征信录》不分卷,第1册,光绪二十四年刻本,南京图书馆藏。
④ 《苏州府公牍录存》不分卷,第1册,抄本,南京图书馆藏。
⑤ 《南浔育婴堂征信录》不分卷,第1册,铅印本,南京图书馆藏。
⑥ 光绪《常昭合志稿》卷一一《善举》,《中国地方志集成·江苏府县志辑22》,第248页。
⑦ 光绪《通州直隶州志》卷五《学校》,《中国地方志集成·江苏府县志辑52》,第262页。
⑧ (民国)《南浔志》卷三八《碑刻三·重修云兴寺碑记》,《中国地方志集成·乡镇志专辑22上》,第444页。

衙门送礼请安;遇有官吏生辰,振成典也要备礼祝贺。所谓规费,乃地方陋规之一。清代陋规现象极为普遍,而且种类繁多。规费除节寿外,还要承办官员往来费用。如道光年间浙江宁波慈溪,"向来制台阅兵过境,慈溪尚有城乡各典帮贴费用一款。"①普通商号为求得生存,不得不忍受吏役陋规的索取,通过上交"节礼年规"等规费,以换取商业经营的基本条件。这些官吏,大小不等,上至督抚,下至地保,典当业受尽各级官吏的盘剥。就是连平常的告示,振成典也要出资认领。振成典在不到半年的时间里,各种税捐达50余次,款数近洋300元。次数之繁,款额之多,非一般典铺所能承受。有清一代,典当税捐除上文提及的以外,还有多种多样。如当税就有正税、耗羡银和帖费三种,当捐则更多,有架本捐、学堂捐、巡警捐、房捐、乡镇之团防捐等。典当税捐多于牛毛,花样百出,无怪于典商言不由衷地发出"捐苦了"②的慨叹。繁重的税捐,使典铺"几有逼处报歇地步"③。

振成典为同治八年(1869)镇海方家开设于湖州南浔,虽不是徽商所开,却由徽人经营,反映出晚清典业徽帮的一些经营特点。振成典当期18个月,月息2分,利润较为丰厚。同时,由于社会组织的强行存款和名目繁多的税捐,典铺的负担益加苛重,不利于典铺的正常发展。

第二节 月总簿

月总簿,又称月总、月总账,由账房登记保管,按月记录收支项目及数量,并予以汇总,反映出典铺经营状况。

一 概 述

遗存下来的徽商典铺月总簿不少,主要有安徽省档案馆《乾隆三十七

---

① 段光清:《镜湖自撰年谱》,"道光二十八年事",中华书局1997年版,第32页。
② 李伯元:《文明小史》第一二回《助资斧努力前途 质嫁衣伤心廉吏》,上海古籍出版社1982年版,第78页。
③ 章开沅:《苏州商会档案丛编》第一辑,华中师范大学出版社1991年版,第1130页。

年草账》、中国社会科学院经济研究所《乾隆四十二年丁酉岁月总》、中国社会科学院历史研究所《同治十三年义泰典月总》、南京大学历史系《光绪二年用和质钱翔实存簿》和私家收藏的《乾隆五十三年黄元泰总账》,等等。

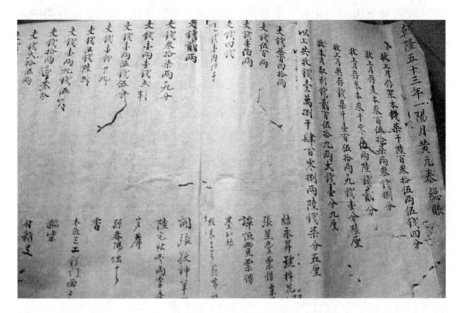

图3-3 《乾隆五十三年黄元泰总账》首页

《乾隆三十七年草账》,按月记录了乾隆三十七年(1772)一至十二月的收支情况,最后进行年总。①《乾隆四十二年丁酉岁月总》按时序记录了"正月总"、"二月总"、"三月总"……"十二月总"12个月总账。各月总账采用原存、现收、现支、实存4柱法进行记录。如前所述,《乾隆四十二年丁酉岁月总》本是《乾隆四十二年张恒裕典总账》一部分,尚包括《乾隆四十二年丁酉岁架本盘总》、《乾隆四十二年丁酉岁收支汇总》和《乾隆四十二年丁酉岁典本盘总》3部分。其中,《乾隆四十二年丁酉岁收支汇总》分别记录该年收支事项及数量。《乾隆四十二年丁酉岁典本盘总》记录各所有人该年所得利润及所存资本。《同治十三年义泰典月总》记录各月收支总账和该

_____

① 严桂夫、王国健:《徽州文书档案》,安徽人民出版社2005年版,第297—299页。由于安徽省档案馆不对外开放,账簿具体内容不知。

年收支总账两部分内容。不论是各月收支总账还是该年收支总账,又分为衣栈本和钱总两方面进行记录。衣栈本包括架本和栈本两项,记载较为简略,分别载其收入、支出和实存等数目,并予以汇总。钱总记载极为详细,对各项收入和支出一一记载。支出的记载,首先按类登记,其次登录各类中分项。该账簿不仅登记该典现金收支月总,而且记录衣栈收支月总;不仅对支出分类记载,而且对支出各种类也分项登载,故其所载内容更为全面。《用和质钱洋实有簿》内容分为两大部分,按照货币分类的方式,分别记载光绪二年(1876)用和质"收支银洋总"和"收支钱总"。对于每类收支总,又分别记录光绪二年(1876)正月至十月各月收支总和光绪二年(1876)正月至十月汇总。用和质月总簿不仅详细地记载了每月的质本和取本,而且也完整地登录了其他各项收支数额及事由,从而能够了解到用和质的经营状况及其特点。根据月总年总所载内容,可以考察徽州典商身份及其活动时空。

典商身份。四典账簿中,《乾隆三十七年草账》、《同治十三年义泰典月总》和《光绪三年用和质月总》对簿主姓名没有相关记载,难以对其典商身份进行考察。而恒裕典月总则对簿主姓名悉为记载。据其所载,张恒裕典由履绥堂畏斋公、张荫堂子雍熙、张亭立、张飞南、张占文、张廷槐和吴宅约庐公、豫轩公、文德房、文功房、文言房、毅斋公、其皇公、余庆堂等合资开设。经考证,履绥堂畏斋公、张荫堂子雍熙、张亭立、张飞南、张占文和张廷槐等为祁门石坑张氏族人。对此,道光《祁门石坑张氏宗谱》载:

> 观洲,字瀛士,号畏斋,邑庠贡生,生康熙己丑六月廿戌,卒乾隆乙卯又六月十五。娶休宁茗洲国学生吴维佐女,子五槐、荣、桢、栋、栻;继娶钱氏,子二,橱、槐。

> 廷槐,字兼雅,号荫堂,国学生,名彬。生康熙丙戌八月十七,卒乾隆己巳八月十六。娶茗洲贡生吴嘉贞女。子一雍熙。

> 廷桢,字亭立,号秋崖,国学生,名栅,例授布政司经历。生康熙癸巳七月廿四,卒乾隆癸卯。

> 廷栋,字飞南,号云浦,邑庠贡生,生康熙庚子三月初十,卒乾隆戊申。

> 廷栻,字占文,号敬亭,国学生,名橞,例授布政司经历,诰赠奉直大

夫。生雍正丁未十一月廿五未,卒乾隆丙午十月初五日辰。

廷槭,字贯群,号镜湖,国学生,生乾隆庚午三月初四子,卒嘉庆丙子九月十三巳。

雍熙,字尧民,国学生,例授布政司经历。生雍正乙卯正月十五申,卒乾隆乙巳九月十五未。

由此可知,履绥堂畏斋公为祁门石坑张观洲,张荫堂、张亭立、张飞南、张占文和张廷槭皆为张观洲之子,荫堂、亭立、飞南、占文分别名为廷槐、廷桢、廷栋和廷栻。而张雍熙为张观洲之孙、张廷槐之子。而吴宅约庐公、其皇公则分别为休宁茗洲吴维佐、吴思环。文献载:"吴维佐,字咨亮,号约庐,茗洲人。"①吴维佐之子吴嘉默也说过:"先君子约庐公少失怙,秉诗书之训,居处有度。"②又谱牒载,吴维佐,"彦廿六,刘出,字咨亮,生顺治丙申正月廿三申,康熙丙寅入南雍,殁康熙癸巳六月初十申,生子嘉默、嘉积、嘉贞(更名猷)";又吴思环,"扬廿五,字其皇,生康熙壬辰八月十七卯,雍正壬子以恩例入南雍"。③ 故而该典为祁门石坑张氏和休宁茗洲吴氏合开,主要为祁门石坑张观洲子孙所有。

活动时空。四典账簿中,张恒裕典和用和质的活动时空前已论述。其中,张恒裕典为乾隆十四年(1749)五月开设于江苏泰兴县,用和质为同治十年(1871)三月开设于安徽徽州黟县。而《乾隆三十七年草账》所录内容有限,只有对其开设地点进行考察。据账簿所载"支钱四十四两六钱一分六厘,捐输山塘造徽州会馆,姚大勋、吴文趾、范青远、程龙领袖"可知,该典乾隆三十七年(1772)捐银40余两建造山塘徽州会馆。清代"山塘"地名较多,苏州阊门山塘即是其一。而乾隆三十五至三十九年(1770—1774),徽商在苏州山塘曾建造徽州会馆。由此可知,此处的山塘应为苏州阊门山塘。又据账簿所载"支银四十两,道宪谕助黄令丧仪"可知,徽州典商所在经营地知县姓黄,而乾隆三十七年(1772)昭文知县姓黄,则该典应位于苏州昭

---

① 《还古书院志》卷九《吴约庐先生传》,见赵所生、薛正兴主编:《中国历代书院志8》,江苏教育出版社1995年版,第611页。

② 吴嘉默:《茗洲吴氏家典叙》,见吴翟:《茗洲吴氏家典》,黄山书社2006年版,第7页。

③ 《茗洲吴氏家记》卷五《登名策记》,胶卷,南京图书馆藏。

文县。就义泰典而言,《同治十三年义泰典月总》"正月总"载"本月当上岁字本九千八百五十七两九钱两"和二月总载"本月当上律字本一万二千三百四十八两零七分两"可知,义泰典同治十三年(1874)正月的字头为"岁"字,二月字头为"律"字。而"岁、律"两字分别位于《千字文》中第24、25位,由此推断义泰典初开于同治十年(1871)十月。同时,义泰典月总载有"付州学苏甘草司寿、付太城重建火神庙捐、付杨钦奇誉分"等字样。据有关资料载,甘草司为太仓州巡检署,"旧在甘草镇,沿海坍废,移浏河镇,即社仓基改建"。① 这说明义泰典可能开设于太仓州。火神庙,"在县境太仓卫东,岁季夏二十三日致祭,咸丰十年毁,同治十二年里人募建"。② 杨钦奇,太仓人,"同治十三年甲戌进士,庶吉士,河南汤阴县知县"。③ 据此推断,义泰典开设于太仓州。

当期。根据满期当货及处理时间可以推断典铺当期。四典账簿中,有关张恒裕和用和质当期,前已论述,其中,张恒裕典当期为30个月,用和质当期为18个月。而《乾隆三十七年草账》内容有限,因而难以考察。现仅对义泰典当期做一分析。据该簿"十一月总"载,售卖"盈、昃、辰、宿、列、张"六字号满本5369余两。这说明,"张"字号当物至同治十三年(1874)十一月已经满期。"张"字与同治十三年(1874)十一月字头"结"在《千字文》中相间22位,则义泰典当期为22个月。

二　商业资本

典铺商业资本主要包括铺本、架本、当本和取本等方面。四典账簿中,张恒裕典、义泰典和用和质对商业资本记载相当详细。

铺本和架本。铺本指整个典铺的全部资本,包括固定资本和流动资本两部分。固定资本又分为架本和典铺设施资本两部分。对于铺本和架本,张恒裕典、义泰典和用和质3典账簿悉为记载。其中,《同治十三年义泰典

---

① （民国）《镇洋县志》卷二《营建》,《中国地方志集成·江苏府县志辑19》,第16页。
② 宣统《太仓州志》卷四《营建》,《中国地方志集成·江苏府县志辑18》,第40页。
③ 宣统《太仓州志》卷十《选举》,《中国地方志集成·江苏府县志辑18》,第173页。

月总》"正月总"载：

上年存架本银九万六千一百五十两八钱八分

本月当上岁字本九千八百五十七两九钱

转上亨字本一百四十一两

除取去本利八千五百八十两三钱六分

实存架本九万七千五百六十九两五钱二分

上年存栈本一万三千一百七十八两五钱二分

本月当上甲字本二十五两八钱六分

除取去本一千五百六十两零六分

实存栈本一万一千六百四十四两三钱二分

两共存衣栈本十万九千二百一十三两八钱四分

钱总

入上年存下钱三千七百零六两三钱二分二厘

入本月取衣本八千五百八十两三钱六分

入取衣利一千四百三十七两三钱三分七厘

入取栈本一千五百六十两零六分，入取栈利一百零五两二钱六分

二厘

入存申洋汇钱五百三十四两五钱五分

总共入钱一万五千九百二十三两八钱九分一厘

出当岁字本九千八百五十七两九钱

出当栈本二十五两八钱六分

出转上亨字本一百四十一两一钱

三共出本一万零二十四两八钱六分

出汇支十四两三钱八分五厘

出杂支二两九钱九分

出辛俸六十七两九钱八分五

出荤酒十六两七钱，

出福食银二十两二钱零九厘

出白米十五石半计银四十八两四钱三分八厘

出柴煤饼银一十一两八钱九分二厘,出号厘银七两九钱零八厘

共出银二百四十八两二钱八分三厘

总共出钱一万零二百七十三两一钱五分三厘

应存钱五千六百五十两七钱四分八厘

一存典栈顶首八百二十两

一存房东借房金一千四百九十两

一存生财二千零九十两

一存装修七百二十五两

一存申洋八千六百四十五两四钱五分

一存现钱五千六百五十两七钱四分八厘

统共存十二万八千六百四十五两零三分八厘

上述引文中,"上年存架本银"指义泰典同治十二年(1873)年终架本,也是义泰典同治三十年(1874)年初架本,同样也是义泰典同治十三年(1874)正月月初架本。"本月当上岁字本"指义泰典同治十三年(1874)正月当本,"转上亨字本"具体含义不明,可能指留取当本。"除取去本利"指义泰典同治十三年(1874)正月赎本和利息,"实存架本"指义泰典同治十三年(1874)正月月终架本。上述5项内容记录典房架本的变动过程。"上年存栈本"指义泰典同治十二年(1873)年终栈本,也是义泰典同治十三年(1874)年初栈本,同时也是义泰典同治十三年(1874)正月月初的栈本,"本月当上甲字本"指义泰典同治十三年(1874)正月栈房当本,"除取去本"指义泰典同治十三年(1874)正月栈房赎本,"实存栈本"指义泰典同治十三年栈房栈本。上述4项记录栈房栈本的变动过程。"两共存衣栈本"指义泰典同治十三年(1874)正月月终衣栈两房架本,即为典房架本和栈房栈本的总和,即义泰典总架本。"入上年存下钱"指义泰典同治十二年(1873)年终现钱,也是义泰典同治十三年(1874)年初现钱,同样也是义泰典同治十三年(1874)正月月初现钱,"总共入钱"指义泰典同治十三年(1874)正月共收入钱数,"总共出钱"指义泰典同治十三年(1874)正月共出支钱数,"应存钱"指义泰典同治十三年(1874)正月收支后所存钱数。上述4项记录钱总的变动过程。"典栈顶首"指义泰典同治十三年(1874)衣栈两房典首价,也

是义泰典同治十二年(1873)衣栈两房的典首价。"存装修"指义泰典同治十三年(1874)衣栈两房装修金,也是义泰典同治十二年(1873)衣栈两房的装修金。"典栈顶首"和"存装修"是义泰典固定资本。"存房东借房金"指义泰典同治十三年(1874)正月房东借款数,"存生财"指义泰典同治十三年(1874)正月放贷款,"存申洋"指义泰典同治十三年(1874)正月存现洋,"存现钱"指义泰典同治十三年(1874)正月存现钱数。"存房东借房金"、"存生财"、"存申洋"和"存现钱"属于义泰典流动资金。"统共存"指义泰典同治十三年(1874)正月月终总资本数,即铺本,包括衣栈两房架本、流动资金和固定资产。《义泰典同治十三年月总》"正月总"记录义泰典同治十三年(1874)初铺本、当货本、同治十二年(1873)年终铺本和架本等。现将同治十三年(1874)正月各项资本列表3-3。(单位:银两)

表3-3　义泰典同治十三年各项资本一览

	典房架本	栈房架本	总架本	修装典价	借贷款	现洋钱	铺本
月初	96150.88	13178.52	109329.40	1545	3580	11817.222	126271.622
月终	97569.52	11644.06	109213.84	1545	3580	14296.198	128645.038

　　《义泰典同治十三年月总》"正月总"不仅记录该月月终的铺本和架本,而且还记录该月月终的固定资本和流动资本;不仅记录该月月终的铺本、架本、固定资本和流动资本,而且还记录了该月月初的铺本、架本、固定资本和流动资本;不仅记录了义泰典同治十三年(1874)初铺本、架本、固定资本和流动资本,而且还记录同治十二年(1873)年终铺本、架本、固定资本和流动资本。同样,《同治十三年义泰典月总》不仅登载同治十二年(1873)年终铺本、架本、固定资本和流动资本,而且还记录同治十三年(1874)年终铺本、架本、固定资本和流动资本。《乾隆四十二年张恒裕典月总》记载了该典乾隆四十一年(1776)和四十二年(1777)的资本和架本,同治十三年(1874)义泰典总记载了义泰典同治十二年(1873)和十三年(1874)的资本和架本。现将各年铺本、架本、固定资本、流动资本以及固定资本占资本比例列表3-4。

表3-4　张恒裕典、义泰典和用和质各项资本一览

典铺	张恒裕典	张恒裕典	义泰典	义泰典	用和质	用和质
年份	乾隆四一年	乾隆四二年	同治一二年	同治一三年	光绪元年	光绪二年
铺本（两）	32497.393	32883.658	126271.622	110646.952	8965.107	8473.665
架本（两）	16039.258	18008.540	109329.400	96419.820	8230.410	7403.348
固定资本	16039.258	18008.540	110874.400	97964.820	8255.510	7425.448
流动资本（两）	16440.135	16039.258	15397.222	12682.132	709.597	1048.217
固定资本占铺本比	49.4%	54.8%	87.81%	88.54%	92.08%	87.63%

从表3-4中可以看出,同一典铺不同年份的铺本和架本数略有不等,不断变化。同样,不同典铺的铺本和架本也是不等。就铺本而言,用和质较少,约为钱9000两;张恒裕典中等,为银32000余两;义泰典最多,约钱10万两。义泰典铺本是张恒裕典的3倍、用和质的10余倍,张恒裕典本是用和质的4倍。就架本而言,用和质亦最少,约钱8000两;张恒裕典中等,为银17000两左右;义泰典最多,为钱9万余两。义泰典架本是张恒裕典的5倍、用和质的10余倍,张恒裕典的架本是用和质的2倍。固定资本占资本比例,用和质和义泰典较高,约90%;张恒裕典偏低,为50%。这说明,张恒裕典流动资本过多,义泰典和用和质流动资本较少。

当本和取本。张恒裕典、义泰典用和质3典账簿不仅记载各年份当本和取本数,而且还记录逐月当本和取本数。其中,有关用和质当本和赎本情况,前文已有论述,兹不赘论。现仅对张恒裕和义泰两典当本和赎本做一论述。如张恒裕典逐月当本分别为:

正月支银一千二百八十一两五钱九分三厘,本月诸字号当本

二月支银二千八百八十六两八钱五分,本月姑字号当本

……

十二月支银二千八百八十两三钱八分八厘,本月弟字号当本

又张恒裕典逐月赎本分别为:

正月,收本月赎本五百六十三两九钱九分三厘

二月,收本月赎本一千三百七十九两四钱

......

十二月,收赎本三千九百二十九两三钱九分三厘

现将张恒裕典和义泰典逐月当本和取本列表3-5。

表3-5 张恒裕典和义泰典逐月当本和取本一览

年总	当本		取本	
月份	张恒裕典	义泰典	张恒裕典	义泰典
一	1281.593	9857.9	563.993	8580.36
二	2886.85	12348.07	1379.4	8267.44
三	4188.89	18106.48	1418.316	11115.09
四	3218.486	19095.2	1361.37	8308.62
五	4536.652	14802.61	3748.365	10986.08
六	3893.182	7449.82	2179.954	4331.25
七	708.307	3916.12	710.308	11761.39
八	1189.986	5364.4	2485.77	12873.37
九	3453.865	6949.47	4558.333	17042.65
十	2615.157	9129.31	4216.604	17853.59
十一	1654.489	8894.25	3210.981	12771.47
十二	2880.388	21688.51	3929.393	8314.94
年总数	32506.279	137602.14	29762.472	132206.25

从表3-5中可以看出,不论是当本还是取本,都是随月变化。就当本而言,两典各不相等,差别较大,张恒裕典较少,年约银3万余两;义泰典较多,年超过钱13万两。义泰典当本是张恒裕典的4倍。就取本而言,张恒裕典亦较少,年约银3万两;义泰典较多,年钱13万余两。义泰典取本是张恒裕典的4倍。又,同一典铺的当本数皆多于取本数,取本为当本的90%—95%,这说明典铺有5%—10%的当物不会赎取,成为死当。且,逐月当本和取本呈现波动变化,两典的变化趋势一致。就当本而言,七月较少,四月和十二月较多。就取本而言,六月和七月较少,十月较多。无论是当本还是取本,都具有明显的季节性。

三　经营效益

经营效益指经营活动成果,指标为利润和利润率。利润和利润率的表现形式有多种,就典铺而言,主要有铺本毛利、铺本净利、铺本毛利率、铺本净利率和赎本利润率等。

铺本毛利和毛利率。三典账簿记载了取利种类及其数量,故而能够计算出毛利。

一收日赎利四千一百五十一两二钱七分

内衣利三千二百五十七两零九分三厘,内栈利八百九十四两,一钱七分七厘

一收留取利二百二十二两二钱八分三厘

一收卖货贯利五十八两一钱八分八厘

一收卖货加平三两八钱二分二厘

一收衣店交典正利一钱一分八厘

一收平色赊账余利五钱一分五厘

一收零换首饰余利二两五钱三分八厘

一收栈卖蒲包余利九两九钱五分一厘

一收趸卖小布净得利六十九两四钱三分九厘

一收各借项共加利七百一十五两一钱四分五厘

一收张宅各名下共拔本二千二百六十七两八钱五分,该认回利一百八十二两六钱一分六厘

一收张亭立销众图讼费项内拔本一百四十两,加利三十两

一收吴余庆堂拔本一千四百两,该认回利一百三十五两

一收养猪余利一两五钱九分五厘

一收卖灰粪银二两四钱

一收本年申在架利一百一十一两六钱四分五厘

共收五千六百九十六两五钱二分五厘

张恒裕典收利种类有“日赎利、留取利、卖货贯利、卖货加平、衣店交典正利、平色赊账余、零换首饰余利、栈卖蒲包余利、趸卖小布净得利、各借项

共加利、张宅各名下共拔本回利、张亭立销众图讼费项内拔本加利、吴余庆堂拔本认回利、养猪余利、卖灰粪银和本年申在架利"15 项。其中,"日赎利"指当物赎取时所获利息,"留取利"指留当缴纳的利息,"卖货贯利"指出卖死当所获的利润,"卖货加平、平色赊账余利"指张恒裕典收银称量多出的银两,"衣店交典正利、零换首饰余利、栈卖蒲包余利、趸卖小布净得利"指平时卖货所得利润,"各借项共加利"指借贷所得的利息,"张宅各名下共拔本回利、张亭立销众图讼费项内拔本加利、吴余庆堂拔本认回利"指所有者支本应扣除的利息,"养猪余利、卖灰粪银"指张恒裕典养猪、卖粪所得的银两,"本年申在架利"含义不明。15 项得利中,"日赎利、留取利、卖货贯利"属于典铺经营利润,也是典铺利润主要来源。由此可知,张恒裕典乾隆四十二年(1777)共收利银 5696.525 两,铺本毛利率为 17.53%。同样,义泰典同治十三年(1874)共收"取衣利、取栈利、售满衣利和售满花利"等项利钱 20414.178 两,则其铺本毛利率为 20.44%。用和质光绪二年(1876)10 个月共收利钱不清,则其铺本毛利率亦不清,铺本毛利率反映了典铺资本利用的综合效果。利率越高,则资本利用效益越好,否则相反。由此看出,义泰典的经营效益好于张恒裕典,张恒裕典好于时顺典。

赎本利润率,指当物赎取时所得的利息同其当本的比,反映典铺主营业务的赢利能力。张恒裕典、义泰典和用和质 3 典月总都完整记录了各典各月当本赎取数及获利数,从而可计算各月赎本利润率。其中,张恒裕典逐月赎本利润率见表3-6。

表3-6 张恒裕典逐月赎本利润率一览

月份	利润(两)	利润率(%)	月份	利润(两)	利润率(%)
一	68.250	12.11	七	97.469	13.72
二	197.554	14.32	八	296.887	11.94
三	180.058	12.70	九	538.316	11.81
四	174.446	12.82	十	585.568	13.89
五	537.368	14.34	十一	490.088	15.26
六	336.710	15.45	十二	648.536	16.50

从表 3-6 中可以看出,张恒裕典逐月赎本利息率,最高的为十二月的 16.5%,最低的为九月的 11.81%,该年共获利银 4151.27 两,赎本利息率为 13.95%。同样,义泰典同治十三年(1874)共取利钱 20238.495 两,其赎本利息率为 14.08%。用和质光绪二年(1876)一月至十月共取利 1676339 文,其赎本利息率为 14.67%。可知,单位当本的赢利能力,用和质大于张恒裕典,张恒裕典大于义泰典。

四　分配方式

张恒裕典、义泰典和用和质三典月总对收益分配有着明确记录,不仅记录所有者之间的收益分配,而且还记录所有者和经营者之间的收益分配。从资本组织上看,3 典都属于合伙经营。其中,张恒裕典为祁门石坑张氏和休宁茗洲吴氏合伙经营,义泰典为益记、勋记、雅记、筠记、程福记、美记、泰记、慎记和丽记等合伙经营,用和质由春记、受记、诵记、锦记、赞记及升记等合伙经营。至于 3 典的经营方式,用和质采取合伙轮流经营,①其他 2 典不明。无论怎样,有一点是可以肯定的,3 典的所有权和经营权皆有所分离。根据 3 典月总所载,所有者和经营者之间收益按照正余利或官利制分配的。所谓正余利制或官利制,即包利率制,指经营者不管经营效益如何,将按照约定资本利率向所有者支付正利或官利。正利之外的利润,称余利或红利,余利或由经营者所得,或由经营者和所有者共同分配。义泰典月总明确记录该典为官利制分配方式,其年总载:

出还勋记本三万两,出还勋记官利附存九千四百零八两七钱五分

出还公记本一万五千两,出还公记官利附存四千七百零四两三钱七分五厘

出还四记官利附存四千七百零四两三钱七分五厘

---

① 据账簿载,光绪二年元月留存的同治十三年二月藏字号的当物,本属"振手"应在光绪元年五月应消而"未消号锡器"。而"振"手即属于"春记"。光绪二年新正月用和质抄收支银洋总中又载,"支洋五十元,换存复隆钱六十三千一百五十文,今正过会,旧,春记振手"。可知用和质光绪元年由春记经营。又光绪二年年正月至十月三十日银洋总载道,"除支仍实存洋一千五百四十二元,其存洋钱宝文概入春记名下结算"。可知,光绪二年十月以后,用和质又由春记经营。

出还公记本一万五千两

出付本年官利七千二百两,出付官利附存息二千二百五十八两一钱

出付银串余三百三十四两七钱五分四厘,出付各记款息六百五十八两四钱二分二厘

出付两年余利二千六百七十九两零一分六厘

据其所载,勋记、公记等义泰典所有者该年分有官利。除官利外,义泰典还向经营者支付余利。又,张恒裕典所有者获利为:

一、履绥堂畏斋公存本二千四百八十四两四钱五分五厘

上年原存本一千二百两二钱一分四厘

加本年结存利一百四十四两二分六厘

加本年正月初一日拨入来本一千零一十八两五分,加结存利一百二十二两一千六分五厘。

一、张荫堂子雍熙存本二千七百四十两七钱六分二厘

上年原存本二千四百九十一两六钱零分二厘

加本年结存利二百四十九两一钱六分

除本年正月初一日拨二百零三两六钱一分

又回利二十四两四钱三分三厘

除又正月初一日拨本二十两零二钱二厘

又回利二两四钱二分四厘

除又十月廿五日拨本二百两

又回利四两四钱

除又十一月初一日拨本一十六两九钱七分,又回利三钱三分九厘

除又十二月三十日拨本六两八钱二分

······

一、豫轩公存本银三千二百五十两四钱二分一厘

上年存本银二千九百五十四两九钱二分八厘

本年结利二百九十五两四钱九分三厘

······

据计算,张畏斋、张雍熙、张亭立、张飞南、张占文和张廷樾等张姓所有者按照资本 12% 的利率计利的,而约庐公、文德房、文功房、文言房和吴庆余堂等吴姓所有者按照资本 10% 的利率计利的。虽然张姓资本和吴姓资本计利利率有所不等,却都按照约定利率计利的。可见,张恒裕典按照正余利制方式分配的。又,用和质光绪二年(1876)所有者获利为:

> 支洋一百六十二元二钱五分,交春记旧存副本息,计二百九十五日,计一千一百元。

> 支洋九十五元一钱六分一厘,交同(春记)旧存副本正平宝文五百两,计二百九十五日息。

> 支洋三十六元八钱七分五厘,交同(春记)旧存附存洋二百五十元,计二百九十五日息。

> ……

> 支洋四元三钱七分二厘,交受记二月初二存洋三十三元,计二百六十五日息。

> 支洋二元三钱二分,交诵记八月初二日结存八十元,计五十八日息。

春记旧存副本洋 1100 元,295 日计息 162.26 元,则日利率为 0.05%。同样,经计算,受记、诵记资本亦是按照日利率 0.05% 计利的。可见,用和质按照正余利方式分配的。

月总簿不仅详细记录典铺铺本、架本、当本和取本,而且记录铺本毛利率和赎本利息率,从而反映出不同类型典铺的规模、经营效益和收益分配方式。其中,资本规模在乾隆中后期达银 3 余两,同治年间达 10 余两。经营利润各铺多寡不等,毛利率则在 18% 左右。所有者和经营者之间的收益分配多采取正余利制或官利制。

第三节　年总簿

年总就是月总的年度总结,由账房登记保管。遗存下来的徽商典铺月

总年总簿约 10 册。其中,中国社会科学院历史研究所藏乾隆元年(1736)
《时顺典年总》、乾隆五年《时顺典年总》和道光二十二年(1842)《隆泰、恒
裕、敦和、泰丰、长隆、长兴、恒隆七典年总》各 1 册,中国社会科学院经济研
究所藏《道光十八年隆泰、恒隆、恒裕、敦和年总》、《道光二十四年隆泰、恒
裕、敦和、泰丰、长隆、长兴、恒隆、元达年总》、《咸丰三年隆泰、恒裕、敦和、
泰丰、长隆、长兴、恒隆、元达年总》和《咸丰四年隆泰、恒裕、敦和、泰丰、长
隆、长兴、恒隆、元达年总》各 1 册。其中,两册时顺典年总记录了该典典商
姓名、资本数目及其组成、利润及其分配等项,同时登载各月当本、取本、进
利、出本、逐月杂支和辛力等项。

一 商业资本

两册账簿对时顺典商业资本记载相当详细,不仅记录时顺典铺本、架
本、当本和取本等方面,而且还记录固定资本、流动资本、自本和客本。

铺本和架本。铺本指典铺的全部资本,架本指存于架上以待赎取的当
本。两册账簿对铺本和架本悉为记载。如乾隆元年(1736)时顺典年总载:

收上年存典本银一万五千八百五十三两六钱四分

　　内架本银九千八百五十二两一钱三分三厘

　　内现银并典衣五千五百五十一两五钱七厘

　　内当架家伙银五十两

　　……

本年净实存本银一万五千八百五十六两二钱九分

　　存架本银一万零一百三十三两七钱三分七厘

　　存现银并典衣五千六百七十二两五钱五分三厘

　　存当架家伙银五十两

上述引文中,"上年存典本银"指时顺典乾隆元年(1736)年初的铺本,
也是时顺典雍正十三年(1735)年终铺本,包括架本银、现银并典衣、当架家
伙银 3 个部分。其中,"存架本银"指时顺典乾隆元年(1736)年初的架本,
也是时顺典雍正十三年(1735)的架本。"本年净实存本银"指时顺典乾隆
元年(1736)年终铺本,也是时顺典乾隆二年(1737)年初的铺本,同样包括

图 3-4 《乾隆元年时顺典年总》封面

架本银、现银并典衣、当架家伙银 3 个部分。其中,"存架本银"指时顺典乾隆元年(1736)年终的架本,也是时顺典乾隆二年(1737)的架本。由此可知,乾隆元年(1736)时顺典年总不仅记载时顺典乾隆元年(1736)年初的资本和架本,而且还记录时顺典雍正十三年(1735)年终资本和架本,不仅记录时顺典乾隆元年(1736)年终的资本和架本,而且还记录时顺典乾隆二年(1737)年初的资本和架本。同样,乾隆五年(1740)时顺典年总不仅记录时顺典乾隆五年(1740)年初的资本和架本,而且还记录时顺典乾隆四年(1739)年终资本和架本,不仅记录时顺典乾隆五年(1740)年终的资本和架本,而且还记录时顺典乾隆六年(1741)年初的资本和架本。现将时顺典各年年终资本、架本以及架本占铺本比例列表3-7。

表3-7 时顺典各年年终资本、架本以及架本占铺本比例一览

年份	雍正十三年	乾隆元年	乾隆四年	乾隆五年	平均
铺本(两)	15853.640	15856.290	15896.160	15598.415	15801.126
架本(两)	9852.133	10133.737	9892.426	9381.429	9814.931
架本占铺本比(%)	62.100	63.900	62.200	60.100	62.080

从表3-8中可以看出,时顺典不同年份的铺本和架本数微有不等,平均铺本为银15800两,平均架本为银9814两。架本占铺本的比例,也基本一致,均为62.08%。

固定资本和流动资本。前述时顺典铺本除架本外,还包括"现银并典衣"和"当架家伙银"两部分。其中,"现银并典衣"指时顺典的流动资本,"当架家伙银"指时顺典的设施资本。架本和典铺设施资本即为时顺典的固定资本。同样可知,乾隆元年(1736)时顺典年总不仅记载时顺典乾隆元年(1736)年初的固定资本和流动资本,而且还记录时顺典雍正十三年(1735)年终的固定资本和流动资本;不仅记录乾隆元年(1736)年终的固定资本和流动资本,而且还记录时顺典乾隆二年(1737)年初的固定资本和流动资本。乾隆五年(1740)时顺典年总不仅记载时顺典乾隆五年(1740)年初的固定资本和流动资本,而且还记录时顺典乾隆四年(1739)年终的固定资本和流动资本;不仅记录乾隆五年(1740)年终的固定资本和流动资本,而且还记录时顺典乾隆六年(1741)年初的固定资本和流动资本。现将时顺典各年年终固定资本、流动资本以及固定资本占铺本比例列表3-8。

表3-8　时顺典各年年终固定资本、流动资本以及固定资本占铺本比例一览

年份	雍正十三年	乾隆元年	乾隆四年	乾隆五年	平均
固定资本（两）	9902.133	10183.737	9942.426	9431.429	9864.931
流动资本（两）	5551.507	5672.553	5953.734	6166.986	5836.195
固定资本占铺本比（%）	64.980	64.230	62.550	61.460	63.310

表从3-9中可以看出,时顺典铺不同年份的固定资本和流动架本数略有不等,变化不大,平均固定资本为银9864两,平均流动资本为银5836两。固定资本占铺本的比例,各年亦基本一致,平均为63.31%。

当本和取本。两册账簿不仅记载各年份当本和取本数,而且还记录逐月当本和取本数。就当本而言,时顺典乾隆元年(1736)逐月为:

正月当本银八百一十一两六钱五分九厘

二月当本银八百九十四两三钱二分七厘

......

十二月当本银一千一百一十八两七钱四分八厘

就取本而言,时顺典乾隆元年(1736)逐月为:

正月取本六百三十二两八钱二分

二月取本五百六十两三钱二分七厘

......

十二月取本一千五百四十七两四钱四分二厘

现将时顺典各年份逐月当本和取本列表3-9。

表3-9　时顺典各年份逐月当本和取本一览　　（单位:银两）

月份＼年份	当本		取本	
	乾隆元年	乾隆五年	乾隆元年	乾隆五年
一	811.659	447.086	632.82	514.282
二	894.327	714.721	560.327	493.137

年份 月份	当本		取本	
	乾隆元年	乾隆五年	乾隆元年	乾隆五年
三	1119.418	847.022	678.808	556.854
四	910.147	948.701	682.771	545.93
五	816.307	819.419	643.336	696.477
六	752.483	848.41	544.658	575.335
闰六	—	560.376	—	389.314
七	595.155	482.252	453.869	601.521
八	802.396	538.082	990.295	752.468
九	921.578	559.744	927.501	751.363
十	921.936	617.278	975.291	750.138
十一	845.09	770.811	790.032	584.728
十二	1118.748	921.002	1547.442	1254.401
年总数	10509.213	9074.904	9427.15	8465.948

从表中可以看出，无论是当本还是取本，年变化都不大，月变化较大。就当本而言，年均银 9791 两，月均银 783 两。就取本而言，年均银 8946 两，月均银 715 两。且，各年的当本数皆多于取本数，其中，取本占当本的90%，这说明时顺典有 10%的当物不会赎取，成为死当。又，逐月当本和取本，各年的变化趋势一致，呈现波动变化。就当本而言，七月较少，三、四月和十二月较多。就取本而言，六、七月较少，十月和十二月较多。无论是当本还是取本，都具有明显的季节性。

自本和客本。自本指铺本中商家自有的资本，客本指铺本中除商家自本以外的资本。自本和客本反映铺本的构成。其中，《时顺典乾隆元年年总》载：

内附原附典银二千七百五十两。

净典本银一万三千一百零三两六钱四分。

郑信远兄上年存本银八百两。

郑侖南兄上存本银一千二百两。

吴声玉兄宅上存本银一千六百零三两六钱四分。

吴若李兄存本并各附搭银九千五百两。

"内附原附典银"指时顺典乾隆元年(1736)年初客本,也是时顺典雍正十三年(1735)年终客本。"净典本银"指时顺典乾隆元年(1736)年初自本,也是时顺典雍正十三年(1735)年终自本。"郑信远存本、郑龠南存本、吴声玉宅存本、吴若李存本并各附搭银",指时顺典乾隆元年(1736)年初自本为郑信远、郑龠南、吴声玉和吴若李4人或商家所有。现将时顺典各年自本和客本列表3-10。

表3-10 时顺典各年自本和客本一览

年份	雍正十三年	乾隆元年	乾隆四年	乾隆五年	平均
自本(两)	13103.64	13106.29	13146.16	12848.415	13051.126
客本(两)	2750	2750	2750	2750	2750
自本占铺本比(%)	82.65	82.66	82.7	82.37	82.60
客本占自本比(%)	21	21	20.9	21.4	17.40

从表3-10中可以看出,时顺典各年自本略有不等,相差不大,平均为银13051两,占铺本82.6%。各年客本保持不变,皆为银2750两,数量较多,比例较高,超过自本的21%。

二 赢利能力

赢利能力指经营活动赚取利润的能力,指标为利润率。利润率的表现形式有多种,就典铺而言,主要有铺本毛利率、铺本净利率、赎本利润率、卖货利润率、自本净利率、架本净利率和固定资本净利率等来反映。

铺本毛利率。毛利率指毛利与资本的比,铺本毛利率就是的典铺年毛利与铺本的比。两册时顺典年总记载了取利种类及其数量,故而能够计算出毛利。其中,时顺典乾隆元年(1736)取利种类及数量分别为:

收取利银一千五百七十六两八钱六分八厘

收贯利银九十六两零五分五厘

收留取上利银一百三十六两六钱二分五厘

收出平银五两四钱六分八厘

"取利"指当物赎取时所获利息,"贯利"指出卖死当所获的利润,"留取上利"指留当缴纳的利息,"出平"指时顺典称量多出的银两。时顺典乾隆元年(1736)收利种类有"取利、贯利、留取上利、收出平"等项,共收利银1815.016两。则其铺本毛利率为11.45%。同样,时顺典乾隆五年(1740)收利种类有"取利、贯利、留取上利、收出平"等项,共收利银1867.671两,其铺本毛利率为11.75%。两年共收利银3682.687两,平均铺本毛利率为11.6%。

铺本净利率。净利率指净毛利与资本的比,铺本净利率就是的典铺年净利与铺本的比。净利,指毛利除去各项费用的利润。时顺典年总则详细记录各年逐项费用。其中,乾隆元年(1736)为:

支银一百四十四两,伙足

支银一百三十八两,辛力

支银五十八两九钱六分九厘,杂支

支银二十两,屋租

支银八十八两六钱四分四厘,补取先收利

支银三十七两四钱四分六厘,耗平

时顺典乾隆元年(1736)共有"伙食、辛俸、租金、杂支、补取先收利和耗平"等项费用,共支银487.059两,故其所得净利银1327.957两,其铺本净利率为8.3764%。同样,时顺典乾隆五年(1740)共有"伙食、辛俸、租金、杂支、补取先收利和耗平"等项费用,共支银523.221两,所得净利银1344.45两,则铺本净利率为8.46%。两年共得净利2672.407两,平均铺本净利率为8.42%。

赎本利润率,指当物赎取时所得的利息同其当本的百分比,反映典铺主营业务的赢利能力。时顺典乾隆元年(1736)和五年(1740)各月赎本利润率见表3-11。

表 3-11 时顺典各年各月赎本利润率一览

月份 \ 年份	乾隆元年		乾隆五年	
	利润	利润率	利润	利润率
一	97.935	15.48	97.458	18.95
二	96.120	17.15	99.139	20.10
三	113.147	16.67	116.538	20.93
四	109.520	16.04	97.899	20.93
五	115.196	17.91	119.144	17.11
六	92.771	17.03	103.378	17.97
闰六	—	—	76.342	19.61
七	82.932	18.27	100.712	16.74
八	153.916	15.54	130.712	17.29
九	155.624	16.78	141.524	18.84
十	171.270	17.56	155.837	20.77
十一	132.542	16.78	133.184	22.78
十二	255.905	16.54	217.104	17.31

从表 3-11 中可以看出,时顺典乾隆元年(1736)各月当本赎利率,最高的为七月的 18.27%,最低的为正月的 15.48%;该年赎本银 9427.15 两,所获利息银 1576.878 两,利率为 16.73%。同样,时顺典乾隆五年(1740)赎取当本共获利银 1588.335 两,利息率为 18.76%。两年共赎取当本 17893.098 两,共获利银 3165.213,利息率为 17.69%。

卖货利润率,指贯利与出卖死当当本的比。时顺典乾隆元年(1736)共处理 71 字号死当,其当本分别为:

　　老货至馨字出本三两七钱二分,如松之盛出本二钱五分

　　渊澄取映出本六钱七分,

　　容止若思出本三钱五分,言辞安定出本一两四钱七分

　　笃初诚美出本一两五钱,

　　慎终宜令出本三两九钱九分

　　荣业所基出本八两零六分二厘,

籍甚无竟出本四两七钱一分三厘

学优登仕出本三十六两一钱九分三厘，

摄职从政出本十两二钱九分二厘

存以甘棠出本十五两零七分，

去而益咏出本二十九两九钱三分七厘

乐字出本十五两一钱……

外字出本四十一两六钱六分九厘

受字出本四十二两五钱一分。

共出本银八百两四钱五分九厘。

时顺典乾隆元年（1736）处理死当当本为 800.459 两，收取贯利 96.055，卖货利润率为12%。同样，时顺典乾隆五年（1740）处理死当当本为 1119.953 两，收取贯利 134.394，卖货利润率为12%。两年共得贯利 1920.421 两，卖货利润率为12%。

自本净利率，指自本净利同自本的比，反映了所有者资本的赢利能力，具体表示所有者资本每两银获得净利数。自本净利，指铺本净利除去客本利息后利润。时顺典乾隆元年（1736）客本银 2750 两，付息银 275 两，该年自本净利为 1052.957 两，自本净利率为 8.0356%，同时可知客本利息率为10%。同样，时顺典乾隆五年（1740）自本净利银 1069.45 两，自本净利率为 8.135%，同时可知客本利息率为10%。两年自本净利共为 2122.407两，平均自本净利率为 8.0854%，客本利率为10%。

架本净利率，指净利同架本的比，反映了架本的赢利能力，表示单位架本获利数量。时顺典乾隆元年（1736）年初架本银 9852.133 两，年终架本银 10133.737 两，平均架本为银 9992.935 两，如前所述，该年净利为银 1327.957 两，则架本净利率为 13.29%。同样，时顺典乾隆五年（1740）架本净利率为 13.95%。两年平均架本净利率为 13.61%。

固定资本净利率。指净利同固定资本的比，反映了固定资本的赢利能力。在典铺中，固定资本为实际使用资本。固定资本净利率实则反映实际使资本的净利率。时顺典乾隆元年（1736）年初固定资本银 9902.133 两，年终固定资本银 10183.737 两，平均固定资本银 10042.935 两，则其净利率为13.22%。同样可得,时顺典乾隆五年(1740)固定资本净利率为13.88%。两年平均固定资本净利率13.54%。

时顺典利润率中,赎本利润率最高,以下依次为架本净利率、固定资本净利率、卖本利润率、铺本毛利率、客本利率、铺本净利率,自本净利率最低,具体见表3-12。

表3-12 时顺典赢利能力一览

年份	乾隆元年	乾隆五年	平均
铺本毛利	1815.016	1867.671	1841.344
铺本毛利率(%)	11.450	11.750	11.600
铺本费用	487.059	523.221	505.140
铺本净利	1327.957	1344.450	1344.450
铺本净利率(%)	8.3764	8.4577	8.420
赎本利润率	16.730	18.760	17.690
卖本利润率(%)	12.000	12.000	12.000
自本净利	1052.957	1069.450	1061.204
自本净利率(%)	8.0356	8.135	8.0854
客本利率(%)	10.000	10.000	10.000
架本净利率(%)	13.290	13.950	13.610
固定资本净利率(%)	13.220	13.880	13.540

从表3-12中可以看出,固定资本净利率明显高于铺本净利率,说明时顺典存在过多闲余资本。如时顺典乾隆元年(1736)共有铺本银15800余两,固定资本仅万两,闲余资本达5600两,闲余资本超过铺本的35%。过多的闲余资本不仅是一种资源浪费,而且大大降低了时顺典铺本利润率和自本净利率。减少闲余资本,是提高时顺典赢利能力和所有者收益的切实有效途径。减少闲余资本的方式有两种:一是减少自本,一为减少客本。而时顺典固定资本净利率高于客本利息率。这说明,减少自本是提高时顺典经营效益、增加自本收益的最佳途径。从资本数量来看,时顺典具备了开设第二座典铺的条件。

　　此外,两册时顺典年总对收益分配有着明确记录,不仅记录所有者之间的收益分配,而且还记录所有者和经营者之间的收益分配。如前所述,时顺典由郑信远、郑龠南、吴声玉和吴若李合伙经营。① 时顺典乾隆元年(1736)利润分配过程如下:

　　郑信远兄上年存本银八百两,得利六十四两二钱八分五厘。

　　郑龠南兄上存本银一千二百两,得利九十六两四钱二分七厘。

　　吴声玉兄宅上存本银一千六百零三两六钱四分,得利一百二十八两八钱六分二厘。

　　吴若李上存本银九千五百两,得利七百六十三两三钱八分三厘。

　　首先根据应分配利润数和所有者资本总数,计算出利润分配率;进而根据利润分配率和各合伙人的资本数,计算出各合伙人所得利润数。具体见表3–13。

表3–13　时顺典合伙人利润分配一览

年份＼姓名	乾隆元年			乾隆五年		
	资本(两)	获利(两)	分配率(%)	资本(两)	获利(两)	分配率(%)
郑远信	800.00	64.285	8.0356	750.00	61.015	8.135
郑龠南	1200.00	96.427	8.0356	1097.11	89.350	8.135
吴声玉	1603.64	128.862	8.0356	407.07	33.115	8.135
吴若李	9500.00	763.383	8.0356	10892.00	886.070	8.135

　　时顺典两年的利润分配率分别为8.04%和8.14%,这与前述自本净利率完全相同。其中,吴若李资本最多,占资本总量的70%以上,为主要投资人;郑信远、郑龠南、吴声玉资本较少,共占资本总量的30%以下。各人出资数目不等。这说明时顺典净利润全部分配给所有者。时顺典利润实行按资分配。

---

　　① 有关各合伙人身份,难以考察。仅《重修歙县会馆录》(1册,道光十四年刻本,中国国家图书馆藏)载,在乾隆六年会馆捐输中,有"吴若李,西溪南人,候选州同,五十两"。该吴若李是否就是合伙人吴若李,难以佐证。

根据员工薪俸可知,时顺典由合伙人一人负责经营。时顺典两年员工薪俸相同,分别为"二十八两,程东传舅。十六两,吕麟瑞甥。十六两,胡灿如甥。十六两,许有政表侄。八两,程良生表侄。四两,吕孚远兄。五十两,若李。共一百三十八两"。时顺典共有 7 位员工,各员工年薪俸不等。其中,吴若李最多,为 50 两。因若李为合伙人之一,故其负责经理时顺典。其余 6 人,年俸从 18 两到 4 两不等,应为时顺典管楼饰、管钱、柜员、写票和卷包等。所有者与经营者之间的收益分配,是所有者向经营者支付薪俸,所有者获得经营利润。

顺便指出的是,时顺典乾隆元年(1736)共处理 71 字号死当。一般而言,一月只有 1 个字号死当,一年也只有 12 个字号死当。对于死当,典铺一般每年处理两次,分别于春秋两季,春季多在农历 4、5 月,秋季多在农历 10、11 月。在处理死当时,有时有一些死当未能及时处理,而遗存下来,经过多年的积压,以致每处理一次死当时,会有诸多字号。时顺典乾隆元年(1736)最后处理死当的为受字号当物,该字号当物迟于乾隆元年(1736)十一月份已届满期。时顺典的具体当期不清,若以当时法定期限两年计算,则"受"为雍正十二年(1734)十一月当物所取的字号,上述 71 字号皆取自《千字文》,其中"受"字号位于第 338 位,则时顺典约初开于康熙四十六年(1707)。

年总簿以资本为核心、以利润为目的,记录了资本组成、利润及其分配方式,同时登载当本、取本和支出等项,从而反映了典铺规模和经营效益,尤其是同流水簿、月总簿相比,尽管记载相对简单,却内容丰富,不仅记录铺本的毛利和毛利率,而且记录铺本的净利和净利率,更为重要的是记录有效资本的利用率。乾隆初年,徽商典铺的铺本净利率在 8% 左右。这一利润率在明清商业中,应处于较低水平而非高位水平。

第四节　盘存簿

盘存簿,又称盘簿,指清点经营活动中钱物的记录簿。根据对象不同,盘存簿可分为某一商家某一经营活动盘存簿和不同商家同一经营活动盘存簿等。对于典业商人而言,其盘存簿又可分为同一商家某一典业活动盘存簿、不同商家同一典业活动盘存簿以及某一典铺盘存簿。盘存簿以商业资本为核心,详细记录资本收支存项目及数量、收益状况及其分配过程,故而有助于了解典铺经营状况、商家身份及其与社会的关系。

　　遗存徽商典铺盘存簿不少,主要有中国社会科学院历史研究所康熙程氏《应盘存收支总账》、道光二十二年(1842)正月《隆泰、恒裕、敦和、泰丰、长隆、长兴、恒隆七典盘总》、咸丰七年(1857)正月《姚记统盘总账》和光绪十三年(1887)《鼎丰当铺盘点账簿》各 1 册,中国社会科学院经济研究所《乾隆四十八年吴丰典总账》、道光十年(1830)《隆泰、益泰、恒裕、恒隆、恒丰、泰丰、敦和、泰源典盘总》和咸丰四年(1854)正月《姚记统盘总账》各 1 册,以及私家所藏光绪八年《馥记当铺盘总》1 册。其中,道光十年(1830)《隆泰、益泰、恒裕、恒隆、恒丰、泰丰、敦和、泰源典盘总》、道光二十二年(1842)《隆泰、恒裕、敦和、泰丰、长隆、长兴、恒隆七典盘总》、咸丰四年正月《姚记统盘总账》和咸丰七年正月《姚记统盘总账》属于黟县胡元熙归户文书,置于胡元熙个案中论述。光绪十三年(1887)《鼎丰当铺盘点账簿》存置不明,《乾隆四十八年吴丰典总账》和光绪八年(1882)《馥记当铺盘总》内容残缺。现以康熙程氏《应盘存收支总账》①为例,结合《乾隆四十八年吴丰典总账》和光绪八年《馥记当铺盘总》,就盘存簿相关做一分析。

一　概　　述

　　康熙程氏《应盘存收支总账》由序言、账务和附记 3 部分组成。序言为《康熙四十五程维灿等立合同》1 份,账务记录了康熙三十五年(1696)至康熙四十五年(1706)间程氏历年存本,以及康熙三十七年(1698)至康熙四十五年(1706)间程氏历年收益及分配,附记为《康熙四十五年七月宽房收九七本银》、《今将货物铜饰等项查盘照账公分》和《今将各亲友会借及各路行

―――――――――
　　①　日本学者臼井佐知子曾对该账簿做过分析,见《徽州商人の研究》,(东京)汲古书院 2005年版,第 221—308 页。

图 3-5 《光绪八年馥记当铺盘总》首面

缺列后》3 项。《乾隆四十八年吴丰典总账》残存内容为本家各存本、乾隆四十八年（1783）十一月汇结各汇票和家中各存本 3 项。《光绪八年馥记当铺总账》残存内容为资本盘存、各衙门年节规和批语 3 项。

簿主考证。3 册账簿对簿主记录详细不一。其中，康熙程氏《应盘存收支总账》不仅记录簿主名字，而且记录了簿主姓氏；《乾隆四十八年吴丰典总账》仅记录本家存本者和家中存本名字，而没有记录簿主姓名；《馥记当铺盘总》不仅没有记录簿主名字，而且也没有记录簿主姓氏。

康熙程氏《应盘存收支总账》所记簿主为程维灿、程维炳、程维焕、程逢倬和程维燧 5 人。《康熙四十五年程维灿等立合同》载：

　　向有父亲历计大总,据实查盘,遵遗命均作六股分受,合理生息,照数汇集,每岁一结,照本收利划一均匀。各房支用多寡,逐年悉载,庶后日子孙知当年任事之勤劳也。始自康熙三十六年清算、列左。今立大总一样五本,恭宽信敏惠五房,各执一本,为照。

　　龙飞康熙四十五岁次丙戌季夏上澣年吉日立长房程维灿
　　　　　　　　　　　　　　　　　　二房程维炳
　　　　　　　　　　　　　　　　　　三房程维焕
　　　　　　　　　　　　　　　　　　四房程逢倬
　　　　　　　　　　　　　　　　　　五房程维燧
　　　　　　　　　　　　　　　　　　主盟母亲戴氏
　　　　　　　　　　　　　　　凭　二叔父　程森然
　　　　　　　　　　　　　　　　　三叔父　程台吉
　　　　　　　　　　　　　　……
　　　　　　　　　　　　　　　族　程遥集
　　　　　　　　　　　　　　　程炯文

　　这份合同完整地记载了立合同人、主盟人以及凭中人。合同人为簿主程维灿、程维炳、程维焕、程逢倬和程维燧5人,主盟人为合同人母亲戴氏,凭中人为合同人二叔父程森然、三叔父程台吉、妹夫戴右铭、吴弘一、表弟吴量如、友人戴次陶、方旁求、戴师周以及族人程遥集和程炯文等。据乾隆《休宁榆村程氏族谱》①载,上述所立合同人、主盟人以及凭人中的族人皆为休宁榆村程氏程嘉树家庭成员及族亲。其中,合同人为程嘉树四子一孙,主盟戴氏为嘉树继之妻,凭中人程森然和程台吉为嘉树两弟。具体为:

　　维灿:嘉树长子,字玺昭,监生,考授州同,恭遇覃恩,以子廷俨赠儒
　　林郎邳州州同,生顺治丙戌十月十九日,没康熙辛卯八月五日,娶陈氏,
　　继朱氏,俱赠安人;庶沈氏,俱合葬歙苦株树下。

　　维炳:嘉树次子,字旭如,监生,考授州同,生顺治庚寅六月廿六日,
　　没康熙戊子十月三十日,娶吴氏,合葬平林。

<hr>

　　①　乾隆《休宁榆村程氏族谱》,乾隆二十五年刻本,南京大学历史系藏。

维焕:嘉树三子,字宠章,号澹怡,监生,考授州同,见休邑志。生顺治戊戌七月廿四日,没康熙戊戌十月十五日。娶吴氏,合葬西山下;庶褚氏。

维炜:嘉树四子,字策名,娄县学附贡生,候选儒学训导。生康熙甲辰六月七日,没康熙丁卯七月廿一日。娶潘氏,抚两,岁孤守节终身,合葬瑶溪。

维燧:嘉树五子,字耀明,候选光禄寺典簿,以子逢位遵例急公赠奉直大夫。生康熙乙卯十月廿四日,没乾隆丁巳二月十二日。娶朱氏,赠宜人,合葬吴县作字圩中家村。

逢倬:维炜子,字奕梁,号鹤亭,贡生。生康熙丙寅八月六日,没康熙己亥七月一日,娶汪氏,继朱氏。

嘉林:字森然,监生,考授州同,生崇祯壬午四月廿九日,没雍正甲辰六月五日,娶张氏、庶汪氏,□氏。

嘉相:字台吉,监生,生顺治乙酉二月十日,没康熙庚子二月十六日,娶戴氏。

天凑:字遥集,号愚庵,生崇祯己卯四月廿五日,没康熙庚子九月九日,娶吴氏、继吴氏、汪氏。

据上考述,该账簿为休宁榆村程嘉树子孙所立。

《乾隆四十八年吴丰典总账》记录了本家存本者和家中存本者。其中,本家存本者为"颖川、笃辉、武代长媳杨氏、舍光、敬符、敬内杨宜人、敦复、邦彦、兰馨、兰谷、兰芳、兰台、如珥娘、敬妾撒氏、敬妾黄氏、义安、如金娘、颐瑞、腾奎、德房二弟媳金氏、日新、新侄媳黄氏"等,家中存本者为"葆和、日永堂、全壁堂、世宁堂、义学田、璋兆娘、得意娘"等。家中存本者中,"葆和堂、日永堂、全壁堂、世宁堂"等为休宁茗洲吴氏堂号。《葆和堂需役给工食定例》载,葆和堂祭扫"荣七公、永昌公、佛一公及其谢氏、敬一公及其李氏、祖一公及其李氏"等坟墓;日永堂祭扫"文升公及其谢氏、绍公及其谢氏、韩氏、恕公及其谢氏、忠公"等坟墓;全壁堂祭扫"文峰公及其韩氏、汪氏、环泾公及其柳氏、伯运公、文举公"等坟墓。[①] 由此可知,该典簿主为休宁茗洲吴

---

① 叶显恩:《明清徽州农村社会与佃仆制》,安徽人民出版社 1983 年版,第 329—346 页。

氏。本家存本者中,敬符,原名"吴明礼,字敬符,茗洲人,兵部职方司郎"①。此即进一步佐证该典为茗洲吴氏所设。

开设地点。3册账簿对典铺开设地址详细不一。其中,《馥记当铺盘总》明确记录典铺所在地,馥记共拥有两座典铺:一为恒吉典,开设于汉口;一为隆昌典,开设于孝感。《乾隆四十八年吴丰典总账》虽没有明确记录典铺所在地,却记录相关地名。在本家存本中载有"泰兴旧住屋典与张辅臣典价"和"泰兴后苍业典与王宪宜典价"等字样,由此推知该典应开设于江苏泰兴县。康熙程氏《应盘存收支总账》虽没有明确记录典铺所在地,却记录相关地名。在"康熙三十七年收利"载有"京口豆利、盱眙豆利、恒大典附苏布、德记典附苏用布"等字样,又"康熙三十八年收利"也载有"常德布利、汉口会典利、恒大典附苏布、恒大典附苏醃物豆"等字样,又"康熙三十九年收利"也载有"贵州款如兄布利、湘潭布利、汉口会典利、恒大典附苏布、恒大典附苏醃物豆"等字样,这说明程嘉树及其子孙经商于江苏、两湖以及贵州等地,其典业集中于苏州和汉口两地。

二　商业资本

3册盘存簿中,《乾隆四十八年吴丰典总账》对商业资本记录不明,康熙程氏《应盘存收支总账》和光绪《馥记当铺盘总》两册账簿则记录详细,两册账簿所记录的商业资本主要为铺本和商本。

铺本。康熙程氏《应盘存收支总账》和光绪《馥记当铺盘总》都明确记录各典铺本。其中,康熙程氏《应盘存收支总账》"康熙三十五誊清各本"载,"一存德记典本银一万五千零六十五两二钱七分七厘,一存恒升典本银二万四千零九两六钱零二厘,一存恒大典本银一万四千七百五十四两三钱七分六厘,一存恒盛典本银一万五千八百七十四两一钱八分三厘,一存恒茂典本银七千九百三十六两一钱三分九厘"。据其所载,康熙三十五年盘存时,德记典共有铺本 15065.277 两,恒升典共有铺本 24009.602 两,恒大典共有铺本 14754.376 两,恒盛典铺本共有 15874.183 两,恒茂典铺本共有

---

① 道光《休宁县志》卷一一《仕宦·文官》,《中国地方志集成·安徽府县志辑52》,第209页。

936.139 两。该年盘存时，5 典铺本共为 77639.577 两，平均每典铺本15527.915 两。现将康熙程氏《应盘存收支总账》所载 5 典历年盘存时铺本列表 3-14。

表3-14　康熙程氏5典历年盘存铺本一览

年份	德记典	恒升典	恒大典	恒盛典	恒茂典	年典本
三十五	15065.277	24009.602	14754.376	15874.183	7936.139	77639.577
三十六	13994.305	20380.101	14351.483	13697.993	8822.694	71246.576
三十七	14150.863	21396.831	14260.148	14567.284	10444.423	74819.549
三十八	13816.033	20636.141	15752.161	14701.087	10950.985	75856.407
三十九	15290.752	20157.127	14669.823	14669.111	10661.306	75448.119
四十	16686.986	21637.621	14309.68	15387.498	12136.749	80158.534
四十一	17144.215	21764.075	14619.042	14598.468	11448.275	79574.075
四十二	18269.491	23955.004	15303.197	15450.674	11524.546	84502.912
四十三	19156.036	27587.412	15249.234	15946.829	11324.947	89264.458
四十四	16246.473	11598.028	16246.473	15907.616	10940.496	70939.086
四十五	15159.784	11073.228	11623.003	15657.005	10690.089	64203.109
平均	15907.292	20381.379	14648.965	15132.523	10625.499	76695.673

该盘存簿共记录程氏德记、恒升、恒大、恒盛、恒茂 5 座典铺 11 年间铺本。可以看出，各年各典资本数量不等，最多为康熙四十三年（1704）恒升典，达银 27587.412 两；最少的为康熙三十五年（1696）恒茂典，为银7936.139 两。德记典平均资本为银 15907.292 两，恒升典平均资本20381.379 两，恒大典平均资本 14648.965 两，恒盛典平均资本 15132.523两，恒茂典平均资本为银 10625.499 两。平均每座典铺资本 15339.135 两。各年典业资本也不等，最多的为康熙四十三年（1704），达银 89264.458 两；最少的为康熙四十五年（1706），达银 64203.109 两，平均年典业资本76695.673 两。同样，光绪八年（1882）《馥记当铺盘总》载，汉口恒吉典"存架本钱六万七千二百串、银三百两，现钱四千二百八十九千七百文"，孝感隆昌典"存架本钱三万二千二百零二串，现钱五千串"。该盘存簿不仅记载两典的架本，还记录两典流动资本，从而可推算出两典铺本。按其所载，光

绪八年盘存时,汉口恒吉典架本为钱 67700.4 串①、流动资本为 4289.7 串,隆昌典架本为 32202 串,流动资本为钱 5000 串。由此可知,恒吉典铺本为钱 71990.1 串,隆昌典铺本为钱 37202 串,两典铺本数也不等,前者约为后者的 2 倍,平均为 54600 串。顺便指出的是,两典架本数也不等,前者是后者的 2 倍多;两典流动资本亦不等,差别却不是太大。就流动资本占铺本比而言,恒吉典为 5.96%,隆昌典为 13.44%。

　商本。康熙程氏《应盘存收支总账》和光绪《馥记当铺盘总》对两家典商总资本也明确记录。其中,康熙程氏《应盘存收支总账》"康熙三十五誊清各本"载,"一存朱希淑顶首契抵银三十两,一存隆记染坊顶首契抵银五百两,一存隆记缺三十四年利银四十两,一存季履叔三项借本银九百五十两,一存遥集、虞咸田抵银十两……净存本银十一万二千九百二十八两一钱三分一厘……实在本银十一万一千八百六十一两三钱二分一厘",等等。据其所载,康熙三十五年(1696)盘存时,程氏共有商本 112928.131 两,其中自本 111861.321 两,可知客本为 1066.81 两,自本占商本比 99.05%。现将康熙程氏《应盘存收支总账》所载历年盘存时商本、自本和自本占商本比列表 3–16。

表 3–16　康熙程氏历年商本、自本比列一览

年份	商本(两)	自本(两)	比率%
三十五	112928.131	111861.321	99.05
三十六	105133.240	103223.530	98.18
三十七	106678.107	104900.188	98.33
三十八	99269.702	97433.627	98.15
三十九	96211.881	94305.013	98.02
四十	97285.790	95270.127	97.93
四十一	97169.789	95044.650	97.82
四十二	100259.757	98015.857	97.76

---

① 按光绪八年银 1 两等于制钱 1668 文折算,见彭信威:《中国货币史》,上海人民出版社 1958 年版,第 588 页。

年份	商本(两)	自本(两)	比率%
四十三	100001.093	98326.671	98.33
四十四	75460.969	73218.769	97.03
平均	99039.846	97159.975	98.10

从表 3-15 中可以看出,各年商本不等,最多的为康熙三十五年(1696),约银 113000 两;最少的为康熙四十五年(1706),为银 73200 余两,前者为后者的 1.5 倍,平均年商本约银 10 万两,显示程氏商业资本雄厚。其中,平均自本为银 97000 余两,占总商本的 98%,说明程氏商本以自本为主。光绪八年(1882)馥记商本为两铺本之和,共为钱约 11 万串,显示馥记商业资本也相当雄厚。

又,程氏商业资本除典业资本外,还存在非典业资本,这些非典业资本主要有布业资本、米业资本和渔业资本等。其历年非典业资本具体见表 3-16。

表3-16　康熙程氏历年非典业资本一览

年份	资本(两)	年份	资本(两)
三十五	35288.554	四十	17127.256
三十六	33886.664	四十一	17595.714
三十七	31858.558	四十二	15756.845
三十八	23413.295	四十三	10736.637
三十九	20763.762	四十四	4521.883
平均	21094.917		

从表 3-16 中可以看出,各年非典业资本不等,最多的为康熙三十五年(1696),达银 35000 余两;最少的为康熙四十四年(1705),为银 4500 余两,前者为后者的近 8 倍。年平均为银 21000 余两,康熙三十五年(1969)至三十八年(1699),各年资本量超过平均数,康熙三十九年(1700)至四十四年(1705),各年资本量不及平均数,明显看出,各年资本量呈现递减趋势。

三 经营效益

3 册盘存簿中,《乾隆四十八年吴丰典总账》对经营效益记录不明,康熙程氏《应盘存收支总账》和光绪《馥记当铺盘总》两册账簿则详细记录。其中,康熙程氏《应盘存收支总账》不仅记录商本的经营毛利和净利,而且还记录典业和非典业资本的毛利和净利;而光绪《馥记当铺盘总》仅记录各典资本的毛利和净利,进而可推算出馥记商本的毛利和净利。

典业利润和利润率。康熙程氏《应盘存收支总账》和光绪《馥记当铺盘总》两册盘总都明确记录各典利润。其中,康熙程氏《应盘存收支总账》历年盘存时对各典得利悉为记录,如康熙三十八年(1699)盘底载,收德记典利九七银 971.18 两,收恒升典利九七银 1882.933 两,收恒大典利九七银 1292.013 两,收恒盛典利九七银 1333.803 两,收恒茂典利九七银 906.562 两,则共收典利九七银 6386.491 两。经计算,其利润率德记为 6.863%、恒升典为 8.8%、恒大典为 9.06%、恒盛典 9.156%、恒茂典为 8.68%,5 典利润率为 8.512%。现将康熙程氏《应盘存收支总账》所载历年盘存时各典利润列表 3-17。

表 3-17 康熙程氏历年各典利润一览

年份	德记典	恒升典	恒大典	恒盛典	恒茂典	五典
三十五	957.208	1436.730	918.696	1269.291	821.729	5403.654
三十六	971.180	1882.933	1292.013	1333.803	906.562	6386.491
三十七	917.674	2150.601	1140.997	1345.724	1020.121	6575.117
三十八	1323.927	2380.494	1017.830	1448.947	1175.443	7346.641
三十九	1268.806	2374.351	1167.463	1510.970	1033.526	7355.116
四十	944.151	2320.523	1119.776	1426.596	1076.271	6887.317
四十一	1105.275	2568.158	1143.546	1495.655	980.401	7293.035
四十二	3015.004	1183.626	963.574	1960.787	1151.539	8274.530
总数	10503.225	16296.774	8763.895	11791.773	8165.592	55521.259
平均	1312.903	2037.097	1095.487	1473.972	1020.699	6940.157

又康熙程氏《应盘存收支总账》所载历年盘存时各典利润率列表3-18。

表3-18 康熙程氏历年各典利润率一览

年份	德记典	恒升典	恒大典	恒盛典	恒茂典	五典
三十五	6.839	7.050	6.400	9.266	9.314	7.774
三十六	6.863	8.800	9.060	9.156	8.680	8.512
三十七	6.640	10.420	7.240	9.150	9.315	8.553
三十八	8.658	11.810	6.938	9.894	11.025	9.665
三十九	7.604	10.973	8.159	9.819	8.516	9.014
四十	5.507	10.662	7.660	9.772	9.401	8.600
四十一	6.050	10.721	7.473	9.680	8.507	8.486
四十二	15.739	4.290	6.320	12.300	10.170	9.764
总数	63.900	74.726	59.250	79.037	74.928	70.370
平均	7.988	9.341	7.406	9.880	9.366	8.796

从表3-18中可以看出,各典各年利润及利润率不等,利润最多的为康熙四十四年(1705)德记典银3015余两,最少的为康熙三十七年(1698)恒茂典银821余两,前者是后者的3.7倍,相差较大;利润率最高是康熙四十四年(1705)德记典的15.74%,最低的是康熙四十二年(1703)德记典的5.5%,前者是后者的2.86倍,相差也不小。就各典而言,8年间所获利润最多的为恒升典约银16300两,其次为恒盛典和德记典在银10000以上,而恒大典和恒茂典较少不及银8800两;利润率最高的为恒盛典9.88%,其次为恒茂典和恒升典约9.35%,再次为德记典不及8%,最低的为恒大典不及7.5%。就各年而言,利润最多的为康熙四十四年(1705)银8200余两,最少的为康熙三十七年(1698)银5400余两,利润率最高的是康熙四十四年(1705)达9.764%,其次为康熙四十年(1701)和四十一年(1702)超过9%,再次为康熙四十二(1703)、三十九(1700)、三十八(1699)和四十三年(1704)约8.5%,最低的为康熙三十七年(1698)不及8%。8年间5典共获利润银55521余两,平均利润率约为8.8%。又光绪八年(1882)《馥记当铺盘总》不仅记录各典获利种类和数量,而且还记录各典资本和费用,据此可

以计算出各典的利润和利润率,进而计算出馥记典本的利润和利润率。光绪《馥记当铺盘总》载,汉口恒吉典取本利钱 11354 串、本利银 92.6 两、留利钱 329 串和出货贯利钱 3133 串,则共获利润钱 14816 串和银 92.6 两,折算为钱 14970.5 串。典用开销 2700 串,共得净利钱 12270.5 串。孝感隆昌典,取本利钱 6997 串、留利钱 187 串和出货贯利钱 422 串,共得利润钱 7606 串,典用开销钱 2280 串,则共获净利钱 5326 串。经计算,恒吉典毛利率为 20.8%,净利率为 17.04%;隆昌典毛利率为 20.45%,净利率为 14.32%。由此看出,光绪年间恒吉和隆昌两典经营效益明显好于康熙程氏各典。

商本利润及利润率。康熙程氏《应盘存收支总账》对商本利润的记载是,首先记录收利项目和数量,计得本年盘底毛利润;接着记录费用项目和数量,计得本年盘底总费用,最后将总收利除去总费用,得到本年盘底净利润。其中,康熙三十八年(1699)盘底为:

  收弘一兄上汉口布得利九七银一百三十二两八钱四分二厘

  收公瑞兄上汉口布得利九七银五百二十五两九钱七分八厘

  收汝宁上汉口布得利九七银三百五十三两一钱

  收弘一兄常德布得利九七银三百二十一两八钱零一厘

  收志伊兄湘潭布得利九七银二百二十一两零五分

  ……

   以上共收九七利银九千二百一十六两九钱二分一厘

   内除三项亏本银九七银六百三十八两四钱二分八厘

   内除汉口支俸火足八十四两七钱零一厘

   内除一切门户并苏地粮银六百五十六两三钱四分六厘

   内出人情贺分并征信钱粮一百三十一两六钱一分四厘

   内除一年辛俸银二百五十二两四钱八分二厘

   内除一年伙食银二百八十三两五钱二分六厘

   内除杂支银一百四十四两零二分八厘

   ……

  十二共除支九七银二千三百四十九两一钱九分二厘

   净得利九七银六千八百六十七两七钱二分九厘

该年盘底时,程氏共收利 42 项,收得毛利银 9271.48 两;共支出 12 项,费用银 2349.192 两,实得净利润为银 6867.729 两,年前存本银 105763.248 两。通过计算,该年盘底时程氏商本的毛利率为 8.76626%,净利率为 6.49349%。现将康熙程氏历年毛利、费用、净利、年前存本、毛利率以及净利率列表 3-19。

表 3-19　康熙程氏历年毛利、费用、净利、年前存本、毛利率以及净利率一览

年份	毛利	费用	净利	年前存本	毛利率(%)	净利率(%)
三十七	9271.480	1077.865	8193.615	104123.532	8.90431	7.869120
三十八	9216.921	2349.192	6867.729	105763.248	8.76626	6.493490
三十九	8326.162	1531.689	6794.473	98352.731	8.46561	7.020900
四十	7784.757	617.613	7167.144	95287.611	8.16975	7.521590
四十一	7521.817	717.337	6804.480	96326.631	7.80866	7.063960
四十二	7053.959	506.873	6547.086	96175.786	7.33444	6.807416
四十三	7528.004	657.287	6870.717	99223.994	7.58688	6.924450
四十四	8926.054	688.370	8237.684	99618.470	8.96024	8.269233
总数	65629.154	7488.939	57482.928	794872.003	65.99615	57.970159
平均	8203.644	936.117	7185.366	99359.000	8.25657	7.231720

从表 3-19 中可以看出,康熙三十七年(1698)至四十四年(1705)间,程氏各年毛利、费用、净利、年前存本、毛利率以及净利率都不相等。就毛利而言,康熙三十七(1698)和三十八(1699)两年较多,达银 9000 余两;其次康熙四十四(1705)和三十九(1700)两年,在银 8000 两以上;而其余年份较少,不及银 8000 两。就净利而言,康熙四十四(1705)和三十七(1698)两年较多,达银 8000 余两,其次康熙四十年,为银 7000 两以上,其余年份不及银 7000 两;就毛利率而言,康熙四十四(1705)和三十七(1698)两年较高,超过 8.9%,其次康熙三十八(1699)、三十九(1700)和四十(1701)3 年,超过 8%。其余年份不及 8%。就年净利率而言,康熙四十四年(1705)最高,约 8.27%;其下依次为康熙三十七(1698)、四十(1701)、四十一(1702)和三十九(1700)4 年,超过 7%,其余年份不及 7%。8 年间共获毛利 65629 余两,

毛利率为 8.257% ;共获净利为 57482 两,净利率为 7.232% 。同样,光绪八年(1882)馥记共得毛利钱 22576.5 串、净利钱 17596.5 串。经计算,其毛利率为 20.68% ,净利率为 16.12% 。由此看出,光绪馥记的经营效益明显好于康熙程氏。

四 利润分配

3 册账簿中,光绪《馥记当铺盘总》对利润分配没有记录,康熙程氏《应盘存收支总账》和乾隆《吴丰典盘总》则记录明确。康熙程氏《应盘存收支总账》的利润分配记录列于收利之中,乾隆《吴丰典盘总》的利润分配则单独记录。

康熙程氏的利润分配。盘底时,先列出各项收利,计得毛利;接着列出应除各项费用,计得总费用,毛利减去总费用,便得到净利。根据上次盘底后的存本数,得出每万两的得利数,最后依各股存本数计算出应得利润数。如康熙三十八年(1699)的利益分配具体为:

净得利九七银六千八百六十七两七钱二分九厘

照三十七年八月共存本银十万五千七百六十三两二钱四分九厘,

每万两得利银六百四十九两三钱四分九厘

公股三十七年存本银一万三千二百四十一两二钱三分

三十八年得利银八百五十九两八钱一分八厘

恭房三十七年存本银一万八千一百零四两零三分六厘

三十八年得利银一千一百七十五两五钱八分四八厘

宽房三十七年存本银一万九千四百二十七两三钱五分

三十八年得利银一千二百六十一两五钱一分三厘

信房三十七年存本银一万七千一百六十两七钱六分三

三十八年得利银一千一百一十四两三钱三分一厘

惠房三十七年存本银一万八千二百三十三两三钱四分五厘

三十八年得利银一千一百八十三两九钱八分

敏房三十七年存本银一万八千七百三十三两四钱六分四厘

三十八年得利银一千二百一十六两四钱五分五厘

康熙三十八年(1699)盘底,程氏的利润分配采取按资分配的方式,其分配率就是该年盘底的净利率。由此可知,程氏利润分配采取按资分配的方式,其分配率为各年的净利率。

乾隆吴丰典的利润分配。乾隆《吴丰典盘总》在本家存本一项详细记录存本者名字、存本数量及得利数。如颍川各年存本、得利及支出为:

四十年十二月大总结存本二千四百四十七两七钱一分九厘

四十一年三月支二百两,榇归传

支十五两回利九个月

……

十二月支七钱零八厘,年下送张宝钱

收上年结存利二百四十四两七钱九分二厘

收本年十二月旧衣变卖价七十三两九钱七分三厘

以上共收存本利并衣裳价二千七百六十六两六钱八分四厘

除支本年用并回利共三百六十三两二钱六分二厘

净存银二千四百零三两四钱二分二厘

四十二年,收上年结存本二千四百零三两四钱二分二厘,收加本年结利二百四十两零三钱四分二厘……除支净存二千六百二十六两零七分七厘

四十三年,收上年结存本二千六百二十六两零七分七厘,收加本年结利二百六十二两六钱零八厘……除支净存二千八百四十九两三钱零八厘

四十四年,收上年结存本二千八百七十九两三钱零八厘,收加本年结利二百八十七两九钱三分……除支净存三千一百六十五两零二分二厘

四十五年,收上年结存本三千一百六十五两零二分二厘,收加年结利三百一十六两五钱零二厘……除支净存三千四百七十九两五钱七分九厘

四十六年,收上年结存本三千四百七十九两五钱七分九厘,收加年结利三百四十七两九钱五分八厘……除支净存三千八百二十五两五钱

零一厘

四十七年,收上年结存本三千八百二十五两五钱零一厘,收加年结利三百八十二两五钱五分……除支净存四千二百零五两四钱零三厘

四十八年,收上年结存本四千二百零五两四钱零三厘,收加年结利四百二十两零五钱四分。

据其所载,四十(1775)颍川大总结存本银 2447.719 两,实际上就是颍川四十一年(1776)年初存本银 2447.719 两,而四十一年(1776)年终结算时颍川得利银 244.792 两,则其年得利率为 10%。现将乾隆四十一至四十八年(1776—1783),颍川各年年初存本、年终结利和年得利率列表 3-20。

表3-20 吴丰典颍川各年年初存本、年终结利和年得利率一览

年份	年初存本(两)	结利(两)	年得利率(%)
四十一	2447.919	244.792	10
四十二	2403.422	240.342	10
四十三	2626.077	262.608	10
四十四	2879.308	287.930	10
四十五	3165.022	316.502	10
四十六	3479.579	347.958	10
四十七	3825.501	382.550	10
四十八	4205.403	420.540	10

从表3-20 中可知,从乾隆四十一至四十八年(1776—1783),颍川资本年得利率皆为 10%。又日新各年存本、得利及支出为:

四十年十二月大总结存本四十八两四钱,四十一年结利四两八钱四分,加本年正月初一日贮本三十二两七钱六分九厘,又加月利一周三两二钱八分,四共八十九两三钱一分七厘

四十二年,收上年结存本利八十九两三钱一分七厘,加本年结利八两九钱三分二厘,二共九十八两二钱四分九厘

四十三年,收上年存本利九十八两二钱四分九厘,加本年结利九两八钱二分五厘,二共一百零八两零七分四厘

四十四年,收上年存本利一百零八两零七分四厘,加本年结利一十两八钱零七厘,二共存一百一十八两八钱八分一厘

四十五年,收上年存本利一百一十八两八钱八分一厘,加本年结利一十一两八钱八分八厘,二共存一百三十两七钱六分九厘

四十六年,收上年结存本一百三十两七钱六分九厘,加本年结利一十三两零七分七厘,二共存本一百四十三两八钱四分六厘

四十七年,收上年结存本一百四十三两八钱四分六厘,加年结利一十四两三钱八分五厘,七月支银三十四两,送山后岳翁帖服参费,支银一两四钱一分七厘,又回利五个月,净存一百二十二两八钱一分四厘,二共存本一百三十五两零九分五厘

四十八年,收上年结存本四千二百零五两四钱零三厘,收加年结利四百二十两零五钱四分

乾隆四十年(1775)日新大总时存本银48.4两,四十一年(1776)结算得利银4.84两,则其年得利率为10%。又日新四十一年(1776)正月初一日存本银32.797两,年终结算得利银3.28两,其年得利率也为10%。又乾隆四十年(1775)日新大总时的存本,亦为其四十一年(1776)年初存本,可知日新四十一年(1776)年初共存本81.197两,年终结算得利银8.12,其年得利率为10%。据此可知,乾隆四十一至四十八年(1776—1783),日新各年年初存本、年终结利和年得利率列表3-21。

表3-21　吴丰典日新各年年初存本、年终结利和年得利率一览

年份	年初存本(两)	结利(两)	年得利率(%)
四十一	48.40	4.840	10
四十二	89.317	8.932	10
四十三	98.249	9.825	10
四十四	108.074	10.807	10
四十五	118.881	11.888	10
四十六	130.769	13.077	10
四十七	143.846	14.385	10
四十八	122.824	12.282	10

从乾隆四十至四十八年(1775—1783),日新年利润率相等,都是10%。经计算,从乾隆四十至四十八年(1775—1783),吴丰典所有存本者的年利润率都相等,而且都是10%。由此可知,吴丰典的利润按照正余制分配的,且年正利率为10%。康熙程氏和乾隆吴氏的利润分配方式明显不同,一为按资分配,一为按正余利制分配。

3 典盘簿表明,徽商典铺铺本在康熙年间达银27000余两,平均为银15000余两;在光绪年间达钱70000余串,平均为钱50000余串。资本净利润率在康熙年间为7.2%,在光绪年间达16%。分配方式上,所有者之间多采取按资分配,而在所有者和经营者之间多采取正余利制或官利制分配。

第五节 员工收支簿

典当员工收支簿,指记录典铺员工个人银钱收支账簿。遗存下来的徽商典铺员工收支簿不少,南京大学历史系藏有《胡锡卿同治八年九月收支总登》、《同治十二年收支总登》、《光绪八年收支总登》、《光绪二十二年收支总登》和《民国十三年叶嚣弼银洋总登》5册。员工收支簿详细记录员工各项收支事项及数量,因此对于了解员工的经济生活状况,以及认识典铺的经营效益、组织管理,都具有重要意义。

一 概 述

5册徽商典铺员工收支簿保存完好。其中,《胡锡卿同治八年九月收支总登》主要记载同治八年(1869)九月至光绪元年(1875)正月间胡锡卿的收支情况。页面分为上下两部分,上记收入事项及数额,下记支出事项数额,每月一小总,每年一大总。首页载见图3-5。

《同治十二年收支总登》主要记载簿主同治十二年(1873)每月收入事项及数额,上记事项,下记数额,一月一结,一年一总。同时,附记光绪元年(1875)和二年(1876)支出状况、光绪元年(1875)十月二十日家信、光绪七年(1881)八月开单、开年十二月轮管伴山公用请山客用账、往来账和亲友

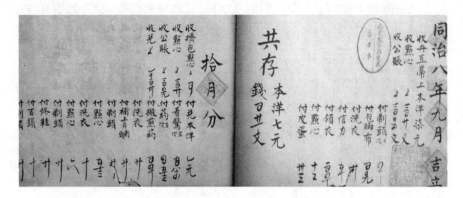

图3-6　《同治八年九月胡锡卿收支总登》首页

托买物件账等。《光绪八年收支总登》记载簿主光绪八年（1882）正月至光绪十四年（1888）二月的收入事项及数额，每月一记，一年一总。其中光绪十一年（1885）因簿主回家而缺记，同时附记历年寄回家用账、光绪十一年（1885）百发来汉脚力账、往来账和人情账等。《光绪二十二年收支总登》记载簿主自光绪二十二年（1896）正月至光绪二十七年（1892）十二月的收支事项及数额，同时附记培生账目、霖弟买物账和报本账目3项。所记的收支账中，有的是一月一记，有的是数月一记，每年一总，先记支出，后记收入。《民国十三年叶彌彌银洋总登》主要记录民国十三年（1924）正月至民国二十二年（1933）七月的收入事项及数额，每月一记。

簿主考证。5册账簿对簿主姓名籍贯的记录详略不一，有的记录明确，有的记录模糊。就簿主姓名而言，《同治十二年收支总登》、《光绪八年收支总登》和《光绪二十二年收支总登》3册没有记录，而《胡锡卿同治八年九月收支总登》和《民国十三年叶彌彌银洋总登》两册记录明确。其中，《胡锡卿同治八年九月收支总登》簿主为胡锡卿，《民国十三年叶彌彌银洋总登》簿主为叶彌彌，不过两人生平难以进一步论述。就簿主籍贯而言，《胡锡卿同治八年九月收支总登》和《光绪八年收支总登》两册没有记录，无法考证。而《同治十二年收支总登》、《光绪二十二年收支总登》和《民国十三年叶彌彌银洋总登》有着简略记录，尚可推定。其中，《同治十二年收支总登》所载《亲友托买物件账务》较为详细地记载各亲友住地、身份以及托买物件。亲友有金坦家母、山斗舅婆、竹下程君扬姑爷，以及月潭秀姨、姨姑娘、进寿嫂、紫娘、阿五婆、益嫂，等等。簿主家母居住金坦，可见簿主为金坦人。同治、光绪年间，金坦属于休宁二十八都，主要为吴姓居住；山斗也属于休宁二十八都，主要为程姓和俞姓住居；竹下属于休宁二十五都，主要为程姓住居；月潭属于休宁二十九都，主要为朱姓住居；从其亲友来看，簿主属于吴姓可能性较大，以下简称吴某。又《光绪二十二年收支总登》记载簿主活动地域，如：

廿二年七月廿一日起至八月初三日止，付屯溪看戏、瓜子菜。

廿二年十月十六日，付徽力一百四十文，

廿三年十一月廿四日，付阳村之上修路助洋一元。

廿四年正月十九日，送舒实五兄回里四百七十五文。

廿四年九月十四日，付杭力、徽力二百七十二文。

廿四年年总，付程以耕师母会洋十元。

廿六年七月十二日，付送富昨、榆村百岁六百八十文。

廿六年八月初二日，付隆阜买物二百四十文。

上述地名中，屯溪、富昨、榆村、隆阜、阳村，位于休宁县东南，在清末属于十六都和二十一都，由此可见簿主为休宁人可能性较大。又《民国十三年叶弸弸银洋总登》也记有簿主不少活动情况，如"十三年二月支出"条载，"奂二月初七日回里，四月十八日返典，三月廿一葬二婶母江、先室王，合墓于休南守沅仙人献掌，酉山卯向"。由此可知簿主名奂，似为休宁人。又"十五年八月"条载，"初六日回里，因裘室生病，至十一月十五日到典。本可早日下店，在十月初一到汉，十二即闻各省客军由屯过境，水陆均阻。刘宝题带兵一师驻屯溪、休城、祁城、黟城三县各镇，李德铭带兵一旅，驻歙县深渡、徽城一带，至十二月初八开下浙界。正月初二又转深渡，又带来白保三一师、冯绍敏一师，共有三万之众，至初七大部始过清，均万人。在徽城、歙邑、绩溪，至廿后南军到深，各败兵始走"。由此可知，簿主似为休宁汉口人。

初开年月。有关簿主所在典铺的初开年月，5 册账簿都没有明确记录。经考察，只有《胡锡卿同治八年(1869)九月收支总登》簿主所在典铺可以推知初开的大致时间。该账簿在记录簿主的收入项目中,同治九年(1870)十一月开始收有"使用钱"一项。使用钱乃为当物满期处理时各员工的一项收入。因此,从使用钱收入中,可以得知处理当物的字号。据账簿载,簿主同治九年(1870)十一月收有"'曰'字号使用钱一百零一文",同治十年(1871)三月收"'严、与、敬'(字号)使用钱一百六十四文",五月收"'孝'字号使用钱二十六文",六月收"'当'字号使用钱八十文",八月份收"'竭、力'字号使用钱二百一十一文",等等。"曰、严、与、敬、孝、当、竭、力"等字号,选自《千字文》,分别位于《千字文》第645—652位。即是说,该典使用"曰"字号时,已开设了645个月,相当于53年。又同治年间,典铺当期多为两年。即,至同治九年(1870)十一月,该典相当于开设了55年。以此推知,该典开设于嘉庆二十年(1815)左右。

开设地点。至于簿主所在典铺的开设地点,5册账簿都没有明确记录,有的可根据有关资料进行推知,有的则难以推知。其中,《光绪八年收支总登》簿主所在典铺开设地点可以推知。该簿《乙酉年百发来汉脚力》载,"付安省饭钱四百文,付汉来武船钱饭食四百文"。这里的"汉"、"安省"、"武"应指湖北汉口、安徽省城安庆和湖北武昌;又《傲梁长兄往来账》载,"代买茶青绸□□一双钱一千五百七十文、付钱五千文,寄汉口。"又《癸未年寄回家洋》载,"二月付支钱六千文在汉付黄宪章兄,三月黄宪章来武付洋二元(钱二千)、付衣裳二件、付烟袋一支、付在武零用钱一千五百文。"由此可知,簿主所在典铺应开设于湖北的汉口。同样,《光绪二十二年收支总登》簿主所在典铺开设地点也可推知。账簿在记载簿主每年的收入中,皆载有"鼎和先支下落"、"鼎和下落"字样,显知簿主所在的典铺为"鼎和典"。同、光年间,杭州即开有"鼎和典"。据《杭州新安惟善堂征信录》载,道光十九年(1839),杭州新安惟善堂兴建时,各地各业徽商踊跃捐助,其中来自杭州捐款的典铺有同裕、保善、泰和、成裕、同德、公和、泰安、鼎和、裕通、广仁、保大、公济、保泰、同泰、广兴、保昌和成大等典。鼎和典即是其一。至光绪五年,鼎和典仍向惟善堂有所捐助。[①] 杭州鼎和典是否为该簿簿主所在的

---

① 《新安惟善堂征信录》第1册,光绪七年刻本,南京图书馆藏。

典铺呢？对此,该簿载道:

> 廿二年七月廿一日,付惟善堂钱一百卅文。
>
> 廿二年十月廿七至廿九日,付富至杭舟力□□□□。
>
> 廿三年正月初九日,付至杭来往舟力五百二十六文。
>
> 廿三年八月初一日,付裕通来力十四文。
>
> 廿三年十二月廿九日,杭惟善堂捐二元(一千九百文)。
>
> 廿四年九月十四日,付杭力、徽力二百七十二文。

簿主多次支付"杭力"、"至杭舟力"、"至杭来往舟力",说明簿主曾去过杭州或长期生活在杭州;又簿主多次向杭州新安惟善堂捐钱,而光绪年间向杭州新安惟善堂捐助的多为在杭州生活的徽州人;同时簿中所载的"裕通",据《杭州新安惟善堂征信录》载,恰好杭州也开有裕通一典,两者也相吻合。综合而言,簿主所在的典铺无疑就是杭州的鼎和典。

另,《同治十二年收支总登》簿主所在典铺开设地点似乎亦可推知。该簿中《各位托买物件》载:"位尚伯托买牛乳瓶半洋连瓶(上洋泊球场),顺嫂托售银茉莉签一支、桂花签一支,金堤嫂托买洋肥皂二条,本街顺发哥。"众所周知,上洋为上海别称,由此看来,该典似乎开设于上海某街道,具体情况有待进一步考证。

《员工收支簿》记录内容,不仅折射出典铺员工的生活状况,而且反映员工之间的相互关系,同时也反映了分配制度,甚至可以探讨典铺的经营效益。

二　收入事项

5 册账簿对员工收入事项和数量有着明确记录。其中,《同治八年收支簿》所记收入事项有"辛俸、使用钱、点心钱、挤仓点心钱、盘包点心钱、公账、抱包钱、盘包钱、不提钱、不留衣钱、售旧衣钱、抖皮衣钱、元宵酒钱、立秋钱、中秋钱、压岁钱、鞋袜钱、衣衫钱"等,《同治十二年收支总登》所记收入事项有"俸金、月折、存箱、号厘、失票、提衣、售包"等,《光绪八年收支总登》所记收入事项有"辛俸、存箱、失票、包皮钱、项目、万号、小贯、衣店酒、挤包酒、盘货酒、二五扣"等,《光绪二十二年收支总登》所记收入事项有"薪俸、柜串、存箱、下落、月食、福食、巧日"等,《民国十三年叶彌彌银洋总登》所记收入事项有"存洋、俸金、月酒、九八销利、不提、包皮、洋水、监印礼、柜用、出息、口余、分红、暂借、股本、股本利、售锡"等。各账簿所记收入事项多少不一,有同有异。现对各事项略作说明。

辛俸:又称薪俸、俸金,即员工工资。对于辛俸的发放,大多典铺按月支给。也有按季支给,按月支给的又称为月俸,按季支给的称季俸。在典铺中辛俸由职位和年限决定,同一职位员工的辛俸数额比较固定,不同职位的员工,辛俸数不等,而且差别很大。对于不满二年的学徒,没有辛俸,每月发给320文至420文的点心钱。

存箱金:对于存箱的当物,按当本的一定比例收取存箱费,赎取时由经手的柜员收取。对于存箱金,经手柜员自己先扣除25%,即"二五扣"。余额至月终由钱房按规定分配给全体员工。

柜串:又称柜息串或号厘。每日按当本1%、赎本按3%提取。柜串的分配,有的典铺在专归经手柜员所有,有的典铺月终由钱房按规定付给全体员工。

失票费:当户挂失时所交纳的手续费,一般为当本的10%,由全体员工分配。

使用金:处理满期当物时,按其当本提取一定比例金额。一般来说,其比例为6%—10%,使用金归全体员工分配。当物处理时,店内员工按惯例可优先选购一些当物,称"提货"或"提衣"。如果员工放弃选购,按照惯例,买主应照满期当物的当本提取1%作为"小费",称为"不提钱"或"不留衣钱",按规定分配给全体员工。此外,当物处理时,买主还要支付酒席费、出货费、夫役费和包皮钱,亦由全体员工分配。

小贯:满期衣物售与义庄,看当物成色的优劣而定贯利。如满期衣物值1000元,议定为贯五,即照满当物的当本利息抄下总数,再按总数加50%作为满当货的价值,交款出售。各典铺在贯利中抽取20%作为小贯,分配给全体员工。

公账:员工分配使用金、小贯时,由于学徒资历浅,数人共为一股,称为"公账"。

万号:典铺每月当号超过万号以上的,按照惯例,应发给员工一定的奖金。

挤包酒:挤包指整理当物货架。典铺不定期进行挤包,挤毕,按照惯例,典铺要请员工吃饭,若不吃饭,便折换银钱发给员工。

抖皮货钱:典铺每年都要对毛衣皮衣抖晒一两次,以便去潮防虫。抖晒完毕,按照惯例,典铺要请员工吃饭,若不吃饭,便折换银钱发给员工。

盘货酒:按照惯例,每次盘存结束后,典铺要请员工吃饭,若不吃饭,便折换银钱发给员工。

下落:全年除一切开销及本利外,其余所得称为盈余金。按照惯例,将提取一定比例的盈余分给员工。

月食:又称月酒,员工每月的伙食补贴。

月折:员工的每月补助,具体不详,可能是月食的折钱。

巧日:典铺收取利息按月计息,采取"过五"惯例,即本月初一典当,下月初六赎取,称为对日。对日赎取,应按 1 个月计息,实际上,典铺按 2 个月计息。该利息称为"巧日",分给员工。

据上所载,典铺员工收入来源于典铺、当户和满当买主三方面。其中,主要来源于典铺,其次是满当买主,再次是当户。来源于典铺方面,有的属于固定收入,有的属于临时收入;有的数额较大,有的数额较小。辛俸等属于固定收入,而万号、抖皮货钱等属于临时收入。不同职位的员工,收入事项不同,数额也不等。如挂失票费,不同等次的学徒分配额度不等。如光绪《芜湖同福典分派出息章程》载,挂失票,大学徒得 2 股,二、三学徒各得 1.6 股,四、五、六学徒各得 1.3 股,七、八、九、十、十一、十二学徒各得 1 股,候补得 0.5 股。[1]

三　辛俸收入

在收入事项中,辛俸是典铺员工一项最基本收入,真实反映出典铺员工的职位及其等次。现将 5 典中员工的各月辛俸及其变化论述如下。

---

① 《典业杂志》上册,油印本,安徽师范大学图书馆藏。

　　《同治八年胡锡卿收支总登》载,从同治八年(1869)十月至同治十年(1871)六月,胡锡卿没有辛俸,不过每月有点心钱320文。同治十年(1871)七月,典铺开始发给胡锡卿辛俸钱520文,从该月至同治十一年(1872)六月,胡锡卿月俸没有变化,都是钱520文。同治十一年(1872)七月,胡锡卿月俸调整为钱620文,从该月至同治十三年(1874)五月,胡锡卿月俸没有变化,都是钱620文。同治十三年(1874)六月,胡锡卿月俸调至钱720文,从该月至光绪元年(1875)正月,胡锡卿月俸没有变化,都是钱720文。《同治十二年收支总登》载,簿主从同治十二年(1873)正月至十二月月俸没有变化,都是钱1400文。《光绪八年收支总登》载,从光绪八年(1882)正月至十年(1884)十二月,簿主月俸没有变化,都是钱1200文。光绪十一年(1885)正月十二日,簿主动身回家,至十一月十四日到典,该年共收辛俸钱20000文。经计算,光绪十一年(1885)正月至五月,簿主月俸与前期相同,为1200文;光绪十一年(1885)六月至十二月,月俸调整为钱2000文。光绪十二年(1886)正月至十四年(1888)十二月,簿主月俸没有变化,都是钱2000文。《光绪二十二年收支总登》载,从二十二年(1896)正月至九月,簿主月俸没有变化,都是钱4500文。光绪二十二年(1896)十月,簿主月俸调整为钱4000文,从该月至二十六年(1900)五月,簿主月俸没有变化,都是钱4000文。光绪二十六年(1900)六月,簿主月俸调为钱4200文,从该月至二十七年(1902)十二月,簿主月俸没有变化,都是钱4200文。《民国十三年叶彌弼银洋总登》载,从民国十三年(1924)正月至二十年(1931)十二月,叶彌弼月俸没有变化,都是洋4.833元,折算为钱4600文。民国二十一年(1932)正月,叶彌弼月俸调整为洋8.667元,折算为钱9200文。从该月至七月,叶彌弼月俸没有变化,皆为洋8.667元,折算为钱9200文。现将各簿主月俸列表3-22。

表3-22　员工收支簿簿主月俸一览

簿主	年月	薪俸
胡锡卿	同治八年九月至十年六月	320
	同治十年七月至十一年六月	520
	同治十一年七月至十三年五月	620
	同治十三年六月至光绪元年元月	720
吴某	同治十二年元月至十二月	1400
《光绪八年收支总登》簿主	光绪八年元月至十一年五月	1200
	光绪十一年六月至十四年十二月	2000
《光绪二二年收支总登》簿主	光绪二二年元月至九月	4500
	光绪二二年十月至二六年五月	4000
	光绪二六年五月至二七年十二月	4200
叶彌弼	民国十三年元月至二十年十二月	4600
	民国二十一年元月至七月	9200

　　从其记载来看,胡锡卿从进典的同治八年(1869)十月至同治十年(1871)六月共24个月(同治九年闰十月)间没有辛俸,没有辛俸表明胡锡卿属于候补学徒,处于实习期。由此看来,徽商典铺对于新进人员有24个月(相当于2年)的实习期,实习期满,方转为正式学徒。同治十年(1871)七月,胡锡卿第一次收到月俸520文,这说明此时胡锡卿已实习期满,成为正式学徒,虽是正式学徒,应是学徒中最低等。就是说,典铺中最低等学徒月俸为520文。同治十一年(1872)七月,胡锡卿月俸调整为620文,从同治十年(1871)七月至同治十一年(1872)七月时间为1年,月俸增加100文。胡锡卿此次月俸调整的原因,大概是根据典铺按年增加学徒月俸规定而调整的。同治十三年(1874)六月,胡锡卿月俸再次调整为720文,增加数额仍是100文,时间间隔从同治十一年七月(1872)至同治十三年(1874)六月共24个月(同治十二年闰六月),24个月相当于2年。由此说明,典铺学徒月俸按年调整,第一次调整为1年,第二次调整为2年。按年调整学徒辛俸,历来是徽商典铺一项重要制度。乾隆《文谟典条约》载,学徒"辛力自初到之年算起,逐年加增,初到之年,每月一钱,次年一两六钱,三年二两,四年

二两四钱,五年二两八钱,六年三两二钱,七年三两六钱,八年四两,九年亦四两,十年四两五钱,十一年亦四两五钱,十二年五两,十三年亦五两,十四年五两五钱,十五年亦五两五钱,十六年六两以后不覆再加"。《同治十二年收支总登》载吴某收有"号厘"和"扣一厘"事项,可知吴某职位为柜员。该柜员同治十二年(1873)月俸为钱1400文。又《光绪八年收支总登》载簿主光绪八年(1883)十二月收有"二五扣"事项,知其职位为柜员。该柜员从光绪八年(1882)正月至光绪十一年(1885)五月共42个月间,其中光绪十年(1884)闰五月,月俸皆为1200文,这说明该柜员有三年半时间辛俸没有调整。光绪十一年(1885)六月至光绪十四年(1889)十二月共44个月间,簿主月俸为钱2000文,同样说明该柜员超过三年半时间辛俸没有调整。不过,光绪十一年(1885)六月由原来月俸1200文调整至2000文,每月增加800文,增加幅度达67%。《光绪二十二年收支总登》载有簿主收有"柜串"事项,同样可知其职位为柜员。该柜员光绪二十二年(1896)正月至九月月俸为钱4500文,而光绪二十二年(1896)十月调至4000文,减少了500文,降幅11%。光绪二十六年(1900)六月,该柜员月俸调为4200文,时间间隔从光绪二十二年(1896)十月至二十六年(1900)六月共46个月[光绪二十四年(1898)闰三月],增加数额200文,增幅5%。《民国十三年叶彌弼银洋总登》载,叶彌弼于民国二十年(1931)十月至十二月曾代理执事,民国二十一年(1933)正月正式担任执事,而民国二十年(1931)九月前收有"柜用"事项,知其可能为柜员。从民国十三年(1924)正月至二十年(1931)十二月的7年间,叶彌弼月俸没有变化,都是洋4.833元,知其柜员月俸为洋4.833元,经折算为钱4600文。民国二十一年(1932)正月至七月,叶彌弼月俸为洋8.667元,知其执事月俸为洋8.667元,经折算为钱9200文。5册账簿的簿主,其辛俸差别较大,最多的月俸9200文,最少的月俸520文,前者是后者的17.7倍,就是同一职位之间也有差别,同一柜员月俸一次增加67%,由此可知,头柜与四柜相差3倍。尤其是不同典铺同一职位之间,差别也不小,柜员月俸有的为4600文,有的为1200文,两者相差3.8倍。由此可知,清末民初,徽商典铺员工之间的辛俸差别甚大,近18倍;同一职位之间的人员,以及不同典铺同一职位,辛俸差别也不少,达3—4倍。同时,辛俸随着年限的增加而不断增加。

四　年度收入

年收入准确反映典铺员工收入水平的。上述数册员工收支账中,胡锡卿同治九年各月各项收入列表 3-23。(单位:钱文)

表 3-23　胡锡卿同治九年(1870)各月各项收入一览

月份	点心	公账	使用	总数
一	320	420	—	740
二	320	—	—	320
三	320	—	—	320
四	320	496	—	816
五	320	292	—	612
六	320	517	—	837
七	320	256	—	576
八	320	311	—	631
九	320	327	—	647
十	320	457	—	777
闰十	320	425	—	745
十一	320	343	101	764
十二	320	428	—	748
年总数	4160	4272	101	8533

同治九年(1870)胡锡卿共收入为钱 8533 文。其中,点心钱 4160 文,公账钱 4272 文,使用钱 101 文。各项收入中,公账最多,占总收入 50.06%;点心钱次之,占 48.75%;使用最少,占 1.19%。除点心钱外,其他各项共收钱 4373 文,占 51.25%。同治八年(1869)九月至十二月的 4 个月间,胡锡卿共收钱 3952 文,其中,点心钱 1280 文,公账 1572 文,挤包钱 100 文,鞋袜钱 1000 文,点心钱占总数的 32.39%,除点心钱外,其他共收钱 2158 文,占总数 67.61%。同治十年(1871)共收钱 19846 文,其中,点心、辛俸钱 5040 文,占 25.40%,其他事项 14806 文,占 74.60%。同治十一年(1872)共收钱

22873 文,其中,辛俸 6840 文,占 29.90%,其他事项 16033 文,占 70.10%。同治十二年(1873)共收钱 18420 文,其中,辛俸 8060 文,占 43.76%;其他事项 10360 文,占 56.24%。同治十三年(1874)共收钱 21114 文,其中,辛俸 8140 文,占 38.55%,其他事项 12974 文,占 61.45%。光绪元年(1875)正月共收 2212 文,其中,辛俸 720 文,占 32.55%;其他事项 1492 文,占 67.45%。同治八年(1869)九月至光绪元年(1875)正月,胡锡卿共收钱 96590 文,其中,点心辛俸钱 34240 文,占 35.45%,其他事项 62350 文,占 64.55%。各年收钱不等,同治九年(1870)至十三年(1874)的 5 年中,同治十一年(1872)收钱最多,平均每月收钱 1441.6 文,平均每年收钱 18767.5 文,点心辛俸 6653 文,占 35.45%;其他事项 12115 文,占 64.55%。学徒胡锡卿年收入中,点心辛俸约为其他事项的一半。

《同治十二年收支总登》所载吴某同治十二年(1873)各月各项收入及其数量见表 3-24。

表 3-24 吴某同治十二年(1873)各月各项收入一览

月份	俸金	月折	存箱	号厘	失票	售衣	抖包	总数
一	1400	450	775	104	32	—	—	2761
二	1400	450	970	109	65	—	—	2994
三	1400	450	1966	176	57	—	—	4049
四	1400	450	1298	167	153	—	—	3468
五	1400	450	811	123	123	1566	800	5273
六	1400	450	771	221	221	—	—	3000
闰六	1400	450	592	113	53	—	—	2608
七	1400	450	380	57	74	—	—	2361
八	1400	450	389	69	95	—	—	2403
九	1400	450	375	61	77	—	—	2363
十	1400	450	504	74	129	—	—	2557
十一	1400	450	985	148	95	—	—	4813
十二	1400	450	2786	261	54	—	—	4951
总计	18200	5850	12602	1620	1228	3168	933	43601

从表3-24中可以看出,同治十二年(1873)吴某共收钱43601。其中,辛俸钱18200文,月折5850文,存箱12602文,号厘1620文,挂失票1228文,售衣3168文,抖包933文。各项收入中,辛俸最多,占总收入的41.74%;存箱次之,占28.90%;月折和售衣又次之,分别占13.42%和7.27%。号厘、失票和抖包较少,分别占3.72%、2.82%和2.14%。除辛俸,其他各项共收钱25401文,占58.26%。年收入中,辛俸收入略少于其他事项的收入。又各月收入不等,五月最多,其次为十二月和十一月,而七、八、九3个月较少,平均月收入3600余文,超过平均的有4个月,低于平均的有12个月。

《光绪八年收支总登》所载簿主光绪八年(1882)各月各项收入及其数量见表3-25。

表3-25　《光绪八年收支总登》簿主光绪八年(1882)各月各项收入一览

月份	俸金	存箱	失票	小贯	包皮	万号	衣店酒	二五扣	总数
一	1200	500	174	—	—	—	—	—	1874
二	1200	606	195	—	—	—	—	—	2001
三	1200	500	160	—	—	—	—	—	1860
四	1200	600	120	—	—	—	—	—	1920
五	1200	540	120	—	—	—	—	—	1860
六	1200	700	100	—	—	—	—	—	2000
七	1200	271	210	—	—	—	—	—	1681
八	1200	507	200	—	—	—	—	—	1907
九	1200	440	210	—	—	—	—	—	1850
十	1200	510	200	—	—	—	—	—	1910
十一	1200	522	82	2382	1120	—	—	—	5306
十二	1200	1385	320	—	—	136	6000	675	9716
年总数	14400	7081	2091	2382	1120	136	6000	675	33885

从表3-25中可以看出,光绪八年(1882)该柜员共收钱33855文。其中,辛俸钱14400文,存箱7081文,挂失票2091文,小贯2382文,包皮钱1120文,万号钱136文,衣店酒钱6000文,二五扣675文。各项收入中,辛

俸最多,占总收入的 42.53%;存箱和衣店酒钱次之,分别为 20.92% 和 17.72%;小贯和挂失票钱又次之,分别占 7.04% 和 6.18%。包皮、二五扣和万号较少,分别占 3.31%、1.99% 和 0.4%。除辛俸,其他各项共收钱 25401 文,占总数的 57.47%。光绪九年(1883)共收钱 33965 文,其中辛俸钱 14400 文,占 42.40%,其他事项文 19565,占 57.60%。光绪十年(1884)共收钱 40796 文,其中辛俸钱 15600 文,占 38.24%,其他事项 25196 文,占 61.76%。光绪十一年(1885)共收钱 38863 文,其中辛俸 20000 钱文,占 52.46%,其他事项文 18863 文,占 47.54%。光绪十二年(1886)共收钱 49988 文,其中辛俸钱 24000 文,占 48.01%,其他事项钱 25988 文,占 51.99%。光绪十三年(1887)共收钱 53002 文,其中辛俸钱 24000 文,占 45.28%;其他事项钱 29002 文,占 55.72%。光绪十四年(1888)共收钱 50529 文,其中辛俸 24000 文,占 47.50%;其他事项钱 26529 文,占 52.50%。光绪八年(1882)至十四年(1888),该员工共收钱 300998 文,其中辛俸钱 136400 文,占 45.32%;其他事项钱 164598 文,占 54.68%。年均收钱 43000 文,薪俸 19486 文,其他事项 23514 文。年收入中,非辛俸事项收入多于辛俸收入。

《光绪二十二收支总登》所记簿主光绪二十三年(1897)各月各项收入列表 3-26。

表 3-26 《光绪二十二收支总登》簿主光绪二十三年(1897)各月各项收入一览

月份	俸金	存箱	失票	福食	总数
一	4000	950	1630	1203	7783
二	4000	2910	4035	325	11270
三	4000	1881	2774	268	8923
四	4000	2381	2780	262	9423
五	4000	5280	5851	—	15131
六	4000	1660	2209	451	8320
七	4000	1600	3680	390	9670
八	4000	2140	3823	461	10424
九	4000	1875	3967	306	10148

续表

月份	俸金	存箱	失票	福食	总数
十	4000	2065	4081	375	10521
十一	4000	2000	4087	—	10087
十二	4000	5000	7186	6784	22970
年总数	48000	29742	46103	22970	134670

　　从表3-27中可以看出,光绪二十三年(1897)该员工共收钱134670文。其中,辛俸钱48000文,存箱29742文,失票钱46103文,福食10825文。各项收入中,辛俸最多,占总收入35.64%;失票次之,占34.23%;存箱又次之,占22.09%;福食最少,亦占8.04%。除辛俸,其他各项共收钱86670文,占64.36%。光绪二十二年(1896)共收钱109203文,其中,辛俸钱52500文,占48.08%,其他事项钱,56703文,占51.92%。光绪二十四年(1898)共收钱195805文,其中辛俸钱52000文,占26.56%,其他事项钱143805文,占73.44%。光绪二十五年(1899)共收钱243870文,其中辛俸钱48000文,占19.68%,其他事项钱,195870文,占80.32%。光绪二十六年(1900)共收钱,197764文,其中辛俸钱49400文,占24.98%,其他事项钱,148364文,占75.02%。光绪二十七年(1901)共收钱207350文,其中辛俸钱50400文,占24.31%,其他事项钱,156950文,占75.69%。光绪二十二年(1896)至二十七年(1901)的6年共收钱1088662文,其中辛俸253500文,占23.29%;其他事项835163文,占76.71%。年收入中,非辛俸事项收入明显多于辛俸收入,两者相差超过3倍。

　　叶鹬弼民国十三年(1924)至民国二十二年(1933)各年收入、俸金、其他事项收入、俸金所占总收入和其他事项收入占总收入比列表3-27。

表3-27　叶鹬弼民国年间俸金及其他收入一览

月份	总数	俸金	其他收入	俸金所占比(%)	其他收入所占比(%)
十三	335.707	57.996	277.711	17.28	82.72

月份	总数	俸金	其他收入	俸金所占比（％）	其他收入所占比（％）
十四	357.821	62.829	294.992	17.56	82.44
十五	302.900	57.996	244.904	19.15	80.85
十六	332.682	57.996	274.686	17.43	82.57
十七	519.153	62.829	456.324	12.10	87.90
十八	228.715	57.996	170.719	25.38	74.62
十九	454.147	57.996	396.151	12.77	87.23
二十	429.139	57.996	371.143	13.51	86.49
二十一	460.612	115.992	344.620	25.18	74.82
二十二	745.116	125.658	619.458	16.86	83.14
总数	4165.992	715.284	3450.708	17.17	82.83

从表3-27中可以看出，在民国十三年（1924）至二十二年（1933）的10年中，叶䴙弼各年收入数不等，最多的民国二十三年（1924）达洋745元，最少的民国十八年（1929）为洋228余元，前者是后者的3倍多。10年共收洋4195余元，平均年收入419余元；共得辛俸715余元，平均年俸71余元；共收非辛俸事项洋3450余元，年非辛俸事项收入为洋345余元。其中，辛俸占总收入的17.17％，非辛俸事项收入占总数的82.83％。年收入中，非辛俸事项收入明显多于辛俸数，两者相差近5倍。

上述5位徽商典铺员工，既有刚刚入典的学徒，也有在典工作多年的柜员，还有管理典铺的执事。他们在典中工作的时间有长有短，资历深浅不一，能力有高低之分，每人的年收入差别甚大，其年辛俸也差别不少。如乾隆初年时顺典共有7名员工，其年俸最低为银4两，最高为银50两，两者相差12.5倍。光绪二年（1876）用和质共有6名员工，其月俸最低为钱250文，最高为钱5000文，两者相差20倍。不同职位员工的年俸及年收入相差大是典铺工资制度的一个主要特点。又上述5位徽商典铺员工收入来源广泛，其辛俸收入都少于非辛俸事项收入。非辛俸事项收入超过辛俸收入，是典铺工资制度又一鲜明特点。

第四章　典商社会生活文书

置产簿、分家书、家用收支账、祭祀簿、租簿、信札和纠纷约卷,主要记录徽州典商产业积累、分析和消耗过程及社会交往诸内容,属于社会生活文书。社会生活文书反映了徽州典商的经济文化生活,及其与社会各阶层之间的互动。

第一节　置产簿

置产簿,又称产业簿、文契簿、抄契簿和誊契簿等,系置产者购置产业过程的各种契约文书总汇或誊录汇编。置产簿以流水账的方式,详细登录了置产者积聚产业的过程、数量、方式、种类、价格及其规模;同时又以动态的形式,揭示出置产者不同产业之间的消长过程。遗存下来的徽州典商置产簿数量不少,至少有南京大学历史系《康熙孙氏文契簿》、《存众业簿》和《乾隆祁门县颁给张氏产业簿》、中国社会科学院历史研究所《道光休宁吴氏誊契簿》、①中国社会科学院经济研究所《休宁巴氏置产簿》和休宁茗洲吴氏《各堂券契目录》,以及安徽省博物馆《休宁程氏置产簿》等。其中,《康熙孙氏文契簿》、《存众业簿》和《乾隆祁门县颁给张氏产业簿》内容丰富,明确记载了包括典业在内的各种产业购置过程,从中可以看出典业资本来源、不同

---

① 《徽州千年契约文书(清、民国编)》卷一二《道光休宁吴氏誊契簿》,花山文艺出版社1991年版,第81—309页。

产业之间资本流向、同一村社家庭和家族之间的财产互动，以及由此引起的村社变迁。

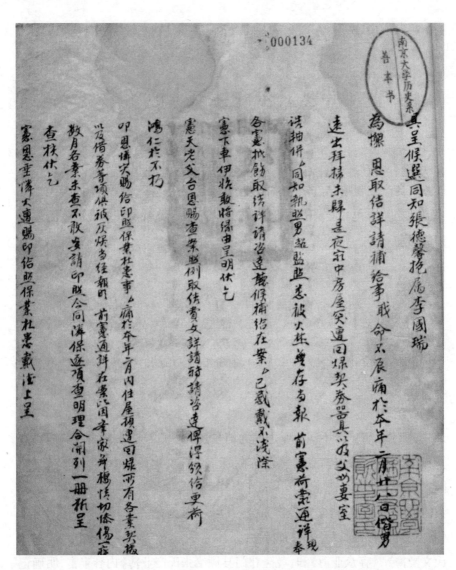

图4-1 《乾隆祁门县颁给张氏产业簿》首页

一　概　述

《康熙孙氏文契簿》、《存众业簿》和《乾隆祁门县颁给张氏产业簿》3 册置产簿保存完好。其中,《康熙孙氏文契簿》载有崇祯四年(1631)至康熙十五年(1676)田宅典卖契约、推单、佥业归户票、借贷票据、诉讼和约、宗族议墨以及商业合同等文书约 240 件。《存众业簿》由序、产业清单和附录三部分组成。序为乾隆四年振公等四大房兄弟所立,产业清单载有顺治十三年(1656)至乾隆二十七年(1762)田宅典卖契约 100 余件,附录为《老簿》19 号文书和《新簿》30 号文书目录。《老簿》19 号文书共 262 件 34 册 4 包,《新簿》30 号文书共 260 余件 14 册 3 包。《乾隆祁门县颁给张氏产业簿》,原题名《乾隆休宁县颁给张氏产业印照簿》,由序言和产业清单两部分组成。序言交代了簿主设立账簿的缘由,产业清单又分为各类产业典卖契约、租借约据和土地租佃三部分。各类产业契约载有顺治八年(1651)至乾隆九年(1744)田宅典卖文契、商业文契等 181 件,租借约据载有康熙三十一年(1692)至乾隆十年(1745)19 件,土地租佃共 367 号。

簿主考证。3 册置产簿簿主姓名详略不一。《康熙孙氏文契簿》和《乾隆祁门张氏产业簿》记载了簿主姓名,而《乾隆存众业簿》仅记载簿主的名字、没有记载簿主的姓氏。《康熙孙氏文契簿》所载簿主为孙贞吉。《乾隆祁门张氏产业簿》所载簿主为张德馨。《乾隆存众业簿》所载簿主名字为大房振公、文辉、光泰、以言、光来,二房甫安、耀彩,三房修福、善福、好福和四房师日、广涵、敦远等人。据账簿所载内容,不难发现,《康熙孙氏文契簿》和《存众业簿》属于同一归户文书。如《存众业簿》第 1 号契约《顺治十三年十一月程阿陈卖田契》载:"十六都十三图立卖契妇程阿陈、男国瑞,卖新丈体字三千八百卅五号田一丘,土名下坞干,税一亩一分九厘,计租十一秤;又体字三千八百卅号田一丘,土名金盏,税四分五厘八毛,计租四秤……共去价纹十七两整。内太和塘税三厘。"同样《康熙孙氏文契簿》亦载有《顺治十三年十一月程阿陈卖田契》,其内容为:"十六都十三图立卖契妇程阿陈同男程国瑞,今因缺用,自愿将承祖阄分原在字、今新丈体字三千八百三十五号田一丘,土名下坞干,计税一亩一分九厘,计租十一秤,佃人青叟。又体字三千八百卅号,田一丘,土名金盏丘,计税四分五厘八毛,计租四称,佃人潘继……出卖与廿一都名下为业,三面议定时值纹银十七两正。"两契内容相同、时间一致,显属同一契约。由此说明,《存众业簿》亦为孙贞吉归户文书,确切说,为孙贞吉子孙所立。为下文叙述方便,现将《存众业簿》簿主亦视为孙贞吉。至于3册账簿的簿主籍贯,都记载不明,尚需考察。

《康熙孙氏文契簿》和《存众业簿》簿主孙贞吉籍贯。据账簿契约可知,簿主孙贞吉为某县二十一都一图人。如《顺治十年孙阿吴卖山契》载有"二十一都一图立卖契妇孙阿吴,为因侄孙老有户孙世兴在本都九图何承凤甲下"等字样。该契为簿主家户所立的卖契。契中言明簿主家户为"二十一都一图",曾寄庄"本都九图何承凤甲下"。据《休宁县都图里役备览》载,该县二十一都九图十甲里长户正是何承凤。由此初步断定,孙贞吉为休宁二十一都人。又《顺治十七年俞元和卖地契》载:

> 二十一都一图立卖契人俞元和今因现年缺少钱粮无办,合众酌议,央中将承祖经业到原丽字号今新丈腾字号二千六十九号,土名后充口,坟地一业,计地三百六十五步三厘六毫,计中则地税一亩三分八厘一毫,于内取本家祖坟左手四十五步计中则地税一分八厘,其地新立四至钉界为定。今将前项界石内地,尽行立契出卖与本都亲人孙名下为业。

该契为簿主一份买地契。契中言明簿主和卖主同属二十一都。据《休宁县都图里役备览》载,俞元和为该县二十一都一图九甲里长户。由此断定,孙贞吉为休宁二十一都一图人。休宁二十一都一图共有10甲,辖泰塘、兖山和白际岭三村。其中,一、二、五、七、八甲属于泰塘,三、四、九、十甲属于兖山,六甲属于白际岭。至于孙贞吉所在的图甲,《顺治十七年孙大有户金业归户票》明确载道:

> 廿一都一图四甲孙大有户收腾字二千零六十九号地税一分八厘,土名后充口,年,月买本都本图九甲俞元和内。顺治十七年九月二十三日　册里汪世昭、书手李胜、算手孙德盛。[1]

该金业归户票正是簿主购置前契俞元和土地签业票。票中载明孙贞吉

---

① 《康熙休宁孙氏文契簿》第1册,写本,南京大学历史系藏。

户为二十一都一图四甲。对照《休宁县都图里役备览》，该甲所在村庄为兖山，可知孙贞吉籍贯休宁兖山。

《乾隆祁门县颁给张氏产业簿》簿主张德馨籍贯。该产业簿原书签标明簿主为休宁人，查阅清代休宁县志，均无张德馨相关记载，而祁门县志却载有张德馨两条材料。

张德馨，居石坑，廪贡。捐职光禄寺署正，敕授儒林郎。①

张全本，以子德馨捐职光禄寺署正，敕赠儒林郎。②

两条材料有关张德馨的所记内容一致，可以断定两条材料中的张德馨为同一人。据其所载，张德馨为祁门石坑人，其父张全本。至于县志中所载的张德馨是否就是产业簿中的簿主，则难以断定。倘若方志中张德馨就是该产业簿中的簿主，则簿主张德馨应为祁门石坑人，其父为张全本。对此，道光《祁门石溪张氏宗谱》载：

德馨，字芳远，号香谷，廪生，捐贡，改捐州同知，加光禄寺署正，又加郡同，即用。诰授奉政大夫，因亲老，志存奉养，未就职。生康熙丙子八月廿七辰，卒乾隆丁亥又七月初七卯。娶霞坞黄元宏女，孝事舅姑，淑德彰闻。诰封宜人，生康熙丁丑前三月十三未，卒乾隆丙子十月十二丑。同附葬塔儿头。子七：兆、超、青、紫、蓝、彩、锦；锦，继与德声后。女三，长适櫸墅洪，次适湘潭汪，三适休宁率口程。

全本，字期大，号中峰，庠生，捐贡奉旨选举孝廉，阖邑公荐，邑侯朱公修文申详征启劝驾，坚辞不就。雍正乙卯以子馨诰封奉政大夫，郡司马。生康熙辛亥九月初五未，卒乾隆癸亥四月廿。娶霞坞贡生黄文英公女，以子馨诰封宜人，贤德素著，迓通共闻，生康熙己酉十二月十二辰，卒乾隆己巳九月十三。合葬九都三保仓坞口巳向。子二，馨、声。声过继全秀后，女三：长适休西率口州同程世缘，次适湘潭贡生汪明瑛，三适霞坞黄。侧室苏州吴氏，生康熙庚午十月初八卯，又侧室山东杨

---

① 同治《祁门县志》卷二二《选举志·例贡》，《中国地方志集成·安徽府县志辑55》，第251页。

② 同治《祁门县志》卷二二《选举志·封赠》，《中国地方志集成·安徽府县志辑55》，第239页。

氏,生康熙辛未,卒雍正癸丑。合葬仓坞口下穴。探花黄公琡琳撰传,翰林黄公登贤有赞,并载文献。

谱牒所记张德馨的官职和父名与县志记载相吻合,两者的张德馨同为一人。同时,对照账簿和谱牒,不难发现,两者有关张姓人物的记载亦相吻合。如两者都载有簿主张德馨有一子名"超"。如账簿序言载:

> 具呈候选同知张德馨报属李国瑞为肯恩取结详请补给事,职命不辰,痛于本年二月二十八日偕男远出拜扫未归,是夜家中房屋突遭回炉,契券器具以及父母妻室诰轴,并△同知执照、男超监照,悉被火焚无存,当报前宪荷蒙通详。

谱牒载:"超,字景班,国学生,生康熙壬寅十月廿九亥,卒乾隆丙寅正月十一酉。"两者有关张超的姓名、身份记载一致。又,账簿和谱牒都载有张士费、张曾浚、张曾广、张曾良和张存肃等众多张姓人物。其中,账簿载:

> 康熙五十六年十二月,买受张士费百亩段田契一纸
>
> 雍正四年八月,买受张曾浚芦金坞田契一纸
>
> 雍正五年十二月,买受张曾广横塝上田契一纸
>
> 雍正十年六月,买受张曾良黄豹六号张家段田契一纸
>
> 乾隆五年,买受张存肃西坞横坞等处田契一纸

而谱牒载:

> 存肃,字次恭,生康熙壬申七月廿八申,娶洪氏,生康熙辛未,子二,畅、分。女一。继娶季氏,又娶林氏。
>
> 曾浚,字源深,生康熙庚辰八月初五戌,卒乾隆二月廿亥。
>
> 曾广,字汉深,生康熙甲戌三月十六午,娶开溪李氏。
>
> 曾良,字又房,生康熙庚申六月廿九寅,卒乾隆庚申。娶霞坞黄氏,继娶李氏。
>
> 士费,字允良,生康熙丙午七月廿九,卒康熙乙丑十二月廿,娶蒋氏。子一存绉。

由此可以充分证明,簿主张德馨不是休宁人,而是祁门石坑人。

二　典本来源

3 册账簿都载有簿主置办典业的具体过程,从而揭示出典业资本的来源。其中,孙贞吉置办典业始于康熙十二年(1673)。对此,《康熙孙氏文契簿》载:

> 立合同人朱六贞、孙贞吉今于广信府铅山县河口镇,二家均买龚宅屋一所,改造并装当架柜台等项,二家办认,不在本行之内,外合本开张朱元亨字号典铺生意。二面议定本银各出一股均做,每年得利除本典典税、辛力、伙食一应使用,仍存利银,二人均分,不得多寡不公之事,如有欺隐者,听凭中友公论无辞,开张之日,公立总簿二本,各执一本,入本登簿,递年存算,今恐无凭,立此合同二张,各执一张,永远存照。

康熙十二年(1673),孙贞吉与朱六贞两人在江西铅山县河口镇合伙开设朱元亨典铺。朱元亨典开设后,孙贞吉又在上海莘庄开设了大振典。《存众业簿》老契 11 号载有"莘庄大振典账 6 本"字样。张德馨经营典业始于康熙三十五年(1696)。对此,《乾隆祁门县颁给张氏产业簿》载道:"康熙三十五年正月买受黄洪士长泾元茂典屋宇家伙生理股数。"其中,长泾属于常州府江阴县,其镇位于县"东六十里,东至顾山,南至无锡,西至祝塘,北至华墅",其市"濒河,南北俱有街,河北较盛,又东有南角及陈墅,北有刘家桥小集"。①

孙贞吉典业资本来源。明清鼎革,社会动荡,生计艰难,充山孙氏纷纷离乡出走,客外散居。而留居家乡者,则度日如年。其中有卖儿当女者,如孙士富就是被其父卖到浙江遂安;有变卖家产者,如顺治九年(1652)和顺治十年(1653)孙阿吴等两次将祖山出卖给俞氏和何氏。其中,顺治十年(1653)出卖的祖山属于孙贞吉。不过待时局稍平之后,那些以经商为主业的孙氏族人,在外地却渐渐有了起色。如孙耀先和汪吉先在江西万年开设商店,孙仲达和金羽祥在松江开设染坊,孙贞吉在江西铅山河口镇开设店铺。其中孙贞吉在孙氏子弟中可谓佼佼者,成就最大,经商一举成功,积得

---

① 光绪《江阴县志》卷二《疆域·镇保》,《中国地方志集成·江苏府县志辑 25》,第 94 页。

雄厚家赀。不过,孙贞吉出身于小农家庭,经商之初,属于小本商人,直至顺治七年(1650)九月首次在铅山河口购置房产、开设店铺:

> 立卖契人陈克用今将续置官埠下首楼房二值,东至韩宅,西至胡宅,前至街,后至河,今将四至明白,凭中出卖与徽州孙宅为业,当日凭中面议,时值价银二十六两整。其银当承契之日一并收足。所买所卖俱是二意情愿,故无相逼,所有来历不明,俱是卖主承当,不涉买主之事,所有地税坐落某某户内。另议每年规账银存后,此照。

此次孙贞吉购置的房产并不很大,但却有了立足之地。此后他又大肆收置房产,以作经营之用。至康熙十二年(1673),孙贞吉在河口镇共购买店房11次,开设大小店铺多处。此外,还在贵溪开设永泰店。由此看出,孙贞吉典业资本来源于商业利润,至于来源于何种行业,两册账簿均无明确记载,不过,从《康熙六年金尔孚和金履全卖店屋契》来看,应来源于布业。

> 徽州府休宁县立卖契金尔孚、金履全今将续置铅山县河口镇,土名大桥上首地岸,新选土库楼店屋三进并基地一业,计税五分,其地东至众布店屋为界,西至戴宅屋地为界,南至街心地为界,北至大河为界,今将四至明白,凭中出卖与同乡孙贞吉、程节文名下为业,当日三面言定,时值价纹银四百两整,其银当成契日一并收足,其店随即交付管业,所买所卖,俱系二意情愿,未卖日先,并无重复。交易准折等情,如有来历不明,尽是卖人承当,不涉买人之事,其地税原寄三十四都费礼荆户,自卖之后,本家大小并无异言,今恐无凭,立此卖契存照。

该契所载,金尔孚所卖店屋东侧为“众布店”。这说明其时经营于河口的商人多为布商,孙贞吉可能即是布商之一。又,孙贞吉的商业往来主要在于铅山河口和江苏松江两地。《顺治十一年孙仲达立会票》载,“会到堂弟名下九色银三十两整,其银侠兄如松之日送还不误”。顺治十一年(1654)孙仲达在某地向孙贞吉借银,却准备在松江还银。此则说明,松江也是孙贞吉商业经营地之一。此外,孙贞吉于康熙年间在上海莘庄开设典铺,也可佐证孙贞吉商业往来于松江。而松江是当时著名棉布产地,孙贞吉往来于松江和河口两地,是将松江棉布贩至河口。种种迹象表明,孙贞吉应起家布业,其典业资本来源于布业利润。

张德馨典业资本的来源。张德馨家庭的典业经营始于康熙三十五年（1696）正月，而张德馨生于康熙三十五年（1696）八月。张德馨家庭的典业经营在其出生之前业已存在，这说明张德馨家庭的典业经营不是张德馨创办的，而是承继先人而来。如前所述，张德馨父全本生于康熙十年（1671）、卒于乾隆八年（1743），幼习儒业，捐纳贡生，选举孝廉而不就。不过，至康熙三十五年（1696），张全本只为二十五岁。可见，张德馨家庭的典业资本来源于张全本可能性也不大，极可能来自张德馨的祖父。张德馨祖父名瑗。张瑗生于顺治二年（1645）、卒于康熙四十三（1704），康熙十七年（1678）举人，康熙三十年（1691）进士，历任翰林院庶吉士、江南道监察御史和河南学政等职。谱牒载：

> 瑗：字遽若，号静斋，一号松岩。由廪生中戊午科举人，辛未会元，殿试二甲第五。钦授翰林院清书庶吉士，甲戌散馆编修，纂修明史汇函，丙子乡试四川正主考，庚辰改授江南道监察御史，巡视西域，奏明铲毁前明魏忠贤墓，辛巳协理山西陕西道，掌管山东道事，壬午顺天武闱监试，癸未钦点提督河南学院。生顺治乙酉九月三十寅，康熙甲申五月十七卒中州官署。诰授奉政大夫，崇祀名宦乡贤。娶黟县七都玛川史氏，诰封宜人。生顺治乙酉九月十八辰，卒康熙甲寅七月十四午。子一本。继娶城荷家坞方氏，诰封宜人，生顺治戊戌十一月廿三戌，卒雍正癸卯十二月廿八。子二：熹、重，女一，适城庠生汪兆昉。侧室北京仇氏，生康熙戊申八月十五，卒康熙壬寅三月十一未，子一：誉，合葬塔儿头。子熹、重、誉、孙馨同附葬。进士王公传撰传，解元薛公景钰有赞，俱载文献。

由此看出，张德馨家庭的典业经营始于祖父张瑗。张瑗购置典产在散馆编修职上，其典业资本应来源于本身的官僚资本。又，张德馨曾祖学说，生于天启四年（1624）、卒于康熙二十二年（1683），生平不显。谱牒载：

> 学说：字傅星，号命三。初赠翰林院清书庶吉士，再赠翰林院编修，三赠江南道监察御史，四赠奉政大夫，崇祀乡贤。生天启甲子九月十七巳，卒康熙癸亥四月十九。娶黟邑七都玛川史氏，箴诚杨芬，珩璜表德，四封宜人，生天启辛酉三月十五寅，卒康熙辛卯七月初二午。合葬金交

椅形乙向。进士胡公润有赞,礼部尚书沈公德潜有墓志铭。俱载文献。子三,瑗、琮、琼。女三,长适牌楼下李,次适城中山谢,三未字。卒葬葛坑坟背。

这说明张德馨家庭典业资本不是来源于曾祖学说。同样,在张德馨产业中,属于康熙三十五年(1696)以前购置的共有26笔,其中属于康熙十七年(1678)至三十五年(1696)之间购置的占25笔。而康熙十七年(1678)正是张瑗中举之年。这说明,张德馨承继先人康熙三十五年(1696)以前的产业,基本上属于祖父张瑗购置的。25笔产业中,购置田地山林共23笔,如康熙十七年(1678)又三月"买受张禹功下庇山基地",康熙二十一年(1683)十二月"买受李之杰罗家墓山",康熙二十八年(1690)十二月"买受张士赉黄润坞田"。借贷2笔,分别为叶林若康熙三十一年(1692)二月和六月借银"十八两五钱"及"六两"。而购置商业的1笔也没有。这说明,25笔产业的购置资金来源于张瑗的官僚资本。由此可知,张德馨家庭的典业资本来源于张瑗的官僚资本。

三　财产积累

置产簿详细记录置产者各种产业的购置过程,从而反映了置产者财产积累的方式和进程。《康熙孙氏文契簿》记载了孙贞吉自顺治七年(1650)至康熙十五年(1676)的27年间各种产业购置的次数和金额,具体见表4-1。

表4-1　顺治康熙年间孙氏置产一览　　　　　　　（金额单位:两）

时间	商业	金额	放贷	金额	土地	金额	总次	总额
顺治七年	1	26	—	—	—	—	1	26
顺治十年	1	2	—	—	—	—	1	2
顺治十一年	1	180	1	30	—	—	2	210
顺治十三年	—	—	1	30	1	17	2	47
顺治十四年	—	—	4	39	1	180	2	209
顺治十六年	1	不清	—	—	1	3	2	3

时间	商业	金额	放贷	金额	土地	金额	总次	总额
顺治十七年	1	13	1	1	1	30	3	43
康熙元年	1	15	8	46.5	1	282	10	342.5
康熙二年	1	25	1	5	—	—	2	30
康熙三年	—	—	4	84	2	25.4	6	109.4
康熙四年	—	—	3	90	3	53	6	143
康熙五年	—	—	7	113.2	3	144	10	257.2
康熙六年	1	200	4	93	4	574	9	867
康熙七年	—	—	6	153	1	2	7	155
康熙八年	—	—	2	6	3	32	5	38
康熙九年	—	—	6	98	1	12	7	110
康熙十年	—	—	5	60	9	136	14	196
康熙十一年	1	10	10	179	1	10	12	199
康熙十二年	2	255	2	65	—	—	4	320
康熙十三年	1	737	2	22	4	32	5	791
康熙十四年	—	—	17	225	18	258	35	483
康熙十五年	—	—	3	20	5	92	8	112
总计	12	1463	87	1359.7	59	1882.4	156	4705.1

从表4-1中可以看出,自顺治七年(1650)至康熙十五年(1676)的27年间,孙贞吉购置产业共156次,用银4705.1两。其中,各年置产次数不等,差别很大,康熙十四年(1675)置产次数最多,达35次,占总次数22.4%,顺治八、九、十二和十五年(1651、1652、1655、1658)置产次数最少,这4个年份都没有置产;年均置产6次,超过年均次数的有9个年份,为年均次数的有两个年份,不及年均数的有16个年份。康熙二年(1663)以前,各年置产次数少于年均数;康熙五年(1666)以后,各年置产次数多于年均次数。各年置产的金额也不等,差别甚大,康熙六年(1667)置产金额最多,为867两,占总金额的18.4%,同样,顺治八、九、十二和十五年(1651、1652、1655、1658)4个年份置产金额最少,没有置产。年均用银181两,超过年均数的有10个年份,不及年均数的有17个年份,康熙三年(1664)以

前,各年置产的金额基本少于年均数,康熙四年(1665)以后,各年置产的金额基本多于年均书数。由此看出,从崇祯末年至康熙十五年(1676),孙氏财产积累进程可分为三个阶段。第一阶段为是崇祯末年至顺治六年(1649)的约10年间,孙氏外出经商之初,资本利润用于消费和扩大商业经营上,不但没有购置产业,而且还出卖已有产业,处于财产积累前夜;第二阶段为顺治七年(1650)至康熙三年(1664)的15年间,孙氏利用商业利润开始购置产业,共置产34次、用银1021.9两,平均年置产2.3次、用银68两,不过财产积累的进程较为缓慢;第三阶段为康熙四年(1665)至康熙十五年(1676)的12年间,共置产122次、用银3683.2两,平均年置产10次、用银300余两,随着商业利润的快速增长,产业积累进程明显加快。从产业类型看,孙氏或购买店铺,或进行放贷,或购买土地。其中,商业置产12次、用银1463两,放贷87次,用银1359.7两,购买地产59次、用银1882.4两。各产业购置的次数差别较大,放贷最多,共87次,占总次数55.8%;其次是购买地产,共59次,占总次数37.8%;商业最少,共12次,不及总次数的8%;不过,各产业购置的金额差别却不大,购买地产最多,用银1882.4两,占总数40%;其次是商业,用银1463两,占总数31.1%;放贷最少,用银1359.7两,占28.9%。这说明,孙氏在产业积累过程中,从商业出发,多业并举,当商业投资达到一定规模时,便转向高利贷和土地不动产行业。

《乾隆祁门张氏产业簿》虽没有记录张德馨各种产业购置的金额,却记录各种产业购置的时间。具体见表4-2。

表4-2　顺治至乾隆年间张氏置产一览

年份	土地	商业	放贷	年份	土地	商业	放贷
顺治八年	1	—	—	康熙五十二年	5	—	—
康熙十七年	3	—	—	康熙五十三年	16	—	2
康熙二十一年	1	—	—	康熙五十四年	18	1	—
康熙二十二年	2	—	—	康熙五十五年	5	1	—
康熙二十四年	1	—	—	康熙五十六年	4	—	—
康熙二十五年	2	—	—	康熙五十七年	2	—	—

续表

年份	土地	商业	放贷	年份	土地	商业	放贷
康熙二十六年	1	—	—	康熙五十八年	9	—	—
康熙二十七年	3	—	—	康熙五十九年	4	1	—
康熙二十八年	3	—	—	康熙六十年	8	1	—
康熙二十九年	1	—	—	雍正元年	7	—	—
康熙三十年	2	—	—	雍正二年	3	—	1
康熙三十一年	1	—	—	雍正四年	3	—	—
康熙三十二年	3	—	—	雍正五年	5	1	1
康熙三十五年	—	1	—	雍正六年	6	—	—
康熙三十六年	5	—	—	雍正七年	9	1	5
康熙三十七年	11	—	—	雍正八年	2	—	—
康熙三十八年	3	1	—	雍正十年	24	—	—
康熙三十九年	1	—	—	雍正十一年	3	1	—
康熙四十一年	1	—	—	雍正十二年	4	—	—
康熙四十二年	1	1	—	雍正十三年	1	—	—
康熙四十三年	13	1	2	乾隆元年	10	—	—
康熙四十四年	22	4	1	乾隆二年	2	—	—
康熙四十五年	8	3	—	乾隆三年	6	—	—
康熙四十六年	10	—	—	乾隆五年	16	—	—
康熙四十七年	4	—	1	乾隆六年	3	—	—
康熙四十八年	2	1	—	乾隆七年	1	—	—
康熙四十九年	5	3	—	乾隆八年	1	—	—
康熙五十年	4	—	1	乾隆九年	8	—	—
康熙五十一年	2	—	—	乾隆十年	—	—	1

首先需要说明的,表中所反映的只是簿主张德馨个人财产的购置情况,并不是顺治八年(1651)至乾隆十年(1745)95 年间张氏全部产业购置过程。张德馨个人财产的来源分为两部分:一是承继先人,二是自己购置。前述可知,张德馨曾祖去世于康熙二十二年(1683),生有三子;祖父去世于康熙四十三年(1704),也生有三子;父全本去世于乾隆八年(1743),生有两子,不过其次子德声过继给全秀。按照诸子均分制,张德馨分得父亲张全本

全部财产,包括张全本生前所置的全部产业、祖父张瑗生前所置的 1/3 产业和曾祖学说生前所置的 1/9 产业。即:张德馨分得学说顺治八年(1651)至康熙二十二年(1683)的 33 年间产业 6 项,祖父张瑗康熙二十三年(1684)至四十三年(1704)的 21 年间产业 60 项,分得父学本康熙四十四年(1705)至乾隆八年(1743)的 39 年间产业 265 项,个人乾隆九、十两年(1744、1745)置产两项。按照诸子均分制,张德馨曾祖学说顺治八年(1651)至康熙二十二年(1683)的 33 年间应置产 54 项,年均 1.6 项,祖父张瑗康熙二十三年(1684)至四十三年(1704)的 21 年间应置产 180 项,年均 9 项;父学本康熙四十四年(1705)至乾隆八年(1743)的 39 年间产业 265 项,年均 6.8 项,个人乾隆九、十两年(1744、1745)置产两项,年均置产 1 项。在近百年四代人中,祖父张瑗时期财产积累最快,父亲张全本时期次之,而曾祖学说时期较慢。张瑗时期财产快速积累原因在于官僚资本,张全本时期财产积累较快的原因在于商业利润。在财产积累过程中,官僚资本积累财产速度快于商业利润。至于张全本的商业经营,见于《雍正四年至十年休宁黄氏家用收支账》①所载:

> 本年(雍正八年)五月十九日出门走杭州,由南浔、苏州为启元车不得归着,及次女衣装各事,耽延一月,方至杨舍,七月初旬复出苏州至南浔,与石坑张期大先生归结车事,以千余金之血,不出十年,尽行化为乌有,可胜太息。激叔任事其中,信用不为不专,辛俸不为不厚,实难以一本之亲,而又素所称为长厚者,尚不可讬,则族姓外戚,亦不足恃,更可知矣,竭尽心思,唇舌忍病收场,将车并与张宅外,仍代赔银四十两,方得了局。

张期大就是张全本,按文中所言,当与黄氏合开油车。同兖山孙贞吉一样,张氏购置产业类型也为商业、放贷和土地,多业并举,当商业投资达到一定规模时,便转向土地不动产。徽州典商对待不同的产业始终遵循着经商在于致富、土地在于保本的传统意识。

---

① 《雍正四年至十年休宁黄氏家用收支账》第 1 册,写本,中国社会科学院历史研究所藏。

四 村落变迁

伴随置产者财产的积累和增长,必然引起同一村社不同家庭、不同家族之间的财产互动。据《休宁县都图里役备览》载,明清之际,兖山分属二十一都一图和九图,占有 6 甲。其中一图占有三、四、九、十 4 甲,九图占有二甲和八甲。就是说,兖山住有 60 多户人家,若以每户 5 口计算,也有 300 人之多,是个人户众多的大村。从有关史料记载来看,明清之际,兖山主要居住着孙氏、汪氏、江氏、叶氏、程氏、何氏、俞氏等家族。从家族势力来看,汪氏、程氏最为强大,次为何氏、俞氏,孙氏又次之,其他家族则较弱。在明代兖山 3 名举人中,汪氏占有 2 名,其中,汪文璧于万历十一年(1582)中举,并被授为云南沾益知州。在兖山 6 甲中,汪氏共占有一图三甲、十甲以及九图二甲 3 甲里长,程氏族人担任一图四甲里长,何氏担任了九图八甲里长,俞氏则充任一图九甲里长。在兖山所在的一图和九图 20 甲中,汪氏占有 4 甲里长,程氏占了 10 甲里长,何氏占有 2 甲里长。孙氏虽为当地名族之一、人口也较多,但在地方上却无多大实力。不过在兖山周边村落,孙氏却又为大宗,颇能获同姓支持。明末清初,兖山孙氏随着自身的势力消长,不断与村社中各家族之间产生密切互动,这种互动集中体现在家族间财产关系上。

孙氏与俞氏之间的财产互动。顺治初年,兖山孙氏同俞氏相比,俞氏稍占优势,并能购买孙氏的财产。如顺治九年(1652)九月,俞氏曾买下孙氏家族的山地:

　　二十一都一图　立卖契妇孙阿吴、孙阿程、孙阿何同侄男孙佛树,今因夫故钱粮棺木无办,自情愿央中将承祖业驹字今新丈归字五百三十二号,土名庵前山税三分四厘八毫三丝……今将前四项四至内取山税二厘五毫,凭中立契出卖俞名下为业,三面议定,时值价银十两整,其银当日一并收足,其山从买主管业扦葬坟穴,本家并无异说。其税于本家孙天成户内起割推入买主办纳,日前并无重复交易准折等情,倘有内外人言说,尽是买人之当,不涉买主之事,今恐无凭,立此买契存照。

在这次卖产过程中,孙阿吴不但没有遭到孙氏族人的阻拦,反而由孙氏族长孙国瑞居间作证。这说明兖山孙氏家族当时正处于困境之中,其势力不及俞氏。但是,明末清初俞氏没能及时把握时机,仍然抱残守缺,固守土地。在孙氏勃兴之时,俞氏却走向衰微,孙俞两氏的力量明显发生逆转。如顺治十七年(1660)九月,俞元和在俞氏子弟中首开先例把自己的土地卖给孙氏(契文见前)。这说明俞氏已经无力保护自己的族产,孙氏的势力明显超过俞氏。到康熙元年(1662),俞氏又因里甲之役,家族再次陷入困境,孙氏抓住这一有利时机,典买了俞氏的祖屋:

> 二十一都一图立典契人俞世泽等今因历年钱粮未清,无处措办,自情愿公众商议,将本家承祖土名新住基屋一业,新丈归字四百八十二号于上大厅一所,厅后楼房一所,其屋东至本家空地,西至本家众楼厅巷路,南至门前坦路,北至后本家空地。又将后屋东边五间屋榔听装折取用,及门前坦路前后左右,通众出入路道,央中尽行立契出典与亲人孙名下屋住,三面议定典价纹银二百七十两整,其银当收契日一并收足,其厅楼房屋随即尽行交与典人管业居住,古井听从汲水,日前并无重复交易,准折典卖等情,如有分法不清及内外,尽是出典之当,不涉典主之事,其屋议定十年以后听从原价取赎,银不起利,屋不起租,两相情愿,并无异说,恐后无凭,立此典契存照。

不过到康熙十年(1671)期限已满时,俞氏却无钱取赎,只得重新立契把此祖业绝卖给了孙氏。除上述直接购买典卖等方式外,孙氏还利用放贷手段巧取俞氏产业。据统计,自康熙元年(1662)至十五年(1676),俞氏共向孙氏借贷15次,获得款银115两,具体见表4-3。

表4-3 康熙年间俞氏借贷孙氏一览

时间	贷次	金额(两)	时间	贷次	金额(两)
康熙元年	1	2	康熙九年	2	17
康熙五年	1	5	康熙十年	1	10
康熙六年	1	30	康熙十四年	8	50
康熙七年	1	1	总计	15	115

同时,俞氏又向孙氏出售产业多达70余笔,获得价银1400多两,具体

见表4-4。

表4-4　康熙年间俞氏售给孙氏产业一览

时间	次数	总额（两）	时间	次数	总额（两）
顺治十七年	1	30	康熙二十年	5	48
康熙三年	2	25.4	康熙二十一年	2	40
康熙四年	2	44	康熙二十二年	5	73.5
康熙五年	3	144	康熙二十四年	1	0.6
康熙六年	3	304	康熙二十五年	4	37
康熙七年	1	2	康熙二十六年	3	36
康熙八年	3	32.15	康熙二十八年	5	78.7
康熙九年	1	12	康熙三十四年	1	25
康熙十年	9	146.4	康熙四十二年	1	10
康熙十三年	1	15	康熙四十三年	1	10
康熙十四年	8	175	康熙四十六年	1	20
康熙十五年	3	55	康熙五十一年	2	12
康熙十六年	2	20.5	康熙五十九年	1	8
康熙十七年	3	15	康熙六十年	2	11
康熙十八年	1	2	总计	77	1432.25

这些产业,多为田地,另有房屋等项。由此不难看出,在兖山家族之间的产业互动中,孙氏始终处于绝对优势地位,而俞氏却似乎已陷入恶性循环之中,难以与之抗衡。更值得注意的是,伴随着这种产业转移,孙氏与俞氏在社区中的力量对比发生了巨大变化,并由此引起了家族格局的重组。而这种重组,又反过来影响到产业转移的方式和内涵。事实上,后来孙氏往往凭借其强势地位,恃强欺弱,对俞氏产业巧取豪夺。如乾隆五十五年(1790),俞景来控告孙氏霸占来龙山俞氏产业,虽然取得胜诉,但其来龙山产业最终仍卖给孙氏,而孙氏仅受到罚款处置而已。孙氏与俞氏之间的产业互动,为提供了清初兖山农村社区内家族互动的典型事例。不过,更有意义的是孙氏与其他家族之间的产业互动过程。孙氏在收购俞氏产业的同时,也加紧了对其他家族产业的收买和兼并。不过其收置与兼并的对象前

后却有很大的不同,从中也能清楚地看到孙氏与其他家族之间在地位和力量方面的互动。

进而又开始收置同处本都本图或邻图的小姓产业。如康熙十四年(1675)九月,孙氏收置了本都本图曹汉伯的田地:

> 立卖契人曹汉伯今因钱粮无办,自情愿央中将承父田归字三千九百五十一号,土名井边丘,计租五称半,计税九分二厘,凭中卖与孙名下为业。三面议定,时值价银三两五钱……今恐无凭,立此卖契存照。

不过,随着孙氏势力的渐增及其地位的上升,其收置对象也开始发生变化。康熙二十年(1681)十一月,孙氏开始收置本都大姓何氏产业。

> 二十一都九图立卖契何允大将驹字号新丈归字三百四十九号,土名地丘,计中田二百七十五步九厘,计税一亩二分五厘三毫一丝;又归字三百五十一号,土名池丘,计中田四十三步一分七厘,计税一分九厘六毫二丝,凭中卖与孙名下为业,三面议定,时值价银十二两整……今恐无凭立此卖契存照。

对孙氏而言,这是一个极重要的转折,因为在顺治初年,何氏在兖山拥有相当高的地位,如其族人何承风当时担任着册里一职,何元魁也曾担任过书手一职。而且在顺治九年(1652)十月,何氏还曾买过孙氏的山地。而至此孙氏却反过来收置何氏产业,其实力消长不难推测。不过,孙氏并没有到此为止。数年之后,孙氏竟开始收置起本都大姓汪氏、程氏的产业。如康熙二十五年(1686),孙氏收购了汪氏族人汪佐朋之土地:

> 二十一都九图立卖契汪佐朋将归字四百八十七号,土名八保田,一丘计税一亩二分一厘九毫四丝,计八称,凭中卖与孙名下,三面议定,时值价银三十一两……今恐无凭,立此卖契存照。

如前所述,汪氏、程氏在明末清初皆是兖山大姓,力量远在孙氏之上。至此,汪、程二姓族人却开始向孙氏出售产业,而本族却无力阻止,由此可知孙氏之优势。

综上所述,在清朝初期,兖山孙氏由于经商成功而迅速兴起。孙氏借助于商业利润来投资土地,从而引起兖山农村社区家族之间的产业转移。这种转移,又导致了各家族之间势力的消长,也必然会打破兖山农村社区原来家族格局。

　　值得注意的是,大约从康熙中期开始,孙氏在兖山的置产速度已明显放慢,甚至出现了其他家族向孙氏赎回产业的现象。究其原因,一方面是由于孙氏本身出于家族等目的长期把商业利润投资于回报率远远低于商业的土地等产业,反哺过多,最终导致了其商业经营的衰退,同时也使置产活动失去了原先那样的资金支持。另一方面,也是因为兖山其他家族步孙氏后尘,纷纷开始经营商业,并且把商业利润中的一部分投回兖山,与孙氏对抗。

第二节　分家阄书

　　分家阄书名称繁多,有"分书、分单、清白分单、支书、标书、摽书、摽单、摽书文簿、摽单簿、分关、关书、关分、分关簿书、分析关书、分关合同、关账、义账、标账、龟书、阄书、阄分书、阄书合同、析产阄书、遗嘱阄书、连环阄书、勾书、议墨合同、遗嘱分墨、谕言"等。[①] 分家阄书以合同和流水账的形式,详细登录了分家析产的原因、类型、数量、方式和原则,其中不仅记录了分家者基址屋宇、田租、园地、山场、金银器皿、器用什物和商业资本等产业形式,而且对分家者商业财产的种类、数量、规模及其经营状况也多有涉及,因而,较为翔实地提供了有关徽州商人诸方面信息。这些丰富信息,一方面清楚地交代了徽商经营的时间、地域和行业;另一方面又准确地记载了其商业财产方面的数量和分析过程。根据分家阄书所载的丰富信息,对于把握徽商的资本积累和经营特点、了解徽商的社会关系及明确徽商的身份性质,具有相当重要的意义和价值。徽州文书中,遗存的分家阄书达数百份以上。其中,徽州典商分家书为数不少,至少有 20 份。徽州典商分家阄书内容丰富,反映了徽州典商的活动时空、经营典本及其身份性质。

---

　　① 参见栾成显:《中国封建社会诸子均分制述论——以徽州文书所见为中心》,《'98 国际徽学学术讨论会论文集》,安徽大学出版社 2000 年版,第 243—270 页;臼井佐知子:《徽州における家产分割》,《徽州商人の研究》,(东京)汲古书院 2005 年版,第 467—470 页;王振忠:《清代一个徽州小农家庭的生活情况——对〈天字号阄书的考察〉》,《上海师范大学学报》2006 年第 2 期;等等。

一 遗存述略

20 份徽州典商阄书的收藏情况、主要内容及其归户文书,大致如下。

1.《万历十六年程氏分家书》1 册,藏南京大学历史系,由序、产业总目和各家分成组成,分家者为休宁钟泽程有敬 3 子梦张、梦璧、梦魁。

2.《万历三十八年程氏兄弟分家议约》1 件,藏安徽师范大学图书馆,由产业总目和各家分成组成,分家者为程梦旸、程梦熊、程梦龙、程梦蛟、程寿生 5 兄弟。

3.《天启渭南朱世荣分家簿》2 册,藏上海图书馆,由自述、所存产业和产业分成组成,分家者为休宁渭桥朱世荣 4 子国正、国泰、国奇、国士。朱世荣归户文书多有遗存,如中国社会科学院历史研究所藏《明代万历三十一年五月休宁朱世荣置产契尾》、《万历三十六五月休宁朱世相卖基屋赤契》、《万历三十八年休宁朱绳武卖田赤契》、《万历三十八年休宁朱世华卖田赤契》、《明代天启二年休宁县正堂传唤赴审信牌》、《明代天启三年四月休宁朱世荣为恳杜害事告执照》、《明代天启三年十一月休宁朱世荣为恳恩照以杜奸害事告执照》和《崇祯三年朱国正等立分基地合同》,等等。

4.《崇祯二年程虚宇阄书》1 册,藏中国社会科学院历史研究所,同时收录于《徽州千年契约文书》,由自叙、先世坟茔、各房分授产业、众存产业和后记组成,分家者为休宁率东程虚宇 3 子房下性灵、自明、征明、继明、高明、登明、其明、襄明、钦明、景明。程虚宇归户文书亦有遗存,安徽省博物馆所藏《休宁程氏置产簿》即是其一,该置产簿彭超有过分析。①

5.《崇祯七年程继臣等立阄书》1 册,藏中国社会科学院历史研究所,由序言和产业清单两部分组成。分家者为程继臣和程起卿。

6.《顺治十四年张同官等立阄书》1 册,藏安徽省博物馆,由序、合议条例、产业清单和立合同者组成。分家者为张同官、同客、同宥、同安、同实 5

---

① 彭超:《休宁〈程氏置产簿〉剖析》,《中国社会经济史研究》1983 年第 4 期。该文主要考察程以清的家世、土地兼并的对象、租佃关系,以及货币与地价等诸问题。

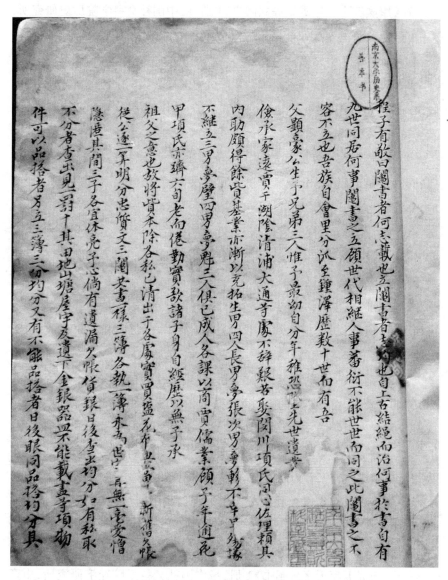

图4-2 《万历十六年程氏分家书》首页

兄弟。刘和惠、汪庆元曾引用过该阄书。①

---

① 刘和惠、汪庆元：《徽州土地关系》，见《徽州文化丛书》，安徽人民出版社2005年版，第220页。

7.《康熙五十三年戴城等立阄书》1 册,藏中国社会科学院历史研究所,由前言、合议条例和产业清单组成。分家者为戴城、戴其质、戴奎、戴德馘、戴其贞、戴其年 6 房兄弟。

8.《雍正五年黄楷等立阄书》1 册,藏中国社会科学院历史研究所,同时收录于《徽州千年契约文书》,由序言、存众祀祖、各房分授产业组成,分家者为黄楷、黄标、黄机和黄权兄弟 4 人。

9.《乾隆十六年黄炽等立阄分合同》1 册,藏中国社会科学院历史研究所,同时收录于《徽州千年契约文书》,由序言、存众祀祖、各房分授产业组成,分家者为黄炽、黄炜和黄焯兄弟 3 人。

10.《乾隆三十六年王姓阄书》1 册,藏中国社会科学院经济研究所,章有义《明清及近代农业史论集》摘录序言,由序言和产业清单组成,分家者为王锡嘏、王嘉震、王嘉庆等。

11.《乾隆三十九年姚阿汪立分析阄书》2 册,藏中国社会科学院历史研究所,杨国桢《明清土地契约文书研究》摘录序言,由序和各家分成组成。分家者为姚肇滋、姚克基、姚克明、姚克昌等。

12.《乾隆六十年胡氏分家书》1 册,藏中国社会科学院经济研究所,章有义《明清及近代农业史论集》摘录序言。由序、店屋清单和田地清单组成。分家者为胡尚增、胡尚焘、胡尚姚兄弟 3 人。

13.《嘉庆十一年天字号阄书》1 册,藏中国社会科学院经济研究所,由豆租清单组成。分家者为胡尚增、胡尚焘、胡尚姚兄弟 3 人。

14.《嘉庆十四年佩兰兄弟分家书》1 册,藏中国社会科学院经济研究所,由序和产业清单组成。分家者为佩兰、握兰、皋兰、瑞兰、燮兰、芳兰、若兰、思治 8 人。

15.《道光五年天字号阄书》1 册,藏中国社会科学院经济研究所,由产业清单组成。分家者为胡尚增、胡元熙、胡积城 3 人。

16.《道光十四年程氏阄书》1 册,藏南京大学历史系,由序言、会议规条和各房分成组成。分家者为恩绶、恩需、恩煦、恩溥、恩赍等人。

17.《道光十九年笃字阄书》2 册,藏中国社会科学院经济所和南京大学历史系,由序言和产业清单组成。分家者为胡元熙 2 子积塽、积垲。

18.《道光二十六年汪氏典业阄书》1 册,藏安徽省博物馆,由墨议和总账组成。分家者为汪左淇、汪实卿、汪逊旆、汪运鎗、汪恩淞、汪恩淋、汪恩深、汪恩涝。汪左淇归户文书多有遗存,如安徽省博物馆所藏《汪左淇等盐典合同》①,安徽师范大学图书馆藏道光二十二年歙县汪运淦《户部执照》、《道光二十六年汪左淇等立议墨》、《道光二十六年各房财产清单》、道光二十六年四月《盘查二十五年总及各业实本总》、道光二十六年正月《盘查道光二十五年德新典总》、道光二十六年四月《盘查协和典实本总》、道光二十六年四月《盘查怡和典实本总》、道光二十六年四月《盘查敬义典实本总》和道光二十六年四月《丽南公公项》等。

19.《咸丰三年程尚勤分家书》1 册,藏中国社会科学院经济研究所,由序言和产业清单组成。分家者为恩潭、恩铖、恩濴、锡宪、锡朋、锡春、锡玉。

20.《光绪二十年祁门某姓分家书》1 册,藏中国社会科学院经济研究所,章有义《明清及近代农业史论集》摘录序言。② 分家者不清。

从时间上看,上述 20 份阄书属于明代的有 5 份,清代的有 15 份,年代最早的为 1588 年,最迟的为 1894 年。此一时段正是徽州典商的主要活动时段。因而,这些阄书对于探索徽州典商的兴衰过程、活动地域、经营典本和身份性质等问题提供了十分难得的材料。

二　阄主身份

20 份徽州典商阄书对阄主姓名记录详略不一,有的明确记录阄主的姓名,有的仅记录阄主的名字,有的对阄主姓氏名字均无记录。同样,对阄主籍贯记录也详略不一,有的明确记录,有的则需要进一步考察。

《光绪二十年祁门某姓分家书》没有记录阄主姓名,难以对阄主进行考察。《崇祯二年程虚宇阄书》阄主程虚宇为休宁率东程氏,栾成显对此有着详细考证,兹不赘论。

《万历十六年程氏分家书》、《天启渭南朱世荣分家簿》和《顺治十四年

---

① 《明清徽州社会经济资料丛编》第一集,中国社会科学出版社 1988 年版,第 574 页。
② 章有义:《明清及近代农业史论集》,中国农业出版社 1997 年版,第 351、352 页。

张同官等立阄书》3册阄书不仅明确记录阄主姓名,而且记录了阄主籍贯。其中,《万历十六年程氏分家书》载其阄主程有敬籍贯休宁"钟泽","钟泽"位于休宁二十五都。《天启渭南朱世荣分家簿》载其阄主朱世荣籍贯为休宁"渭桥",渭桥位于休宁十都。《顺治十四年张同官等立阄书》载其家位于"张村",其母为"南溪汪氏","南溪"位于休西,则阄主为休宁张村人。不过,休宁二都和七都皆有张村,其中,二都张村位于休东,七都张村位于休西,可知阄主所在张村应为七都张村。

《乾隆三十六年王姓阄书》和《乾隆三十九年姚阿汪立分析阄书》等阄书明确记录阄主姓名,却没有记录其籍贯,不过据阄书内容尚可考察。其中,《乾隆三十六年王姓阄书》议条中载有"五城锄经堂、五城、陈村及本村各业、五城典屋并本村同盛店屋"字样,田产清单中载有"葫芦圫发字、叶家阁才字"等地名字号,据《休宁县都图甲户地名备览》①载,五城位于休宁二十九都,陈村位于休宁二十七都,可知阄主籍贯休宁,具体村庄不详。《乾隆三十九年姚阿汪立分析阄书》产业清单中多次载有"孝塘下国字××号"字样,据《休宁县都图甲户地名备览》载,孝塘位于休宁县十七都,且该都一图乾隆间字号为"国",可知阄主籍贯休宁十七都一图孝塘村。

《万历三十八年程氏兄弟分家议约》阄主籍贯。据休宁县志载,阄主程梦熊,"字师我,榆村人,文华殿中书舍人",阄主叔父程光启,"榆村人,光禄寺署丞"。② 由此初步推断,阄主为休宁榆村人。又据乾隆《榆村程氏族谱》载,阄主程梦旸、程梦熊、程梦龙和程梦蛟等为明代休宁榆村程爵之子。其中,程梦旸,生于万历三年(1575)、卒于天启六年(1626),县生员、国学生,文华殿中书科中书舍人,晋阶征仕郎,大理寺右寺正,加四品服,输资助边,奉旨建坊旌奖。共有明宗、明佐、明翼、明儒、明卿、明奎、明杰7子。程梦熊,字公望,生于万历十一年(1583)、卒于天启三年(1624),文华殿中书舍人,共有明辅、明弼两子。程梦龙,又名程梦庚,字季白,生于万历十九年(1591),监生,工诗。选制敕房中书,未任,忤魏珰,以黄山一案与吴养春同

① 《休宁县都图甲户地名备览》第1册,抄本,安徽省图书馆藏。
② 道光《休宁县志》卷一一《仕宦·文官》,《中国地方志集成·安徽府县志辑52》,第198页。

逮,坐赃十三万六千两,毙刑部狱。梦蛟,字于腾,生于万历二十三(1595)、卒于崇祯十年(1637),监生,共有明旭、明昶、明鼎、明超、明升、明旦、明暄7子。程爵除上述4子外,还有梦祯、梦鲤、梦周3子。其中,长子梦祯,字兆白,生嘉靖四十年(1561)、卒于万历三十二年(1604),文华殿中书科中书舍人,充册封晋藩正使,钦差两浙查粮,有一子明辅。梦鲤,字仲化,生于隆庆元年(1568),鸿胪寺序班,加一级,无子,梦旸次子明佐嗣。梦周,字于行,生于万历二十九年(1601)、卒于崇祯四年(1631),监生共有明元、明魁两子。可知,该阄书为休宁榆村程爵诸子所立。

《崇祯七年程继臣等立阄书》阄主籍贯。阄书所载田产字号主要为"凤、竹、驹"等字,土名有"武塘、典马塘、藏溪、藏干"等。地名中,"典马塘"和"藏溪"都位于休宁县二十一都,且崇祯年间"凤、竹、驹"3字号田地又分属休宁二十一都一图、三图和九图。据《休宁县都图甲户地名备览》载,这3图中,都有泰塘程氏居住。由此初步判断,阄主为休宁二十一都泰塘程氏。阄书又载,阄主曾祖旸池公、曾祖母戴氏,祖绍池公、祖母吴氏,父观吾公、母孙氏、继母吴氏,伯父时寅公及伯母吴氏。据《程典》载,程鹤,字廷皋,号旸池,生于弘治十六年(1503)、卒于万历四年(1576),娶朱氏、毕氏、戴氏、徐氏,生有一楠、一棐两子。一棐,字良弼,一字良莠,生嘉靖二十三年(1544),娶歙县溪南吴氏,生有时寅、时宾两子。时宾,字于贤,娶溪南孙洽女。可知,该阄主为休宁泰塘程时宾子孙所立。

《康熙五十三年戴城等立阄书》阄主籍贯。据休宁县志载,阄主戴奎,"字聚五,隆阜人",①由此初步推断,阄主为休宁隆阜人。又据《休宁隆阜紫竹园戴氏人房家谱》载,阄主戴城、戴其质、戴奎、戴德馪、戴其贞、戴其年为隆阜戴嘉俊子孙。其中,戴城为嘉俊之孙、其赟之子,字宗子,太学生;戴其质,为嘉俊次子,字景文,太学生,生有基、升、埰、堭4子;戴奎,为嘉俊之孙、德馪之子,字聚五;戴德馪,为嘉俊四子,字均参,又名其赞,邑庠生,生有圭、尧、奎、玺、璧5子,三子奎过继给嘉俊三子其赓;戴其贞,为嘉俊五子,字起元;名其元,太学生,生有一子台;戴其年,为嘉俊六子,字维松,考授州同,

---

① 道光《休宁县志》卷一〇《选举·贡生》,《中国地方志集成·安徽府县志辑52》,第177页。

生有堂、塣、圻 3 子。可知,该阄书为休宁隆阜戴嘉俊子孙所立。

《雍正五年黄楷等立阄书》和《乾隆十六年黄炽等立阄分合同》属于同一归户文书。两册阄书所载田地字号及坐落有相同之处。如《雍正五年黄楷等立阄书》产业清单载,"义房阄得租,二房标名下:伍(五)字二百五十九号,土名竹坑;二百五十六号,土名井边方坵"等,同样《乾隆十六年黄炽等立阄分合同》也载,"成房焯名下阄得租:五字二百五十九号,土名竹坑;五字二百五十六号,土名井边方坵"等。又《雍正五年黄楷等立阄书》阄主黄楷与《乾隆十六年黄炽等立阄分合同》凭亲伯"黄端士"名字一致。休宁县志载,黄楷,"字端士,高堨人"。① 可知,两册阄书阄主为休宁高堨人。又产业清单中载有"五(伍)字六百七十七号,土名高堨桥头"字样,乾隆年间,"五"字为休宁二十四都八图字号,且该图所辖村庄包括高堨,可知黄楷兄弟籍贯休宁二十四都高堨无疑。又休宁县志载,黄鸿,"以子机赠儒林郎,光禄寺署正"②,生有"次子庠生标"和"四子州同权"③。而黄标、黄机和黄权正是《雍正五年黄楷等立阄书》阄主。由此推知,《雍正五年黄楷等立阄书》为黄鸿 4 子所立,《乾隆十六年黄炽等立阄分合同》为黄鸿之孙、黄标 3 子所立。

《乾隆六十年胡氏分家书》、《嘉庆十一年天字号阄书》、《道光五年天字号阄书》和《道光十九年笃字阄书》等阄主胡元熙等人为徽州著名典商胡学梓子孙,其相关考证详见下文《胡学梓的家产规模》章节,兹不赘述。

《嘉庆十四年佩兰兄弟分家书》和《道光十四年程氏阄书》阄主籍贯。两册阄书属于同一归户阄书,不仅都载有中见人"涵清",而且还载有"和润典",同时还载有"培桂堂、蔴田、月塘、�树下、高祥庵、舒家林、鸟林"等地名。查徽州府县志,"蔴田、月塘、�树下、高祥庵、舒家林、鸟林"等地名属于黟县一都和五都,由此初步推断,阄主应为黟县人。又据黟县志载,程握兰,"字循陔,桂林人"。程恩绥、程恩需,桂林人,"捐职从九品"。程恩煦,

---

① 道光《休宁县志》卷一五《人物·尚义》,《中国地方志集成·安徽府县志辑52》,第363页。

② 道光《休宁县志》卷一一《仕宦·封赠》,《中国地方志集成·安徽府县志辑52》,第232页。

③ 道光《休宁县志》卷一七《人物·列女》,《中国地方志集成·安徽府县志辑52》,第454页。

"字朗仁,握兰长子"。程尚坛,"字言有,桂林人,子锡礼、锡禧,孙恩溥"。①可知阄主为黟县人,确切说为黟县桂林人。又《道光十四年程氏阄书》载有"鸿公"和"学禧"等内容。同样黟县志载,程学禧,字鸿如,州同衔,桂林人,"乾隆丁未岁赈族人饥,捐赀凿开浔阳溪路,初赴郡者由长演岭,至是行人便之。嘉庆三年掩埋李村、马川、下坦、霭冈暴露一百五十四棺,又施棺七十五具"。学禧幼年丧父,由兄学祖抚养成人,"先是其父丧时,学禧方七岁,学祖抚成之,无私财。学祖殁,长子桂兰先亡,次子亦七岁,学禧抚成之,亦无私财。族人咸称之"。② 两册阄书为黟县桂林程学祖、学禧两人子孙所立。

《道光二十六年汪氏典业阄书》阄主籍贯。阄书载有阄主"汪左淇、汪运鏞、汪恩淞、汪恩涝"等。其中,汪左淇,名运淦,歙县西溪人,长女嫁给昌溪吴锡绶,③道光二十二年捐职同知,父绍埴、叔父绍报。④ 汪运鏞,字迪旃,号荻渔,徽州歙县西溪人,生于道光十二年,同治十年(1871)进士,高祖泰安,曾祖漪,祖炳,父绍埈,叔绍培、绍埴、绍报,兄运鳌,侄荣柏、荣黻,堂侄恩潍、恩淞、恩涝等。⑤ 据其所载,"汪左淇、汪运鏞、恩淞、恩涝"等人姓名与阄主一致,由此可以初步推断阄书为歙县西溪汪氏所立。又汪世清记道,汪为炳,字丽南,生有绍峻、绍培、绍埴、绍报 4 子。其中,绍峻,字峻亭,号逸斋,生有运鳌、运鏞两子。运鳌,字逊旃,号味梅。绍培,字养功,继弟子运钮。运钮,字新甫,号圭生,子恩淞。⑥ 由此可知,阄主为歙县西溪汪为炳之孙和玄孙。为炳四子绍峻、绍培、绍埴、绍报分为四房。其中,大房峻亭公为为炳长子绍峻,绍峻有两子,长子运鳌;次子运鏞。绍培为二房,由弟子运钮承继,运钮一子为恩淞。绍埴为三房,有子运淦,字左淇。绍报生平亦不详,

---

① 同治《黟县三志》卷五《选举·仕宦》、卷六《人物·质行》和卷七《人物·尚义》,《中国地方志集成·安徽府县志辑57》,第111、37、111、123 页。

② 嘉庆《黟县志》卷七《人物·尚义》,《中国地方志集成·安徽府县志辑56》,第225、226 页。

③ 光绪《昌溪吴氏族谱》不分卷,光绪二十六刻本,安徽省图书馆藏。

④ 《道光二十二年十二月初四日歙县汪运淦户部执照》,周向华:《安徽师范大学馆藏徽州文书》,安徽人民出版社2009 年版,第217 页。

⑤ 顾廷龙主编:《清代硃卷集成》第34 册,(台北)成文出版社1992 年版,第239—246 页。

⑥ 姚邦藻、鲍义来、方利山、俞乃华主编:《汪世清谈徽州文化》,当代中国出版社2004 年版,第270、271 页。

阄主实卿应为其子或孙。

《咸丰三年程尚勤分家书》阄主籍贯。阄主有恩潭、恩濊、锡宪、锡朋、铖、锡春和锡玉 7 人。据黟县志载,程尚勤,"于族党戚友间周急补不足成祀,会捐军饷,竭力筹划,至毁家而无怨,有子七人,锡光、锡疆、锡宽前卒,锡玉读书有干济,惜不年;次锡朋、次铖、次锡春,铖最知名"①。据此所载,阄主似为黟县人。又阄书序言载有"自吾祖学本公创业以来,家道小康。迨嘉庆二十三年,吾同兄尚坚公与叔父熙仔公,分授吾祖产业"和"存仁典"等字样。查徽州府县各志,黟县程志达曾开设存仁典。程志达,字采之,桂林人,"家计稍裕,设官典曰存仁,自经理之",侄"学本,字立培"②。学本,父允选,"遗质库曰存仁"③。学本有熙信和熙仔等子,熙信有尚坚和尚勤两子。尚坚,"官云南顺宁府知事"。由此看出,该阄书为黟县桂林程尚勤所立。

20 份阄书 15 户典商中,程爵、胡学梓和程尚勤 3 户典商身份文献资料有明确记载,其余 13 户典商身份则不见文献资料记载。故而,分家阄书提供文献资料所没有的诸多徽州典商资料,是徽州典商研究的重要史料。在其人生过程中,有的经商颇为成功,如程绣"三吴两浙,半翁家质库之地"④,成为著名徽州典商;有的雅好收藏,如胡积堂藏有大量书画,著有《笔啸轩书画录》;有的注重学术,如西溪汪氏的汉学研究;更多的是对宦业孜孜以求,或科举而成,或捐纳为官。这说明徽州典商身份复杂,地位悬殊。

三　活动地域

徽州典商的活动地域,反映了徽州典商的势力范围,在一定程度上揭示出徽州典商的兴衰过程。20 份徽州典商阄书,对徽州典商所开典铺的地点

---

① 同治《黟县三志》卷六《人物·质行》,《中国地方志集成·安徽府县志辑 57》,第 112 页。

② 施源:《程君存斋志达传》,见嘉庆:《黟县志》卷一五《艺文》,《中国地方志集成·安徽府县志辑 56》,第 511 页。

③ 程鸿诏:《有恒心斋全集》文卷九《诰赠奉政大夫昭武都尉程府君墓碑铭》,沈云龙主编:《近代中国史料丛刊》第一编第 355 册,(台北)文海出版社 1969 年版,第 500 页。

④ 吴时行:《两洲集》卷五《祭梅轩公文》,《故宫珍本丛刊本》第 538 册,海南出版社 2000 年版,第 366 页。

多有记载,具体见表4-5。

表4-5　阄书所见徽州典商活动地域一览

序号	典铺	省份	府名	地名	来源文书
1	恒隆典	安徽	徽州	黟县渔亭	乾隆六十年胡氏阄书
2	存仁典	安徽	徽州	黟县	咸丰三年程尚勤分家书
3	恒裕典	安徽	徽州	歙县岩镇	乾隆六十年胡氏阄书
4	恒升典	安徽	徽州	歙县郑村	同上
5	恒兴典	安徽	徽州	休宁屯溪	同上
6	恒源典	安徽	徽州	休宁屯溪	同上
7	源兴典	安徽	徽州	休宁屯溪	同上
8	彩丰典	安徽	徽州	休宁龙湾	同上
9	隆泰典	安徽	徽州	休宁屯溪	同上
10	泰丰典	安徽	徽州	休歙	同上
11	和生典	安徽	徽州	休歙	同上
12	裕丰典	安徽	徽州	休宁万安	同上
13	万和典	安徽	徽州	休歙	同上
14	敦和典	安徽	徽州	休歙	道光十九年笃字阄书
15	长隆典	安徽	徽州	休歙	同上
16	长兴典	安徽	徽州	休歙	同上
17	×××	安徽	徽州	休宁率东河西	崇祯二年程虚宇阄书
18	×××	安徽	安庆	安庆府城绣衣坊	同上
19	×××	安徽	安庆	安庆府城巷口	同上
20	×××	安徽	安庆	安庆府城枞阳门	同上
21	×××	安徽	庐州	巢县啼河	天启朱世荣分家簿
22	×××	江西	九江	九江府城府前	崇祯二年程虚宇阄书
23	东升典	湖北	汉阳	黄陂县	康熙五十三年戴城等立阄书
24	×××	湖北	武昌	武昌察院坡	崇祯二年程虚宇阄书
25	×××	湖北	黄州	黄州府城府前	同上
26	×××	湖北	黄州	广济孝义坊	同上
27	×××	湖北	黄州	广济武穴镇	崇祯七年程继臣等立阄书
28	×××	湖北	黄州	广济龙坪镇	崇祯七年程继臣等立阄书

续表

序号	典铺	省份	府名	地名	来源文书
29	×××	湖北	承天	沔阳新堤	顺治十四年休宁张之吉立阄书
30		江苏	苏州	吴江震泽	万历三十八年程氏兄弟分家议约
31	×××	江苏	松江	松江城	同上
32	×××	江苏	松江	金山亭林	同上
33	×××	江苏	松江	上海吴淞	同上
34	×××	江苏	松江	青浦唐行	万历十六年程氏分家书
35	协和典	江苏	松江	青浦	道光二十六年汪氏典业阄书
36	兆豫典	江苏	松江	青浦朱家角	乾隆十六年黄炽等立阄分合同
37	兆隆典	浙江	嘉兴	嘉善枫泾镇	同上
38	德元典	浙江	嘉兴	秀水	乾隆三十六年王姓阄书
39	日升典	浙江	嘉兴	秀水	同上
40	德新典	浙江	嘉兴	平湖	道光二十六年汪氏典业阄书
41	×××	浙江	嘉兴	平湖	万历三十八年程氏兄弟分家议约
42	×××	浙江	嘉兴	嘉兴城	同上
43	×××	浙江	嘉兴	王江泾	同上
44	×××	浙江	湖州	湖州南	同上
45	×××	浙江	湖州	湖州南	同上
46	×××	浙江	湖州	湖州西内	同上
47	×××	浙江	湖州	湖州西外	同上
48	×××	浙江	湖州	湖州北内	同上
49	×××	浙江	湖州	湖州北外	同上
50	×××	浙江	湖州	吴兴	同上
51	×××	浙江	湖州	德清东	同上
52	×××	浙江	湖州	德清西	同上
53	×××	浙江	湖州	乌程南浔	同上
54	×××	浙江	湖州	归安菱湖南	同上

序号	典铺	省份	府名	地名	来源文书
55	×××	浙江	湖州	归安菱湖北	同上
56	×××	浙江	杭州	杭州	乾隆三十九年姚阿汪立分析阄书
57	怡和典	浙江	金华	汤溪	同上
58	敬义典	浙江	金华	汤溪	同上
59	仁和典	不详	不详	不详	嘉庆十四年佩兰兄弟分家书
60	和润典	不详	不详	不详	道光十四年程氏阄书

表中所列15户典商60座典铺地域分布,除2户典商2座典铺不明外,其余13户典商58座典铺,以省域来看,共涉及安徽、江苏、浙江、江西和湖北5省。其中,安徽共有典商5户典铺21座,江苏典商4户典铺7座,浙江典商5户典铺22座,江西典商1户典铺1座,湖北典商4户典铺7座。上述阄书中的徽商典铺,浙江最多,其次为安徽,再次为江苏和湖北,最后为江西。徽州典商活跃程度,以浙江为首,其次为安徽,再次为江苏和湖北,最后为江西。以府域来看,共涉及徽州、安庆、庐州、苏州、松江、杭州、嘉兴、湖州、金华、九江、武昌、汉阳、黄州和承天14府。其中,徽州共有典商4户17座典铺,安庆有典商1户典铺3座,庐州有典商1户典铺1座,苏州有1户典铺1座,松江有典商4户6座,杭州有典商1户典铺1座,嘉兴有典商4户典铺7座,湖州1户典铺12座,金华有典商1户典铺2座,九江有典商1户典铺1座,武昌有典商1户典铺1座,汉阳有典商1户典铺1座,黄州有典商2户典铺4座,承天有典商1户典铺1座。上述阄书中的徽商典铺,徽州最多,其次湖州,余下依次为嘉兴、松江、黄州、安庆、金华、苏州、庐州、九江、武昌、汉阳和承天等府。徽州典商的活跃程度,以徽州为首,其次为嘉兴,余下依次为松江、黄州、安庆、金华、庐州、九江、武昌、汉阳和承天等府。从地理位置上看,安徽、江苏、浙江、江西和湖北皆属于长江流域,且位于长江中下游地区。细分之,又可分为三个地域:一为徽州典商故里徽州,二为巢湖至沔阳(长江中部)的沿江市镇,三为以太湖流域为中心的江南(江浙)

地区。

明清时期,徽州典商的活动地域可以概括为徽州故里、江浙地区、长江中部以及其他地区。徽州故里、江浙地区、长江中部皆为长江流域。长江流域是徽州典商的主要活动地域,亦为徽州典商的势力范围,徽州典商不仅活跃于通都大邑,而且深入到市镇乡村。

四　商业资本

20份徽州典商阄书,对徽商典铺资本来源、产业规模和家产分割方式亦有所记载。

资本来源:(1)商业资本。万历年间的程有敬,其父显豪公在隆庆之前即外出经商。隆万年间,程有敬"远贾湖阴、清浦、大通"等处,转营典业。万历年间的程梦旸兄弟,其祖父程绣于嘉靖年间开始外出经商,并转营典业。万历崇祯年间的程继臣,其先人外出经商,后转营典业。万历崇祯年间的程虚宇,其父程伯儒于隆庆年间外出经商,始经营盐业,后转营典当业。明季休宁张公路年轻时习理生意,后同诸伯叔承创典铺。清代康熙年间的姚克基,其祖父初经营茶业,后转营典业。康熙年间的戴城,其父嘉俊始经营染业,后转营典业。康熙年间的王锡碬祖父有声公,早年"侨居嘉禾,勤俭自持,推诚接物,以故业日隆起",开创德元、日升两典。乾隆年间的胡学梓,其祖父胡丙培和父亲胡应海皆为商人。胡学梓承继父业,并转营典业。学梓去世后,其典业资本由诸子承继。道光年间的汪左淇兄弟,其先人始经营茶业,转营典业。这些典商的资本均来源于商业资本。(2)借贷资本。万历天启年间的朱世荣,年轻时家贫如洗,后变卖妻子陪嫁衣服首饰,筹得资金15余两,与其甥合伙开设典铺。其典业资本来源于借贷资本。(3)来源不明。雍乾年间的黄楷及黄炽兄弟,其父祖于康熙年间开始外出经商,商业以典业为主。其典业资本来源不明。嘉庆年间的程握兰和道光年间的程恩绥,其典业财产承继先人,其典业资本来源不明。道咸年间的程尚勤,典业资本承继曾祖程志达,志达典业资本来源不明。光绪年间祁门某典商典业财产承继先人,其先人典业资本来源不明。

上述13户典商中,典业资本来源于商业的9户,来源于借贷资本的有

1户,来源不明的有3户。徽州典商的典业资本来源主要为商业资本,其他行业的徽商是徽州典商兴起的基础。

产业规模。首先,20份阄书对铺本的记录较为详细,具体见表4-6。

表4-6　阄书所见徽商典铺铺本一览

年份	典铺	资本	年份	典铺	资本
明万历十六年	唐行典	6178	乾隆六十年	恒升典	21286
明崇祯二年	休宁率东	9696	乾隆六十年	恒兴典	43759
明崇祯二年	安庆绣衣坊	10062	乾隆六十年	恒源典	39931
明崇祯二年	安庆枞阳门	7932	乾隆六十年	彩丰典	22879
明崇祯二年	安庆巷口铺	11124	乾隆六十年	隆泰典	41687
明崇祯二年	九江府前铺	13471	乾隆六十年	泰丰典	7127
明崇祯二年	楚省察院坡	11461	乾隆六十年	裕丰典	47627
明崇祯二年	黄州府前铺	7779	道光十九年	隆泰典	32004
明崇祯二年	广济孝义坊	8758	道光十九年	恒裕典	34393
崇祯七年	隆坪典	10000	道光十九年	泰丰典	12760
崇祯七年	武穴典	9000	道光十九年	恒隆典	12086
乾隆四年	兆豫典	9821	道光十九年	长隆典	9395
乾隆四年	兆隆典	24201	道光十九年	长兴典	14614
乾隆十五年	兆豫典	12764	道光二十五	协和典	45327
乾隆十五年	兆隆典	20611	道光二十六	协和典	41988

上述30年次典铺资本中,数量最少的为万历十六年(1588)唐行典的银6000余两,最多的为乾隆六十年(1795)裕丰典达银47000余两,平均为银18800余两。其中,属于明代的有11个年次,平均为银8500余两;属于清代19个年次,平均为银26000余两。由此看出,由明及清,徽商典铺铺本不断增加,增长趋势明显,经营规模不断增大。其次,20份阄书对商本的记录较为详细,具体见表4-7。

表4-7　阄书所见徽州典商产业一览　　　　（单位：银两）

姓名	典业	商业	土地	其他
程有敬	6000	14068	不详	借贷
程梦旸	790000	790000	不详	金银器皿
程虚宇	80886	82190	277	金银器皿 745
朱世荣	不详	11116	不详	—
程继臣	20207	20207	不详	房租
黄炽	15358	15358	不详	市房
王锡瑕	不详	不详	180	房租不详
胡学梓	不详	403626①	930	—
胡元熙	不详	115262	310	房租不详
程佩兰	不详	不详	250	—
汪左淇	不详	149925	不详	—
程恩绶	不详	不详	80	屋 25 所

　　上述 12 户典商中，家产包括商业、土地和其他方面。其中，商业资本最多的为程梦旸兄弟，近银 80 万两；最少的为朱世荣，达银 1 万余两；平均为银 15 万余两。土地最多为胡学梓，达 930 亩，时价折银 2—3 万两；较少的为程恩绶，达 80 亩，时价折银 1000 余两。一般而言，拥有百亩以上土地应属于地主，徽州典商多属商人兼地主。从家产看，最多的也是程梦旸兄弟，达银 80 万两以上；次为胡学梓，达银 40 万以上，再次汪左淇、程虚宇、胡元熙，在银 10 万两以上。徽州典商资本相当雄厚，出现大资本商人。

　　家产分割。20 份阄书中，对家产的分割方式也有所记载。其商业资本分割方式有两种：一是将商业资本分给诸子，并由诸子独立经营，原有的家庭商业组织随之分析。二是将商业资本分给诸子，其商业仍有诸子共同经营，原有的家庭商业组织保持不变。其第一种分产方式可称为分产分业，第二种分产方式可称为分产不分业。20 份阄书中，万历三十八年(1610)程梦旸、崇祯二年(1629)程虚宇、崇祯七年(1634)程继臣、乾隆十六年(1751)黄

---

　　① 　需要说明的是，该材料来源于《乾隆五十八年各处资本》而非《乾隆六十年胡氏分家书》。

炽、乾隆六十年（1795）胡学梓、嘉庆十四年（1809）程握兰、道光十九年
（1839）胡元熙、道光二十六年（1846）汪佐淇等属于分产分业的分家方式，
而万历十六年（1588）程有敬、万历二十四年（1596）程林、崇祯二年（1629）
朱世荣、康熙三十五年（1696）戴城、咸丰年间的程尚勤等则采取分产不分
业的分家方式。其中，万历二十四年（1596），程林分家时，家产虽分给三
子，但其商业由三子共同经营。明清时期，商人家庭对于商业财产的分割存
在分产业和分产不分业两种方式。分产分业和分产不分业两种分家方式对
资本积累影响有着明显的不同。分家分业的分家方式，分散了资本，不利于
资本积累和集中，而分家不分业的分家方式，则避免资本的分散，有利于资
本积累和集中。同时，分产不分业的分家方式对于商业经营又产生了一系
列积极变化和深远影响，它改变了资本组织形态，转变了经营方式，调整了
利润分配制度。资本组织由父辈独资式转变为诸子合伙式，经营方式亦由
父辈一人负责制而转变为诸子轮流制或委托制，在此基础上，利润调整为正
余利制分配。

　　明清时期，徽州典商活动范围十分广泛，遍及大江南北的城市乡镇，主
要集中于长江中下游地区。徽商典铺铺本少则数千两，多则数万两甚至达
十万两，由明及清不断增加。徽州典商个人典业资本少则数十两甚至数百
两，多则达数万两、十几万两、数十万两甚至百万两，出现了大资本商人。大
资本商人的出现，是明清社会变迁的标志之一。徽州典商多采取分家不分
业的分家方式，不仅避免资本的分散，而且调整了经营方式，从而优化了经
营效益。分家不分业的分家方式，是徽商经营激励机制之一。徽州典商身
份复杂，来源于其他行业商人，多属兼营性商人，多为商人兼地主，对宦业孜
孜以求，本质上仍属传统商人。

第三节　家用收支账

　　家用收支账，为家庭日用账簿，主要记载家庭日常生活收入来源和支出
费用。徽州文书中，家用收支账较多，然能够辨认为典商家用收支账的却不

多。中国社会科学院历史研究所《雍正四年至十年休宁黄氏家用账》、《雍正十一年至乾隆八年休宁黄氏家用收支账》、《乾隆九年至十三年休宁黄氏家用收支账》、《乾隆三十二年至三十六年休宁黄氏松房家用收支账》、《乾隆四十六年至五十一年休宁家用收支账》和南京大学历史系《乾隆二十五年立家用收支》属于徽州典商家用收支账。其中,《雍正四年至十年休宁黄氏家用账》、《雍正十一年至乾隆八年黄氏家用收支账》、《乾隆九年至十三年休宁黄氏家用收支账》、《乾隆三十二年至三十六年休宁黄氏松房家用收支账》和《乾隆四十六年至五十一年休宁家用收支账》属于同一簿主的账簿,以下简称《休宁黄松家用收支账》。现以两家数册账簿为例,就家用收支账做一论述。

一 概 述

数册账簿保存基本完好。其中,《雍正四年至乾隆八年休宁黄松家用账》由家用收支账、批语和钱粮赋税三部分组成。家用收支账记录了雍正四年(1726)九月初十日至乾隆八年(1743)年底各项收支,按日记录。收入记录是先登事项、后载数量,支出记录,则是先载数量、后登事项。一月终了,无月总;一年完毕,也无年总,故其记载极为琐碎,难以统计。批语有眉批和夹批两种,内容大体分为三部分。一是记录簿主日常活动。如雍正七年(1729)二月十二日载,"同楣往茗洲,十七日转往石坑,廿三日回家"。二是记录亲友生老病死。如雍正六年(1728)四月二十八日,"往乌旻,即便道茗洲候心存表兄客归,不意已抱病,至不能起,惜哉!"三是记录家庭赋税、诉讼以及商业经营。如雍正七年(1729)九月十九日,"支银二两五钱,缴回胡伊志田典契一纸"。该条下载,"此曾祖于顺治十二年将黄支坑庄平岭,尝与城居胡子英名下,得价二十二两,今其孙伊志以经催本图钱粮村中行动,族内不肖辈又有以此媚之者,访得其真,浣沅友叔、辉五叔以情来言,想当年以里长经收,曾祖连当两年,理或有之,虽久远不能作准,然先人字迹画押皆可假,故与楣弟共去银五两,消释其事"。《乾隆二十五年立家用收支》共记录乾隆二十五年(1760)至二十九年(1764)共5年家用收支账。分为乾隆二十五年(1760)至二十八年(1763)家用收支账和二十九年(1764)家用收支账两部分记录,按年记录收支情况,先记收入,后记支出。需要说明的是,《休宁黄松家用收支账》所记家用收支账目并非完整,而是有所省略。如雍正六年(1728)五月十八日,"出门家中各收支账记其大略,以便稽考。"又八月二十日,"出门以后,往返盘传(缠)及在客地,自手收支各账略记详细,以便查览。其在典支用银钱悉载各支账上,此不复录。"又雍正七年(1729)三月二十九日,"出门家中各收支账略记大数;出门后各收支总记大数于下,其在典支用银钱悉详支账上"。

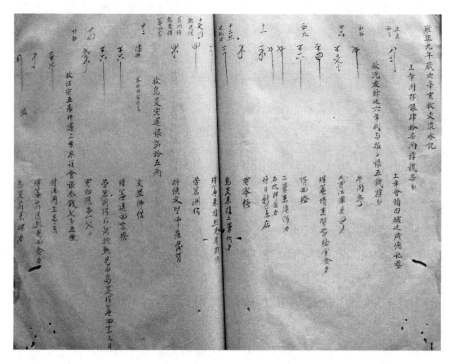

图4-3　雍正五年至十年休宁黄氏家用账

簿主考证。两户家用收支账既没有明确记录簿主姓名,也没有记录簿主籍贯。其中,《休宁黄松家用收支账》虽没有记录簿主的名字,却记录簿主的姓氏。如乾隆七年(1742)完粮登记载:

> 黄立户,共折实田三亩五分五厘九毫一丝九忽六微,户丁的名黄碧。

　　黄养和户,共折实田七十四亩六厘三毫三丝二忽六微,户丁的名黄甲。

　　黄云德户(届私册椙名下),共折实田二亩九分七厘五丝一忽九微,户丁的名黄昆琼。

　　黄紫垣(云德户届私册上),共折实田五亩三分三厘五毫三丝四微。

簿主拥有黄立、黄养和、黄云德、黄紫垣4户户名,显然簿主姓黄。又据《休宁县都图甲全录》载,"三十二都三图维字号十甲黄云德,山后"。知其簿主为休宁三十二都三图十甲黄云德户户丁。同时,账簿还记录簿主家庭成员的名字,如雍正九年(1731)正月十二日条载,"烈儿赴珠簾";同月十七日条载,"勋儿往茗洲"。知其簿主为休宁三十二都山后黄烈、黄勋之父。从题名《松房家用收支账》,簿主名字应为黄松。《乾隆二十五年立家用收支》虽没有记录簿主姓氏,却记录簿主家庭成员的名字。二十六年(1761)支总载,"八月十七日,支银一两四钱四分,尔、敦下典轿力包饭,共六次为典务","十二月十六日,支九七银三两二分五厘,君借祖母五十九日饭食;支九七银三两二分五厘,佐借祖母五十九日饭食;支九七银三两二分五厘,履借祖母五十九日饭食;支九七银三两二分五厘,昭借祖母五十九日饭食;支九七银三两二分五厘,尔借祖母五十九日饭食;支九七银三两二分五厘,敦借祖母五十九日饭食"。又载,"祖母、母亲、母亲递手,闰弟拜门;母亲伙食,吉弟七次;母亲伙食,恒弟五次"。可见,簿主有一位祖母、两位母亲、君、佐、履、昭、尔、敦、闰、恒、吉等同祖兄弟。又二十五年(1760)支总载,"佐周司家务公议俸九七银三十两"。由此可知,"佐"为"佐周"。又二十九年(1764)支总载,八月十三日,"兑本年兆恒、兆宁、兆端、兆谷、兆旦、兆立、兆安、兆吉、找兑孝友堂、找兑维则堂、文俊"等字样,可见,"恒"为"兆恒","吉"为"兆吉"。遗憾的是,簿主姓氏始终难以判断。至于簿主的籍贯,账簿亦无明确记录。不过,二十八年(1763)支总载,"九月二十四日浼顺兄往黟城缴捐城工一半费",可知簿主籍贯黟县可能性较大。又账簿载有"弘村、韩村、珠坑、西园、相婆岭、玛瑙、溪口、西村、磻村、东圩、蓝田"等地名。如"二十七年支总"载,"正月二十四日,支九七银六钱,珠坑宅来托媒二人赏分","二月十五日,支九七银一两九钱二分,弘村定买面桃五砠"。这些地名中,"弘村、韩村、朱坑、西园"等位于黟县东北,"溪口、西村、礄村、东玗、蓝田"等位于休宁西北,簿主为黟东北或休西北人,其中为黟县人极大。

典铺名称。3册账簿中,《休宁黄松家用收支账》明确记录开设典铺,而《乾隆二十五年立家用收支》没有记录典铺名称。其中,《休宁黄松家用收支账》载:

雍正五年三月二十日,收升扶兄永晟典支寄六寿来银二十两。

四月十六日,收升扶代支寄朱脚人永晟典十两二钱五分。

五月二十八日,收楚弟代支永晟典寄大溪脚人来银十两四钱。

雍正十二年二月廿三日,收吴升扶表兄永晟典代支回银十五两六钱。

据其所载,黄氏开设的典铺为永晟典,永晟典又名程永晟典。对此雍正七年(1729)十月《李绍□抵约》载:

立抵还文约溪口李绍□,身于雍正七年三月将程永晟典存买苏州江朝松行大香一宗,计价九七色银九十三两正,行内扯还行客,原有欠票一纸,今因当取无措,央中面议,将自置……字……号,土名桑园墭,山骨一半,计税……正,并在山苗木草一半,出抵与程永晟典名下抵还前银,其在山草木俟长养成□材日,听从出卖□簿出水,并无生情异说,倘有家外拦阻,亦□□□□□涉典事,恐后无凭,立此抵契存照。①

据其所载,雍正七年(1729)李绍□曾欠有程永晟典一事。该文约收于《道光休宁吴氏眷契簿》中,而《道光休宁吴氏眷契簿》为休宁茗洲吴氏所有,故而永晟典由茗洲吴氏、山后黄氏以及程氏合开。对此,该文约后附有茗洲吴氏注录,"此误作三股算,吴应得九七本廿一两五钱五分,又认轿一两六钱,共廿三两一钱五分,收九五十七两四钱,仍该五两六钱五分,与绍兄信"。同时又续注,"该作二股二分半,吴该股一十七两零九分二厘,今收十八两,内除正修轿银一两六钱,内除还中资六钱,净收股内银一十五两八

① 王钰欣、周绍泉主编:《徽州千年契约文书》卷一二《道光休宁吴氏眷契簿》,花山文艺出版社1991年版,第290、291页。

钱"。永晟典为茗洲吴氏合开无疑,至于为谁合开,《道光休宁吴氏誊契簿》并没有确切说明。而据《休宁黄松家用收支账》载,永晟典应为茗洲吴汝遇子孙所有。该账簿"雍正八年十一月八日"载,"青羽舅为永晟典事十七日同特士表叔、非袭表弟来议数日,于二十二日去楣共与往来轿金三钱二分"。其中,青羽为休宁茗洲吴翟,特士为休宁茗洲吴维侣,非袭为休宁茗洲吴嘉集。据《茗洲吴氏家记》载,吴翟为茗洲吴汝遇之孙、吴胤廓之子,吴维侣为茗洲吴汝遇之孙、吴胤寏之子,吴嘉集为吴翟之子。山后黄松与吴翟、吴维侣和吴嘉集3人商讨永晟典事务,则说明永晟典与3人有关,亦为3人所有,即为茗洲吴汝遇子孙所有。有关李绍□拖欠永晟典一事,《休宁黄松家用收支账》也有记载。雍正十一年(1733)"四月二十八日,同程免若兄往流口为李绍□欠典银事,由茗洲于洪水阻,初三日回"。这进一步佐证《道光休宁吴氏誊契簿》所载不虚。

开设地点。《休宁黄松家用收支账》和《乾隆二十五年立家用收支》对典铺开设地点的记载都模糊不清。其中,《休宁黄松家用收支账》载,雍正十三年(1735)"四月初六日到家,用存银二十六两六钱八分,原三月十二杨舍动身支永晟典银四十两一钱,四两(分)除一路盘缠买物用外存此"。由此看来,永晟典似乎开设于杨舍,杨舍为江苏江阴县。又载,乾隆四年(1739)六月初六日"常熟买物",乾隆六年(1741)"八月廿六日由东霸至万村起早回家,收典支银十两四钱,又成德名下支回银二十两八钱,收买常熟屋银八十两,外钱卅两客外用去",乾隆八年(1743)"四月初五,支银五钱,寄与常熟查氏",由此看来,永晟典似乎开设于常熟,常熟为江苏苏州。实际上,杨舍虽属江阴县,却与苏州常熟毗连。所以,永晟典应开设于江阴杨舍。至于《乾隆二十五年立家用收支账》中的典铺开设地点则难以判断。账簿载,乾隆二十六年(1761)正月初二,"支银二钱四分,佐往常,新福、新立轿下典力并饭食",又乾隆二十七年(1762)二月十四日,"支银十两,付常母亲伙食"。这说明该典铺开设于"常"字开头的府县市镇或乡村。

二 收入来源

3册账簿对两家收入事项和数量悉为记录。其中,黄松家用收支账雍正十一年所记收入事项及数量为：

正月初一日，上年用存银二十两四钱五分，又足纹银十两一钱。（1）

二月初一日，收粜谷银三两五钱二分，收粜米银六钱三分。（2）

二月初八日，收昆仑祠正月初四算还去年代应银本利九钱一分，又存银六钱八分。（3）

三月初一日，收借用杨日起该一甲贴役银五钱九分五厘。（4）

三月初四日，收杨村坞拼竹银一两五钱六分。（5）

三月十三日，收永晟典支寄汤脚来银三十一两二钱，又卖前年茶银二两五钱。二月廿八发。（6）

三月廿九日，收□叔婆籴谷银六钱二分。（7）

四月初三日，收成德祠客外支还去年垫用银二两二钱二分。（8）

四月十一日，收溪口寄来遣婢身价银五两六钱。（9）

四月二十四，收位三叔公籴谷银四钱一分五厘。（10）

五月十日，收永晟典支寄汤脚来银十五两七钱五分，内加包一钱五分，又银首饰廿四单件，重四两三钱。四月廿五日发。（11）

五月二十日，收谷弟还代完粮银三两二钱一分。（12）

六月初一日，收溪口送来遣婢身价银十两三钱四分。（13）

六月初一日，收本隆叔公籴谷银二钱一分五厘。（去谷十八斤）（14）

六月初六日，收磜头人买灰银二钱四分。（15）

六月十七日，收卖与本宁叔公官山磡积年田二处田价银一两三钱。（16）

六月十七日，收塌下龙哥籴谷银三钱二分。（去谷一称六斤）（一称为20斤）（17）

六月廿七日，收杨村坞拼竹银二两一钱二分。（18）

六月廿七日，收籴谷银五钱四分。（19）

七月初六日，收永晟典支寄汤脚来银十两四钱五分，外看□衣包一个，六月十九日发。（20）

七月十八日,收永晟典支寄胡龙如脚人来银十两四钱,六月廿二日发脚。(21)

七月廿九日,收客外消来首饰换出银六钱一分。(22)

九月初一日,收邑中借查廷霞兄银三两。(23)

九月初八日,收瑞贴众算还银本利五两八钱四分八厘,又退还昆祠银本利三钱五分。(24)

九月十二日,收碧众还付用银十五两六钱,原永晟支寄六寿来银二十五两,升扶兄信中未填数目,想是病中精神恍惚之故,其银付楚弟手,代众用十两将此还我垫用再算。(25)

九月十三日,收客外消来旧衣布卅三件,又买来沔阳布套料一件,八月十八日发,六寿回,碧众收银二十五两,信上未填数目,余人俱无。(26)

九月十五日,收李瑄还春间竹价三钱三分,又去年借银利三钱六分。(27)

九月廿二日,收永晟典支寄汤脚来银十五两六钱,九月初一日发。外碧众四十两,楣二十两,谷十两。(28)

九月廿四日,收用碧众银二十五两二钱五分。(29)

十二月十六日,收溪口婿家折贺仪一两六钱。(30)

十二月十九日,收永晟典支寄六寿脚人来银十两六钱三分,十一月廿三日发。外碧众十两,楣弟十两,货物李楚南另寄,谷弟十两,货物与我共寄。(31)

十二月廿二日,收永晟典支付之蕙弟来银三十两九钱,九七,二厘;纹一厘;十二月初七日发。外银鱼两斤,碧众四十两,楣弟卅两,谷弟五两,银鱼半斤。(32)

十二月廿五日,收汪宗五表叔寄还壬子年会资三钱七分五厘。(33)

十二月廿五日,收子端弟还先年借买妾银一两。(34)

十二月卅日,收王志华取前年岁底小租本银二两。(35)

十二月卅日,收楣弟算找各往来账银一钱四分五厘。(36)

该年黄氏收入事项共36笔,其中,第(1)项为上年余款,共银30.55两;第(2)(7)(10)(14)(17)(19)项为买谷所得,共银6.26两。(16)(35)为卖田价,共银3.3两。(5)(6)(15)(18)(27)项为卖山木茶款额,共银6.75两。(6)(11)(20)(21)(22)(25)(26)(28)(21)(32)(36)项为典铺收入,共银147.085两。(3)(4)(23)(29)项为向别人借用款额,共银29.525两。(3)(8)(12)(24)(27)(33)(34)项为收回放贷本利,共银14.273两。(9)(13)为卖奴婢款额,共银15.94两。(30)为收贺礼款额,为银1.6两。各事项中,卖粮、卖田以及卖山木所得都属于土地收益,现将雍正十一年(1733)黄氏各项收入及数量列表4-8。

表4-8　雍正十一年(1733)黄氏各项收入一览

种类	上年余款	土地收益	借用银两	放贷本利	典铺收益	卖婢身价	其他	总数
银两	30.55	16.31	29.525	14.273	147.085	15.94	1.60	255.283
%	11.97	6.39	11.560	5.590	57.610	6.24	0.64	100.000

从表4-8中可以看出,雍正十一年(1733)黄氏共收银255.283两,除上年存余外,实际收银224.733两。以年总收入来看,收典铺银最多,占57.61%;非典铺收入银108.198两,占43.39%。以实际收入来看,收典铺银占65.45%,非典铺收入银77.648两,占35.55%。无论是总收入还是实际收入,典铺银都超过一半,这表明黄氏收入来源主要为典铺银,即典业经营利润。据此,现将黄氏历年收入事项及数量列表4-9。

表4-9　雍乾年间黄氏收入一览

种类\年份	上存余额	土地收益	典铺收益	借用银两	放贷本利	奴婢身价	其他	实际收入	总数
雍正十一年	30.55	16.31	147.085	29.525	14.273	15.94	1.6	224.733	255.283
雍正十二年	27.4	—	100.93	7.75	5.4	—	—	114.08	141.48
雍正十三年	—	—	118.17	3.932	10.02	—	1	133.122	133.122

种类 年份	上存余额	土地收益	典铺收益	借用银两	放贷本利	奴婢身价	其他	实际收入	总数
乾隆元年	—	8	51.85	10.5	5.23	—	—	75.58	75.58
乾隆二年		3.45	52.5		3.33			59.28	59.28
乾隆三年	—	3.84	69.18	29.926	8.25	—	—	111.196	111.196
乾隆四年	14.7	6.28	49.92	0.3	0.43	22.5	—	79.43	94.13
乾隆五年	—	37.8	55.96	—	12.36	4.1	—	110.22	110.22
乾隆六年	12	88.18	101.2	36.11	81.025	—	16.5	323.015	335.015
乾隆七年	72.2	23.83	138.8	95.93	37.37	1	102.99	399.92	472.12
乾隆八年	36.5	16.49	265.07	54.62	37.875	24.6	8.405	407.06	443.56
总数	193.35	204.18	1150.665	268.593	215.563	68.14	130.495	2037.636	2230.986

从表4-9中可以看出,以实际收入为例,各年数量不等,最多的为乾隆八年,达银407余两;乾隆七年(1742)和六年(1741)次之,超过300两;雍正十一年(1733)又次之,为银224余两;乾隆二年(1737)、元年(1736)和四年(1739)极少,不及银80两;乾隆五年(1740)、三年(1738)、雍正十二年(1734)、十三年(1735)也较少,不及银150两。11年间,共收银2037余两,平均年收银185余两。各事项中,收典铺银最多,为银1150余两。占56.45%;借用银两、放贷本利和土地收益次之,超过银200两,分别占13.16%、10.55%和10.01%;奴婢身价较少,不及银100两,占3.33%;其他各项共为银130余两,占6.5%。收入中,非典铺收入银886.971两,占43.55%,而典铺银超过一半。黄氏的收入主要来源于典铺,商业利润是黄氏家庭收入主要来源。

《乾隆二十五年立家用收支》所载各年收入事项、数量及其比例列表4-10。

表4-10　《乾隆二十五年立家用收支》簿主各年收入一览

年份	二十五	二十六	二十七	二十八	二十九	总数	平均
总收银(两)	372.385	376.595	573.118	984.284	449.093	2755.475	551.095
存银(两)	26.155	10.560	0.136	12.870	12.230	61.951	12.390
实收银(两)	346.230	365.035	572.982	971.414	436.863	2692.524	538.505
收典银(两)	307.500	342.675	437.060	938.461	307.459	2333.155	466.631
收非典银(两)	38.730	22.360	135.922	32.953	129.404	359.369	71.874
典银占所收比(%)	88.810	93.870	76.280	96.610	71.380	426.950	86.650
非典银占所收比(%)	11.190	6.130	23.720	3.390	28.640	73.070	13.350

　　从表4-10中看出,以实际收入为例,各年收入数量不等,最多的为乾隆二十八年(1763),达银971余两;其次为乾隆二十七年(1762),为银572余两;乾隆二十九年(1764)又次之,为银436余两;乾隆二十六、二十五两年(1761、1760)较少,约银350两。5年间,共收银2692余两,平均年收银538余两。各项收入中,共收典铺银2333余两,占总量86.65%;非典铺收入银359余两,占总量13.35%。典铺收入为非典收入的6.5倍,该家庭收入主要来源于典业利润。

三　消费支出

　　3册账簿对两家支出事项和数量悉为记录。其中,《乾隆二十五年立家用收支》所载乾隆二十五年(1760)正月支总如下:

　　初二,支六分,珠坑婢力;支一钱,秀屏送亥甲酒并利市盒力

　　初三,支八分,西村送利市力;支八分,秀屏五岳处送利市力

　　初四,支八分,溪口送利市力

　　初五,支六分,西村送利市力;支五分,磻村送利市力;支八分,打发;支一两,进德父死至化是助

　　初九,支二钱三分七厘,入买积生柴脑二百九十六斤;支一钱六分,买春饼皮二百

十二,支二钱三分,酱油三斤四两青果一斤四两;支二钱六分二厘,买进孙柴三百二十七斤;支二钱,付法九柴账;支八钱,付元典柴账

十四,支一钱八分五厘,找积生柴账

十五,支九八五两整,上俊妹借

十六,支四钱二分二厘,寿柴五百二十八斤;支一钱七分一厘,得正柴二百十四斤

十八,支二钱八分三厘,找上署柴账;支三钱七分,找法九公柴账;支一钱,培婶借。

二十,支四两三钱六分五厘,代各会戏丁饼自六正、七幼;支四钱一分五厘,找新万柴账;支一钱二分,秀婢力;支二钱四分五厘,积生柴三百零四斤;支一两一钱五分,亥甲酒贺汝学太翁寿;支三钱零二厘,找爱九柴账

二十二,支一钱八分二厘,进孙柴二百二十八斤;支一两零八分二厘,找喜桂柴账;支一钱七分九厘,找得正柴账。

二十三,支一钱七分五厘,省寿扛东坑榧柱工;支一钱九分八厘,同找柴账

二十五,支四钱零一厘,找祥仂柴账;支七钱五分六厘,找喜得柴账

二十七,支二钱九分三厘,付积生柴三百六十六斤

二十八,支一两二钱六分九厘,买元种,柴脑一千三百三十二斤,柴子二百九十斤

二十九,支一钱,蕙姐处着仆来标挂盒力

在支出事项中,"婢力"和"利市力",指送给的赏钱,属于人情礼节的一种;"进德父死至化是助"指丧事的赞助,属于人情礼节的一种;"买积生柴脑"、"买春饼皮"、"买酱油"、"买青果"、"买进孙柴"、"付法九柴账"和"付元典柴账",指购买生活用品的支出,属于家庭生活消费的一种;"上俊妹借"和"培婶借",指借给别人的银两,属于借贷的一种;"贺汝学太翁寿",指祝贺寿礼的支出,属于人情礼节的一种。《乾隆二十五年立家用收支》所载支出事项种类繁多,赏钱的有"婢力"、"利市力"、"脚力"、"脚价"、"仆力"和"舞狮子赏钱"等,家庭生活支出种类有"亥"、"丑"、"青油"、"柴"、

"盐"、"鸡"、"蛋"、"鱼"、"月米"、"面"、"糕"、"伙食"、"铁锅"、"大红缎"、"鞋绳"和"布"等,其中,"亥"指猪肉,"丑"指"牛肉"。此外,有"做田工"、"锄麦工"、"开磨工""车匠工"、"扛石工"、"木工"、"砖匠工"、"漆匠工"、"开路工","付工账"和"辛俸"等各种工钱,有"营米"、"本年尚志堂官戤粮银"、"上粮银补"、"火印"、"收税印契"、"造册"、"图差"、和"城工捐"等赋役方面的税捐,有"万先生束金"等科举方面支出,有"送端节"、"万先生节礼"和"办中元节"等节礼用费,有"天麟表弟借"、"社会"等借贷银两,有"标挂"、"尚志堂"、"孝友堂"和"维则堂"等宗族方面的支出,还有"捐天禄公讼事"等讼费方面。"赏钱"、"工钱"大多属于家庭生活生产方面的开支。所以,家庭支出事项可以分为家庭生活生产、产业购置、赋役、借贷、人情礼节、文化科举和争端诉讼等方面。

同样,《休宁黄松家用收支账》所载家庭支出事项也大抵如此。家庭生活生产事项有购置各种生活用品、支付各种工钱,如雍正十一年(1733)正月初六日,支银"七分,买春饼皮";初八日,支银"一钱二分五厘,丑"。产业购置包括购置土地、开设店铺和建房造园等,屋商产,如雍正十一年(1733)正月廿一日,支银"一两二钱四分五厘,付沄源叔地价"。赋役包括各项税捐及相关费用,如雍正十一年(1733)三月十四日,支银"一两,浣歙家印契二纸"。借贷包括收取利息的贷款、不收利息的借款,以及临时代人的付款,如雍正十一年(1733)正月十九日,支银"三两零五分,周士表叔暂借";二十日,支银"一两七钱五分,谷弟借换金扁方";二十一日,支银"六钱五分五厘,十排会利"。人情礼节包括临时赏钱、节礼、婚丧生日寿诞、房屋落成、进学中举等贺礼,如雍正十一年(1733)正月初八日,支银"一钱,溪口盒脚"。四月初五,支银"一钱,买白烛吊旦升亲翁令堂",七月初六,支银"一钱,贺神老叔公七十寿"。雍正十二年(1734)四月十四日,支银"二钱,子端弟端汤节礼"。文化科举等雍正十二年(1734)三月十四日,支银"四分八厘,派作鬼戏";十三年(1735)四月二十日,支银"七分,两次出,做戏";乾隆元年(1736)六月,支银"五钱,送子端乡试卷资"。争端诉讼等方面的如,雍正十一年(1733)八月初八日,支银"八钱七分五厘,为觋古岭山盗砍事呈官各费"。

各事项中,就其种类而言,家庭生活生产方面最多,人情礼节往来次之,借贷又次之,而购置产业、赋役、科举文化和诉讼方面较少。就其数量而言,家庭生活生产方面最多,人情礼节往来和购置产业次之,借贷又次之,而赋役、科举文化和诉讼方面较少。如在戏剧方面,雍正十一年(1733)至乾隆八年(1743)的 11 年间,休宁黄氏共支银 3.462 两,仅占总数的 1.7%。就其时间而言,不同年份以及同一年份月份之间都不等。如《乾隆二十五年立家用收支》所载乾隆二十五年(1760)各月支出见表 4-11。

表 4-11 《乾隆二十五年立家用收支》簿主乾隆二十五年逐月支出一览

月份	银两	月份	银两	月份	银两
一	21.059	五	22.886	九	30.971
二	50.066	六	26.460	十	17.050
三	5.118	七	45.060	十一	32.040
四	12.710	八	19.120	十二	89.619
总数	372.385				

从表 4-11 中可以看出,各月支出银两不等,十二月最多,约银 90 两;其次是二月,为银 50 余两;七月又次之,为银 45 余两;再次为十一月和九月,超过银 30 两;其余各月较少,不及 30 两,其中,三月最少,仅银 5 两多。最多月份与最少月份相差甚大,达 18 倍。十二月支出数量占总数 23.95%,近 1/4。又《休宁黄松家用收支账》所载雍正十二年(1735)十二月共支银 44.455 两,占该年的总支出的 39%。这是因为,十二月份年关将至,不仅要置办各种年货,而且人情往来频繁,同时还要清理各项债务。如雍正十二年(1735)十二月休宁黄氏支出中,清理各项债务支银达 21.03 两,占 47.3%。现将《乾隆二十五年立家用收支》各年支出银两列表 4-12。

表 4-12 《乾隆二十五年立家用收支》簿主各年支出一览

年代	二十五	二十六	二十七	二十八	二十九	总数	平均
支出银	368.123	375.701	560.006	971.669	437.428	2712.927	542.585

从表4-12中可以看出,各年支出银两不等,最多的乾隆二十八年(1763),为银971余两;最少的为乾隆二十六年(1761),达银560余两,两者差别较大,前者约为后者的2倍。年支出与总收入相比,各年的支出都少于总收入。年支出与实际收入相比,有的年份年支出超过了实际收入,有的年份年支出少于实际收入。5年中,年支出超过实际收入的有4年,占80%;年支出少于实际收入的仅1年,占20%。年支出超过实际收入,就要向外借款;年支出少于实际收入,该年就会存余。这种情况,休宁黄松家用也是如此。现将《休宁黄松家用收支账》所载各年支出、借用及借用所占支出比列表4-13。

表4-13　雍乾年间黄氏各年支出、借用一览

年份 ＼ 种类	支出	借用银两	借用比(%)
雍正十一年	227.883	29.525	12.960
雍正十二年	114.080	7.750	6.790
雍正十三年	133.122	3.932	3
乾隆元年	75.580	10.500	13.890
乾隆二年	59.280	——	——
乾隆三年	96.496	29.926	30.010
乾隆四年	94.130	0.300	0.320
乾隆五年	98.220	——	——
乾隆六年	262.815	36.110	13.740
乾隆七年	435.620	95.930	22.050
乾隆八年	443.560	54.620	12.310
总数	2040.786	268.593	13.160

从表4-13中可以看出,各年支出银两不等,乾隆七年(1742)和八年(1743)较多,约银440两;乾隆二年(1738)和元年(1737)较少,不及银80两,差别较大,前者约为后者的5.5倍。11年中,年支出超过实际收入的有9年,占81.8%;年支出少于实际收入的仅2年,占21.2%。各年外借银两数量不等,多达30%,少则不仅1%,平均占13.16%。

　　家用收支账是研究家庭史、经济史和社会史不可多得的原始材料,记录了家庭生计状况,反映了特定时空下社会生活水平和商业资本路向。徽州典商家用收支账表明,家庭经济来源主要为典业经营收入,家庭费用主要用于生活开支、人情节礼、购置产业、缴纳赋役、文化科举和诉讼费用诸方面,其中家庭生活开支居于首位。

第四节　书　　信

　　书信,又称尺牍、尺素、鱼书、雁札、竹报、书疏、信札、信函、书函和函札,等等,为人际间互通信息的传递方式之一。古时书指函札,信指信使,函札均由信使传递,故名书信。遗存下来的徽州典商书信总量不少,如美国哈佛大学燕京图书馆藏《明代徽州方氏亲友书信七百通》①、中国社会科学院经济所藏《茗洲吴氏信底》、歙县档案馆藏《三世手泽书信集(交谊集)》②、复旦大学王振忠藏上丰宋氏学徒书信和民国婺源方氏典商信函③、黄山市博物馆吴敏藏歙县张润和和黟县王家瑞兄弟书信④,以及歙县南乡某私家藏晚清郑桂亭信函⑤,等等。遗存徽州典商书信文书类型全面,既有徽州典商个人书信,又有徽商典铺员工书信;既有徽州典商写给他人书信,同时又有他人写给徽州典商书信。其中,《明代徽州方氏亲友书信七百通》属于他人写给徽州典商书信。《茗洲吴氏信底》、《三世手泽书信集(交谊集)》和黟县王家瑞兄弟书信属于徽州典商写给他人书信,郑桂亭信函、上丰宋氏学徒

---

　　① 参见陈智超:《明代徽州方氏亲友手札七百通考释》,安徽大学出版社2001年版。
　　② 严桂夫主编:《徽州历史档案总目提要》,黄山书社1996年版,第172页。王振忠:《徽商与清民国时期的信客与信局》,《人文论丛(2001年卷)》,武汉大学出版社2002年版。
　　③ 《清代徽州典铺伙计之信函汇集》,《历史文献》第九辑,上海古籍出版社2005年版;《上海徽州典当商生活一瞥——民国时期婺源方氏典商信函研究》,《上海研究论丛》第十三辑,上海社会科学出版社2001年版。
　　④ 《发掘近百年来徽商信札史料侧记——附录王家瑞、江耀华等商界名人书信十八通》,《徽学丛刊》第二辑,安徽省徽学学会编2004年版。
　　⑤ 王振忠:《寄往上海安亭镇的晚清徽州典商信札考释》,《迎接亚洲发展的新时代》,复旦大学出版社2007年版。

书信则属于徽商典铺员工书信。

典商书信涉及徽州典商以及徽商典铺各方面,不仅包括徽州典商身世、家庭、日常生活、交游及其社会关系,而且包括徽商典铺的资本组成、运营方式、经营效益、人事安排和财务管理,同时还包括当户身份、典当原因、当物种类和当本数量,等等。

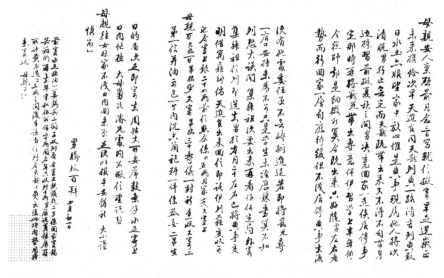

图4-4　汪腾蛟致母亲书信之一(《三世手泽书信集》)

明代徽州方用彬亲友手札共733封信函、190件名刺和1件账单,是到目前为止已知数量最大的一批明人信札。这批手札内涵丰富,有着鲜明的时代、地区和个人特点。手札的写作年代为中国社会激变时代之一的明代嘉靖、万历年间,内容所反映的主要为当时社会变迁颇为明显的徽州地区,又收信人方用彬身跨士、商两界。因此,这批书信有着极高的史料价值,对于徽商研究尤其徽州典商研究具有特别意义。

一　典本来源

考察方用彬典铺的典本来源,首先要明确方用彬典铺是何时开设的,又是由谁所开的?

　　方用彬拥有典铺,属于徽州典商之一。火册104方士极信载:"连过宝店数次不遇。道洪和尚佛钱久忘未送,昨闻良家兄言之,今具奉,乞转与之。又向日承贷银两,因舍弟归未带得有,俟小仆月尽间到时,照例具奉。盖因久未还,必甚愧歉。相爱处勿罪迟延可也。宗弟士极顿首。黟江先生宗契兄大人大雅。"①该信说明方用彬在歙县设有店铺,方士极数次去该店中都没有见到方用彬。方用彬该店铺属于典铺。对此火册102方简信载道:"前蒙委口叔祖事,今已与言,有说,稍迟至下午当过与老弟言。即有小事,且连日病懒,苦出门,徜玉趾不吝更好。又(许)星海昨已许渠二数,约明日来面领。弟乞转为处下,俟明日可也。其利谅在当铺之外。"②该信没有交代收信人,据陈智超先生考释,是写给允均的,而允均极可能为方用彬的别号。该信具体含义难以理解,陈智超先生认为是"落实许星海会银事"。信中所言"其利谅在当铺之外"一语中的"当铺",联系整批书信来看,即指方用彬店铺。由此确知,方用彬店铺实为当铺。当铺,为明代民间对典铺的俗称。同时,火册81方大江信也可佐证方用彬店铺属于典铺。该信载:"前文承假宝钞五两,今奉璧二两,感谢。内生代一梅舍侄信兄店银三两,仍奉上二两,幸消历,感谢感谢。外乞发一当票示下,容面谢如何? 劣兄大江口拜。莲池宗契弟大人爱下。"③方大江向方用彬店铺还银,并请方用彬店铺为他开张当票。给开当票的店铺显为典铺。该信进一步证实方用彬店铺为典铺。

　　方用彬典铺应不是方用彬所开。据有关手札所载,方用彬典铺早在嘉靖末年业已存在。火册35方大汶信载:"奉上绿绢一匹,欲当银一两五钱,伏惟勿吝,幸感。宗弟大汶顿首。莲池先生宗契兄大人吟伯。(超案,末有

---

① 陈智超:《美国哈佛大学哈佛燕京图书馆藏明代徽州方氏亲友手札有七百通考释》,安徽大学出版社2001年版,第991页。
② 陈智超:《美国哈佛大学哈佛燕京图书馆藏明代徽州方氏亲友手札有七百通考释》,安徽大学出版社2001年版,第989页。
③ 陈智超:《美国哈佛大学哈佛燕京图书馆藏明代徽州方氏亲友手札有七百通考释》,安徽大学出版社2001年版,第969页。

小字批语：'四十三年十二月廿一日当去,只值本钱。四十四年十月。')"①
明代各朝中,只有嘉靖、万历两朝有四十三年,而方用彬生于嘉靖二十一年
(1542)、卒于万历三十六年(1608)。故而收信人批语中的"四十三年",即
为嘉靖四十三年(1564)。又火册80方大汶信载:"屡辱吾兄雅情,未及一
报,愧歉愧歉。外海云画二幅,内一幅抵换绿绢,一幅烦当银一两,万惟勿
吝,幸感何可言。粗扇六柄,求大笔一挥,希早赐尤荷尤荷。宗弟大汶顿首
拜。大吟伯黟江先生宗兄大人至厚门下。(四十四年十月初九日当)。"②
同样,此处的"四十四年"即为嘉靖四十四年(1565)。上述两信内容互有联
系,据其所载,嘉靖四十三年(1564)十二月二十一日,方大汶用绿绢向方用
彬典铺当银一两五钱;至嘉靖四十四年(1565)十月初九日,方大汶用"海云
画二副"中,一副换取上年押当的绿绢,一副另作当物当银一两。这说明不
迟于嘉靖四十三年(1564),方用彬已拥有典铺。由其出生年月推知,此时
方用彬为二十二、三岁。而方用彬幼习儒业,以科第为主,无暇自开典铺。
火册55谢陛信载:"社弟谢陛顿首复。元素石交足下……迩来授经真州,
亦甚不获已。千里附人,所得无几。朋友不知,以为壮游,此盖弟之讳穷故
态耳。且屡试落魄,一时知交乍离乍合,与足下何异? 即今丰干又有一番
人,非畴昔比也。"③该信载,谢陛曾多次参加科举考试,却"屡试落魄"。同
样,方用彬也是多次参加科举考试,"屡试落魄"。又水册57胡仁广信载:
"赠方元素西游……第公凤醖雄才,凤骞蛟腾,都人喁望。慎毋放情诗酒,
濡滞试期,藉令芥拾紫青,尤足以酬素志,宗戚交游,与有光宠,岂不快哉!
顾展周道,何以赠之? 秋风薄寒,勉餐自爱。余无言。"④据陈智超先生考
释,该信写于万历十六年(1588),此时方用彬已四十七岁。信中胡广仁劝

① 陈智超:《美国哈佛大学哈佛燕京图书馆藏明代徽州方氏亲友手札有七百通考释》,安徽
大学出版社2001年版,第906页。
② 陈智超:《美国哈佛大学哈佛燕京图书馆藏明代徽州方氏亲友手札有七百通考释》,安徽
大学出版社2001年版,第968页。
③ 陈智超:《美国哈佛大学哈佛燕京图书馆藏明代徽州方氏亲友手札有七百通考释》,安徽
大学出版社2001年版,第931页。
④ 陈智超:《美国哈佛大学哈佛燕京图书馆藏明代徽州方氏亲友手札有七百通考释》,安徽
大学出版社2001年版,第866、867页。

告方用彬"毋放情诗酒,濡滞试期",显然,方用彬此前曾多次参加乡试,而且至此还没有完全放弃儒业。此外,方用彬在隆庆年间参加由汪道昆于组织的丰干社,万历元年捐赀入北京国子监,其时方用彬皆在30岁左右,这说明方用彬曾稍涉文事,仍不忘科第。方用彬年轻时,以科第为主,稍涉文事,其时间和精力皆难以兼顾商事。因此,方用彬典铺为方用彬自开的可能性不大。

方用彬典铺当为方用彬先辈所开,其典业财产不过是承继先人而来,至少是承继其父,这与方用彬"家故饶"、其父以经商为主颇相吻合。至于方用彬典铺是否为其父所开,手札没有提供这方面相关信息。即是说,方用彬典铺具体由谁首开,依靠手札中相关信息难以推断。不过,从方用彬典铺的经营形式,还是能够看出一些端倪。由于方用彬典铺由方用彬和族弟方用贤等共同经营(下文将具体分析),用贤小于用彬,其典业财产亦应承继其父。用彬和用贤为同曾祖兄弟,若其典产皆为承继而来,则典铺可上溯为曾祖所开。据《方氏族谱》载,方用彬曾祖永正生有岩相、莹和椿3子。长子岩相,字良弼,生有尚求、尚应和尚本3子;次子莹,字良玉,生有尚光和尚祐2子;三子椿,字良材,生有尚育1子。又,尚求生有用彬和用义2子,尚应生有用章1子,尚本生有用仁、用俊和用仕3子,尚光生有用文1子,尚祐生有用贤1子,尚育生有用和1子。方用彬上述三代人中,曾祖永正是否经商,尚无史料说明。不过,其祖父一辈已外出经商无疑。"良弼公貌魁梧,望之岳立而和易可亲,伟丈夫也。良玉公秀雅不群,贾维扬,第总大纲耳。日与缙绅大夫游,坐无方君不乐。良材公伉直无忮心,盖长者也。兄弟三人,同心奋发,咸有过人者。使遇其时,何不可建哉,乃以起高赀,甲乙闾里中,其所施隘矣。"[1]从这段论述可知,岩相兄弟三人"同心奋发",合力经营,家中已很富有。用彬仲祖方莹在淮扬经商,"第总大纲",规模不小。至用彬父辈,也以经商为主。叔父尚本,字子立,"早有远志,其为义举,所散不啻千金。然其时赀未大起也。乃后日益昌,诸子能承之,淮扬间称甲乙

---

① 方弘静:《素园存稿》卷二〇《谱略》,《四库全书存目丛书》集部第121册,第367页。

矣"。① 由此看来,方用彬典铺为曾祖永正所开可能性不大,因为开设一座典铺所需资金巨大,而永正在谱中不显,当无可能。方用彬典铺不为永正所开,而为岩相兄弟三人合开可能性较大。后因分家析产,代代相传。在历次财产分析过程中,用彬祖父辈、父辈各自分受的典产可能不等;同时各自分受的典产随时间又消长不一。因此,至用彬一代时,虽为同曾祖兄弟或同祖兄弟,却并不都拥有该典铺。② 又从"贾淮扬,第总大纲"来看,用彬祖辈和父辈商业经营始以业盐为主,其典业资本来源于盐业资本和利润。用彬祖辈或父辈是由盐商转化为典商的情形,在明代徽州盐商中不乏其例,对此前文已有论述,兹不赘论。

应该说,方用彬典铺为用彬父辈所开,当无疑问。据此推论,方用彬典铺应初开于正德年间,不迟于嘉靖早年。正德、嘉靖年间,正是徽州典商由兴起走向兴盛时期。其典业资本来源于商业利润,确切地说,来源于盐业利润。

二　资本组织

在涉及方用彬典铺事务的一些信函中,有多封收信人并非是方用彬或方用彬一人。这说明方用彬典铺并非为方用彬一人所有。

至少说,方用彬典铺为方用彬和方用贤两人共有。对此,火册14 程本中、火册18 许沆、火册24 许沆和火册40 许沆等信皆有明确记载。其中,火册24 许沆信载:"屡约未践,岂敢有负盛心。自三月至今,三男一女俱出痘,于内无一人轻少,自叹薄命,并无一日宁息。第三小儿痘势更盛,于是月十六日已不幸矣。今弟因劳苦所致,又患疟症。家父之病至今未愈。数月以来,救死不暇,非敢立心负足下之约也。乞怜之亮之宥之。况秋试又近,身罹疟病,途费之资,分文无措。每念及此,徒伤感尔。足下昆玉之债,乃家

---

① 方弘静:《素园存稿》卷二〇《谱略》,《四库全书存目丛书》集部第 121 册,第 370 页。

② 金册 56 方用和火册 90 方用文等信,记载用和、用文曾向方用彬典铺借贷,说明用彬同曾祖兄弟用和、用文不拥有该典铺。

弟恩债也……辱弟许沆顿首拜。黟江、莘野二契兄大人足下。"①该信是写给"黟江"和"莘野"两人的。黟江为方用彬;莘野,据陈智超先生考释,为方用彬族弟用贤。该信载,许沆"家弟"欠有用彬和用贤"昆玉"债务。又火册 40 许沆信载:"家父自五月患脾泄之疾,至今不愈,殊为可忧。屡欲领教,值此不能他行。宅上之事,不但弟之梦寐不敢忘,家父虽病中,无一日不颂及昆玉之厚德也。万不敢负,万不敢负。屡年百计卖产,又值穷乡,不惟贱售,且无受主,此足下之所素知者。迩来日食难度,无可诉告处,徒归之于自作自受而已。若变产事少有就绪,虽数两亦宅上数。此愚父子叔侄之夙心也,非佞非诳,日后乃见耳。人旋谨复,统祈大垂涵宥,幸感幸感。黟江、莘野二契丈大人足下。辱弟许沆拜。"②该信也是写给用彬和用贤两人,内容与上封信相同,欠有用彬和用贤两人债务。许沆家弟所欠方用彬和方用贤的债务乃为方用彬典铺债务。火册 18 许沆信载:"承尊谕,不敢支吾延捱。俟其人回家,一到手,即刻自送上宝肆不误。况昆仲事非他人之比,幸不必多虑也。谨复。眷生许沆拜。"③该信没有注明收信人,不过从内容上看,该信与上述两封信相同,写于两信之后。该信中"昆仲",即指上述两封信共启人黟江和莘野,"宝肆"即指方用彬典铺。这说明方用彬典铺至少为用彬和用贤两人所有。又火册 54 谢陛信载:"前者之事必不相负,足下幸无虑。待弟出山时,早晚当有处也。今奉染钱一钱无厘,乞付染人。弟有一口中一件,乞发与小价掷下,感感。余面悉。弟谢陛顿首。莘野长兄足下。"④该信写给方用贤的,该信内容为欠债事。谢陛为欠债事,有时写信给用彬,有时写信给用贤,说明谢陛所欠的为用彬和用贤两人共同债务,这为方用彬典铺为两人用彬和用贤共同所有增添一重要佐证。又火册 14 程本

① 陈智超:《美国哈佛大学哈佛燕京图书馆藏明代徽州方氏亲友手札有七百通考释》,安徽大学出版社 2001 年版,第 894 页。

② 陈智超:《美国哈佛大学哈佛燕京图书馆藏明代徽州方氏亲友手札有七百通考释》,安徽大学出版社 2001 年版,第 910 页。

③ 陈智超:《美国哈佛大学哈佛燕京图书馆藏明代徽州方氏亲友手札有七百通考释》,安徽大学出版社 2001 年版,第 889 页。

④ 陈智超:《美国哈佛大学哈佛燕京图书馆藏明代徽州方氏亲友手札有七百通考释》,安徽大学出版社 2001 年版,第 931 页。

中载:"十数奉令嫂收用,余者当稍迟迟。幸以票与苍头,为全换玄皋令兄处票,乞为算明,一一缴来。其失记五两后奉。又前日所云代与竹窗者,乃是广平兑于苏平,该重三钱多也。弟本中顿首。莘野足下。"①该信也是写给用贤的。用贤为独子,无兄弟,信中"令嫂"应为用彬妻;用彬字"元素",有时写"玄素",又用彬有别号"兰皋",信中"玄皋令兄",应为用彬。该信同样说明程本中所欠用贤债务为用彬和用贤两人的。

另,木册 31 许元方信载:"日前深扰,谢谢。家兄所约之物,因令弟处不能转移,敢求老丈宽假数日,至廿四五专人奉上,再一日不敢迟也。忝在相知。望乞心亮幸幸。元素方老契丈最爱。许元方生顿首。"②许元方兄曾向方用彬借款,而用彬向许元方兄的贷款为用彬与其"弟"所有,至于其弟为谁,难以判断,也并不重要,说明方用彬典铺与人合开。此外,火册 120 承谷信载:"又奉来银二金,乞检入。其本已毕,仍该利银四两,至出月一并清结可也。此复。公定仁兄世交。眷教生承谷顿首。"③该信由承谷写给公定,承谷曾向公定借款。承谷、公定两人姓名概况不详,公定与用彬属于何种关系,也未知。但该信存于用彬处,况又与债务有关,似与方用彬典铺有关。至于有学者认为方用彬典铺亦为云野所有,据书信所载,难以确知。火册 23 方尚赟信载:"向蒙黔江盛情见假物,因累年窘迫,未得完足,有愧多矣。所假物实转为张姓者借,今不能取一钱。我乞可负黔江情,权处无两付来,余宽后再足,幸代检入是荷。劣叔尚赟拜。云野贤侄先生执事。(隆庆二年五月廿八日收)。"④该信写给云野的,据陈智超考释,云野应是方用彬族兄弟,具体是谁,尚不清楚。方尚赟曾向方用彬借债未还,此信便是向云野解释拖欠原因。信中又称云野为"执事",执事为商铺经理。此即说明隆

---

① 陈智超:《美国哈佛大学哈佛燕京图书馆藏明代徽州方氏亲友手札有七百通考释》,安徽大学出版社 2001 年版,第 885 页。

② 陈智超:《美国哈佛大学哈佛燕京图书馆藏明代徽州方氏亲友手札有七百通考释》,安徽大学出版社 2001 年版,第 759 页。

③ 陈智超:《美国哈佛大学哈佛燕京图书馆藏明代徽州方氏亲友手札有七百通考释》,安徽大学出版社 2001 年版,第 1013 页。

④ 陈智超:《美国哈佛大学哈佛燕京图书馆藏明代徽州方氏亲友手札有七百通考释》,安徽大学出版社 2001 年版,第 893 页。

庆年间,云野曾为方用彬典铺经理。云野虽为方用彬典铺经理,但并不能说明方用彬典铺为云野所有。

不管怎么说,方用彬典铺为用彬和用贤等共同所有确切无疑,而用彬和用贤等人为同曾祖兄弟,方用彬典铺属于家族合伙经营的典业商铺,其合伙制是由分家析产后形成的。这种由分家析产形成的合伙制,在明清时期商业经营中相当常见。且这种家族合营的商铺,其经营方式主要有三种:一是所有人共同管理,二是所有人轮流管理,三是由所有人委托他人管理。至于方用彬典铺采取何种经营方式,手札中没有明言。不过,前文已有提及云野曾担任典铺执事。同样,方用彬亦担任过典铺"执事",手札中金册 102 汪良彬、火册 70 方尚赟、火册 115 方尚赟和火册 15 汪学周皆有明载。其中,火册 15 汪学周信载:"向承盛情,不尽感谢。兹渎:潘松泉兄知弟辱兄雅爱,以渠与兄账事来告。倘赐乌及,俾从轻减,岂特渠一人知感哉! 余俟面尽。眷生汪学周拜。大孝黟江方先生大人契兄执事。"①潘松泉欠有方用彬典铺债务,请汪学周从中说项,希望能适量轻减,于是汪学周去信给方用彬。信中汪学周称方用彬为执事,由此看来,方用彬曾亲自管理过典铺。从用彬和云野等皆担任执事来看,方用彬典铺采取所有人经营方式,而非由所有人委托他人管理。至于是所有人共同管理还是所有人轮流管理,手札中无确切说明。同时,联系到方用彬个人的生平活动,其管理典铺的时间应极其有限。在用彬外出时,其典铺应由用贤或云野管理。

三　当户当因

上述书信中,《明代徽州方氏亲友书信七百通》对当户身份、典当原因和当物种类多有记载。如月册 53 詹景凤书信记录了当户姓名和典当原因。当户为写信人詹景凤,典当原因为"欲下金陵了监事"②而缺钱。詹景凤,字东图,休宁流塘人,生于嘉靖十一年(1532)、卒于万历三十年(1602),幼习

---

① 陈智超:《美国哈佛大学哈佛燕京图书馆藏明代徽州方氏亲友手札有七百通考释》,安徽大学出版社 2001 年版,第 886 页。

② 陈智超:《美国哈佛大学哈佛燕京图书馆藏明代徽州方氏亲友手札有七百通考释》,安徽大学出版社 2001 年版,第 386 页。

举业,隆庆元年(1567)40 岁时中举,历任南丰、麻城教谕、南京翰林院孔目、南吏部司务和广西平乐府通判等职。景凤出生于商人家庭,其父曾先后贾于福建、湖阴等地,家境尚可,因赴南京办理"监事",一时无措,不得不抵押借贷。又火册 35 方大汶信载:"奉上绿绢一匹,欲当银一两五钱,伏惟勿吝,幸感。宗弟大汶顿首。莲池先生宗契兄大人吟伯。"[1] 又金册 147 汪道贯一信载:

> 金凤一对、簪头十根,当银八两或七两。此银明春即取,万望周急,幸甚。油禅床银亦乞付来手。羽中许赐《宋书》十册,乞讨来付来手尤感尤感。弟道贯顿首。允均足下。假怀梅《黄庭》,误取超宗《鹅群帖》。今奉上超宗者,乞取怀梅本。[2]

该书信记录了当户姓名和典当原因。当户为写信人汪道贯,典当原因为"周急",同时该信函还记载当物和当本,当物为"金凤一对、簪头十根",当本"银八两或七两"。又木册 29 汪道会一信载:

> 管家事,识有人在此立候。乞兄随数先攒二十两或十五两,即付来手,应彼之急,余陆续随数后付去讨票。此他牵了头,免他又他借。千万千万。弟会顿首。[3]

该书信记录了当户姓名和典当原因。当户为写信人汪道会,典当原因为应急还贷。现将书信中有关当户、身份、典当原因、当物、当本列表 4-14。

表 4-14　当户、身份、典当原因、当物、当本一览表

编号	信函	姓名	身份	典当原因	当物	贷本
1	金册 55	方充	不详	—	—	0.6 两
2	火册 71	方侃	不详	讼事	—	0.62 两
3	火册 68	方宇	府学生	值空乏	—	2 两

---

① 陈智超:《美国哈佛大学哈佛燕京图书馆藏明代徽州方氏亲友手札有七百通考释》,安徽大学出版社 2001 年版,第 906 页。

② 陈智超:《美国哈佛大学哈佛燕京图书馆藏明代徽州方氏亲友手札有七百通考释》,安徽大学出版社 2001 年版,第 712 页。

③ 陈智超:《美国哈佛大学哈佛燕京图书馆藏明代徽州方氏亲友手札有七百通考释》,安徽大学出版社 2001 年版,第 757 页。

编号	信函	姓名	身份	典当原因	当物	贷本
4	火册91	方用文	不详	告借应用	—	1两
5	火册100	方尚瓒	山人	家用乏银	微物	2两
6	金册82	方大治	山人	—	—	23两
7	火册34	方大汶	诗人		墨庄山水一幅、杨维桢字一幅	5—6两
8	火册35	方大汶	诗人		绿绢一匹	1.5两
9	火册80	方大汶	诗人	—	海云画	1两
10	火册62	方大激	墨工、诗人	凑用	—	0.2两
11	火册92	方大激	墨工、诗人	急乏银应用	—	1两
12	火册81	方大江	不详	—	—	5两
13	火册75	方士极	文人	连日缺乏	—	0.5两
14	火册77	方士模	商人	偶值空乏	牙簪	0.2两
15	火册82	方士极	不详			1两
16	金册147	汪道贯	监生	周急	金凤一对、簪头十根	7—8两
17	木册29	汪道会	监生	应急	—	15—20两
18	火册63	汪道会	监生	家兄病	双□云履一双	0.3两
19	火册94	汪道会	监生	京中之用		100两
20	火册98	汪道会	生员	犬子议婚	沈石田、周东村画	3000文
21	火册58	汪乾贞	不详	所累公事	帖数部	—
22	火册96	汪继石	商人	周急	—	20两
23	月册53	詹景凤	生员	金陵监事	诸物	30余两
24	火册95	吴守淮	山人	凑一便产	古董十余金	10两
25	火册27	吴守淮	山人	百务纷集	—	
26	火册107	吴积明	不详	急用		0.3—0.4两
27	火册29	胡钥	不详	—	《停云馆帖》一部	1.5两
28	火册65	俞嘉讱	不详	以助远行	弓六张、手卷一个、马尾帽一顶、新箭四十五枝	3.5两
29	火册8	黄家相	不详	家事、母疾	—	—

编号	信函	姓名	身份	典当原因	当物	贷本
30	火册 2	程民表	不详	缺少各家税钱	—	30 两
31	火册 36	程崇祐	不详	—	—	0.5 两
32	金册 7	谢少廉	生员	甥女上头	首饰数件	—

前来方用彬典铺借贷的当户,有方用文、方尚赟、方大治、方大汶、方大激、方士极、方士模、方大江、方简、方良材、方宇、方侃、方岩耕、方以认、方充、汪道贯、汪道会、汪锭、吴守淮、吴治、吴积明、程民表、程本中、程崇祐、程竹窗、潘松泉、潘江南、许沆、许翰、许星海、谢陞、詹景凤、俞嘉切、胡钥、黄家相以及有名无姓、无名无姓等 40 余人。40 余人中,其身份不一,既有农家子弟,又有技工商贾,更多的是文人官僚。农家子弟的如方侃、方以认、程民表等,技工商贾的如方士模、方岩耕、许星海、胡钥等,文人官僚的如方用文、方尚赟、方大治、方大汶、方大激、方士极、方简、方宇、汪道贯、汪道会、吴守淮、吴治、程本中、许沆、谢陞、詹景凤。其中,有的家境贫寒,有的家境富裕,是见当户阶层相当广泛。可见,当户不仅身份复杂,而且地位悬殊。前来典当的原因也多种多样,有的为家庭生计,有的为筹集商本,有的为房款,有的为婚费,甚至有的为监资和公事。不管是什么原因,归根结底,都是应一时急用,调剂余缺是典当业的基本职能。同时,典当原因多种多样,则说明其时典业金融市场相当广阔。至于当物种类,亦相当繁多,既有普通的衣物、器皿,又有常见的首饰,也有少见的名人字画,甚至还有稀见弓箭等。同样,当本数量多少不一,多达数十两,少则数钱,尤以数两为多。

四 社会交往

这批书信写信人的数量和身份,反映了方用彬的社会交往状况。有关方用彬的社会交往状况,陈智超先生曾做过详细探讨,现援引如下。①

---

① 陈智超:《新发掘出的徽州文书——方元素信件介绍》,《安徽师范大学学报(哲学社会科学版)》1998 年第 4 期。

1. 方氏宗族及方用彬的姻亲。方氏在徽州虽不是最大的姓氏,但也是较大的姓氏之一,在当地属于名族。写信人中有47人是方元素的同族。其中血缘有近有远,关系有亲有疏。伯叔辈14人,兄弟辈23人,侄辈4人,辈分不明者6人。如方弘静,嘉靖二十九年(1550)进士,官至南京户部右侍郎,是方氏家族中官位最高的人之一,也是家族中最早结诗社的人,著有《千一录》和《素园存稿》等。又方于鲁,又名遂初,与程君房齐名,是明中叶最著名的墨工,著有《方氏墨谱》。他原是儒生,能诗,曾参加汪道昆主持的诗社,又有诗集《方建元集》传世。又方尚赟,是当时颇为流行的"山人",长期追随明后七子之一的吴国伦,作有《方仲美诗稿》,并为吴国伦编校《甔甀洞稿》。除宗族外,写信人还有方用彬的母舅、妻兄、表亲、姻亲等7人。

2. 徽州籍的举人、进士和官员。在嘉靖十七年(1538)至万历三十二年(1604)的各科举人、进士中,有42人曾与方元素通信,除去方氏宗族中的方弘静、方良曙等7人外,还有35人。在写信人中,还有16人是通过岁贡、舍选等方式取得官职的,除去方氏宗族中的方颐静等4人外,还有12人。在这两种人中,有些同方元素的关系相当密切。最著名的是汪道昆。他在离官居家期间,曾支持并组织成立了丰干社与白榆社两个诗社,方用彬及方氏宗族中的方简等四人都是丰干社的"七君子"。汪道昆的父亲汪良彬、叔父汪良植、胞弟汪道贯、堂弟汪道会、儿子汪无择都同方用彬有来往并有书信。汪、方两家是世交。又陈筌,休宁人,父亲陈有守与方弘静等结诗社,是徽州早期的诗人之一。陈筌受父亲的熏陶,致力于诗作,也是丰干社的七君子之一。

3. 一群没有功名的徽州文人。与方用彬通信的人中有16人是没有取得或不愿取得功名的知识分子,其中颇有些传奇式的或有一技之长的人物。如王寅,字仲房,号十岳山人,不喜举业而喜王霸大略,曾在少林寺习武,后辞家远游,南至广东,北至大漠,学道无成,游于胡宗宪幕中。王寅也是徽州较早结诗社的人之一,辑有《新都秀运集》,对推动徽州的诗歌创作起了积极作用。又汪徽,婺源人,诗、画、书法、篆刻都精妙,世称四绝。又吴守淮,家富于财,是一名商周铜器和书法名画的收藏家。守淮同方用彬既有文化交流,也有密切的商业来往。

4. 徽州地方官。与方用彬来往的共 25 人,既有徽州府府衙知府、训导等,也有歙县县衙知县、县丞等,还有徽州府所属的黟县及祁门县的知县等。如万历十六年(1598)至十九年(1601)担任歙县知县的彭好古,除多次致函方用彬外,还为方用彬题诗赠画。又歙县训导田艺蘅,不仅为官清廉,"弟子贽,一无所受,贫者辄赠之",而且喜欢与文人交往,"士大夫有文名者,日招致之,时出郊野游"①。书信中,田艺蘅致有方用彬书信 15 通,方用彬显然也是田艺蘅所招致的"士大夫有文名者"之一。

5. 遍及南北的广泛交往。上述宗族之间的来往,有血缘的因素;与乡里及地方官员的来往,有地缘的因素。而从这批明人书信的众多写信人的情况可知,方用彬的交游远远超出了血缘与地缘的关系。为了叙述上的方便,下面采用按地区分列的方式。这里所谓按地区,一般指写信人的籍贯,但也照顾到方用彬与这些人交往的缘由或契机。如下文所统计的南京应天府某些人就并非南京人,而是因为他们参加了南京青溪等诗社的活动而与方用彬结识及交往。

方用彬与其他地区人员的交往,比较集中于宁国府、南京、苏州府、湖北麻城、广东和江西等地区。其中,宁国府有 14 人,主要为:万历五年(1577)状元沈懋学及其子有则、有贻;宣城著名的梅氏家族中的梅守箕、台符叔侄;宁国府属下的旌德知县乐元声等。南京共有 19 人,主要为临淮侯李言恭、宗城父子,盛时泰以及画家魏之璜等。苏州府共有 10 人,主要有著名书法家周天球以及多产作家俞策等。湖广黄州府麻城县 8 人,主要为万历年间担任歙县知县的彭好古及其弟遵古、信古,丘齐云、丘坦父子,以及因收藏大批元杂剧及《金瓶梅》全抄本而著称于文学史的刘承禧。广东有 24 人,主要为从化黎民表及弟、子侄等。江西 11 人,主要为明朝宗室朱多炡等 6 人。此外,还有南直隶池州府施尧臣等 6 人,扬州府陆弼等 2 人,松江府袁福徵等 4 人,湖广还有京山李维桢兄弟等 6 人,浙江湖州府臧懋循等 10 人,福建佘翔等 4 人,山东许维新等 4 人,河南何洛文等 3 人,以及四川、陕西、北直

---

① 康熙《徽州府志》卷五《秩官志下·名宦》,《中国方志丛书·华中地方》第 237 号,(台北)成文出版社 1975 年版,第 796 页。

隶共 4 人。在这些人当中,有些人不但在本地区有影响,而且是在政治和文化等方面有全国性影响的人物,如申时行、王世贞等便是如此。

下　篇

第五章　徽州典商活动时空

　　徽州典商的活动时空,是徽州典商研究的首要问题,也是研究徽州典商的基础。徽州典商的活动时空,具体包括徽州典商的发展过程和活动地域两个方面。就其发展过程而言,其内容包括:徽州典商是何时兴起的,徽州典商兴起的背景是什么,徽州典商发展过程具体可分为几个阶段,各阶段划分的标准又是什么,各阶段徽州典商有什么特点,徽州典商是什么时候衰败的,徽州典商衰败的根本原因又是什么,等等。就其活动地域而言,其内容包括:徽州典商最早进入哪一地区,徽州典商又是最先从哪一地区收缩,徽州典商的活动地域可分为几个地区,各地区划分的标准是什么,等等。徽州典商的发展过程反映出徽州典商在历史舞台上是经久不衰还是昙花一现,徽州典商的活动地域则揭示出徽州典商是区域性典商还是全国性典商。徽州典商的发展过程和地域活动两者互为表里,当徽州典商处于发展兴盛时,其活动地域将会不断扩大;反之,徽州典商活动地域逐渐收缩时,则其势力将有所衰退。徽州典商的活动时空,清晰地昭示出徽商典商的势力增减及其社会地位。

第一节　兴衰过程

　　徽州典商大约兴起于明代中叶。明中叶徽州典商的兴起,有其深刻的社会背景和内在因素。明代前中期社会经济的发展,融资需求旺盛,为徽州典商兴起提供了广阔市场;传统典当业经营知识的传承,为徽州典商兴起提供了技术支持。尤其是,明代前中期徽州商人的活动,积累了诸多资本,为徽州典商兴起提供了坚实的物质基础。典当业经营风险小、利润不菲,成为徽州典商从事典业的强劲动力。徽州典商的发展过程,跌宕起伏,大体说来,可分为兴起、兴盛、中落、复兴、衰落和衰败六个阶段。具体而言,正德以前的明中叶,为其发展的第一阶段;这一阶段中,徽州典商悄然兴起。嘉靖年间至万历中期,为其发展的第二阶段;这一阶段中,徽州典商获得长足发展,达至鼎盛。万历中期至清顺治初年,为其发展的第三阶段;这一阶段中,徽州典商第一次遭遇挫折和打击。顺治初年至乾隆中期,是其发展的第四阶段;这一阶段中,徽州典商在长江中下游地区全面复兴。乾隆中期至咸丰年间,为其发展的第五个阶段;这一阶段中,徽州典商开始衰落,并再次遭到沉重打击。同治初年至民国年间,为其发展的第六个阶段;这一阶段中,徽州典商在其传统活动地域短暂恢复后,生意清淡,兼之频遭打击,最后退出历史舞台。总体而论,清乾隆中叶是徽州典商兴衰的转折点。

一 兴 起

正德以前的明中叶,是徽州典商发展的第一阶段。这一阶段中,徽州典商在经济发达的江南地区①开始崭露头角,悄然兴起。

徽州商人经营典业源远流长。北宋神宗年间,歙县金龟坦鲍彦荣在"棠樾开质库"②。彦荣去世后,其子文义承继父业,继续经营典业,后定居棠樾,成为棠樾鲍氏始祖。又北宋时期,休宁芳塘汪氏在渠口开有典铺。政和初年,汪氏族人汪遹便从芳塘迁居渠口,成为渠口汪氏始祖。③ 不过,两宋以降至明中叶以前,经营典业的徽州商人为数甚少,活动地域基本局限于徽州本土,既没有形成自己的经营特色,也没有引起时人的广泛关注,同时对社会的影响也十分有限,难以在当时全国典当业中占据一席之地。故而,明中叶以前徽州典商的零星活动,尚不能视为兴起的标志。

明中叶以降,经营典业的徽州商人日渐增多,除活跃于徽州本土外,开

---

① 此处的江南地区,即今天的沪宁杭地区,下同。

② 光绪《歙新馆著存堂鲍氏宗谱》卷二《旧谱序一》,光绪元年活字印本,南京图书馆藏。

③ 参见:《休宁名族志》卷二《汪姓》,黄山书社 2007 年版,第 235 页;以及陈栎《定宇集》卷九《恕斋居士汪公墓志铭》,见《四库全书》第 1205 册,第 285 页。

始驰骋于全国性都会与商镇。在经营过程中,徽州典商不断壮大,一跃成为地域典商之首;而且徽商典铺特色鲜明,几乎成为典当业代称。从时间上看,明代弘治年间,徽州典商在经济发达的江南地区开始崭露头角,引人关注。在浙江崇德县,弘治年间江阴汤沐担任知县时,徽州商人"至邑货殖,倍取民息,捕之皆散去,阖境称快"。这些在崇德经营的徽商"所为货殖者,典铺也"①,是典型的徽州典商。崇德位于浙西,属于江南地区的嘉兴府,是著名的丝绸产地,丝织业向来发达。丝织业的发展,吸引徽商前来,徽州典商也接踵而至。由于徽州典商收息过重,一度引起地方人士的强烈不满。倘若该记载属实的话,则表明明代弘治年间徽州典商已走出徽州,麇集于崇德,活跃于嘉兴,兴起于江南。由于《此木轩杂著》为焦袁熹所记。焦袁熹为清康熙人,距离弘治年间已150余年,所记是否属实,尚需补证。不过,明代商山吴氏的典业经营恰好提供了一个有力佐证。

明代商山吴氏是闻名于时的徽州典商家族,"家多素封,所殖业,皆以典质权子母,不为鹾商大贾,走边海,入陇蜀,而与朝家为市"。其中天启年间吴中星一家,"自其先远祖起家,至今源远流长,几乎殆十世不失"②。吴中星一家业典将近10代,若按每代20年计算,近达200年。以此相推,其典业经营当不迟于正统年间。又据有关资料记载,吴中星为商山典商吴继灼之孙。③ 吴继灼"生业,自先世至乃父鸿胪君洽,以典质业居天下都会,知

---

① 　焦袁熹:《此木轩杂著》卷八《货殖》,《续修四库全书》第1136册,第569页。

② 　金声:《金正希先生文集辑略》卷七《寿吴亲母金孺人序》,《四库禁毁书丛刊》集部第50册,第604页。

③ 　金声:《金正希先生文集辑略》卷七《寿吴亲母金孺人序》载,天启间,吴中星"仲兄之子乃许适余小子函"。可知金声子"函"为吴中星"仲兄"之婿。同书卷七《寿旌表贞节吴母程太君八衮序》又载,"三十年前即知希吕有外家兄弟伟人吴子长孺,长孺母氏节妇程太君,更十年而小子函婿于吴,实长孺曾祖兄弟。因见长孺冢公子含、次公去非,以文章著名……又更十年,而长孺以冢公子含与小子函联儿女姻。"可知,吴中星为吴长孺同曾祖兄弟。又《寓林集》卷五《太学吴仲子乔年墓志铭》载:"省吾公(吴)继美,配程孺人。省吾公有子六人,长怀德字宁甫,次怀慎字吉甫……吉甫有二子为长孺祚与仲龄。"据其所载,长孺名"祚",父怀慎、祖父继美。又《寓林集》卷一六《吴伯实墓表》载:"继美,别号省吾,伯实其字也,世高其宜,称吴伯实先生。吴之先世自唐少微公始,廿传而为宋文肃公徽,又十传为宁庵公孟昆,孟昆生鲤塘公禄,禄生洽,为龙泉公,官鸿胪寺,是生伯实。龙泉公元配黄孺人数举女亡男,遂贮武塘张氏姬而伯实生,黄孺人子之如己出,后八年黄孺人举仲虚。"据其所载,吴继美父洽、祖父禄、曾祖父孟昆、弟仲虚。据前所述,吴中星与吴长孺为曾祖兄弟,即二人皆是吴洽曾孙。同时又可知,吴长孺为吴继美之孙,吴中星为吴仲虚之孙。

人善任,业用大起"①。吴继灼"自先世至乃父"典业经营,与吴中星"自其先远祖起家,至今源远流长,几乎殆十世不失"典业经营的记载相吻合。吴继灼先人中,曾祖孟昆"弱冠至四十服商治生"。由孟昆至中星,共为6世,不及10世。由此看来,吴孟昆的商业经营当为典业。孟昆生于正统十二年(1447)、卒于正德十二年(1517)。孟昆自"弱冠至四十"外出经商,即吴孟昆外出经商时间即在成化年间,其典业经营亦在成化年间。由此反观焦袁熹的有关记载,似为不虚。孟昆的经营地域虽说居天下都会,实则在吴越地区的嘉兴,"长于理财,游嘉禾"②。可见,明代成弘年间,徽州典商在吴越地区颇具势力。徽州典商在吴越地区的活跃,标志着徽州典商开始兴起。不过,与吴越同为江南的都会南京,其典当铺在正德以前"皆本京人"③而非徽商所开。故而徽州典商到达南京时间不会早于正德年间。这说明,至正德年间,徽州典商仍处于兴起阶段。

二 兴 盛

嘉靖元年至万历中期,是徽州典商发展的第二阶段。这一阶段中,徽州典商获得长足发展,进入第一个兴盛时期。具体表现为业典人数持续增多、活动地域不断扩大、资本增加迅速,出现了一些著名大典商。

业典人数持续增多。表现有三:一是前期经营典业的徽州商人,其子孙大多仍经营典业。前引商山吴继灼家族即是典型一例。又生于嘉靖二十九年(1550)、卒于万历三十九年(1611)休宁商山吴可与家族的典业经营也是如此。吴可与"曾王父世腾公,故以什一起家,至王父益饶,所贷吴越子钱数千万,各有司存,独别以数千缗,封识畀先君,则皆逋不能偿者也"④。据其所载,吴可与祖父吴天云"所贷吴越子钱数千万"。由此可知,吴天云曾经营典业。而吴天云的典业又是承继其父吴世滕。吴世滕生年不详,不过

---

① 汪可进:《公余草就》卷二《吴仲虚传》(《四库未收书辑刊》第5辑第24册)又载:"仲虚吴姓,名继灼,号履素,仲虚其字也,世家休阳之商山,为新安鼎族。"
② 《商山吴氏祖墓四至图》不分卷,第1册,北京图书馆和南京图书馆藏。
③ 顾起元:《客座赘语》卷二《民利》,《四库全书存目丛书》子部第243册,第293页。
④ 杨维桢:《大泌山房集》卷八八《吴太学墓志铭》,《四库全书存目丛书》集部第152册,第548页。

从吴可与生年前推,当为成弘年间人。成弘时期,吴世滕开始经营典业。至嘉万年间,吴世腾子孙仍业典不辍。二是不少经营其他行业的徽州商人开始转营典业。如生于弘治十六年(1503)、卒于万历九年(1581)歙县岩镇汪时雨,其父"竹坞公初以盐贾于浙,弗利,乃居货里中"。其后汪时雨"游云间,值侮寇至,诸贾人大亡资斧,长公知寇所出没,恒避之,不与贼遇。寇去,长公独以全眥,当其乏,诸质子钱者争趋长公,所息什倍矣。"①汪时雨父亲竹坞公商业经营始为盐业和杂货,后汪时雨转营典业。三是徽州地区的一些民间放贷者亦开始转营典业。如正嘉年间休宁吴田吴良玠,"家世殷富,至君父益以节省,且善权子母钱法,岁累月增,资产之富甲于东乡"。于是,"承先意而善通之,谓子母钱法多受制于人,易以典"。② 吴良玠先世以放贷为主,至自己而转营典业。

活动地域不断扩大。同样表现有三:一是在最早进入的吴越地区,徽州典商不仅活跃于府城县城,而且频现于市镇乡村。如万历初年休宁钟泽程有敬在松江府唐行镇开有典铺。又嘉靖年间,休宁隆阜戴启贤在杭州府属乡村开有典铺,"嘉靖末,倭奴寇海上,所过无不焚掠者。处士质库在乡间,其外偶被毁,其中无恙也。寇疑以为残余,得不入,寻迁之皋城"。③ 二是与吴越苏杭诸城同属江南地区的南京,徽州典商大肆开设典铺,并同本土典商竞争中逐渐占据上风。正德、嘉靖年间,徽商开始在南京开设典铺。如生于正德四年(1509)、卒于嘉靖二十三年(1544)的歙县岩镇潘仕,"以盐筴贾江淮,质剂贾建业,粟贾越,布贾吴,方其早计,人不及知,往往筴其必败,卒之赢得过当,皆自以为不如"④。潘仕属于典型兼营性商人,除业盐江淮、业米于越、业布于吴外,还在南京经营典业。嘉靖、万历年间,南京典铺由原来本

---

　　① 方弘静:《素园存稿》卷一二《汪长公行状》,《四库全书存目丛书》集部第 121 册,第 211、212 页。

　　② 金瑶:《栗斋文集》卷七《吴畏轩君传》,《四库全书存目丛书补编》第 78 册,第 241 页。

　　③ 吴时行:《两洲集》卷六《戴处士传》,《故宫珍本丛刊本》第 538 册,海南出版社 2000 年版,第 374 页。

　　④ 汪道昆:《太函集》卷五一《明故太学生潘次君暨王氏合葬墓志铭》,《四库全书存目丛书》集部第 117 册,第 618 页。

地开设转为徽商和闽商所开。① 在同闽商竞争中,徽商本大利轻,逐渐占据上风。三是江南以外的地区,徽州典商也十分活跃,其活动地域几遍全国。如吴文奎、程虚宇等家族在湖北、皖赣等地开有多处典铺。有关此一时期徽州典商在江南以外的活动,可参见"徽州典商活动地域"一节。

资本增加迅速,出现不少著名徽州典商。如生于成化十二年(1476)、卒于隆庆五年(1571)的歙县岩镇汪通保业典于上海,初时资本"不踰中人",经过多年的经营,资本快速增殖,终于"大饶",一跃而成"里中富人无出处士右者"的典商。② 又嘉靖、万历年间休宁榆村程绣,经商之初,资本不过百余两,经过数十年的"奔走拮据",终于成为"三吴两浙,半翁家质库之地,缙绅学士,多翁家肺腑之亲"富而且贵的徽州典商。程绣的暴富大富,连时人都感到十分惊讶,由衷地赞叹:"何昌前皁后若此!"③又嘉靖、万历年间孙从理,承继父业经营典业。经过多年的经营,孙从理所开的典铺从一座到数座,乃至数十座,甚至达百座,成为当时赫赫有名的大典商,以致"以质剂起家,宜莫如处士"。④

三　中　落

万历中期至清代顺治初年,为徽州典商发展的第三阶段。这一阶段,由于社会的剧烈动荡,官府的横征暴敛,兼之灾害频仍,徽商典商经营环境显著恶化,遭受重大挫折和打击。

明清鼎革的社会动乱,严重恶化了徽州典商的经营环境。一是徽州典铺受战火破坏严重。如休宁赵吉士先祖在湖北黄梅开有典铺。明季,赵家典铺遭到兵匪的抢劫和烧毁,"贼破黄梅,焚掠惨甚,余家世业,俱为流贼劫烧一空"。这次抢劫中,不仅典铺毁于一旦,而且铺中员工有 5 人遇害,"先

---

① 周晖:《金陵琐事剩录》卷三,转引谢国桢《明代社会经济史料选编》,福建人民出版社 1980 年版,第 200 页。

② 汪道昆:《太函集》卷二八《汪处士传》,《四库全书存目丛书》集部第 117 册,第 365 页。

③ 吴时行:《两洲集》卷五《祭梅轩公文》,《故宫珍本丛刊本》第 538 册,海南出版社 2000 年版,第 366 页。

④ 汪道昆:《太函集》卷五二《南石孙处士墓志铭》,《四库全书存目丛书》集部第 117 册,第 625—626 页。

一日援剿将官,邀余孙时朗及曾孙承祖出城饮,得保其命,典中死者五人,可知明季兵与贼未常不相通也"①。二是徽州典商因过多捐纳而使资本大大消耗。崇祯十七年(1644),清军进攻徽州,激起徽州民众的反抗。其中,歙县项千里和洪二魁起兵抗清,"项大忠捐典铺助军"②。又顺治二年(1645),清兵攻打江阴,徽州典商程璧捐银十数万。又如生于万历十七年(1589)、卒于顺治八年(1651)休宁榆村程懋英,早年弃儒服贾,承继典业,由于经营得当,典业大起,"谢儒即商董家政,权子母焉,洙水为公世业,公心计精敏,理财用人一衷以法,尤推心置人、腹人,以故乐为之用,旧业遂蒸蒸起"。鼎革之际,徽州"山寇焚劫村居",懋英家的房屋一半被烧掉,其弟媳也"殒于贼"。这次家难,给懋英造成巨大损失,"金钱无虑千万计"。"郡盗窃发"的同时,官兵借着剿匪平乱之名,趁机勒索乡民,"督镇驻军村西,将举一乡而甘心焉"。为了乡人安宁,懋英先是"率诸生慷慨陈言",后来"知不可退",便"倾倒橐,厚犒之,一乡以宁"。过多的捐助,其典业资本消耗殆尽,"家计寝落"。③三是徽州典商为防止财产损失,多收歇典业。明季黟县环山余氏"尚思公,显明公长子,一日召子侄于庭,谕以祖遗典铺宜于四十年内谋收、束侍童仆,务宽厚,越三日而卒,诸子侄莫名其故,惟言其平日所言多验不敢不从,迨清初改满制及宋仆作乱,盖始知公当日遗嘱指二事也。"④又黟县南屏叶万生,"家故有质库,值明季山贼土寇连年不靖,因言于父世卿公曰:'寇将至矣,无多藏,以贾祸也。'乃与乡人曰,合券者不取钱还其质,数日而尽。"⑤

官府的横征暴敛,严重干扰徽州典商的正常经营。一是征收典税。万历中后期,明王朝内外交困,财政紧张,增开典税。典税的征收与徽商紧密相连,"典铺之分征有难易,盖冲都大邑,铺本多饶,即百千亦不为厉,僻壤

---

①　赵吉士:《寄园寄所寄》卷九《裂眦寄·流寇琐闻》,《续修四库全书》第1197册,第32页。
②　高宇泰:《雪交亭正气录》卷二《乙酉记》,《丛书集成续编》第252册,(台北)新文丰出版公司1985年版,第613页。
③　黄机:《清太学生季涵程公行状》,见(清)程国栋修:《休宁榆村程氏族谱》卷九《杂文》第6册,乾隆二十五年刻本,南京大学历史系藏。
④　(民国)《古黟环山余氏宗谱》卷一八《懿行》,安徽大学徽学研究中心藏影印本。
⑤　黟县《南屏叶氏族谱》卷一《质行》,安徽大学徽学研究中心藏影印本。

下县,徽商裹足,数金犹难"。① 首倡征收典税的是河南巡抚的沈季文。万历三十五年(1607),沈季文以河南徽州典商为例首倡征收典税,"今徽商开当遍于江北,赀数千金,课无十两"。② 地方官府视徽州典商为鱼肉,加紧对徽州典商的盘剥。万历四十四年(1616),浙江布政使桐城人何如申也提议:"徽州典铺盐商,大者千万,少亦万金。此皆有力者也。何不尽取而役之。"③再次将矛头对准徽州典商。二是地方官吏不时对徽州典商敲诈勒索。典商因是富商,自然受到各方人士的垂涎,官吏处于权力中心,寻机对典商敲诈。崇祯年间,杭州府海宁县衙吏陈灿,勾结地棍徐完宇、宋如愚、孙慕蓝、许明佐、钱如金等人向程、吴、汪诸姓典商借银"二千八十两,只还一千六百两,陈灿独扣银二百八十两,致许明佐等亏程、吴、汪等本银四百八十两",接着续借"典铺银二千两,还银一千五百两,又被徐完宇、宋如愚、孙慕蓝、许明佐、钱如金等瓜分入己,以致亏程、吴、汪本银五百两",最后还"指称借解银,狠诈程、吴、汪典银三百四十两,付徐完宇、宋如愚、孙慕蓝、陈灿等朋分"。海宁县衙吏陈灿等人多次敲诈徽州典商程、吴、汪等银 1300 余两。以致时人感叹道:"商人背井离乡,携本营息,所获几何,能堪众虎之攒食无厌乎?"④又,前引著名徽州典商程绣,其子程爵曾遭到程守训的勒索,"某岁矿税起,上遣大珰陈增来,而新安人程守训为增幕客,势啖食人。垂及程氏曰:'程以三千金寿我,祸立解',时梅轩长公少轩君,强项不肯赂"⑤。三是罗织罪名,制造案件,彻底掠夺徽州典商的家产。天启六年,黄山大案爆发。这次大案中,程爵家庭被再次波及,其第六子梦庚被卷入案中,坐赃 13.6 万两。程梦庚"忤魏珰,以黄山一案与吴养春同逮,坐赃十三

---

① 《明熹宗实录》卷五七,天启五年三月壬申,台湾"中央研究院"历史语言研究所校刊本 1986 年版,第 2647 页。

② 《明神宗实录》卷四三四,万历三十五年六月丁酉,台湾"中央研究院"历史语言研究所校刊本 1986 年版,第 8200 页。

③ 康熙《桐城县志》卷七《艺文·浙西差役议》,《中国地方志集成·安徽府县志辑 12》,第 226 页。

④ (民国)《海宁州志稿》卷二〇《碑碣续编·典商杜患碑记》,《中国地方志集成·浙江府县志辑 22》,第 547 页。

⑤ 陈继儒:《白石樵真稿》卷七《寿鸿胪程翁七十序》,《四库禁毁书丛刊》集部第 66 册,第 131 页。

万六千两,毙刑部狱"。① 巨额赃银之累,家产被没收变卖,让程氏家族一落千丈。同程爵家庭一样,曾在徽州、两淮、天津、河南等处拥有木、盐、典等巨额财产的歙县西溪南吴养春也因其黄山大案,坐赃60万两,财产全部没收变卖。黄山大案对徽州社会影响巨大,致使包括典商在内的徽商"风鹤生疑"。②

频繁的自然灾害,使得徽州典商经营效益大为降低甚至亏损。一方面,每当发生自然灾害,典铺都是当多赎少,赎取减少,典铺利润随之降低。万历十六年(1588),江南一带发生极其严重的旱灾,当时典铺都是塞户自保。"戊子岁恶,饿者贸贸然载路。公(休宁草市程维宰)时在吴,见诸质剂家咸塞户自保。"③过多地只当不赎,甚至不得不将典铺歇业。另一方面,每当自然灾害发生,官府都会要求典商放赎捐赈。崇祯十三年(1640),江浙地区发生严重灾荒,当地官绅屡次发布告示,敦促徽州典商捐米平粜。"谨告徽典各户,据折称千石赈荒。若赈则数百足矣。敢望满千,令乃和粜,未为赈也。所闻千六百石,系各典面许周、魏两相公及诸位贤达之议……幸诸典熟计,而早决之,以速慰四乡之望,此乃诸典自积阴德,自舒本心。"④同时,还发布《劝徽典邑里分米平粜乡农谕》和《劝徽典分米协济贫坊贫区平粜谕》,催促徽州典商平粜济民。

内外交困之下,徽州典商遭遇严重挫折,徽商典铺的数量大幅减少。以徽州岩镇为例,万历年间共开有典铺36座,至崇祯时仅剩下十七八座,只有原来的一半。可见,这一时期,徽商典铺收歇速度之快,数量之多。明清鼎革之后,徽州典商基本退出了北方地区。

---

① 乾隆《榆村程氏族谱》卷四《世系》,乾隆二十五年刻本,南京大学历史系藏。
② 傅岩撰,陈春秀校点:《歙纪》卷九《纪谳语·黄浚明侵欠铜本》,黄山书社2007年版,第117页。
③ 鲍应鳌:《瑞芝山房集》卷一一《鸿胪寺署丞南丘程公行状》,《四库禁毁书丛刊》集部第141册,第231、232页。
④ 陈龙正:《几亭全书》卷二五《劝徽典分米平粜乡农论》,《四库禁毁书丛刊》集部第12册,第186、187页。

四 复 兴

顺治初年至乾隆中期,是徽州典商发展的第四阶段。这一阶段中,徽州典商重新活跃,主要表现为徽商业典人数增多,资本积累迅速,又出现一些大商人,并重新占据江南典当业主导地位。

业典人数增多。据前所述,康熙年间,徽商姚氏在杭州府城开设典铺一座。康熙十三年(1674)休宁兖山孙贞吉伙同他人在江西铅山河口开设朱元亨典铺。此后不久,孙氏又在上海莘庄开设大振典。康熙三十五年(1696)祁门张氏买受黄洪士长泾元茂典。约康熙四十九年(1710),吴若李等人合伙开设时顺典。康乾年间,休宁王有声在秀水县开设德元典和日升典。雍正年间,休宁黄炽伯父先后开设兆隆和兆豫两典,程奂若等人在苏州常熟开有典铺一座。乾隆十四年(1749),祁门张氏在江苏泰兴开设张恒裕典。此外,生于崇祯四年(1631)、卒于顺治十六年(1659)休宁茗洲吴胤庚在江苏泰兴开有典铺。① 康熙年间,徽商程钟五等人在浙江嘉善县开有两座典铺,黄道源在江苏青浦小蒸开设典铺一座,休宁板桥杨氏在南京开有典铺一座,休宁汪匡汉在吴江平望镇开有典铺一座。② 雍乾之际,歙县溪西汪泰安开始经营典业,"乃私与家母谋。母曰:以母息子,利不穷。遂出嫁时物,售其值得数千缗,用以益生产,佐大父施与之资"。③ 乾隆初年,徽商汪绍衣在淮安清江浦开有典铺。④

资本积累迅速,出现一些大商人。如前所述,生于明天启五年(1625)、卒于康熙三十六年(1697)的休宁榆村程嘉树,去世时,其个人典业资产达银 8 万多两,商业财产达 11 万余两。况且程嘉树曾"葺祠宇,广祀田,敦宗收族",所费资财应不少,加上平常居家用度以及购买田地,嘉树商业所得

---

① 《茗洲吴氏家记》卷五《登名策记》,南京图书馆藏胶卷。

② 分别见佚名:《武塘野史》不分卷,1 册,复旦大学图书馆;宣统《蒸里志略》卷九《人物》,《中国地方志集成·乡镇志专辑2》,第 716 页;《茗洲吴氏家记》卷五《登名策记》,南京图书馆藏胶卷;乾隆休宁《西门汪氏大公房挥金公文谱》卷四《明经栋公传》,乾隆四年刻本,上海图书馆藏。

③ 汪梧凤:《松溪文集》不分卷《家父六十事略》,《四库未收书辑刊》第 10 辑第 28 册,第 170、171 页。

④ 《清高宗实录》卷二七〇,乾隆十一年七月乙酉,中华书局 1985 年版,第 526 页

利润远远超过此数。嘉树的所有家产属于"早辞帖括,驰驱四方"所得,并不是承继先人而来。且嘉树经营时间正是在入清之后,这说明顺康之际典业资本积累速度较快。又康熙年间徽州婺源汪拱乾,"诸子亦能自经营,家家丰裕,传其孙曾。今大江南北开质库或木商、布商,汪姓最多,大半皆其后人,当为本朝货殖之冠"①。康熙年间,汪拱乾经商获得巨资,说明其时商人资本增值较快。拱乾是否经营典业虽没有明言,但其子孙业典已属无疑,并且富冠当朝。

重新占据江南典当业主导地位。顺治年间,镇江金坛典当业由徽商垄断,"典质铺俱系徽商"②所开。康熙年间,扬州府典当业由徽商主导,"质库无土著人为之,多新安并四方之人"③。又常州江阴县,"质库拥资挚息,大半徽商"。④康熙年间,江阴典铺多由徽商开设。又通州泰兴县,"质库多新安贾人为之,邑内五城门及各镇皆有。虽息权子母,使乃便民"。⑤康熙年间,泰兴典业由徽商把持。又太仓州镇洋县,"土著无服贾。行盐、质库皆徽人"。⑥康乾之际,镇洋典业由徽商控制。又嘉兴平湖县,"新安商人挟赀权子母,盘踞其中,至数十家。世家巨室,半为所占"。⑦康熙年间,徽商典商在平湖势力甚为强大。这一时期,徽州典商在江南的发展,尤以苏州府常熟县表现极为明显。顺治初年,常熟典商因战乱而"回避",典铺也因战乱而烧毁无存。入清以后,政局稍稳,地方官府招商开典。顺治十三年(1656)来此开典的有"典商程日盛、典牙程兆、吴暹、汪道",以及"典铺巴恒

① 《登楼杂记》,转引自谢国桢:《明代社会经济史料选编》中册,福建人民出版社1980年版,第100页。
② 计六奇:《明季南略》卷一六《金坛大狱》,中华书局1984年版,第500页。
③ 康熙《扬州府志》卷七《风俗》,转自傅衣凌:《明代徽州商人》,《徽商研究论文集》,安徽人民出版社1985年版,第18页。
④ 《古今图书集成·职方典》卷七一五《常州府部》,(台北)鼎文书局1977年版,第6497页。
⑤ 康熙《泰兴县志》卷一《风俗》,《故宫珍本丛刊》第88册,海南出版社2001年版,第371页。
⑥ 乾隆《镇洋县志》卷一《风俗》,转引自[日]藤井宏:《新安商人的研究》,《徽商研究论文集》,安徽人民出版社1985年版,第180页。
⑦ 康熙《平湖县志》卷四《风俗》,转引自[日]藤井宏:《新安商人的研究》,《徽商研究论文集》,安徽人民出版社1985年版,第181页。

盛、张致和、江还泰、程继登、黄日兴、程兆生、孙和丰、吴□新、张□□、程复亨、曹俊茂、程□兴、孙浩源、江义兴、姚良盛、汪德辅、汪大成、周弘"等。这22位典商,分属程、吴、汪、巴、张、江、黄、孙、曹、姚、周11姓,据有关资料所载,属于徽州典商。至康熙二十年(1681),常熟典业有了长足发展,共有典商37位,分属程、吴、汪、巴、孙、张、曹、毕、邵、叶、罗、傅、席、方、胡、方16姓。而这16姓37位典商,都是"附居徽籍商民",同样属于徽州典商。康熙二十年(1681)常熟的徽州典商从人数及姓氏来看,都明显超过顺治十三年(1656)。① 乾隆元年(1736),常熟、昭文两县(原常熟县)的典商又有所发展,共开典铺79座,其中绝大多数亦为徽商所开。从顺治初年至乾隆初年,徽州典商在常熟从无到有、从少到多,发展壮大,呈现一派复兴景象。正如方志所言,"其阛阓之贾客、典商,多非土著"②。所谓"多非土著",就是徽商基本垄断了常熟典当业。由此可知,康熙、乾隆之际,徽州典商不仅在江南府县城市中占据主导地位,而且在市镇中也实力雄厚。

五 衰 落

乾隆中期至咸丰年间,徽商典铺在总体上已呈衰落趋势,主要表现为徽商典铺收歇多有发生,徽州典商区域收缩较为明显,长江中下游地区徽商典铺总数减少。

其他地域典商的兴起和竞争,使得徽州典商活动区域收缩较为明显。乾隆六十年(1795),李燧游历南北,发现当时的典铺江以南为徽商开设,江以北为晋商开设。如山东临清本是徽商活跃的场所,原有典当百余家,"皆徽浙人为之,后不及其半,多参土著"。到乾隆时,"城乡仅存十六七家,而皆西人"。③ 这说明,乾隆年间北方的典业,晋商逐渐取代了徽商。对于北方地区的典业,明清鼎革之后,徽州典商的势力就没有能够恢复,而是日益式微,并很快被山陕尤其山西典商所代替。李燧和方志的所言皆有所滞后。

---

① 《明清苏州工商业碑刻集》,江苏人民出版社1981年版,第184—187页。
② 康熙《常熟县志》卷九《风俗》,《中国地方志集成·江苏府县志辑21》,第165页。
③ 乾隆《临清州志》卷一一《市廛志》,临清市人民政府编,山东省地图出版社2001年版,第459页。

不仅如此,乾隆道光年间,徽州典商在其传统区域(长江中下游地区)也收缩明显。如在江苏的江阴,"典业在乾隆以前皆徽商,今则大半皆土著也"。① 又通州泰兴县,质库在乾隆以前"多新安贾人为之",至嘉庆年间"则半出靖邑,亦有土著开设者"。② 在湖北东湖,乾隆年间18座典铺"皆绅士之素封者为之"。③ 而无徽州典商开设的。又道光二十三年(1843),黄陂、襄阳、光化三县共有典铺50座,其中,山西商人开设的有20家,本地人开设的有21家,陕西人开设的有8家,安徽人开设的仅有1家。④ 徽州典商远不及山西典商及其他地域典商。乾隆道光年间,徽州典商在该地区收缩较快,相当明显,尽显徽州典商衰落征兆。

清代金融业尤其钱庄业的发展,使得江南徽商典铺数量不断减少。清代乾隆中期以后,江南钱业发展迅速。在苏州,乾隆二十三年(1758)山西钱商已有"公裕、义合、张之富、永顺、宋聚源、镛隆、捷兴"7家,乾隆四十二年(1777)山西钱商至少有"李日升、宋泰福、宋昌顺"等74家,20年间增加达10倍。⑤ 在上海,乾隆四十一年(1776)至四十六年(1781)共有钱庄18家,乾隆五十一年(1786)至嘉庆元年(1796)共有64家,15年间增加近4倍。⑥ 其时,钱庄不仅数量快速增加,而且业务也发生变化,除继续从事银钱兑换业外,开始进行存放贷。如在江苏泰兴,乾隆四十八年(1783)三月一日,吴丰典向万选钱庄借钱200万文,五月又向该钱庄借银500两。钱庄通过吸收存款,扩张了资本,壮大了力量;通过放贷,拓宽了业务,增加了利润,尤其是分割了典铺部分业务,因而势必压缩典铺的生存空间,使典铺数量。如江苏,康熙二十四年(1685)共有典铺3014座,乾隆年间减少1681

---

① (清)张延恩、李兆洛纂修:道光《江阴县志》卷九《风俗》,道光二十年刻本,中国国家图书馆藏。

② (清)凌坮、张先甲、张福谦纂修:嘉庆《重修泰兴县志》卷六《风俗》,嘉庆十八年刻本,中国国家图书馆藏。

③ 乾隆《东湖县志》卷二六《艺文志·建育婴堂记》,《中国地方志集成·湖北府县志辑51》,第288页。

④ 道光二十三年湖北巡抚赵炳言:《湖北省绅士商民捐输海疆经费银钱数目并请议叙姓名清单》,转引自黄鉴晖:《明清山西商人研究》,山西经济出版社2002年版,第159页。

⑤ 范金民:《明清江南商业的发展》,南京大学出版社1998年版,第178页。

⑥ 中国人民银行上海市分行编:《上海钱庄史料》,上海人民出版社1978年版,第11、12页。

座,剩下 1333 座,而江苏历来都是徽州典商极其活跃的地区。康熙、乾隆间,江苏典铺数量的急剧减少,说明此一地区徽商典铺随之递减。乾隆以后,这种递减的趋势不仅没有停止,反而有加速的倾向。如苏州府,乾隆元年(1736)共有典铺 489 户,嘉道之际减至 319 户。嘉道之际苏州典铺数目仅为乾隆初年的 65%。尤其徽州典商集中的常熟和昭文两县,嘉道之际减至 38 户,只有乾隆初年的 49%。① 又松江府,康熙二十一年(1682)共有典户 261 名,嘉庆二十年(1815)仅存 146 名。② 该府典户,嘉庆年间为康熙年间 56%。又华亭和娄县两县,康熙二十一年(1682)皆有典户 74 名,乾隆年间则分别为 43 和 28 名,嘉庆二十年(1815)分别为 35 和 18 名,递减趋势明显。可见,嘉庆、道光之际,徽商典铺在江南地区收歇极多。

咸丰、同治年间的太平天国运动,历时 10 余年,波及广西、湖南、湖北、安徽、江西、江苏、浙江等诸多省份。而长江中下游地区两湖、皖赣和江浙等省,正是徽州典商主要活动区域。徽州典商在此期间,不断地被迫大肆捐款。咸丰十年(1860),太平军攻占苏州。常熟、昭文两县官绅为防备太平军,"设局常邑城隍庙,劝捐酬饷团防","城乡富户、典铺、商贾,争先捐助",凡"不捐者以通贼论,严行惩办"③。又,黟县典商胡元熙于"遵旨捐饷之后,复经臣多方劝导,犹且各捐巨万"④。这种临时性的劝捐逐渐演变成固定的、带有强制性的月捐。捐款的同时,徽商典铺又多惨遭军民的抢劫和焚毁。太平军每到一处,对典铺进行封存。"贼到一镇,必先封典铺,支塘二典封后,被土匪抢空。"⑤如咸丰十年(1860)八月,太平军攻占常熟、昭文县城,"遇人扯住,先问衙署在何处,或问当铺富户,胁使指引"。"城中贼众愈多,先搜衙署,次及各典铺富户、绅宦皆遍,以及贫家,无有免者。掳掠金银财宝、首饰衣服之类,不可胜数。"⑥咸丰十年(1860)五月初一日,太平军

① 同治《苏州府志》卷一七《田赋六》,《中国地方志集成·江苏府县志辑 7》,第 432 页。
② 嘉庆《松江府志》卷二八《田赋》,《中国地方志集成·上海府县志辑 1》,第 607—608 页。
③ 《鳅闻日记》卷上,《近代史资料》总第 30 号,中华书局 1963 年版,第 74 页。
④ 《徽郡御寇案牍》,《太平天国史料丛编简辑 6》,中华书局 1863 年版,第 113—115 页。
⑤ 柯悟迟:《漏网喁鱼集》,中华书局 1997 年版,第 48 页。
⑥ 《鳅闻日记》卷上,《近代史资料》总第 30 号,中华书局 1963 年版,第 81 页。

"十余名,突至沙头镇,抢长生、日茂两当金银,土匪乘机亦到,货物一空,余未扰。太(仓)属各镇罢市,支塘、何市亦然"。又咸丰十一年(1861)七月,太平军攻打湖州归安琏市,"登岸后,先攻打典铺"。① 而在徽州典商故里,"焚杀之祸,更甚江苏。忆去秋徽商在常昭,恐遭劫数,囊金回乡,不料正遇其祸"②。除太平军外,清兵乡匪同样对典铺财物垂涎不已,纷纷加入抢劫的行列。咸丰六年(1856)六月,徽州本土典铺即遭到兵勇的抢劫,损失惨重。如隆泰典"被虏并折本九百一十一两七钱五分一厘"、敦和典"被虏并折本六百七十四两四钱七厘"。③ 咸丰十年(1860)正月,"石门镇土匪张金、吴六纠众百余人,凡店铺、典栈,无不讹诈财物,大则以洋钱千计,小则百计,必满其愿而后已"。④ 太平天国运动期间,长江中下游地区典铺多或毁或歇,"大江南北,自军兴以来,典铺之存者百无一二"⑤。如上海法华镇,"咸丰庚申后,迭遭兵燹,典商停歇,市面萧条"⑥。又江苏镇江,咸丰年间,"典铺与富户抢劫几遍"⑦。又安徽宿松县,旧有"东厢典商汪长春、西厢典商吕永安、下仓埠典商石德凝",咸丰同治年间"因邑被兵燹,三典均闭歇无存"⑧。又安徽建德县旧有"三典胡立达、徐隆济、张春生。咸丰年间因粤寇乱,俱闭歇"⑨。又江西清江樟树镇,咸丰末期,俞达和、宋萃善两典因兵事停业。⑩ 又湖北黄州府兵燹后"典毁无存"⑪。又湖南长沙府,咸丰年间,各属典商多因贼扰歇业,仅存省城十余典。⑫ 其中,徽商典铺也大肆收歇。如

---

① 《寇难琐记》卷一,《江浙豫皖太平天国史料选编》,江苏人民出版社1983年版,第139页。
② 《鳅闻日记》卷下,《近代史资料》总第30号,中华书局1963年版,第116页。
③ 《咸丰七年姚记统盘总》1册,中国社会科学院历史研究所藏。
④ 《寇难琐记》卷二,《江浙豫皖太平天国史料选编》,江苏人民出版社1983年版,第143页。
⑤ 赵瀛:《纫佩仙馆文钞》不分卷《上湘乡相国曾文正公第一书》,转引自王天奖:《太平天国的商业》,《太平天国论文选(1949—1978)》上,三联书店1981年版,第658页。
⑥ 《法华乡志》卷一《沿革》,《中国地方志集成·乡镇志专辑1》,第15页。
⑦ 解涟:《遭乱纪略》,见《太平天国5》,上海人民出版社1957年版,第83页。
⑧ (民国)《宿松县志》卷一六上《赋税志·杂课》,《中国地方志集成·安徽府县志辑14》,第356页。
⑨ 宣统《建德县志》卷五《食货·杂税》,《中国地方志集成·安徽府县志辑63》,第225页。
⑩ 柳培元主编:《清江县志》,上海古籍出版社1989年版,第265页。
⑪ 光绪:《黄州府志》卷九下《书院》,《中国地方志集成·湖北府县志辑14》,第333页。
⑫ 杨奕青等编:《湖南地方志中的太平天国史料》,岳麓书社1983年版,第116页。

婺源鸿椿洪炳"素有典肆在姑孰",咸丰十年(1860)太平军攻陷南京后,洪炳将典产散给难民。① 又道光年间绩溪许光清开设的恒裕典,"升平后,祖遗之典与店业已歇矣"②。

六 衰 败

同治初年至民国年间,徽州典商在其传统活动地域短暂恢复后,生意清淡,兼之频遭打击,最后退出历史舞台。

同治初年至光绪中期的短暂恢复。咸同兵燹后,徽州典商在长江中下游地区重新活跃起来。前述商业票簿中的崇隆典、鼎兴典、同裕典、春祥当、仁生典、洪隆典、恒升典、恒益典、振成典、鼎颐典、善茂当、德安押、用和质等皆开设于这一时期。此外,光绪元年(1875),徽州朱礼和在江苏灌云板浦购置平房约80间,开设礼和当铺。③ 又光绪七年(1881),汪厚庄、吴廷芳于休宁城西街开设万洪典,汪娄记于上溪口开设成吉典。又光绪年间,绩溪王启勋先人在长江沿江通都大邑开设典铺10余座,其中南京城中3座,南京附郭乡镇3座。④ 又光绪十年(1884),保源、德和、鼎丰、鼎生、鼎源、丰泰、广源、广泰、公益、公生、公安、恒隆、会隆、聚源、均和、洽和、仁和、仁发、仁裕、同顺、同源、同兴、同升、同昌、同泰、协泰、信隆、信昌、信泰、益昌、义泰、永裕、永泰、元源、元昌35典向松江南汇新安思义堂捐款若干。⑤ 同治初年至光绪中期,徽州典商虽重新活跃起来,但其势力不及咸丰以前,具体表现为:一是各地新开典铺数量少于咸丰以前。如苏州典户,同治十年(1871)共有160名。其中,吴县108名,长洲9名,元和13名,新阳1名,常熟6

① (民国)葛韵芬、江峰青修纂:(民国)《婺源县志》卷四〇《人物一一·义行六》,民国十四年刻本,中国国家图书馆藏。

② 《涧洲许氏宗谱》卷八《蔚屏公行述》,民国三年刻本,安徽大学徽学研究中心藏影印本。

③ 孙恩庆:《连云港地区私营典当、钱庄业》,《连云港市文史资料(私企旧事)》第13辑,出版地、年代不详,第40页。

④ 王启勋:《我所知道的清末民初南京民营典当业》,《上海文史资料存稿汇编5·经济金融》,上海古籍出版社2001年版,第442、443页。

⑤ 宣统《思义堂征信录》不分卷,第1册,宣统三年石印本,上海图书馆藏。

名,昭文7名,吴江10名,震泽6名,而昆山自先复后并无开设。① 同嘉道
之际相比,苏州典户数量又减少143户,并且各县亦然。又溧阳城内,咸丰
年间开有汪时泰、朱泰亨、朱益昌、李五福、李三全、李德昌和李和源7座典
铺,②至同光年间,仅开有壬吉、通、泰丰、宝泰和裕丰5座典铺,③松江府青
浦县,同治间典税未复额,即无典铺开设。④ 二是各地徽商新开的典铺少于
咸丰以前。前引同光时期溧阳所开的5典,均非咸丰年间的典铺。

　　光绪中期至民国年间徽州典商快速衰败。一是其他地域典商的兴起和
竞争,将徽州典商排挤在外。如苏州,民国八年(1919)开有典铺31家。其
中,上同昌、下同昌、裕源、裕源分4典为苏州陆氏所开,洪盛和洪昌两典为
苏州潘氏所开,济太和济太分两典为湖州陆叔所开,福和和元昌两典为南浔
庞氏所开,永盛和福源两典为南浔张氏所开,豫成和祥利两典为陈善石所
开,豫昌和豫昌分为巨商王姓所开,致祥为潘经耡所开。⑤ 又民国初年,常
州城乡开设的典铺均为"退职官僚及当地士绅投资"。⑥ 又民国初年,湖州
双林镇5座典铺,都是"湖州南浔人所设"⑦。又民国初年,湖州南浔共有懿
兴、德康、绍泰、恒盛、仁和、振成6家典当,其中除振成当为宁波方家开设
外,其余5家都是"四象、八牛"中的刘家、张家、邢家所开。⑧ 二是经营环
境不佳,使得徽商典铺被迫歇业。如开设于江西鄱阳的江永泰典因"费用
浩繁"不得不于光绪二十二年(1896)歇业。又安徽宿松,同治、光绪年间太
平典商苏骏发先后开设的同和和同昌两典,不久因生意清淡而闭歇。三是
频繁的社会纷乱对徽州典商打击严重,致使徽州典商纷纷歇业。辛亥革命

　　① 同治《苏州府志》卷一七《田赋六》,《中国地方志集成·江苏府县志辑21》,第432—
433页。
　　② 《溧城抢典各案》不分卷,第1册,南京图书馆藏。
　　③ 沈择先、刘志范:《溧阳县典当概况》,见常梦渠:《近代中国典当业》,中国文史出版社1995
年版,第299页。
　　④ 光绪《青浦县志》卷八《田赋》,《中国地方志集成·上海府县志辑6》,第158页。
　　⑤ 姬允奎:《苏州典当业的盛衰》,见常梦渠:《近代中国典当业》,中国文史出版社1995年
版,第250、251页。
　　⑥ 朱康孙:《建国前的常州典当业》,见常梦渠:《近代中国典当业》,中国文史出版社1995
年版,第263页。
　　⑦ (民国)《双林镇志》卷一七《商业》,《中国地方志集成·乡镇志专辑22下》,第569页。
　　⑧ 南浔镇志编纂委员会编:《南浔镇志》,上海科学技术文献出版社1995年版,第155页。

期间,徽州典商遭受沉重打击。对此,徽州典商王启勋根据亲身经历说道:"辛亥革命时期,典当被张勋军队洗劫、破产、清理"。北洋军阀时期,各地的徽州典商再次受到打击,从此一蹶不振。如歙县上丰宋氏在湖北蕲春漕河镇开设的恒益典,1918 年北洋军第 16 混成旅的白营长率部路过,导致资金枯竭,乃于翌年停业。①

不过,江南地区徽州典商势力虽已式微,但其典铺员工仍多为徽人。如前述的振成典虽有宁波方姓开设,其经理当为徽州人。又光绪年间,浙江衢县亿成典由徽州项槐经理。② 又同治年间,休宁临溪吴存钜"无意仕进,遂经商。先后经理洙泾大成、闵行同源、枫泾棣华三典事"。③ 又民国初年,浙江嘉兴崇德开有仁大、善长、永丰和济恒 4 家典当,除永丰有本县人股东外,其余 3 家都是湖州、南浔等地富商投资。但在职员中,就有不少皖籍人。④ 又浙江德清新市,"清未时,徽帮势力渐趋衰落,典当老板遂为本地富商所取代,但各典当里尚残留着徽帮观念和传统的痕迹。在等级森严的用人制度和墨守成规的经营管理机制方面,处处体现着徽帮的特色"⑤。徽帮典当业经营规则得以延续,典当业中徽帮影响得以存续。至民国三十八年(1949),徽州典商才正式退出历史舞台。

徽州典商的发展六阶段,可分为三个兴衰周期。其中,明成弘年间至清顺治初年为第一个兴衰周期,顺治初年至同治初年为第二个兴衰周期,同治初年至民国年间为第三个兴衰周期。徽州典商周期性兴衰,与时局颇为关联。典业受社会环境影响极为巨大。社会动荡,典业都会遭到重大打击;社会企稳,典业会得以顺利发展。徽州典商兴衰三周期中,第一、第二周期即是如此,咸同兵燹后徽州典商发展过程亦是如此。咸同兵燹以后,徽州典商在传统地域重新活跃起来,其势力不及道光以前;但江南地区的典铺多由徽

① 湖北省蕲春地方志编纂委员会:《蕲春县志》,湖北科学技术出版社 1997 年版,第 384 页。
② 毛瑶依主编:《衢县文史资料》第 3 辑,衢州新华印刷厂,出版年代不详,第 96,97 页。
③ 吴志棠纂修:《上海吴氏族谱》不分卷《谱序》,民国三十年抄本,上海图书馆藏。
④ 李蓉汀供稿,张扬整理:《崇德的典当业》,《桐乡文史资料》第 9 辑,出版地、年代不详,第 83 页。
⑤ 章文钺:《新市典当琐谈》,《德清文史资料》第 4 辑,浙江新闻出版局浙出书临(92)第 78 号,出版地、年代不详,第 56,57 页。

州人经理,典业徽帮得以存续。从徽州典商兴衰过程来看,清乾隆中叶是徽州典商盛衰的转折点。而乾隆中叶正是徽州盐商和徽州布商盛衰的转折点。这说明徽商典商的兴衰与徽州盐布商的兴衰相一致,徽州盐布商的兴衰是徽州典商兴衰的重要因素。乾隆中以降,江南金融市场的发展尤其钱庄业的勃兴,分割了典当业金融市场,使得典当业呈现衰落趋势,从而使得江南徽州典商开始衰落。这说明明清金融市场变迁也是徽州典商兴衰不可忽视的重要因素之一。同时,清代其他地域典商的兴起,挤压了徽州典商生存空间。概括说来,明清时期,徽州典商的盛衰有其内外因素,其中,时局变化、金融市场变迁和其他地域典商的兴起是徽州典商盛衰的外在因素,而徽商的盛衰则是徽州典商兴衰的内在因素。

第二节　活动地域

徽州典商的活动地域,亦即徽州典商的活动范围。徽州典商的活动地域十分广泛,清末民初陈去病认为"几遍郡国"。① 具体而言,徽州典商的活动地域可分为徽州故里、江浙地区、长江中部和其他地区四大区域。

一　徽州故里

徽州是徽州典商的故里,也是徽州典商活动的主要地区之一。明中叶以后,徽州典商在其故里日益活跃起来,不断开典设当。生于弘治十四年(1501)、卒于万历五年(1577)歙县长原人程澧说道:"东吴饶木棉,则用布;淮扬在天下之中,则用盐筴;吾郡瘠薄,则用子钱。"②程澧遂于徽州故里开设典铺。万历年间,徽州府属各县都开有典铺,且这些典铺多系本地"有力之家"所开,由于经常收取脏物而引起地方官府关注,为此,万历十四

---

① 陈去病:《五石脂》,江苏古籍出版社1999年版,第326页。
② 汪道昆:《太函集》卷五二《明故明威将军新安卫指挥佥事衡山程季公墓志铭》,《四库全书存目丛书》集部第117册,第628页。

（1586）至十六年（1588）担任徽州知府、四川梁山人古之贤特地颁布禁令。① 入清以后，徽州典商在其故里不仅开有典铺，而且开设押铺。对此，康熙三年（1664）担任徽州知府的林云铭记道："徽民有赀产者，多商于外。其在籍之人，强半贫无卓锥，往往有揭其敝衣残褥，暂质升合之米，以为晨炊计者，最为可怜。然巨典高门，锱铢弗屑，于是有短押小铺，专收此等穷人微物，或以银押，或以钱押，或以酒米押，随质随赎，民称便焉。"② 乾隆年间，黟县胡学梓在徽州开有泰丰、万和等 11 座典铺。嘉道咸年间，胡学梓之子胡元熙在徽州开有泰丰、长隆、长兴等 7 座典铺。道光年间，徽州至少开有德生、道生、德泰、全吉等典铺。③ 又小说载徽州典商胡华廷曾在故里开设典铺一事。④ 清代中后期，徽州典商在其故里一度开有典铺 208 座。光绪二十三年（1897），经过咸同兵燹后，徽州典商在其故里仍开有典铺 19 座。⑤ 民国元年（1912），徽州典商在其故里所开典铺减至 9 座。⑥ 自明中叶至民国年间，徽州商人在其故里经营典业从不间断。具体至各县亦然。

休宁。休宁商人向以业典著称。徽州"虽士人皆兼商贾业。于是商之雄于吴越荆楚间者，歙以盐，休宁以典，婺源以木，皆徒步赤手，致赀巨万，比与封君"⑦。明万历年间，休宁率东程林在本村河西开设典铺一座。清康熙年间，休宁胡兴隆等人将盗窃白际岭汪继麟家"衣服当在胡德胜店"⑧。又

① 古之贤：《新安蠹状》卷上《申详院道严禁拐盗缘由》，转引自卞利：《明清徽州社会研究》，安徽大学出版社 2004 年版，第 286 页。
② 林云铭：《挹奎楼选稿》卷一《劝当议》，《四库全书存目丛书》集部第 230 册，第 14 页。
③ 道光二十二年《隆泰、恒裕、敦和、泰丰、长隆、长兴、恒隆、润元盘总》第 1 册，中国社会科学院历史研究所藏。
④ 俞万春：《结水浒全传》第二五回《陈道子炼钟擒巨盗　金成英避难去危邦》，《古本小说集成》第 4 辑，第 1056—1057 页。
⑤ 宣统《皖政辑要》卷三四《杂税二·当税》，黄山书社 2005 年版，第 361 页。
⑥ 农商部总务厅统计科编：《中华民国元年第一次农商统计表》，中华书局 1993 年版，第 252 页。
⑦ 郑虎文：《吞松阁集》卷二六《送王十一敬亭之建昌守任序》，《四库未收书辑刊》第 10 辑第 14 册，第 237 页。
⑧ 吴宏：《纸上经纶》卷一《休邑乡村等事》，见郭成伟、田涛点校：《明清公牍秘本五种》，中国政法大学出版社 1999 年版，第 155、157 页。

康熙中期,有小偷将入城贩米乡民的衣服偷去"向典铺中质银。"①康熙后期,休宁溪口开设义顺典。雍乾年间,休宁溪口设有汪肇祥典。② 乾隆年间,休城厚街开设程允升典铺,龙湾开有彩丰典,约山开有和生典,渭桥开有朱豫大典。嘉道年间,休宁共开设典铺 35 座。③ 其中,胡恒丰典开设于县城厚街。清中后期,休宁所开典铺一度达 41 座,光绪二十三年(1897)减至 6 座,民国元年又减至 4 座,民国八年(1919)为 5 座。5 座典铺中,万洪典位于县城,万源典、万泰典位于屯溪,同兴典位于万安,成吉典位于上溪口。民国二十一年(1932)淞沪抗战时,5 座典铺仅剩下县城的万洪典。④ 休宁乡镇中,屯溪和万安两镇典业向为发达。如屯溪,明代启祯年间隆阜戴立志开设典铺一座,乾嘉年间胡学梓一家开设恒兴、恒源、源兴和隆泰 4 典。光绪年间,除万源和万泰两典外,还至少开有宏元、同裕、葛庆和和济 4 典。⑤ 又万安,乾隆年间开有裕丰典,嘉庆年间开有正大典,光绪元年开有同兴和鼎泰两典。⑥

歙县。明代嘉万年间,歙县"近廉乡村,米当私典甚多"。⑦ 据有关资料推算,万历年间,歙县曾开有典铺 120 余座。⑧ 如生于嘉靖四十年(1561)、卒于万历十七年(1589)歙县江村人江世俊"承父资生殖","一意服贾,拮据不息,少恢先业,初于北关溪上列廛,旋治典于家"。⑨ 崇祯年间,歙民程济

---

① 廖腾煃:《海阳纪略》卷下《告词条规示附记》,《四库未收书辑刊》第 7 辑第 28 册,第 444 页。

② 雍正休宁黄氏《家用收支账》第 1 册,乾隆休宁黄氏《家用收支账》1 册;中国社会科学院历史研究所藏。

③ 道光《休宁县志》卷三《考棚》,《中国地方志集成·安徽府县志辑 52》,第 72 页。

④ 安徽省徽州地区方志办编:《徽志资料选编》第 2 集,出版地、年代不详,第 76、77 页。

⑤ 《重修万年桥征信录》不分卷,1 册,南京图书馆藏;又《典业杂志》中册,油印本,安徽师范大学图书馆藏。

⑥ 《(万安)复办水龙碑志》,转引自李俊:《徽州消防文献发微》,《徽学》第二卷,安徽大学出版社 2002 年版。

⑦ 傅岩撰,陈春秀校点:《歙纪》卷九《纪谳语》,黄山书社 2007 年版,第 165 页。

⑧ 傅岩撰,陈春秀校点:《歙纪》卷六《申覆典税》载:"复查得卑县典税一千四百四十二两二钱五分。此报郜充饷原额业也,通计岩镇一乡三十六典,共派银四百二十九两一钱"。按此记载,岩镇 36 典纳税 429.1 两,则每典税银 11.92 两。故而,典税 1442.25 两,则典铺达 120 余座。

⑨ 乾隆《歙北江村济阳江氏族谱》卷九《明处士世俊公传》,转引自张海鹏:《明清徽商资料选编》,黄山书社 1985 年版,第 165 页。

美、练龙山、张振先、汪廷诏、张明瑞、张时来、方道、吴鼎、程执等人在歙城及托山、澄塘等处亦开有典铺。又程达昌,因占籍丹徒,将开设于歙县的"质库"及田产全部分给其弟。① 入清以后,歙县典铺消长不一。清中后期一度达 70 座,光绪二十三年(1897)减至 4 座。具体说来,在潭渡,里人黄惟后开有质库 1 座。② 郑村,乾隆年间开有恒升典。在昌溪,咸丰年间吴庆来"设有典铺"③。在堨田,同治九年(1870)开设恒升典④,光绪初年程某开有质库,⑤光绪年间开有义成公典⑥。光绪年间深度开有同裕典,沙源开有仁兴典。⑦ 歙县乡镇中,岩镇典业颇为发达,嘉靖年间即有子钱家之薮之称。⑧ 嘉万年间方用彬开有典铺 1 座,万历年间盛时共开有 36 座,崇祯年间仍达 17 家之多,乾隆年间尚开有恒裕典,光绪年间仍开有仁生典⑨。

绩溪。清中后期,绩溪一度开有典铺 64 座,光绪二十三年(1897)减至 1 座。道光年间,绩溪县开有典铺 50 余座。其中,城中开有程川至、程广泰、周允大、胡咸丰、章源大和程怡怡等典铺,一都杨溪开有程同盛、程怡盛和胡中和 3 典,二都蜀水开有程恒泰典、抝头开有周广吉典,三都蜀马开有陈益大典、常岭开有程和泰典,四都大谷开有程日茂和程开泰两典、小谷开有程德裕典,五都冯村开有冯裕和、冯礼和和冯仁和 3 典,濠寨开有冯元亨和冯吉祥两典,杨滩开有程长春典,六都坦头开有程兆记、程时生和程柏茂 3 典,镇头开有章万和和章义顺两典,七都旺川开有曹永和、曹又新、曹聚

① 乾隆《镇江府志》卷三八《孝义》,《中国地方志集成·江苏府县志辑28》,第 165 页。
② 《重订潭滨杂志》下编,转引自王振忠:《清代一个徽州村落的文化与社会变迁——以〈重订潭滨杂志〉为中心》,《中国社会变迁:反观与前瞻》,复旦大学出版社 2001 年版,第 233、234 页。
③ 吴锡维纂修:光绪《昌溪吴氏族谱》不分卷,光绪二十六刻本,安徽省图书馆藏。
④ 许士煦:《恒升典与和丰衣庄》,《徽州区文史资料》第四辑,黄山市屯溪新安印务有限公司 2007 年版,第 235—237 页。
⑤ 李岳瑞:《春冰室野乘》卷下《纪歙鲍烈士增祥事》,《近代中国史料丛刊》第 1 辑,(台北)文海出版社 1967 年版,第 288 页。
⑥ 许氏《里主总账》,安徽博物馆藏。转引自刘森:《从徽州明清建筑看徽商利润的转移》,《徽商研究论文集》,安徽人民出版社 1985 年版,第 416 页。
⑦ 《重修万年桥征信录》不分卷,第 1 册,光绪刻本,南京图书馆藏。
⑧ 汪道昆:《太函集》卷五九《明故处士洪桥郑次公墓志铭》,《四库全书存目丛书》集部第 118 册,第 8 页。
⑨ 《重修万年桥征信录》不分卷,第 1 册,光绪刻本,南京图书馆藏。

新、曹大生、曹聚和和曹永盛 6 典,八都宅坦开有胡怡和、胡聚兴和胡继隆 3
典,上庄开有胡盛有和胡启茂两典,九都孔川开有章正泰、章万源和程义和
3 典,十都临溪开有余正和和程豫顺两典,十一都胡里开有程恒兴和周元丰
两典,十二都瀛川开有章永茂典、横塍开有张恒泰典,十三都北村开有章永
裕典、石川开有张怡丰和程和顺两典、洪溪桥开有吴田玉典,十四都大石门
开有程振盛典,十五都霞川开有程信盛典,墈头开有许恒裕典,另二都开有
程兆泰典、十都开有冯道和典。① 上述典铺中,启茂典为著名墨商胡开文之
子胡余德所开②,恒裕典为墈头涧前许光清所开③。光绪二十年(1894),仁
里程序东在绩溪城内开设恒丰典。民国十一年(1922),恒丰典转让给高村
吴兴周和城内周协恭等人,并更名为“翠丰质”。④

　　黟县。清代中后期,黟县开有典铺 31 座,光绪二十三年(1897)减至 6
座。乾隆年间,渔镇开有恒隆典。道咸年间,朱村朱承玮在十都、渔亭、蓝田
等地开有典铺 3 座。⑤ 同治年间,黟城开有用和质。民国年间,黟县又先后
开设泰裕典、鼎泰典和鼎泰分典。其中,泰裕典,民国八年(1919)开设于黟
城,由李泰裕经营,资本 2 万银元。鼎泰典,民国八年(1919)开设于黟城,
由张鼎泰经营,资金 2.5 万银元,并在渔亭设鼎泰分典。民国二十六年
(1937)前,泰裕、鼎泰两典先后关闭。⑥

　　祁门。生于嘉靖四十四年(1565)、卒于万历四十四年(1616)金溪金德
清“将产业山田变卖,得百余金,买洋器,数往东粤,时际运通,往来贸易,皆
获子息数倍,后又买瓷往京师各省,其利倍之。十年间遂积万金,回家开质
库,市产业,胜里中素封”。⑦ 清乾隆年间,祁门某将金饰赴典铺质押,不慎

　　① 《绩溪捐助宾兴盘费规条》不分卷,第 1 册,清刊本,第 1 册,安徽省图书馆藏,承蒙陈瑞先
生提供。
　　② 张海鹏、王廷元:《徽商研究》,安徽人民出版社 1995 年版,第 569、570 页。
　　③ 《涧洲许氏宗谱》卷八《光清公传》,民国三年刻本,安徽大学徽学研究中心藏影印本。
　　④ 胡善清等:《绩溪县最早的典当业》,见安徽省徽州地区方志办编:《徽志资料选编》第一
辑,出版地、年代不详,第 58 页。
　　⑤ 同治《黟县三志》卷七《人物·尚义》,《中国地方志集成·安徽府县志辑 57》,第 120 页。
　　⑥ 黟县地方志编纂委员会编:《黟县志》,光明日报出版社 1989 年版,第 297 页。
　　⑦ 金梦文:《先祖静斋公传略》,金应礼等纂修:《金氏统宗谱》卷四之一《艺文内篇》,光绪三
年木活字本,上海图书馆藏。

遗失,后被方兆鏛捡拾。① 清代中后期,祁门开有典铺 2 座,光绪二十三年(1897)减至 1 座。咸丰年间,县城开有振林、恒德两典,并接受东山书院存款。② 光绪二十八年,开有同益典。③

婺源,方志载,"顺治八年,奉文典铺一名,税银五两"。④ 此则说明清代婺源开有典铺。又清代前期,罗家碣罗名佳长年生病,其妻俞氏将丰厚妆奁"典质殆尽"。此则说明清代前期婺源罗家碣附近开有典铺。⑤ 光绪二十三年(1897),该县开有典铺 1 座。清末,江文达于县城东街开设济昌典,并于民国二十年(1931)歇业。⑥

徽州典商在故里十分活跃,贯穿于明中叶至民国年间的 400 多年。从县域看,歙县和休宁两县徽州典商极为活跃。清中叶以后,绩溪和黟县两县徽州典商活动趋于频繁。从市镇来看,明代岩镇和清代屯溪两镇徽州典商麇集。

二　江浙地区

徽州典商在江浙地区的活动情形,莫过于明清小说戏曲中的描写和传说故事。明清小说戏曲中描写的徽州典商大多集中于这一地区,而且传说中一些著名徽州典商也多经营于这一地区。小说戏曲中所描写的徽州典商,如南京的卫朝奉和童自大、苏州的汪华和汪裕大、汪宣父子、江阴的程璧、杭州临平镇的黄金色、嘉兴秀水的汪尚文、台州的金声;传说中的著名徽州典商,如歙县唐模许氏、两淮盐业重镇清江浦的汪巳山、扬州的吴老典,等

---

① 同治《祁门县志》卷三〇《人物志·义行》《中国地方志集成·安徽府县志辑 55》,第345 页。

② 赵所生:《中国历代书院志》第 8 册《东山书院志略》,江苏教育出版社 1995 年版,第 532、533 页。

③ 王钰欣、周绍泉:《徽州千年契约文书(清民国编)》卷一七,光绪二十八年祁门胡廷卿立《各项誊清》,花山文艺出版社 1991 年版,第 304、305 页。

④ (民国)葛韵芬、江峰青修纂:(民国)《婺源县志》卷一〇《食货三》,民国十四年刻本,中国国家图书馆藏。

⑤ (民国)葛韵芬、江峰青修纂:(民国)《婺源县志》卷六二《人物一七·列女七》,民国十四年刻本,中国国家图书馆藏。

⑥ 黄山市徽州文化研究院编:《徽州文化研究》第三辑,黄山书社 2004 年版,第 436 页。

等。而在文献记载中,徽州典商在江浙地区活动的具体情形,可从杭州《新安惟善堂征信录》中窥见一斑。道光时,向杭州新安惟善堂捐款的徽商典铺及典业人员,就有嘉兴天元典众友,嘉邑在城八典,秀邑在城十典,海盐十典新安众友,泰邑各典新安众友,如皋歙休绩七接典,泰州如邑歙休婺绩各典,南通州徐各典新安众友,南通州各典新安众友,海门徐通德通和太和各典新安众友,海门张万源、陈泰源裕典新安众友,枫桥五典新安众友,南翔各典新安众友,德清各典新安众友,长安六典新安众友,南翔金大昌柜友等。①民国年间江苏典当业仍有徽商把持。史载:民国年间江苏商业,"徽州人从事典当业、茶、墨等商业,江西人从事桐油、夏布瓷器等商业"。② 而在浙江明代启祯年间,叶期司开有典铺。③ 至于各府县,具体如下。

江宁府。府城南京,不仅是江宁府城,也是江宁、上元两县的治所,同时又是明代的京城、清代的省会,是明清时期极其重要的商业都会,徽州典商到达南京始于明代正德年间,此后不辍。如汪道昆提及的程惟清、潘侃、潘仕、黄钟和蒋振民等。其中,歙县蒋振民,"质剂肇于周官,不踰什一,此不劳而足,吾将藉此以营菟裘,乃就金陵卜宅者三,举室咸在。属掌计者各事事,第质成"。又生于正德七年(1512)、卒于万历十六年(1588)休宁汉口程师文"尝治质肆金陵市中"④。生于正德十二年(1517)、卒于万历二十二年(1594)休宁洪仁轩"居息南都"⑤。又生于嘉靖四十五年(1566)、卒于崇祯十三年(1640)歙县鲍献谟于万历四十七年(1619)"建典业于金陵"⑥。又崇祯年间,徽商黄自富在南京开设典铺,⑦至清代,南京徽商典铺仍然强盛。清顺治年间,休宁金西白有"质库在金陵南门下"。⑧ 清代中后期,《典业须

① 《新安惟善堂征信录》第1册,光绪七年刻本,南京图书馆藏。
② 《江苏省地志》,中华书局1936年版,第97页。
③ 傅岩撰,陈春秀校点:《歙纪》卷九《纪谳语》,黄山书社2007年版,第128页。
④ 王世贞:《弇州山人续稿》卷一一四《程师文墓志铭》,见周骏富:《明代传记丛刊》153号,(台北)明文书局1991年版,第215页。
⑤ 休宁《江村洪氏家谱》卷九《明敕赠修职郎举松山公墓志铭》,雍正八年刻本,上海图书馆藏。
⑥ 乾隆《重编棠樾鲍氏宗谱》卷一〇四《孝嗣公派》,乾隆二十五年刻本,上海图书馆藏。
⑦ 祁彪佳:《宜焚全稿》卷八《黄自富案》,《续修四库全书》第492册,第476页。
⑧ 赵吉士:《寄园寄所寄》卷一《囊底寄·智术》,《续修四库全书》第1196册,第500页。

知》作者其家在南京"习典业,至予数传矣"。在江宁县,明崇祯年间王竹开设典铺 1 座。①

扬州府。小说载,明代永乐年间,徽州某程姓商人在扬州开设永兴号典铺。② 小说又载,弘治年间徽州某商人在"扬州开当中盐"。③ 又载,明季徽商赵昌祺在扬州开设典铺。"有陈锡元者,本徽人,依扬州富商赵昌祺,司质库中奔走事"。④ 万历年间徽商典商已在扬州大显身手,"质库,无土著人。土著人为之,即十年不赎,不许易质物。乃令新安诸贾擅其利,坐得子钱,诚不可解"。⑤ 清代初年,扬州典当业仍由徽商占主导地位。如婺源人吴炳扬,"父客淮扬,年十五,往习典业"。⑥ 在扬州府仪征县,"毗庐庵:徽籍典商吴永隆建。后渐倾圮,乾隆丙子岁,会孙志高继葺,规制重新"。⑦ 邵伯镇,咸丰年间曾开有 3 座典铺,其中徽商 1 座、镇江商 2 座。因捐款事而遭人陷害。⑧ 在邗江,小说载,徽州府一位汪姓青年在邗江开设典铺,因为生意上偶然的一个机会,与仪征唐翁的女儿一见倾心。⑨

苏州府。徽州典商来到苏州较早。小说载:"公子分付亲随家人,同了一伙人,走到徽州当内,认着锦被,正是原物。"⑩小说中将苏州典铺直称徽

---

① 《明崇祯六年江宁县批捕示》,转引自卞利:《明清徽州社会研究》,安徽大学出版社 2004 年版,第 158 页。

② 天然痴叟:《石点头》卷五《莽书生强图鸳侣》,《古本小说集成》第 5 辑,上海古籍出版社 1995 年版,第 348、353 页。

③ 凌濛初:《二刻拍案惊》卷一五《韩侍郎婢作夫人 顾提控椽居郎署》,《古本小说集成》第 5 辑,上海古籍出版社 1995 年版,第 741 页。

④ 严思庵:《艳囮二则》一卷,《丛书集成续编》第 211 册,台北新文丰出版社 1985 年版,第 663 页。

⑤ 万历《扬州府志》卷二○《风俗志》,《北京图书馆古籍珍本丛刊》第 25 册,书目文献出版社 1991 年版,第 348 页。

⑥ (民国)葛韵芬、江峰青修纂:(民国)《婺源县志》卷四二《人物一一·义行八》,民国十四年刻本,中国国家图书馆藏。

⑦ 道光《重修仪征县志》卷二○《祠祀志》,《中国地方志集成·江苏府县志辑45》,第 269 页。

⑧ 佚名:《蘋湖笔记》不分卷,见《江浙皖太平天国史料选编》,江苏人民出版社 1983 年版,第 102 页。

⑨ 《两缘合记·女室思郎》,汤书昆:《介绍新发现的清代短篇小说集》,《明清小说研究》1988 年第 3 期。

⑩ 凌濛初:《二刻拍案惊奇》卷三九《神偷寄兴一枝梅 侠盗惯行三昧戏》,《古本小说集成》第 5 辑,上海古籍出版社 1995 年版,第 1805 页。

州当,足见苏州徽商典铺之多。又小说载,"平江是个货物码头,市井热闹,人烟凑集,开典铺的甚多",徽商汪华携带万两银子去开设典铺。① 清代初年,徽商某典铺遭到苏州捕役勾结盗贼的抢劫。"捕役无以为饵,乃引龙游大盗潜入城,劫徽商质库。"②乾隆年间,歙县蒋全迪在苏城开有余庆堂典。而在苏州常熟,徽州典商极为活跃。乾隆年间,除前述永晟典外,休宁苏瑚亦业典于此。③ 民国年间,歙县吴进贤赴常熟学习典当。④ 该县塘墅镇,乾嘉年间汪腾蛟开设颐裕典。⑤ 又该县绿溪镇,徽商程文翊、吴赞皇等经营典业。⑥ 在吴江,万历三十年(1602),徽商某典铺遭到强盗抢劫。⑦ 该县周庄,生于明万历三十七年(1609)、卒于清康熙十六年(1677)潘仲兰开有"质库"⑧。在昆山淞南,明代徽商徐德孚开设"质库","遂家焉"。⑨

松江府。上海是徽州典商活跃的重点。明代嘉靖年间,歙县汪通保业典于上海。咸丰年间,徽商杨翰仙开设源来典。同治年间,徽商开有德安押。同治十年(1871),休宁黄焕英发起组织上海典业公所。清末,上海典铺仍多为徽商所开,"朝奉狰狞赛恶魔,徽州籍贯最为多,高居柜上头垂下,又似双峰属骆驼。"⑩其中休宁、歙县人所开者有 30 家。⑪ 婺源汪学贤"往

---

① 艾纳居士:《豆棚闲话》第三则《朝奉郎挥金倡霸》,《古本小说集成》第 3 辑,上海古籍出版社 1993 年版,第 68—69 页。

② 朱鹤龄:《愚庵小集》卷一五《富顺刘公传》,《清人别集丛刊》,上海古籍出版社 1979 年版,第 716 页。

③ 《状词和批示汇钞》,安徽省图书馆藏,转引自郑小春:《从清初苏氏诉讼案看徽州宗族内部的矛盾与分化》,《史学月刊》2009 年第 3 期。

④ 黄山市地方志办公室编:《黄山市近现代人物》,黄山书社 1992 年版,第 77 页。

⑤ 《三世手泽书信集》,转引自王振忠:《徽商与清民国时期的信客与信局》,冯天瑜主编:《人文论丛(2001 年卷)》,武汉大学出版社 2002 年版,第 285—321 页。

⑥ 乾隆《绿溪志》卷四,《中国地方志集成·乡镇志 8》,第 282 页。

⑦ 沈赟:《近事丛残》卷一《刘公筑塘》,《明清珍本小说集》,广业书社 1928 年版,第 6 页。

⑧ (民国)《大阜潘氏支谱》卷首《序》,民国十六年刻本,南京图书馆藏。

⑨ (民国)《昆新两县续补合志》卷一五《游寓补遗》,《中国地方志集成·江苏府县志辑 17》,第 475 页。

⑩ 叶仲钧:《上海鳞爪竹枝词》,见顾炳权编:《上海洋场竹枝词》,上海书店 1996 年版,第 293 页。

⑪ 吴仁安:《论明清时期上海地区的徽商》,《徽学》第二卷,安徽大学出版社 2002 年版。

沪寓兄典中"。① 民国年间,休宁汪厚庄开有振大、鸿济和鸿顺等典铺。②
在青浦县唐行镇,万历年间休宁程有敬开设典铺1座。在华亭县莘庄镇,康
乾年间休宁兖山孙氏开设大振典。在金山张堰镇,徽商汪天奇开设"质
库"③。在南汇,清代徽州典商将家乡菜肴徽州肉圆带过来。方志载:"肉饼
子,以肥肉刽若饾饤,和以蒸粉,内包果馅,蒸熟如餪,俗呼徽州肉圆,以创于
新场徽籍典商也。"④

杭州府。嘉靖时,杭州城乡应募御倭的数百人中有不少是"新安之贾
于质库者"。⑤ 崇祯年间,至少有徽商典铺吴、程、朱等10户。⑥ 乾嘉年间,
黟县吴葆真业典于杭州。⑦ 道光年间,徽商鼎和典、同裕典、保善典、泰和
典、成裕典、同德典、公和典、泰安典、裕通典、广仁典、保大典、公济典、保泰
典、同泰典、广兴典、保昌典和成大典曾向杭州新安惟善堂捐款。

嘉兴府。在嘉兴县,小说载,徽州商人汪礼,是个财主,"因到嘉兴开
当,遂居秀水"。⑧ 笔记载,明代李乐"通家徽人开典于禾"⑨。明代"新安大
贾与有力之家,又以田农为拙业,每以质库居积自润,户无多田"。⑩ 其中,
休宁商山吴氏开典于府城北关。⑪ 又黄蓝圃,"本新安籍。先世以质库业迁
当湖,兄弟六人并殷富。而蓝圃尤乐善好施,延名师课诸子,俱以文学显,得

① (民国)葛韵芬、江峰青修纂:(民国)《婺源县志》卷三二《人物七·孝友六》,民国十四年
刻本,中国国家图书馆藏。
② 黄山市徽州文化研究院编:《徽州文化研究》第三辑,黄山书社2004年版,第474页。
③ (民国)《重辑张堰志》卷二《祠庙》,《中国地方志集成·乡镇志专辑2》,第355页。
④ (民国)《南汇县续志》卷二〇《民俗志三》,《中国地方志集成·上海府县志辑5》,第
1178页。
⑤ 丁元荐:《西山日记》卷上《才略》,《续修四库全书》第1172册,第296页。
⑥ 陈龙正:《几亭全书》卷二五《劝徽典邑里分米平粜乡农谕》,《四库禁毁书丛刊》集部第12
册,第188页。
⑦ 黄山市地方志办公室编:《黄山市近现代人物》,黄山书社1992年版,第3页。
⑧ 西湖渔隐主人:《欢喜冤家》第一二回《汪监生贪财娶寡妇》,《古本小说集成》第1辑,上海
古籍出版社1991年版,第497页。
⑨ 李乐:《见闻杂记》续卷一〇,上海古籍出版社1986年版,第823页。
⑩ (崇祯)《嘉兴县志》卷二二《艺文志嘉兴县新定均田役法碑记》,《日本藏中国国罕见地方
志丛刊》,书目文献出版社1991年版,第933页。
⑪ (崇祯)《嘉兴县志》卷一七《丛谈志·杂记》,《日本藏中国国罕见地方志丛刊》,书目文献
出版社1991年版,第716页。

南门外沈氏别墅。鼎新之,广植丛桂,题曰白云山庄,暇日与二三好友飞觞吉钵为乐。晚岁家中落,处之恬如"。①

此外,在淮安,"新安人之业质库者,借灵王庙厅事同善堂,为新安会馆"。② 徽州典商在淮安能够独立创建新安会馆,可见实力不俗。又在王家营,"凡质库一,为西典,又一家为徽典"。③ 在镇江府,生于嘉靖三十二年(1553)、卒于万历四十一年(1613)的休宁月潭朱梦龙"质剂在京口"④。又光绪年间,徽商接顶胡雪岩丰裕典,并改名为万镒。⑤ 民国九年(1920),休宁黄乐民在镇江典铺当学徒时,发起组织中华典业青年联合会,编辑出版典业杂志《近思月刊》。⑥ 在溧阳,崇祯年间歙县徐宪辅和徐大猷开有典铺。⑦ 在常州府,崇祯年间通判余翼明听信"朱帮佐禀借徽典银三百两"⑧。又道光年间,歙县洪建斋在府城西门外开设原太典。⑨ 在湖塘桥镇,清代前期,婺源江坑江氏经营典业和槽坊。乾隆年间典当业转至常州著名文人赵翼。⑩ 道光二十二年(1842)歙县江成侃开设裕泰隆典当。⑪ 在焦垫镇,嘉庆、道光年间,徽商汪理斋曾租借安阳杨氏房屋开设典铺。道光二十年(1840),汪理斋将典铺收歇,杨氏又将房屋租借给徽商胡立本,开设宏孚典当铺。⑫ 在江阴,明末徽商程璧开有典铺,曾捐银 14 万余两以抗清。⑬ 在无锡,徽人程

---

① 马承昭纂修:(光绪)《续当湖外志》卷四,光绪元年刻本,中国国家图书馆藏。
② (民国)《淮安河下志》卷一六《杂缀》,《中国地方志集成·乡镇志专辑16》,第591页。
③ (民国)《王家营志》卷三《职业·交通》,《中国地方志集成·乡镇志专辑17》,第70页。
④ 康熙《新安月潭朱氏族谱》卷一〇《光禄寺署丞觉海朱公行状》,康熙四十六年刻本,安徽大学徽学研究中心藏影印本。
⑤ 王军富:《镇江典业沿革》,江苏省金融志编辑室编:《江苏典当钱庄》,南京大学出版社1992年版,第61、62页。
⑥ 黄山市地方志办公室编:《黄山市近现代人物》,黄山书社1992年版,第75、76页。
⑦ 傅岩撰,陈春秀校点:《歙纪》卷九《纪谳语》,黄山书社2007年版,第129页。
⑧ 祁彪佳:《宜焚全稿》卷三《大讦劾官》,《续修四库全书》第492册,第308页。
⑨ 俞鸿渐:《印雪轩随笔》卷三《人首质钱》第4册,道光二十七年刻本,哈佛燕京图书馆藏。
⑩ 萧江上悟修:《萧江氏宗谱》卷四《萧江氏源流》,民国三十七年刻本,中国国家图书馆藏。
⑪ 朱康孙:《常州典当》,江苏省金融志编辑室编:《江苏典当钱庄》,南京大学出版社1992年版,第19页。
⑫ (民国)《安阳杨氏族谱》卷二四《祠产》,转引自林舟:《明清以来外地商帮与城市发展:以在常徽商为中心》,2011年7月合肥"徽商与晋商研究会"论文。
⑬ 韩葵:《江阴城守记》,见《东南纪事》,上海书店出版社1982年版,第54页。

某开有"质剂之肆"①。又光绪年间新安会馆的经理"半系典商"②。在靖江,清代隆阜戴纯恩"客马洲,更正质库浮收积弊,穷民德之"③。在太仓州,清代"人多土著,无服贾远方者。质库及市中列肆,安徽、闽、浙人居多"④。在璜泾镇,休宁陆远湖开有宏亨典。⑤ 又该州嘉定县南翔镇,明代徽商汪丽麓"居而向所张质库里中者,竟废而业醝,又数年醝之息微,而翁累渐重益不支,且弃南翔而归"⑥。在嘉定外冈,清代徽商姚南青"启质库于镇之北街"。⑦ 在崇明,同治、光绪年间徽商开有礼和典和善茂当。又婺源程发嵩"幼服贾崇明典业"⑧。又婺源汪承训"幼就崇明典业"⑨。在通州,清代许廷佐"习典业"。⑩ 在泰兴县,茗洲吴氏开有吴丰典和文谟典。在如皋,清末民初休宁吴廷芳开设万鸿典。⑪ 在湖州府,嘉靖、万历年间的休宁人孙从理在此业典,"慎择掌计若干曹,分部而治"。⑫ 在乌程南浔镇,明万历年间休宁程爵开有典铺1座。⑬ 在归安凌湖镇,明代徽州汪朝奉开有一典铺。⑭ 在德清,清代嘉道年间徽商开有典铺1座,曾聘请休宁程梦麟管理财会。⑮ 在衢州府,道光年间徽商开有张裕复、钟和、钟成和吴大等典。在龙游,环山汪氏经营典当

---

① 徐珂编:《清稗类钞》第五册《婚姻类·程汪夫妇有别》,中华书局1984年版,第2082页。
② 程颂嘉:《宝砚斋遗稿》书牍《为保全新安会馆上金匮县令书》,出版年代不详,第13页。
③ 道光《休宁县志》卷一五《人物·尚义》,《中国地方志集成·安徽府县志辑52》,第366页。
④ 光绪《太仓直隶州志》卷六《风俗》,稿本,中国国家图书馆藏。
⑤ 道光《璜泾志稿》卷四《流寓》,《中国地方志集成·乡镇志专辑9》,第155页。
⑥ 李流芳:《檀园集》卷七《丽麓汪翁借金孺人六十双寿序》,《四库全书》第1295册,第352页。
⑦ 乾隆《续外冈志》卷九《杂记》,《中国地方志集成·乡镇志专辑2》,第918页。
⑧ (民国)葛韵芬、江峰青修纂:(民国)《婺源县志》卷三二《人物七·孝友六》,民国十四年刻本,中国国家图书馆藏。
⑨ (民国)葛韵芬、江峰青修纂:(民国)《婺源县志》卷三三《人物七·孝友七》,民国十四年刻本,中国国家图书馆藏。
⑩ (民国)《黟县四志》卷七《人物·尚义》,《中国地方志集成·安徽府县志辑58》,第96页。
⑪ 黄山市徽州文化研究院编:《徽州文化研究》第三辑,黄山书社2004年版,第474页。
⑫ 汪道昆:《太函集》卷五二《南石孙处士墓志铭》,《四库全书存目丛书》集部第117册,第625页。
⑬ 朱国桢:《朱文肃公集》第5册《程光禄传》,《续修四库全书》第1366册,第185页。
⑭ 西湖渔隐主人:《欢喜冤家》第三回《李月仙割爱救亲夫》,《古本小说集成》第1辑,上海古籍出版社1991年版,第137、138页。
⑮ (民国)《德清县新志》卷八《人物志》,《中国地方志集成·浙江府县志辑28》,第915页。

业。在台州天台县,小说载,正德、嘉靖年间,徽州歙县金声开有典当。① 又徽人"王怀轩者,开典于台,失火仓,猝投首饰数百金"②。

明清时期,江浙地区是徽州典商活动的首要地区。徽州典商在江浙一直占据主导地位,不仅活跃于城市,而且深入至乡镇。

三 长江中部

明清时期,徽州典商在长江中部尤其沿江城镇颇为活跃。

安徽。在安庆,万历年间休宁率东程林开设典铺 3 座,康熙年间徽商吴淇开有典铺 1 座。③ 又望江县,清康熙年间歙县余锡之父开设典铺 1 座。④ 在宿松,乾隆三十八年(1773)休宁典商汪裕丰号捐长安庄何家围水田 40 余亩,修建二郎官渡。⑤ 在庐州府巢县,生于正德十二年(1517)、卒于万历三十年(1602)休宁汪岩福在柘皋"列质受廛"⑥。又万历年间歙县商人程杰"以广陵俗汰,恐开子孙奢侈心,复移质剂于柘皋"⑦,即将扬州典铺移至巢县柘皋。又万历年间休宁渭南朱世荣同其甥在巢县啼河合伙开设典铺 1 座。至清代嘉道年间,巢县共开有陈谦益、公凝泰、陈裕丰、白义兴、鲍恒裕、孙源丰和任庆源等典铺。其中,陈谦益和裕丰两典分别为徽商开设于炯炀和巢城。⑧ 在庐州府无为县,明代嘉万年间歙县江若霁"客无为",开设"典铺"1 座。⑨ 在太平府芜湖,明代嘉万年间歙县郑道治,"贾鸠兹,为万货之都,权母子,精计算,而赀益大起"。⑩ 又明末休宁西门人汪可训在芜湖也开

---

① 凌濛初:《初刻拍案惊奇》卷一〇《韩秀才乘乱聘娇妻 吴太守怜才主姻缘》,《古本小说集成》第 5 辑,上海古籍出版社 1995 年版,第 369—408 页。

② 《古今图书集成·学行典》二五二卷《笃行部》,(台北)鼎文书局 1977 年版,第 2350 页。

③ 中国第一历史档案馆编:《清代档案史料丛编》第五辑,中华书局 1980 年版,第 56—57 页。

④ 江巧珍、孙承平:《徽州盐商个案研究:疏文誓章稿》,《清史研究》2005 年第 3 期。

⑤ (民国)《宿松县志》卷六《地理志》,《中国地方志集成·安徽府县志辑 14》,第 120 页。

⑥ 《休宁西门汪氏宗谱》卷六《明光禄寺署丞乡大宾岩福公暨配金孺人墓志铭》,转引自张海鹏《明清徽商资料选编》,黄山书社 1985 年版,第 91 页。

⑦ 鲍应鳌:《瑞芝山房集》卷一二《程次公传》,《四库禁毁书丛刊》集部第 141 册,第 259 页。

⑧ 《道光二年七月巢县谕》1 件,安徽师范大学图书馆藏。

⑨ 江登云:《橙阳散志》卷四《人物志·义行》,《中国地方志集成·乡镇志专辑 27》,第 622 页。

⑩ 鲍应鳌:《瑞芝山房集》卷一一《礼部儒士仁庵郑公行状》,《四库禁毁书丛刊》集部第 141 册,第 228 页。

设典铺,并聘请他人管理。① 在当涂,除前述婺源洪炳外,明嘉万年间环田李大嵩"质贾于姑孰"。② 又嘉靖、万历年间李大鸿"出母钱为质于姑孰者"。③ 在池州府东流县章家村,同光年间黟县王瑞丰开有典铺1座。在宁国府宣城,岩镇汪铼"以质剂出入"。④ 在和州含山县,生于顺治九年(1652)、卒于康熙六十一年(1722)的歙县鲍士圻"弃笔砚而权子母"⑤。在含山雍家镇,清代末年徽州典商开有汇同典,为方便铜城闸一带居民质当衣物,便在铜城闸镇开有汇祥代步。⑥ 在六安州,嘉庆年间,徽州商人"陶元森、金丰元、汪贞吉、张瑞明、程晁姓等在六安州城地方,开设典铺银庄数百家"⑦。在凤阳府定远县,小说载,徽商汪朝奉开有两座典铺,后盘与徽人皮奉山。"当日汪朝奉托潘二老爹做中,说哑当铺两坐(座),当日房价纹银二千五百七十两,两处货物共一万二千五百两银子。于是,潘二老爹望五爷谈过。五爷应允,连折头都不打","于是择定日期,五爷将银挑至船上,把银交清。汪朝奉回去上徽州"。⑧ 在泗州五河县,小说载,乾隆年间,徽商方氏开有仁昌、仁大两典。"又有一家,是徽州人,姓方,在五河开典当行盐。"⑨

江西。徽州典商在江西相当活跃,如清代婺源江邦诠在江西开有典铺2座,并为徽州府城修造河西桥"捐助千金"⑩。又清代婺源江世树在江西

① 《休宁西门汪氏宗谱》卷六《太学可训公传》,转引自张海鹏:《明清徽商资料选编》,黄山书社1985年版,第445—446页。
② 程文著:《环田明处士李公行状》,婺源《三田李氏统宗谱》不分卷《行状》,万历刻本,安徽省博物馆藏。
③ 程汝继:《恩授王府审理正碧泉李公行状》,婺源《三田李氏统宗谱》不分卷《行状》,万历刻本,安徽省博物馆藏。
④ 汪道昆:《太函集》卷四〇《共程传》,《四库全书存目丛书》集部第117册,第505页。
⑤ (清)鲍光纯纂修:《重编棠樾鲍氏三宗族谱》卷一四三《廉公鲁港派》,乾隆二十五年刻本,上海图书馆藏。
⑥ 王振忠:《一部反映徽商活动的佚名无题抄本》,《河南商业高等专科学校学报》2000年第1期。
⑦ 《嘉庆朝我徽郡在六安创建会馆兴讼底稿》第1册,抄本,安徽黄山学院藏。
⑧ 浦琳:《清风闸》卷四第二五回《皮奉山开当铺 潘彩臣拔劣迹》,《古本小说集成》第3辑,上海古籍出版社1993年版,第312—313页。
⑨ 吴敬梓:《儒林外史》第四四回《汤总镇成功归故里 余明经把酒问葬事》,《古本小说集成》第3辑,上海古籍出版社1993年版,第1463页。
⑩ (民国)葛韵芬、江峰青修纂:(民国)《婺源县志》卷四一《人物一一·义行七》,民国十四年刻本,中国国家图书馆藏。

开设典铺2座,去世后引起诉讼,后其妻王氏出面干预,使两典得以保存。①
具体而言,在南昌府武宁县,光绪末年徽商开有协成典。在义宁州,光绪
末年徽州典商开有成和和益庆两典。② 在九江府,明万历年间休宁率东程林
于府城开设于典铺1座。又生于康熙十一年(1572)、卒于乾隆十四年
(1749)歙商吴之骏,"以西江典业恒产也,亲诣擘画,俾有成规可循而
归"。③ 九江典业为其恒产,说明典业经营当有数代。在彭泽县,民国初年
休宁人朱冕卿独资开设永生典。④ 在德化县,光绪二十一年(1895)九江新
安笃谊堂成立之初,共有同泰、春祥、原昌、恒昌、升昌、寿昌、春茂、大生、肇
大和恒吉10座典铺捐钱。⑤ 光绪末年,徽商尚开设同泰和恒裕两典。⑥ 在
广信府铅山县,光绪末年徽商开有恒和典。在铅山河口镇,康熙十三年
(1674)休宁兖山孙氏与朱六吉合开朱元亨典。在饶州府,嘉靖、万历年间,
"新安贾人列肆郡中为质,偷儿得物辄以售之,丧资之家不能踪迹,有司亦
视为外府不问,一切逐之,权贵关说不听"。⑦ 乾隆年间歙县蒋全迪开设典
铺1座。⑧ 在鄱阳县,光绪二年(1876)婺源商人江某开设永泰质铺,旋于十
四年(1888)改为典铺,二十二年(1896),因生意清淡,申请歇业。⑨ 又光绪
末年徽商开有怡和典。在吴城,清末民初金融业主要由徽商把持。在乐平
县,嘉庆时婺源人江氏在县城东街一巷内设典当铺,该巷因此而名典当
巷。⑩ 光绪末年徽商开有元和典。在万年县,光绪末年徽商开有信和典。

① (民国)葛韵芬、江峰青修纂:(民国)《婺源县志》卷六三《人物一七·列女八》,民国十四
年刻本,中国国家图书馆藏。
② 《典业杂志》上册,油印本,安徽师范大学图书馆藏。
③ 《丰南志》卷六下《皇清诰封中宪大夫、大理寺寺副加五级岁进士损斋太老姻台吴公行
状》,《中国地方志集成·乡镇志专辑17》,第393—394页。
④ 舒毅清:《九江的钱庄银行当铺》,《九江文史资料》第5辑,第170页。
⑤ 《九江新安笃谊堂征信录》第1册,光绪刻本,黄山学院藏。
⑥ 《典业杂志》上册,油印本,安徽师范大学图书馆藏。
⑦ 焦竑:《国朝献征录》卷八八《湖广按察司金事陈公吾德行状》,《续修四库全书》530册,第
61页。
⑧ 《乾隆朝惩办贪污档案选》第2册,中华书局1994年版,第1355页。
⑨ 《光绪二十三年鄱阳县谕江永泰典歇业告示》1件,安徽省图书馆。
⑩ 乐平县志编纂委员会编:《乐平县志》,上海古籍出版社1987年版,第293页。

在浮梁县,光绪末年徽商开有泰和典。在景德镇,乾隆年间,徽商开有黄祥隆典。① 黟县王瑞丰开设典铺 1 座。又黟县舒廉,"商于景德镇二十余年","经理典业"。② 清末民初,景德镇的金融业即由徽州商人把持。③ 民国九年(1920),休宁吴少樵在陈家岭上弄开设庆泰典。④ 在建昌府,明代休宁人程和荫兄弟经营典业。⑤ 在南丰县,光绪末年徽商开有嘉丰和同和两典。瑞州府高安县,光绪末年徽商开有福成祥、公和和谦和 3 典。⑥

湖北。徽州典商在湖北相当活跃。嘉靖、万历年间,休宁临溪吴氏在武昌府兴国州州城和大冶县县城、黄州府蕲州州城和广济县武穴镇等地开设 6 座典铺。又万历年间,休宁率东程林黄州府城前、广济孝义坊铺和武昌府察院坡等地开有典铺。具体而言:在武昌府汉口,康熙年间休宁榆村程嘉树开有典铺 1 座。光绪年间徽商黄宪章开有典铺 1 座。⑦ 又婺源洪汉卿曾往"汉镇习质库事"⑧。光绪后期,汉口典当铺的掌柜几乎全是徽州人。⑨ 直到民国初年,汉口的徽州帮仍以"典商及棉纱商为最盛"。其中,休宁上溪口朱基堂开有谦益和馀生两典。⑩ 休宁人朱保三为汉口典当帮首士,并担任汉口商务总会议董⑪。又民国年间休宁黄村黄氏曾业典于汉口。文书载:"男在汉,眠食均叨平安,诸事自当专心学习,请放心可也。裕生侄于前

---

① 《乾隆五十四年二月十七日吴芝亭致毓堂信》,见《乾隆五十三年至五十六年休宁茗洲吴芝亭信底》第 1 册,中国社会科学院经济研究所藏。

② 《黟县四志》卷七《人物·尚义》,《中国地方志集成·安徽府县志辑 58》,第 95 页。

③ 朱绍熹:《景德镇的都帮、徽帮和杂帮》,见《景德镇文史资料》第 1 辑,出版地不详,1984 年版,第 74 页。

④ 黄山市徽州文化研究院编:《徽州文化研究》第三辑,黄山书社 2004 年版,第 474 页。

⑤ 《休宁名族志》卷一"西馆程氏",黄山书社 2007 年版,第 155 页。

⑥ 《典业杂志》上册,油印本,安徽师范大学图书馆藏。

⑦ 《光绪八年收支簿》第 1 册,南京大学历史系藏。

⑧ (民国)葛韵芬、江峰青修纂:(民国)《婺源县志》卷六二《人物一七·列女七》,民国十四年刻本,中国国家图书馆藏。

⑨ 《中国经济全书》第七辑第二编《商帮》,转引自傅衣凌《明代徽州商人》,《徽商研究论文集》,安徽人民出版社 1985 年版,第 19 页。

⑩ 黄山市徽州文化研究院编:《徽州文化研究》第三辑,黄山书社 2004 年版,第 474 页。

⑪ 《中国经济全书》第七辑第二编《商帮》,转引自傅衣凌《明代徽州商人》,《徽商研究论文集》,安徽人民出版社 1985 年版,第 19 页。

月廿四安抵汉口。"①在汉阳府黄陂县,康熙年间徽商戴城家族开设东升典。在沔阳州,明季休宁张公路开典于新堤。在黄州府蕲州漕河镇,光绪十五年(1889)歙县上丰宋氏开设恒益典。在广济县,明启祯年间程继臣家族在武穴镇和龙坪镇分别开有 2 座典铺。又道咸年间徽商江立棐"以经理质库从武镇"②。又光绪年间,徽商在武穴镇上北街开设春祥当。在黄梅县,嘉靖年间休宁率东程九衢"置典于蕲之黄梅"。③ 在襄阳府,隆庆间休宁率口程溯"途经楚北祖遂侨居襄阳,开设典当"。④ 在枣阳县,小说载,汪姓徽商开当于大市街。⑤

湖南。徽州典商在湖南较为活跃。据《湖南商事习惯报告书》载,"湘省典商江南帮为最,次则苏帮、徽帮、西帮、本帮"。在长沙府,嘉靖年间休宁率东程九衢"以星沙拥长江上流都会可居,汝曹修世业,久当自饶耳,居数年出息颇赢,连置数典,一如先君所筹划也"。⑥ 星沙即湖南长沙。又休宁汪仲高在长沙经营典业和钱业。⑦ 在常德府,生于嘉靖四十五(1566)、卒于崇祯七年(1634)歙县棠樾鲍叙典"尝创典"⑧。在衡州府,崇祯年间歙县方良度和方再扬开设典铺 1 座。⑨ 在衡山,道光年间,黟县孙士楷依附某徽州典商。⑩ 在辰州府沅州麻阳,据《龙阳逸史》载,明代徽商汪通设典于此。⑪

徽州典商在长江流域的活动,集中于两湖和皖赣沿江市镇。

---

① 王振忠:《清代江南徽州典当商的经营文化——哈佛燕京图书馆新藏典当秘籍四种研究》,《中国学术》总第 25 辑,商务印书馆 2009 年版,第 60—100 页。

② 同治《广济县志》卷八《流寓》,《中国地方志集成·湖北府县志辑 25》,第 385 页。

③ 程鹏南:《先君行述》,《率东程氏家乘》卷六,第 4 册,南京图书馆藏。

④ 《中湘程氏三修族谱》卷二《滨湖祖原传》,上海图书馆藏。

⑤ 冯梦龙:《古今小说》卷一《蒋兴哥重会珍珠衫》,《古本小说集成》第 4 辑,上海古籍出版社 1994 年版,第 19 页。

⑥ 程鹏南:《先君行述》,《率东程氏家乘》卷六,4 册,南京图书馆藏。

⑦ 黄芝冈:《论长沙湘戏的流变》,《中国戏曲研究资料初辑》,中国戏剧出版社 1957 年版,第 70、71 页。

⑧ 乾隆《重编棠樾鲍氏宗谱》卷九《本大公派》,乾隆二十五年刻本,上海图书馆藏。

⑨ 傅岩撰,陈春秀校点:《歙纪》卷九《纪谳语》,黄山书社 2007 年版,第 161 页。

⑩ 光绪《衡山县志》卷三〇《人物·施济》,《中国地方志集成·湖南府县志辑39》,第 239 页。

⑪ 京江醉竹居士浪:《龙阳逸史》第三回《乔打合巧诱旧相知　小黄花初识真滋味》;陈庆浩、王秋桂:《思无邪汇宝》第 5 册,(台北)台湾大英百科股份有限公司 2000 年版,第 108—114 页。

四 其他区域

除上述地区以外，徽州典商在北京、河北、河南、山东、福建和广东等诸省也多有活动，甚至相当活跃，具体如下。

北京。徽州典商在北京的活动主要在明代。如小说载，明代嘉靖年间，徽商在东四牌楼开设典铺1座，"每两定要五分行利，专当大宗货物，从三两千本钱增到万金有余"①。又明代冯梦龙曾记载北京土豪挟嫌设计陷害徽州典商致死一事，"北京城外某街，有张姓者，土豪也……尝以小嫌怒一徽人。其人开质库者。张遣人伪以龙袍数事质银，意似匆遽。嘱云：'有急用，姑且不索票，为我姑留外架，晚即来取也。'别使人首之法司，指为违禁，袍尚存架，而籍无质银者姓名，遂不能直，立枷而死"。② 该材料后被清人潘水因原封不动收入《续书堂明稗类钞》中。又明代万历年间，徽商汪汉文在北京开设典铺，因倭寇入侵，不得不将典铺收歇，并将其资本转移到磁州典铺中。"先时燕京、河南有二质库，缘奴酋蹂躏，亟将京资输运中州，今京典已空，其存者独磁州一典耳。"③明清鼎革，徽州典商曾遭到李自成农民军的严刑追赃，"典肆市贾，搜寄顿，逮及菜佣、卖浆家、僧房、饭肆，搜括俱尽……贼谓徽人多挟重赀，掠之尤酷，死者千人"④。又"遍访街市各当铺商贾及一切绅监官民，甚至卖酱醋人等，并茶馆酒饭店，亦必括尽。贼谓徽人多挟重赀，拷打尤严，故徽人不得逃出"。⑤ 徽商汪箕即是其一。汪箕在北京经营典业，资产雄厚，并开有多处典铺，后被李自成下属拷问致死。⑥ 入清以后，北京典当业基本上由山西典商把持，徽州典商在北京活动甚少，难

---

① 倚云氏：《升仙传》第九回《当铺中贿通严府 徽承光充配扬州》，《古本小说集成》第4辑，上海古籍出版社1994年版，第56页。
② 冯梦龙：《智囊全集》杂智部狡黠部二七《土豪张》，中华书局2007年版，第683页。
③ 吴时行：《两洲集》卷四《汪氏昆季分书序》，《故宫珍本丛刊本》第538册，海南出版社2000年版，第328页。
④ 彭贻孙：《平寇志》卷一〇《顺治元年三月二十六日甲寅至四月十六日癸酉》，《四库全书存目丛书》史部55册，第878页。
⑤ 懒道人：《李闯小史》第五卷《迫金钱贼将施威 求富贵降臣劝进》，浙江古籍出版社1985年版，第140页。
⑥ 计六奇：《明季北略》卷二三《富户汪箕》，《续修四库全书》第440册，第402页。

以见到相关材料。

河南。徽州典商在河南较为活跃。明代万历年间,徽州典商在河南达 200 多家。具体而言,如前引汪汉文在北京业典的同时,在时为河南、今为河北的磁州也开设典铺。在汝宁,崇祯年间歙人闵魁开有典铺,雇用同乡洪忠正管理典铺,而洪忠正在管理过程中,却侵蚀铺本,以致遭到闵魁的诉讼。"审得洪阿潘之夫洪忠正,先受雇于闵魁管汝宁典铺,侵蚀其本,自立服约求退而依彼地张八。"[1]在东平,小说载,明代徽商刘信七开有典铺。[2] 入清以后,徽州典商在河南仍有少量活动。清康熙、乾隆年间,徽州典商在河南延津开设典铺,由于取赎时短利而引发纠纷。"身徽民,投治延津开典","遭学霸周万钟代隔县乔南汀取当,短利相嚷,架言殴打,生员倡率百人打入当铺,一家老幼惊逃,银钱、当包任凭抢掳一空,教官、捕官劝谕不止。目今店系官封,无辜灭门绝户,包揽取当,讨至滔天"。[3] 清中期以后,河南典当业基本上由山西典商把持,徽州典商活动甚少,相关材料亦难以见到。

山东。徽州典商在山东地区的活动主要集中于运河沿线商业市镇。如在临清,原有典当百余家,"皆徽人为之,后不及其半,多参土著"。[4] 又小说《照世杯》载,徽州商人江秋雯"有两个典铺,开在临清。每年定带些银两去添补"。[5] 又明末休宁人汪海"居东省"、"以质剂息子钱",[6]即治典于山东。又生于明嘉靖三十五年(1556)、卒于万历三十八年(1610)歙县鲍廷铎经营

① 傅岩撰,陈春秀校点:《歙纪》卷九《纪谳语》,黄山书社 2007 年版,第 142 页。
② 《律条公案》卷一《马代巡断问一妇人死五命》,《古本小说集成》第 4 辑,上海古籍出版社 1994 年版,第 40 页。
③ 《清代前期歙南诉讼案底·告打抢》,参见王振忠:《清代江南徽州典当商的经营文化——哈佛燕京图书馆新藏典当秘籍四种研究》,《中国学术》总第 25 辑,商务印书馆 2009 年版,第 60—100 页。
④ 临清市人民政府编:乾隆《临清州志》卷一一《市廛志》,山东省地图出版社 2001 年版,第 459 页。
⑤ 《照世杯》卷二《百和坊将无作有》,《古本小说集成》第 3 辑,上海古籍出版社 1993 年版,第 127—128 页。
⑥ 汪道昆:《太函集》卷五五《明处士充山汪长公配孙孺人合葬墓志铭》,《四库全书存目丛书》集部第 117 册,第 656 页。

"典业于山左"。其孙鲍一榜为此弃儒服贾,往来于山东、开封和徽州达 20 余年。① 清中期以后,山东典当业基本上由山西典商及本地人把持,徽州典商活动甚少,相关材料亦难以见到。

此外,在福建,明正德、万历年间歙县洪仁辅"居息八闽"②。又笔记载,闽中林氏某,因家贫求死,被徽州典商救起,聘为典中执事。③ 在广东,休宁西门汪可铭、可镇兄弟"以高赀行质于粤,值兵燹,为典守者干没殆尽"。④ 汪可铭、可镇为汪麟英两子,受父命"质剂粤"⑤。又广东肇庆,小说载有徽商典铺受骗一事。"有个徽州当铺开在府前,那管当的人是个积年的老手,再不曾被人骗过。邻舍对他道:'近来出个拐子,变幻异常,家家防备。以后所当之物,须要看仔细些,不要着他的手。'"那管当的道:"若还骗得我动,就算他是个神仙。只怕遇了区区,把机关识破,以后的拐子就做不成了。"⑥在广西,明代柳州通明寺曾有"当铺徽人送银五两助装罗汉"⑦。

徽州典商在长江中下游以外的华北和华南等地区也有所活动。但其活跃程度又是不平衡的,主要集中于商业中心城市。从区域上看,在华北地区的活跃程度甚于在华南地区。从时间上看,明代的活跃程度甚于清代。

徽州典商活动地域相当广泛,主要集中于长江中下游地区,兼之华北和华南等部分商业中心市镇。尤其是,有的徽州典商并不局限一地,而是跨府县、跨地域活动。不过,徽州典商的活跃程度在时空上又是不平衡的。在长江中下游地区,徽州典商在东部江浙地区的活跃程度甚于中部皖赣地区,在

---

① 乾隆《棠樾鲍氏三族宗谱》卷五七《世系》,乾隆二十五年刻本,上海图书馆藏。
② 休宁《江村洪氏家谱》卷九《明敕赠修职郎举松山公墓志铭》,雍正八年刻本,上海图书馆藏。
③ 董含:《三冈识略》卷五《林氏世家》,《四库未收书辑刊》第 4 辑第 29 册,第 684—685 页。
④ 康熙《休宁县志》卷六《人物·笃行》,《中国方志丛书·华中地方》第 90 号,(台北)成文出版社 1970 年版,第 947 页。
⑤ 《休宁西门汪氏大公房挥金公支谱》卷六《参军麟英公行状》,乾隆四年刻本,上海图书馆藏。
⑥ 李渔:《十二楼·归正楼》第一回《发利市财食兼收　恃精详金银两失》,《古本小说集成》第 2 辑,上海古籍出版社 1992 年版,第 252—253 页。
⑦ 西湖渔隐主人:《贪欢报续集》第二回《一宵缘约会两情人》,《古本小说集成》第 1 辑,上海古籍出版社 1991 年版,第 33 页。

中部皖赣地区的活跃程度又甚于西部两湖地区,呈现出自东向西递减趋势。在时间上,徽州典商在明代盛时的嘉靖、隆庆、万历时期的活跃程度甚于清代盛时的康雍乾时期,明代嘉靖、隆庆、万历时期徽州典商的活动地域广于清代康雍乾时期。同徽商相比,徽州典商没有到达东北、西北,似乎已没有到达西南,其活动地域不及徽商,比徽商略为收窄。

第六章　徽商典铺经营管理

徽商典铺的经营管理包括经营实态和管理方式两方面。其中,经营实态包括资本形态、经营方式、经营环节、经营业务、营业状况和利润分配诸方面。管理方式包括人事管理、物事管理和管理制度等方面。有关徽商典铺管理方式前已论述,具体参见第一章"典业类书"中第三节"典铺管理用书",因此本章着重对经营实态进行详述。

第一节　商业资本

徽州典商资本,有广义、狭义之分。狭义的徽州典商资本,指徽州典商个人的全部典业资本;广义的徽州典商资本,不仅包括徽州典商个人典业资本,而且还包括徽州典商典铺资本、徽州典商商业资本和徽州典商家产等形态。其中,徽商典铺资本,是指徽州典商所开设典铺的资本,简称铺本。徽州典商商业资本,是指徽州典商个人的全部商业资本,不仅包括徽州典商个人的典业资本,而且还包括徽州典商个人其他行业的商业资本。徽州典商家产,是指徽州典商所有产业的总和,不仅包括典业资本在内的商业资本,而且还包括土地资本、借贷资本、房产和家用器具等动产和不动产。因此,探讨徽州典商典业资本,要分清下列四方面之间的关系:一要分清徽州典商典业资本和徽州典商典铺资本之间的关系,二要分清徽州典商典业资本与徽州典商商业资本之间的关系,三要分清徽州典商典业资本和徽州典商家产之间的关系,四要分清徽州典商商业资本和徽州典商家产之间的关系。

徽州典商资本种类繁多,从所有权来看,分为自本和客本两种;从经营过程来看,分为原始资本和追加资本两种;从用途来看,分为经营资本和流动资本两种;从来源来看,可分为政治领域资本、经济领域资本和文化领域资本等。其中,经济领域资本又分为土地资本、商业资本和金融资本诸方面;从组织形态来看,分为独资、合伙和股份制三种。典业资本种类繁多,问题复杂。其中,资本来源、组织形态和资本规模是研究徽州典商资本的三个重要方面。

一 资本来源

典业资本本是商业资本的一部分,商业资本又是社会资本的一部分,即是说,典业资本本是社会资本的一部分。典业资本的来源,指社会资本转化为典业资本,即社会资本流向典业领域。因典业资本从过程上分为原始资本来源和追加资本来源两部分,故其来源亦应分为原始资本来源和追加资本来源两部分。一般而言,资本来源特指原始资本来源。因此,探讨徽州典商资本来源,即是探讨徽州典商原始资本来源。前述已就吴孟昆、吴世腾、方用彬、程有敬、朱世荣、程继臣、张公路、张德馨、吴维佐、孙贞吉、张瑗、程嘉树、戴城、王有声、姚克基、程佩兰、胡学梓、汪左淇以及程尚勤 19 位徽州典商典本来源做了论述。其中,张瑗典本来源于政治领域,朱世荣典本来源于金融资本,其他 17 位典商典本来源于商业资本。来源于商业资本诸人中,方用彬和程有敬两位典本来源于盐业方面,孙贞吉和戴城两人典本来源于布业方面,王有声一人典本来源于茶业方面。由此可知,徽商典本主要来源于商业领域,商业领域中又主要来源于盐业方面。

徽商典本来源于商业领域例子特别多。如:

生于正德八年(1515)、卒于万历二十三年(1595)的休宁榆村程绣,"舍儒习贾,迫父命,囊中母钱止二百缗,复分八十缗授外家居积,已而囊耻偿,仅得一百二十缗","于是,奔走拮据,往来吴中,会江淮间几十年,赀且十倍昔,遂于梅溪、桃城列质库"。① 程绣典本来源于商业领域,具体不详。

---

① 许国:《太医院吏目梅轩程季公行状》,乾隆《休宁榆村程氏族谱》卷九《杂文》,乾隆二十五年刻本,南京大学历史系藏。

明嘉万年间婺源李大鸿，年轻时，"从贾金陵、龙都间，即囊橐不充"。30 岁时，"业抗中贾矣"。后"罢龙都，而贾江宁，公居中调业，而转贾者人赀相得，计所就业，未逾十年，而遂足当上贾矣"。50 余岁时，"犹什一持户，什九视贾。爰以赀事盐筴。"又出母钱为"质于姑孰者二，姑孰距江宁不三舍而遥，亦永籍为公家之关中也。以是计算应如桴鼓。贾人咸西面事之为祭酒"。① 李大鸿从年轻时开始外出经商，至 50 多岁时，在当涂开设典铺，其典本来源于商业领域。

万历年间歙县商人程杰，"以其赀遍贾江淮燕楚间，俯仰得仅给，而所持获所给奢，将恐竭。公独身走蜀，得羡息以幸完母币。为伯兄强归，才信宿，复驰之清源市，缩赀欿布入滇，收价三倍。遂累高赀，家由此起"，后在扬州开设典铺。② 程杰典本来源于商业领域，具体不详。

清代初年歙县西溪汪景晁始经商兰溪，"好施与，年逾艾"，将家事传给其子泰安。泰安便"以母息子"③，转营典业。汪泰安典本来源于商业领域，具体不详。

徽商典本来源于高利贷资本、借贷资本、官僚资本和土地资本等其他领域的相对较少。其中，来源于高利贷资本的，如明代休宁吴畏轩，"家世殷富，至君父益以节省且善权子母钱法，岁累月增，资产之富甲于东乡"，于是"承先意而善通之，谓子母钱法多受制于人，易以典"。④ 吴畏轩的典本来源于高利贷资本。来源于借贷资本又可分为两种：一种由徽州典商直接向他人或社会组织借贷，另一种为他人或社会组织主动借款给典商。其中以徽州典商直接向他人或社会组织借贷情形为主。如清康熙年间，歙县渔岸余锡父亲于安庆业盐之际，闻知望江富庶，便"借鲍云从本银三千两，同亲家谢大来、洪士舍合资"开设德懋典。⑤

① 程汝继：《恩授王府审理正碧泉李公行状》，婺源《三田李氏统宗谱》不分卷《行状》，万历刻本，安徽省博物馆藏。
② 鲍应鳌：《瑞芝山房集》卷一一《程次公传》，《四库禁毁书丛刊》集部第 141 册，第 259 页。
③ 汪梧凤：《松溪文集》不分卷《家父六十事略》，《四库未收辑刊》10 辑第 28 册，第 170 页。
④ 金瑶：《粟斋文集》卷七《吴畏轩君传》，《四库全书存目丛书补编》第 78 册，第 241 页。
⑤ 江巧珍、孙承平：《徽州盐商各案研究：〈疏文誊章稿〉剖析》，《清史研究》2005 年第 1 期。

来源于商业领域的徽商典本，涉及行业相当广泛，有盐业、布业、染业、茶业、米业、杂货、陶业、渔业和酒业等。如：

来源于盐业的，如明代嘉靖年间，歙县方塘吴津始"居盐筴于淮，寻质剂于句曲"①。

来源于布业的，如生于嘉靖四十五年（1566）、卒于崇祯十三年（1640）歙县鲍献谟弱冠时变易家产得数两之资辛勤经营于江湖商场，后在长子匡扶下，在浙西创办丝绵厂，万历四十七年（1619）在南京开设典业。②

来源于染业的，如生于天启五年（1625）、卒于康熙三十九年（1700）休宁隆阜戴嘉俊，"先年跋涉江湖之远往来吴楚之区，在楚与五如叔合本共开染坊，在吴自己日顺号出水生意"，嗣后家道"亦隆隆起，遂于黄陂创开东升典业"。

来源于茶业的，如休宁姚克基先人，"初贩茶于西口关东，续创典于杭州新城"。③

来源于米业的，如黟县朱作楹，"锱积铢累，常挟三百金偕友贩于吴市"，船过"饶郡祁闻，谢君闻其事嘉之，因假先生粮而归。明年乾隆戊申，江右水灾，米价腾数倍，遂获厚利"④，遂于家乡开设典铺。

来源于杂货业的，如前述明嘉靖年间祁门金德清"买洋器，数往东粤，时际运通"，"十年间遂积万金，回家开质库"。⑤

来源于陶业的，如生于正德四年（1509）、卒于嘉靖二十三年（1544）歙县岩镇潘仕，先是"贾昌江居陶器，分道并出，南售浙江，北售銮江"，后"以三江相距各千里而遥，左右狼顾，惧不相及，非筴也。銮江为江淮都会，当舟

---

①　潘之恒：《亘史钞·内纪》卷五《吴大母陈媪传》，《四库全书存目丛书》子部第193册，第153页。

②　（清）鲍光纯纂修：乾隆《重编棠樾鲍氏宗谱》卷一〇四《孝嗣公派》，乾隆二十五年刻本，上海图书馆藏。

③　《乾隆三十九年姚阿汪立分析阄书》第2册，中国社会科学院历史研究所藏。

④　程祖洛：《封翁朴园朱君传》，民国黟县《屏山朱氏重修宗谱》卷七《谱后》，安徽大学徽学研究中心影印本。

⑤　金梦文：《先祖静斋公传略》，金应礼等纂修：《金氏统宗谱》卷四之一《艺文内篇》，光绪三年木活字本，上海图书馆藏。

车水陆之冲,其并浙江归銮江,于筴便,既又以古之贷殖者,必因天时乘地利,务转毂与时逐,毋系一隅,于是以盐筴贾江淮,质剂贾建业,粟贾越,布贾吴,方其早计,人不及知,往往筴其必败,卒之赢得过当,皆自以为不如"①。

来源于酒业的,如生于正德八年(1513)、卒于万历元年(1573)休宁兖山汪海"从父贾房村,席故资以麹蘖",后因河水泛滥,改业"而南以质剂息子钱,一居云间,一居东省"②。

来源于渔业的,如生于正德十五年(1520)、卒于万历十二年(1584)的歙县洪桥郑蓴,始"从宗人贾吴下",继而"聚贾而渔于湖","赢得倍,三载橐而归,始考居室坐而筴曰:都人转毂四方,率外赢而内绌,第操吾赢以乘其绌,即计然之策何加焉? 其宗人故用子钱起家,则以减息得众,乙巳岁恶,将徙业以备非常,次公请父命而代之"。③

徽商典本主要来源于盐业方面,其例不胜枚举。如:

生于嘉靖十年(1531)、卒于万历十六年(1588)的休宁程惟清,"先筹算而后锥刀,遂以盐筴贾荆扬,以居息贾京邑"④。程惟清典本来源于商业领域,具体来源于盐业。

又生于嘉靖三十六年(1557)、卒于万历四十四年(1616)的休宁率东程经德典本亦来源于盐业方面。资料载:

> 次公名经德,字彝仲,先世家黄墩,宋余干令彦高徙草市,明均瑞、国英父子徙由溪,阅九世松墩公娶于汪,生公为仲子……,家故雄赀,迨父益振,舳舻车辇,蔽江塞路。父老而传公,为政出入,经费酌丰约之谊,诸受什一,方者以为规矩准绳焉。⑤

---

① 汪道昆:《太函集》卷五一《明故太学生潘次君暨王氏合葬墓志铭》,《四库全书存目丛书》集部第 117 册,第 618 页。

② 汪道昆:《太函集》卷五五《明处士兖山汪长公配孙孺人合葬墓志铭》,《四库全书存目丛书》集部第 117 册,第 656 页。

③ 汪道昆:《太函集》卷五九《明故处士洪桥郑次公墓志铭》,《四库全书存目丛书》集部第 118 册,第 8 页。

④ 汪道昆:《太函集》卷三七《海阳长者程惟清传》,《四库全书存目丛书》集部第 117 册,第 470 页。

⑤ 李维桢:《大泌山房集》卷八四《光禄程次公墓志铭》,《四库全书存目丛书》集部第 152 册,第 489 页。

程经德,为明代著名典商程林之子、程虚宇之弟,出生于一个富裕家庭,"家故雄赀,迨父益振"。其父以经商为主,"舳舻车歉辇,蔽江塞路"。经德承继父业,经商不辍。至于程林、经德父子经营何种商业,文中没有明确指出,似乎不明。不过,从"舳舻车辇,蔽江塞路"的描述来看,程氏经商的船只往来于长江之上,数量之多,遮蔽了大江;程氏经商的车子行驶于陆地之上,数量之多,堵塞了大路。这说明程氏并非是经营典业,而是贸易商品。从其经营于安庆、九江、黄州和武昌等地域来看,程氏应是经营盐业。程氏典本来源于盐业。

又,生于万历三十七年(1609)、卒于康熙十六年(1677)的歙县人潘仲兰,"少读书,能观大略,贯穿子史,综览古今,发论常屈其坐人,不得已业盐,游江淮间"。① 潘仲兰业盐之后,开始转营典业,在苏州周庄开设质库,后遭到地方无赖敲诈。"当明季时,有市井无赖张三者,横行里党,出则与诸健儿约,某日至某处,至则举其财中分之。既去,土人之黠者,凭其势劫掠一空,公(潘仲兰)有质库在周庄,一日张移书至,公惧土人乘间起,为邻里患,因以好言反复导之。张素惮公名,谢曰,吾言已出,不可追及,期当为公卫,毋恐。至日,张戒其党勿肆掠,土人方眈眈伺,张并为之禁护,众莫敢动,邻里赖以安。"② 潘仲兰典本亦来源于盐业方面。

明清时期,徽商典本多来源于盐业方面。对此,明人范言曾指出:"诸徽人之有质库者,以盐商为徽人也。"③

从资本来源看,徽州典商与各业徽州商人关系密切。其密切关系主要表现在两个方面:徽州典商多系其他行业徽州商人转化而来,有由盐商转化而来的,有由布商转化而来的,也有从茶商转化而来的,有的从瓷商转化而来的,有从鱼商转化而来的,甚至有从酒商转化而来的,徽州典商主要由其他行业徽商转化而来,徽州典商兴衰与徽商的兴衰紧密相连。其中徽州典商主要由盐商转化而来的,尤其在两淮及盐销区更为明显。这说明,徽州典

---

① 汪肇衍:《潘谷馨先生行状》,同治《大阜潘氏支谱》卷一八《志铭传述》,南京图书馆藏。
② 潘世恩:《大阜潘氏支谱序》,同治《大阜潘氏支谱》卷首《序》,南京图书馆藏。
③ 光绪《嘉兴府志》卷四《城池》,《中国地方志集成·浙江府县志辑12》,第119页。

商的兴衰与徽州盐商的兴衰关系密切。

二 资本组织

资本组织指商事活动的资本组成方式,即商事活动由谁出资、归谁所有,分为独资、合伙和股份制三种形态。独资形态,指商事活动资本由个人出资,归个人所有,出资人占有全部利润,并承担全部亏损和债务。合伙形态,指商事活动由两个或两个以上的人出资,出资人占有全部利润,并承担全部亏损和债务。股份制,是指以入股方式把分散的,属于不同人所有的资本集中起来,统一使用,一体经营,自负盈亏,按股分红的一种组织形式。简单而言,独资形态指商事所有权由一个所有者拥有,合伙形态指商事所有权由不少于两个所有者拥有。股份制指商事所有权由股东所有。独资形态出现最早,也极为普遍;合伙形态的出现晚于独资形态,明清时期较为普遍;股份制主要是近代从西方引进而来,逐渐成为商事组织的主要形态。就徽州典商资本组织形态而言,以独资和合伙两种为主。

独资形态。在前述徽商典铺中,《万历十六年程有敬分家书》所载的唐行典铺在万历五年(1577)分家前由程有敬独资开设,其所有权归程有敬个人所有。《万历收支银两册》所载的典铺在万历三十九年(1611)分家前由吴文奎独资开设,其所有权归吴文奎所有。《崇祯二年程虚宇分家书》所载的典铺在万历二十四年(1596)分家前由程林独资开设,其所有权归程林所有。《崇祯七年程继臣分家书》所载的武穴典在崇祯七年(1634)分家后由程继臣独资开设。《康熙程氏应盘存收支总账》所载的典铺在康熙三十六年(1697)前由程嘉树独资开设。《康熙五十三年戴城等立分家书》所载的东升典在康熙五十三年(1714)分家前由戴嘉俊独资开设。乾隆年间,胡学梓所属恒兴、彩丰、恒升、恒源、裕丰等典皆有胡学梓独资开设,其所有者归胡学梓个人所有。嘉庆、道光年间,隆泰、长兴等典由胡元熙独资开设,并归胡元熙个人所有。

徽商典铺独资形态为数不少。小说《初刻拍案惊奇》的卫朝奉、《欢喜冤家》的休宁黄家、《姑妄言》的童自大、《清风闸》的汪朝奉,以及《豆棚闲话》的汪彦都是独资开设典铺。其中,《豆棚闲话》载:

　　汪彦占卜得往平江下路去好。那平江是个货物码头，市井热闹，人烟凑集，开典铺的甚多，那三千两那里得够！兴哥开口说："须得万金方行，不然我依旧闭着口，坐在家里"。那老朝奉也道他说得有理，就凑足了一万两。未免照例备了些腌菜干、猪油罐、炒豆瓶子，欢欢喜喜出了门。

　　那老伙计已预先托人，把铺面房屋、招牌架子、家伙什物，俱已停当，拣了黄道吉日开张，挂得一面招牌。①

　　据其所载，汪彦独自出资银 1 万两在苏州开设典铺 1 座。该典铺由汪彦一人出资开设，所有权亦归汪彦一人所有。自然，其经营利润将归汪彦占有，经营风险也将由汪彦一人承担，出现亏损亦由汪彦一人负责。无疑该典铺属于独资形态。

　　合伙形态。在前引徽州典商文书中，《明代徽州方氏亲友手札七百通》所载的嘉靖、万历年间方用彬典铺由方用彬和其族人合伙开设，《崇祯二年渭南朱世荣分家簿》所载的典铺由朱世荣和其甥合伙开设。《崇祯七年程继臣分家书》所载的龙坪典和武穴典在崇祯七年（1634）分家前由程继臣和起元、起卿等共同开设。《康熙孙氏文契簿》所载的朱元亨典由孙贞吉和朱六贞合伙开设。雍正、乾隆《休宁黄氏家用收支账》和道光《休宁吴氏契约誊录簿》所载的永晟典由休宁黄氏、茗州吴氏以及程奂若等合伙开设。《乾隆元年时顺典总账》所载的时顺典由郑信远、郑龠南、吴声玉和吴若李四人合伙开设。《乾隆十六年黄炽等立分家书》所载的兆豫和兆隆两典由黄楷、黄标兄弟合伙开设。《乾隆张恒裕典总账》所载的张恒裕典由祁门石坑张氏和休宁茗州吴氏合伙开设。《同治十三年义泰典月总》所载的义泰典由益记、雅记和丁筠记等合伙开设。《光绪二年用和质架总簿》所载的用和质由春记、诵记和受记等合伙开设。《王瑞丰书信》所载的开设于东流和景德镇的两典由王瑞丰兄弟合伙开设。

　　徽商典铺合伙形态在明代已相当普遍。如生于嘉靖年间、卒于万历年

---

　　① 艾纳居士:《豆棚闲话》卷三《朝奉郎挥金称霸》,《古本小说集成》第 3 辑,上海古籍出版社 1993 年版,第 68—69 页。

间的歙县向杲吴思沐曾与族人合伙经营典业，"又为酿金之法，合数人权子母而息之，以先后受母而息子，岁满子完，而人居然有与母。向来门内之人徒手赤贫者，各各渐有宛财，冠婚丧蒸，奉父母，长子孙，葺庐舍，诸费一切皆自具。所积累少者数十金，多者数百金，最多者千余金"。① 又明代歙县徐宪辅和徐猷两人亦曾合伙开设典铺。《歙纪》载：

> 审得徐章侵欠铜本，奉文追解。章妻张氏词扳张廷章为夫元复串名，又开报徐猷、李润夫、徐元化、徐志遇、徐廷谏、徐志逸、徐志建、徐文林、张德柱、徐志远等名目承买产业。本县拘讯时，蒙发宪案二宗细阅研审，追出徐章领铜合同借约二纸，内开徐宪辅、徐大猷、徐章，因章领铜价，辅、猷借银一千两，溧阳开典。伙计毕历纲、程荣耀兑还，并无张廷章姓名。②

徐宪辅和徐猷两人为同姓族人，两人合伙开设的典铺属于亲族合伙形态。徽商典铺亲族合伙形态在明代占主导地位。清代，亲族之间的合伙仍十分盛行。如雍乾年间休宁高堨黄楷和黄标曾合伙开设典铺。《乾隆十六年黄炽等立阄书》载：

> 炽、炜、焯奉继母命，请伯父、叔父暨诸堂叔，复立清扒阄分合同。第炽等兄弟三人，不幸幼孤，蒙伯父匡扶，经今一十三载，前于乾隆四年腊月父逝后，已凭诸叔祖、伯父及诸堂叔，将阄分兆隆典业彻底清查，伯父名下合得一半，炽父名下合得一半，其典屋与伯父均业；又伯父手创有朱家角兆豫典业，但炽父四股之一，伯父四股之三。二典所存本银曾经分析立有，各执一纸为凭。今奉继母命，复将二典所存资本，除去历年支用，仍存本银，并父遗田产及续置嘉善屋宇，肯伯父、叔父暨诸堂叔复行分扒，以便炽兄弟等各人名下，自行支给管业。

该阄书"炽、炜、焯"3人为黄标之子，其伯父为黄楷。据其所载，雍正、乾隆年间，黄标和黄楷相继开设了兆隆典和兆豫典。其中，兆隆典资本，黄

---

① 鲍应鳌：《瑞芝山房集》卷一二《光禄寺署丞乐庵吴公传》，《四库禁毁书丛刊》集部第141册，第254页。

② 傅岩撰，陈春秀校点：《歙纪》卷九《纪谳语》，黄山书社2007年版，第129、130页。

楷占四股之三,黄标占四股之一;兆豫典资本,黄楷和黄标各为一半。无论是兆隆典,还是兆豫典,都是由黄楷和黄标兄弟两人开设的。兄弟合伙形态在徽典资本组织中也不少。如《道光二十九年汪左淇等盐典合同》所载的典铺由汪左淇、实卿、逊旃和震湖等兄弟子侄合伙经营。

> 立合同墨据汪左淇,同弟实卿、逊旃,侄震湖。缘道光二十七年冬间,在昌化县白牛桥镇地面,顶戤盐典一业,原议四个房头公办,惟震湖侄年纪尚轻,因请命于二伯母,奉二伯母命,决意公同合办,其店事交左淇、实卿、逊旃三人照应。二十八年资本大小未均,故未立有墨据。今于二十九年正月凭公将本拨匀,每房名下各付出本足钱七千千文,共计足钱二万八千千文。言定每年九厘算息,闰月不加,九厘外仍有盈余,四股均分,倘或亏折,四股摊赔。议定盐店戤契年分为期,期满之日,另行再议。其利按年支楚,其本不得动支,以便转运。①

这种亲属和宗族人员之间的合伙形态,主要依靠血缘关系,信用水平较为低下。而非亲族之间的合伙形态,主要依靠契约关系,故而信用水平较高。清代,非亲族之间的合伙已经出现。如前引《康熙孙氏文契簿》中康熙十二年(1673)休宁孙贞吉和朱六贞合伙开设朱元亨典一例。孙贞吉和朱六贞两人既非同宗,又非亲戚,只是商业伙伴。在这种合伙形态中,合伙人之间对资本构成、经营方式、账务结算和利润分配都做了明确约定。朱元亨典规定,资本构成为孙贞吉和朱六贞两人各出一股,经营方式为两人共同负责经营,账务结算是"公立总簿二本,各执一本,入本登簿,递年存算",利润分配是"二人均分"。这种合伙形态明显突破了亲戚和宗族的界限,从而有利于资本规模的扩大。

独资、合伙两种资本组织形态并非一成不变,而是可以互相转化,独资形态可以转为合伙形态,合伙形态同样也可以转为独资形态。雍正年间泰兴新镇吴依仁典即为合伙形态转为独资形态典型一例。依仁典本由休宁茗洲吴嘉贞和程姓合伙开设。雍正年间吴嘉贞因管理不便,遂将自己的一半出替与程姓,此后依仁典便为程姓独自所有。

---

① 《明清徽州社会经济资料丛编》第一集,中国社会科学出版社1988年版,第574页。

立替单吴斡元,今有泰兴县新镇市吴依仁典业一所,曾于本年正月与程姓合伙共事,另有合同为据。今因管理不便,情愿将已一半,自称字号至志字号止,并留取一应在内,尽行出替与程名下独自为业,听凭更立典名、请帖、输税、开张贸易,无得异说。所有典内货物,当成替日,得收典货本银七千六百三十两零四钱九分六厘,又加贯利银六百一十两零四钱四分,又留取本银二百四十九两七钱二分四厘,三共计架本贯利并留取本银八千四百九十两零六钱六分,其银当日一并收足,凭任程姓付收息,此系两愿并无他言,所有议条另有议单为据,其典屋家伙,交单载明,程姓另立租约。今恐无凭,立此替单,永远存证。[①]

独资和合伙之间的转化方式通常有买卖和分家两种,其中分家最为常见。通过分家,原来由父辈独资开设的典铺而成为兄弟合伙经营。如万历年间唐行典本由程有敬独资开设,万历五年(1577)分家时,程有敬将典铺分给三子,由三子合伙经营。又康熙年间东升典,本由戴嘉俊独资开设,嘉俊去世后,戴城等兄弟5人于康熙五十三年(1714)分家时,将典铺资本数量分给众人,但典铺没有分析,仍归众人所有。东升典资本组织亦由独资形态转变为合伙形态。

自明至清,徽商典铺独资和合伙形态都较为普遍。其中,徽商典铺合伙形态分为亲族合伙形态和非亲族合伙形态两种。在两种合伙资本组织形态中,徽商典铺亲族合伙形态更为普遍。合伙人之间多为宗亲和乡人,显示较强的血缘和地缘关系。而在亲族合伙经营的典铺中,又有两种情形:一是合伙共同出资共同开设典铺,二是分家析产后形成典铺共同占有形式。后者比前者更为常见。在徽商合伙形态典铺中,不少由分家析产后形成,这种合伙形态通常称为家族合伙式。不论是何种合伙形态,皆有助于商业资本积聚和扩张。

三　资本规模

徽州典商资本规模包括徽商典铺资本规模、徽州典商商业资本数量、徽

---

① 《休宁茗洲吴氏往来手札要记三集》,1册,抄本,中国社会科学院经济研究所藏。

州典商家产以及徽商典铺社会总资本四方面。现就徽商典铺资本和徽州典商社会资本略作估计。

徽商典铺资本。有关明清典铺资本规模所论甚多。彭信威认为，在明代，1000 两的为小当铺，2000 两的为城中解当铺，3000 两的为繁盛区小当铺，10000 两的为繁盛区大典铺。在清代，1000 余两的为村镇典铺，4000 两的为中等城市小当铺。在咸丰年间的北京，20000 余两的为小当，30000—40000 两的为中当，40000—50000 两的为大当。[①] 刘秋根认为，明清时期，资本在两三千两的当铺为小型典当，万两乃至数万两的为中型典当，超过10 万两的则是大型乃至巨型典当了。[②] 方行认为清代前期农村典当资本"多在一千到数千两银子之间"[③]。清高宗乾隆帝说过，"村镇典铺，资本不过千余金"。[④] 如乾隆间，湖南省典铺"资本均不过数千"[⑤]。又福建省，乾隆年间规定"本银在五百两以下者"为小典，"本银在五百两以上者"为大典。[⑥] 至于明清时期徽商典铺资本，据前述的分家阄书来看，数量最少的为万历十六年（1588）唐行典的银 6000 余两，最多的为乾隆六十年（1795）裕丰典达银 47000 余两，平均为银 18800 余两。其中，明代平均为银 8500 余两，清代平均为银 26000 余两，并且由明及清不断增大。具体情况，拟从明代、清前（顺治—乾隆）、清后（嘉庆—宣统）和民国四个阶段做一梳理。

明代徽商典铺资本。时人一向认为徽商典铺资本雄厚。万历年间南京周晖说道，"徽州铺本大"。[⑦] 具体说来，除前述程有敬和程继臣等人外，万历年间的吴文奎，共有典铺 6 座，共有资本银 27000 余两，平均每座铺本银 4500 两。万历年间的程爵，共有典铺 19 座，总铺本为银 790000 两，平均每

① 彭信威：《中国货币史》，上海人民出版社 1958 年版，第 640 页。

② 刘秋根：《中国典当制度史》，上海古籍出版社 1995 年版，第 44、45 页。

③ 方行：《清代前期农村的高利贷资本》，《清史研究》1994 年第 3 期。

④ 王先谦：《东华录》乾隆一一七，《续修四库全书》第 374 册，第 295 页。

⑤ 《湖南省例成案》户律卷三三，转引自方行：《清代经济论稿》，天津古籍出版社 2010 年版，第 215 页。

⑥ 《福建省例》一六《当税例·开张典当分别本银行息期限》，《台湾文献丛刊》，（台北）大通书局 1987 年版，第 460 页。

⑦ 周晖：《金陵琐事剩录》卷三，转引自谢国桢：《明代社会经济史料选编》中册，福建人民出版社 1980 年版，第 200 页。

座铺本为银 41000 余两。其中,"松江府在城千户所前典(今迁移在大红桥)约本银十一万一千"两和"湖州府南门老典约本银四万七千"两。① 崇祯年间的程虚宇,在安庆绣衣坊开有典铺 1 座,共有铺本银 22178 万余两。现将明代徽商典铺资本规模列表 6-1 列下。

表 6-1

典商	程有敬	吴文奎	程爵	程虚宇	程继臣	合计
铺数	1	6	19	1	2	29
资本(两)	6178	27000	790000	22178	19000	864356
共计	6178	4500	41579	22178	9500	29805

由表可知,明代徽商典铺资本多寡不一,少则数千两,多达数万两,甚至超过十万两,平均近 3 万两。需要说明的是,上述数十座典铺资本只是明代徽商典铺资本的一小部分,并非明代徽商典铺的资本真实状况。综合来看,明代徽商典铺资本规模以银万两较为适宜。

清代前期徽商典铺资本。据前述可知,康熙年间休宁榆村程嘉树开设典铺 5 座,各典资本中,最多为康熙四十三年(1704)恒升典,达银 27587.412 两;最少的为康熙三十五年(1696)恒茂典,为银 7936.139 两。具体说来,德记典平均资本为银 15907.292 两,恒升典平均资本 20381.379 两,恒大典平均资本为银 14648.965 两,恒盛典平均资本为银 15132.523 两,恒茂典平均资本为银 10625.499 两。平均每座典铺资本为银 15339.135 两。各年典业资本也不等,最多的为康熙四十三年(1704),达银 89264.458 两;最少的为康熙四十五年(1706),达银 64203.109 两,平均年典业资本为银 76695.673 两。乾隆初年的吴若李,合伙开设时顺典 1 座,资本为银 15801.126 两。乾隆前期的黄楷,开有典铺 2 座,平均铺本为银 16849.25 两。乾隆后期的张瀛士,开有张恒裕典 1 座,资本为银 32690.527 两。乾隆后期的胡学梓,开设典铺 11 座,除 3 座资本不明外,其余 8 座共银

---

① 《万历三十八年程少轩立遗嘱》1 件,安徽师范大学图书馆藏。

351209.048 两,其中最多的达银 74288.659 两,最少的为银 12843.639 两,平均银 43901.131 两。现将清代前期徽商典铺资本规模列表 6-2。

表 6-2　清代前期徽商典铺资本规模一览

典商	程嘉树	吴若李	黄楷	张瀛士	胡学梓	合计
年代	康熙后期	乾隆初年	乾隆前期	乾隆后期	乾隆后期	
铺数	5	1	2	1	8	17
资本	76695	15801.126	33698.500	32690.527	351209.048	510094.201
平均	15339	15801.126	16849.250	32690.527	43901.131	30005.541

由表 6-2 可知,清代前期,徽商典铺资本也多寡不一,少则近银万两,多则为银 7 万余两,平均达 3 万余两。

清代后期徽商典铺资本。道光年间的胡元熙,开有典铺 6 座,其中道光十九年(1839)共有资本银 115254.422 两,折合钱 126779.864 千文,平均每典资本为银 19209.070 两,折合钱 21129.977 千文。道光二十六年(1846)的汪左淇,开有典铺 4 座,其中,德新典为足钱 56443.961 千文、协和典本为足钱 57070.317 千文、怡和典本为足钱 34400 千文、敬义典本足钱 36800 千文,4 典共有资本足钱 184714.278 千文,平均每典足钱 46178.570 千文。① 咸丰六年(1856)六月漂阳县城内时泰典资本为钱 30935.170 千文、三全典为钱 19072.810 千文、及五福典为钱 13011.480 千文,3 典共有资本钱 63019.46 千文,平均 21006.487 千文。② 同治十三年(1874)的义泰典,年初时铺本为年终时为铺本为钱 118459.287 两。光绪八年(1882)馥记开有典铺 2 座,其中,恒吉典铺本为钱 71990.1 串,隆昌典铺本为钱 37202 串,平均为钱 54596.05 串。现将清代后期徽商典铺资本规模列表 6-3。

---

① 《道光二十六年四月清查各业实本总》1 册,安徽师范大学图书馆藏。

② 《溧城各典抢案》不分卷,1 册,抄本,南京图书馆藏。

表6-3　清代后期徽商典铺资本规模一览

典商	胡元熙	汪左淇	汪时泰等典	义泰典	馥记	合计
铺本	6	4	3	1	2	16
资本	126779.864	184714.278	63019.460	118459.287	109192.10	590639.547
平均	21129.977	46178.570	21006.487	118459.287	54596.05	36914.972

由表6-3可知,清代前期,徽商典铺资本也多寡不一,少则钱万串,多则10万余串,平均近4万串,比清代前期有所增加。

民国初年徽商典铺资本。如歙县恒升公典开设资本为银3万两,湖北恒益典资本为银元为5万元,①平均每铺资本约银4万两。

明清时期,徽商典铺资本多寡不一,少则银数千两,多则达十数万两,平均可达3万余两,而且由明及明不断增大。

徽商典铺社会总资本。就目前资料而言,是无法准确计算出明清时期徽商典铺社会总资本的,只能通过徽州典铺数量及其规模来推断其大概数量。具体而言,一是根据各省征收典税来推断各省典铺数量,二是根据各省典铺数量来推知各省中徽商典铺数量,三是根据典铺规模来推断各省徽商典铺的资本量,四是由各省徽商典铺资本量汇总为徽商典铺社会总资本量。

明代徽商典铺社会总资本。明代后期曾对典铺征收典税,每年征收税额并不相等。江西清江县,"天启二年奉文坐派银二十两,又于崇祯七年二次加银二十四两,又于崇祯十年加银二十两,共六十四两解作新饷,项下充饷。崇祯十二年奉文派银二十五两三钱五厘解作五款练饷"。② 天启三年(1623),明朝开始对典铺进行征税。征税的标准是将典铺分为五等。资本在银10000以上的为第一等,每年征税银50两;资本在银7000—8000之间的为第二等,每年征税银40两,资本在银5000—6000两之间的为第三等,每年征税银30两;资本在银3000—4000两之间的为第四等,每年征税银

① 湖北省蕲春地方志编纂委员会:《蕲春县志》,湖北科学技术出版社1997年版,第384页。
② (明)秦铺修纂:崇祯《清江县志》卷四《赋役·杂派》,顺治二年刻本,中国国家图书馆藏。

20 两;资本在银 1000—2000 两之间的为第五等,每年征税银 10 两。① 按此标准,实则按资本 2000 两征税银 10 两。现将各省征收典税数额及资本数列表 6-4。

表6-4　明代天启三年(1623)各省征收典税数额及资本数一览

	浙江	江西	湖广	福建	山东	山西	河南	陕西
税银(两)	25000	15000	20000	20000	10000	5000	20000	10000
资本	500	300	400	400	200	100	400	200
	四川	广东	广西	云南	顺天	永平	保定	真定
税银(两)	10000	10000	3000	3000	2000	1000	4000	2500
资本(万两)	200	200	60	60	40	20	80	50
	河间	顺德	广平	大名	应天	安庆	徽州	宁国
税银(两)	2000	100	1200	2500	849	1000	3000	1500
资本(万两)	40	2	24	5	16.98	20	60	30
	池州	太平	苏州	松江	常州	镇江	庐州	凤阳
税银(两)	1000	600	3000	3000	3000	2000	1500	1500
资本(万两)	20	12	60	60	60	40	30	30
	淮安	扬州	广德	徐州	滁州	和州	总数	
税银(两)	1180	4180	400	600	400	300	195309	
资本(万两)	23.6	83.6	8	12	8	6	3861.18	

资料来源:林美玲:《明代辽饷研究》,福建人民出版社 2007 年版,第 68、69 页。

由表 6-4 可知,天启年间社会典业总资本约 3860 余万两。其中,南直隶、浙江、江西和湖广共有资本银 1780 余万两,山东和河南共有资本银 600 万两,福建、广东和北直隶共有资本银 640 万两,其他地区共有资本银 840 余万两。据前述徽州典商活动时空可知,南直隶、浙江、江西和湖广等地典业基本由徽商把持,若按徽商占有 1/2 计算,则徽商典铺资本为 900 万银两。山东和河南两省亦是徽州典商十分活跃的地区,若按徽商占有 1/3 计算,徽商典铺资本银为 200 万银两;福建、广东和顺天等地,徽州典商也较为

---

① 毕自严:《度支奏议》卷一《辽饷不敷济急无奇疏》,转引自林美玲:《明代辽饷研究》,福建人民出版社 2007 年版,第 68、69 页。

活跃,若按徽商占有 1/10 计算,则徽商典铺资本为 64 万银两。按此计算,天启年间徽商典铺社会总资本可达 1160 余万银两。那么,在鼎盛时期的万历年间,徽商典铺社会总资本可能达银 1500 万两。总之,明代徽商典铺社会总资本达银千万两应无问题。

清代徽商典铺社会总资本。据前所述,清代乾隆前期是徽州典商的高峰期。所以,清代徽商典铺社会总资本可以清代乾隆前期徽商典铺社会总资本为准。有关清代前期典业社会总资本,虽无具体记录,不过可根据清代前期社会典铺数量和铺本资本量进行估算。有关清代前期社会典铺数量,学界已有所论。其中,乾隆十八年(1753)安徽、江苏、浙江、江西、湖北和湖南 6 省典铺数量见表 6-5。①

表6-5 乾隆十八年(1753)长江中下游地区典铺数量一览

安徽	江苏	浙江	江西	湖北	湖南	总数
743	1935	1006	133	517	50	4384

由表 6-5 可知,乾隆十八年(1753),6 省共有典铺 4384 座。又据前述可知,清代乾隆前期,徽州典商主要活跃于长江中下游地区,即上述 6 省。所以,上述 6 省典铺数量在一定程度上反映清代乾隆前期徽州典商典铺数量。若上述 6 省典铺一半为徽州典商开设、且每典资本为银 2 万两的话,则其时徽州典商社会总资本可达 4300 余万两。考虑到其他因素,上述 6 省典铺一半为徽州典商开设、且每典资本为银 2 万两可能偏高。若上述 6 省典铺 1/3 为徽州典商开设、且每典资本为银 1.5 万两的话,则其时徽州典商社会总资本可约 2200 万两。清代乾隆前期徽州典商 2200 万银两的资本量,不仅大大超过了明代,而且超过了两淮盐商资本。

---

① 张艳:《清代典当业税收问题——以华北地区为中心的研究》,陕西师范大学 2007 年硕士学位论文。

第二节　经营方式

　　经营方式,又称经营体制,指商业活动由谁具体管理经营,以及经营者与所有者的关系。有关明清商业经营方式,封越健曾做过详细论述,[1]大体如下。经营方式分为商人自营和他人代营两种。商人自营,指商业经营由出资人自己直接经理。不同的资本组织形态,自营方式有所不同。独资形态的自营方式分为两种:一为商人本人掌管、家庭成员协助经营;二为商人本人掌管、雇佣伙计协助经营。合伙形态的自营方式也分为两种:一是合伙人分担经营,即由所有合伙人共同经营,其所有权与经营权完全合一;二是合伙人负责经营,即由部分合伙人负责经营,合伙人兼任经营者,其所有权与经营权适度分离。根据负责人数,负责经营又分为合伙人中一人负责经营、合伙人中二人负责经营和合伙中多人负责经营三种。其中,一人负责经营的又可分为一人专门负责经营和合伙人之一轮流经营两种。他人代营,指出资人自己并不经营,而由他人代为经理。他人代营分为聘用经营、承包经营、领本经营和委托代办等种。聘用经营,指出资人聘请他人代为经理。经营收益由出资人和经营者按约定分配,出资人一般支付经营者辛俸,经营风险由出资人承担。承包经营,指出资人资本由承包者承包经营,出资人不支付承包者辛俸,获得承包者的包利,不承担经营风险;承包者获得除付给出资人包利以外的全部收益,承担经营风险。领本经营方式,指出资人资本由领本者领取经营,经营收益由出资人和领本者按约定分配。一般情况下,领本者没有辛俸,并承担经营风险。[2] 委托代办,指商人将资本委托另一商人经营,受托人将委托人的资本附入自合资本经营,无偿为其经营,届时将

---

　　① 方行主编:《中国经济通史·清代经济卷》,经济日报出版社1999年版,第1275—1288页。

　　② 领本经营方式较为复杂,有时承包经营亦称领本经营。如康熙五十七年六月吴隆九承包汪嘉会、汪全五合开汪高茂布店,既立有包揽议约,又立有领本议约。见《休宁汪氏誉契簿》,中国社会科学院经济研究所藏,转引自章有义:《明清及近代农业史论集》,中国农业出版社1997年版,第435—436页。

委托人的本金和全部利润付还委托人。委托人和受托人都是独立商人，双方不存在雇佣关系，同时两者的资本实质上仍是分离的，也不存在借贷或合伙关系。徽商典铺经营方式多种多样，既有商人自营，又有他人代营；合伙形态中，既有分担经营，又有负责经营；他人代营中，既有雇佣经营，又有委托代办经营。雇佣经营中，既有聘用经营，又有领本经营。

一　聘用经营

徽商典铺在他人代营方式中，聘用经营极为普遍。

明代徽商典铺经营方式多为聘用经营。嘉靖年间，歙县蒋振民在南京开有典铺，其典铺"嘱诸掌计者各事事，第质成"。① 蒋振民在南京开设的典铺不是自己经营，而是聘请他人代理经营。又嘉靖、万历年间的休宁孙从理业典于湖州，"慎择掌计若干曹，分部而治"。② 孙从理开设典铺众多。这些典铺不是孙从理自己经营，而是聘请他人代理经营。又万历年间，休宁黄金色家在浙江杭州临平镇上开有典铺 1 座，该典铺由黄家聘请他人经理。"等到到了中秋，当中管理人等请他（黄金色）赏月。"③ 又万历年间休宁榆村程绣在雁里和湖北开有两座典铺。这两座典铺由程绣聘请族人程一水经理。一水"少习制举，博综典坟，蠕言微动，悉轨于孝弟，而时时侠辅之，客齐鲁燕冀荆襄吴越间，五载始归，为诸友弟娶妇，又极无方之养，以怡两尊人。其族梅轩公心伟之，咨贾策，翁举吴兴对，梅轩公乃并雁里、湖北二质库，属其为总持，不数年拓赀数倍"。④ 程绣子程爵，承继父业，开有典铺 19 座。19 座典铺中，位于松江府在城千户所前典和湖州府南门老典则分别聘请应孝、百俨和程大理等人经理。对此，《万历三十八年十二月日程少轩立遗嘱托孤立墨》载：

① 汪道昆：《太函集》卷一九《寿逸篇》，《四库全书存目丛书》集部第 117 册，第 270 页。
② 汪道昆：《太函集》卷五二《南石孙处士墓志铭》，《四库全书存目丛书》集部第 117 册，第 625 页。
③ 西湖渔隐主人：《贪欢报续集》第续一〇《黄焕之慕色受官刑》，《古本小说集成》第 1 辑，上海古籍出版社 1991 年版，第 357 页。
④ 陈继儒：《白石樵真稿》卷七《寿鸿胪程翁七十序》，《四库禁毁书丛刊》集部第 66 册，第 131 页。

立遗嘱人托孤人程少轩有幼子夔周,年仅十岁,系洪南池亲家之婿,万历三十八年十二月间,轩偶患急疾,自思勤劳苦积,财本八十万,轩恐梦周年幼无靠,诸子长大倚强欺弱,蚕食财产,特接洪南池亲家至舍托孤,立墨议将松江府在城千户所前典今迁移在大红桥约本银十一万一千,掌典业应孝、百俨,又扒湖州府南门老典约本银四万七千,掌典业程大理,俱扒与梦周名下授业,长大诸子不得欺凌侵夺,如有此情执此赴官告治,诸子俱有大楼厨屋轩,恐蛟周同居不安,只得将仓厅一所门厅学堂砖墙外面前空地、并后楼及东边厨屋柴房仓小屋十五间与同母蛟共居均业,大厅及门屋中庭偏厅前厢楼石坦后园空地后面汲水众路,俱照蛟周应得分法均业,轩将众银二千两贴梦旸、梦熊、梦龙三人,以补仓厅之价,所贴之银,分家之日,自行给付前扒湖州松江二典见系父轩管理,仍命梦蛟代理,其蛟不得侵欺,查出见一罚十,家财田产金银酒器分家之日,五股均分,立此存照。①

又万历年间,休宁率东程林在安庆八卦门开有 1 座典铺。该典铺由程林聘请程见竹经理。"八卦门典铺向浣族兄见竹掌管,丁巳见竹兄故,余同诸弟侄到铺将典本银两货物铺基,共计银二万二千六百七十八两有零,各房所收银两,悉凭见竹兄故笔面算,不以先支后支起息,俱以义让合同补足其数,除义让扒补外,仍代众用银五百九十二两有零。"②又生于嘉靖三十二年(1553)、卒于崇祯十三年(1640)休宁古林黄汝极开有典铺,其典铺聘请他人代理经营,以致资本被侵蚀。黄汝极"素业儒为太学生,专于肆业,典务托匪其人,恣侵渔而反毁舍,以掩其狡,万金灰烬一空"③。又启祯年间,徽商王竹在江宁开设典铺 1 座,并雇佣谢尚念管理。文书载,"据民王竹禀称:□□□□江宁县前往开典,输饷应卯,褰雇工恶谢尚念在店掌管"。④ 又

---

① 《万历三十八年十二月日程少轩立遗嘱托孤立墨》1 件,安徽师范大学图书馆藏。

② 《徽州千年契约文书(宋元明)》卷八,《崇祯二年程虚宇立分家阄书》,花山文艺出版社1991 年版,第 393 页。

③ 汪元兆:《太学奕山汝极公行状》,《休宁古林黄氏重修族谱》卷一○《文苑二·行实志表》,乾隆刻本,安徽省图书馆藏。

④ 《明崇祯六年江宁县批捕示》,转引自卞利:《明清徽州社会研究》,安徽大学出版社 2004年版,第 158 页。

崇祯年间,歙县叶期开有典铺,并聘请王之宜和黄凤两人经营。资料载,"审得王之宜、黄凤,向为叶期司典铺"。① 又崇祯年间,歙县洪忠正曾为闵魁经营典铺。资料载:

> 审得洪阿潘之夫洪忠正,先受雇于闵魁管汝宁典铺,侵蚀其本,自立服约求退而依彼地张八,八以女许为婚姻。越十年,正竟殁于张,潘氏之中州奔丧。有夫之堂弟洪忠士许代为载枢,且信誓旦旦,潘遂听之,留路费与士而先返。方日盼其夫之来也,不虞士亦客死,与正共瘗一丘,而张八又亡,所赖义举者无其人。今见士兄忠良独异其枢至,潘痛夫首丘无望,故迫而控也。夫忠士负嫂之托,为忠良者能并载正丧而归,亦情也,何见正棺之半而复掩,视同陌路? 奚怪潘之申申切齿乎! 若志达乃亲甥,汪道生顶正生理。昔正去闵之日,居间逝梁,今皆不为孤嫠画搬举之策,反簧鼓其中,致词波于闵三人者,不义甚矣。汝宁去此不远,令各捐舟车之资,助潘氏,俟道路稍平,速搬丧以安存殁。志达、道生、忠良并儆。②

又明末休宁汪可训曾开有典铺,"贾于芜湖家大饶裕,太学不亲执笕库,权子母息,出入各有司存,年终受成,人不敢以毫忽欺"。③ 汪可训自己"不亲执笕库",则其典铺聘请他人代理经营。又明末汪可铭,"以高赀行质于粤,值兵燹,为典守者干没殆尽",其弟可钦"越数千里料理之,尽还故物,一无所取"。④ 汪可铭业典于广东,因典铺聘请他人代理经营,以致资本被他人"干没"。

清代徽商典铺聘用经营依然盛行。康熙年间休宁西门汪栋,"典业则择贤能者委之,因材授事,咸得其宜。尝语任事者曰:'祖宗创业艰难,吾惟守此不坠而已,幸勿苛刻,以失吾家忠厚风'"。⑤ 汪栋开设的典铺聘请他人

---

① 傅岩撰,陈春秀校点:《歙纪》卷九《纪谳语》,黄山书社 2007 年版,第 128 页。

② 傅岩撰,陈春秀校点:《歙纪》卷九《纪谳语》,黄山书社 2007 年版,第 142、143 页。

③ 《休宁西门汪氏宗谱》卷六《太学可训公传》,转引自《明清徽商资料选编》,黄山书社 1985 年版,第 260 页。

④ 康熙《休宁县志》卷六《人物·笃行》,《中国方志丛书·华中地方》第 90 号,(台北)成文出版社 1970 年版,第 947 页。

⑤ 休宁《西门汪氏大公房挥金公支谱》卷九《明经栋公传》,乾隆四年刻本,上海图书馆藏。

代理经营。又嘉靖、咸丰年间,休宁临溪吴思裕"为人典质库"①。徽州王某,"永昌典伙,积数十金归,娶妇生子。复为典中总管,岁多盈余,复娶南翔儒女为室"②。王某曾为徽商典铺经营管理。又在南汇县竹桥镇业典者张恒卿,"安徽休宁人,经理典业,始同生,继同昌,今改保源,并集资创开义泰碗店,一生未尝易宅"。张恒卿先后为同生、同昌和保源等3座徽商典铺经营管理。③ 又同光时期,黟县汪国玺由"休邑陈姓聘往巢湖主持典事"。④ 休宁陈姓典商在巢湖开设典铺,自己并不经营,而是聘请黟县汪国玺代理经营。又同治、光绪年间,黟县王家瑞兄弟在江西景德镇和安徽东流分别开有典铺,这两座典铺都不是王家瑞兄弟自己经营,而是聘请一个名叫辅臣的经营。王家瑞《某年九月初九日王家瑞致辅臣》书信载:

> 重九节巳刻接奉七月廿七日手谕,又再启:晰叙"润"、"怡"各节,又润典盘单另复一函,一切煞费苦心。弟万不想到沾光如此之多,故疑副存之息一并在内,想去几日几夜精神。又舍弟不通,二信至八月十四日始封寄。不但二典费尽心力,即此件书札,如许繁杂逐事说清,披读之下,感何如之! 藉谂筹祺勋祉,百福千祥,适符臆颂。

又《光绪八年馥记当铺盘总》载,"光绪九年七月代聘休邑牛坑宅程祥甫兄司事,廿二日予送伊到典,新立帖三只,帖文登后"。这说明,馥记当铺不是典商自己经营,而是聘请休宁牵东程祥甫经营。又清末民初,歙县柔川张氏在衢州开设张复裕典,但张氏并不自己经营,而是聘请歙县郑桂亭经理。⑤ 又歙县上丰宋氏在湖北蕲春漕河镇开设的恒益典,该典不是宋氏自己经营,而是聘请金镛生经理。⑥

有关徽商典铺的聘用经营,民国《婺源县志》多有记载。如汪学贤,"字

① 《上海吴氏族谱》不分卷《谱序》,民国三十年抄本,上海图书馆藏。

② 乾隆《续外冈志》卷九《杂记》,《中国地方志集成·乡镇志专辑2》,第918页。

③ 储学诛:南汇县《二区旧五团乡志》卷一八《遗事》,《中国地方志集成·乡镇志专辑1》,第856页。

④ 《黟县四志》卷六《人物·质行》,《中国地方志集成·安徽府县志辑58》,第81页。

⑤ 黄士士:《张曙传》,团结出版社1994年版,第11页。

⑥ 湖北省蕲春地方志编纂委员会:《蕲春县志》,湖北科学技术出版社1997年版,第384页。

守愚,大畈人。父殁于沪时,贤年尚幼,事母唯谨。及长,往沪寓兄典中,旋任兄所司典事,兄得归,未数年而殁,贤念老母在堂,缺甘旨,急扶父榇,归途闻母病笃,星夜奔驰,侍奉半载,母殁,哀痛迫切,越十日贤亦随殁"。① 汪学贤曾为其兄所在的典铺经营。又詹梦甲,"字兆和,邑庠生,庆源人。文笔清隽,乡闱荐不售,乃受友人江峰青聘就嘉善县幕,多所赞助,暇仍谈论文艺,时出新意,授诸公子读,亦循循善诱,宾主甚相得。后代经理典业,又十余年,兴利革弊,为居停所信任,晚因病辞归,又家庭多故,逾年抑郁卒"。② 詹梦甲曾为徽商典铺经营。又洪恩绶,"张溪人,浙籍廪贡生,候选训导。性好善,邑修考棚、建县堂、修志书,皆慷慨输资为乡里倡。尝主江北质库事,遇通泰两州水灾,输重资赈济,复设粥厂,饥民赖以全活。创立皋南木业公所,建敦仁祠为合郡会议地,及祠中所设棺养老善后事,绶力居多"。③ 洪恩绶曾为某江北徽商典铺经营。又洪国桥,"字仰高,张溪人,内阁中书衔,少习举业,试列前茅,未售。嗣受延川聘,总理如皋质库"。④ 洪国桥曾为如皋某徽商典铺经营。又赵文治,"字懋钦,号子安,邑廪生,思口人。少孤,兄弟五,行最幼,随兄就传家塾,聪慧异常,及长,博通群书,为文跌宕有奇气,人以大器期之,自负亦不凡,乡闱屡荐未售,科举停后,弃儒就商,受聘往昌江经理典务,抑郁无聊,每寄托于诗酒,文稿旋作旋弃,后一酒疾殁,士林惜之"。⑤ 赵文治曾经营昌江某徽商典铺。金大坤,"号容斋,延川人,清中议大夫。业木金陵,为众推重,后改业茶,以诚信著,发捻迭起,佐从弟世祥帮办河南唐县团练,奖蓝翎。嗣主管如皋石庄质库,襄办义仓,输助善后。

---

① (民国)葛韵芬、江峰青修纂:(民国)《婺源县志》卷三二《人物七·孝友六》,民国十四年刻本,中国国家图书馆藏。

② (民国)葛韵芬、江峰青修纂:(民国)《婺源县志》卷三六《人物九》,民国十四年刻本,中国国家图书馆藏。

③ (民国)葛韵芬、江峰青修纂:(民国)《婺源县志》卷四八《人物一二·孝质行九》,民国十四年刻本,中国国家图书馆藏。

④ (民国)葛韵芬、江峰青修纂:(民国)《婺源县志》卷四一《人物一一·孝义行七》,民国十四年刻本,中国国家图书馆藏。

⑤ (民国)葛韵芬、江峰青修纂:(民国)《婺源县志》卷三六《人物九》,民国十四年刻本,中国国家图书馆藏。

邑侯刘赠额'乐善不倦'"。① 金大坤曾经营如皋某徽商典铺。又金登第，"字明远，延川人。资敏好学，由郡邑试前列，游庠屡试棘闱未售，族人聘司质库于如皋石庄镇，薄有储蓄，便以济人。五旬后家居，邻里有争，直言排解。性坦直，不能容人过，人咸服之。殁年五十八，子六，均成立"。② 金登第曾经营如皋石庄镇某徽商典铺。又清末民初汪毓荪，"字植庭，城东庠生。幼随侍祖父儒学署襄理庶务，后游幕芜湖等处，居停杨观察甚器重。晚年为友经营典业。入民国后公举城自治局议长、财政局襄理员"。③ 汪毓荪曾为某徽商典铺经营。

从两权角度来看，聘用自营，所有权和经营权已经分离。

二　独资自营

自营方式也是徽商典铺一种重要方式。徽商典铺自营方式，有独资形态的自营方式和合伙形态自营方式两种。其中，独资形态的自营方式更为普遍。

明代小说载，徽商金朝奉在浙江台州开设典铺，该典铺由金朝奉自己经营，其账务亦有金朝奉自己管理，并经常"在当中算账"。又小说载，明代徽州典商卫朝奉，在南京三山街开有典铺1座。该典铺为卫朝奉个人所有，也由卫朝奉自己掌管。卫朝奉自己管理典铺的同时，雇佣伙计协助经营。其中，卫朝奉曾让铺内伙计取讨陈秀才借银。"卫朝奉也不答应，迸起了面皮，竟走进去。唤了四五个伴当出来，对众人道：'朝奉叫我每陈家去讨银子，庄房之事，不要说起了'。"陈秀才亦将家僮陈禄去投靠卫朝奉。"次日，陈禄穿了一身宽敞衣服，央了平日与主人家往来得好的陆三官人做了媒人，引他望对湖去投靠卫朝奉。卫朝奉见他人物整齐，说话伶俐，收纳了，拨一

① （民国）葛韵芬、江峰青修纂：(民国)《婺源县志》卷四八《人物一二·孝质行九》，民国十四年刻本，中国国家图书馆藏。
② （民国）葛韵芬、江峰青修纂：(民国)《婺源县志》卷三六《人物九》，民国十四年刻本，中国国家图书馆藏。
③ （民国）葛韵芬、江峰青修纂：(民国)《婺源县志》卷三六《人物九》，民国十四年刻本，中国国家图书馆藏。

间房与他歇落。叫他穿房入户使用。"①又明代嘉靖年间休宁率东程九衢及其父亲程珽开有多处典铺,其典铺也由程氏自己经管:

> 先君名程九衢,字子亨,别号春野……稍长……弃儒就贾。王父原置典浙西等处,先君赆王父以安而身任其劳,娶母戴孺人,妆奁甚盛。先君此时因独置典河上,而犹兼总诸典,故王父各处生业隆隆起……不意皇天不吊……王父即世矣……先君此时虽怀切罔极,尤谊笃同胞,于是复收河上己典,与诸叔共贾,或嘲先君不善私蓄者……先君大都冲和成性,宽厚待人,君子起敬,小人生玩,故浙西诸典多被掌利权者侵渔,屈指计之,不下数千金,此时侵渔者负惭惶惧,计无所出,将遁五武夷,先君不惟不穷其过,不责其偿,而且也焚券以安其心,挥金以资其行……先君日见生业萧索,于是竟弃浙西膏腴之地,复置典于蕲之黄梅,此时犹与诸叔父兄弟共事也,业颇振,子钱似饶,未几又为奸仆所侵渔,而先君亦置之不问也,嗣因六叔九经公卒旅邸,乃舍之至扬州,复置典于泰之如皋,此时始为先君独业也,地僻濒海,子钱为虚,复舍之入三湘,此时伯兄由庚卒,仅遗一子,呱呱在抱,先君极意抚摩之,乃戒仲兄由夷、叔兄由道同弃举子业,以星沙拥长江上流都会可居,汝曹修世业,久当自饶耳,居数年出息颇赢,连置数典,一如先君所筹划也。②

程九衢及其家人曾先后于浙西、河上、黄梅、如皋和星沙等处业典。这些典铺都有程九衢直接管理和"兼管"。顺便一提的是,星沙即湖南长沙。又明代商山吴继美和吴继灼兄弟在江南一带开有典铺,其典铺由吴氏自己经营。资料载:

> 继美,别号省吾,伯实其字也,世高其宜,称吴伯实先生。吴之先世自唐少微公始,廿传而为宋文肃公儆,又十传为宁庵公孟昆,孟昆生鲤墩公禄,禄生洽,为龙泉公,官鸿胪寺,是生伯实。龙泉公元配黄孺人,数举女亡男,遂贮武塘张氏姬而伯实生,黄孺人子之如己出。后八年,黄孺人举仲虚……(伯实)营较计,至达旦不寐,分理诸生产作业,在武

---

① 凌濛初:《初刻拍案惊奇》卷一五《卫朝奉狠心盘遗产 陈秀才巧计赚原房》,《古本小说集成》第5辑,上海古籍出版社1995年版,第582、595页。
② 程鹏南:《先君行述》,《率东程氏家乘》卷六,第4册,南京图书馆藏。

林诸郡者。若而人童仆十余辈,奉筹算不敢锱铢,相卖顾实,无所背细,二三家监能托重者,务厚过之,人人愿致,其欢爱助为理,而猾者亦相诚毋匿,自是龙泉公之业日起,而仲虚获操染觚翰,览诸子百家之书,声于艺林,不复以生计为烦。①

吴氏在杭州开设的典铺都由吴继美经营。又明代歙县洪桥郑尊开有典铺,其典铺由自己经管。资料载:

> 宗人故用子钱起家,则以减息得众,乙巳岁恶,将徙业以备非常,次公请父命而代之。笑曰:“此天授也”。日事事夜读,以当干撅。居十年卒,无盗患,而业大起。及长公当室,割生业而中分。长公居肆而享其成,次公徙之委巷,益减岁息,且自什一轻之,于是质者填门,即境外子钱家争来集,于是次公倾郡力,足以役仆,其曹人言:“公昔近市而今巷居,昔薄息而今滋薄,卒之赢得过当,何术哉?”次公笑曰:“夫人见利必趋,尊宁巨能与众争利? 尊昔为中贾,非近市无以杓之人,乃今藉吾父宠灵,贾道浸广,非杀岁息,有众胡来,息浸杀则众必归,毋委巷以也。”次公受室吴氏,继室皆吴,举子五人,长弘、次正、次本、次原,皆出正室。继室举德,年始髫,次公举资斧而予之钩,五人犹能食,旧日以次受质,有若践更。次公坐督肆中,有若驵侩人或以称贷至,辄闭户勿与通,吾欲全吾交慎,毋以此生隙;或以缓急至,次公毕赒之,不欲有闻。②

郑尊“坐督肆中”,说明所开典铺由自己管理。又生于万历六年(1578)、卒于崇祯十三年(1640)休宁古林黄九功所开典铺,一度由自己管理。

> (黄九功)方垂髫,即能补其父之所未周,一切经画井井不紊。弱冠,亲嘱营典虞山,托以重任。五阅岁,惟勤惟慎,竭力尽心,典业以昌。归而奉侍亲闱,孝养备至。会任家事者匪人,从中干没。奕山公怅然叹曰:“使任人而当,家业不既集成乎,兴复旧物,非汝谁赖焉。”公因慰

---

① 黄汝亨:《寓林集》卷六《吴伯实先生墓表》,《四库禁毁书丛刊》集部第 42 册,第 370、371 页。

② 汪道昆:《太函集》卷五九《明故处士洪桥郑次公墓志铭》,《四库全书存目丛书》集部第 118 册,第 8—9 页。

曰："世业山亩林木繁殖,取为营运,资又何虑世业之中落也。"奕山公深然其言,公于是涉屦山川,逾越险阻,劳筋骨,无顾恤,中夜徘徊,罔敢退逸,不数年遂张典质,虽资本未饶,而成算有在,躬肩典任,督子若孙,自食其力,人相为辅理历三十余年,取给日繁,而典积日充,较前固倍蓰矣。[1]

清代徽商典铺自营方式仍然存在。如康熙年间休宁王有声在杭州开设两座典铺,则由其子王香山和其孙王振翮经理。阎书载:

> 先祖有声公,侨居嘉禾,勤俭自持,推诚接物,以故业日隆起。康熙四十六年,奉曾祖翼宸公挈家归里,承欢暮年,敬宗睦族,一切公事,率倒篚倾筐为一族倡。若建造宗祠头门,及叶石书院大事,迄今犹啧啧在人口。历年广置房屋田产,开创德元日升两典,其为子孙计,诚深且远也。雍正乙卯,公以寿终,享年七十有九。时先君香山公,内则尽哀,外则尽礼,不遗余力,竟以过伤,逾年溘逝。遗孤翀霄,锡嘏、嘉震、嘉庆兄弟四人,俱属冲幼,门以内赖李氏祖母主持,门以外维长兄振翮经理。[2]

清季,徽商典铺自营方式仍时有存在。如徽州程氏在无锡开有典铺,该典铺即由程氏自己经理,内"有汪氏者,世为之主会计"。[3]

在独资自营方式中,一些典商并非由个人亲自经理,而是交由仆人经营,这种现象在明代较为常见。如生于嘉靖四年(1525)、卒于万历十九年(1591)歙县黄钟分别将开设的典铺交由仆人严资和鲍秋:

> (黄钟)从仲兄贾婺、贾台、贾甄、贾括、贾姑孰、贾淮海、贾金陵,卜地利则与地迁,相时宜则与时逐,善心计,操利权如持衡,居数十年累巨万。淮海多阳翟大贾,日以声色为娱。季公叹曰:"彼哉靡靡乎,庶几乎达者矣。"乃散千金,征歌舞,为五陵豪。客言:"公何如鄪侯,彼且令后世师吾俭;公作法于汰,安足师?"季公笑曰:"吾犹见未央之为墟,赤

---

① 吴继仕:《叙所九功偕配程孺人行状》,《休宁古林黄氏重修族谱》卷一○《文苑二·行实志表》,乾隆刻本,安徽省图书馆藏。

② 《乾隆三十六休宁王姓阄书》第1册,写本,藏中国社会科学院经济研究所,转引自章有义:《明清及近代农业史论集》,中国农业出版社1997年版,第325页。

③ 徐珂编:《清稗类钞》第五册《婚姻类·程汪夫妇有别》,中华书局1984年版,第2082页。

帝子且不保，客休矣？鄮侯之裔，不有台城。"仲以盐筴居，嘱宗人国宾掌计。国宾坐法，没数千缗。季公叹曰：彼傥然而来，非吾始愿所及，令即去，不失故，吾乃籍遗金分授兄子。载诸姬还歙，日张具盛宴游。先是竖子严资主质剂，据东瓯席卷而遁闽海，事觉，季公尾而迹之，客遮说曰："公戒垂堂，胡为穷追而骛千里。"季公，否否，"吾宁以金故自轻，竖子负重而逃，吾惧以金杀竖子耳。"公长驱先发，从者十余曹。次洛阳桥，且垂橐。公佯言，亡者今得矣。命从者益市牛酒，饮益豪，相与枕藉而酣，梦神告亡者方向。质明得亡者辞，连所过受金者家，季公置之。闻者递以壶浆饷，家监请，布亡者罪状，诉有司。季公叹曰："金既亡，即甘心亡虏，犹置兔耳。"鲍秋亦主质剂，据金陵，秋犯帷薄，焚邸舍而亡，其没不赀，视资为甚。季公叹曰："吾释资而秋败籍，戮二憾奚益哉。"乃并舍之，即尾大勿恤。[①]

从两权角度来看，独资自营方式，所有权和经营权完全统一，没有分离。

三　其他方式

除独资自营和聘用经营外，徽商典铺还有合伙共营、轮流经营、分守经营、承包经营、委托经营和领本经营等多种方式。

合伙共营。为合伙形态的自营方式之一。如前述康熙年间休宁兖山孙贞吉和朱六贞两人合伙开设的朱元亨典铺，采取合伙形态的自营方式，且其经营方式属于伙人分担经营。从两权角度来看，合伙形态的共同经营两权没有分离。

轮流经营。为合伙形态自营方式中的负责经营之一，指合伙人分成若干组，每组轮流经营一段时间，其中多为合伙人一人轮流负责经营。如，万历年间，程虚宇兄弟在本村开有典铺，该典铺即采取一人负责经营，主要为轮流经营。"丙申秋，先君将承祖并续置家业赀财配搭分明，各有阄书，外存本村河西当铺轮管生息。丁酉轮予掌管，算明结账。戊戌以后，尽系诸弟

---

① 汪道昆：《太函集》卷五六《明故新安卫镇抚黄季公配孺人汪氏合葬墓志铭》，《四库全书存目丛书》集部第117册，第670页。

经营。"①又清同治、光绪年间,用和质由春记、受记、诵记、锦记、赞记和升记等合伙经营。其经营方式即采取一人轮流形式,光绪二年(1876)十月以后,即交由"春记"管理。轮流经营两权适度分离。

分守经营。为合伙形态的自营方式中的负责经营之一,指在开设多座典铺情况下,合伙人分成若干组,每组经理一座或几座典铺。如万历三十八年(1610)休宁苏坵吴伯时兄弟合伙开设的典铺采取分守经营的方式。"万历三十八年十月至万历三十九年十月"载:"是季分守,伯、贞守国,康、元祈北、季、苏坵西,穴存众,周而复始,后伯兄率康兄以为不便,合而为一。"万历三十八年(1610)至万历三十九年(1611)间,吴氏兄弟对所开设的典铺,伯时和贞甫管理兴国典铺,康侯和元龙管理祈州北典铺,季常和苏倩管理祈州西典铺。分守经营两权开始适度分离。

承包经营。为他人经营方式之一。徽商典铺承包经营方式较为少见。如,"审得方良茂,为方良度、方再扬开典衡州,议定包利一分八厘,无异说也。已而,良度之父应征,见他典之颇宽,中悔其薄,必欲加二厘。再扬已算清受讫。良度蝇逐之徒,亦欲照侄而权子母。无奈从肆交盘而归,良茂贪矣。曾有七十四金之约在良度处,尚不能即楚,又再增二分,茂所以争而犯分也。原处人方恒新议,谅加十金。在良度,未免艰苦,而何益于良度太仓之一梯,良度所以攘臂忿忿然。二分之加,毕竟蛇足。在肆则即以度、扬之物偿度、扬,归则窭汉耳矣。愿为富翁下一砭,良度姑市义焉。一放利,一不弟,均儆"。② 方良度和方再扬两人在湖南衡州开设典铺 1 座,但两人均不直接经营,而是由方良茂承包经营,规定每年按利率 18% 向两人支付利息。承包经营,两权完全分离。

领本经营。为他人经营方式之一。徽商典铺领本经营方式较为少见。如徽州绩溪人汪华,小字兴哥,在苏州开设 1 座典铺。该典铺由一老伙计包利经营。"接着兴哥到厅上,众伙计一齐依次坐下。老伙计道:'小主差矣!你从幼未经出门,你的身命干系都在我们身上,就是一万两本钱,也是在老

---

① 《徽州千年契约文书(宋元明编)》卷八《崇祯二年程虚宇立分家阄书》,花山文艺出版社 1991 年版,第 393 页。

② 傅岩撰,陈春秀校点:《歙纪》卷九《纪谳语》,黄山书社 2007 年版,第 161 页。

朝奉面前包定加三利息来的。才得一二日，如此颠颠倒倒，本钱倒失去了一大块，将来怎么算账?'兴哥道:'不难不难! 若说加三利息，你们众人就提了三千两去，余下本钱听我发挥罢了。'"①按此记载，领本经营介于聘用经营和承包经营之间的一种经营形态。

委托经营。为他人经营方式之一。徽商典铺委托经营方式较为少见。如明清时期休宁汪印原随父兄至上海紫堤村贸易，后其"同怀兄学羽抱疴客舍，自度不支，托孤孙并店业于印"，汪印除将其兄孤孙抚养成人外，"而所受质库生理，簿籍井井，识者益重其人"。② 汪羽将自己资本委托给汪印经营，但汪印和汪羽两人都是独立商人，双方不存在雇佣关系，汪印无偿为汪羽经营，汪羽资本所得收益全部归汪羽所有。届时汪印将汪羽资本本金和全部利润付给汪羽。委托经营，两权完全分离。按此记载，委托经营是一种特殊的聘用经营。

明清时期，徽商典铺经营方式多种多样，以聘用他人经营、独资形态商人自营以及合伙形态一人负责经营为主。同时，徽商典铺经营方式的多样化，说明明清时代商品经济和信用关系得到较快的发展。尤其委托代办经营方式，虽一般只限于亲友之间，几乎完全依赖个人之间的信任关系，但它与近代民法上的委任关系很相似，合乎社会发展的趋势。③

第三节　营业状况

当期、利率和经营效益是典铺营业状况三个方面。徽商典铺的营业状况亦包括这三个方面。现论述如下。

---

① 艾纳居士:《豆棚闲话》卷三《朝奉郎挥金称霸》,《古本小说集成》第3辑,上海古籍出版社1993年版,第74—75页。

② 康熙《紫堤村小志》卷中《国朝人物》,《上海乡镇旧志丛书》第13辑,上海社会科学出版社2006年版,第74页。

③ 方行主编:《中国经济通史·清代经济卷》,经济日报出版社1999年版,第1275—1288页。

一 当 期

明清及民国年间,典铺当期有市场期限和官方期限两种。其中,市场期限依典铺资本大小和地域不同而不同,主要有 12 个月、24 个月、26 个月、30 个月和 36 个月不等。① 如明代典铺"以二十四个月为期"②。又乾隆初年,福建各地典铺当期有 24 个月、26 个月和 36 个月不等。③ 官方期限则由地方官府规定当期。明代官府对典铺当期似乎没有明确规定。清代康雍以后,地方官府开始加强对典铺当期的规范。如乾隆初年,江苏省规定,典铺当期"定限二十六月取赎,穷民之家宽限二月"④,后又"定限三十个月为满,如逾限不赎,听典商变价作本"⑤。又乾隆十六年(1751),湖南省规定:典铺当期"俱从二十四个月为满,质当之家恐其限满发卖,计再留六个月,于票内注明"。⑥ 乾隆二十九年(1764),福建省规定:"大典三十六月为满","小典二十四个月为满";⑦乾隆四十八年(1783),福建省再次规定:"统以三十个月为满"。⑧ 又乾隆年间,广东省也曾规定:典铺当期以"三年为满"。⑨ 咸同兵燹以后,官府对典铺当期再次作出调整。光绪七年(1881),两江总督左宗棠规定,"当货连闰二十四个月,仍当余限三个月,以二十七个月为满"。而浙江和江苏的江苏则规定当期为 18 个月。"十八个

---

① 刘秋根:《中国典当制度史》,上海古籍出版社 1995 年版,第 179—183 页。

② 艾南英:《天佣子集》卷五《三上蔡太尊论战守事宜书》,《四库禁毁书丛刊补编》第 72 册,第 254 页。

③ 《福建省例》一六《当税例·当铺大小行息期限》,《台湾文献丛刊》,(台北)大通书局 1987 年版,第 458 页。

④ 《西江政要》卷九《严禁典铺票内楷书字迹毋许违例巧取重利并愿留取赎定限》,刻本,南京图书馆藏。

⑤ 《湖南省例成案》卷三三《户律·钱债·违禁取利》,转引自刘秋根:《清代典当业的立法调整》,未刊稿。

⑥ 《湖南省例成案》卷三三《户律·钱债·违例取利》,转引自刘秋根:《清代典当业的立法调整》,未刊稿。

⑦ 《福建省例》一六《当税例·当铺大小行息期限》,《台湾文献丛刊》,(台北)大通书局 1987 年版,第 458 页。

⑧ 《福建省例》一六《当税例·民间开张大小典当、分别行息章程》,《台湾文献丛刊》,(台北)大通书局 1987 年版,第 467 页。

⑨ 《粤东例案》,转引自刘秋根:《清代典当业的立法调整》,未刊稿。

月之案。系照苏属仿行,而苏属则援浙省之案,调查苏浙两处,诚属十八个月为满。"①光绪十一年(1885),两江总督和江苏巡抚规定,典铺当期"以连闰十六个月为期,宽限两个月取赎,共以十八个月为满,以纾商力而恤贫民等情"②。于是安徽和江苏典铺当期皆"改为十八个月"③。不过,江西一直沿用旧规,规定典铺当期仍为 26 个月。"至江西与皖省情形,尤不能相提并论,查皖典以十七个月为期,江西则以二十六个月为满,是皖省比江西已先收九个月利息。"④至于明清及民国时期徽商典铺当期,基本都遵守地方官府的规定。

明代徽商典铺当期。有关明代徽商典铺当期的材料颇为少见,仅见两条间接材料。一为徽州人金瑶所记。"典即古所谓质也,什一而息之,要以三年,轻为息而远为程,不惟济已,且以济人,两利之术,莫善于此。"⑤按此记载,此时典铺当期似为 3 年。一为小说《拍案惊奇》所载。南京陈秀才将庄房抵押给徽商卫朝奉,借得银 300 两。卫朝奉"巴巴盘对三年",即派人到陈秀才催还借款,并声言陈秀才若不还款,便要没收庄房。由此看来,此处"三年",应是抵押借款还贷的最后期限,即典铺当期。纵观两条材料,似乎表明明代徽商典铺当期为 3 年。

清代道光以前徽商典铺当期。这一时期的徽商典铺当期多有记载。如乾隆年间,休宁茗洲吴氏开设于江苏泰兴县的文谟典规定,"卖货限期,遵照详宪定例,以二十六个月为满,六个字号总卖便是三十余月矣"。据其所载,"遵照详宪定例"表示文谟典当期遵照地方官府的规定,"以二十六个月为满"表示文谟典当期为 26 个月。由此说明,26 个月当期是遵照宪例。又据前述当票可知,乾隆年间程新盛典、程允升典、胡开源典、天元典、开泰典、贻丰典、祥发典和嘉庆年间胡裕成典、胡恒丰典、王有兴典的当期亦都遵照宪例。其中,《乾隆五十三年七月初八日造字七五九号程允升典当票》载:

① 《江宁绅士为典商改章病民上》,《典业杂志》上册,油印本,安徽师范大学图书馆藏。
② 《江宁商会咨文》,《典业杂志》上册,油印本,安徽师范大学图书馆藏。
③ 《江宁绅士为典商改章病民上》,《典业杂志》上册,油印本,安徽师范大学图书馆藏。
④ 《恳免加抽二厘当息禀》,《典业杂志》上册,油印本,安徽师范大学图书馆藏。
⑤ 金瑶:《栗斋文集》卷七《吴畏轩君传》,《四库全书存目丛书补编》第 78 册,第 241 页。

程允升典。汪今将自己碎土绸单裙单裤二件,眼同估值当去本银八钱。遵宪定例,按月行息,照例为满,如过期不取,听从变卖作本。倘有来历不明,及霉烂虫伤鼠咬等情,与本典无涉。认票不认人。此照。造字七五九号。乾隆五十三年七月初八日。休城厚街。

按此记载,乾隆年间程允升典当期为遵照宪例,即遵照官府规定。又据前述《月总簿》载,乾隆年间,开设于江苏泰兴的张恒裕典当期却为 30 个月,这是因为除官府规定的 26 个月外,加上留限 4 个月。故而张恒裕典当期也遵守官府规定为 26 个月。

清咸丰以后徽商典铺当期。这一时期的徽商典铺当期也多有记载。如光绪十一年(1885)开设于芜湖同福典,"当货日期,无论所当何项衣物,概照现定新章,连闰以二十四个月为满,愿留者,准其上利,或三月五月,听从其便,不得空留,过期不取,应听变卖归本,俾可辗轳转输"。① 同福典规定当期 24 个月,就是遵"照现定新章"而制定的。又光绪二十一年(1895),开设于安徽宿松县同昌典,"期以连闰十八个月为满,过期不赎,应听变卖,周转资本,如过期愿当者,按月上利,不得空留"。② 又前述当票记载,咸丰以后的崇隆典、恒升典、豫和典、同裕典、春祥当和仁生典的当期皆遵守官府规定。如《光绪十九年十一月十六日黄字八四五号同裕典当票》载:

同裕典。黄字八百四五号,吴姓今将自己破棉絮裤一件,眼同估值当去本银四钱,遵宪谕照例按月二分起息,连闰以二十四个月为满,仍留限三个月,如过期不取赎不上利,听从本典变卖作本,倘有来历不明以及虫伤鼠咬霉烂□失等情,与本典无涉。认票不认人。此照,包。光绪十九年十一月十六日。歙县深度。

按此记载,光绪年间同裕典当期为 24 个月,24 个月的当期是"遵宪谕照",即遵守地方官府的规定。咸丰以后,徽商典铺当期多遵守地方官府的规定。不过,也有一些典铺当期与官府规定有一定出入。如前述的《光绪十九年二月立架本抄底》典铺当期为 15 个月,同治义泰典当期为 22 个月,

---

① 《芜湖同福典开张请帖禀稿》,《典业杂志》上册,油印本,安徽师范大学图书馆藏。
② 《宿松县下仓埠同昌典榜规》,《典业杂志》上册,油印本,安徽师范大学图书馆藏。

显然两典当期皆非地方官府规定的 24 个月。

民国徽商典铺当期。这一时期的徽商典铺当期亦有记载。如民国年间休宁屯溪万源典、黟县鼎泰典和恒和典的当期皆为 18 个月。18 个月当期为当时地方官府的规定。这说明万源典、鼎泰典和恒和典的当期遵守地方官府规定。而民国年间歙县恒升公典的当期，为 6—24 个月不等。6—24 个月的当期显然非地方官府的规定，即恒升典当期未能遵守地方官府的规定。

综上所述，明清及民国年间，徽商典铺当期长短不一，大多遵守官方相关规定，在明代为 3 年，清代道光以前多为 24 个月或 26 个月，清代咸丰以后为 24 个月或 18 个月，民国年间为 18 个月。

二　利　率

明清及民国年间，典铺利率也有市场利率和官方利率两种。市场利率高低不等，差别较大，多在 2—3 分之间。如明代典铺，"例从抚按告给牒文，自认周年取息二分"，惟江西抚州独为"三分"。① 又李渔也说过："当铺里面，当一两二两，是三分起息；若当到十两、二十两，就是二分多些起息了。"② 而明清两朝政府规定利率每月不超过 3 分。律例载："凡私放钱债及典当财物，每月取利，并不得过三分，年月虽多，不过一本一利。"③ 实际上，入清以后，地方官府即开始了对典业利率进行规范和调整。如在江苏句容，康熙二十二年（1683）知县陈协浚明确要求"城乡典铺永遵二分起利"④。康熙二十五年（1686）担任江苏巡抚的赵士麟再次重申，"典铺之利与徒手告贷者不同，盖既挟物为质，则永无失脱之虞，而又没入有期，则预估贸易之

---

① 艾南英：《天佣子集》卷五《三上蔡太尊论战守事宜书》，《四库禁毁书丛刊补编》第 72 册，第 254 页。
② 李渔：《无声戏》第四回《失千金福因祸至》，《李渔全集》第八卷，浙江古籍出版社 1991 年版，第 68、69 页。
③ 田涛、郑秦点校：《大清律例》卷一四《户律·钱债·违禁取利》，法律出版社 1999 年版，第 263 页。
④ 光绪《续纂句容县志》卷五《田赋·碑文》，《中国地方志集成·江苏府县志辑 35》，第 117 页。

价。不得仍执律令不过三分为辞也,查前院已经颁示,计两计钱酌定低昂,允为至当,各属典铺俱当一体遵奉,不许浮溢"。① 所谓"酌定降低",就是"无论钱数两数,二分起息"②。康熙四十八年(1709),张伯行担任江苏巡抚时,再次将"二分递减至一分五六厘不等"。清代后期,江苏规定典铺利率为月息2分,"议定江宁、江苏、安徽所属各典,无论抵当衣饰农具,凡资本一两,一律每月取息二分"。如光绪初,高邮州"五典利俱二分"③。又浙江,康熙前期,湖州典铺利率分为三等,即"十两以上者每月一分五厘起息,二两以上者每月二分起息,一两以下者每月三分起息"。康熙二十五年(1686)金铉担任巡抚后,"概以一分五厘起息"。④ 康熙四十一年(1702)赵申乔担任巡抚后,也"题请分半起息,立石永为定例"⑤。雍正、乾隆年间,浙江典铺利率一度为月息3分。方志载:"钱氏,庠生王基贞妻,守节五十七年,抚孤立业,以勤苦成家。晚年开典铺,夏帷帐,冬棉絮袄被,任人取赎不收利。越俗典利三分,氏以二分为节,或不及二分,富绅哗然,致成讼。官不直,富绅得轻减为例,久乃相率效之,俱减利。乾隆五年旌。"⑥清代后期及民国年间,浙江规定典铺利率为月息2分。如民国年间双林镇,典铺利率皆按月"二分"行息。⑦ 又湖南,康熙十一年(1702)至四十九年(1710)担任巡抚的赵申乔,要求典铺"总不许违例取息于三分之外"⑧。又安徽,乾隆时庐州"质库,向取二分息",知府祝炘要求"减子钱一分","如江苏质库例。诸商不从,曰:如必减息,愿上计簿归官办,盖将以罢市挟持也。炘即扬言:遣人分往直隶、江苏各银号支借数百万为赀本,炘固巨富,诸商知不能相难,遂

① 赵士麟:《读书堂采衣全集》卷四五《抚吴条约》上《正风俗》,《四库全书存目丛书》集部第240册,第339页。
② 咸丰《紫堤村志》卷六《人物·侯嵝曾》,《中国地方志集成·乡镇志专辑1》,第293页。
③ (民国)《三续高邮州志》卷一《实业志·营业状况》,《中国地方志集成·江苏府县志辑47》,第303页。
④ (清)胡承谋修纂:《吴兴旧闻》卷二引《小谷口荟最》,嘉庆九年刻本,中国国家图书馆藏。
⑤ 光绪《平湖县志》卷二五《外志·丛记》,《中国地方志集成·浙江府县志辑20》,第611页。
⑥ 乾隆《绍兴府志》卷六五《人物志》,《中国地方志集成·浙江府县志辑40》,第528页。
⑦ (民国)《双林镇志》卷一七《商业》,《中国地方志集成·乡镇志专辑22下》,第569页。
⑧ 赵申乔:《赵恭毅公自治官书类集》卷九《禁当铺违例取息示》,《续修四库全书》第881册,第64页。

各听从"。① 又江西,雍乾时按察使凌𤏡要求典铺"行息仍照旧二分"②。又湖南,乾隆十六年(1751)规定,"一两以下至十两,以二分五厘行息。其自十两至百两以上,均以二分行息"。③ 又福建,乾隆二十九年(1764)规定,大典以"二分"行息,小典以"二分四厘行息"行息。④ 又广东,嘉庆十六年(1811)规定,"原月息三分者以二分放赎,二分半息者以一分半放赎,二分息者以一分放赎,分半息者以八厘放赎。"⑤又山东,乾隆十一年(1710)要求凡遇灾年正、二、三月"凡有取赎在器者,概以二分起息,其余别物,俱照旧例三分起息";后又规定,"凡冬月取赎一律减息一分";最后于乾隆二十三年(1710)三月,由布政司详请巡抚要求典铺冬月减利1分,由3分改为2分。⑥ 由此看来,经过康熙至乾隆、嘉庆年间的长时期的减利,各地典当利率整体上有所下降。康熙年间的利率调整有些仅限于将利率稳定在3分这一律典所定利率水平,乾隆年间以后则是将利率在3分的基础上,再往下降五厘至1分或1分五厘,甚至2分,⑦其中以2分为主。

　　至于明清及民国时期徽商典铺利率,大多遵守地方官府的规定。据前述当票可知,乾隆年间程新盛典、程允升典、胡开源典、天元典、开泰典、贻丰典、祥发典和嘉庆年间胡裕成典、胡恒丰典、王有兴典、胡恒兴典的利率亦都遵照宪例。其中,《嘉庆十年九月十二日遵字一八三三号胡恒丰典当票》载:

　　　　胡恒丰典。遵字一千八百三十三号。查今将自己碎布单寸一件,眼同估值当去本银四钱。遵宪按月照例起息,照例为满,如过期不取,

　　① (清)林达泉、李联琇修纂:光绪《崇明县志》卷一七《杂志》,光绪七年刻本,中国国家图书馆藏。

　　② 凌𤏡:《西江视皋纪事》卷四《示当铺》,《续修四库全书》第882册,第134页。

　　③ 《湖南省例成案》户律卷三三,转引自方行:《清代经济论稿》,天津古籍出版社2010年版,第224页。

　　④ 《福建省例》一六《当税例·当铺大小行息期限》,《台湾文献丛刊》,(台北)大通书局1987年版,第458页。

　　⑤ 叶显恩等:《明清珠江三角洲的高利贷》,载《平准学刊》第三辑上册,中国商业出版社1986年版,第285页。

　　⑥ 《乾隆朝山东宪规》第一册《当铺常年二分起息冬月免其让利通饬》,《中国珍稀法律典籍续编》第七册,黑龙江人民出版社2002年版,第8页。

　　⑦ 刘秋根:《清代典当业的立法调整》,未刊稿。

听从本典变卖作本无辞,倘有来历不明及霉烂虫伤鼠咬等情,与本典无涉。认票不认人。执此为照。包。嘉庆十年九月十二日,休城厚街票。

由于明清时期宪例多为 2 分,故而徽商典铺利率也多为 2 分。如嘉万年间歙县许氏,"鬻财取什二。有急者愿多出子钱,公曰:'吾什二足矣。'"①"什二"就是 2 分,与明代中后期民间典铺"自认周年起息二分"相一致。又前述洪隆典、万洪当、恒升公典、同裕典、春祥当,以及两册取赎簿典铺的利率即为月息 2 分。又乾隆年间徽商吴日新典月息也为 2 分。据文书载,乾隆三十二年(1767)三月十六日,休宁汪奕仁将大红缎褂一件、大红缎裤一件和蓝青缎批一件当与吴日新典,得银 1.944 两,同年十月赎取时,汪奕仁共付本利银 2.23 两。经计算,吴日新典月利率为 2%。② 又光绪二十一年(1895)安徽宿松县同昌典,"现定新章,试开公典,原为接济贫民起见,应援照新章,按月取息二分"。③ 又光绪二十八年(1902)二月徽州祁门商人胡廷卿"典金耳环一双,计钱二千八百五十文,每月利钱五十七文",④则月息 2 分。

除遵守地方政府规定外,有时部分徽商典铺则按市场确定利率。徽商典铺市场利率多则月息 3 分,少则 1 分。如明代南京徽商典铺取利"仅一分二分三分"⑤。其中,1 分的如正嘉年间人休宁程锁,在溧水经商营,按照当地的风俗,春天贷出的钱款,到秋天应收一倍的利息。但是,程锁却"居息市中,终岁不过什一,细民称便"。又开典至百处的休宁人孙从理,也是"什一取赢,矜取予必以道。以质及门者踵相及,趋之也如从流"。⑥ 1.5 分较多,如前述康熙年间潘宝树堂典即是一例。又民国初江西乐平城东街徽商

① 许国:《许文穆公集》卷一三《世积公行状》,转引自张海鹏:《明清徽商资料选编》,黄山书社 1985 年版,第 164 页。

② 《乾隆三十年收支账》第 1 册,写本,南京大学历史系藏。

③ 《宿松县下仓埠同昌典榜规》,《典业杂志》上册,油印本,安徽师范大学图书馆藏。

④ 王钰欣、周绍泉等主编:《徽州千年契约文书·清民国编》卷一七,《光绪二十八年祁门胡廷卿〈各项誊清〉》,花山文艺出版社 1991 年版。

⑤ 周晖:《金陵琐事剩录》卷三,转引自谢国桢:《明代社会经济史料选编》中册,福建人民出版社 1980 年版,第 200 页。

⑥ 汪道昆:《太函集》卷五二《南石孙处士墓志铭》,《四库全书存目丛书》集部第 117 册,第 625 页。

朱元和典,"月息一分五厘"。① 1.6分的如雍正、乾隆年间休宁溪口汪肇祥典。乾隆七年(1742)五月十三日,休宁西乡山后黄松从该典当银20两,十一月二十日赎取时共支付本利银22.56两,经计算,该典月息为1.6%。② 1.8分的如前述嘉庆年间程新盛典和胡开源典。2.2分的如光绪年间祁门某典。光绪二十八年(1902)正月,徽商胡廷卿"典大红呢棹围、椅褥各四个,计钱二千零八十文,月息二分二厘"③。2.5—3分如清初镇江府金坛徽商典铺。清初,金坛徽商典铺"利息虽曰三分,成色称兑之间,几及五分",后乡绅入县申请,规定"两外二分五厘,两内则仍三分"。④ 又康熙前期,浙江平湖徽商典铺利率曾月息3分。康熙十八年(1679)平湖县令景贞运"奉宪檄,行查违法重利。徽人黄履顺等,啖贞运白锭二百四十金,即以一案干赃事,词讼之上台,劾景罢官。由是典利三分。视京师及他郡邑为独重"。⑤

综上所述,明清及民国年间,徽商典铺利率高低不等,大多遵守官方相关规定,以月息2分为主。部分徽商典铺采取市场利率,多则3分,少则1分。月息超过2分的,常受人诟病,会引起地方士绅的反对;月息低于2分,多为人称道,会得到地方士绅宣扬。

三　经营效益

有关明清及民国年间典铺经营效益,历来有两种观点:一种认为典铺风险小,利润高;另一种认为典铺同其他行业一样,利润并不丰厚。同样对徽商典铺经营效益也持有这两种观点。徽商典铺经营效益究竟如何,应需要具体论证。先从明代、清前和清后3个时期就徽商典铺经营效益略做论述。

明代徽商典铺的经营效益。万历年间徽州典商休宁荪圻吴文奎、钟泽

---

①　乐平县志编纂委员会编:《乐平县志》,上海古籍出版社1987年版,第293页。

②　《徽州千年契约文书(清、民国编)》卷八《乾隆休宁黄氏〈家用收支账〉》,花山文艺出版社1991年版,第197页。

③　《徽州千年契约文书(清、民国编)》卷一七《光绪二十八年祁门胡廷卿〈各项誊清〉》,花山文艺出版社1991年版,第304页。

④　花村看行侍者:《花村谈往》卷二《金坛海案》。《丛书集成续编》第278册,(台北)新文丰出版公司1985年版,第322页。

⑤　康熙《平湖县志》卷四《风俗》,转引自[日]藤井宏:《新安商人的研究》,见《徽商研究论文集》,安徽人民出版社1985年版,第215页。

程有敬和率东程虚宇的商业资本的利润率反映了明代徽商典铺的经营效益。其中,《万历收支银两册》记载万历年间吴文奎资本的经营效益(具体参见本书"徽州典商个案研究"中"吴文奎的资本运行"章节)。据账簿所载,万历年间吴文奎先后开有 6 典,商业资本经营效益主要为:第一,无论是总量还是平均数,经营利润都是相当丰厚。各年利润数量较多,皆在 1000两以上,其中在银 1000—1999 两之间的达 10 年,在银 2000—2999 两之间的为 8 年,银 3000 两以上的有 4 年。22 年间总利润数为银 49995.425 两,平均年利润数为银 2272.5 两,平均各典利润约为银 600 两。第二,各年度的利润率不平衡,差别较大。最高的万历 20 年,达 18.56%;最低的万历 29年,为 7.02%,两者相差超过 10 个百分点,前者为后者的 2 倍多。年平均利润率为 12.05%。《万历十六年程有敬分家书》记载了嘉靖四十五年(1566)至万历十五年(1587)间程有敬商业资本的利润率。如"嘉靖四十五年起至万历五年十一月廿一日止,作十一年算,利一一九算",即嘉靖四十五年(1566)起至万历五年(1577)的 11 年间,年利率为 11.9%。又万历六年(1578)"觅利九厘五毛算",即该年的利率为 9.5%。现将各年得利率列表 6-6。

表 6-6　明代嘉庆万历年间程有敬商业利润率一览

年代	利率(%)	年利率(%)	年代	利率(%)	年利率(%)
嘉靖四十五年至万历五年	130.4	11.9	万历十年	10.95	10.95
万历六年	9.5	9.5	万历十一年	19	19
万历七年	2.8	2.8	万历十二至十五年	15.4	3.85
万历八至九年	17.2	8.6	嘉靖四十五年至万历十五年	205.25	9.77

需要说明的是,万历七年(1579)的利润率不包括典业资本利润率。除此以外,各年利润率并不一致,最高的为万历十一年(1583)的 19%;最低的为万历十二年(1584)至十五年(1587),只有 3.85%,平均为 9.64%。又《崇祯二年程虚宇立分家阄书》间接记载了程虚宇商业资本的经营效益(具

体参见本书"徽州典商个案研究"中"程林的财产分割"章节)》。据阄书推算,万历二十四年(1596)以前,程虚宇资本年利润率近 10%,万历二十四年(1596)正月至天启七年(1627)十二月利润按照正余利制分配的,其年正利率为 10%,除正利外,余利抑或有或无,故程虚宇商业资本年利润率约为 10%。综合 3 家商业资本来看,明代徽商典铺利润率在 10% 左右。

清前徽商典铺经营效益。康熙年间程嘉树典铺,以及乾隆时期时顺典、张恒裕典的利润率可以反映清代前期徽商典铺的经营效益。前述可知,程嘉树各典各年利润及利润率不等,利润最多的为康熙四十四年(1705)德记典银 3015 余两,最少的为康熙三十七年(1698)恒茂典银 821 余两,前者是后者的 3.7 倍,相差较大;利润率最高是康熙四十四年(1705)德记的 15.74%,最低的是康熙四十二年(1703)德记典的 5.5%,前者是后者的 2.86 倍,相差也不小。就各典而言,8 年间所获利润最多的为恒升典约银 16300 两,其次为恒盛典和德记典在银 10000 以上,而恒大典和恒茂典较少不及银 8800 两;利润率最高的为恒盛典 9.88%,其次为恒茂典和恒升典约 9.35%,再次为德记典不及 8%,最低的为恒大典不及 7.5%。就各年而言,利润最多的为康熙四十四年(1705)银 8200 余两,最少的为康熙三十七年(1698)银 5400 余两,利润率最高的是康熙四十四年达 9.764%,其次为康熙四十年(1701)和四十一年(1702)超过 9%,再次为康熙三十八(1699)、三十九(1700)、四十二(1703)和四十三年(1704)约 8.5%,最低的为康熙三十七年(1698)不及 8%。8 年间 5 典共获利润银 55521 余两,平均利润率约为 8.8%。又,乾隆初年的时顺典乾隆元年(1736)所得净利银 1327.957 两,其铺本净利率为 8.3764%。同样,时顺典乾隆五年(1740)所得净利银 1344.45 两,则铺本净利率为 8.4577%。两年共得净利 2672.407 两,平均铺本净利率为 8.42%。又张恒裕典,乾隆四十八年(1783)共获利 4045.588 两,资本共银 39925.043 两,所得利润率为 10.13%。综合 3 家典铺来看,清前徽商典铺利润率为 9% 左右。

清后徽商典铺经营效益。道光年间歙县汪左淇和黟县胡元熙两家各典的利润率可以反映清代后期徽商典铺的经营效益。其中,道光年间,汪左淇开设德新、协和、怡和和敬义 4 典。其中,道光二十五年(1845),德新典"典本足钱陆万零三百七十二千四百五十六文,本年得净利足钱五千零二十四千五百零二文,每两派合八厘三毫二丝二忽五微一息"。据此可知,道光二十五年(1845),德新典共有资本足钱60372456文,获净利足钱5024502文,净利润率为8.32%。同样可知,道光二十五年(1845),协和典共有资本足钱58479062文,获净利足钱3857966文,净利润率6.60%;怡和典资本足钱36000千文,获净利足钱3429128文,净利润率为9.53%;敬义典共有资本足钱38400千文,获净利3352413文,净利率为8.73%。① 由此看来,道光二十五年(1845),汪左淇4典共有资本足钱193251518文,获净利足钱15665009文,每典约获净利足钱3916252文,平均利润率约8.11%,不及10%。道光年间,胡元熙先后开设隆泰、恒丰、益泰、泰源、恒裕、敦和、泰丰、长隆、长兴、恒隆、元达等座典铺。其中,道光十年(1830),各典资本、净利和净利率列表6-7。②

表6-7　道光十年(1830)胡元熙各典资本、净利和净利率一览

典名	资本	净利	净利率(%)
隆泰	34719.748	1706.121	4.90
恒丰	30718.945	1304.939	4.23
益泰	31520.761	1631.974	5.50
泰丰	15484.303	833.146	5.37
敦和	39700.478	3293.445	8.29
恒裕	38898.287	1971.970	5.07
恒隆	12721.403	471.981	3.66
泰源	10993.920	530.741	4.82
汇总	214757.845	11744.317	5.47

① 《道光二十六年岁次丙午盘查二十五年总》第1册,安徽师范大学图书馆藏。

② 《道光十年隆泰、益泰、恒裕、恒隆、恒丰、泰丰、敦和、泰源典盘总》第1册,中国社会科学院经济研究所藏。

又道光二十二年(1842)，各典资本、净利和净利率列表6-8。①

表6-8　道光二十二年(1842)胡元熙各典资本、净利和净利率一览

典名	资本	净利	净利率(%)
隆泰	32386.968	2092.308	6.46
恒裕	34013.150	2182.754	6.42
敦和	32106.725	2750.670	8.57
泰丰	13622.864	1013.502	7.44
长隆	15993.262	954.577	5.99
长兴	18055.857	1364.384	7.56
恒隆	14165.758	796.571	5.62
汇总	160344.584	11154.766	6.96

从表6-8中可以看出，道光年间，胡元熙各典各年利润及利润率不等，利润最多的为道光二十二年(1842)敦和典银2750.67两，最少的为道光十年(1830)恒隆典银471.981两，利润率最高的为道光二十二年(1842)敦和典8.57%，最少的为道光十年(1830)恒隆典3.66%，两年间各典共得利22899.083，平均利润银1526.606两，平均利润率为6.10%，不仅不及10%，而且不及8%。综合两家典铺来看，清代后期徽商典铺的利润率不及8%。

明清时期徽商典铺经营效益，不仅各典利润相差很大，而且利润率也相差不小。明代徽商典铺的利润一般平均约银600两，利润率略超过10%；清代徽商典铺的利润一般平均约银1300两，利润率不及10%；清代后期徽商典铺利润一般平均约银1500两，利润率不及8%。明清时期，徽商典铺利润不断增加，利润率却不断下降。明清时期徽商典铺的利润率并不比其他行业高，相反可能要低。② 由此来看，认为明清时期典业属于高额垄断利

---

① 《道光十年隆泰、恒裕、敦和、泰丰、长隆、长兴、恒隆七典盘总》第1册，中国社会科学院历史研究所藏。

② 汪崇筼：《清代徽商布茶经营数据分析各一例》，《徽学丛刊》第六辑，2008年，第40—51页。

润行业有悖于事实。

第四节　分配制度

分配制度,指商事活动中的所有者、经营者和员工之间收益利润分配方式和工资制度。它包括三方面,一是所有者和经营者之间的利润分配方式,二是经营者和员工之间分配方式,三是经营者内部之间的分配方式。经营者和员工之间分配方式,以及经营者内部之间的分配方式,有时统称为工资制度。商事组织中的分配制度并不单一,而是多种多样。所有者和经营者之间的分配方式就有分成制、正余利制、官利制和股俸制等形式,工资制度有薪俸制、月折制和津贴制等形式。就徽商典铺分配制度来说,主要有正余利制、官利制、薪俸制、月折制和津贴制等多种形式。有关徽商典铺薪俸制,可参见"典业普通票簿"中"员工收支簿"一节。现对徽商典铺的正余利制、官利制、月折制和津贴制做一论述。

一　正余利制

正余利制分配方式,是将利润分成正利和余利两部分。所谓正利,指经营者不管经营效益如何,都要按照约定的比率并根据所有者资本数向所有者支付的利润。所谓余利,指正利之外的利润。对于正余利制分配方式,记录最为明确的是《万历程氏染店查算账簿》[①]。据该账簿所载,程氏染店由吴元吉、程本修、程观如、程遵与、程邦显、吴以超和吴彦升等程吴两姓数人合伙开设。其分配方式是将利润分为两部分:一为正利,二为余利。合伙人首先分得正利(有时直接称"利"),然后分得余利。对于正利,所有的合伙人都有;同一年次,各合伙人的正利率相同。余利并不是所有合伙人都有,也不是所有年次都有;同一年次,各合伙人的余利率并不完全相等。由此看

---

① 《徽州千年契约文书·宋元明编》卷八,《万历程氏染店查算账簿》,花山文艺出版社1991年版,第75—184页。

来,正利属于资本分利,归所有者所有,经营者不参与分配;余利属于经营分利,经营者参与分配,有时归经营者所有,有时归所有者和经营者共同分配。

徽商典铺采取正余利制分配方式不少。其中,万历年间休宁吴文奎诸子、万历年间休宁程虚宇兄弟、天启年间休宁朱世荣诸子、康熙年间休宁隆阜戴城兄弟和道光年间歙县汪佐淇兄弟等都曾采用过。以万历年间吴文奎诸子为例。吴文奎诸子实行正余利制分配是在万历三十八年(1610)十月分家以后。而在万历三十八年(1610)十月文奎诸子未分家以前各年结算时,先根据利润和原资本数计算出分配率,然后按分配率以及各资本所有者的本金数,求得各应得赢利,显然,这一分配方式没有正利和余利之分,不是正余利制。万历三十八年(1610)十月分家以后,文奎诸子只是将家产数量分配至个人名下,并没有将商业组织进行分配,各典归诸子共有所有,不过经营方式有所变化,由原来共同负责经营改为分守经营,故而分配制度也随之一变。其分配方式改为:各年核算时,利润分为正利(简称为"利")和余利两部分,其正利,不论该年利润多少、经营效益如何,均按相同的利率、向各资本所有者支付利润;正利之外,各资本所有者还分有余利。显然,这一分配方式为正余利制。如万历三十八年(1610)十月至万历三十九年(1611)十月间就是实行正余制分配的。该年度,文奎诸子中,伯时、贞甫两人负责兴国州典铺经营,康侯、元龙两人负责蕲州北典铺经营,季常、苏倩两人负责蕲州西典铺经营。万历三十九年(1611)十月核算时,诸子得利为:

伯兄原本三千一百七十五两一钱九分四厘,该利二百八十五两七钱六分七厘,是季分守得余利银一百六十两四钱三分。

康侯原本三千零二十两一钱三分六厘,该利二百七十一两八钱一分二厘,分守得余利九十七两二钱七分。

季常原本二千四百六十七两一钱二分五厘,该利二百二十二两零四分一厘,分守得余利一百五十二两五钱三分八厘。

苏倩原本二千一百八十三两三钱七分二厘,该利一百九十六两五钱零三厘,分守得余利一百五十二两五钱三分八厘。

贞甫原本二千四百八十四两六钱五分一厘,该利二百二十三两六钱一分八厘,分守得余利银一百六十两四钱三分。

元龙原本一千五百零二两五钱九分九厘,利一百三十五两二钱三分四厘,分守得余利九十七两二钱七分。

该年度,文奎诸子利润分配见表6-9。

表6-9　万历三十九年(1611)十月文奎诸子利润分配一览

	伯兄	康侯	季常	荪倩	贞甫	元龙
资本	3175.194	3020.136	2467.125	2183.372	2484.651	1502.599
正利	285.767	271.812	222.041	196.503	223.618	135.234
利率(%)	9.000	9.000	9.000	9.000	9.000	9.000
余利	160.430	97.270	152.538	152.538	160.430	97.270
余利率(%)	5.050	3.220	6.180	6.980	6.460	6.470

从该年度记载来看,该年度利润分配已有正利和余利之分。其中,正利归所有者所有,余利归经营者所有。经计算,其正利按照利率9%计利的。而余利,诸子并不完全相等。其中,伯时和贞甫相等,康侯和元龙相等,季常和荪倩相等。这是因为诸子分管不同典铺,其经营效益不等,所获余利及余利率也就不等。同样,万历三十九年(1611)十月至万历四十年(1612)十月间文奎诸子的利润分配为表6-10。

表6-10　万历四十年(1612)十月文奎诸子利润分配一览

	伯兄	康侯	季常	荪倩	贞甫	元龙
资本	3436.044	3142.568	2698.798	2389.702	2703.301	1610.078
正利	343.604	314.256	269.879	238.970	270.330	161.007
利率(%)	10.000	10.000	10.000	10.000	10.000	10.000
余利	198.094	169.144	192.973	192.973	198.094	169.144
余利率(%)	5.770	5.380	7.150	8.080	7.330	10.500

该年的分配方式如同上一年度,不同的是,该年度的正利率为10%而

非 9% ,这说明,正利率随年份不同会有所调整。同时,采取正余制分配方式还有利于提高经营效益。如万历三十二年(1604)十月至万历三十八年(1610)十月间,文奎去世后、诸子未分家前,年平均利润率为 9.61% ;万历三十八年(1610)十月分家以后,年平均利润率为 12.68% 。

又渭南朱世荣分家后诸子曾采取正余利制分配方式。崇祯二年(1629)朱世荣分家时,将家产分给诸子,同时要求"本银作五股分扒,以四股分与四子,各得一股,寄店生息,每年作一分二厘算利,其客身许各人支用,其余本利一概不许动支,蓄积各股名下,倘有正务动支,则写各人支账无词","分扒之后,四子宜奋志自立,合力经营"。分产不分业的分家方式,改变了资本组织形态,由独资经营一变为合伙经营。兄弟合伙为亲族合伙的一种。崇祯二年(1629),朱世将家产分给 4 子,规定"所积本银作五股分扒,以四股分与四子,各得一股,寄店生息,每年作一分二厘算利,其客身许各人支用,其余本利一概不许动支,蓄积各股名下,倘有正务动支,则写各人支账无词"。由此可知,崇祯二年(1629)朱世荣的家产分析采取分产不分业的形成。分家以后,其资本组织形态由原来的独资式改为合伙(股份)式,且各股的利润分配,亦不论经营效益如何,均按规定的比率计利;该利之外,尚有余利,亦分配各股名下。可见,崇祯二年(1629)朱世荣分家后,其商业利润便采用正余利制的分配方式。

又程虚宇兄弟也采取正余利制分配方式。据《崇祯二年休宁程虚宇立阄书》记载,程虚宇家庭两次分家概况,第一次为万历二十四年(1596)程虚宇兄弟分家,第二次为崇祯二年(1629)程虚宇诸子分家。对于这两次分家的形式及商业利润的分配方式,阄书虽无明确记载。不过,据阄书有关内容推算,万历二十四年(1596)程虚宇兄弟分家后,其商业利润分为正利和余利两部分,其正利按照年利率 10% 计利的,而余利由经营者参与分配,如万历三十年(1602)虚宇第三子管理黄州铺分得"余银五十两"。可见,万历二十四年(1596)程虚宇兄弟分家后,商业利润采取了官利制的分配方式。

二 官利制

官利制分配方式,同正余利制一样,是两权分离下的一种分配制度,是将利润分成官利和余利两部分。所谓官利,指经营者不管经营效益如何,都要按照约定的比率并根据所有者资本数向所有者支付官利。所谓余利,指官利之外的利润,由经营者参与分配。有关徽商典铺官利制分配制度,较为少见,仅见前述同治十三年(1874)义泰典一例。遗憾的是,义泰典有关官利制的分配过程较为模糊。现借助其他有关资料,就徽商典铺中官利制作一论述。现有资料中,明确记载官利制分配制度的为清代《雍正五年十一月程曦二、程友沧等立议墨合同》①。该合同载:

> 立议墨合同程曦二、程友沧、程敷承、程序中,今因合开和记店业,凭中公议同事人等,务宜协力合志,无得徇己怀私,俾生意茂盛店业兴隆,因立合同议约一样四张,各执一张存据所有议条开列于后:
>
> 一议每人各入本银五十两,平九六、色九七。
>
> 一议每年除分半钱作官利,不得拨出俱收作本外,所有余利以三十两为率,任事人分一半,余照本均分,倘不足则任事人所分亦应量减,如多俱照本均分。
>
> 一议生意昌大,其本不敷,各股均加本,无得推诿。
>
> 一议筹米银钱,概不得私支。
>
> 一议客俸按月支付,不得透支。
>
> 一议所置家伙并丝微欠账,公同酌议销除,不得混入余利。

据其所载,程曦二、程友沧、程敷承、程序中4人合伙经商,各出资银50两,开设和记店业,但和记并不是由4人共同经营,而是由"任事人"经营。分配方式是将利润分为"官利"和"余利"。其中,官利为按照所有者资本数和15%的固定年利率支付给所有者;官利之外的利润,为余利。余利归经营者和所有者共同所有,并根据其数量多寡,分配方式有所不同。经营者除余利外,尚有薪俸。

---

① 周向华:《安徽师范大学馆藏徽州》,安徽人民出版社2009年版,第167页。

又，乾隆四年（1739）六月，江苏丹徒戴学扬出本钱五十千文开设钱店，由王世掌经理，言定每年除起二分钱官利，其余赚利对分。① 由此来看，该钱店中，戴学扬为所有者，王世掌为经营者。该店铺将利润分成两部分：一为官利，一为余利。其中，官利归所有者，官利率为 20%；官利之外的利润，为余利。余利归所有者和经营者共同所有，并各占 50%。至于经营者是否有薪俸，尚不清楚。

又同治年间苏州同裕典也采取官利制分配制度。据《同治十一年刘介眉等立同裕公典股本合同》②载：

> 立重议合同券陆介眉、钱馥云、顾僖苹、曹子蕃，为因同裕公典股本，曾于同治十一年十月第二次议定：陆介眉名下存本二万两，钱馥云名下存本八千五百两，顾僖苹名下存本五千五百两，曹子蕃名下存本六千两，祝三记仕记名下各存本一万两，立有议据各执。今祝三记、仕记央中。议允加贯、立契归并，计陆介眉并得祝姓正本一万两，钱馥云并得祝姓正本三千五百两，顾僖苹并得祝姓正本三千五百两，曹子蕃并得祝姓正本三千两，并又公议陆介记再添存本五千两，连前合三万五千两，钱馥云再添存本二千两，连前合一万四千两，顾僖苹再添存本一千五百两，连前合一万零五百两，曹子记再添存本一千五百两，连前合一万零五百两，统共存典正本足百串钱七万两，仍照原定同裕牌号换领陆企曾、曹云苹出名典帖，其余典章悉仍原议典内实存正本，由典立折照章支利，倘有盈亏，统于每年元宵盘账时算明照本分派，为此重议合同四纸并连开后规条，各执一纸，以资信守，此系公议允洽，各无异言，欲后有凭，立此存照。

同时，陆介眉、钱馥云、顾僖苹、曹子蕃，重新议定章程 13 条，具体如下：

> 一议请帖开张具结等事，由陆企曾、曹云苹出名办理。
>
> 一议正本七万两现已付齐，此后续添附本，仍照原议按股摊付，不

---

① 中国社科院经济所藏刑部抄档，转引自刘秋根：《中国古代合伙制初探》，人民出版社 2007 年版，第 227 页。

② 《同治十一年刘介眉等立同裕公典股本合同》1 件，日本东洋文库藏。

准收取客本,存典以昭核实。

一议各东资本,不得半途抽拔。倘欲另图他业及不欲公共者,先尽同伙诸君再商局外,总须顶替有人,方能拔本。

一议所集正本,仍照一分二厘起息。现因祝姓拔出归并,各股添付正本,所有二月二十六日以前各股官利,一应付讫。此后总归每年元宵盘账之时核算,照股分送。

……

一议公典杂务、外务、谒见官长、布置,一切公议,归陆介眉专理,叶仲甫襄理。如遇要事,仍邀各东会商定夺。

一议盘账大吉,总归岁初,每年盘账时,除去官利及一切开销,得有盈余,作为百分拆派,七十分归东按股摊派,十四分归经理,公典之人十六分,众友分劳逸分润。此条于光绪二年六月十八日重立第五次合同议券,公议删除。

一议典事账目,请执事詹朗耀先生专管。银钱归钱房先生专管,包饰归包饰先生专管,典中各友均归执事先生秉公调度,不得徇情。如有升降调动,仍宜由各东酌定。

按此记载,同裕典由陆介眉、钱馥云、顾僖苹、曹子蕃合伙开设,由詹朗耀负责经营。利润分配采取官利制。其中,官利归所有者所有,年官利率为12%;余利归所有者和经营者共同分配。其中,所有者分得余利的70%,经营者分得余利的30%。在经营者中,经理分得余利的14%,典内其他员工分得余利的16%。同时还可看出,同裕典内员工享有薪俸。

在徽商典铺所有者和经营者利润分配中,正余利制和官利制,似乎既有一定关联,又有所不同。实际上,两者应无本质区别。对此,清代康熙年间陈士策分家时,要求诸子"一店只可合做,分劳任事得俸,坐正利,分余利","或有己本入店公营,坐正利而分余利,管事者均受"①。在陈士策店铺中,利润分配采取正余利制。其中,正利归所有者所有,余利归所有者和经营者

①《康熙五十九年休宁陈姓阄书》,转引自章有义:《明清及近代农业史论集》,中国农业出版社1997年版,第311、313页。

所有。同时，不仅余利并不完全归经营者所有，而且经营者还享有薪俸。显然，陈士策店铺的正余利同上述官利制如出一辙。由此来看，清代官利制，是在明清正余制基础上演变而来，实与正余制没有区别。官利制和正余利制，应是名异实同。

正余利和官利制的分配制度，突破了单纯所有者独享利润形式，而在所有者和经营者之间形成正利(官利)、余利和薪俸三部分。这与近代股份企业中股息、红利和花红分配方式颇有相通之处。正利(官利)相当于股息，所有者所得的余利，则相当红利；部分经营者所得的余利，则相当于花红。无论是正余利制还是官利制，都是徽商典铺采取一种激励机制，目的在于充分保证所有者利益的前提下，努力提高经营效益。

三 月折制

月折，是徽商典铺员工一项重要制度，又称为"月酒"、"火食"、"伙食"、"福食"，为典铺每月对员工的一种生活补贴。徽商典铺月折制，至少在清代乾隆年间已经出现。《文谟典条约》载："月酒，柜友每月五分。栈友既有伙食之贴，不覆再贴。各小官每月八厘，逐月随俸银辛支付。"从其记载来看，首先，月酒就是伙食补贴。其次，典铺内不是所有员工都享有月酒，享有月酒的只有柜友和学生两类员工，即柜缺和学缺。再次，不同职缺的员工，月酒钱数不等，柜缺每月银5分，学缺每月银8厘，两缺相差较大，前者是后者的6倍多。最后，月酒的发放是按月发放。实际上，徽商典铺月折制颇为复杂，不同时期、不同典铺之间会有所不同。

同一典铺，不同员工的月折数量不等，差别甚大。如前引文谟典中，只有柜员和学生享有月折，其他职缺员工却没有月折。又光绪年间同兴典规定内缺、柜缺、中班、学生、试用学生及厨房都享有月折，而出官和执事则没有月折。其中，"内缺各二百四十，柜上各二百，中班各一百六十，学生及厨房各一百四十，试用学生亦一百四十"。可见，同兴典月折分为4等，内缺最多，为钱240文；其次为柜员，为钱200文；再次为中班，为钱160文；学生最少，为140文。最多的内缺为最少的学生近两倍。又光绪年间湖口同吉典则是所有员工都享有月折。其中，"出官二百四十，执事二百四十。司楼二百四十,司钱二百四十,司饰二百四十,首柜二百四十,二柜二百四十,三柜二百四十,四柜二百四十,五柜二百四十,六柜二百四十,七柜二百四十,写票一百六十,副写票一百六十,正卷包一百六十,副卷包一百六十,三卷包一百六十,清票一百六十,副司钱一百六十,大学生一百六十,二学生一百六十,三学生一百六十,四五六一百六十,正灶一百,副灶一百,正司更一百,副司更一百,打口一百"。在同吉典中,月折分为 3 等,最多的钱 240 文,最少的为 100 文,前者为后者的 2.4 倍。从时间来看,清代前期,徽商典铺中享有月折的员工少,但数量多;清代后期,徽商典铺中享有月折的员工多,但数量少。

不同典铺,同一职缺的月折数量不等,差别甚大。如乾隆年间的张恒裕典,月折称为"火食"。其中,柜员火食每月为银 6 钱。如《乾隆四十二年张恒裕典总账》中"二月总"载:"支一两八钱,柜友三位火食"。可见该月每位柜员月折为银 6 钱。又"三月总"载:"支二两八钱,柜友五位火食。封蕃、虎山、与白、积鳌各六钱,逢年四钱。"据其所载,5 位柜员中,封蕃、虎山、与白、积鳌等 4 位皆是每人月折为银 6 钱,而逢年月折则是银 4 钱。该月逢年月折为银 4 钱,是因为逢年本月前 10 日始在栈内任事,10 日后才担任张恒裕典柜员的。四月份,逢年月折即为银 6 分了。对此,"四月总"载:"支三两,柜友五位火食钱",可见该月封蕃、虎山、与白、积鳌和逢年 5 位柜员的月折皆为银 6 钱。又,前引文谟典柜员的月折每月为银 5 分。又《同治十二年收支总登》所载吴某月折每月为钱 450 文,又《光绪八年收支总登》所载簿主的月酒每月为钱 500 文,又光绪年间同兴典柜员月折每月为钱 200 文,又光绪年间同吉典月折每月为钱 240 文,又民国年间柜员叶鬻粥月折每月为洋 4 角。上述各典柜员月折中,乾隆年间张恒裕典最多,为银 6 钱;乾隆年间文谟典最少,只有银 5 分,前者是后者 12 倍多。大多为钱 200—500 文之间。

月折是徽商典铺员工一项重要收入。如《同治十二年收支总登》簿主吴某,同治十二年(1873)共收钱 43601 文,其中月折 5850 文,月折占总收入的 13.42%。又《光绪八年收支总登》所载簿主光绪八年共收 33885 文,其中月酒 6000 文,月酒占总收入的 17.7%。又《光绪二十二收支总登》所记簿主光绪二十三年(1897)共收钱 134670 文,其中福食 10825 文,福食占总收入 8.04%。由此来看,三位簿主的月折占个人收入的比例虽大小不等,皆超过 8%,平均超过 10%。不过,对于徽商典铺中的不同职缺,月折所占个人收入的比重有轻有重。一般而言,职缺越低,月折所占个人收入的比重越大;反之亦然,职缺越高,月折所占个人收入的比重越小。不仅如此,而且同一职缺,若典铺不同,月折所占个人收入的比重也有轻有重。前述三位簿主皆为柜员,其月折在个人收入中的比例也有所差异,低的为 1/12,高的超过 1/6,两者相差一倍。同样,同一职缺,若年代不同,月折所占个人收入的比重有轻有重。如前述晚清的 3 位簿主,其月折占个人收入的比例超过 10%,而民国年间柜员叶弼弼则月折占个人收入仅略超过 1%。现将叶弼弼民国十三年(1924)至民国二十二年(1933)各年收入、月酒,以及月酒所占总收入比列表 6-11。

表 6-11　叶弼弼民国年间收入、月酒,以及月酒所占总收入比列一览表

年份	各项收入(洋元)	月酒(洋元)	月酒占各项收入比(%)
十三	335.707	4.8	1.43
十四	357.821	4.8	1.34
十五	302.900	4.8	1.59
十六	332.682	4.8	1.44
十七	519.153	4.8	0.92
十八	228.715	4.8	2.10
十九	454.147	6.8	1.50
二十	429.139	3.6	0.84
二十一	460.612	4.8	1.04
二十二	745.116	4.8	0.64
总数	4165.992	48.8	1.17

除徽商典铺外,清代徽州盐商也曾推行过月折制。有关清代徽州盐商月折制,王振忠有所论述。据王振忠研究,徽州盐商月折,又称"匣折",亦称"乏商月折",是按月对消乏的盐商及其子孙的财力补助。徽州盐商月折

制度至迟到 18 世纪就已存在,源于宗族内部的"周恤桑梓",在清代扬州、汉口、淮安等地曾推行过。① 显然,徽商典铺中的月折制度,与徽州盐商的月折有所不同。徽商典铺中的月折,是对典内员工的补贴,而不是对徽商典商生活艰辛子弟的补助;而徽州盐商的月折,是对盐商生活艰辛子弟的补助,而非对徽商盐店员工的补助。徽商典铺中的月折制度,本质上属于内部员工的一种工资制度。

四　津贴制

津贴制,是指典铺在赎取利润中提取一定比例分配给内部员工。有关徽商典铺的津贴制度,迄无所论。

徽商典铺津贴制,至少在清代乾隆年间已经出现。如《乾隆四十二年张恒裕典总账》中"九月总"载,"支三十七两三钱零七厘,现发柜友秋季九六拨津"。这说明乾隆十二年(1777)张恒裕典存在津贴制度。同样在乾隆年间的吴丰典也存在津贴制度。《乾隆四十八年吴丰典总账》载:"一存柜友拨津"。乾隆四十八年(1783),吴丰典存在津贴制度。又成于乾隆十四年(1479)文谟典也存在津贴制度。在清代乾隆初年,徽商典铺即存在津贴制度。

根据职缺不同,徽商典铺津贴分为以下几种。一是柜员津贴。所谓柜员津贴,是指典铺在赎取利润中提取一定比例,单独分配给柜员。如《乾隆四十二年张恒裕典总账》中"十二月总"载:"收柜友结存拨津二十一两二钱一分七厘。内与白七两六钱七分三厘,内积鳌七两九钱七分五厘,内逢年五两五钱六分九厘。"与白、积鳌和逢年 3 人为张恒裕典柜员,乾隆四十二年(1777)十二月 3 人将部分津贴存于典中。二是主管执事津贴。所谓主管执事津贴,即经理津贴,是指典铺在赎取利润中提取一定比例,单独分配给经理。三是员工津贴。所谓员工津贴,是指典铺在赎取利润中提取一定比例分给所有员工。三种津贴在存在时间、性质、提取比例、支付方式和用意诸方面不仅一致。

① 王振忠:《徽商与两淮盐务"月折"制度初探》,《江淮论坛》1993 年第 4 期。

从存在时间来看,三种津贴有长有短。其中,员工津贴,在时间上长期存在;而柜员津贴和主管执事津贴,在清代后期似乎不存,统一于员工津贴之中,成为柜串、号厘。

从性质来看,三种津贴不尽相同。其中,柜员津贴属于正俸,为柜员的主要工资。对此,《文谟典条约》载:"柜友每岁俸金七两二钱,逐月支付,遇闰不加,回徽照月扣算,凡遇初八离店,初八以前到店,俱算一整月,若初八以前离店,数日不算,初八以后到店,只算半月,若廿一以后到店,数日亦不算。""柜友前项七二之数,原非正俸,亦荤酒之贴也,其正俸在于拨津。"在徽商典铺中,柜员工资分为正俸和副俸两种。正俸就是津贴,副俸为荤酒补贴。主管执事津贴性质不明,但可以肯定的是,它既不是薪俸,也不是余利,可能属于一种补助。如《文谟典条约》记载:"主管执事每岁具俸金三十六两,逐月支付,遇闰不加,如回徽照月扣算,年总结清。觅余利,十拨其一,或一岁而两人交换经管。其津贴银两照月分受。"从其记载来看,主管执事不仅分有薪俸,而且还分有余利,而津贴为除此两种以外的工资形式。员工津贴,属于一种奖励工资。对此,《文谟典条约》载:"辛俸逐月支付,拨津勤劳按季散给。"可知,津贴是对员工勤劳的奖赏。

从提取赎利比例来看,三种津贴有所差别。其中,柜员津贴提取比例最高,通常在3%—5%。如清代乾隆年间泰兴典铺,柜员津贴就有提取赎利3%、4%和5%不等的比例。《文谟典条约》载:"泰邑各典柜友照取利拨津,或三厘、四厘不等,其有扣五厘者。"所谓"三厘"、"四厘"、"五厘"就是3%、4%、5%的意思。其中徽商吴丰典、文谟典和张恒裕典都是提取赎利5%的,称"九五拨津"。如《文谟典条约》载:"丰典旧例实是五厘,故柜友皆一体本东之宽厚,生意松动以此较胜于别典。今本典亦照丰典旧例,作九五拨津,柜友赎利百两津贴五两。""柜友赎利百两津贴五两",就是在赎利中提取5%的利润作为柜员津贴。又《乾隆四十二年张恒裕典总账》中"计汇各支"载:"支二百零七两五钱六分四厘,柜友九五拨津。""九五拨津"就是提取赎利的5%。主管执事津贴和员工津贴提取赎利比例较低,一般为1%。如《文谟典条约》载:柜员津贴"五厘者,坐一厘以为执事之俸"。按此记载,文谟典主管执事津贴提取比例为1%。又《乾隆四十二年张恒裕典总账》中

"计汇各支"载:"支四十一两五钱一分三厘,众佃照本年赎利结九九拨津。""九九拨津"就是津贴提取的比例为 1% 。按此记载,张恒裕典员工津贴的赎利提取比例为 1% 。

从津贴支付时间来看,三种津贴不尽一致。其中,柜员津贴主要"按季支付"。不过有的典铺先按季支付 4% ,年终再补发 1% ,如《乾隆四十二年张恒裕典总账》中"三月总"载,"支一十七两八钱三分四厘,现发柜友春季九六拨津";又"六月总"载,"支四十一两九钱四分二厘,现发柜友夏季九六拨津"。又"十二月总"载:"支六十八两九钱六分八厘,先发柜友冬季九六拨津","支四十一两五钱一分三厘,补发柜友本年九五拨津一厘"。张恒裕典柜员津贴按季支付的只是 4% ,其余 1% 的津贴则在年终时支给柜员。主管执事津贴支付时间与柜员津贴间不同,是"照月分受",而非按季支付。同样,员工津贴支付时间也不同于柜员津贴和主管执事津贴,虽说"按季散给",实则年终补发。如《乾隆四十二年张恒裕典总账》中"十二月总"载:"支一十三两九钱四分九厘,补发众佃照本年赎利结九九拨津。"可见,乾隆四十二年(1777)张恒裕典员工津贴支付时间在年终的十二月份。

从目的来看,三种津贴基本一致。一是预防员工透支。对于柜员津贴,"于法古之中,加以裕后之议,虽支五厘,每人扣存一厘,以为日后卖货补本之需,俟各存足五十两再行支付可也"。目的在于防止柜员在经营过程中造成的损失无法赔偿。如《乾隆四十二年张恒裕典总账》载:"柜友结存拨津二百十二两五钱九分二厘。秀万五十两,封蕃五十两,虎山五十两,与白三十八两八钱一分,积鳌三十四两二钱九分二厘,逢年五两五钱六分九厘,南征一十三两九钱二分一厘。"对于员工津贴,如《文谟典条约》所载,"原以杜预支透付之弊。执事者幸勿徇情通融,倘有挪移挂欠,本家分文不认"。二是激励。三种津贴都来源于赎利,即来源于员工的经营成果,从而将典铺经营效益与员工个人收益直接联系起来,有利于激发员工热情,提高经营效益。

徽商典铺津贴制是一种特殊的分配制度,分为柜员津贴、主管执事津贴和员工津贴三种形式。其中以柜员津贴为主。徽商典铺津贴制的目的,在杜预典铺管理漏洞的同时,客观上是对员工的一种激励。

第五节 两点辩证

典当类型和经营业务属于典业经营实态两个方面。对于这两方面,学界一直存在下述观点:一是认为"典"和"当"在明清时期属于两种不同的类型,二是认为明清时期典当业存在存款业务。这些说法实属误解,应加以澄清。实际上,明清时期,"典"和"当"并不是典当的不同类型,而是不同区域对典当铺的称谓。同样,"存款"也不能视为明清典铺的经营业务,只能说是典铺经营现象之一。

一 典当类型辨

近人论及典铺类型,都将"典"和"当"视为不同的两种。如杨肇遇认为:

> 典当种类之分别,虽无一定明文可考,但据老于斯业者云,典、当、质、押,四者之间,亦稍有数点可分,因非仅就资本之大小为标准也。如云典者,今几与当混称,实则典为最大。在昔凡称为典者,其质物之额,并无限制。譬如有人以连城之璧,而质万千,其值固不止万千,则典铺决不能以财力不及,拒而不受。当铺则可以不受,盖当铺对于质贷之额,可有限也。逾其额限之数,虽值过数倍,当铺可婉辞而却质,此典与当之分别一也。典铺之柜台,必为一字形,而当铺应作曲尺形,盖典只有直柜,不设横柜,当则直柜与横柜并设,此典与当之分别二也。在前清末叶,闻可称为典者,尚有二铺,一在北京,一在南京,后皆因故自行收歇,以后典遂不存,当亦称典,质贷之额,固不能无限制,直柜横柜,更无定制,一以视财力之厚薄,而自为伸缩。一以视装修之便否,而定设备。故典与当,不特名词之混称,而实质上亦难以区别矣。至取利之高下,期限之长短,亦可稍示区别。如汉镇昔年凡 2 分利息,20 个月满当者,即称典。其余取息稍重,期限稍短,即称当。此因区域不同,而典当

二者之分,亦稍异其旨也。①

杨肇遇认为"典"和"当"属于两种的不同的典当类型,在资本规模、当物种类和内部陈设三方面存在区别。杨肇遇的这一观点,为其后的宓公干所蹈袭。杨、宓两人这一观点又为其后学者所蹈袭。如顾传济也认为:

> 典当业在我国存在的历史悠久,遍及全国各地,历来有典、当、质、按、押、代当、代步等名称,随着年代、地区、资本规模、利率、当期、业务做法各个方面有所不同,因而名称不一,有时有的地方数种并存。典当在早年不是一种统称,典与当有显著区别。凡称典者,对于各式各样的抵押品,无论是动产或是不动产,也不论当货的价值多么昂贵、能否估算,典铺均不得托词拒收,不予办理。这种典铺清代末年仅存两家,不久即自行收歇。其后,全国各地仍有以"典"命名者,业务做法已无此特征,典与当再无差异。凡称当者,对于放款额有一定限度,当物过于高贵、难以估价、或不好保管者,可以婉言推卸。②

上述诸家不仅认为"典"和"当"属于两种不同类型,而且对"典"和"当"的区别还有所论证。对此,罗炳锦曾提出质疑,"民国二十一年间,上海有典铺四十家,当铺四十三家,押店八十四家,质店五家,仍有区别"。③这说明,民国年间,不仅存在当铺,而且存在典铺,认为民国年间不存在典铺有悖事实。不仅如此,清末民初还存在众多典铺。如,光绪三十四年(1908)至民国七年(1910)松江地区开设有"源康典、协和典、鼎丰典、和济典、源泰典、同和典、全大典、福昌典、庆泰典、恒和典、大德典,仁康典、恒益典、祥和典、峰大典、信元典、恒升典、瑞和典、庆丰典、大成典、启新典、德余典、信和典、益泰典、懋生典、公泰典、阜康典、懋兴典、阜成典、义泰典、公和典、天和典、大茂典、公济典、庆余典、懋昌典、泰来典、同康典"④等典铺。由此看来,所谓"在前清末叶,闻可称为典者,尚有二铺,一在北京,一在南京,

---

① 杨肇遇:《中国典当业》,商务印书馆1929年版,第5、6页。
② 常梦渠:《近代中国典当业》,中国文史出版社1995年版,第27页。
③ 罗炳锦:《近代中国典当业的社会意义及其类别与税捐》,《中央研究院近代史研究所集刊》1978年版。
④ (民国)《新安义园征信录》第2册,民国七年刊本,上海图书馆藏。

后皆因故自行收歇,以后典遂不存,当亦称典",显然不符合实际。至于罗炳锦所言的"在清代以前,典与当分别殊为明显,民国以后就逐渐混淆难分"论点,同样值得商榷。至少从抵押当物来看,典铺与当铺一样,对当物种类都有所限制。如光绪、宣统年间芜湖同福典规定,"古玩玉器、军装号衣一概不当","械器风琴一切玩戏之物一概不当"。① 至于资本规模、当期、利率,两者也没有明显不同。由此看来,清民时期,"典"和"当"并无本质区别,也非典当铺的两种类型。倘若"典"和"当"不是典当铺的两种类型,则为什么清代典当铺有的称"典"、有的称"当"呢?笔者认为,清代典当铺之所以有的称"典"、有的称"当",原因应是"典"、"当"都是地域性称谓,具体说来,南方称"典",北方称"当"。理由如下。

从典当铺自身称谓来看,称"典"的主要开设于南方,称"当"的主要开设于北方清代典当铺自身称"典"的。康熙年间,如德记典、恒升典、恒大典、恒盛典和恒茂典开设于苏州、汉口,大振典开设于江苏上海莘庄,元茂典开设于江苏江阴,东升典开设于湖北黄陂,朱元亨典开设于江西铅山。雍乾年间,如胡恒兴典、恒兴典、彩丰典、恒升典、隆泰典、泰丰典、和生典、恒隆典、恒裕典、恒源典、裕丰典、汪万和典、程允升典、胡恒丰典和朱豫大典等开设于安徽徽州,义盛典、大盛典、益源典开设于江苏苏州常熟②,聚顺典和履丰典开设于江苏苏州③,永晟典开设于常州江阴,吴丰典、张恒裕典、文旭典和文谟典开设于泰兴,兆隆典开设于松江青浦朱家角,德元典和日升典开设于浙江杭州,兆豫典开设于浙江嘉善,王有兴典开设于浙江遂安。长庆典、福兴典、天成典、永成典、公茂典、日隆典、恒裕典、仁裕典开设于河南开封,柳启泰典开设于河南商丘,元吉典开设于河南虞城,广德典、广丰典、恒升典和广泰典开设于山东,④协泰典和永升典开设于山西晋城。嘉庆、咸丰年

---

① 《典业杂志》上册,民国油印本,安徽师范大学图书馆藏。
② 陆绪:《胜法寺新十方记》,见沈秋农、曹培根:《常熟乡镇旧志集成》,广陵书社2007年版,第126页。
③ 洪焕椿:《明清苏州农村经济资料》,江苏古籍出版社1988年版,第650页。
④ 《创修斗母宫钟楼记碑》,山东省泰安市新闻出版局编:《泰山大全》,山东友谊出版社1995年版,第934、935页。

间,如汪长泰典开设于青浦朱家角,庄长发典开设于华亭辛寺,黄正和典、易元吉典开设于奉贤,①和泰典开设于安徽徽州,裕丰典开设于安徽巢县,汪时泰典、朱泰亨典、朱益昌典、李五福典、李三全典、李德昌典、李和源典开设于江苏溧阳,德新典、协和典、怡和典和敬义典开设于浙江,万丰典开设于湖南郴州,②长庆典、福兴典、天成典、永成典、公茂典、日隆典、恒裕典、仁裕典开设于河南开封,正昌典、协裕典、义顺典、隆盛典、义和典、庆裕典开设于山东聊城,李复生典、杜恒兴典开设于陕西白河。③ 同治、光绪、宣统年间,如李德谦典、祥泰典、王万兴典、杨乾源典、杨恒隆典、魏衡兴典、魏衡隆典、王义隆典、赵鼎泰典、恒祥典等开设于江苏兴化,④同裕典、洪隆公典开设于徽州,汪恒盛典开设于江苏如皋⑤,源来典开设于上海,义泰典开设于江苏太仓,振成典开设于浙江湖州,同裕典、济成典、恒裕典、谦泰典开设于湖州府城,开泰典、干裕典开设于南浔,同泰典开设于织里,义泰典开设于双林,昌泰典、安泰典开设于菱湖,济生典开设于荻港,裕生典开设于长兴,阳泰典、春生典、春余典开设于新市,⑥广丰典开设于福建长汀。⑦

清代典当铺称“当”的。雍乾年间,如裕和当、恩丰当、春和当、恩露当、恩吉当、万成当、丰和当、庆盛当、庆昌当、庆瑞当、广盛当、广信当、广润当、广得当、义兴当、福成当、兴隆当、义顺当开设于北京⑧,恩裕当开设于平

---

① 佚名:《刑部咨江苏司案》第3册,抄本,南京图书馆藏。
② 嘉庆《郴州总志》卷三五《艺文上》,《中国地方志集成·湖南府县志辑22》,第355页。
③ 嘉庆《白河县志》卷二《建置志》,《中国地方志集成·陕西府县志辑55》,第313页。
④ (民国)《续修兴化县志》卷四《实业志》,《中国地方志集成·江苏府县志辑48》,第501页。
⑤ (清)周际霖等修,周顼等纂:同治《如皋县续志》卷一《建置》,同治十二年刻本,中国国家图书馆藏。
⑥ 光绪《乌程县志》卷二六《水利》,《中国地方志集成·浙江府县志辑26》,上海书店出版社2000年版,第903页。
⑦ (清)谢昌霖修,刘国光纂:光绪《长汀县志》卷一八《权政》,光绪五年刻本,中国国家图书馆藏。
⑧ 韦庆远:《明清史辨析》,中国社会科学出版社1989年版,第70—112页。

遥①,公庆当、广泰当和广顺当开设于介休②。嘉庆、咸丰年间,如永成当、兴盛当、恒盛当、大恒当、复兴当、和盛当、宏顺当、忠诚当、通昌当、晋德当、天成当、人和当、兴盛当、万合当、公合当、恒盛当、恒顺当、兴泰当、大兴当、恒聚当、恒茂当开设于山西。③ 同治、光绪、宣统年间,如永益当、永瑞当、全盛当、长春当、裕生当、裕隆当、元昌当、长瑞当、吴丰锦当、义魁当、三和当、大兴当、公茂当、万镒当、鱼渊当、永丰当、日增当、万成当、丽成当、宸恕当、日升当、恒兴当、增善当、义锦当、玉瑞当、居仁当、永和当开设于山西汾阳。④ 恒干当、兴聚当、正立当开设于山东聊城,思义当、源香当、恒义当、三合当、玉盛当、永祥当、宏裕当、恒兴当、协成当、恒泰当、德裕当、来阳当、刘祥当、义合当、德升当、广济当、谦六当、协盛当、咸益当、同泰当开设于山西稷山,善茂当开设于江苏崇明,中和当开设于云南建水。

从典当铺自身称谓来看,称"典"的典当铺主要开设于江苏、江西和湖北地区。雍正、乾隆年间,典当铺既有称"典"的,也有称"当"的。其中,称"典"的主要开设于安徽、江苏和浙江等地,间或开设于河南、山东和山西等地。而称"当"的直隶、山西、河南和山东等地,间或开设于江南。嘉庆、咸丰年间,典当铺称"典"的主要开设于安徽、江苏、浙江、江西和湖北等地,间或开设于山东、河南和陕西等地。称"当"而称"当"的直隶、山西、河南和山东等地,间或开设于江南。

从方志对典当税称谓来看,对典当税,南方方志中多称"典税",而北方方志中多称"当税"。南方安徽、江苏、浙江、江西、湖北和湖南等省方志在记录典当税时多称典税。如在安徽,康熙年间全椒,"典饷,银无定数"⑤。又乾隆年间含山,"典税:旧额每典纳银五两"⑥。又嘉庆年间南陵,"典税,

---

① 张正明:《明清山西碑刻资料选》(续一),山西古籍出版社 2007 年版,第 48 页。

② 张正明:《明清山西碑刻资料选》(续一),山西古籍出版社 2007 年版,第 28 页。

③ 史若民:《平、祁、太经济社会史料与研究》,山西古籍出版社 2002 年版,第 161—202 页。

④ 光绪《汾阳县志》卷六《人物·孝义》,《中国地方志集成·山西府县志辑 26》,第 146—148 页。

⑤ 康熙《全椒县志》卷五《田赋》,《故宫珍本丛刊》第 104 册,海南出版社 2001 年版,第 113 页。

⑥ 乾隆《含山县志》卷四《食货志·田赋》,《故宫珍本丛刊》第 101 册,海南出版社 2001 年版,第 71 页。

每典征银五两,耗银五钱,每年增歇不一,无定额"。① 又光绪年间亳州,"典税,每座额征银五两"②。又民国年间宿松,"典税银一十五两"③。在江苏,康熙年间常州,"府属典税每典征银五两"④。在浙江,民国年间定海,"典税,旧制每典岁征税银连耗五十二两五钱。入民国后,折征银七十五元"。⑤ 在江西,顺治年间清江,"典税,典铺银八十九两三钱五厘,内于天启二年奉文坐派银二十两,又于崇祯七年二次加银二十四两,又于崇祯十年加银二十两,共六十四两解作新饷,项下充饷。崇祯十二年奉文派银二十五两三钱五厘解作五款练饷"。⑥ 在湖北,咸丰年间安陆,"典税银三十五两,每典纳税五两。全书"。⑦ 在湖南,嘉庆年间郴州,"牙杂典税共银九十九两零七分"。⑧

北方山西、河北、陕西、山东、河南等省方志中记录典当税时多称"当税"。在山西,如康熙年间徐沟县,"当税银八十两"⑨。又雍正年间曲阳,"当税银四十五两"⑩。又乾隆年间大同府,"当税,本府各属经征当课,向无定额,每名每年征银五两"。⑪ 道光年间阳曲,"征当税银六百九十两"。⑫ 又在河北,如康熙年间怀来,"当税,每当铺一所,每年额征银五两,遇有开闭随之加减"。⑬ 又在陕西,道光榆林县,"当税银,典商三十一名,每名征银

---

① 嘉庆《南陵县志》卷五《食货志·田赋》,《故宫珍本丛刊》第 104 册,海南出版社 2001 年版,第 435 页。

② 光绪《亳州志》卷六《食货志·杂课附》,《中国地方志集成·安徽府县志辑 25》,第 135 页。

③ (民国)《宿松县志》卷一六上《赋税志·杂课》,《中国地方志集成·安徽府县志辑 14》,第 356 页。

④ 康熙《常州府志》卷八《榷税》,《中国地方志集成·江苏府县志辑 36》,第 182 页。

⑤ (民国)《定海县志》第二册下《财赋志第四》,《中国地方志集成·浙江府县志辑 38》,第 496 页。

⑥ (清)秦镛纂修:崇祯《清江县志》卷四《赋役·杂派》,顺治二年刻本,中国国家图书馆藏。

⑦ (清)蒋炯修、李廷锡纂:咸丰《安陆县志》卷七《田赋·杂税》,咸丰三年刻本,中国国家图书馆。

⑧ 嘉庆《郴州总志》卷一四《田赋志》,《中国地方志集成·湖南府县志辑 21》,第 485 页。

⑨ (清)王嘉谟纂修:康熙《徐沟县志》卷二《贡赋第十》,康熙五十一年刻本,南京图书馆藏。

⑩ (清)王大年等纂修:雍正《定州志》卷四《赋役》,雍正乾隆间刻本,中国国家图书馆藏。

⑪ 乾隆《大同府志》卷一三《赋役》,《中国地方志集成·山西府县志辑 4》,第 246 页。

⑫ 道光《阳曲县志》卷七《户书》,《中国地方志集成·山西府县志辑 2》,第 273 页。

⑬ (清)许隆远纂修:雍正《怀来县志》第四卷《赋税》,雍正年间刻本,中国国家图书馆藏。

五两"。① 又在山东,如康熙年间金乡县,"当税无额,每铺征银五两,按铺征解"。② 雍正年间莱阳,"税契银、当税银、牛驴抽税银、牙杂税银"若干。③ 又在河南,如乾隆年间信阳,"当税一项,每名额收银五两,当铺之有无,多寡原无定额"。④ 又嘉庆年间安阳,"当税银九十五两"。⑤

此外,南方浙江、福建、江西方志中记录典当税时也有称"当税"的。如在浙江,乾隆年间长兴,"当税银五十五两,当铺一十一名每名征银五两。乾隆十三年当税七十两,共一十四典"。⑥ 又道光年间武康,"当税银一十两"。⑦ 在福建,民国年间沙县,"当税银五十两(早经停当歇业无收)"。⑧ 在江西,乾隆年间德化,"当税银一十两,现有二当,每当输银五两"。⑨ 又嘉庆年间南平,"当税银二十两,当税年无定额,现在四铺,每铺当税五两"。⑩

以上引述的大量无可辩驳的史实表明,不论是从典当铺自身称谓来看,还是从地方志中记录典当税的称谓来看,称"典"或"典税"的多位于长江中下游及其以南地区,而称"当"或"当税"的多位于黄河中下游及其以北地区。故而,清代的"典"和"当"应不是典当类型的区别,而是不同地域的称谓。

---

①　道光《榆林府志》卷二二《食志·课税》,《中国地方志集成·陕西府县志辑38》,第348页。

②　(清)沈渊纂修:康熙《金乡县志》卷三《赋役》,康熙五十一年刻本,中国国家图书馆藏。

③　(清)万邦维等纂修:雍正《莱阳县志》卷三《食货志·诸税》,雍正元年刻本,中国国家图书馆藏。

④　(清)张钺修,万侯纂:乾隆《信阳州志》卷三《田赋志·杂税》,乾隆十四年刻本,中国国家图书馆藏。

⑤　(清)赵希璜修,武忆纂:嘉庆《安阳县志》卷七《田赋志》,嘉庆四年刻本,中国国家图书馆藏。

⑥　(清)谭肇基修,吴菜纂:乾隆《长兴县志》卷五《赋役》,乾隆十四年刻本,中国国家图书馆藏。

⑦　道光《武康县志》卷六《地域志》,《中国地方志集成,浙江府县志辑29》,第616页。

⑧　(民国)《沙县志》卷五《赋税》,《中国地方志集成,福建府县志辑39》,上海书店出版社2000年版,第108页。

⑨　(清)高植等纂修:乾隆《德化县志》卷五《食货志》,乾隆四十五年刻本,中国国家图书馆藏。

⑩　(清)杨桂森等纂修:嘉庆《南平县志》卷四《田赋》,同治十一年刻本,中国国家图书馆藏。

二 存款业务辨

典铺的经营业务主要为以物质钱。以物质钱,即是抵押贷款。此外,明清时期,一些社会闲余资本常存入典铺进行生息。有关明清时期社会资本存典生息情形,彭信威、韦庆远、刘秋根等都做了相当详细的论述。不过,有关明清时期社会资本存典生息的性质,现大多学者认为社会资本存典生息是典铺的一项业务。如彭信威说过,清代典铺"资本既加多,业务也扩充了。不但作放款,而且接受存款。清初叫做生息银"。"只因中国古来存款业不发达,存款这名辞不大有人用。本来存款和放款并没有多大分别,是同一种信用交易的两种名称。而且并不限于正式的信用机关,普通商店也常接受这种存款。"①又刘秋根也认为,"随着商品经济的发展,资本积累和积聚的增加,社会上的闲置货币必然增加,这些闲置货币有些被深藏在地下,有些则投入了各式各样的经营活动,如购买土地,经营商业,进行高利放贷等。典当作为一种取利不少而风险又不太大的行业,也吸引了大量资金的投入,这就是以上所述的通过独资、合资、合伙、合股等形式投资典当,牟取利息。但是,在资金较少,不足以形成资本,却又不愿闲置钱财的情况下,该怎么办? 为适应这一需要,在商品交换引起钱物寄存的基础上,存款产生了。最早的比较正式意义上的存款便是由典当经营的"。② 同样,刘建生蹈袭刘秋根论述,并认为,"清代官府存款及社会性存款十分普遍,且数量庞大,利息用途众多,本钱的管理、核算及利息的缴纳、收取也颇为繁杂"。③那么,明清时期社会闲余资本存典生息,究竟是典铺的一项经营业务,还是一种特殊现象? 对于这一问题,有必要加以考辨,因为它不仅关系明清典当业的性质,而且关系清代银行业来源问题。

笔者认为,明清时期社会闲余资本存典生息,不过是典铺经营中的一种特殊现象,而非典铺的一项经营业务。其理由如下:

---

① 彭信威:《中国货币史》,上海人民出版社 1958 年版,第 640、641 页。
② 刘秋根:《中国典当制度史》,上海古籍出版社 1995 年版,第 107、108 页。
③ 刘建生:《山西典商研究》,山西经济出版社 2007 年版,第 112 页。

明清时期,私家钱财存典生息相当少见,相反窖藏金银却十分普遍。如明代成化年间大学士万安将所受贿钱财窖藏起来,"贪贿至巨万万。去时遗一菜瓮,皆银也。买其宅者,于窖中得千金"①。明代天启、崇祯年间昆山顾秉谦,生前将银4万两窖藏地下。② 又明代苏州某姓将家资窖藏起来,后被茅姓发掘,因而发生争讼。杨廷鉴"以辞召命至苏州,居茅姓屋。及归,使仆李贞居守。庭有大树,茅伐之,得窖银万余两,贞与争,廷鉴止之。茅后以三千金馈廷鉴,却不受。贞私索茅百余金,买屋自居,后复贫"③。明清之际,东莞陈文豹也将家资窖藏起来。方志载:"文豹,国变,团练二千人为山海诸盗所服。先一夕,母梦黑龙止其家,明日公衣黑衣至,母大惊异,发窖银二瓮与其子,为公召募义旗复振。"④又清代南陵翟宗茂父曾将银300两窖藏起来,后被佣人王秋顺发掘。方志载,王秋顺,"性耿介,家贫佣于同村翟宗茂家,茂父积有银币三百,窖而藏之,后病卒,茂屡掘不获,一日顺种菜锄至李树下,得一小坛,启视即其父窖银三百也,归告茂,欲酬以五十元,顺曰:此汝父之遗也,于顺何与力却之"⑤。又清代雍正年间直隶总督李维钧也将金银窖藏于亲家汪森处,后被李卫查出。档案载:"汪姓住宅之旁另房一处,内有门户通连,先止搜获金饰衣器并现银三千余两,仍不见李蔓之面。及将幼婢逐一诱讯,其妻汪氏始行说出,房后有埋藏银一万七千两,并嘉府城内汪森赔奁房宅一所,乔有埋藏银三万两,俱经掘出,共有现银五万余两,多系元宝,且凿有直隶县名,业经该府报明贮库在案。"⑥又乾隆年间,广西巡抚钱度将受贿金银窖藏。史料载,钱度,乾隆"三十七年,监铜厂。宜良知县袾一深揭户部,告度贪婪,勒属吏市金玉,上命刑部侍郎袁守侗如云南

① 王鏊:《震泽纪闻》卷下《万安》,《续修四库全书》第1167册,第488页。
② 光绪《昆新两县续修合志》卷五二《杂记》,《中国地方志集成·江苏府县志辑17》,第296页。
③ 光绪《武进阳湖县志》卷三〇《杂事》,《中国地方志集成·江苏府县志辑37》,第771页。
④ 宣统《东莞县志》卷六二《人物略九》,《中国方志丛书》华南地方52号,(台北)成文出版社1967年版,第2482页。
⑤ (民国)《南陵县志》卷三二《懿行》,《中国地方志集成·安徽府县志辑47》,第437页。
⑥ 《雍正朱批谕旨》第39册,第39页,转引自韦庆远:《明清史辨析》,中国社会科学出版社1989年版,第144—145页。

会总督彰宝、巡抚李湖按治。贵州巡抚图思德奏获度仆持金玉诸器,自京师将往云南,值银五千以上;江西巡抚海明奏获度仆携银二万九千有奇,自云南将往江南,并得度寄子鄯书,令为複壁藏金,为永久计;两江总督高晋籍度家,得窖藏银二万七千,又寄顿金二千"。① 又乾隆年间,福建巡抚浦霖"窖藏金七百、银二十八万,田舍值六万有奇"②。又咸丰年间,杭州某公将黄金200余两窖藏地下。③ 同样,明清时期徽州富家也喜将金银窖藏,以致咸同兵燹时,曾国藩"驻师祁门,纵兵大掠,而全郡窖藏一空"。明清时期,富家将余资窖藏而非存典,从而说明当时信用关系还相当薄弱。

明清时期,存典生息的社会资本虽相当广泛,但主要为官款、公款和私款三种。据刘秋根研究,官府及社会性存款的经营管理,颇为复杂。一是由官府经管,典商直接向官府"领状、息折"和本钱营运,定期向官府纳息。二是由典铺领取营运,定期向由捐钱士绅、商贾、地主延请的经管人员缴息,再由这些经管人员定期运用到实际的用途中去,官府予以监督和定期审查。这种存款经营、管理的一般程序是(以官府存款为例):当官府筹集到一笔款项,欲存典生息以便经常性零星支出时,一般先由官府将款项摊派到所在各典当,典当向官府具立甘结(保证书之类),领取息折营运,定期向官府交纳息钱,再由官府将息钱应用到有关事项上去。④ 如道光年间,绩溪县将宾兴捐款存入典中过程即极为复杂。首先,由地方士绅胡培翚等人向县学申请立案,要求将捐款存入典中。县学接到申请后,通过审查,同意将捐款存入典中,并批准立案。其次,胡培翚等人向县府提出申请,请求县府将宾兴款项派入各典生息。县府接到申请后,通过审查,同意将宾兴款项发典生息。同时,县府向各典发文,要求各典申领宾兴款项。再次,县府同意将宾兴款项发典生息后,还要向督宪、藩宪、礼宪、学宪、巡宪、抚宪、臬宪、府宪申详备案。最后,各典接到县府通知后,出具领状领取宾兴款项,并向宾兴款项管理人员出具存折。其中,胡培翚等人向县府呈文为:

---

① 《清史稿》卷三三九《觉罗五拉纳传》第36册,中华书局1977年版,第11081页。
② 《清史稿》卷三三九《觉罗五拉纳传》第36册,中华书局1977年版,第11083页。
③ 同治《苏州府志》卷一一二《流寓二》,《中国地方志集成·江苏府县志辑21》,第826页。
④ 刘秋根:《中国典当制度史》,上海古籍出版社1995年版,第118、119页。

　　禀为捐给试费,归典生息,叩饬具领,赐详立案事。缘绩邑地瘠民贫,业儒者半多寒素,每逢乡试,艰于资斧,不克赴闱。邑中绅士爰集众议,启告城乡捐银生息,以备科场年分给发盘费。现已捐得数千金,所有捐输数目、名氏及一切规条,由学申报,惟是该项务期久远,非得殷实之家具领,恐被侵渔。查休邑嘉庆年间所捐试费发典生息,因仿此例办理。绩溪典商除将次歇业,及资本细微者难于容放外,众议择殷实之典给领,分别城乡,按照地址邻近,五家以上联名具领,互相稽查,免致亏欠。为此,合将捐助试费原由先行禀明,伏乞宪大父师恩饬各典通同具领,无任推诿,以垂久远。阖邑戴德,再禀者。现在已捐之项,各处尚未交清,并恳示谕,速缴通详立案,上禀。县尊王批:士多俊杰,家率贫寒,艰于应举,坐此沉沦者不少。今众绅倡议公捐,发典生息,以帮下场盘缠。邑有好义之风,必多成名之士,众绅士此举实属法良意美。至各典之殷实与否,本县见闻难周。该生等邀同众绅士议明开折另报,所有已捐未交之项候给示催缴。①

同样,提取存典生息的款项或利息也极为烦琐,通常也要通过官府批准。如光绪十九年(1893)德化县救生船申解存于江永泰典铺本息即通过鄱阳县府批准。对此,资料载:

　　谕钦加同知衔、赏戴花翎升用州署鄱阳县正堂加十级纪录十次徐为转饬知照事。光绪十九年二月初五日,奉藩宪方批:本县申解江永泰典当铺承领德化县救生船经费成本息银投兑缘由。奉批,据申解到该县江永泰典当铺呈缴:德化县救生船经费成本生息,自光绪十八年七月初一日起,至十二月底止,息银一百六十两,已饬库如数兑收,印发批回,备案矣。抑扬即知照,此缴抄申批发等因到县,奉此。合就转行。为此,谕抑扬该江永泰典当铺即便知照毋违。特谕。右谕仰江永泰典当铺。准此。②

---

① 徐会烜辑:《绩溪捐助宾兴盘费规条》不分卷,清刊本,第1册,安徽省图书馆藏,承蒙陈瑞先生提供。
② 周向华:《安徽师范大学图书馆藏徽州文书》,安徽人民出版社2009年版,第242页。

　　从存取手续来看,官款及公款等社会资本存典生息,都要借助官府势力,既不能不受限制地存入典中,也不能从典中自由提取。尤其是,典铺对这类社会性款项,即使受到官方指令或施压,也不一定概然接受,有时则明确拒绝。如道光年间,绩溪冯裕和典曾明确拒绝将该县宾兴款项存典生息。资料载:"五都冯裕和典即邑庠冯炳文,字含英,所捐曹纹二十两,屡催不缴,应领典银八十两又执不领,屡经奉公传谕,抗肆违言,自云派下日后即有赴科,伊亦不愿领费,实属自鄙,不得不将冯炳文不缴不领缘由特为揭明,以为后来阻挠公事者儆。"①显然,这种存款方式难以称做是一项经营业务,只能说是典当之中的一种特殊现象。

---

　　① 徐会烜辑:《绩溪捐助宾兴盘费规条》不分卷,清刊本,第 1 册,安徽省图书馆藏,承蒙陈瑞先生提供。

第七章 徽晋典商比较

徽州典商和山西典商是明清及民国时期两大著名典业商帮。两大典业商帮在发展过程中，形成了各自的活动范围；在经营管理方面，既有共通之处，又各有鲜明特点。兹从活动时空、经营管理和来源身份三方面就徽州典商和山西典商略作比较。

第一节 活动时空

明清及民国年间，徽州典商和山西典商都经历了兴衰过程，不过两者的兴衰时间略有不同。徽州典商兴起早，衰落早；山西典商则兴起晚、衰落迟。同样，徽州典商和山西典商的活动地域也极为广泛，不过两者的势力范围有所差异。徽州典商的势力范围主要集中于长江中下游地区，而山西典商的势力范围主要集中于华北地区。有关山西典商的活动时空及其与徽州典商活动地域的比较，学界已有一些论述。[①] 不过，这些论述尚

---

① 黄鉴晖：《明清山西商人研究》，山西经济出版社2002年版，第155—163页；《中国典当业史》，山西经济出版社2006年版，第26—39页；刘建生：《山西典商研究》，山西经济出版社2007年版，第304、305页。其中，《中国典当业史》认为，中国典当业，长江以南徽商为主，长江以北晋商为主，也不等于徽商不在江北开设当铺和晋商不在江南开设当铺。《山西典商研究》则认为：明清时期，山西典商与徽州典商各有自己的垄断区域，山西典商的控制范围主要在北方，徽州典商的控制范围主要在南方。具体而言，山西典商涉足天津、河北、陕西、内蒙古、北京、山东、东北地区、湖北、湖南、广东、上海、江苏、浙江、安徽、山西、西藏、云南、四川、福建19个省市地区，徽州典商涉足北京、山东、东北地区、河南、湖北、湖南、广东、上海、江苏、浙江、安徽、福建和江西等13个省市地区，两者共同涉足北京、山东、东北地区、湖北、湖南、上海、江苏、浙江、安徽和福建10个省市地区。

显薄弱,一是对雍正以前山西典商的活动时空论述简略,二是将部分山西商人的活动地域等同于山西典商的活动范围,三是使用诸多传说和来源不明的材料,四是有关徽州典商和山西典商的兴衰过程缺乏整体比较。有鉴于此,现从明代、清前期(顺治—乾隆年间)、清后期(嘉庆—宣统年间)和民国年间等时期对徽州典商和山西典商的活动地域进行比较。需要说明的是,有关徽州典商活动时空的论述,参见前章"徽州典商的活动时空"。

一　明代活动地域

明代 15 直省中,徽州典商在南北直隶、山东、河南、湖广、浙江、江西、福建、广东和广西等 10 直省都有活动,而山西典商的活动地域应不超过山西和山东两省。其中,在山西,天启年间每年规定征收典税银 5000 两,虽然所征典税银在 15 直省中名列第十二位,①然而却清楚说明当时山西开设典铺达百座以上。其中,大同典铺曾一度遭到当地驻军抢劫。天启七年(1627),大同镇驻军因"内臣克减马价,各军鼓噪,毁官署,劫典铺,将吏叩头求免"②。又据传说,明代榆次聂店王家曾开设过当铺。③ 至于今人所记"嘉靖三十年曲沃有当铺 37 家"④,"明嘉靖年间,芮城县境内共有当铺 7家,即:合盛当、宏顺当、天泰当、宏叙当、忠诚当、通昌当、晋德当……经考,芮城典当行始于明代。明嘉靖二十一年(1542)县城创建财神庙有碑文记载为证"⑤和"明代初期,山西典商在山东汶上县开设裕成典"⑥等 3 条材料,或来源不明,或记录有误,难以凭信,姑且存疑。其中,"嘉靖三十年曲

<hr>

① 陈仁锡:《皇明世法录》卷三四《理财》,《四库禁毁书丛刊》史部第 14 册,第 626—665 页。转引自林美玲:《晚明辽饷研究》,福建人民出版社 2007 年版,第 68—69 页。
② 《明实录附录□宗□皇帝实录崇祯实录》卷四,天启七年十二月庚申,"中央研究院"历史语言研究所校印本,第 88 册,第 59 页。
③ 《晋商史料全览·晋中卷》,山西人民出版社 2006 年版,第 3 页。
④ 《临汾金融志》编纂委员会编:《临汾金融志》,方志出版社 2005 年版,第 59 页。
⑤ 任孜燕:《芮城典当行》,《晋商史料全览·运城卷》,山西人民出版社 2006 年版,第 206、209 页。
⑥ 《济宁市金融志》,山东人民出版社 1995 年版,第 23 页。

沃有当铺 37 家"条材料来源不明。"明嘉靖年间芮城县境内共有当铺 7 家"条材料为作者记录有误。所谓"明嘉靖二十一年县城创建财神庙碑文"实为清嘉庆二十一年(1816)创建三灵财神庙碑文。该碑文即载有"合盛、宏顺、天泰、宏叙、忠诚、通昌、晋德"等 7 座当铺。同样,"明代初期,山西典商在山东汶上县开设裕成典"条材料应为作者记录有误。据有关材料记载,裕成典开设于清代。① 即便这 3 条材料属实,也仅说明明代山西典商亦不过活跃于山西和山东两省,其活动地域远远不及徽州典商。从兴衰过程来看,明代山西典商处于兴起阶段。

二　清前期活动地域

清前期 26 个直省中,徽州典商在安徽、直隶、江苏、山东、河南、浙江、江西、湖北 8 直省都有活动,山西典商则在山西、直隶、江苏、山东、河南、四川、内蒙古和新疆 8 直省有所活动。其中,清前期山西典商活动情形大体如下。

山西。清前期,山西典商在本省极为活跃。顺治年间,山西部分州县已开有典铺。成书于顺治十五年(1658)的《高平县志》载:"顺治年间,本县典当铺纳解皇税银,照铺起征,每名纳银五两。"②这说明顺治年间高平已开有典铺并征收典税。顺治以后,山西省内典业发展迅速。康熙二十四年(1685),山西征收典税银 12810 两,占全国总数的 16.55%,位居直隶、江苏之后,列全国第三位,合计典铺 1281 座。雍正二年(1740),山西征收典税 13010 两,占全国总数的 26.17%,超过了直隶和江苏,位居全国第一,合计典铺 2606 座,比康熙二十四年(1685)增加 1752 座,增幅达 103%。乾隆十八年(1753),山西征收典税银 26560 两,占全国总数的 27.24%,仍位居全国第一,合计典铺 5312 座,比雍正二年(1724)增加

---

① 《汶上城内之当铺——裕成典》,《汶上文史资料》第 2 辑,山东出版社 1986 年版,第 84 页。
② (清)范绳祖修,庞太朴纂:顺治《高平县志》卷三《赋役》,顺治十五年刻本,中国国家图书馆藏。

2706 座,增幅达 104%。① 清前期,山西省内不仅典铺发展迅速,而且遍及各县。如在猗氏,雍正初年开有典铺 5 座,每年缴纳税银 25 两。雍正三年(1725)永盛当停业,剩下 4 座典铺,每年缴纳税银 20 两。② 又平遥,乾隆二十三年(1758)修建市楼,"阖邑当行施银"12 两。③ 同年修建清虚观,"在城西南乡当行施银"36 两和"恩裕当施银"2.4 两。④ 在介休,乾隆十一年(1746)张壁村重建二郎庙,各村庄典铺多有捐助。其中,公庆当高才远捐银 2 两,广泰当郭祥捐银 1 两,广顺当温有卿捐银 1 两。⑤ 这说明,乾隆年间介休县至少开有公庆、广泰和广顺等典铺。在阳城,乾隆五十五年(1790)徐庄镇修建关帝庙,即有恒裕、永升和协泰等典铺捐银相助。⑥ 在蒲县,乾隆八年(1743)柏山东岳庙将"募银二百两付之典商"⑦。这说明乾隆初年蒲县开有典铺。在保德州,乾隆四十八年(1783)重修关帝庙,即有广远、亨通、源深、元亨、丰恒、大和和生生等典铺捐银若干。⑧ 尤其是,太谷、平遥等县典商,不仅在本县开设典铺,而且还到邻县武乡开设典铺。方志载,武乡"邑本环山,舟车不通,无百货可以懋迁,其当行、酒行、大铺行,胥

---

① 关于康熙二十四年山西征收典税银12810 两,有的计为 2562 座,有的计为 1281 座。其中,罗炳锦、刘秋根、张艳等皆认为 1281 座,黄鉴晖根据彭信威《中国货币史》认为 2562 座,刘建生则有时认为 1281 座,有时认为 2562 座。笔者认为1281 座较为合理。这是因为,康熙二十四年时每座典铺税银应为 10 两而非 5 两。如成书于康熙十七年的河北《望都县志》卷二《土产》载:"当铺税,每座银十两。"又成书于康熙二十三年的安徽《含山县志》卷九《田赋》载:"典税,旧额每典纳银五两,康熙十六年奉文每典增加银五两,又康熙十九年每典增加银五两。康熙二十二年奉文免征银五两,仍每典额征银十两起解布政司交纳。"又成书于康熙二十六年的河北《安平县志》卷四《赋役》载:"当税,原额每铺征银五两,康熙十六年奉文加增银五两,实征银十两,康熙二十五年当铺七座,征银七十两。当商去来无常,额难定数。"据 3 县方志所载,康熙年间典税是不断变化的。其中,康熙十五年前为典铺每座纳银 5 两,十六年至十八年每座纳税银 10 两,十九年至二十一年每座纳税银15 两,二十二年至二十五年每铺纳税银 10 两,故而康熙二十四年每座典铺应纳税 10 两。
② (清)潘钺修,何世勋等续纂:雍正《猗氏县志》卷二《田赋》,光绪六年刻本,中国国家图书馆藏。
③ 张正明:《明清山西碑刻资料选》(续一),山西古籍出版社 2007 年版,第 36 页。
④ 张正明:《明清山西碑刻资料选》(续一),山西古籍出版社 2007 年版,第 44、48 页。
⑤ 张正明:《明清山西碑刻资料选》(续一),山西古籍出版社 2007 年版,第 28 页。
⑥ 张正明:《明清山西碑刻资料选》(续二),山西经济出版社 2009 年版,第 299—305 页。
⑦ 张正明:《明清山西碑刻资料选》(续一),山西古籍出版社 2007 年版,第 32 页。
⑧ 张正明:《明清山西碑刻资料选》(续一),山西古籍出版社 2007 年版,第 53—54 页。

太谷、平遥、邻邑人为之,本藉挑贩不过砍柴卖炭抱布贸丝而已"①。现据有关方志所载列表7-1。

表7-1　清前期山西省内典铺开设情况一览

编号	府县	当税银	当铺数	资料来源
1	太原府	无定额	不详	乾隆四十八年《太原府志》卷十三《田赋》
2	阳曲县	720	72	康熙二十一年《阳曲县志》卷四《商税》
3	太谷县	460	92	乾隆六十年《太谷县志》卷三《田赋》
4	徐沟	80	16	康熙五十一年《徐沟县志》卷二《贡赋》
5	文水县	无定额	不详	康熙十二年《文水县志》卷五《财用志》
6	汾阳县	515	103	康熙六十年《汾阳县志》卷七《杂税》
7	汾阳县	490	98	乾隆三十六年《汾州府志》卷七《田赋》
8	汾阳县	530	106	乾隆三十七年《汾阳县志》卷三《田赋》
9	孝义县	405	81	乾隆三十六年《汾州府志》卷七《田赋》
10	平遥县	180	36	康熙四十六年《重修平遥县志》卷三《田赋》
11	平遥县	1120	224	乾隆三十六年《汾州府志》卷七《田赋》
12	介休县	780	156	同上
13	石楼县	5	1	同上
14	临县	160	32	同上
15	永宁州	175	35	同上
16	宁乡县	5	1	康熙四十一年《宁乡县志》卷五《赋役》
17	宁乡县	55	11	乾隆三十六年《汾州府志》卷七《田赋》
18	潞安府	不详	不详	乾隆三十五年《潞安府志》卷九《田赋》
19	凤台县	290	58	乾隆四十八年《凤台县志》卷三《田赋》
20	高平县	100—200	20—40	雍正十三年《泽州府志》卷二二《杂税》
21	阳城县	60—70	12—14	雍正十三年《泽州府志》卷二二《杂税》
22	阳城县	65	13	乾隆二十年《阳城县志》卷四《田赋》
23	陵川县	60—70	12—14	雍正十三年《泽州府志》卷二二《杂税》
24	和顺县	155	31	乾隆三十三年《重修和顺县志》卷四《田赋》

① 乾隆《武乡县志》卷二《风俗》,《中国地方志集成·山西府县志辑41》,第42页。

编号	府县	当税银	当铺数	资料来源
25	榆社县	80	16	乾隆八年《榆社县志》卷三《杂征》
26	沁源县	无定额	不详	雍正八年《沁源县志》卷三《田赋》
27	武乡县	无定额	不详	康熙三十一年《武乡县志》卷三《田赋》
28	武乡县	235	47	乾隆五十五年《武乡县志》卷二《贡赋》
29	盂县	520	104	乾隆四十九年《盂县志》卷五《榷税》
30	寿阳县	850—860	170—172	乾隆三十六年《寿阳县志》卷三《杂税》
31	平阳府	无定额	不详	乾隆元年《平阳府志》卷二《田赋》
32	洪洞县	200	40	雍正九年《洪洞县志》卷六《食货志》
33	曲沃县	390	78	乾隆二十三年《新修曲沃县志》卷八《田赋》
34	曲沃县	390	78	乾隆六十年《续修曲沃县志》卷三《田赋》
35	翼城县	210	42	乾隆二年《翼城县志》卷九《杂税》
36	翼城县	105	21	乾隆三十一年《翼城县志》卷九《杂税》
37	蒲州府	不详	不详	乾隆二十年《蒲州府志》卷五《田赋》
38	虞乡县	旧管20	4	乾隆五十四年《虞乡县志》卷四《田赋下》
39	虞乡县	70	14	乾隆五十四年《虞乡县志》卷四《田赋下》
40	夏县	250	50	乾隆二十九年《解州夏县志》卷四《田赋》
41	平陆县	70	14	乾隆二十九年《解州平陆县志》卷四《田赋》
42	绛州	无定额	不详	康熙九年《绛州志》卷一《食货志》
43	绛州	975	195	乾隆三十年《直隶绛州志》卷四《田赋》
44	闻喜县	225	45	乾隆三十年《闻喜县志》卷三《田赋》
45	绛县	135	27	乾隆三十年《绛县志》卷五《田赋》
46	蒲县	15	3	乾隆十八年《蒲县志》卷三《赋役》
47	赵城县	130	26	乾隆二十五年《赵城县志》卷四《田赋》
48	大同府	2280	456	乾隆四十七年《大同府志》卷一三《赋役》
49	大同府城	275	55	同上
50	大同县	875	175	同上
51	怀仁县	85	17	同上
52	山阴县	70	14	同上
53	应州	145	29	乾隆三十四年《应州续志》卷三《杂课》

编号	府县	当税银	当铺数	资料来源
54	应州	155	31	乾隆四十七年《大同府志》卷一三《赋役》
55	浑源州	210	42	同上
56	灵丘县	150	30	同上
57	广灵县	50	10	同上
58	阳高县	120	24	同上
59	天镇县	140	28	同上
60	丰镇厅	195	39	同上
61	忻州	无定额	不详	乾隆十二年《忻州志》卷一《户役赋税》
62	崞县	675	135	乾隆二十二年《崞县志》卷四《田赋》
63	保德州	15	3	乾隆五十年《保德县志》卷四《田赋》

直隶。清前期,山西典商在直隶较为活跃。在顺天府永清县,经商于本地的山西典商捐资修建了会馆戏楼——晋益楼。[1] 在天津,乾隆二十六年(1761),山西典商和其他行商在锅店街山西会馆设立了行业组织,作为聚议之所。

河南。清前期,山西典商在河南也相当活跃。在开封,乾隆三十三年(1768)朱仙镇山陕会馆重修关帝庙,经商于开封等地的山西典商踊跃捐款,共捐银 1329 余两,占总捐款的 13.59%,仅次于杂货商而位于第二。其中,祥符县典商捐银 1100 两,仪封县 6 座典铺捐银 50 两,通许县 7 座典铺捐银 50 两,洧川县 9 座典铺捐银 43 两,尉氏县 5 座典铺捐银 35 两,鄢陵县 8 座典铺捐银 11 两,郑州 1 座典铺捐银 12 两,兰阳县 1 座典铺捐银 10 两,密县 1 座典铺捐银 2 两,归德府睢州 2 座典铺捐银 10 两,山西曲沃县 4 座典铺捐银 6.8 两。又乾隆四十八年(1783),朱仙镇山陕会馆铸造铁钟,永升典作为会首捐银若干。[2] 在浚县,乾隆五十六年(1791)晋商四泰典捐银 240 两修建介休张壁村关帝庙献殿。[3] 在上蔡,乾隆年间山西典商在县城石头巷

---

① 刘文峰:《山陕商人与梆子戏》,文化艺术出版社 1996 年版,第 224 页。

② 许檀:《清代河南朱仙镇的商业——以山陕会馆碑刻资料为中心的考察》,《史学月刊》2005 年第 6 期。

③ 张正明:《明清山西碑刻资料选》(续一),山西古籍出版社 2007 年版,第 57 页。

开设典铺 1 座。① 在信阳,典当业始于明末清初,为山西宁姓商人开设的信华典铺。②

山东。清前期,山西典商在山东日益活跃。在临清,乾隆以前该地典当由徽商和晋商共同把持,至乾隆年间则完全由山西典商控制。在聊城,乾隆十一年(1746)山陕会馆修建时,晋商吉盛典曾捐银 2.5 两。③ 在兖州府汶上县,乾隆年间山西典商修建了西晋会馆。④

新疆。乾隆年间,山西郑姓商人在巴里坤经营典业。⑤

四川。乾隆年间,灵石静升王湛创办裕源当。⑥

江苏。清时期,山西典商可能也到达江苏。乾隆二十八年(1763),江苏兴化县白驹修葺关帝庙,在地的山西典商胡维舜以及黄履豫、洪福各典踊跃募捐。⑦ 又乾隆十一年(1746),介休市张壁村重建二郎庙,江南裕盛当和公盛当各捐银 0.5 两。⑧ "江南"虽范围较大,此处为江苏可能性较大。

从兴衰过程来看,清前期,山西典商开始勃兴,活动地域达至华北、西北、西南,以及长江以北的黄淮地区,并占据主导地位。

三 清后期活动地域

在清后期 28 个直省中,徽州典商在安徽、江苏、浙江、江西、湖北 5 直省都有活动,山西典商则在山西、直隶、奉天、吉林、江苏、山东、河南、陕西、甘肃、湖北、湖南、云南、内蒙古、青海、察哈尔 15 直省有所活动。有关清代后期山西典商活动地域,《山西典商研究》和《中国典当业史》所论甚多,这里不拟详述,仅略作补充。

山西。嘉庆十八年(1813),山西征收典税银 23475 两,占全国总数的

---

① 上蔡县地方志编纂委员会编:《上蔡县志》,三联书店 1995 年版,第 457 页。

② 张保国:《信阳市金融志》,河南人民出版社 1996 年版,第 16 页。

③ 张正明:《明清山西碑刻资料选》(续二),山西经济出版社 2009 年版,第 353 页。

④ 王云:《明清山东运河区域的商人会馆》,《聊城大学学报(社会科学版)》2008 年第 6 期。

⑤ 杨钟义:《雪桥诗话续集》卷七,北京古籍出版社 1991 年版,第 441 页。

⑥ 《晋商史料全览·晋中卷》,山西人民出版社 2006 年版,第 245 页。

⑦ (民国)《续修兴化县志》卷一之九《祠祀》,《中国地方志集成·江苏府县志辑48》,第 429 页。

⑧ 张正明:《明清山西碑刻资料选》(续一),山西古籍出版社 2007 年版,第 25 页。

20.6%,合计典铺4695座,比乾隆十八年(1753)减少典铺617座,减少幅度为11.6%。光绪十三年(1887),山西境内共有典铺1719家,比嘉庆十八年(1813)又减少了2976座,减幅为63.4%。同清前期相比,山西典商在本省势力略微下降。但在各直省典铺数量中,山西仍居首位。其时山西各县几乎都开有数量不等的典铺。如平遥,道光二十二年(1842)重修大观楼,各乡当行除捐银50两外,另有公盛当、聚源当、双合当、天裕当、天恒当、恒美当、亿中当、恒昌当和阜本当捐银若干。① 在太谷,光绪年间阳邑镇建立大社六义堂,曾有同济当和义丰当捐银若干。② 在盂县,道光八年(1828)修造山神祠,曾有复兴当、义生当、永丰当、义隆当、恒裕当、广生当、永丰当、永兴当、义兴当、永隆当、永济当和义生当等各捐银1两。③ 在临汾,道光二十五年(1845)修建七社庙,曾有土门、潘家庄等地和裕当、和昌当、和泰当和瑞泉当捐资若干。④ 在芮城,道光二十四年(1844)西河书院将部分余款交给"当行营运生息"⑤。在稷山,光绪十八年(1892)修建稷王庙,全县三合、玉盛、永祥、宏裕、□中、德盛、□□、□诚、恒兴、协成、恒泰、德裕、来阳、刘祥、□生、五□、义合、德升、广济、谦六、协盛、咸益和同泰等典铺捐银300两。⑥ 在大同,光绪十六年(1890)重修上华严寺,曾有德裕当、永隆当、万来当、信隆当、和义当、永义当、元贞当、德和当、元□当、□□当、□□当、□□当、仁义当、和盛当、元利当、豫泰当、万德当、万祯当、德义当和天五当20座典铺各捐钱3吊。⑦ 在朔州,道光二十八年(1848)重修崇福寺弥陀殿,曾有□盛当、晋源当、万源当、□丰当、兴隆当、晋丰当、广顺当、广恒当和广成当等共捐钱40500文。⑧ 在代县,嘉庆十一年(1806)重修度迷津庙,曾有复兴当、

① 张正明:《明清山西碑刻资料选》(续一),山西古籍出版社2007年版,第103—104页。
② 张正明:《明清山西碑刻资料选》第1辑,山西人民出版社2005年版,第44页。
③ 张正明:《明清山西碑刻资料选》(续一),山西古籍出版社2007年版,第77页。
④ 张正明:《明清山西碑刻资料选》第1辑,山西人民出版社2005年版,第519页。
⑤ 张正明:《明清山西碑刻资料选》第1辑,山西人民出版社2005年版,第647页。
⑥ 张正明:《明清山西碑刻资料选》(续二),山西经济出版社2009年版,第32页。
⑦ 张正明:《明清山西碑刻资料选》(续一),山西古籍出版社2007年版,第125页。
⑧ 张正明:《明清山西碑刻资料选》(续一),山西古籍出版社2007年版,第106页。

久成当、永和当、万顺当、裕恒当、义顺当、东兴当、□合当和八和当捐资若干。① 在清源,清后期曾开设有乾德当、天美当、有厚当、裕盛当和东升当等10余家。②

直隶。在北京,道光十九年(1839)闻喜会馆重建,共有32家典铺、商号捐银770两。在大城,咸丰年间山西籍典当商人倡议集资修建了山西会馆。③ 又道光年间,太谷王希兰在丰润县开设宁远当、在京东升平镇开设隆来当和隆记当。④

河南。道光三十年(1850),晋城市沁水县西文兴村柳氏重修关王庙,鹿邑、柘城、商邱和虞城等地典铺多有捐助。其中,商邱开设有柳启泰典,虞城开设有元吉典,鹿邑开设有义成、丰裕、奎聚、义和、恒昌、统盛和恒源等典铺。⑤ 咸丰二年(1852),阳城县郭峪村重修成汤庙舞楼,曾有河南周口等地裕祥典、协盛典、永泰典各捐钱3000文。⑥ 光绪年间,太谷阳邑建立大社六义堂,曾有河南玉隆当和林县绕聚当、昌开当捐资若干。⑦ 在虞城,道光年间,山西商人刘小五在县城东门里开设当铺一处,咸丰五年(1855)被捻军封闭。在商丘地区,清末民初山西帮和尉氏人开当甚多。其中,光绪年间,晋商在宁陵县开设和成当,在永城县开设大兴当,在夏邑县开设三合当。⑧ 在荥阳,清末共开设3座典铺,其中山西人王太来在大街开设1座。⑨ 在潢川县,清后期襄汾南高刘家开有恒昌当。⑩ 在阳武,咸丰年间,山西张姓在县城西街开设恒昌当。⑪

山东。清后期,襄汾南高刘家开有正立当。⑫ 在峄县,"盐当则多山右

① 张正明:《明清山西碑刻资料选》第1辑,山西人民出版社2005年版,第402页。
② 《晋商史料全览·太原卷》,山西人民出版社2006年版,第342页。
③ 刘文峰:《山陕商人与梆子戏》,文化艺术出版社1996年版,第223页。
④ 《晋商史料全览·晋中卷》,山西人民出版社2006年版,第81页。
⑤ 张正明:《明清山西碑刻资料选》(续二),山西经济出版社2009年版,第315页。
⑥ 张正明:《明清山西碑刻资料选》(续二),山西经济出版社2009年版,第240页。
⑦ 张正明:《明清山西碑刻资料选》第1辑,山西人民出版社2005年版,第42、46、47页。
⑧ 《商丘地区金融志》,中州古籍出版社1990年版,第75页。
⑨ 荥阳市志编纂委员会:《荥阳市志》,新华出版社1996年版,第456页。
⑩ 《晋商史料全览·临汾卷》,山西人民出版社2006年版,第10页。
⑪ 原阳县志编纂委员会编:《原阳县志》,中州古籍出版社1995年版,第343页。
⑫ 《晋商史料全览·临汾卷》,山西人民出版社2006年版,第10页。

人,京庄洋货则多章邱人,烟杂货则多福建人,酒酤杂粮则多直隶人,而织纺粗细各种布匹,则尤多滕县人"。①

奉天。太谷王希兰在北京、奉天等地开设隆聚当、隆顺当、隆福当、保隆当。②

青海。在资源,太平县杨世堂开设德兴当。③

湖北。在沙市,清末民初山西帮开设义成当。④ 在宜昌,山西富商在天宫牌开设晋昌典。在潜江,清末典当业由山西人开办。其中,晋商在县城内大街口开设隆盛当。在熊口镇开设裕昌当,在张金河开设同昌当。⑤

江苏。在涟水高沟,嘉庆二十年(1816)太谷范村范效忠开设典铺1座。因其资本大、会经营,从很小的规模,发展到瓦屋楼房156间的巨典。咸丰五年(1855)由次子范清钰继承父业,直至清末才歇业。在洪泽岔河,光绪三十四年(1908)山西人开设西来当铺,以典押衣物、古玩、金银首饰等为主,典押额一般在物品价值的5成以下。⑥

安徽。在凤台,道光三十年(1850)晋城市沁水县西文兴村柳氏重修关王庙,曾有阜丰典、通顺典、源泰典、丰异典、丰升典、敬茂典、泰昌典、永兴典和泰兴典等捐资若干。⑦ 在阜阳,清末城内共有南北两座典铺:一为程文炳开设于大隅首的裕丰当,资金白银30万两,职工40余人;一为山西巨商开设于北大街路的世隆当,又称北典当。两座当铺均在宣统三年(1911)停业。⑧ 在太和县,嘉庆年间山西巨商刘某在县城开设裕兴当,辛亥革命前关闭。

---

① 光绪《峄县志》卷七《物产》,《中国地方志集成·山东府县志辑9》,第92页。
② 《晋商史料全览·晋中卷》,山西人民出版社2006年版,第81页。
③ 《晋商史料全览·临汾卷》,山西人民出版社2006年版,第48页。
④ 《沙市金融简述》,《沙市志通讯》1984年第21期。
⑤ 刘国太《潜江典当业》,《潜江史志资料》1983年第2期。
⑥ 《淮阴市金融志》,中国金融出版社2006年版,第53页。
⑦ 张正明:《明清山西碑刻资料选》(续二),山西经济出版社2009年版,第315页。
⑧ 阜阳县地方志编纂委员会:《阜阳县志》,黄山书社1994年版,第241页。

四　民国活动地域

民国前期直省中,徽州典商在安徽、江苏、浙江、江西、湖北 5 直省都有活动,山西典商则在山西、直隶、奉天、吉林、黑龙江、江苏、安徽、山东、河南、陕西、甘肃、湖北、湖南、四川、云南、贵州、新疆、内蒙古、青海、西藏、察哈尔等 22 直省有所活动。有关清代后期山西典商活动地域,《山西典商研究》和《中国典当业史》所论甚多,这里不拟详述,仅略作补充。

山西。1929 年山西共有典铺 536 座,比光绪十三年(1887)少了 1183 座,降幅达 68.8%。其中以太谷、平遥、阳曲、祁县、洪洞、大同最多。1932 年,山西共有当铺 319 座,比 1929 年又少了 217 座,降幅达 40.1%。1936 年,太原仅剩下典铺 10 座。[①]　具体说来,在徐沟,民国年间开有昌记、福顺和晋源等典铺。[②]　在清源高白镇,民国年间开有天顺当、聚源当、永源当、大成当和万顺当 5 座典铺。[③]　在平遥,民国二十三年(1934)祁县乔氏开设了德昌当。[④]

直隶。在无极,19 世纪 20 至 30 年代,该县共有典铺 9 家,从业人员有百余人,其中来自晋中祁县、太谷、汾阳、平遥等县的有五六十人。每家典铺都聘请山西人担任掌柜,各关键岗位亦然,因而有"无山不成当之说"。著名的经营者有祁县人姚衮、汾阳人刘贯兴、太谷人李四群。[⑤]　在天津,民国二十四年(1935)祁县乔氏创办泰昌当。[⑥]

河南。在偃师,清道光三十年(1850),山西人娄氏在老城东街开设永丰当。该典一直延续至民国五年(1916)关闭。[⑦]　在洛阳,清末民初,在老城民主街口开设一家典当,称为东当铺;在西大街魏家街口有一家典当,称为

①　《晋商史料全览·太原卷》,山西人民出版社 2006 年版,第 43 页。
②　《晋商史料全览·太原卷》,山西人民出版社 2006 年版,第 361 页。
③　《晋商史料全览·太原卷》,山西人民出版社 2006 年版,第 367 页。
④　《晋商史料全览·晋中卷》,山西人民出版社 2006 年版,第 3 页。
⑤　刘宗诚:《山西商民在无极》,《山西文史资料全编》第 10 卷,《山西文史资料》编辑部 2000 年版,第 794 页。
⑥　《晋商史料全览·晋中卷》,山西人民出版社 2006 年版,第 3 页。
⑦　偃师县志编纂委员会编:《偃师县志》,三联书店 1992 年版,第 387 页。

西当铺。两家均系山西人开设,在民国十年(1921)左右相继歇业。^① 在卫辉,光绪年间,山西人王宝兴在城内道西街路北开设典铺 1 座,民国三年(1914)歇业。^② 在淇县,民国年间,山西商人在县城中山街开设典铺 1 座,俗称"当店"、"当典"、"当天"、"山西老毡帽当铺"。^③

吉林。民国二十三年(1934),清徐赵树林在吉林市北大街东兴当铺当学徒。^④

江苏。在王家营,"凡质库一,为西典,又一家为徽典";^⑤在泗阳,"酒业、典业多晋商;木业、钱业多徽商;布业多鲁商"^⑥。

安徽。在界首,清末民初共有两家当铺:一为山西籍商与郭姓合资经营,铺设笆子街;一为山西籍唐氏与荣氏在刘兴集,民国十一年(1922)因杆匪骚劫关闭。

综上所述,徽州典商和山西典商活动时空列表7-2。

表7-2 徽州典商和山西典商活动时空一览

编号	直省	明代		清前		清后		民国	
		徽典	西典	徽典	西典	徽典	西典	徽典	西典
1	直隶	√		√	√		√		√
2	奉天						√		√
3	吉林						√		√
4	黑龙江								√
5	江苏	√		√		√	√	√	√
6	安徽	√		√		√	√	√	√
7	山西		√		√	√			√
8	山东	√	√	√	√		√		√

---

① 洛阳市地方史志编纂委员会编:《洛阳市志》第 10 卷《财政·税务·金融志》,第 334、335 页。

② 卫辉市地方史志编纂委员会编:《卫辉市志》,三联书店 1993 年版,第 453 页。

③ 淇县县志总编室:《淇县志》,中州古籍出版社 1996 年版,第 560 页。

④ 《晋商史料全览·太原卷》,山西人民出版社 2006 年版,第 453 页。

⑤ (民国)《王家营志》卷三《职业·交通》,《中国地方志集成·乡镇志专辑17》,第 70 页。

⑥ (民国)《泗阳县志》卷一九《实业》,《中国地方志集成·江苏府县志辑56》,第 449 页。

续表

编号	直省	明代		清前		清后		民国	
9	河南	√		√	√	√		√	
10	陕西					√		√	
11	甘肃					√		√	
12	浙江	√		√		√		√	
13	江西	√		√		√		√	
14	湖北	√		√		√	√	√	√
15	湖南	√				√		√	
16	四川				√			√	
17	福建	√							
18	广东	√							
19	广西	√							
20	云南					√		√	
21	贵州							√	
22	新疆		√						
23	内蒙古				√	√			
24	青海					√		√	
25	西藏								
26	察哈尔					√		√	

　　明清及民国时期,山西典商与徽州典商各自形成了自己的活动区域。其中,山西典商的活动范围主要在北方,徽州典商的活动范围主要在南方。具体而言,徽州典商涉足安徽、直隶、山东、河南、湖北、湖南、广东、广西、江苏、浙江、福建和江西 12 个直省,山西典商涉足山西、直隶、奉天、吉林、陕西、内蒙古、察哈尔、山东、湖北、湖南、广东、江苏、浙江、安徽、云南、四川、甘肃和青海 18 个直省市,两者共同涉足直隶、山东、河南、湖北、湖南、江苏、浙江、安徽和福建 9 个直省。

第二节　经营管理

徽州典商和山西典商在经营过程中,既有共通之处,又有鲜明特点。现拟从典铺规模、当期利率、经营业务、管理体制和分配制度等方面做一比较。

一　典铺规模

如前所述,明清时期,徽商典铺资本多寡不一,少则银数千两,多则达十数万两,平均可达 3 万余两,而且由明及清不断增大。而有关山西典商资本大体如下。

明清之际,属于山西典商活动地域的山东青州府,其典铺资本,"多则盈万,少则数千"①。又嘉庆年间山西巨商刘某在太和县城开设的裕兴当,资本为银 16 万两,店房 246 间,职员 70 多人。又道光年间,介休北辛武冀氏在河北樊城、襄阳一带共有商铺 70 余座,以当铺为主,兼之油房杂货铺也有不少。其中,资本在 10 万两以上的大字号有钟盛、增盛、世盛、恒盛、永盛诸当铺。② 又道光三十年(1850),山西娄氏在河南偃师开设的永丰当其资金为 10 万贯,折合银约 7 万两。③ 又咸丰年间,山西张姓在河南阳武开设的恒昌当,资本为银数万元。④ 又咸丰年间的成章当,资本为钱 34307.826 千文,折合银约 22000 两。⑤ 又清末,山西典商在安徽阜阳北大街开设的世隆当,资金为银 20 万两,职工 20 余人。⑥ 又民国年间山西商人开设的广和当,资本为银洋 7500 元,折合银约 6250 两。又,1935 年山西全省共有典铺

---

① 周亮工:《严禁违旨背律等事》,见李渔:《李渔全集》卷一七《资治新书》第二集,浙江古籍出版社 1991 年版,第 462 页。
② 《清末及民国时期平定当铺钱庄述要》,《晋商史料全览·金融卷》,山西人民出版社 2007 年版,第 35 页。
③ 偃师县志编纂委员会编:《偃师县志》,三联书店 1992 年版,第 387 页。
④ 原阳县志编纂委员会编:《原阳县志》,中州古籍出版社 1995 年版,第 343 页。
⑤ 史若民:《平、祁、太经济社会史料与研究》,山西古籍出版社 2002 年版,第 569—573 页。
⑥ 阜阳县地方志编纂委员会:《阜阳县志》,黄山书社 1994 年版,第 241 页。

436 座,开设资本共银洋 2294479.00 元。借入资本银洋 4560342.22 元,发行兑换券银洋 1247947.00 元,架本银洋 5954113.08 元,平均资本银洋 5262.57 元,平均借入资本银洋 10459.50 元,平均发行兑换券 3091.62 元,平均架本 13656.22 元。① 加上流动资本,平均每座典铺资本约银洋 16000 元。据其记载,现将各典铺本列表 7-3。

表7-3　晋商典铺资本一览

时间	嘉庆	道光	咸丰	光绪	民国	1935
资本	16 万	数万至 10 余万	2.2 万	20 万	0.625 万	1.6 万

从上述记载看出,晋商典铺资本多寡不一,少则银数千两,多则达十数万两、甚至 20 万两。就单一典铺资本规模而言,从文献资料来看,晋商典铺比徽商典铺大;从账簿资料来看,徽商典铺比晋商典铺大。综合来看,两者资本规模应差别不大。

至于《山西典商研究》根据有关资料认为:嘉庆年间,山西典商在长江沿岸商埠开设四五百家典铺,开设总资本额为银洋 1600—2500 万元,总架本额为银洋 8000—10000 万元。又光绪九年(1883),山西典商在江宁、苏州、武昌、扬州等地开设典铺 9 座,开设总资本为银 200 万两,总架本为银 2000 万两,具体见表 7-4。

表7-4　清代长江流域部分地区晋商典铺资本一览

地区	时间	晋典家数	开设资本	架本额
长江沿岸商埠	嘉庆年间	400—500	1600—2500 万元	8000—10000 万元
扬州等地	光绪九年	9	200 万两	2000 万两左右

按此推算,嘉庆年间,晋商典铺每座开设资本为洋 4—5 万元,每座架本为洋 16—20 万元;光绪年间,晋商典铺每座开设资本约银 20 万两,架本为

① 刘建生等:《山西典商研究》,山西经济出版社 2007 年版,第 153 页。

银 200 万两。由此推知,嘉庆年间,晋商典铺资本至少在洋 20 元以上;光绪年间,晋商典铺资本至少在 200 两以上。至目前为止,不论是徽商典铺,还是晋商典铺,抑或其他地域典商典铺,不仅光绪年间资本达 200 万两从未见到,而且嘉庆年间资本达洋 20 万元也尚未可见。这种观点或是把传奇当做信史,值得商榷。

二　当　期

如前所述,徽州典商当期多遵从官方规定,同治以前多为 24 个月,光绪以后多为 18 个月。而有关晋商典铺当期如下。

乾隆年间,属于晋商活动地域的顺天府广裕当的当期为"二十四个月",又嘉庆年间山西蒲州府猗氏复兴基当"赎时二十四个月为满"。又道光年间□庄南营子宽泰当当期以"十四个月为满"。又道光五年(1825)邹平县德福顺当满当期为 6 个月。又道光三十年(1850),河南偃师老城东街由山西典商开设的永丰当,当期为 30 个月。① 又道光年间河北丰润县由太谷上庄王家开设的宁远当,当期为 12 个月。又光绪年间山西平遥庆和当当期以"二年为满",又光绪年间山西平遥长兴当当期也是以"二年为满,过期变卖",又光绪二十年汾邑□镇丽诚当当期同样以"二年为满"。在山西典商较为活跃的陕西,光绪年间米脂东街德成当当期"限二十四个月为满"。在山西典商极其活跃的河南,宣统年间洛南西街永元当,当期"限定二十四个月为满"。在清末,山西太原当铺当期分为 24 个月、20 个月、18 个月、15 个月、12 个月。② 同时期,在河南汝南山西典商的开典铺当期为 6—18 个月。在清末民初,山西清源和平定典铺当期分别为 24 个月、20 个月、18 个月、15 个月、12 个月 5 种。③ 而盂县典铺当期,则分别为 24 个月、18 个月、

---

① 偃师县志编纂委员会编:《偃师县志》,三联书店 1992 年版,第 387 页。

② 《清末和民国时期太原的金融业》和《清源县高白镇的典当行和借贷业》,分别见《晋商史料全览·金融卷》,山西人民出版社 2007 年版,第 2、25 页。

③ 《晋商史料全览·金融卷》,山西人民出版社 2007 年版,第 25 页。

12个月及6个月4种。① 民国年间太原元隆典当当期始为"十八个月为满",后改为"十二个月为满"。民国二十六年(1937)正月二十三日闰字七百十五号山西崞县庆长生当"限至一年为满。过期不赎由铺变卖。"民国二十六年(1937)九月六日光字一百九十七号山西原平县晋原当当期"限至一年为满,过期不赎由铺变卖。"据上所载,现将各年代晋商典铺当期列表7-5。

表7-5　晋商典铺当期一览

时间	乾隆	嘉庆	道光	光绪	宣统
当期(月数)	24	24	14、6	24	24
时间	清末		清末民初		民国
当期(月数)	24、20、18、15、12		24、20、18、15、12、6		18、12

从表7-5中可以看出,晋商典铺虽随着时空的不同而不尽一致,但总体而言,在清代以24个月为主,民国年间以12个月为主。就当期而言,同治以前,徽商典铺同晋商典铺两者基本一致;光绪、宣统年间,徽商典铺短于晋商典铺;民国年间,徽商典铺长于晋商典铺。

三　利　率

据前文所述,徽商典铺利率,按月息计算,明代在2—3分之间,其中以2分为主;清代初期仍为2—3分,其中部分3分的降为2.5分、2分的减至1.8分或1.5分;康熙中叶至咸丰年间以2分为主;同治及光绪初年在2.5—3分之间;光绪以后恢复到2分;民国年间仍以2分为主。而有关晋商典铺利率大体如下。

康熙年间,在山西典商极其活跃的直隶灵寿县,"当铺放债,悉遵定例,行利不过三分"②。康熙年间灵寿县典铺利率为月息3分。又雍正年间,山

---

① 《新中国成立前盂县的金融业》,《晋商史料全览·金融卷》,山西人民出版社2007年版,第45页。
② 陆陇其:《三鱼堂文集》外集卷五《禁重利示》,《四库全书》第1325册,第267页。

西阳高薛德,"忠厚宽和,开当独以二分行利,众称其义"①。该材料说明,雍正年间阳高县开设不少典铺,其中薛德也开有典铺。各典铺利率月息不等,除薛德典铺2分外,其他典铺月息皆高于2分,据有关材料推测,应为月息3分。又乾隆初,在属于山西典商活动地域的直隶河北,典铺利率"按每月三分之利"②。同样在山西典商极其活跃的山东文登县,其乡镇典铺月息,乾隆以前为3分,乾隆以后改为月息2分。③ 又嘉庆年间,在山西典商也颇为活跃的陕西省典铺利率通常为月息3分。"他省质物者,出息不过二分,秦独三分。"藩司徐炘多次劝谕,方"减冬月息为二分,他月仍旧"。④ 又山西典商极其活跃的山东地区,其典当利率在乾隆年间以3分为主,同时冬月减利1分。"如有二分行利之当铺,俱照旧通年二分起息,冬月免其减利……并不得借冬月减利改为三分起息。"⑤嘉庆年间山西蒲州府猗氏复兴基当"每月二分五厘行息"。道光年间□庄南营子宽泰当月息"三分行利"。道光五年(1823)邹平县德福顺当铺每月"行息二分"。光绪年间,山西平遥庆和当"按例三分行息",又山西平遥长兴当也是"按月三分加息",又山西汾邑□镇丽诚每月"三分行息",又江苏洪泽岔河山西商人开设的西来当铺月息多高于二分,⑥又陕西米脂德成当"每月加三分行利"。宣统年间,河南洛南西街永元当"遵例每月二分行息"。清末民初,山西盂县典铺月息,"清代向例是押借白银在10两以上者,每月1分5厘起息,1两以上者,每月2分5厘起息。1两以下者,每月3分起息。民国以后,利率逐渐增高,一般月息为3分,高者月息可达5分。"⑦又山西商人在河南洛阳开设的2座典

① 雍正《阳高县志》卷四《选举》,《中国地方志集成·山西府县志辑》第7册,第101页。
② 方观承:《赈纪》卷八《捐输谕禁·劝谕当商减利听赎农器示》。《四库未收书辑刊》第一辑第25册,第137页。
③ 光绪《文登县志》卷三下《赋役》,《中国地方志集成·山东府县志辑54》,凤凰出版社2004年版,第61、62页。
④ (民国)《续修陕西通志稿》卷三四《征榷》,《中国西北文献丛书·西北稀见方志文献》第7卷,兰州古籍书店出版1990年版,第115页。
⑤ 《乾隆朝山东宪规》第一册《当铺常年二分起息冬月免其让利通饬》,见杨一凡:《中国珍稀法律典籍续编》第7册,黑龙江人民出版社2002年版,第8页。
⑥ 《淮阴市金融志》,中国金融出版社2006年版,第53页。
⑦ 《新中国成立前盂县的金融业》,《晋商史料全览·金融卷》,山西人民出版社2007年版,第45页。

铺,月息为2.5—6分。① 民国年间,太原四岔楼街元隆当利率,始为"按月二分行息",后改为"按月三分行息"。又山西崞县庆长生当利率为"按月以三分加利"。又山西原平县晋原当利率为"按月以三分加利"。又山西商人在淇县开设的典铺,利率每天收取2分利。② 1935年,山西436家当铺中,月利三分的当铺为330家,占总数的75.6%。如太谷多数当铺虽规定月利3%,但当额在50元以上者,须面议利率。另外,山西典商还有年底减利的惯例。辽县、武乡、沁源、寿阳等县平日为月利,到腊月取赎之时,月利仅为2%,自翌年2月底止;朔县则由2.5%,减为2%。回此种年节减利之举对典商所损不多面平民则大为便利。因此,明清山西典商在利率确定方面有许多值得借鉴的地方:利率因地方不同而不同。如山西南路汾城以南各县,当铺之利率为2.5%,中路偏南及北路偏西各县之当铺亦有月利2.5%的,但大多是月利3%。根据上述记载,现将各年代晋商典铺月息列表7-6。

表7-6 晋商典铺月息一览

年代	雍正	乾隆	嘉庆	道光	光绪	宣统	清末	民国
月息(分)	3	2—3	2.5	2—3	3	2	2—6	2—3

　　表中可以看出,清代山西典商月息在2—6分之间,其中以3分为多。近人认为晋商典铺月息"清末多为2分,也有高达2.5分、低至1.5分的,民国年间多为3分"③,恐非事实。从月息来看,晋商典铺的利率在清代前期比徽商典铺高。

---

　　① 洛阳市地方史志编纂委员会编:《洛阳市志》第10卷《财政·税务·金融志》,中州古籍出版社1996年版,第334、335页。

　　② 淇县县志总编室:《淇县志》,中州古籍出版社1996年版,第560页。

　　③ 如在太原,《清末和民国时期太原的金融业》(《晋商史料全览·金融卷》,山西人民出版社2007年版,第2页)认为:"清末时利率多为2分,高的有达2分5厘的。"又清源,《清源县高白镇的典当行和借贷业》(《晋商史料全览·金融卷》,山西人民出版社2007年版,第25页)也认为:"清末多为2分,也有高达2.5分、低至1.5分的。民国初,有时高达3分。"又平定,《清末及民国时期平定当铺钱庄述要》(《晋商史料全览·金融卷》,山西人民出版社2007年版,第35页)同样认为:"清末多为2分,也有高达2.5分、低至1.5分的。民国年间,利率逐步提高,由2分增至2.5分,有时高达3分。"

四　经营业务

徽商典铺的经营业务主要是抵押借贷，当物除衣物、首饰、器皿和字画外，还收取米谷丝等生产生活物品，俗称谷押。晋商典铺亦主要从事抵押借贷，当物除衣物、首饰、器皿和字画外，还收取农具、木器等器具。徽商典铺和晋商典铺虽都以抵押借贷为主，但在接受当物上有所差别。同样，钱票发行上，徽商典铺和晋商典铺和两者亦有所不同，晋商典铺在从事抵押借贷的同时多发行钱票，而徽商典铺则甚少发行钱票。

谷押。明清时期，徽州典商不仅开设典房，而且还开设栈房，专收米麦等粮食作物，从事谷押业务。如前引明代弘治嘉靖间休宁程锁在江苏溧水城中业典，同时从事谷押业务，收取乡民稻谷进行囤积。又前引崇祯年间杭州发生荒灾，陈龙正曾多次劝告徽商典铺捐米平粜，显见徽商典铺从事谷押业务，囤积大量米粮。此外，在徽州典商极其活跃的浙江秀水，万历年间"富商设米典，佃农将上米质银，别以下中者抵租。虽丰岁辄称歉收，迁延逋负日者茗上奸民聚党相约，毋得输租，巨室近虽稍息，然亦渐以成风，官司催科甚急，而告租者或置不问，于是称贷完官，而田主病。小民得银耗费，满课为难，其后利归典商"。[1] 明代万历年间秀水徽商典铺从事谷押业务。又明末浙江德清塘栖镇，"财货聚集，徽杭大贾，视为利薮，开典顿米，贸丝开车者，骈辏辐辏"。[2] 可见明末塘栖徽商典铺已经积极囤当米谷。清代，徽商典铺仍从事谷押业务。乾隆年间，陕西道监察御史汤聘曾奏道：江浙地区"民间典当，竟有收当米谷一事，子息甚轻，招来甚众，囤积甚多"。[3] 具体如乾隆年间江苏泰兴徽商文谟典，所收"栈货，麦、豆、米稻、稤子、棉籽、豆饼、蚕豆、安豆几种，大概不出一周，即可一清，其转运甚速，于生意之道颇称便捷"[4]。又乾隆年间徽州典商极其活跃的苏州府，"乡民将来麦花豆质当贮

---

① 万历《秀水县志》卷一《风俗》，《中国地方志集成·浙江府县志辑31》，第565页。
② 光绪《塘栖志》卷一八《纪风俗》，《中国地方志集成·乡镇志专辑18》，第256页。
③ 《皇清奏议》卷四四《请禁囤当米谷疏》，《续修四库全书》第473册，第388页。
④ 《文谟典条约》第1册，中国社会科学院经济研究所藏。

栈"。① 这说明乾隆年间苏州府徽商典铺从事谷押业务。即便清后期,徽商典铺仍然从事谷押业务,并要求"栈房之米谷,极易狼藉,职司其事,常宜勤扫"②。相反的是,晋商典铺甚少从事谷押业务,当物是以衣服、首饰、器具、古董等为主。③ 在山西清源高白镇,当户多为贫困农民,当物以衣料、首饰、农具、木器、铜器、古董为主。④ 如清民时期,山西太谷县城乡典铺除抵押放款外,有时还放土账,以土地、房产抵押,进行高利盘剥。⑤ 又清代山西平定,典当以贫苦农民、小手工业者为对象。所当之物以衣料、首饰、农具、木器、铜器、古董为主,尤以布衣最多。⑥ 又光绪年间江苏洪泽岔河晋商西来当铺,当物以典押衣物、古玩、金银首饰等为主。⑦ 又嘉庆年间安徽太晋商裕兴当,当物以金玉珠宝、衣物、农具等为主。

钱票发行。有关晋商典铺经营钱票发行,刘秋根、刘建生等学者皆有详细论述,⑧现援引如下。所谓钱票,与钱庄发行的钞票一样,是由当铺签发的一种兑换券,用以代替市场流通中的金属货币,可随时兑现。据文献所载,清乾隆、嘉庆年间,长江各埠的晋商典铺,皆自出纸币,作现生息,每当只四五万资本,而上架20余万,不贷客款分文,以纸币供周转,绰有余裕。⑨ 至道光年间,晋商当铺与钱铺所发行的钱票更有各种各样的名目,据道光十八年(1838)六月山西巡抚申启贤说:"山西钱票久已发行,名目繁多,有凭贴、兑贴名目,凭贴系本铺所出之票,兑贴系此铺兑与彼铺,上贴有当铺上给

---

① 《明清苏州工商业碑刻集》,江苏人民出版社1981年版,第190页。

② 《典业须知》不分卷第1册,哈佛燕京图书馆藏。

③ 《清末和民国时期太原的金融业》,《晋商史料全览·金融卷》,山西人民出版社2007年版,第2页。

④ 《清源县高白镇的典当行和借贷业》,《晋商史料全览·金融卷》,山西人民出版社2007年版,第25页。

⑤ 《太谷的银行与典当业》,《晋商史料全览·金融卷》,山西人民出版社2007年版,第29页。

⑥ 《清末及民国时期平定当铺钱庄述要》,《晋商史料全览·金融卷》,山西人民出版社2007年版,第35页。

⑦ 《淮阴市金融志》,中国金融出版社2006年版,第53页。

⑧ 刘建生等:《山西典商研究》,山西经济出版社2007年版。

⑨ 《晋商盛衰记》,转引自刘秋根:《中国典当制度史》,上海古籍出版社1995年版,第126页。

钱铺者,此三项均系票到付钱,与现钱无异。"钱票的发行,不仅便于携带,而且有助于典铺资金周转,典铺既可借此扩大资本、改善经营,又可赚取一定的利息。如民国二十二年(1933)运城开设的广济当,开设资本仅有 2 万元。在经营过程中,该年共典当金额 11000 元,而取赎金额只有 3000 元;次年,共典当金额 25200 元,取赎金额仅 5200 元。第三年一月至八月,共典当金额 12000 元,取赎金额只有 4000 元。因押多赎少,架本过重,资金周转发生困难,于是该典发行了 6000 元兑换券以资调剂,营业逐见盛旺。① 此外,晋商典铺签发的钱票与现钱无异,可以在市场自由流通,故而在一定程度上缓解了清朝货币供给短缺的矛盾,促进了商品经济的发展。

在经营业务上,徽商典铺和晋商典铺二者有着明显的差异。

五　组织管理

现从组织结构、人员选用和规章制度三个方面对徽晋商帮典铺做一比较。

组织结构。徽商典铺组织由执事和内缺、外缺、中缺、学缺和勤务人员组成。其中,内缺由管饰、管包和管钱等组成,外缺由不同等级柜员组成,中缺由副楼、副事、写当票和卷包等副手组成。学缺由学生或学徒组成,勤务人员由管厨和更夫等组成。而晋商典铺则由大掌柜、二掌柜、三掌柜、管账先生、柜员、学徒和炊事员等组成。如清末民初孟县典铺,由大掌柜、二掌柜、三掌柜、管账先生、柜员、学徒和炊事员等组成。其中,大掌柜主管人事安排和重要的决策事宜;二掌柜负责处理日常事务和对外联络工作;三掌柜总管柜台事务,管账先生,也称内事先生,兼管文书、出纳和贵重押品的保管,柜员经办收当、写票和赎当等业务。② 又清末民初襄汾世昌当,则由掌柜、二掌柜、坐柜管、外账、内账、站柜、管号房、首饰房和学徒数人等组成。其中,掌柜即经理,二掌柜即副经理,坐柜管主管业务,外账管理门账,内账

---

① 实业部国际贸易局:《中国实业志·山西卷》第三编《商埠及重要市镇第五章〈运城〉》,实业部国际贸易局 1937 年版,第 317 页。

② 《晋商史料全览·金融卷》,山西人民出版社 2007 年版,第 45 页。

负责总账,站柜负责收取当物,管号房负责库房,首饰房负责贵重物品保管,学徒负责卷号、查号和干杂货等。① 又清末民初祁县广和当,由大掌柜、二掌柜、内事先生、柜员、学徒及炊事员组成。其中,大掌柜决策,主管全号人事和处理重要事务;二掌柜处理日常事务,负责联络或者总管柜台业务;内事先生,也叫账房先生,管文书、出纳及金银首饰等贵重押当品的保管;柜员经办收当、赎买、写票、清票等业务事项;学徒协助柜员办理业务。② 又清末民初曲沃源泉当,则由大掌柜、二掌、大先生、二先生、把式和相公等组成。其中,大掌柜负总责,管全号的人事和重要事务;二掌柜协助大掌柜,处理日常事务;大先生又称三掌柜,总管全部业务;二先生即管账先生或总会计,经管银钱账簿财产;把式是资历较深的柜台营业员,经办具体当务;相公即学徒,协助把式整理包扎当品,在包裹上挂注有编号、品名、件数的木牌,承担号里的勤务及守夜。③ 由此来看,晋商典铺的组织结构与徽商典铺既有相同之处,又有所差异。相同之处在于:两者都设有经理、管账、管号房、管饰房、柜员、学徒和勤务人员。其中,晋商典铺中的大掌柜相同于徽商典铺的执事,管账、管号房和管饰房相当于徽商典铺内缺中管钱、管包和管饰,三掌柜和站柜相当于徽商典铺的柜缺,部分学徒相当于徽商典铺中的学缺。差异之处在于:一是晋商典铺设有二掌柜作为副经理,徽商典铺则没有。二是徽商典铺设有外缺,晋商典铺则没有。同徽商典铺相比,晋商典铺的组织结构不够严密,分工也不甚明确。

员工选用。(1)徽商典铺员工主要来自徽州本土。同样,晋商典商员工大多来自山西。如在清末民初天津,晋商典铺内部人员80%以上的都是山西人,其余不及20%余的来自北京及其他地方。④ 又清末民初祁县复恒当内部人员亦来自山西。其中,大掌柜李国珍来自祁县北谷丰,二掌柜王嘉

① 《晋商史料全览·金融卷》,山西人民出版社2007年版,第242页。
② 《晋商史料全览·金融卷》,山西人民出版社2007年版,第253、254页。
③ 《晋商史料全览·金融卷》,山西人民出版社2007年版,第245页。
④ 张中仑:《天津典当业》,天津益世报馆1932年版,第45页。

勋来自平遥县新家庄,三掌柜韩本谦来自文水县保贤村。① 又光绪年间内蒙归晋商开设的聚丰当,其内部人员亦来自山西。其中掌柜为祁县郭礼。②(2)徽商典铺对员工挑选注重才能,同样晋商典铺对员工挑选也注重才能。如晋商典铺的经理、掌柜,不仅报酬高,而且权力大,典内事务皆有经理全权负责,东家不得干涉。(3)徽商典铺注重对员工培训,同样,晋商典铺也注重对员工培训。晋商典铺对员工的培训,侧重于业务技术和品质两方面。业务技术方面,首先要求员工学会打算盘,其次要求员工学会当字、暗语和暗记三种特技。品质方面,要求员工遵守铺内规章制度、尊敬长辈、爱护同人,礼貌待客,同时要求不准赌博嫖娼、吸食鸦片,不假公济私等。在员工选用方面,晋商典铺与徽商典铺基本一致。

规章制定。晋商典铺和徽商典铺一样,为便于管理,以及做到有章可循,都制定典铺内部规章制度。如民国年间兰州中和当制定号规 6 条,6 条号规分别为:一是日出必须夜归,二是不得携家带眷,三是不准贪污盗窃,四是不准营私舞弊,五是携带私人物品进出商号必须查看,六是每满三年可回原籍探亲一次。6 条号规,都是针对典铺内部员工日常生活。又民国年间广和长号也制定号规 9 条。9 条号规分别是:一是股东不准以股票向本号押借,二是铺内员工不准赌钱、吸食鸦片,三是铺内东伙不准浮挪暂借、承保,四是满期当物不准挪用,五是铺内员工不准额外长支,六是不得滥放贷款。七是不得买空卖空、准囤积大宗名货。八是不准私自荐用东伙亲戚子弟,九是铺内员工不可私自废公。9 条中,第一条、第四条、第六条、第七条是对典铺经营的规定,是针对东家的,第二条、第三条和第五条是对铺内员工日常生活的规定,第八条是对人员选用的规定,第九条是铺内员工概括性规定。同徽商典商相比,晋商典铺规章制度不够全面细致。

---

① 段占高:《祁县复恒当》,见常梦渠:《近代中国典当业》,中国文史出版社 1995 年版,第 168 页。

② 蒋滋印:《归绥聚丰当》,见常梦渠:《近代中国典当业》,中国文史出版社 1995 年版,第 201 页。

六　分配方式

徽商典铺分配制度多采取正余利制和官利制等形式,而晋商典铺则多采取股俸制。股俸制,又称股份。股俸有正本、副本之分和银股、身股之别。所谓正本,即财东的合约投资,每股几千银两到一万银两不等,可按股分红,但无股息;副本,又称护本,是财东除正本外又存放商号或票号的资本,只得利息,不参加分红,也不能随意抽取。所谓银股,即财东投入商号或票号的资本;身股又称顶生意,即不出资本而以人力顶一定数量的股俸,按股额参加分红。[1]

光绪年间忻县悦来当,利润分配即按股俸制分配的。其中,大掌柜有人股一股,二掌柜七厘,三掌柜五厘,四掌柜三厘半。一股每年可以预支60吊。三年一结账,结账分红扣除预支款。学徒待遇极为微薄,一股每年三吊钱。[2]

又光绪年间亨豫当、洪盛当也实行股俸制分配方式。其中,晋商贺硕、贺敦之父既在两当中有钱股,同时在洪盛当中拥有身股。光绪二十三年(1897)贺硕、贺敦分家时,将洪盛当顶身股分给贺硕。契约载:

> 亨豫当有己之钱股柒厘,洪盛当有己之钱股壹厘五毫,洪盛昌有己之钱股八厘,武元城有水池半亩,敦、硕各分壹半。惟洪盛当有先父身股壹俸。同中言明,每年从先父身股内拨与继母奉养钱三十千文,日后继母寿终,发送花费由硕主持,花费多寡,由先父身股名下起兑,既硕主持,敦不许拦挡。至于异日洪盛当结算先父之身股,除奉养继母发送花费而外,有利多寡,弟兄二人公分;硕在洪盛当顶身股,敦在洪盛昌顶身股,同中平论,两不清算,日后财发万金,各受各项,两不争论。立壹样约式贰张,各执壹张,永远存照。[3]

又民国年间源泉当,每年底决算,但不分配,抄一份清单,由大掌柜送给东家,称做交账。每两年分配一次赢利,称做算账。"按股分红,领取身钱"。股有银股身股两种。1000两银算一股,东家共有12股,掌柜先生和

① 张正明:《清代晋商的股俸制》,《中国社会经济史研究》1989年第1期。
② 王定南:《忻县王家的悦来当》,《晋商史料全览·金融卷》,山西人民出版社2007年版,第268页。
③ 殷俊玲:《晋商与晋中社会》,人民出版社2006年版,第203页。

部分把式分别按 1 分 2 厘、1 分、8 厘、5 厘顶股,共计顶生意人股 8 股,全号合计共 20 股。①

又民国年间广和当也是按股俸制分配的。民国三十五年(1946),广和当分配赢利时,将利润分成银股和身股两部分,其中银股分配如下:

养和堂:民国廿七年十二月五号入股本现银洋一千元,作为二十股。三十五年正月十六日合账倍股本三千元。

雅记:十二月五号入股本现银洋一千元,作为二十股。三十五年正月十六日合账倍股本三千元。

毓秀堂:十二月五号人股本现银洋五百元,作为一十股。三十五年正月十六日合账倍股本一千元。

梁养正堂:十二月五号人股本现银洋柒百伍拾元,作为十五股。此股由董事会通过让与两益堂接受,对伊堂清理无事实,未过流水。二十八年六月十日取退股本银元七百五十元。

高进修堂:十二月五号入股本现银洋五百元,作为一十股。三十五年正月十六日合账倍股本一千五百元。

贺立志堂:十二月五号入股本现银洋二百五十元,作为五股。三十五年正月十六日合账倍股本七百五十元。

陈静记:十二月五号入股本现银洋二百五十元,作为五股。三十五年正月十六日合账倍股本七百五十元。

德厚堂:十二月五号入股本现银洋五百元,作为一十股。三十五年正月十六日合账倍股本一千五百元。

段秀坡堂:十二月五号入股本现银洋二百五十元,作为五股。三十五年正月十六合账倍股本七百五拾元。

学信堂:入股本现银洋二百五十元,作为五股。三十五年正月十六合账倍股本七百五十元。

耀东堂:入股本现银洋二百五十元,作为五股。三十五年正月十六合账倍股本七百五十元。

---

①　《晋商史料全览·金融卷》,山西人民出版社 2007 年版,第 245 页。

安爱庆堂:入股本现银洋二百五十元,作为五股。三十五年正月十六合账倍股本七百五十元。

罗益寿堂:入股本现银洋七百五十元,作为十五股。三十五年正月十六合账倍股本二千二百五十元。

段梅贞堂:入股五百元作为十股,三十五年正月十六合账倍股本一千五百元。

刘蓉照堂:入股本现银洋一百五十元作为三股,三十五年正月十六日合账倍股本四百五十元。

刘三燕堂:入股本现银洋一百五十元,作为三股。三十五年正月十六合账倍股本四百五十元。

孟庆云堂:入股一百元作为二股,三十五年正月十六合账倍股本三百元。

申经生堂:入股本一百元作为二股,三十五年正月十六日合账倍股本三百元。

股俸制形成于乾隆、嘉庆年间,不迟于道光年间。至于乾隆、嘉庆之前晋商典铺分配制度,所论甚少。笔者认为,股俸制来源于分成制。所谓分成制,简而言之,就是除本分利,指经营利润归所有者和经营者共同所有。其中,经营者没有辛俸,所有者资本没有利息。如《金瓶梅》所载:西门庆伙计韩道国为西门庆经营店铺,所得利润则与西门庆共同分配。“与我恩主西门大官人做伙计,三七分钱。掌巨万之财,督数处之铺,甚蒙敬重,比他人不同。”[1]分成制与股俸制相比,既有一定共通之处,又有所差异。共通之处在于,利润没有分成两部分,而是由所有者和经营者按照一定的比例进行分配,即由资本和人力共同分配。不同之处在于,股俸制分配是将资本和人力股份化,而分成制则没有将资本和人力股份化。这说明,股俸制是分成制股化的结果。从而间接说明,乾嘉以前晋商典铺分配制度应为分成制。

不论是徽商典铺的正余利制或官利制,还是晋商典铺的分成制或股俸

---

① 兰陵笑笑生:《金瓶梅》第三三回《陈敬济失钥罚唱　韩道国纵妇争锋》,人民文学出版社2000年版,第389页。

制,都是将经营人员收益直接与典铺经营效益联系起来,从而极大地调动了典铺员工的积极性,以提高典铺经营效益。

第三节　典本及身份来源

在资本来源和身份方面,徽州典商和山西典商既有相同之处,又差异明显。在资本来源方面,徽州典商和山西典商多来源于商业资本,不过来源行业两者又有所差别。在身份方面,徽州典商和山西典商多商人、地主、官僚三位一体,不过三位一体的程度两者又轻重不一。

一　典本来源

徽州典商资本来源很多,其中以来源于商业为主。在商业来源中,又以来源于盐业为多。至于山西典商资本来源大致如下。

榆次聂店王氏。明代万历年间,聂店王家开始经商。王氏最初以开杂货铺为生,后转开设当铺。乾隆年间,王家进入鼎盛时期,成为闻名全国的大富商,以典当业为主,其他各业为辅,拥有协和当、义和当、福寿当、天成当等 200 多个,遍布江南、东北、华中、东北各大中城市,资本达银 1000 余万两。聂店王氏典本来源于商业,具体说来来源于杂货业。

太谷北洸曹氏家族。明末清初,曹氏族人曹三喜远赴东北朝阳地区三座塔屯卫地开设豆腐坊,经过苦心经营,生意逐渐兴隆起来。陆续开设公义店烧锅作坊、三隆号杂货店、三隆粮店、三太号钱庄和三隆永杂货铺,同时在本村开设麻铺及意记、阜丰、小押当等三座小当铺。由此看来,曹氏典本来源于商业,具体说来来源于杂货业和钱庄业。

太谷上庄王家,乾隆年间,王氏族人王标在河北丰润开设宁远店房,兼营粮食贩运,经过几年艰苦创业,颇为赢利。从后王氏成为上庄村首屈一指的大户,起堂名"世隆堂"。道光年间,王标次子王希兰继承父业,对内勤俭持家,对外广拓商务,在京东一带颇负盛名。当时,清廷将巨额闲置款项贷给典当商人,牟取暴利,因而当铺是当时走红的行业。王希兰抓住机会,首先将丰润县的宁远号改为宁远当。后陆续在上海、北京、天津、归化、张家口等全国大城市开设商号160余家,其中有20余家"隆"字号当铺、钱庄。总号设在京东开平镇的当铺有隆来当、隆记当,规模庞大,房屋全部由自己修建,本金各20万两。直隶一带乡俗,民间不论手头紧松,家里的皮毛细软,都要当出,春当冬取,一年当期。还在北京、奉天等地设有隆聚当。由此看来,王氏典本来源于商业,具体说来来源于粮食业。

太谷东里乔家。乾隆二十八年(1689),乔万金在东北图昌府开设豆腐店,勤俭经商,生意兴隆,稍有积蓄后,便开广增当,由此逐渐致富。可见,乔氏典业资本来源于商业,具体而言,来源于豆腐业。

南席村武氏。顺康年间,武贵亮贩卖人参起家,后在沈阳开设粮食、绸缎、当铺、烧锅和药材等20余家商号。可见,武氏典业资本来源于商业,具体来源于药材业。

祁县乔家堡乔氏,乾隆二十年(1681),乔贵发在包头开设草料铺,投机粮食。开设广盛公商号,陆陈行。乾隆、嘉庆年间,又开始做旅蒙生意,经营中俄恰克图茶叶贸易。同治年间,开始兼营典业。可见,乔氏典业资本来源于商业,具体而言来源于粮食业和茶业。

介休北辛武冀氏。17世纪冀国定时,经营的商业已相当可观。截至道光初,冀家在河北樊城、襄阳一带共有商铺70余个,以当铺为主,油房杂货铺也有不少。其中,资本在10万两以上的大字号有钟盛、增盛、世盛、恒盛、永盛诸当铺和平遥县的谦盛亨布庄。此时,冀家财富达300万。以后又在天津设立了文盛、广盛、星盛和益盛4大当铺。可见,冀氏典业资本来源于商业,具体而言,来源于杂货业。

介休范氏。明末范永斗开始在张家口贸易。清初,范氏一边继续经营边疆贸易,一边进行绸布茶粮贸易。同时,贩运洋铜和河东盐业。乾隆时,范氏在直隶、河南等地遍设盐店,在天津沧州建有盐库,在苏州建有管理赴日船艘的船局,在北京开设商店3座,在张家口开有商店6座,在归化开设商店4座,在河南彰德府水冶镇开设当铺1座。① 可见,范氏典业资本来源

---

① 张正明:《晋商兴衰史》,山西古籍出版社1995年版,第213、214页。

于商业,具体而言,来源于粮、盐业。

灵石静升王氏,明代景泰年间开始经商,主营金银器和饰品。清代乾隆年间,王氏开始经营粮、马、丝绸、杂货贸易,并广开当铺。其中,乾隆年间在四川开设裕源当。可见,王氏典业资本来源于商业,具体不清。

临猗安昌傅家。光绪年间,傅庆泰开始做煤炭生意,稍有积累后,便开家乡开设庆成合典铺。可见,傅家典本来源于商业,具体而言来源于煤炭业。

高平侯庄赵家。明代中期,赵氏族人开始在两淮海安从事煤铁业。稍有积蓄后,便在江苏如皋经营酿醋和日用杂货。万历年间,赵家在如皋开设赵永升醋号。明末,赵家在淮北业盐。入清以后,赵家业盐不辍,乾隆年间开始兼营典业。可见典本来源于商业,具体而言来源于盐业。

太原刘家堡王氏。清末,王惠筹集资金,在晋源和晋祠地区开设油坊。民国初年,王惠在太原开设晋裕隆和晋丰汇两家钱庄,同时开设当铺两座。可见,王氏典业资本来源于商业,具体而言,来源于油坊业和金融业。

保德杨家。同治年间,杨氏族人杨怀祯开始与人合伙开设铁匠店,稍积资本,便去口外贩运粮、棉、油、盐、碱,因两次船毁货损,资本赔净。后转营甘草,在内蒙古开设义成远,渐成巨富。于是在包头、天津、郑州、太原、湖南湘潭、山东、广东、宁夏、陕西谷县,以及山西河曲、保德等地陆续开设众多商号,除经营甘草等药材业外,还经营百货、典当和陆陈行等。可见,杨家典业资本来源于商业,具体而言来源于药材业。

保德马家。光绪年间,马同舟开始跑口外经营甘草。其子马玉珠在父亲经商的基础上,经3年学徒,6年业务。民国初年接替父亲,成了协义兴商号的财东。不仅扩大甘草生意,而且扩大经营地域、范围和经营商品种类,甘草、兼营粮油、布匹、日杂、百货和典当业。马家典业资本来源于商业领域,具体而言来源于甘草业。

沁水柳氏。乾隆年间,柳春芳幼习举业,后举业不成,于是弃儒经商,开始经营盐业,后转营典业。资料载:春芳"生而英异,自命不凡,就傅受书,博闻强识",应试,以武迨名列黉宫,遨游中州,气宇轩昂,辞令侃直,尊官与贵人见者,莫不器之。游庠后,"客齐、豫间,营鹾务,非以权利也,渔盐亦贤豪奋迹之区,志在国家者,同将借以图进取耳,嘉庆六年(1801),陇右军需孔急,公慨然捐输,朝廷嘉其向义,授以职。可见,柳春芳典业资本来源于商业,具体而言来源于盐业。①

现将山西典商典本来源列表7-7。

表7-7 山西典商典本来源一览

编号	典商	典本来源	资料出处
1	榆次聂店王氏	商业;杂货业	《晋中卷》第2页
2	太谷北洸曹氏家族	商业;杂货业、钱庄	《晋中卷》第46页
3	太谷上庄王家	商业;粮食业	《晋中卷》第81页
4	太谷东里乔家	商业;豆腐业	《晋中卷》第85页
5	南席村武氏	商业;粮食业、杂货业	《晋中卷》第86页
6	祁县乔家堡乔氏	商业;茶业	《晋中卷》第116页
7	祁县渠氏	商业;茶业	《晋中卷》第142页
8	平遥达蒲李氏	商业;票号	《晋中卷》第163页
9	介休北辛武冀氏	商业;杂货业	《晋中卷》第231页
10	介休张原范氏	商业;粮食、盐业	《家族人物卷》第383页
11	灵石静升王氏	商业;金银器、棉花、杂货	《晋中卷》第244页
12	平阳亢氏	商业;盐业	《临汾卷》第1页
13	襄汾南高刘家	官僚资本、商业	《临汾卷》第10页
14	洪洞杜戌盐商董家	官僚资本、商业;盐业	《临汾卷》第21页
15	洪洞草集刘家	官僚资本、商业	《临汾卷》第23页
16	襄汾赵康杨家	商业;杂货业	《临汾卷》第48页
17	洪洞赵城马枚许家	土地、商业;酿酒业	《临汾卷》第55页
18	霍县安家	商业、土地;粮食业	《临汾卷》第59页
19	广灵县涧西村王家	土地、商业;酿酒业	《大同卷》第497页
20	临猗北马村王家	商业;油坊业	《运城卷》第143页

① 张正明:《明清山西碑刻资料选》(续二),山西经济出版社2009年版,第140、142页。

续表

编号	典商	典本来源	资料出处
21	临猗安昌村傅家	商业;煤炭业	《家族人物卷》第250页
22	绛县槐泉村王家	商业;盐业	《运城卷》第161页
23	阳泉官沟村张家	商业;铁锅业	《阳泉卷》第6页
24	平定乱流村石家	商业;驼骡业	《阳泉卷》第51页
25	平定宋家庄王家	商业	《阳泉卷》第68页
26	平定西沟潘家	商业	《阳泉卷》第72页
27	盂县乌玉村李家	商业	《阳泉卷》第92页
28	盂县路家村李家	商业;煤炭业	《阳泉卷》第94页
29	保德杨家	商业;药材业	《家族人物卷》第627页
30	保德马家	商业;甘草业	《家族人物卷》第627页
31	崞县郭家	商业;山货业	《忻州卷》第86页
32	静乐刘家	商业;布绸业	《忻州卷》第91页
33	忻县前播鸣村赵家	商业;油坊业	《忻州卷》第104页
34	交城段村马家	商业	《吕梁卷》第38页
35	沁水柳氏	商业;盐业	《家族人物卷》第262页
36	高平侯庄赵家	商业;盐业	《家族人物卷》第267页

从表7-7中可知,上述36家中,山西典商典本主要来源于商业资本、官僚资本和土地资本。其中直接来源于商业资本的31家,来源于官僚资本和商业资本的有3家,来源于土地资本和商业资本的有两家。来源于商业资本的途径又相当广泛,有来自盐业的,有来自茶业的,有来自粮食业的,甚至有来自驼骡业、铁锅业,等等。其中,来源于盐业的有5家,来源于茶业的有两家,来源于粮食业的有两家,来源于杂货业的有6家,来源于煤炭业的有两家,来源于药材业的有两家,来源于酿酒业的有两家,来源于油坊业的有两家,来源于票号、钱业、驼骡业和铁锅业的各有1家。山西典商资本来源同徽州典商一样,都是主要来源于商业资本为主。不同的是,来源于商业资

本中,徽州典商典本主要来源于盐业,而山西典商来源于行业更加广泛,主要杂货粮食为多。

二 典商身份

首先,商人、地主、官僚三位一体。如榆次聂店王氏。王家业典后,仍继续经营商业。商业经营以典当业为主,同时兼营票号、棉花、绸缎、布匹、呢绒、面、金银首饰、杂货、烟等业,开设有协和当、义和当、福寿当、天成当、大成当、吉义当、永生当、一诚银号、吉祥庆银号、长虹砺金店、吉祥成钱庄、庆丰厚钱庄、协同信票号、聚古斋古董店、庆真祥杂货店、协和成杂货庄、兴隆德杂货铺、聚兴永花布庄、新成布庄、德生远绸缎庄、泰来花店、聚兴粮店、聚兴恒面铺、泉生义大酱店、德兴玉盐店、一昌烟店、许德恒烟店、谦德亨烟店和达生春药店等商号 200 多家,遍布江南、东北、华中、华北各大城市,资本1000 余万两。营商的同时,开始大肆购置土地,极盛时期王家在聂店村的土地就有 1500 多亩,占到聂店村总土地的近一半,而且全部是上等好地。此外,王家乾隆以后,王家开始聘请名师教子弟读书。咸丰以后,又开始用金钱捐取官职。王一心,道光十二年(1832)副贡,赏戴花翎,知府衔户部郎中;王司铎,咸丰壬子科举人,议叙同知;王朝祯,从九品;王作丰,员外郎;王孝誉,议叙八品;王悌誉,议叙八品;王楷堂,从九品王致中,乾隆庚辰恩科武举人;王铸,赏戴兰翎候铨游击;王铕,布政司理问;王钺,盐运司运同;王铣,直隶候补同知;王镐,候铨都司。又平遥达蒲李氏。李家业典后,仍继续经营商业。商业以日升昌和谦吉升票号为中心,同时兼营典当、钱庄、布庄和杂货业,相继在平遥县开设日升裕、日升厚、日升通钱庄及日升布庄和日升店货栈;在天津设有东如升等店。营商的同时,开始大肆盖房置地。李氏在平遥达蒲村建造了四座辉煌巍峨的大院,每座都是三串院,分东西厢房,前庭后院,楼阁相辉,亭榭互映,四座大院又连接一起,村民称之为"李家堡"。购置的土地也很多,据记载,到宣统末年时尚有土地 2 顷多。此外,李氏为了荣宗耀祖和提高家族的门庭地位,开始捐纳官衔。如李兰泽,道衔,正四品;李篪视、李五伦、李五典,知府,从四品;李篪言、李兰溪、李五魁,郎中,正五品;李五桂,同知,正五品;李文质,州同,从六品;李五成,布政司理问,从六品;李五常,盐运使;李五瑞,盐提举;箴听,副将,从二品;李兰庭、李五鼎、李五玉,游击,从三品;李大全、李五典,都司,正四品;李五锡、李五福,守御所千总,从五品。又平定宋家庄王氏。从乾隆中叶至嘉庆中期,这四五十年间,王氏有监生、庠武生、贡生15人,除上述四人在官府任职外,余国家族农耕、经商之需要,均致力于土地与商业经营。土地拥有之亩数,今已不可考,但能以百亩奉为价田,其土地亩数当不会少。当时仅三槐堂的商业店铺就有十几处。总店设在山东郑家口,店名为合裕店,总店房屋已达百余间。其余分店均在山东运河沿岸直至姑苏,如再加上各派店铺,商业经营之规模已相当可观。可见,王氏子弟的读书业儒,并不全是为了进入仕途,其侧重点还是以积累资产为主要目标。部分族人跻身官场,只不过是为家族的农商经营建立靠山。族人获取科名,意在提高家族的社会地位,达到一种心理上的满足而已。

其次,兼营业性大商人。如太谷上庄王家。业典后,陆续在上海、北京、天津、归化、张家口等全国大城市开设商号160余家,其中有20余家"隆"字号当铺、钱庄。总号设在京东开平镇的当铺有隆来当、隆记当,规模庞大,房屋全部由自己修建,本金各20万两。直隶一带乡俗,民间无论手头紧松,家里的皮毛细软,都要当出,春当冬取,一年当期。还在北京、奉天等地设有隆聚当。又平定乱流石家,业典后,相继开办了丁驼店、骡店、杂货铺、赁货铺、染房、布店、绸缎庄、皮货庄、药店,以至于当铺、钱庄、票号等商号,业务辐射到北京、天津、山东、东北等地,生意兴隆,资金积聚。又南席村武氏,业典后,仍兼营粮食、绸缎、烧锅和药材等20余家商号。又祁县渠氏。独资或合资创办票号,还开办了钱铺、银号、典当铺、茶庄、盐店、布庄、绸缎庄、杂货铺、药材店等众多商号。德昌当,创办于民国二十三年(1934),位于平遥城内米家巷。乔凤翔在经营日生昌兴记烟店成功后,与族侄乔麟趾、乔麟经投资开办。又介休北辛武冀氏。至道光初,冀家在河北樊城、襄阳一带共有商铺70余个,以当铺为主,油房杂货铺也有不少。其中,资本在10万两以上的大字号有钟盛、增盛、世盛、恒盛、永盛诸当铺和平遥县的谦盛亨布庄。此时,冀家财富达300万。以后又在天津设立了文盛、广盛、星盛和益盛4大当铺。咸丰年间,冀家的财势继续扩大,在介休张兰镇开设悦盛昌、悦业号和谦盛晋钱庄,乙级恒盛茂、文盛两个商号;在太原开设其昌永绸缎庄,在晋祠开设其昌世和其昌泰杂货店;在平遥开设其德昌票号(兼营布庄)和宝兴成绸缎庄,在北京开设仁盛当,在直隶大名府开设当铺、颜料计数家;在湖北樊城开设鼎顺、永顺当铺,并兼并部分土地;在库伦、喇嘛庙和张家口一带设有恒顺发等皮毛字号。又太谷上庄王氏。王家业典后,又陆续在上海、北京、天津、归、张家口等全国各大城市开设商号 160 余家,其中有 20 余家"隆"字号当铺、钱庄。总号设在京东开平镇的当铺有隆来当、隆记当,规模庞大,房屋全部由自己修建,本金各 20 万两。王家还在北京、奉天等地设有隆聚当、隆顺当、隆福当、保隆堂等当铺、钱庄,经营当业及汇兑业务。另在太谷县城开设有保隆堂钱庄、元生利夏布庄、德全厚钱庄和锦全昌彩帛行等;在上庄村周围村庄开设有隆裕当、隆太当、隆吉当、隆元粮店和点心铺。综合钱、当两行,在王氏店铺中从业的人员不下 200 余众。

再次,商人兼地主。如太谷东里乔家。后又在通江口开设广增达烧锅店,兼营绸缎布匹、粮食、杂货等,逐渐成为规模颇大的商铺。咸丰年间,东里乔家已发展成为远近闻名的富商大户,拥有商号 100 余家,遍及东北三省,资本达 200 万两之巨。据有关资料记载,乔家在东北的巷儿台开设有广福当、金江屯开设有广益当、广裕永钱铺,奉天开设有广泰公钱铺,八面城开设有巨源义烧锅,在朝阳坡、法库门、三江子、小城子等地都开设有"广字号"商号。在太谷县城开设有利源昌银匠铺、庆丰源醋房,锦泉昌夏布庄等。同时,在家乡花费巨资购买深宅大院和 20 多顷土地。又阳泉官沟村张家。张家又在内蒙古赤峰设分店义和公,在锦州设分店永和公。以后在河北、山西、辽宁、吉林等地都设立了支店,统称"永"字号。清道光十年(1830)前后,直至民国初期谨 0 光绪年间,"永"字号进一步扩大了经营范围,由单一的铁货发展到绸缎布匹、钱庄票号、粮油米面、典当租赁、日用杂货、旅店茶庄。在海城,同赛鱼姚家合股成立了永太奉商号,经营棉布、洋货。民国初,在锦州买下榆次常家的一个钱庄和一个茶庄。正太铁路通车后,将获鹿"永太公"搬到石家庄市。在阳泉设立了支店太合公,负责转运货物。在石家庄又接管了一个钱庄,定名永太昌。在寿阳县城设了一个铁货店,一个钱庄。在辛兴村开办了当铺,叫永福当。在官沟进修堂设立赁货铺。在阳泉市内设裕昌、恒昌洋货铺。为联络外地的商号,在赛鱼开办了庆隆号,又在官沟本村设长太隆小店,解决各户日用杂货。除办商号外,还先后在赛鱼街修建开设了万盛店、天顺店、三合店、小南店、大东店、永和店等十余处车马旅店,资本大约达到三四十万两白银,大小铺面包括出摊40余处,从业人员二三百人。张家除商号旅店外还经营着一部分土地。既可出租解决本家族的吃粮问题,又可作为张家外地商业发展的可靠后盾。赛鱼村的上等土地基本被张家垄断,大堖、寺滩、斗坪、二十亩坪有名的好地,都属官沟张家,有200余亩。在白泉、杨家庄一带还有300余亩租土地。又霍县安姓家族。业典后,在霍县、洪洞前后开过的钱庄有东生长、福生长、德生长、洪生长、裕生长及两个晋生长等7座,粮油庄有东生厚、东生样、瑞生长、洪生长4座,当铺有东生当、春生当、聚生当3座,估衣庄有春生长、滋生长两座,祥生德京货绸布庄一座,共17座商号,资本近百万。另外,安家在霍县城内还有几十座市房。同时,东北乡东王村一带买地出租,收回租子再买地,不几年便成了东王村的庄主。进而向沟西、龙泉、峪里继续扩张,买了不少水旱田,继续出租。随着土地增多。租粮自多,除原粮贩运外,又辟加工新途径,在东王村就地开设东生厚粮面庄兼营日用杂货,行销四周村庄孙磨面粉甚至行销太原。安家拥有大片土地,大量市房,并开有17座"生"字号的商号,集地主、房产主与商家于一体。

最后,兼营业性大商人和官僚。如沁水柳氏业典后,仍从事盐业经营,同时兼营丝绸、成衣、茶业、铁业、油业。典当、商行、店号、驿站遍及大江南北。据道光十四年(1834)《重修关王庙碑》记载,为修建关帝庙,施财的典当、行号就达到45家之多。其中有鹿邑当行,柘城当行,商丘启泰典行,虞城元吉典、义成典、丰裕典、魁聚典、兴泰德典、同心畅典、兴和典、恒昌典、广盛典、卢州典、恒源典、黄甲庄典,阳城有万丰典、瑞兴隆典、触泰典、公慎典等典当铺店19家;有湘湖商行、苏州丝绸行、奉天商行、遂源衣店、天锡衣店、惕成衣典等商行商号6家;有鹿邑盐店、亿顺盐店、润泰油行、永盛油行、裕成米行、天福盐店、恒源盐店、居忍茶店等盐茶店8家;有洪兴铁号、济泰铁号、义成矿号、达盛方炉等手工作坊4家;有聚义驿站1家。此外,还有不知经营何物的乾元号、广泰号、同义号、聚液号、兴盛号、交泰号、泰成号等一般生意6家。这些商号,除山西省境外,还远达辽宁、河南、江苏等省份。随着商号的兴盛,产业的扩大,柳氏家族也在西文兴开始大兴土木,从现存的"行邀天宠"、"香泛柳下"、"磐石常安"、"恭处居"、"堂构攸昭"、"中宪第"、"河东世泽"、"司马第"宅院及"关帝庙"、"文昌阁"、"成贤牌坊"。柳春芳慷慨捐粟赈济本村和邻村7村饥民400余户。皇上为嘉奖其义举,特赐授柳春芳昭武都尉,同时赐赠柳春芳的祖父柳学周、父亲柳月桂为昭武都尉,他的祖母和母亲也尊为"恭人"。之后,由于柳茂中的儿子柳琳光宗耀祖,官至郡司马,柳春芳、柳茂中父子因此又被封赠为"中宪大夫"。柳氏家族社会地位得以提高,走上了官商之途。又北洸曹氏家族。李家业典后,仍继续经营商业。商业以从嘉庆年间到光绪年间的百余年,经过五门四代人的励精图治,北洸曹氏家族商业逐年发展,成为拥有资本1200余万两白银,商号640余座,雇员37000余人,经营13个行业,横跨7个国家的商业大家族。在太谷、祁县、平遥、忻州、承德、获鹿、营口、沈阳、锦州、张家口、天津、北京、徐州、赤峰、喇嘛庙、凉城、新民、大坪方、林泉、平泉、四平等地新开办各类商号30余家,同时还将分号扩展到了日本、蒙古、俄国、德国、英国、法国等国家和地区,现金可以从德国的柏林、英国的伦敦汇至中国的天津、上海等地。同时,曹家除考中举人、进士步入仕途者外,援例捐有官职。如曹兆鹛,千总;曹振钺,优廪生,例授征仕郎,中书科中书衔,候铨教谕;曹培亨,廪生,候铨员外郎。

山西典商与票号关系密切。山西票号源于道光年间。清雍正年间,平遥达蒲村李氏在本村开设"西裕成"颜料庄,经过乾隆、嘉庆两朝,商业利润不断增加。嘉庆、道光年间,在经理雷履泰的策划下,西裕成颜料庄适应埠际商业清偿需要,开始进行汇兑业务,日趋繁荣。道光三年(1823),李氏遂将西裕成颜料庄改为专业汇兑业务的日升昌票号,从而成为我国历史上第一家票号。日升昌成立后,营业繁荣,业务发展迅速,于是在外省设立分庄。至道光三十年(1850)已在北京、苏州、扬州、重庆、三原、开封、广州、汉口、常德、南昌、西安、长沙、成都、清江浦、济南、张家口、天津、河口18个城镇建立了分号;至光绪十二年(1886),又陆续在沙市、上海、杭州、湘潭、桂林5个城镇增设分号。在日升昌票号的带动下,山西商人纷纷效仿投资票号。

道光六年(1826)，介休侯氏聘原任日升昌票号副经理的毛鸿翙为蔚泰厚绸布庄经理，毛氏到任后，协助财东侯氏将其所开办的蔚泰厚绸布庄、蔚盛长绸缎庄、天成亨布庄、新泰厚绸布庄、蔚丰厚绸缎庄均改组为票号，并形成以蔚泰厚为首的"蔚"字五联号，不数年，大获其利。自是，凡长江各埠茶庄、典当、绸缎、丝布业，及京津一带皮毛杂货业之晋人，群起仿办，往往于本号附设票庄。

票号出现后，由于业务需要，一些票号开始兼营典业；又由于票号利润丰厚，于是一些典商开始经营票号。票号兼营典业的如平遥达蒲李氏，道光年间经营票号后，于同光年间开设日升当。典商兼营票号的如榆次聂店王氏，咸丰三年(1853)，王氏族人王钺、王铸兄弟从其家族传统经营的典当业转向票号业，开办了协和信票号。总号设在平遥城，属平遥帮。又祁县乔家堡典商乔氏，于光绪年间兼营票号，相继开有大德通、大德恒票号。又介休北辛武典商冀氏，咸丰年间将平遥谦盛亨布庄后改为票号。现将山西票号成立年代及东家列表7-8。

表7-8　山西票号成立年代及东家一览

编号	年份	票号	东家
1	道光三年	日升昌	平遥达蒲村李氏
2	道光六年	蔚泰厚	介休县北贾村侯氏
3	道光十七年	合盛元	祁县荣任堡村郭源选与城内张廷将
4	道光十八年	日新中	升昌票号
5	咸丰元年	大德兴	祁县乔家堡乔家
6	咸丰三年	协和信	榆次聂店村王栋
7	咸丰六年	协同庆	榆次聂店村王栋和平遥王智村东秉文
8	咸丰九年	元丰玖	祁县孙家河村的孙邦
9	咸丰十年	协成乾	太谷县人吴道仲、张堂村、孙阜年、杜资深、房映宾、侯某和文水县安立志
10	咸丰十年	百川通	祁县渠源祯、渠源洛、渠本立
11	同治元年	存义公	祁县渠宝廷、渠源祯，贾令镇张祖绳
12	同治元年	巨兴隆	祁县人载和流、杜某
13	同治元年	三晋源	祁县渠源祯

续表

编号	年份	票号	东家
14	同治元年	其德昌	介休北辛武村冀以正
15	同治元年	谦吉升	平遥达蒲村李大全、陕西高某、安徽雷某
16	同治三年	云丰泰	云南高州镇总兵杨玉科、山西平遥范缙
17	同治三年	乾盛亨	介休北辛武村冀以和
18	同治三年	蔚长厚	平遥毛履泰、乔某、浑源常氏、大同王某
19	同治十二年	义盛长	
20	同治十二年	志成信	太谷贠家
21	光绪元年	三和源	榆次车辋常家
22	光绪元年	兴秦魁	祁县翟乾阳
23	光绪七年	大德恒	祁县乔锦堂
24	光绪七年	汇源涌	祁县渠源潮
25	光绪十年	大德通	祁县乔家
26	光绪十年	长盛川	祁县渠源潮
27	光绪十年	杨源丰	杨谷山
28	光绪十一年	大德玉	
29	光绪十四年	大德源	祁县乔家堡乔兰三
30	光绪十五年	大盛川	祁县祁村史家、城内张家和太谷王家
31	光绪十八年	永泰庆	平遥邢村毛履泰和祁县乔家堡乔某
32	光绪十九	世义信	太谷井神人杨生泰
33	光绪二十七年	永泰裕	平遥邢村毛履泰
34	光绪二十九年	锦生润	太谷北洗曹家
35	光绪三十二年	宝丰隆	介休洪善乔英甫、河北清苑许涵度
36	光绪三十三年	大德川	榆次车辋常家

资料来源：张桂萍：《山西票号经营管理体制研究》，中国经济出版社 2005 年版，第 286—325 页。

上述 36 家票号中，共涉及平遥达蒲李氏、平遥范氏、平遥毛氏、平遥乔氏、介休北贾侯氏、介休北辛武冀氏、介休洪善乔氏、祁县荣任堡郭氏、祁县城内张氏、祁县乔家堡乔家、祁县孙家河孙氏、祁县渠氏、祁县贾令张氏、祁县载氏、祁县杜氏、祁县翟氏、祁县杨氏、祁县祁村史家、祁县城内张氏、榆次聂店村王氏、榆次车辋常氏、太谷县吴氏、太谷贠氏、太谷王家、太谷井神杨氏、太谷北洸曹家、文水安氏、浑源常氏和大同王氏等 30 余家票商。30 余家票商中,共有平遥达蒲李氏、介休北辛武冀氏、祁县乔家堡乔家、祁县渠氏、榆次聂店村王氏和太谷北洸曹家 6 家属于山西典商,而在 36 家票号中,7 家典商开设的达 18 家,占总数 50%。

　　徽州典商兴起于明中叶、衰败于清末民初,而山西典商兴起于明末清初、衰败于民国年间。徽州典商的活动地域主要集中于长江中下游地区,而山西典商活动地域主要集中于北方地区,山西典商的兴起,逐步挤占徽州典商在北方市场;徽商典铺和晋商典铺在资本、当期和员工选用方面基本一致,而在利率、组织结构和规章制度所有差别。徽州典商和山西典商典本都主要来源于商业,但徽商典本以盐业为主,而晋商则以杂货粮食为主。徽州典商和山西典商身份多为兼营业型商人,同时兼及地主和官僚。山西典商与票号关系密切,而徽州典商与票号几无关系。

第八章　徽州典商个案研究

明清时期,徽州典商辈出,相继涌现出一批著名典商,如休宁商山吴氏、率东程氏、泰塘程氏、榆村程氏、汉口程氏、草市孙氏、茗洲吴氏、苏圻吴氏、歙县塘模许氏、西溪南吴氏、西溪汪氏、洪桥郑氏、黟县西递胡氏、桂林程氏、屏山朱氏和绩溪仁里程氏,等等。其中,商山吴氏、率东程氏、泰塘程氏、榆村程氏、茗洲吴氏、苏圻吴氏、西溪南吴氏、西溪汪氏、西递胡氏和桂林程氏等徽州典商资料遗存丰富,适合个案研究。现择取苏圻吴氏、西递胡氏和率东程氏3家做一阐述。

第一节　吴文奎的资本运行

吴文奎(1552—1604),字廷聚,又字茂文,休宁苏圻人,出生于一个商贾家庭。高祖重兴(1421—1497),生平以经商为主,经营颇为成功,"尝客吴越徐梁之间,所殖不赀,赀益雄阜"[1]。曾祖德振(1444—1518),生平亦以经商为主,商业经营以盐业为主,"少年从商"[2],"贾盐筴"[3],"江湖饱历风霜,助佐父兄之志,得意三十五年,终始无失"[4]。祖父应大业盐不辍。父宗浩(1513—1572),生平同样以经商为主,活动地域仍为两淮、江汉一带,商

---

① 汪循:《汪仁峰先生文集》卷一九《临溪吴处士墓表》,《四库全书存目丛书》集部第47册,第449页。

② 正德:《吴尚贤分家簿》第1册,写本,上海图书馆藏。

③ 吴文奎:《苏堂集》卷八《母氏冯状》,《四库全书存目丛书》集部第189册,第195页。

④ 正德:《吴尚贤分家簿》第1册,写本,上海图书馆藏。

业经营以盐业为主,"早业儒,壮用贾",担任"淮南盐筴祭酒垂四十年"[1],"侨寓常什三在蕲春,什五在邗江"[2],"故拥素封而敦诗书之好"[3]。业盐同时,开始经营典业。文奎幼习举业,后弃举经商,"服贾三湘"[4]文奎生有可中、可镜、可晋、可奇、可献、可随和可驯7子。文奎诸子亦幼习儒业,后弃儒服贾。万历年间,文奎父子在业盐的同时,开始经营典业,相继在湖北兴国州东、武穴、兴国州北、蕲州西、蕲州北和大冶等地开设6座典铺,成为典型的徽州典商。《万历收支银两册》为吴文奎家庭商业账簿,详细记录逐年资本、利润、消费和积累等数量,勾勒出商业资本的组织构成、效益规模、经营方式和利润分配等运行实态。

一　经营效益

《万历收支银两册》明确纪录万历十五年(1587)十月至万历四十一年(1613)十月共22年度吴文奎父子商业资本的利润数,具体见表8-1。

表8-1　吴文奎父子历年商业资本利润一览表

(单位:白银,两;万历十六表示万历十五年十月至万历四十一年十月年度)

年份	万历十六年	万历十七年	万历十八年	万历十九年	万历二十年	万历二十一年	万历二十二年
利润	1455.292	1160.751	1266.983	1450.279	1948.44	2201.741	1971.07
年份	万历二十三年	万历二十四年	万历二十五年	万历二十六年	万历二十七年	万历二十八年	万历二十九年
利润	1969.121	缺	缺	缺	2174.974	2421.768	1625.275
年份	万历三十年	万历三十一年	万历三十二年	万历三十三年	万历三十四年	万历三十五年	万历三十六年
利润	3850.912	2961.412	2208.132	2187.998	2788.417	2765.717	1882.678
年份	万历三十七年	万历三十八年	万历三十九年	万历四十年	万历四十一年	平均数	
利润	1759.358	2256.062	3174.249	3696.112	3077.425	2272.5	

---

① 吴文奎:《苏堂集》卷八《母氏冯状》,《四库全书存目丛书》集部第189册,第195—196页。

② 吴文奎:《苏堂集》卷八《先迪公逸事》,《四库全书存目丛书》集部第189册,第194页。

③ 吴文奎:《苏堂集·程湄序》,《四库全书存目丛书》集部第189册,第5页。

④ 吴文奎:《苏堂集》卷一〇《与方汉尊公近溪先生》,《四库全书存目丛书》集部第189册,第237页。

　　从表 8-1 中可以看出:(1)无论是总量还是平均数,经营利润相当丰厚。各年利润数量较多,皆在 1000 两以上,其中在银 1000—1999 两之间的达 10 年,在银 2000—2999 两之间的为 8 年,银 3000 两以上的有 4 年。22 年间总利润数为银 49995.425 两,平均年利润数为银 2272.5 两。而明代文献中辄以"累致千金"来形容丰厚利润的。如明代祁门汪献祥,"长游四方,往来江淮间,累千金"。[①] 又嘉万年间歙县汪铢,"就近而贾海阳,骤致千金者三,称良贾矣"。[②] (2)年利润数趋势增长。各年利润增长数和增长率反映了利润数动态变化。经计算,21 年[缺万历十六年、万历二十四至二十七年(1596—1599)5 年]总增长数为 1393.65,增长率 159.96%;年增长数为 73.35%,增长率 8.42%,皆为正值,由此推断趋势增长。(3)年利润数波动明显。可分为万历十六至十七年、万历十七至二十三年、万历二十三至二十七年、万历二十七至二十九年、万历二十九至三十三年、万历三十三至三十七年和万历三十七至四十一年 7 个周期。7 个波动周期长则 6 年,短则 2 年,平均 4 年,平均年波幅为 519.518,年波动率为 22.86%。其中,万历十六至二十八年的 13 年间年波幅低于平均数,万历二十九至四十一年的 13 年间年波幅高于平均数。文奎父子典业资本利润波动特点为周期短,幅度大,程度高,分为两个阶段,万历二十九年以后波动程度高于万历二十八年以前。这说明了文奎父子典业资本利润运行态势不稳定,万历二十九年以后波动程度大于万历二十八年以前。

　　资本运行中,能够真实反映经营效益的是利润率,它体现了资本价值增值和活跃程度。该账簿不仅记载各年的利润数,而且记载各年的资本量,从而可以推算出各年的利润率。其各年的利润率(%)列表 8-2。

---

　　① 康熙《祁门县志》卷四《孝义》,转引《明清徽商资料选编》,黄山书社 1985 年版,第 167 页。
　　② 汪道昆:《太函集》卷四〇《共程传》,《四库全书存目丛书》集部第 117 册,第 505 页。

表8-2 吴文奎父子历年商业资本利润率一览

年份	万历十六年	万历十七年	万历十八年	万历十九年	万历二十年	万历二十一年	万历二十二年
利润率	17.98	13.10	13.68	14.77	18.56	18.54	14.75
年份	万历二十三年	万历二十四年	万历二十五年	万历二十六年	万历二十七年	万历二十八年	万历二十九年
利润率	13.61	缺	缺	缺	11.25	12.07	7.7
年份	万历三十年	万历三十一年	万历三十二年	万历三十三年	万历三十四年	万历三十五年	万历三十六年
利润率	17.86	13.54	10.05	9.72	12.03	11.63	7.86
年份	万历三十七年	万历三十八年	万历三十九年	万历四十年	万历四十一年	年均数	
利润率	7.02	8.96	12.55	14.15	11.35	12.05	

从表8-2中可以看出:(1)文奎父子典业资本利润率的水平。各年度的利润率不平衡,差别较大。最高的万历二十年,达18.56%;最低的万历二十九年,为7.02%,两者相差超过10个百分点,前者为后者的2倍多。年平均利润率为12.05%。(2)利润率趋势下降。据各年份利润率求得线性趋势公式为 $y = -0.0025x + 0.1627$。该公式表明,万历十六年至万历四十一年间利润率的趋势为:以万历十六年趋势值0.1627为基数、年数0.0025递减的。又据该公式求得万历四十一年趋势值为0.1002,则万历十六年至万历四十一年间经营利润共降低了0.384倍,年降率为1.08%。文奎父子典业资本经营中,同时出现利润率下降、利润量反而增加的现象,由于利润量取决于利润率和资本量两个因素。在资本量不变的条件下,利润量会随着利润率的高低而增减;在利润率不变的条件下,利润量又会随着资本量的多少而增减。随着资本的快速增长,利润率的下降和利润量的增加就会同时发生。文奎父子商业利润增长趋势主要通过资本增长实现的。(3)年利润率波动明显。同利润一样,分为7个周期,各周期长则6年,短则2年,平均4年;波幅高则18.29%,低则5.19%,平均年波幅2.56%,年波动率21.2%,周期短,幅度大,程度相当剧烈,略低于利润数的波动程度,文奎父子资本的经营效益同样不稳定。从中又可看出,文奎父子的经营效益分为

3个阶段。其中,万历十六至三十一年为第1阶段,这一阶段中,年平均利润率为13.17%,高于平均利润率,经营效益甚好;万历三十二至三十八年为第2阶段,这一阶段中,年均利润率为9.61%,低于平均利润率,经营效益下降;万历三十九至四十一年为第3阶段,这一阶段中,年均利润率为12.68%,高于平均利润率,经营效益上升。总之,万历三十一年以前的经营效益胜于万历三十九年以后的经营效益,万历三十九年以后的经营效益胜于万历三十二至万历三十八年之间的经营效益,万历三十一年以前的经营效益胜于万历三十二年以后的经营效益。

对于经营效益波动的原因,不外乎内外两方面。其内在因素在于自身的管理,并与资本组织、经营方式以及利润分配方式等有关。就其经营阶段而言,万历三十一年以前,吴文奎在世,其商业资本由吴文奎独自管理经营,效益甚好;万历三十二至万历三十八年,文奎去世后,诸子虽为一家,人心不一,多忙于己事,以致商业经营疏于管理,效益不断下降。如万历三十五年,可献"同康兄由浙至京,时季兄并嫂旧季京中肄业。康兄下为带宠,予下复班。未几,伯兄今至进监,同过夏秋各散归,而予复入楚算账",诸子忙于科举和官场,该年经营效益不及上年。又如万历三十六年,可献"同康家居苏园,苦于雨。贞甫山东、伯兄白下,季元在楚",诸子多不从事经营管理,该年经营效益持续走低。万历三十八年文奎诸子进行分家,其后商业资本由文奎诸子所有,诸子分守各铺,并实行正余利分配方式,提高了经营者积极性,万历三十九年以后,其利润率较快上升。外部因素主要有灾荒、官府剥削以及突发事件等。如万历二十七至二十九年利润率的下降,亦与矿使税监横征暴敛不无关系。又万历三十六年经营效益,因"武穴水荒,盐又早卖,以致利微"。该年效益下降主要由水灾引起。不过,外部因素的影响应是有限的、次要的。万历年间湖北黄州府水旱频仍。如万历十六年大旱,万历十七年大旱,万历十八年大疫,万历三十四年大水,万历四十一年大水。[①]而这些年份的经营效益同相邻年份相比,既有降低,亦有提升。在自然灾荒等外部因素影响文奎父子典业经营的同时,内部管理等因素应是经营效益

---

① (民国)《黄州府志》卷四〇《祥异》,(台北)成文出版社1976年版,第1429页。

波动的主要原因。无论是外部还是内部因素,其经营效益都是由资本市场制约的。文奎父子典业经营效益波动情形表明,其时资本市场尤其是金融市场处于一种不稳定状态,安全性较低,风险较高。

二 积累增长

资本积累是考察资本运行实态又一标志,是资本扩张的重要手段。《万历收支银两册》对文奎资本积累过程有着明确记录。账簿中对文奎父子资本的记载共有两项:一为"原本",即某一年度的年首资本数;二为"现本",即该年度的年终资本数。各年的资本数,应即指年终资本数。现将各年年终资本列表8-3。

表8-3 吴文奎父子历年年终资本一览 （单位:银两）

年份	万历十六年	万历十七年	万历十八年	万历十九年	万历二十年	万历二十一年	万历二十二年
资本数	8879.35	9236.264	9790.568	10424.852	11877.498	13362.716	14467.228
年份	万历二十三年	万历二十四年	万历二十五年	万历二十六年	万历二十七年	万历二十八年	万历二十九年
资本数	15209.124	缺	缺	19340.883	20652.409	21126.521	21566.605
年份	万历三十年	万历三十一年	万历三十二年	万历三十三年	万历三十四年	万历三十五年	万历三十六年
资本数	21581.744	21872.029	22509.97	23027.404	23745.7	23989.226	25069.148
年份	万历三十七年	万历三十八年	万历三十九年	万历四十年	万历四十一年	平均数	
资本数	25102.507	25241.869	26116.66	27118.28	27153.322	20414.591	

需要说明的是,万历二十一年和万历二十六年度资本数,账簿中本无记载,而是根据其他年度资本数求算的。如前所述,本年度年首资本数即为上年度年终资本数,则此两年的年终资本数应分别为万历二十二年和万历二十七年的年首资本数,具体为银13362.716两和银19340.883两。从表8-3中可以看出,(1)文奎父子资本数逐年递增。万历十六年资本最少,为8879.35两;万历四十一年资本最多,为27153.322两。前者是后者3.058

倍,年增长率为 4.4%。其中,万历十六年至万历二十五年的 10 年间,资本数量增加了银近万两;自万历二十六年至万历四十一年的 15 年间,资本数也增加了银近万两。这说明资本增长率不等。经计算,各年增长率中,最高的年度为 13% 以上,最低的年度不到 0.1%,平均为 3.915%。(2)文奎父子资本的增长分为两个阶段。万历二十七年以前,各年资本增长率超过平均数;万历二十八年以后,各年资本增长率基本低于平均数。在万历二十一年之前,各年资本增长率基本呈上升趋势;万历二十二年以后,各年资本增长率呈现逐渐下降趋势。说明增长率分为万历十六至万历二十一年和万历二十二年至万历四十一年两个阶段。万历二十一年以前,资本增长速度较快;万历二十二年以后,增长缓慢,甚至停滞。

资本增长有两种方法,一是资本积聚,二为资本集中。资本积聚,就是资本积累。从各年增长数同其资本积累数比较可知,文奎父子资本增长来源于资本积累。而账簿中所载的"仍利",即是文奎父子商业资本积累。现将文奎父子各年资本积累数和增长数列表 8-4。

表8-4 吴文奎父子历年资本积累及增长一览 （单位:银两）

年份	万历十六年	万历十七年	万历十八年	万历十九年	万历二十年	万历二十一年	万历二十二年
积累	785.078	373.744	531.88	606.373	1381.915	1485.218	1104.51
增长数	缺	356.914	554.304	634.284	1452.646	1485.218	1104.512
年份	万历二十三年	万历二十四年	万历二十五年	万历二十六年	万历二十七年	万历二十八年	万历二十九年
积累	746.086	1177.553	1177.553	1177.553	1081.526	1055.035	458.52
增长数	741.896	缺	缺	缺	1081.526	474.112	440.084
年份	万历三十年	万历三十一年	万历三十二年	万历三十三年	万历三十四年	万历三十五年	万历三十六年
积累	15.139	585.565	544.361	517.434	561.584	216.29	1126.056
增长数	15.139	290.285	637.941	517.434	718.296	243.526	1079.922
年份	万历三十七年	万历三十八年	万历三十九年	万历四十年	万历四十一年	平均数	
积累	24.193	128.314	227.809	1001.626	35.042	743.271	
增长数	33.359	139.362	874791	1001.626	35.042	610.985	

　　首先需要说明的有两点,一是万历二十一年、万历二十四年、万历二十五年和万历二十六年4年度资本积累数。这4个年度资本积累数,账簿本无记载,而是根据其他年度资本数求算的。二是万历三十年资本积累数少于该年利润数和消费数差银1685.139两。这是因为该年文奎发生盐船失事而造成重大损失,即簿中所载"张荣舡失银一千六百七十两"。表中可以看出,各年的增长数同其资本积累表相比,万历二十二年、万历三十年、万历三十三年、万历四十年和万历四十一年5年资本积累和增长两者相等。这5年增长完全来源于资本积累。万历十七年、万历二十三年、万历二十八年、万历二十九年、万历三十一年和万历三十六年6年资本积累大于该年资本增长数,这6年的资本增长亦完全来源于资本积累。其余万历十八年等9年的资本积累数小于资本增长数,这9年资本增长不完全来源于资本积累,共缺少银465.79两。不过,上述各年资本积累总数仍多于资本增长数银496余两。显见资本增长主要来源于资本积累,而不是资本集中。而资本积累属于利润的一部分,即文奎父子商业资本增长来源于经营利润。这从资本构成亦可佐证,文奎父子商业资本基本为文奎父子家庭所有,附本数量甚少。万历十六年附本1400两,占总资本16%;至万历二十年附本不及600两,占总资本不及6%;至万历二十二年附本仅340两,占总资本2.6%。此后,附本数百两徘徊。附本数越来越少,比例越来越低。从表8-4中又可以看出:(1)各年度的资本积累数不平衡,差别较大。年资本积累数,最高的万历二十一年,为银1485.218两;最低的万历三十年,为银15.139两,两者相差银1470余两,前者为后者的98倍。(2)资本积累总量较多。26年间总积累数为银19325.057两,年平均为银743.271两。除万历二十一年、万历二十四至二十六年4年外,22年间共积累资本银13708.08两,年均积累银623.095两。(3)年资本积累数分为两个阶段,趋势递减。万历二十七年以前,各年资本积累数多大于平均数;万历二十八年以后,各年资本积累数多小于平均数,说明万历二十七年资本积累较多,万历二十八年以后资本积累开始放慢。(4)年积累数波动明显。可分为6个周期,其中万历十六至十七年周期不全;其余5个周期长则7年,短则3年,平均4.8年,年平均波幅347.493,年波动率29.5%,周期短,幅度大,程度相当剧烈,超过利润和利润率的波动程度,亦说明文奎父子资本积累不稳定。文奎父子资本积累主要受利润数和消费数共同影响。当利润一定时,随着消费数量的增加,积累将减少;反之,随着消费数量减少而增加。同样,消费量不变的情况下,积累会随着利润的增减而增减。如前所述,利润数不断增加,而积累反而逐渐递减,这说明影响积累的两大因素中,消费超过了利润。现将各年积累数分别与利润、消费量比率(%)列表8-5。

表8-5 吴文奎父子历年资本同利润、消费量比率一览 (单位:%)

年份	万历十六年	万历十七年	万历十八年	万历十九年	万历二十年	万历二十一年	万历二十二年
同利润比率	53.95	32.20	41.98	41.81	70.92	67.46	56.04
同消费比率	117.14	47.49	72.35	71.85	243.93	缺	127.46
年份	万历二十三年	万历二十四年	万历二十五年	万历二十六年	万历二十七年	万历二十八年	万历二十九年
同利润比率	37.89	缺	缺	缺	49.73	43.56	28.21
同消费比率	61.05	缺	缺	缺	98.91	77.19	39.3
年份	万历三十年	万历三十一年	万历三十二年	万历三十三年	万历三十四年	万历三十五年	万历三十六年
同利润比率	0.39	19.77	24.65	23.65	20.14	7.82	59.81
同消费比率	0.7	24.65	32.72	30.97	25.22	8.48	148.83
年份	万历三十七年	万历三十八年	万历三十九年	万历四十年	万历四十一年	平均数	
同利润比率	1.38	5.69	26.56	27.10	1.14	32.25	
同消费比率	1.39	6.03	36.16	37.17	1.15	59.55	

就积累同利润比率而言,其趋势下降,线性趋势公式为 $y = -0.017x + 0.579$。至第三十四年时,趋势值为零,即积累为零。这说明,按照文奎父

子资本利润的趋势,至第三十四年时,文奎父子资本增长停止,此后将开始负增长。就积累同消费比率而言,其趋势亦是下降,线性趋势公式为 y = −0.0396x+1.1977。至第三十年时,趋势值为零,即积累为零。这说明,按照文奎父子消费趋势,至第三十年时,文奎父子资本增长停止,此后将开始负增长。而根据积累线性趋势公式求得第五十一年时积累停止。不管怎么说,文奎父子资本难以无限增长。

三　分散消耗

资本流向是考察资本运行实态又一重要方面。文奎父子商业资本在赢利和增长的同时,亦不断消耗和分散。其商业利润除一部分转化成资本积累外,即用于各种消费而消耗;文奎资本在积累过程中,又不断地析与诸子名下。分散和消耗亦是资本运行的重要标志。该账簿所载的"支出",即指各种费用,具体指商业经营以外的费用,为吴文奎家庭的消费开支。现将历年费用列表8-6。

表8-6　吴文奎父子历年费用一览　（单位:银两）

年度	万历十六年	万历十七年	万历十八年	万历十九年	万历二十年	万历二十一年	万历二十二年
消费	670.214	787.007	735.103	843.906	566.525	缺	866.56
年度	万历二十三年	万历二十四年	万历二十五年	万历二十六年	万历二十七年	万历二十八年	万历二十九年
消费	1222.035	缺	缺	缺	1093.448	1366.733	1166.755
年度	万历三十年	万历三十一年	万历三十二年	万历三十三年	万历三十四年	万历三十五年	万历三十六年
消费	2165.773	2375.847	1663.771	1670.564	2226.833	2549.427	756.622
年度	万历三十七年	万历三十八年	万历三十九年	万历四十年	万历四十一年	平均数	
消费	1735.165	2127.748	2289.44	2694.486	3042.383	1573.47	

从表8-6中可以看出,(1)消费量甚多。各年消费量不等,差别较大。最高年度的万历四十一年,达银3042余两;最低年度的万历二十年,为银

566 余两,两者相差近银 2500 两,前者是后者的 4 倍多。22 年间共享银 34616 余两,年均用银 1573 余两。(2)年消费量趋势增长,并分为两个阶段。万历二十九年以前各年消费数低于平均数,万历三十年以后各年消费数高于平均数,这说明万历二十九年以前消费数量较小,万历三十年以后消费支出数量过大,万历三十年以后的消费水平明显高于万历二十九年以前。(3)各年间消费波动明显。可分为万历十六至十八年、万历十八至二十年、万历二十至二十四年、万历二十四至二十九年、万历二十九至三十二年、万历三十二至三十六年和万历三十六至四十一年(未完)等 7 个周期。经计算,平均周期 3.5 年,年振幅 334.524,年波动率 21.26%。消费的波动周期短、振幅大,程度高,超过利润和利润率的波动程度,且万历三十年以后的波动程度高万历二十九年以前。

影响文奎父子家庭消费因素较多。首先,生活开支是文奎父子家庭的主要消费。万历年间,文奎父子家庭和人口的数量不断增加。文奎于万历四年(1576)分家后独立成户的,其时家庭只有 5 口;万历十六年(1588),已达 9 口;至万历三十二年(1604)文奎去世时,超过 20 口;同时,万历三十八年(1610)文奎诸子分家析产后,其家庭由原有的 1 家分为 6 家。随着人口的迅速增加,家庭事务趋于繁多,各项生活开支大大增加,仅就婚丧喜庆一项颇为惊人。每次婚庆喜庆少则用银几十两,多则数百两。如万历三十三年(1605)康侯娶妾王氏用银 300 多两。而自万历十五年至四十一年间(1587—1613),文奎家庭婚丧连年。据账簿和《荪堂集》不完全记载,万历十五年,长子伯时娶亲。万历十七年(1589),次子仲穆娶亲。万历十九年(1591),仲穆妻孙氏死,并继娶汪氏。万历二十年(1592),七子可驯生。万历二十一年(1593),三子康侯娶亲,八女足弟生。万历二十二年(1594),孙良珉生。万历二十三年(1595),孙良彦生,妻程氏病逝。万历二十四年(1596),纳妾傅氏,孙良瑜生。万历二十五年(1597),八子可托生。万历二十六年(1598),四子季常娶亲,八子可托夭。万历二十七年(1599),文奎娶妾卢氏,女珠生,康侯妻金氏死。万历二十八年(1600),五子可献娶妻叶氏,妾傅氏病死,次子仲穆病逝,女珠夭,孙良治亡。万历二十九年(1601),孙良誉生。万历三十二年(1604),良芬生,文奎病逝,妾卢氏病逝。万历三十三年(1605),康侯娶妾王氏,可献继娶姚氏,康侯定媳,孙良畴生。万历三十四年(1606),五子元龙娶亲,伯时定媳。万历三十五年(1607),良嗣生。万历三十六年(1608),孙良弼生。万历三十七年(1609),伯时娶房氏,良蓍生。万历三十八年(1610),孙良蕊生。万历三十九年(1611),良彦娶亲,良蔚生。万历四十一年(1613),伯时病逝。对此,文奎妻程氏说道:"七儿一女,倒庋倾筐不支也。"①同样,万历年间休宁璜源吴瀛山经营利润亦因"食指渐繁"而"力惫莫支"。② 其次,奢侈性消费日增。这可通过利润消费率(消费量与利润数的比率)来说明。现将利润消费率(%)列表8–7。

表8–7　吴文奎父子历年利润消费率一览

年份	万历十六年	万历十七年	万历十八年	万历十九年	万历二十年	万历二十一年	万历二十二年
比率	46.1	67.8	58.02	58.19	29.1	缺	44.0
年份	万历二十三年	万历二十四年	万历二十五年	万历二十六年	万历二十七年	万历二十八年	万历二十九年
比率	62.1	缺	缺	缺	50.3	56.4	71.8
年份	万历三十年	万历三十一年	万历三十二年	万历三十三年	万历三十四年	万历三十五年	万历三十六年
比率	56.2	80.2	75.3	76.4	79.9	92.2	40.2
年份	万历三十七年	万历三十八年	万历三十九年	万历四十年	万历四十一年	平均数	
比率	98.6	94.3	72.1	72.9	98.9	69.1	

　　从表8–7中可以看出,自万历十六至万历四十一年间,利润消费率基本呈现上升趋势,最低的万历二十年,不及30%;最高的万历四十一年,近100%,平均为69.1,这说明大部分商业利润用于消费。其中,万历三十年年以前11年中,10年低于平均数;万历三十一年以后11年中,10年高于平均数。这说明,随着利润的增长,消费亦不断增长,而且消费增长率超过了

---

① 吴文奎:《苏堂集》卷八《亡妻程氏行状》,《四库全书存目丛书》集部第189册,第200页。
② 吴文奎:《苏堂集》卷七《寿东丘吴长公六十序》,《四库全书存目丛书》集部第189册,第161页。

利润增长率。显见文奎父子开始出现奢侈性消费。文奎妾傅氏"不肯作里丘俗装。日索绮縠珠玉,余难之,间应以纨素、簪珥与之"。① 以致万历三十八年伯时叹道:"第连季各支不量力逾昔,日后务宜节俭,庶免日后之悔。"文奎父子奢侈性消费乃受当时徽州社会风气影响。"里俗竞簪珥袨服,相高锥髻刺天,帬裳曳地。"②再次,儒事活动也是文奎父子家庭一项重要消费。吴文奎虽出身于商贾家庭,然对举业一直孜孜以求,"经术由来足亢宗,多男分职各须供。也知盛世堪樗散,复尔那能更仲容"。③ 次子仲穆"生颇聪慧,叩其诵读,即易岁月不忘。间刺经史,提衡长短,亦十不失六七。当未授室时,日手一编,口经书不绝声……结里中林兆仁、程仲鱼、刘子受、族叔祖日宣、叔济之、尧授、兄仲和为文社,交相砥砺"。④ 此外,文奎父子尚有不少临时性支出。其中,引人注目的有两点,一为官府的不时盘剥。如文奎一家曾受到税监侵扰。"先是郡邑大猾起告密,中贵以矿税骚扰,频年冰兢,旦不谋夕。"⑤万历年间,税监对徽州地区侵害甚深。"中贵人以榷税出,毒痛四海,而诛求新安倍虐。"⑥二为频繁的纠纷费用。如万历二十二年(1594),"会家幹治贾,与武弁构讼之两淮,陪京诸当路骚然烦费,余忧动于色"。⑦ "辛丑冬为亡弟经纪负逋。其明年春,又值族兄孤托之役,对簿旁午。初夏始遂跳驱,偕儿辈之白下,作寓公濠上。然坐席未煖,复苦舟人侵牟,大丧资斧。委顿归,而里选之事兴矣。营营仡仡,竣事已及燠热,念触冒则故痾。恐复俟时,繁剧靡宁。"⑧万历二十九年(1601),"为徐船事,在京

---

① 吴文奎:《苏堂集》卷七《亡妾傅氏墓碣》,《四库全书存目丛书》集部第 189 册,第 179 页。
② 吴文奎:《苏堂集》卷八《亡妻程氏行状》,《四库全书存目丛书》集部第 189 册,第 199 页。
③ 吴文奎:《苏堂集》卷六《即事示子可镜可晋可奇》,《四库全书存目丛书》集部第 189 册,第 150 页。
④ 吴文奎:《苏堂集》卷七《仲儿可镜墓志铭》,《四库全书存目丛书》集部第 189 册,第 176—177 页。
⑤ 吴文奎:《苏堂集》卷七《癸卯苏园避暑记》,《四库全书存目丛书》集部第 189 册,第 175 页。
⑥ 杨维桢:《大泌山房集》卷六九《汪内史家传》,《四库全书存目丛书》集部第 152 册,第 179 页。
⑦ 吴文奎:《苏堂集》卷八《亡妻程氏行状》,《四库全书存目丛书》集部第 189 册,第 200 页。
⑧ 吴文奎:《苏堂集》卷七《癸卯苏园避暑记》,《四库全书存目丛书》集部第 189 册,第 175 页。

告状"。又万历四十二年(1614)文奎父子资本发生"甲寅之失"。吴可献于万历四十一年账务中记道:"是季大水,新合开大冶典所,俗谓瞽他宅皮袋,致有甲寅之失"。"甲寅之失",具体为何,难以得知,但不管怎么说,当是一次偶发事件。这一事件对文奎父子商业资本打击相当沉重,以致吴可献认为开设典铺不过为"他宅皮袋";况且账簿登记中止,亦似乎与此次事件有关。总之,这些临时性开支,虽然事出偶尔,但其数量往往很大,甚至迁延时日,危害极大。

文奎资本通过平常补贴和分家析产两种途径析与诸子。(1)平常补贴。据账簿所载,这些补贴有辛力银、读书补贴、婚嫁银和其他补贴4种。其中,辛力银,指吴文奎对诸子管理家务及商铺的补贴。万历二十二年(1594),吴文奎对诸子辛力补贴批道:"今后议:在外一月贴银一两,在家一月贴银五钱"。如伯时万历二十三年(1595)在外得贴银12两;万历二十九年(1601)得"贴客外银"12两。读书补贴,指吴文奎对诸子业举的各项补贴。业举补贴项目较多,有书费、纸笔费、进学赏银、坐监银和科举银等。如万历二十七年(1599),"仲兄贴书费十两,康兄贴书费九两。季兄贴纸笔费一两"。又万历三十一年(1603),"康兄贴书费九两,进学赏银二百两"。又万历三十二年(1604),"献贴坐监银五十七两"。又万历四十年(1612),"贴康兄补廪科举一百两,又贴书费十两;贴季兄科举银十两"。婚嫁费,指吴文奎对诸子婚丧嫁娶的各项补贴。婚娶费,又称"回鞋银"。万历二十二年(1594)"康兄大婚,批与回鞋银一百两",又万历二十九年(1601)"献承父批回鞋银五十两"。继娶补贴较少,万历十九年(1591)仲兄"继娶用,外父贴三十两"。丧费补贴有所不等,万历四十一年(1613)伯时去世补贴银100两。其他补贴。如万历二十三年(1595)伯兄"拨还时父祖姑婆与银二十两",万历三十七年(1609)康侯"援例银四百两"。又如万历二十九年(1601)"伯兄分本父本三百两,康兄分本父本三百两,季兄分本父本三百两,献分本父本三百两。"(2)分家析产。文奎诸子于万历三十八年(1610)分家的,"悉遵遗墨,财本分拨各人名下生意,轮流守看"。诸子分得商业资本具体为:"伯时廿五岁得本一千两,利十五季,该银一千二百两;又分父本一千三百两,又贴银六两。康侯廿五岁得本一千两,利九季,该银七百二十两;又分父本一千三百两,又贴读书银十两,又援例银四百两……"同时,此次诸子并没有将所有商业财产全部分析,"另有合同。仍存父本,待鸾期拨与贞元援例八百,又元龙照廿五岁,例得千金,又永明继子十五岁上例五百两,并完祠事、卜风水、造住屋等件完成,余银六人均分"。万历三十八年(1610)文奎商业资本的分析,采取分产不分业的形式。随着经营形态的改变,文奎诸子同时调整了利润分配方式,由原来按资分配改为正余利制分配。正余利制分配优化了经营效益,其年正利率会随着不同年份经营效益的优劣,可作适当的调整。如万历四十年文奎父子利润分配的年正利率由9%调至10%。

文奎资本不断析予诸子,构成了家庭内父子之间商业资本的流动,促进了资本循环运行。父辈商业资本的分析,恰是子辈商业资本的积累。文奎父子家庭中,文奎资本的分析,正是诸子资本的积累。账簿中记载诸子逐年的原本(年初资本)、得利(利润)、贴银、分本、支出(消费)和仍在(年终资本)等数量,从而可了解到诸子资本来源和积累过程。现将文奎长子伯时个人商业资本积累过程列表8-8。

表8-8　吴伯时历年资本积累一览　　(单位:银两)

年份	利润	其他所得	消费	资本
万历十六年	—	—		100.000
万历十七年	13.000	—	8.045	104.955
万历十八年	13.745	4.000	0.850	121.850
万历十九年	17.057	6.000	0.000	144.907
万历二十年	26.082	4.000	13.327	161.662
万历二十一年	—	—	—	186.930
万历二十二年	27.110	9.000	21.585	201.455
万历二十三年	26.180	32.000	21.000	238.635
万历二十四年	缺	缺	缺	缺
万历二十五年	缺	缺	缺	缺
万历二十六年	缺	缺	缺	193.089
万历二十七年	21.626	12.000	96.300	130.415

年份	利润	其他所得	消费	资本
万历二十八年	15.519	12.000	83.600	74.334
万历二十九年	5.612	312.000	59.446	332.500
万历三十年	33.250	12.000	72.740	305.010
万历三十一年	41.176	12.000	77.852	280.334
万历三十二年	28.033	208.000	104.168	412.199
万历三十三年	41.219	10.000	128.848	334.570
万历三十四年	40.148	7.500	50.621	331.597
万历三十五年	38.133	0.000	171.079	198.651
万历三十六年	14.898	96.000	120.769	188.378
万历三十七年	13.186	0.000	326.900	−125.336
万历三十八年	0.000	3506.000	330.806	3175.194
万历三十九年	446.197	—	184.951	3436.044
万历四十年	541.698	—	183.019	3794.723
总数	922.171	4601.024	2055.906	

表中的其他所得,指利润之外的所有收入,包括各种贴银和分本。从中可以看出,伯时个人资本始于万历十六年,来源于父辈的商业资本。该年伯时成亲,文奎赠予婚嫁银 100 两。伯时没有将该银即时提取,而是置于商业经营中生息,从此开始了资本积累过程,这说明子辈资本积累的过程并非始于分家析产。综观伯时逐年资本,万历三十七年(1609)以前积累缓慢,甚至负积累;万历三十八年(1610)分家以后,积累增快。分家析产是子辈资本积累的基础,是商人家庭内部资本循环的重要环节。文奎资本全部分析后,诸子个人资本不得不从较低水平上重新积累。伯时于万历四十一年(1613)去世,其时积有资本银 3800 两,加上尚未分析资本,共约有银 5000两,这比文奎生前资本积累银 2 万余两少得多。同时,伯时资本又将被其诸子分析。从长时间来看,分家析产无疑有碍于资本积累。

明代吴文奎出生于一个商人家庭,其先世商业经营源远流长,以业盐为主,活动于扬州及两湖之间。文奎商业资本承继其父。文奎在经营盐业的同时,开始转营典业,生前共开有四座典铺。万历三十二年(1604)文奎去世后,诸子又陆续开设两座典铺。账簿详细记录逐年资本、利润、消费和积累的数量。利润、消费和资本趋势增长,利润率和积累趋势下降。万历十五年(1587),文奎共有资本银 8000 余两;万历四十一年(1613),文奎及诸子共有资本银 27000 余两,26 年间增长了 237.5%,增长较为明显。在所载 22 年度间,所获利润相当丰厚,达银 50131.343 两,共用去银 34616.305 两,积累银 14000 余两;年均利润为银 2278.7 两,年均利润率一般,为 12.5%。各年的利润和利润率,万历三十一年以前多超过平均数,万历三十二年至万历三十八年间低于平均数,万历三十九年至万历四十年又超过平均数。各年的资本积累和增长率,万历二十九年以前超过平均数,万历三十年以后低于平均数。万历三十年(1602),是吴文奎资本经营一个重要转折点。前期效益较好,后期则不及前期。

明代商业利润一小部分利润转化成资本,成为资本积累。明代商业市场规模渐次扩大,增强了资本积累能力,加快资本扩张进度。资本积累是明代商业资本扩张的主要途径。明代商业资本尤其是中小资本积累速度较快,以小本起家的晚明商人,经过 20 年或 30 年的艰苦经营,能够成为巨万商贾。经过世代积累,明代后期出现了数十万乃至百万大资本商人。

商业利润绝大部分用于消费。其消费主要用于家庭生活、文化教育和社会活动三方面。其中,生活开支是家庭最基本消费种类,它随着家庭人口的增多而增加,也随着利润的增多而增加;徽商家庭往往人口众多,家庭消费浩大,削弱了资本积累,不利于资本增长。出于商业经营的需要以及受社会环境的影响,徽商对儒业汲汲以求,"吾闻黄金满籝,不如教子一经"。①商人的儒业活动,同样增加了家庭开支,削弱了资本积累。不过,儒贾关系又是互动的。以儒事贾,则有利于商业经营,吴文奎即是一例;以贾事儒,则会疏于经营,利润下降,妨碍资本增长,甚至消耗原有资本,嘉靖、万历年间的方用彬和吴文林即是第二例。商人在生活和经营中遭遇不少社会纷争,

---

① 杨维桢:《大泌山房集》卷一一四《文学汪长公行状》,《四库全书存目丛书》集部第 153 册,第 319 页。

这些纷争虽事出偶然,但费资甚多,尤对中小商人打击甚大,甚至一蹶不起。商人与封建官府关系密切。这种的密切联系使商人们获得巨额利润的同时,亦担当了很大风险。官府不可能把财源无限地让予他们。在某些历史时期,由于当政者的主观意志或其他因素,首先受到打击往往也是他们,尤其对大商人打击更为沉重。万历年间税监四出,以及天启年间的黄山大狱案,都是典型事例。正因为如此,商业资本利润率呈现出强烈的波动状态。这种状态表明,其时的商业环境,可谓机遇和挑战并存,商机和危机同在。缺乏应有社会保障的商业资本,一旦遭遇风险,往往会快速消耗。这大概就是大商人资本"兴也匆匆,亡也匆匆"的原因所在。

父子之间的资本流动,构成商人家庭内部资本循环,亦是社会资本运行的重要形式。子辈的资本积累来源于父辈的资本分析。分家析产是家庭内部资本循环重要环节。分家析产对商业资本的影响表现在两个方面。其一,商业资本分析时,诸子所分得的资本只是原有资本的数分之一,然后诸子在所分得资本的基础上进行积累,至积累到一定数量,又进行分析,这种分析—积累—分析的循环,使商业资本始终徘徊一个较低水平,难以大规模积累与集中,同时降低了抵抗商业风险的能力。其二,商人家庭分家时采取分产不分业的形式,使原有商业资本保持集中而不分散。同时,通过分家析产,改变了资本组织形态及其利润的分配方式。利润分配由按资分配调整为正余利制。正余利制的分配方式,不仅保证能够原有利润数,而且直接把余利和经营效益联系起来,充分调动经营者的经营热情,从而优化经营效益。分家析产对资本积累的作用是双重的。

第二节　胡学梓的家产规模

有关明清大商人资本量,据文献所载,明代万历年间或达银百万两,清代乾隆年间或达银千万两。不过,有关明清大商人资本量皆缺乏具体例证。乾隆年间黟县西递胡学梓是清代著名徽商之一。有关胡学梓的家产,传说甚多。有的认为,胡学梓在江西、景德镇、九江,安徽休宁万安等地号称有

"三十六典"、"七条半街",为当时江南六大首富之一,家财"五百万金"。曾首捐重金助建碧阳书院,独造齐云山脚"登封桥",以及黟县永济桥、霭冈桥等,并倡建西递"明经祠",修建黟县歙祁休大路九处。据族谱载,胡贯三"善举用银计八万两"。① 有的认为,"据调查,清乾隆年间,大富商胡学梓有 36 个当铺,好几个钱庄,资金有白银 600 万两(一说 800 万两)。在休宁县占有大量土地,兴隆店铺和佃户住房占了隆阜半条街。传说他富比王侯,是当时江南六大富豪之一"。② 无疑,胡学梓是明清大资本商人之一,胡学梓的家产可以作为明清大商人资本量的一个例证。

胡学梓家产究竟有多大,是否如传说所言。现存的《乾隆五十八年正月立资本盘单》、《乾隆六十年胡氏分家书》、《嘉庆十九年天字号豆租阄书》和《道光五年十一月立天字阄书》③记录了胡学梓财产种类和数量,从中可以窥视胡学梓的主要家产总量。其中,《乾隆五十八年正月立资本盘单》记录胡学梓乾隆五十八年(1793)、五十九年(1794)和乾隆六十年(1795)等资本总量,以及乾隆六十年(1795)资本分割过程。《乾隆六十年胡氏分家书》记录乾隆六十年(1795)胡学梓三子分割家产状况,《嘉庆十一年天字号豆租阄书》记录嘉庆十一年胡学梓三子分割乾隆六十年(1795)未分豆租状况,《道光五年十一月立天字阄书》记录道光五年胡学梓三子分割乾隆六十年(1795)未分存款状况。所以,《乾隆五十八年正月立资本盘单》完整记录胡学梓生前所有商业资本的种类和数量,《乾隆六十年胡氏分家书》、《嘉庆十一年天字号豆租阄书》和《道光五年十一月立天字阄书》不仅记录胡学梓生前商业资本的种类和数量,而且还记录胡学梓生前的土地种类和数量。除商业资本和土地产业外,胡学梓的家产还应包括房宅、家具和收藏品等产业。而有关胡学梓的房宅,虽无具体记载,可根据相关记述进行推测。现从商业资产、土地资产和房产和等方面对胡学梓家产做一说明。

---

① 胡时滨、胡育玲编:《西递》,黄山书社 1993 年版,第 5、92 页。
② 赵华富:《徽州宗族研究》,安徽大学出版社 2004 年版,第 583 页。
③ 均藏于中国社会科学院经济研究所。

一 商业资产

胡学梓商业资产主要记录于《乾隆五十八年正月立资本盘单》、《乾隆六十年胡氏分家书》和《道光五年十一月立天字阄书》3 册账簿。

《乾隆五十八年正月立资本盘单》记录胡学梓乾隆五十八年(1793)、五十九年(1794)和乾隆六十年(1795)等资本总量。胡学梓虽卒于乾隆五十九年(1794),但其分家于乾隆六十年(1795),故其家产应为乾隆六十年(1795)为准。盘单对该年胡学梓资本为 3 部分进行,首记各项商铺资本、借出资本和市房租金,并加以汇总,次记各项附本和借入资本数量并加以汇总,复记存入其他商家资本,并加以汇总。其中,各项商铺资本、借出资本和市房租金具体如下:

> 郑村恒升典本七万四千二百八十八两六钱五分九厘
>
> 岩镇恒裕典本六万八千一百六十三两七钱九分五厘
>
> 屯溪恒兴典本四万三千七百九十五两八钱八分三厘
>
> 屯溪隆泰典本四万一千六百七十八两七钱五分七厘
>
> 屯溪恒源典本三万九千九百三十一两一钱六分二厘
>
> 万安街裕丰典本四万七千六百二十七两四钱八分二厘
>
> 渔镇恒隆典本一万二千八百四十三两六钱三分九厘
>
> 龙湾彩丰典本二万二千八百七十九两六钱七分一厘
>
> 外受替万和典存本扣实九五平银三百六十五两六钱三分七厘
>
> 外受替泰丰典存本扣实九五平银七千一百二十七两四钱一分六厘
>
> 外受替和生典存本扣实九五平银四千八百九十九两三钱四分八厘
>
> 存屯溪各店欠屋租银一百二十六两五钱一分三厘
>
> 存休城各店欠屋租银四十九两二钱七分一厘
>
> 存屯典恒丰簿银二百五十六两六钱四分八厘
>
> 存同附列会票银五千八百一十二两五钱
>
> 存岩簿银七百零四两零四分一厘
>
> 存致和店欠布饰银一千零二十九两七钱三分一厘
>
> 存叶芳号票欠三千两,外加利银六百两

存同折欠银二百九十六两九钱七分二厘

存尚姚聘礼等用银四千六百两

存积墳五十九年支岩典庄镜记簿共银二百零一两四钱六分一厘

存聚和庄本一万零三百四十两八钱九分一厘

又聚和庄该典价四千零四十五两二钱八分

存裕成烟店正本四百四十七两二钱六分三厘

又裕成烟店会银二千四百四十五两七钱九分一厘

上二项出平一百三十五两九钱七分三厘

存裕泰号本银六千九百三十三两二钱二分七厘,同出平六十九两
三钱三分

存恒源油店本八百一十六两三钱五分三厘,同出平三十六两七钱
三分六厘

存银四百二十二两三钱五分,文蔚存银

存建中叔银一千四百两

存舒中村舅公会银三百两

存河口利生店银四百两

存永源店作本银一千两

存景镇利元店银三百七十七两四钱九分

存饶协裕店银五百两

存聚源烟店银三百五十两

存渔镇正兴布店银九百零一两三钱五分四厘,欠平七十七两零六
分六厘

存蓝田永丰店本六百两

存银三百两,典下九都朱于苍亲翁住屋

存银一百两,左丞借

胡学梓商铺资本和借出资本共43项,计银425241.685两。不过,胡学
梓商铺资本和借出资本尚包括他人附本以及临时向他人的借款。各项附本
和借款数量具体如下:

扣汪宅会票本银一万一千两,该五十八年利银三百三十九两三钱

三分三厘、五十九年利银一千两三两八钱二分八厘。上项合九五砝每百出一钱六分,共计出平十九两七钱四分九厘

扣程宅会票本银六千六百九十两,该五十八年利银九十一两一钱五分八厘、五十九年利银七百三十六两七钱四分五厘。上项合九五砝每百出三两四钱四分,共计出平二百五十八两六钱一分六厘

扣郑光达布店会票本银五百两,九五平。该利银四十八两三钱九分八厘

扣程仞冈翁会票本银八百两,九五平。该利银六十六两三钱九分七厘

扣黄经斯翁会票本银一千两,九五平。该利银六十九两六钱六分七厘

扣遽若任会票本银六百两,九五平,该利银三十二两三钱九分六厘

扣约山和生典价银一千七百五十两,九五平,该利五十八年十月起至五十九年止共三百五十两

胡学梓商业资本中,共有附本或借款 7 项,计银 25311.287 两。据此可知,上述胡学梓实际个人资本为银 399920.398 两。此外,胡学梓还有另存他处资本,具体为:

又存叶康民翁当全生店屋四百四十两

又存潘友光、潘日华兄当万茂店屋银三百六十八两

又存潘汉璧兄当李源盛祠屋银三百六十八两

又存潘汉璧兄当孙试记麦店屋银四百四十两

又存韩庭彩兄当怡顺、汇川成衣店屋银九十二两

又存韩庭彩兄当汇川成衣店屋银四十六两

又存潘斯京、潘日华兄等当郑义盛店屋银三百二十二两

又存舒丽荣兄欠本利银六十八两,恒源典平

又存李毓文兄会票银一千三百两,九五平

又存韩维珍兄会票银四十九两,恒源典平

又存邱于天老当住屋银五十两,九五平

又存李振绍兄旧欠利银一百两

又存渔镇各店欠租银八十八两六钱九分

胡学梓另存他处商业资本 13 项,计银 3705.69 两。由此可知,胡学梓乾隆六十年(1795)共有资产为银 403626.088 两。

《乾隆六十年胡氏分家书》记录了乾隆六十年(1795)胡元熙兄弟 3 人分得财产种类和数量。据其所载,乾隆六十年(1795),胡元熙兄弟 3 人将胡学梓商业资本、市房租金和田产 3 部分进行分割。商业财产方面,除共存和未收回放贷外,其余由 3 子均分,立有天、地、人 3 号。天字号由学梓长子尚熷阄得,地字号由学梓三子元熙阄得,人字号由学梓次子尚焘阄得。其中,胡尚熷共分得恒兴、彩丰和恒升 3 座典铺及银 88936.449 两,元熙共分得隆泰、泰丰、和生、恒隆和恒裕 5 座典铺及银 88936.449 两,尚焘共分得恒源、裕丰和汪万和 3 座典铺及银 88936.449 两。3 子共分得典铺 11 座及资本银 266809.347 两。市房租金方面,除共存部分外,其余由 3 子均分,立有天、地、人 3 号。天字号由尚熷阄得,地字号由元熙阄得,人字号由尚焘阄得。其中,尚熷分得黟城、渔镇、休城、万安街、屯溪、江西景德镇和绕州府等地市房租金银 1617.235 两和钱 1900 文。元熙共分得渔镇、休城、万安街、屯溪、江西景德镇和绕州府等地市房租金银 1661.182 两。尚焘共分得渔镇、休城、万安街、屯溪、江西绕州府等地市房租金银 1678.407 两。3 子共分得市房租金为银 4956.824 两和钱 1900 文。另,至少共存市房租金银 616.6 两和钱 3600 文。胡学梓市房租金至少为银 5573.424 两和钱 5500 文。合计,乾隆六十年(1795)3 子共分得胡学梓商业资产银 271766.171 两和钱 1900 文,胡学梓商业资产至少为银 272382.771 两和钱 5500 文。

《道光五年天字号阄书》记录了道光五年(1825)胡元熙兄侄 3 人分得借出资本数量。据其所载,道光五年(1825),胡元熙兄侄 3 人分得将胡学梓借出资本进行分割,立有天、地、人 3 号。天字号由元熙阄得,地字号阄由积城阄得,人字阄由尚熷阄得。其中,元熙分得银 2385.5 两,积城分得银 2386.6 两,尚熷分得银 2385.4 两,道光五年(1825),胡学梓三子房下共分得银 7157.5 两,另共存银 697 两。该年,胡学梓尚遗存资本 7854.5 两。据这 2 份阄书所载,胡学梓的商业资产至少为银 280237.271 两和钱 5500 文。

《乾隆六十年胡氏分家书》和《道光五年十一月立天字阄书》所记录的

商业资产并非胡学梓全部商业资产,仅是其中部分而已。而《乾隆五十八年正月立资本盘单》所记录的商业资产,当是胡学梓全部的商业资产。据其所载,胡学梓全部商业资产达银 40 余万两。

二　土地资产

　　胡学梓土地资产主要记录于《乾隆六十年胡氏分家书》和《嘉庆十一年天字号豆租阄书》账簿中。《乾隆六十年胡氏分家书》和《嘉庆十一年天字号豆租阄书》虽没有记录胡学梓土地种类、数量和资产,却记录各种租额和数量。根据租额大致可以推断出土地数量,进而估算出资产总量。其中,《乾隆六十年胡氏分家书》分为天、地、人三阄,天字号由学梓长子尚增阄得,地字号由学梓三子元熙阄得,人字号由学梓次子尚焘阄得。《嘉庆十一年天字号豆租阄书》也分为天地人三阄,天字号由元熙阄得,地字号由积城阄得,人字号由尚增阄得。其中《乾隆六十年胡氏分家书》所载胡元熙分得的地产为:

　　渔亭

　　土名塘坑,田租五砠半,佃程永富

　　土名后力,田租十砠,佃韩如保

　　土名欧村店,田租三砠三斤半,佃……

　　土名九亩坵,田租六砠,佃欧阳兴

　　土名下屋岭,田租五砠八斤,佃欧以存

　　土名择塘,田租七砠,佃王秋得

　　土名江坞,田租三砠半,佃天木

　　土名黄畔坞,田租十二砠,佃胡孚

　　土名王家林,田租三砠,佃黄兆侯

　　土名王家林,田租十五砠,佃吴远侯

　　土名叶堨,田租四十二砠半,佃朱明岐

　　土名水坞口,田租十砠半,佃李贵先

　　土名玛川口,田租九砠,佃许长福

　　土名汪山后坵,田租十二砠,佃许寿

土名张坞,田租一砠,佃许天祥

土名汪山,田租七砠,佃傅风生

土名下湖,田租二砠十六斤,佃许寿

土名庄上,田租二砠半,佃汪永元

土名瓦古坵,田租四砠二十斤,佃宜仂

土名黄土坪,田租五砠,佃献公

土名玛川坞,田租二砠十五斤,佃陈永龙

土名下抗坑,田租七砠半,佃余公亮

土名塘坞,田租三砠,佃杨玉章

土名小坞口,田租五砠,佃杨腊八

土名上段,田租七砠半,佃吴子文

土名庙干墏,田租十砠,佃胡永龙

土名郑家(土充),田租四砠,佃郭汉五

土名石桐苦珠,田租八砠,佃韩七保

土名塘坞,田租四砠半,佃白就

土名十亩坵,田租六砠,佃李世礼

土名渔山,田租五砠,佃李季福

土名大元庇下,田租十三砠,佃胡天次

土名谢家田,田租四砠,佃江有先

土名前山坞,田租三砠半,佃白就

土名何家坞,田租十砠,佃胡良

土名十亩坵,田租二砠半,佃白就

土名塘坞,田租六砠半,佃韩殿祥

土名巴掌坵,田租一砠十七斤十两,佃谢金双

土名后底坞,田租四砠半,佃程三得

土名前溪,田租十四砠,佃程国祥

土名渔山脚,田租四砠,佃周宇

土名段心,田租五砠,佃道章

土名青山,田租十四砠,佃汪松年

土名石榴田,田租三砠,佃程启胜

土名黄塘田,田租三砠,佃程喜寿

土名荷村,田租八砠半,佃欧元九

……

以上渔亭田租共二百四十五宗,计租共计田租一千六百十一砠零八斤

……

以上偶坑田租共一百七十六宗,计租六百八十九砠二十一斤十五两

……

以上八都豆租共六十宗,计租九十一砠十八斤十二两

……

以上八都豆租共计九宗,计租九砠一斤五两

八都当豆租

土名插坞,豆租二砠,佃吴三元

土名插坞,豆租一砠,佃吴佛有

土名下坦园,豆租四砠,佃自种

……

以上五处共计田租二千三百砠二十九斤十五两、白黄豆租一百砠十九斤十七两

据其所载,乾隆六十年(1795),元熙分得渔亭田租245宗,计租1611砠8斤,隅坑田租176宗,计租689砠21斤15两,八都豆租60宗,计租91砠18斤12两,八都荒豆租9宗,计租9砠1斤5两。合计分得田租2300砠29斤15两,豆租100砠19斤17两。同样,乾隆六十年(1795),尚熠分得八都田租250宗,计租1504砠15斤6两,荒田租12宗,计60砠5斤15两,八都豆租136宗,计租184砠11斤4两,八都荒豆租16宗,计租18砠10斤6两。合计分得田租1564砠20斤21两,豆租202砠21斤10两。尚焘分得八都田租267宗,计租1512砠16斤12两,八都荒田租12宗,计60砠13.5斤,八都豆租122宗,计租186砠19斤3两,八都荒豆租17宗,计租

18 砠 3 斤。合计分得田租 1572 砠 29.5 斤 12 两,豆租 204 砠 22 斤 3 两。由此可知,三人共分得胡学梓田租 5436 砠 78.5 斤 48 两,豆租 506 砠 62 斤 18 两。

又据嘉庆十一年(1806)元熙分得土地及其租额为:

> 土名黄竹坞坦培白,豆租一砠,重字一千三百三十八号,山税一亩五分整,佃吴本。

> 土名锄头坞黄豆租十二斤八两,重字一千二百五十四号,山税一亩零九厘六毛,佃吴社郎。

> 土名猪腰山黄豆租三砠,圆得一砠,方得二砠,菜子……号,山税六分整,佃吴黑铁。

> 土名岭下坞,白豆租,一砠十斤,重字三十七号,地税四分七毫三毛,佃黄三好。

> ……

> 土名出水莲垄,白豆租一砠十五斤,皇字……号,地税五分六厘,佃胡爵。

> 土名望降,白豆租二砠,皇字……号,地税六分五厘,佃余鉴亭。

> 土名毛家坞,黄豆租一砠十斤,减硬租一砠四斤,制字一千三十二号,地税六分五厘,佃余三德。

> 土名社屋园黄豆租一砠十斤,制字……号,地税六分三厘,佃王金生。

> 土名横塍头,黄豆租十斤,制字二千七十号,地税二分八毛,佃江太。

> 土名小坞后山、徐家垰,黄豆租一砠,芥字三百七十号,山税二分整,佃王宗。

嘉庆十一年(1806),元熙共分得各类土地 58 号土地,白豆租 58 砠 2 斤 5 两,黄豆租 9 砠 7 斤 8 两,两者合计 67 砠 9 斤 13 两。同样,尚熠和积城也分别分得豆租 67 砠 9 斤 13 两。嘉庆十一年(1806)共分得胡学梓豆租 201 砠 27 斤 39 两。

两次共分得胡学梓田租 5436 砠 78.5 斤 48 两和豆租 707 砠 89 斤 57

两。胡氏租额计量单位为 10 两折合 1 斤,20 斤折合 1 砠。则胡学梓田租为 5440 砠 3 斤 3 两,豆租为 711 砠 14 斤 7 两,合计田豆租 6151.9 砠。章有义曾按照 25 斤折合 1 砠计算得,胡学梓共有田租 976 宗租额 5564.54 砠,豆租 378 宗 545.08 砠,合计 6109.62 砠。并认为田租 5564.54 砠估计田为 668 亩,豆租 545.08 砠估计山地 202 亩。按此推算,田额 1 砠相当于 0.12 亩,豆租 1 砠相当于 0.037 亩。则田租 5440 砠 3 斤 3 两相当于田 652.8 亩,豆租为 711 砠 14 斤 7 两相当山地 263.1 亩,合为土地 915.9 亩。

据刘和惠、汪庆元研究,徽州田价,清初比明末略有下降,亩价约为 6—10 两白银之间。从顺治元年(1644)直到康熙中期,田价较为稳定,亩价约为白银 8 两左右。从康熙四十二年至乾隆十年(1703—1745),田价缓慢上升,一般在 10—15 两白银之间,平均亩价约 13 两。乾隆十一年至道光七年(1746—1827),田价上涨势头转强,逐岁升至 20 余两一亩,少数达到 30 余两,平均亩价约 22 两,其中乾隆三十二年(1767)曾有亩价达 32 两,乾隆四十三年(1778)达 36 两。道光八年至咸丰十年(1828—1860),田价逐步下滑,咸丰初年跌在 10 两上下,平均亩价约 14 两。咸丰十一年至宣统三年(1861—1911),平均亩价约 8 两,其中同治年间,田价最低,亩价仅为白银 3—5 两。光绪年间,田价略有回升,然亦止于七八两而已。[1] 胡学梓为乾隆年间人,土地价值当按乾隆时价计算,若按田价亩 30 两计算,则胡学梓总田价约为银 20000 两。至于地价、山价,则比田价低,按山地价相当于田价一半计算,则胡学梓山地总价约为银 4000 两。两项合计,胡学梓的土地资产价值银 24000 两。

三　房　产

胡学梓的房产,尚无账簿具体记录。根据有关文献记载,胡学梓祖孙三代,前后历经雍正、乾隆、嘉庆、道光、咸丰五朝,约 130 多年,经商四方,为官多任,不仅为西递胡氏家族增添了荣耀,而且为西递村落留下了多幢古民居建筑。这些建筑主要有追慕堂、惇仁堂、迪吉堂、履福堂、膺福堂、笃敬堂、敬

---

[1]　刘和惠、汪庆元:《徽州土地关系》,安徽人民出版社 2004 年版,第 202、203 页。

爱堂、走马楼和万印轩等。

追慕堂。乾隆五十九年(1794)胡学梓所建,以追思慕念祖父丙培公、父亲应海公一生崇文尚义、乐善好施,实为应海公支祠。堂分三进,首进为门楼,次进为祠堂,里进为享堂,是一台式三间建筑,高1.4米,供奉祖先灵牌。屋顶飞檐翘角,八字型大门楼,檐下三元门外设有木栏,八字墙用整块打磨光滑的黟县大理石制成,风格独特,造型精美壮观。

惇仁堂。建于康熙末年,位于大夫第后弄的前边溪畔,为胡学梓与其父胡应海两代故居。惇仁堂古朴典雅,房屋是五间两厢二楼结构,一个厅堂四个厢房、左右各两间。厅堂宽敞明亮、气宇轩昂,前半部以卷拱为顶,后半部为平顶天花板。匾额由清乾隆年间军机大臣、吏部尚书休宁溪口汪由敦之子汪承霈所题写。

迪吉堂。建于清康熙年间,三进宅第,气度端庄、古朴典雅。前厅两侧没有厢房,二进、三进则为客人歇息的厅堂,两侧均设有卧室。

膺福堂。建于清康熙年间,为胡贯三长子胡尚熷住宅。膺福堂是典型徽派四合院,三进三楼,屋内隔扇门皆雕成莲花状,精致典雅。

敬爱堂。位于西递前边溪东岸,是西递村现存最大的祠堂。敬爱堂原为西递胡氏14世祖仕亨公住宅,始建于明代万历年间,后被毁于火灾,乾隆年间胡学梓重建为宗祠。敬爱堂面积达1800平方米,是典型徽派砖木结构建筑,门前飞檐翘角,气势恢弘,中门为祭祠大厅,大厅分上下庭,中间有大型天井。

万印轩。乾隆年间胡学梓出资兴建,为族人读书习文、修身养性和子弟肄业场所。书屋厅堂高敞,楼阁玲珑,景色宜人,环境幽雅。

本始堂。为胡氏宗族宗祠,始建于乾隆戊申年,至己酉年落成。"九月朔,进木主致祭,计经费六千九百余金。除各支祠回合输百金外,例以捐百金者得祔祀,于是有后嗣为其支祖者,有孙为其祖者,有子为其父者,凡三十六人"。其中,胡学梓"独以三千金总其成"。

胡学梓生前购置、自建和承继的住宅、宗祠和书院约10座。至于胡学梓个人房产总价如何,皆未见具体记载。现根据徽州宗族宗祠造价略作估算。徽州宗族宗祠造价多寡不一,有的数千银两,有的数万银两,多为银万两左右。如歙县昉溪许邦伯门修建祠堂,工费浩大,"用款逾万缗"。又清代康乾年间歙县桂溪项氏宗族修建宗祠,用银达9800余两。又康熙年间歙县潭渡黄氏建造享妣专祠,"计白金之费三万两"。又乾隆年间休宁竹林汪氏修建宗词,总计用银38230.054两。又乾隆二年(1737)歙县江村江氏宗族修建歙州公祠,"除旧祠木石陶冶外,共用费二万九千一百九十两零"。又乾隆年间绩溪城西周氏重建宗祠,"计银一万六千八百两有奇"。①

若按每座房产银万两计算,胡学梓个人房产价值银10万两。

综上3项胡学梓财产,总价值约为银52万余两。由此可知,胡学梓生前个人财产约银50万两。所谓家资"银600万两"、"银800万两",显属传说而非事实。同样,胡学梓个人生前拥有典铺12座,所谓"36个当铺",亦是传说而非事实。

第三节 程林的财产分割

分家析产是中国社会家庭的一种普遍现象。而论及分家析产对中国社会发展的影响,大多持负面看法,强调其对产业的瓜分,不利于财产的积累与集中等,甚至认为它是中国封建社会长期存续、资本主义难以发展的重要因素之一;即便有所肯定,也不过强调分家后诸子的独立经营提供了各自重新创业的机会,提高了各自经营的积极性,其中善于经营者又可积累超过前代的财产,从而推动社会经济的向前发展。这两种认知虽在一定程度上阐述了财产分割的过程和意义,但都没有充分把握分家过程的具体形态,也就难以深刻揭示出析产的真实面貌和真正作用。至少说,明清商人家庭的财产分割方式对其商业经营的影响即非如上述两种认识。

明清时期,商人家庭对于商业财产的分割存在两种方式。一为分产分业,其具体表现为商业财产分归诸子所有,诸子分得财产后独立经营,原有的家庭商业组织随之解体;二为分产不分业,其具体表现为商业财产分归诸

---

① 均转引自赵华富:《徽州宗族研究》,安徽大学出版社2004年版,第155、156页。

子所有,诸子分得财产后仍共同经营,原有的家庭商业组织保持不变。两种不同的分家方式对资本积累影响有着明显的不同。分家分业的分家方式,分散了资本,不利于资本积累和集中;而分家不分业的分家方式,则避免资本的分散,有利于资本积累和集中。同时,分产不分业的分家方式对于商业经营又产生了一系列积极变化和深远影响,它改变了资本组织形态,转变了经营方式,调整了利润分配制度。资本组织由父辈独资式转变为诸子合伙式,经营方式亦由父辈一人负责制而转变为诸子轮流制或委托制,在此基础上,利润调整为正余利制分配。明代程虚宇兄弟分家就是典型分产不分业方式。

明代万历二十四年(1596),休宁率东程林将家产分给程虚宇兄弟3人。程虚宇兄弟采取分产不分业的分家方式,保持原有的家庭商业组织不变,各商铺分别进行轮流、分管或委托等多种经营方式,同时在利润亦由按资分配调整为按正余利制分配。关于这次家产分割的整体过程,虽无完整史料留存下来,但从崇祯二年(1629)程虚宇所立阄书中得以反映。崇祯二年程虚宇所立阄书名为《崇祯二年程虚宇立阄书》,该阄书现存中国社会科学院历史研究所,同时收录于《徽州千年契约文书(宋元明编)》卷八。现就该阄书所载内容对万历年间程虚宇兄的家产分割与商业经营的关系做一论述。①

一 资料整理

据分书所述,隆庆二年(1568),程林在料理父亲程鹏丧事后外出经商,家政交由程虚宇主持。万历十七年(1589),程林妻汪氏去世,程林便将汪氏奁仪及外家所赠财物,分给虚宇和可进兄弟,每人得银4000两。同时,又将父亲程鹏和外家赠给诸子的财产也分给诸子,其中程虚宇分得祖父、岳翁的赠银1000两。虚宇即将上述"二项俱坐楚省察院坡铺生息"。万历二十

---

① 栾成显:《明末典业徽商一例——〈崇祯二年休宁程虚宇立分书〉研究》,《徽州社会科学》1996年第3期;汪宗赟:《徽州典当资本的增值:以程虚宇家庭为例》,《中国社会经济史研究》2004年第3期;郑小娟:《尝试性分业与阶段性继业——〈崇祯二年休宁程虚宇立分书〉所见典当资本继承方式研究》,《安徽史学》2008年第2期。

四年(1596),程林年老将个人家产分授诸子,其中,程虚宇得银 5000 两,并"坐黄州府前铺生息"。崇祯二年(1629),程虚宇 77 岁时,"将先世祖宗相传资产,并予续置产业,本息花利、金银铜铁锡、椅桌漆器什用等件,俱已品搭三股,分授孟仲季三房",并"将各房历年所附本利逐一算明,批还完足"。程虚宇三子孟仲季三房,约从万历二十一年(1593)起,长辈和亲友送给他们的礼俗银和花利,都被陆续存于商铺生息。直到崇祯二年(1629)立财产分割时,程虚宇才将其本利予以开列。其中,孟房历年附本于下:

万历二十一年,一送日子银二百两;一大婚递手银一百两,一松墩公递手银一百两;一手迹金窝一顶计银一百两,一回鞋金四两换银二十四两;一众递手回鞋银二十七两八钱

万历二十二年,一回门银一十两;万历二十三年,一溪南递手晋明银一十两

万历二十四年,一松墩公贴供给馆银五十两

万历二十五年,一长男性秉孝敬,值祖病,奉侍汤药,朝夕不离左右,罔敢怠逸,以期病瘥及弥留,经有百余日,衣不解带,是以松墩公心甚嘉之,批与休歙遂山场,以旌其劳,历年所得花利俱系家用,共计本银七百六十五两

万历二十八年,一拜门银四十两;一用金顶钏勾搭重一两五钱计银七两五钱,共本银一千三百四十九两三钱,共利银二万四千零二十一两四钱八分七厘

万历四十三年,一继明送日子银一百两,一大婚递手银一百两,一查银一百两。三共本银三百两,三共利银六百四十一两五钱二分一厘

天启元年,一登明送日子银一百两,一大婚递手银一百两。二共本银二百两,二共利银一百五十四两三钱一分二厘

天启四年,一襄明大婚递手银一百两,一入泮递手银五百两,二共本银六百两,二共利银一百九十八两六钱

天启六年,一钦明送日子银一百两,一大婚递手银一百两,二共本银二百两,二共利银二十两

通共本银二千六百四十九两三钱,通共利银二万五千零三十五两九钱二分,二共本利银二万七千六百八十一两二钱二分

孟房从万历二十一年至天启六年(1593—1626)的 33 年间,共存款 21 笔、总额本银 2649.3 两。其中,每年存款笔数并不等同,有的存有数笔,有的仅有 1 笔,有的无存;每笔款额也有差异,少则 10 两,多达 700 余两;结算方式亦不一致,有的是一笔一结,有的是一年内数笔一结,有的是数年数笔一结;所获利润更是大相径庭,有的仅为银 20 两,有的高达银 2 万余两。为便于下文计算,现将孟房历年存本及利银整理列表 8-9。

表 8-9　孟房历年存本及利银一览

序号	存银年份	本银		利银	本利银总计
孟1	万历二十一年	466.8	合计 1349.3	合计 24021.487	25370.787
孟2	万历二十二年	10			
孟3	万历二十三年	10			
孟4	万历二十四年	50			
孟5	万历二十五年	765			
孟6	万历二十八年	47.5			
孟7	万历四十三年	300		641.521	941.521
孟8	天启一年	200		154.312	354.312
孟9	天启四年	600		198.600	798.600
孟10	天启六年	200		20.000	220.000
合计		2649.3		25035.920	27685.220

同样,可将仲房历年存本及利银整理见表 8-10。

表8-10　仲房历年存本及利银一览

序号	存银年份	本银		利银	本利银总计
仲1	万历二十四年	50			
仲2	万历二十五年	400	合计 980	合计 13120.3	14100.3
仲3	万历二十九年	500			
仲4	万历三十五年	30			
仲5	万历四十二年	220		539.49	759.49
仲6	万历四十六年	100	合计 600	合计 301.293	901.293
仲7	天启四年	500			
仲8	泰昌一年	100		94.871	194.871
仲9	天启三年	100		46.410	146.410
合计		2000		14102.364	16102.364

上述程虚宇三子孟仲季三房历年的存本,在崇祯二年(1629)分家以前,都可视做虚宇商业资本的一部分。虚宇资本又是程林及虚宇兄弟整个商业资本的一部分,则虚宇资本各年的利润率就是程林及虚宇兄弟整个商业资本的各年利润率。同样,虚宇三子孟仲季三房存本各年利润率也就是程林及虚宇兄弟整个商业资本的各年利润率。故而,通过虚宇三子孟仲季三房存本各年利润率就可推算出程林及虚宇兄弟整个商业资本的各年利润率,从而可以明确和比较各年的经营效率。

二　经营效益

明清时期,商业利润的结算方式主要有两种:一是单利计算,二是复利计算。单利计算,指资本金在运营期限中获得利润,每期只按最初的资本额计算,其所生的利润均不转为资本金重复计利。复利计算,指资本金在运营期限中获得利润,每期按照上期资本终值(本利)额计算,每期结算所得的利润皆转为资本金,作为下期结算计利。经推算,程虚宇兄弟利润按复利计算(具体过程从略),通常而言,结算期限以年为单位,故而有下列算式:

年末本利和=年初本银×(1+年度利润率)　　　　　(1)

而年初资本金,就是上年末的本利和,则这种计利方式,又可表示为:

年末本利和÷最初存本数=(上年末的本利和÷最初存本数)×(1+年利率) (2)

则:1+年利率=(本年末本利和÷最初存本数)÷(上年末本利和÷最初存本数) (3)

本利和又称资本终值。本年末本利和与最初存本数之比,称为本年度终值系数。本年末本利和与上年末资本比,称为资本环比。算式(3)即表示,某一年度资本环比等于该年的资本终值系数与上年资本终值系数之比。在程虚宇三子孟仲季三房历年存本中,既载有同一年份各项资本所存数及最终利数,也载有不同年份各项资本所存数及最终利数。其中,载有同一年份各项资本所存数及最终利数共有7组,现将仲、孟两房部分存本、存银年份、获利数以及资本终值、资本终值系数列表8-11。

表8-11 仲、孟两房部分存本、存银年份、获利数以及资本终值、资本终值系数一览

存银年份	本银(两)	利银(两)	终值(两)	终值系数
仲万历四十二年	220	539.490	759.490	3.4522
孟万历四十三年	300	641.521	941.521	154.3120
仲泰昌一年	100	94.871	194.871	354.3120
孟天启一年	200	154.312	354.312	1.77156
仲天启三年	100	46.410	146.410	1.4641
孟天启四年	600	198.600	798.600	1.3310
孟天启六年	200	20.000	220.000	1.100

同一商铺同一年份中,不同资本的年度利润率是相等的,其年度资本环比也是相等的。上述程虚宇兄弟商业资本中,天启三年(1623)存本在天启五年(1625)的年资本环比与天启四年(1624)存本在天启五年(1625)的年资本环比是相等的。由此可推出,天启四年(1624)的年资本环比等于天启三年(1623)存本的资本终值系数与天启四年(1624)存本的资本终值系数

之比,即:1.4641÷1.331 = 1.1。同样,天启元年(1621)的年度资本环比 = 1.94871÷1.77156 = 1.1,万历四十三年(1615)的年度资本环比亦为 3.4522÷3.13840 = 1.1。即,天启四年(1624)、天启元年(1621)、万历四十三年(1615)的年资本环比皆为1.1,则此三年的资本计利年利润率皆为 10%。进而推测,上述各存本的资本计利年利率可能都是10%。倘若属实的话,由天启六年(1626)存本的资本终值系数可知,上述各存本的计利年限应算至天启七年。经验证(见下文),该推论符合实际。即万历二十四年 (1596)以后,程虚宇兄弟共营商业中,资本利润按复利计算,每年度的利润率相等,皆为10%,且计利年限算至天启七年(1627)底。这一结论是否可靠,必须对其进行验证。

若上述结论属实的话,可根据算式:最终本利和 = 最初本银数量×终值系数,求得天启七年(1627)孟仲季三房历年存本的应得本利银,进而通过应得本利银与实际所得本利银进行比对。同时,上述结论若属实的话,则不同年代的计利年限及其终值系数应见表8–12。

表8–12 程氏资本计利年限及其终值系数一览

存本年份	天启六年	天启四年	天启三年	天启一年	泰昌一年	万历四十六年	万历四十三年	万历四十二年
计利年数	1	3	4	6	7	9	12	13
终值系数	1.1	1.331	1.4641	1.77156	1.94871	2.35794	3.13841	3.45227
存本年份	万历三十八年	万历三十七年	万历三十六年	万历三十五年	万历三十四年	万历三十三年	万历三十二年	万历三十一年
计利年数	17	18	19	20	21	22	23	24
终值系数	5.05447	5.55991	6.11590	6.72749	7.40024	8.14027	8.95430	9.84973
存本年份	万历三十年	万历二十九年	万历二十八年	万历二十五年	万历二十四年	万历二十三年	万历二十二年	万历二十一年
计利年数	25	26	27	30	31	32	33	34
终值系数	10.8347	11.9181	13.1099	17.4494	19.1943	21.1137	23.2251	25.5476

由于程虚宇三子孟仲季三房历年存本中,对各项资本所存年份、数量及其最终利数的记载情形不相一致,因此,须根据不同的记载情形分别对其验证。首先,对同一年份所存资本数及最终利数皆分别记载的 7 组验证见表 8-13。

表8-13　仲、孟两房部分存本及最终利数验证一览

序号	存本年份	本银	计利年数	终值系数	应得本利	实际所得本利
孟10	天启六年	200	1	1.1000	220.000	220.000
孟9	天启四年	600	3	1.3310	798.600	798.600
仲9	天启三年	100	5	1.4641	146.410	146.410
孟8	天启一年	200	7	1.7715	354.312	354.312
仲8	泰昌一年	100	8	1.94871	194.871	194.871
孟7	万历四十三年	300	12	3.13841	941.523	941.521
仲5	万历四十二年	220	13	3.45227	759.499	759.490

经计算,上述 7 组中,孟10、孟9、仲9、孟8 和仲8 等 5 年份存本应得本利银与实际所得利银完全吻合,孟7 存本应得本利银与实际所得本利银误差值为 0.002 两,误差系数 0.0021‰,仲5 存本应得本利银与实际所得本利银误差值为 0.009 两,误差系数 0.019‰。由于银两计算时仅计算到厘,即 1‰两,而孟7 和仲5 两年份存本应得本利银与实际所得本利银误差系数均不及 1‰,实际符合。其次,对记载不同年份所存资本数及共同获利数的 2 组验证见表 8-14。

表8-14　仲房部分存本及最终利数验证一览

序号	存本年份	本银（两）	计利年数	终值系数	应得本利（两）	实际所得本利（两）
仲1	万历二十四年	50	31	19.19430	959.71500	
仲2	万历二十五年	400	30	17.44940	6979.76000	合计 14100.3
仲3	万历二十九年	500	26	11.91810	5959.05000	合计 14100.349
仲4	万历三十五年	30	20	6.72749	201.82400	
仲6	万历四十六年	100	9	2.35794	235.79400	合计 901.294
仲7	天启四年	500	3	1.33100	665.50000	901.293

经计算，上述仲1、仲2、仲3、仲4等4年份应得本利银与实际所得本利银误差值为0.049两，误差系数0.0035‰，不及1‰。上述仲6、仲7等两年份应得本利银与实际所得本利银误差值为0.001两，误差系数0.0011‰，不及1‰。即仲1、仲2、仲3、仲4、仲6和仲7等6年份应得本利银与实际所得本利银两者相符。通过对上述诸组的验证来看，自万历二十四年（1596）存本起，其应得本利与实际所得本利相当符合，上述结论正确无疑。即自万历二十五年（1597）至天启七年（1627），程虚宇兄弟商业经营资本利润，按复利计算，每年度的利润率皆为10%，计利年限算至天启七年（1627）。

三　分家方式

万历二十五年（1597）至天启七年（1627），程虚宇兄弟商业资本利润，按照10%复利计算。那么，万历二十五年（1597）以前程虚宇家庭商业资本利润是否也是按照上述方式计算的。如果属实的，现对孟房万历二十一年（1593）至万历二十八年（1600）间附本及利银验证见表8-15。

表8-15　孟房部分存本及最终利数验证一览

序号	存银年份	本银（两）	计利年数	终值系数	应得本利（两）		实际所得本利（两）
孟1	万历二十一年	466.8	34	25.5476	11925.619	合计12369.007	合计25370.787
孟2	万历二十二年	10	33	23.2251	232.251		
孟3	万历二十三年	10	32	21.1137	211.137	合计27300.233	
孟4	万历二十四年	50	31	19.1943	959.715		
孟5	万历二十五年	765	30	17.4494	13348.791	合计14931.226	
孟6	万历二十八年	47.5	27	13.1099	622.720		

　　经计算,上述6年份应得本利银与实际所得本利银相差1929.446两,误差系数近8%。即是说,如果自万历二十二年(1594)始资本利润按10%复利计算的话,则上述6年份应得的本利数多出实际所得本利银1929.446两。而孟4、孟5、孟6等3年份的计利时间皆从万历二十五年(1597)开始,则其应得本利银14931.226两本无问题,其相差部分主要在于孟1、孟2和孟3等3年份应得本利银12369.007两和实际所得本利银10439.561两不相符合。即,孟1、孟2和孟3等3年份应得本利多出实际所得本利银1929.446两。这说明万历二十二年至万历二十四年(1594—1596)的3年间利润不完全是按照10%复利率计算的。据此,能否说明万历二十四年(1596)以前皆非按10%利润率计算的,或者说,万历二十四年(1596)已非按10%利润率计算,万历二十四年(1596)以前也非按同一利润率复利计算。由前述结论可知,孟1、孟2和孟3等3年份至万历二十四年(1596)时本利和在万历二十五年(1597)以后仍按10%复利计算的,从而计算出该3年份至万历二十四年(1596)时本利和应为银543.889两。设此3年度利润率分别为P_{22}、P_{23}和P_{24},则有算式:

$$466.8(1+P_{22})(1+P_{23})(1+P_{24})+10(1+P_{23})(1+P_{24})+10(1+P_{24})=543.889$$

$$(4)$$

若万历二十四年(1596)度按10%利润率计算,则算式(4)应为:

$$513.48(1+P_{22})(1+P_{23})+11(1+P_{23})+11=543.889 \qquad (5)$$

据算式(5)求得万历二十二年(1594)和万历二十三年(1595)的两年利润率约为1.8%,平均年利润率不及1%,显然,如此低的利润率同设定万历二十四年(1596)10%利润率是不合理的,从而说明万历二十四年(1596)的利润率不可能为10%。同样,可以推算出万历二十二年(1594)和万历二十三年(1595)两年份的利润率也不可能为10%。假若万历二十四年(1596)以前按同一利润率复利计算,则 $P_{22}=P_{23}=P_{24}$,由算式(4)求得:

$$466.8(1+P_{22})^3+10(1+P_{22})^2+10(1+P_{22})=543.889 \qquad (6)$$

据算式(6)求得万历二十二年(1594)至万历二十四年(1596)的各年利润率为3.87%。这一复利计算利率数值显然悖于常理,从而可以间接否定万历二十四年(1596)以前利润不是按照同一利率复利计算的。同时又说明万历二十二年(1594)至万历二十四年(1596)的各年利润率明显过低,经营效益不佳。

由上可知,在万历二十五年(1597)至天启七年(1627)的31年间,程虚宇兄弟商业资本利润按10%复利计算,即是说按照某一固定的利润率复利计算。这里的固定利润率10%,显然不是31年间各年的利润率。因为不同的年份,其利润率会有所差异,即使偶有相同,也不可能在长达31年间保持一致。程虚宇兄弟商业资本的利润率在31年间皆为10%,并不符合实际。其10%的固定利率,只是程虚宇兄弟与其经营者双方约定的计利利率。它表明,经营者不论其经营效益如何,都将按照固定利率向资本所有者支付利润。这种由经营者按照固定利率向资本所有者支付的利润,时称正利;正利的利率,称正利率。正利之外的利润,为余利。正利是资本本身增殖的体现,仅在资本所有者之间分配,经营者不参与分配;余利体现了经营者的经营效益,经营者参与分配。正利和余利两者都是利润的一部分,是利润的一种分配方式,这种分配方式称为正余利制。万历二十五年(1597)至天启七年(1627)的31年间,程虚宇兄弟资本利润实行正余利制分配。在万历二十四年（1596）以前，程虚宇兄弟资本利润不是按照某一固定利率复利计算，而是按照当年利润率复利计算的，这种利润的分配方式，称为按资分配。万历二十四年（1596）前后，程虚宇兄弟资本利润分配方式发生了改变，由按资分配调整为按正余利制分配。万历二十四年（1596），正是程虚宇兄弟分家之年。正是程虚宇兄弟的分家析产，导致其资本利润分配方式的改变。万历二十四年（1596）以前，程虚宇兄弟商业资本属于其父程林商业资本的一部分，其经营方式由程林负责。万历二十四年（1596）分家后，程虚宇兄弟采取分产不分本的形式，实行合伙经营，其经营方式或为轮流制，或为委托制，如"本村河西当铺，轮管生息"，又八卦门典铺"向浼族兄见竹掌管"。不论是轮流制还是委托制，其所有权和经营权开始相分离，所有者和经营者的利益相分化。为了保证所有者的最大收益，兼顾所有者和经营者双方的利益，程虚宇兄弟商业经营开始调整了利润分配方式，由按资分配调整为正余利制分配。同时，利润分配方式的调整，有利于提高了经营者的积极性和经营效率，从而保证所有者的最大利益。万历二十年至（1594）万历二十四年（1596）间，程虚宇兄弟资本利润率平均不及 10%，准确地说不及 4%，可见经营效益不佳。万历二十五年（1597）至天启七年（1627）的 31 年间，各年的利润率虽不清楚，但其正利率为 10%，可见其平均利润率应不低于 10%，否则经营者便无利可获。由于利润分配方式的调整，其经营效益发生了显著改变。通过分产不分业的分家方式，改变了程虚宇兄弟商业资本组织形态，调整了程虚宇兄弟商业资本经营方式，实行了新的利润分配方式，从而提高了商业经营效益，并对其商业经营产生了一系列变化和影响。

综观程虚宇兄弟商业资本，万历二十四年（1596）以前，由其父程林独资负责经营，各年平均利润率不及 10%。万历二十四年（1596）以后，由其程虚宇兄弟合伙经营，采取轮流或委托经营方式，为提高经营效益，进而调整利润的分配方式，由按资制改为正余利制，其年正利率为 10%。明清时期，一些商人家庭通过分产不分业的分家方式，保持原有商业组织不变，避免了商业资本的分散，有利于资本的积累和集中，扩大商业组织的规模。又分产不分业的分家形态，使其经营方式更加多元化，出现了所有权和经营权相分离现象,为提高经营效益和经营者的积极性,实行利润正余利制分配。分产不分业的分家方式,对商业经营产生了积极变化、深远影响,与近代企商业经营有着密切的联系。同时表明,学界尚没有充分认识分家析产对社会发展影响的实质,那种认为分家析产不利于资本积累和集中、有碍中国资本主义发展,是有失偏颇的。

顺便提出的是,《徽州典当资本的增值:以程虚宇家庭为例》一文根据《崇祯二年休宁程虚宇立阄书》有关资料,就明清徽州"典当业资本增值"问题提出一些新论。该文认为明清时期徽州典当资本增值年利率(正利率),"是有规则地随本银计利年数的增加而增加","当计利年限超过 20 年,资本年利率有可能只恒定为 9.5%";具体而言,"是维持在 9.5%,还是仍有小幅上扬,尚有待今后继续观察"。进而认为,"让年利率随计利年数的增加而增加,将刺激资本的长期不减,以确保经营业务能长期稳定。但不同计利年数之间的年利率设置,并不是一件容易的事,一方面,它须以长期的实际操作经验为基础。同时,也须有一定的计算理论作指导。否则,都将出现顾此失彼的局面,而无法使经营保持稳定。由此可见,明清时期的徽州典当业,已具有很高的操作水准。甚至在总结以上探讨的基础上还可认为,当时计算典当资本的增值方式,已具备现代银行计算贷款利息的雏形"。上述观点有待商榷。

第九章　徽州典商与明清社会

明清时期,徽州典商秉持儒贾相济、义利并重、奢俭并行的伦理观,与社会各阶层保有良好关系,在经济、文化和社会方面发挥积极作用。徽州典商的兴衰过程,一定程度上揭示了传统社会的内在变迁。

第一节　徽商典业的社会作用

明清时期典当业,以裕课便民为标榜,对国计民生发挥着十分重要甚至不可替代的作用。有关明清典当业的作用,前贤多有所论。就徽商典当业而言,在经济、文化以及社会诸方面作用明显。

一　经济作用

徽商典当业的经济作用突出体现在商品经济和民生两个方面。其中,在商品经济方面,徽商典铺为商人提供经营资本和周转资金;在民生方面,徽商典铺调剂平民余缺和维系平民再生产。

为商人提供经营资本。由于信用关系,徽州典商多为徽商提供经营资本。明清时期,徽州商风炽烈,一些缺乏商业资本的徽商,主动向徽州典商进行借贷融资,徽州典商也尽力满足他们的要求。如明代嘉靖、万历年间,休宁草市典商孙从理多次向亲族提供商业资本,"为政疏戚无间,言时通有无,无良者,或负处士藉第令。再至,处士犹然辨应之。近属某子甲贷二千缗,负十年不责,终其身不见德,遇之不衰,族竞不赀,舍旁地贾什倍,售者争赴,处士无他肠,尝入一赫蹄,贾踰万,即郡中诸许史未之前闻,乃今独于草市三见之,此其一也。诸徒属服要束,各起千金,亡不人人德处士。处士日讨而训之,诸君勉矣,毋以盈害成"。① 嘉靖、万历年间,孙从理业典致富,其亲族多向他借钱。从理亲族借钱的目的不是用于日常消费,而是作为资本去经商。其中,近属某甲曾向从理借钱 2000 缗去经商。在孙从理的帮助下,其亲族终于经商致富。又明代天启年间,休宁屯溪典商戴立志也多次借给亲友银钱。其中,借给戴松盛本银 700 两、徐元尚本银 113 余两、戴文华本银 120 两、四弟本银 152 两、戴应鸣本银 110 两、戴鸿渐本银 200 两和戴德立本银 112 两。② 上述各项借贷中,多属商业借贷,旨在为亲族提供经营资本。又清康熙年间,徽商汪吉先和孙耀先两人因缺乏经营资本,便向徽州典商孙贞吉借贷,并立下领约。其领约载:"立领约人汪吉先、孙耀先,今二人复整万年旧业,兹因乏本,央中领到孙名下本纹银一百两整,其银议定每周年加利银二十两整,其利按年交还,不致短少。"③又清康熙年间,休宁榆村典商程嘉树也多次为亲友提供经营资本。如康熙三十五年(1696),"旭如领本银一千两"、"弘一兄二十九年领本银二百两"、"季履叔三项借本银九百五十两"、"王圣俞兄借本九七银五百两"、"王圣功兄二十六年借本九八银七百两"、"王我生兄二十六年借本三百两"、又"王我生兄借本九七银三百两"等。上述各人借款数额较大,少则银 200 两,多达银 1000 两。显然,其借款不是用于生活费,应是作为商业资本、进行商业经营的,尤其是旭如和弘一两人借款属于领本,即直接领取程嘉树资本进行商业经营。

　　为商人提供周转资金。商人在经营过程中,难免出现资金周转困难情形。一旦资金周转出现困难,商人则多向典铺融资。在徽商典商活跃的地区,徽商典铺成为商家重要的融资渠道。如在清代江苏南汇,"邑境偏僻,素无金融机关,贫者借贷无方,唯以物质于典;商家转运不灵,亦以物质于

　　① 汪道昆:《太函集》卷五二《南石孙处士墓志铭》,《四库全书存目丛书》集部第 117 册,第 626 页。
　　② 《天启七年五月休宁戴阿程向宗祠捐产合同》,宋元明编:《徽州千年契约文书》卷四,花山文艺出版社 1991 年版,第 218—220 页。
　　③ 《康熙孙氏文契簿》第 1 册,南京大学历史系藏。

典;富者财积而患壅滞又乐典之,取偿易也。因相率而设典。故吾邑典当之
多甲于江苏全省"。① 清代南汇商家发生资金周转困难,则将"物质于典",
以换取周转资本,很明显,典铺成为商家融资渠道之一。有关徽商典铺向商
人提供周转资金情况,徽州文书资料多有所载。如明代万历年间徽商程氏
染店曾向徽商典铺多次借贷。其中,万历二十一年(1593)该染店,"一存还
钱典本银五百六十两,一存还钱典本银五百两,一存还千户典本银三百五十
两,一存还千户典本银三百六十两"。② 其中,千户所典就是徽州典商休宁
榆村程氏所开。该年程氏染店共有资本银6495两,其中借贷银1787两。
借贷银中向典铺借贷银1770两,占借贷银99%,占总资本27.25%。由此
看来,该年徽商典铺为程氏染店提供了近1/3的资本,并为程氏染店提供几
乎全部的周转资金。现将程氏染店历年总资本、借贷资本、典业融资,以及
典业融资同总资本比、典业融资同借贷资本比列表9-1。

表9-1 程氏染店历年总资本、借贷资本、典业融资,以及典业
融资同总资本比、典业融资同借贷资本比列

年份	总资本	借贷资本	典业融资	典业融资同总资本比	典业融资同借贷资本比
万历二十一年七月一日	6495	1787	1770	27.25	99.0%
万历二十二年七月一日	9034	2970	2970	32.88	100.0%
万历二十五年三月十六日	7878	1225	1000	12.69	81.6%
万历二十六年五月一日	8090	605	500	6.18	86.6%
万历二十七年五月一日	7993	1044	100	1.25	9.6%
万历二十八年五月一日	11988	1455	650	5.42	44.7%
万历二十九年五月一日	7627	856	318	4.17	37.1%
万历三十年五月一日	8695	1359	1230	14.15	74.1%
万历三十一年五月一日	11785	1072	280	2.38	26.1%

① (民国)《南汇县续志》卷一八《风俗》,《中国地方志集成·上海府县志辑5》,第1161—
1162页。

② 《万历程氏染店查盘账》,宋元明编:《徽州千年契约文书》卷八,花山文艺出版社1991年
版,第218—220页。

续表

年份	总资本	借贷资本	典业融资	典业融资同总资本比	典业融资同借贷资本比
万历三十二年五月一日	9385	2541	1500	15.98	59.0%
总数	88586	14914	10318	11.65	69.2%

　　从表9-1中可以看出,程氏染店历年资本共为银88586两,其中共借典业银10318.2两,所借典业资本占总资本11.65%。历年所借典业资本中,从数量上看,最少的为100两,最多的为2970两,平均为1031.82两;从比例上看,最少的占1.25%,最多的占32.88%。可见,典业资本为程氏染店融资主要途径之一。又雍正年间陈广盛布店亦曾向典业多次借贷。如雍正九年(1731)十月,该店共收银441.475两,其中,收取营业收入银115.43两,收大振还谷价银20.245两,另"十二日收义泰典银一百两,合平每包出钱八分,共一两八钱,还讫。十四日收会仁发典银二百两,票系初十期,合平每包出三钱,共出四两,还讫"。可见,该月该店共借典业银305.8两,占总资本70%以上。此后该店还多次向徽商典铺借贷。雍正十年(1732)五月,该店收会仁发典银100两,九月收会(保和、仁发)二典银200两,初一日、初五日收取会保和典银100两,初六、初十日收取仁典发会银100两"。雍正十一年(1733)"四月收会保和典银一百两,六月收会仁发典一百五十两,九月收会二典银二百两,十一月收会保和典一百三十两"。雍正十二年(1734)"十月收会保和典银二百两,十一月收会保和典银三十两"。① 由此可见,徽商典铺是陈广盛布店的主要融资渠道。又据其《雍正十年腊月终盘存总账》②载,该年该店共存本银"一万四千七百八十一两七钱八分四厘"。其中,"一该通和典当本八百两,一该通和典当利二百零二两四钱,一该通和典旧还本银八百五十两,一字内应找利银五十五两零五分,一该通和典年底当本银二百两,一该利一月银二两二钱"。雍正十年(1732),该布店

① 《雍正陈广盛月总》第1册,写本,安徽省图书馆藏。
② 《雍正十年腊月终盘存总账》第1册,安徽省图书馆藏。

共向通和典借贷本利银 2109.65 两,数额巨大,占总存本银 14.272%。可见,通和典为该布店的主要融资渠道。

徽商典铺无论是为商人提供经营资本,还是为商人提供周转资金,都是将典业金融资本直接转化为商业资本,从而促进商业的发展,推动商品经济的繁荣。

调剂平民余缺。明清时期,平民余缺的调剂,除亲友借贷周济外,其他部分须仰赖民间社会。民间社会借贷中,典当业便成为平民余缺调剂的主要渠道。徽商典当业对平民余缺的调剂,主要为平民日常生活、婚丧、赋役和置产等余缺等提供资金。反映明末社会生活小说《欢喜冤家》载,休宁黄氏在杭州临平镇开有一座典铺。该典铺理所当然成了当地居民调剂余缺的重要机构。当地平民每当临时缺钱,便将家中物品拿去该典抵押借贷。如明因寺尼姑"本空每因缺乏,往当典钱",同样该寺尼姑"知客思念父母,无钱使用",也往该典"典钱"。[①] 本空和知客每遇临时"乏钱",便到徽商典铺典钱周转。可见,黄氏典铺是本空和知客调剂余缺的重要渠道。又正德嘉靖年间徽州典商程澧,"以计然笑起富,举宗或以缓急来告公,无所辞,甚者捐百金不责其报。即不报,焚其券"。[②] 据其所载,程澧族人每当"缓急",都会向程澧借钱使用。这种"缓急"借贷,目的在于临时周转,特点是时间紧迫、数额不大,显属余缺调剂。清代,徽商典铺对平民余缺调剂的功能进一步强化。如前述《当簿》和《赎取簿》中,当户的当本多在银 1 两或钱 1000 文以下。如源来典前 100 号当物中,当本在钱 1000 文以下有 59 号,超过总数一半以上。当本数目如此之少,从而说明当户典当的目的在于调剂余缺。徽商典铺对平民余缺的调剂,发挥着小额贷款的作用。这种小额贷款的作用,正是在其时银行业和钱庄缺失的情况下,执行着银行业某些功能。恰如诗人所言:"小民旦夕有缓急,上既不能赉之,其邻里乡党能助一臂力者几何人哉?当窘迫之中,随其家之所有抱而趣质焉,可以立办,可以亡求人。

---

① 西湖渔隐主人:《贪欢报续集》第续一○《黄焕之慕色受官刑》,《古本小说集成》第 1 辑,上海古籍出版社 1991 年版,第 348、349 页。

② 汪道昆:《太函集》卷五二《明故明威将军新安卫金事衡山程季公墓志铭》,《四库全书存目丛书》集部第 117 册,第 628 页。

则质铺者,穷民之管库也。"①明清时期,徽商典当业已深深地渗透到民众的日常生活之中。

徽商典当业对明清时期的商品经济和民生作用明显。在商品经济方面,徽商典当业将商业资本和金融资本有机结合,互为补充,大大推动了商品经济发展,尤其促使徽商在发展过程中不断转型,从而促进徽商的发展壮大。诚如郑小娟所言,徽州典商一方面承担徽商资本的蓄水功能,另一方面为徽商的发展提供反哺和培土。②在民生方面,徽商典当业已深深地渗透到民众的生活之中。不过,就徽州典商经济作用整体而言,其对明清商品经济的作用是相当有限的,不宜过高评价,而且由明及清呈现下降趋势。在两种作用中,调剂平民余缺是徽商典当业的主要作用,为徽商提供商业资本是徽商典当业的次要作用。

二　文化作用

徽州典商对明清文化艺术贡献匪浅,突出表现在艺术、学术和文献诸方面。具体说来,促进江南艺术市场繁荣、推动学术发展和保存大量文献。

促进江南艺术市场繁荣

明代中期以后,随着社会经济的发展,江南一些富裕士大夫开始雅好古玩,由此促成江南艺术市场的兴起。"嘉靖末年,海内宴安。士大夫富厚者,以治园亭,教歌舞之隙,间及古玩。"③江南艺术市场兴起后,富商巨贾凭借雄厚的经济实力,竞相购买珍稀古玩,从而推动艺术市场的蓬勃发展。徽商作为当时著名商人,经济实力雄厚,文学素养较高,钟情收藏,进而引领艺术市场走向。对此,王世贞曾敏锐指出:"画当重宋,而三十年来忽重元人,乃至倪元镇以逮明沈周,价骤增十倍;窑器当重哥、汝,而十五年来忽重宣德,以至永乐、成化,价亦骤增十倍。大抵吴人滥觞,而徽人导之,俱可怪

---

① 顾起元:《客座赘语》卷五《三宜恤》,《四库全书存目丛书》子部第243册,第350页。

② 郑小娟:《"蓄水"、"反哺"和"信息终端"——略论徽典对明清徽商集团发展壮大的三个基本功能》,《安徽大学学报(哲学社会科学版)》2009年第1期。

③ 沈德符:《万历野获编》卷二六《好事家》,中华书局1959年版,第654页。

也。"①徽商不仅引领江南艺术市场走向,而且还把持江南艺术市场。时人说道:"比来则徽人为政,以邛程卓之赀,高谈宣和博古,图书画谱。钟家兄弟之伪书,米海帖之假帖,渑水燕谈之唐琴,往往珍为异宝。吴门、新都诸市古董者,如幻人之化黄龙,如板桥三娘子之变驴,又如宜君县夷民改换人肢体面目。其称贵公子大富人者,日饮蒙汗药,而甘之若饴矣。"②所谓"徽人为政",有力说明当时艺术市场由徽人引领和把持。徽商对艺术收藏的钟情,已经达到真假不分、近似疯狂的地步。徽商中,徽州典商凭借本身的先天优势,更是对各种艺术品情有独钟。明中期以降,徽州典商藏家辈出,相继涌现出溪南吴氏、商山吴氏,休邑朱氏、榆村程氏和西递胡氏等著名藏家。

明代歙县西溪南吴氏典商最富收藏。崇祯年间,商山吴其贞曾赴西溪南吴氏观看书画,所见十数家藏品都是宋元佳作,回后记道:"余至溪南,借观吴氏玩物十有二日,应接不暇,如走马看花,抑何多也。据三益曰吴氏藏物十散有六矣。"③明代商山吴氏典商也收藏丰富。吴其贞之父吴豹韦,号千扇主人,"笃好古玩,书画性嗜真迹"。④ 另,吴其贞族人吴道镝,"嗜古好陈设"。⑤ 吴明宸,号秋蝉,"好古玩,家有雷琴"。⑥ 吴明本,"自幼持斋楼上,供奉佛像,皆度金乌思藏者大小不计其数,惟准提像为新铸,系万历年间藏经内检出,始行于世"。⑦ 吴家驹,"为人讷于言,好摹秦汉图章,所收书画甚富"。⑧ 吴怀敬,字德聚,"由太学入中翰,好收藏古玩,幽嗜汉玉器,得三百余件,故名其斋曰'思玉',而书画则尚宋元"。⑨ 同样,榆村程氏典商也收藏丰富。其中,程梦庚天启二年(1622)飞霞阁落成时,"新得汉玉图书约三百方"。其子正言所藏"铜器有姜望方鼎、方觚,窑器则官窑彝、白定彝;汉玉器、项氏所集图章百方,皆各值千金者;又双鸠镇纸,雌雄各一,雄者可

---

① 王世贞:《觚不觚录》,《四库全书》第 1041 册,第 440 页。
② 沈德符:《万历野获编》卷二六《好事家》,中华书局 1959 年版,第 654 页。
③ 吴其贞:《书画记》,《中国书画全书》第 8 册,上海书画出版社 1994 年版,第 46 页。
④ 吴其贞:《书画记》,《中国书画全书》第 8 册,上海书画出版社 1994 年版,第 25 页。
⑤ 吴其贞:《书画记》,《中国书画全书》第 8 册,上海书画出版社 1994 年版,第 25 页。
⑥ 吴其贞:《书画记》,《中国书画全书》第 8 册,上海书画出版社 1994 年版,第 26、27 页。
⑦ 吴其贞:《书画记》,《中国书画全书》第 8 册,上海书画出版社 1994 年版,第 27 页。
⑧ 吴其贞:《书画记》,《中国书画全书》第 8 册,上海书画出版社 1994 年版,第 28 页。
⑨ 吴其贞:《书画记》,《中国书画全书》第 8 册,上海书画出版社 1994 年版,第 28 页。

栖雌背,雌者则塌下,可见汉人工巧耳;又有大眼玦宝环歪头勾压胜,皆汉器之著名者。余物精巧不胜计"。① 程龙生,"数代繁衍笃好古玩,陈设布置无不精绝"。② 清代徽州著名典商胡学梓之孙胡积堂,所藏多为明清珍品,其藏品见著于《笔啸轩书画录》中。

在收藏过程中,徽州典商通过辨别艺珍,提高了自己欣赏水平,掌握了高超的鉴别方法。徽州典商精湛的鉴赏能力,深获时人称道。程梦庚,"笃好古玩,辨博高明识见过人,鉴赏家称焉,所得物皆选拔名尤"。③ 又休宁商山吴闻诗,"幼能文,举笔千言立就。若辨古玩真度,一见洞然"。④ 同样,闻诗兄弟闻礼,"有才子之风,读书之暇,好临池,玩赏古器,目力超迈,余亦服膺"。⑤

徽州典商雅好收藏,吸引"四方货玩者闻风奔至,行商于外者搜寻而归",⑥从而抬高藏品价格,促进艺术市场繁荣。同时,徽州典商丰富的珍贵藏品,吸引了大批书画家前来观赏和临摹。这些书画家在观摩之时,领略艺术珍品的魅力,提高自己的艺术素养。同时,这些书画家博采众长,形成了自己艺术风格。明末清初歙县渐江"常客溪南,得以纵情观摩,于其画学,殊多启迪"。⑦ 由此催生新安画派。

推动学术发展

明清时期,徽州典商在学术上的作用,最为人称知的就是服膺和传播阳明心学。除此之外,尚有两大不为人所悉知的贡献,一是程智开明末清初实学之先,二是客观促成皖派汉学的形成。

程智实学思想。程智,字子尚,生于万历三十年(1602)、卒于顺治八年(1651),出生于休宁一个典商家庭。年少时曾至"仲兄典铺中"学习商事。因不善治生,又不喜举业。万历四十七年(1619)18岁时在扬州跟从他人学

---

① 吴其贞:《书画记》,《中国书画全书》第8册,上海书画出版社1994年版,第35页。
② 吴其贞:《书画记》,《中国书画全书》第8册,上海书画出版社1994年版,第405页。
③ 吴其贞:《书画记》,《中国书画全书》第8册,上海书画出版社1994年版,第35页。
④ 吴其贞:《书画记》,《中国书画全书》第8册,上海书画出版社1994年版,第34页。
⑤ 吴其贞:《书画记》,《中国书画全书》第8册,上海书画出版社1994年版,第41页。
⑥ 吴其贞:《书画记》,《中国书画全书》第8册,上海书画出版社1994年版,第46页。
⑦ 汪世清:《不疏园与皖派汉学》,《江淮论坛》1997年第2期。

道,不久离之而去,其后修禅于苏州。崇祯六年(1633),程智开始招集信徒,讲学于苏州雍熙寺。此后,程智便往来于徽州、苏州和杭州之间。崇祯十五年(1642),程智迁往苏州洞庭西山,建立学舍继续讲学。顺治四年(1647),程智在苏州阳山创建讲学组织"研悦社",从此讲学不辍。纵观程智的一生,怀有浓厚回古倾向,以天易观为基础,极力辨别儒佛道之间的学术异同,痛斥老庄申韩学说危害,放弃朱子《易本义》和《易学启蒙》图书之学,提出"实在"宇宙观,重新建构"有"之理论体系,以此对抗佛道"虚无"宇宙观。综观程智的学说,既非主张三教合一,亦非代表商人阶层思想,更非宋明心性之学,而是崭新的实学思想。程智实学思想的提出,不仅在颜元、李塨之前,而且也在黄宗羲、黄宗炎、胡渭、顾炎武之先。所以说,程智是明末清初实学思潮的开创者、引领者。程智所开创的实学思想,不仅为黄、顾、颜、李所承继,而且是宋明理学向清代汉学转变的中间环节,对后世学术产生巨大影响。①

促进皖派汉学的形成。皖派汉学,指的是清乾嘉学派中的"皖学",发轫于清初歙县黄生,成于乾隆年间江永和戴震。皖派汉学的形成与乾隆初年徽州典商汪泰安不疏园关系极大。② 乾隆初年,汪泰安在经商的同时,修建不疏园,购置大量书籍,藏于勤思楼中,供子孙研读。乾隆十七年(1752),泰安礼聘江永、戴震来馆不疏园教其子孙。同时来馆学习的还有郑牧、汪肇龙、方矩、程瑶田和金榜等人。于是,不疏园便成为当时经学研究中心。在不疏园期间,江永与诸子辨疑解惑,博览详稽,订误求真,撰写了《算学》、《乡党图考》、《律吕阐徽》和《古韵标准》4 种重要著作,并将其学传给戴震、瑶田、梧凤等人。戴震在师从江永研求经学之时,佐其商定《古韵标准》和《诗韵举例》,并从事音韵学研究,撰写《诗补传》一书。乾隆二十六年(1687),戴震二次来馆不疏园,与肇龙、梧凤三人继续探讨经义。戴震两馆不疏园,"六经秦汉之收书无不读",并"随读研究,析疑义,明制度",故

---

① 王汎森:《程廷祚与程云庄——清代中期思想史的一个研究》,《文化与历史的追索——余英时教授八十寿庆论文集》,(台北)联经出版公司 2009 年版,第 245—271 页。

② 汪世清:《不疏园与皖派汉学》,《江淮论坛》1997 年第 2 期。

"于诸经,所得独多,为江门大弟子","其学与江相出入",故称江戴之学,即为"皖派汉学"。而汪梧凤以江为师,以戴为友,潜心经学,在皖派汉学的兴起和发展过程中起着组织和推动的作用,功不可灭。其后,皖派汉学在梧凤子孙乃至汪漪的后裔中相传不衰。应该说,徽州典商汪泰安之不疏园,实为皖派汉学诞生之摇篮。

保存大量文献

徽州典商在文献保护方面功不可没。徽州典商不仅收藏珍贵秘籍,而且著书立说,同时刻印了大量古籍,从而保存和留下很多珍贵文献。

著书。徽州典商著述丰富者大有人在。清代汪森可谓其中典型代表。汪森既是一名文人,又是一名徽州典商。汪森祖父为著名典商汪可镇,其子又为官僚兼典商的汪继爌。作为典商世家的文人,汪森不仅藏书丰富,是清代著名藏书家;而且著述丰富,达 270 余卷。计为:《粤西诗载》24 卷、《粤西文载》75 卷、《粤西丛语》30 卷、《裘杼楼诗稿》4 卷、《小方壶存稿》15 卷、《小方壶文钞》6 卷、《桐扣词》3 卷、《虫天志》、《华及堂稿》1 卷、《华及堂续稿》1 卷、《华及堂视昔编》6 卷、《撰辰集》4 卷、《明代诗才小传》7 卷、《浮溪馆吟稿》3 卷、《粤行吟稿》1 卷、《粤行外稿》1 卷、《梅雪堂诗稿》2 卷、《贯珠集》3 卷、《苦竹居五噫斋合集》2 卷、《订定汪水云湖山类稿》5 卷、《湖山外稿》1 卷、《蛮方盾墨》1 卷、《豫行吟稿》1 卷、《旅行日记》1 卷、《曹溪日记》、《豫行日记》、《合刻方壶词》2 卷、《水云词》1 卷、《词综》30 卷、《明词综》10 卷、《词综补遗》6 卷、《月河词》1 卷、《碧巢词》1 卷和《唐诗正》30 卷,等等。其中,《明代诗才小传》属于孤本,藏于南京图书馆,是研究明代诗人传记珍贵资料,历来无人述及。

刻书。徽州典商刻书亦不遗余力。明代商山吴氏典商曾刻书不辍。如吴仲虚"家藏书万卷,丹铅校雠不倦,今武林西爽堂所镂梓,海内竞市之"。吴仲虚不仅刻书甚多,而且还有刻的刻坊西爽堂。"西爽研铱,北堂分隶。校书匪愚,操镰抉翳。"①西爽堂所刻之书种类繁多,主要为各种史书、唐佛教典籍及稗官小说。所刻史书有晋陈寿《三国志》和唐房玄龄等撰《晋书》。

---

① 虞淳熙:《虞德园先生集》卷一五《明太学吴仲虚诔》,《四库毁禁书丛刊》集部第 43 册,第381 页。

吴"仲虚家刊列史,至陈寿《三国志》"。①"兹书《晋书》簪聚群材,璀璨一代者虖? 顾自此书,单行隐盛之笔不复流布;精言小品,半窥世说兴亡消息之故。既叹隔世,而旧刻踵讹,复缺诠证,书之不完,义于何有? 友人吴仲虚氏,博雅嗜文,玩心拄兹,搜罗诸本,刊讹厘舛,副墨杀青,晋代衣冠烂然可披。"②据《中国善本书目录》载,吴仲虚西爽堂所刻除《三国志》和《晋书》外,尚有唐释玄奘译《大唐西域记》和唐释慧立《大慈恩寺三藏法师传》和《虞初志》,等等。仲虚长子怀真刻书甚多,主要有唐释菩提流支等译《文殊师利所说不思议佛境界经》、唐释地婆诃罗等译《大乘显识经》、隋释阇那崛多《妙法莲华经添品》、西晋释竺法护译《佛升仍利天为母说法经》、隋释阇那崛多译《诸法本无经》、刘宋释求那跋陀罗译《大方广宝箧经》、唐择义净译《药师琉璃光七佛本愿功德经》、刘宋释求那跋陀罗《菩萨行方便境界神通变化经》和元魏释吉迦夜等译《称扬诸佛功德经》,等等。又仲虚之侄吴祚和吴敬也刻书不辍。其中,吴祚刻有东晋释佛陀跋陀罗等译《大方广佛华严经》;吴敬刻过顾起元《说略》、王世贞《王元美先生文选》、黄汝亨《寓林集》及其所辑《古奏议》。此外,徽州典商子弟歙县潘之恒刻书多种,所刻《亘史》近百卷。徽州典商刻书不仅数量巨大,而且极为精湛。如例属徽州典商歙县西溪吴养春刻有《泊如斋重修宣和博古图》、《闺范图说》和《古今女范》等大量书籍,而且所刻之书极为精湛,不惜重金聘请名家绘图和刻印。如《泊如斋重修考古图》即由丁云鹏、吴左干、汪耕等名师摹图,由虬村黄氏刻工中的高手黄德时上版。又《闺范图说》和《古今女范》亦由歙县虬村黄氏高手黄伯符和黄应淳雕版。

徽州典商在文化艺术方面,保存了大量传统文化中瑰宝,推动了书画艺术的进步并催生了新安画派,促进了学术的发展和文化的传播,同时造就不少文化名人。

三 社会作用

徽州典商对社会作用不可忽视,积极参与各项公益活动,主要表现在赈

① 福建省文史研究馆编:《曹学佺集》,江苏古籍出版社2003年版,第689页。
② 黄汝亨:《寓林集》卷一《晋书序》,《四库禁毁书丛刊》集部第42册,第48页。

灾救济、促进社会组织健康发展和建设便民设施。

赈灾救济。徽州典商积极参与经营地和徽州故里各项赈灾活动。徽州典商参与赈灾方式多种多样的,有的是降低利率以利当户,有的积极向官府捐资捐物,有的直接面对灾民煮粥赈济。正德、嘉靖年间歙县汪通保赈灾多途并举。"嘉靖中岁大旱。太守议发仓,处士则以不便于民,乃以策于太守。饥民自百里外,待命郡中,即无留行,尤惧无及于死,假令坐毙以待,升斗如沟壑,何请易粟为金,就而散之。四境富民各输金以助不足,某请以百金先。太守用其言,民大称便。既而又就里中,设糜粥饭饥人。上海亦如里中,中外多所全活。"①汪通保赈灾不遗余力,既在上海赈灾,又在家乡赈灾;既向官府捐资捐物,又直接煮粥赈济。又万历年间徽州典商程绣赈灾多途并举,不仅积极响应地方士大夫捐米,而且亲自煮粥赈济灾民,帮助灾民渡过难关。"值岁洊饥,出粟煮糜,以食里人,活医桑无算。邑大夫议赈,则捐粟千石佐之,窭不能敛者,予槥若干具;暴不能葬者,予地若干亩,以二百金助学宫之神皋,以五百金新黄坑之神宇。"②徽州典商江世俊采取减息方式帮助受灾当户。万历十六年(1588),徽州发生大旱,江世俊,"让息不取,饥民赖以存活者甚众"③。嘉庆年间,经商于江苏东台的徽州典商捐资捐物、协助官府赈灾,以帮助灾民渡过难关。嘉庆十年(1505),东台"因高宝湖水下注,海潮上拥,一时不能宣泄,以致田亩民居率皆淹漫,被灾最重"。东台县令徐崇炯向在城绅商劝捐平粜,东台各盐场的徽州盐、典各商皆踊跃捐助。次年,东台县又发大水,县城平粜,徽州典商吴又新、戴达源、刘隆兴等共捐银1600两。嘉庆十九年(1814),东台县大旱,境内的徽州盐、典各商又纷纷捐资平粜。④ 尤其是,徽州典商不仅身为富商,而且兼营粮食业,灾荒之时除捐资捐物外,还积极响应地方政府,捐助囤积的粮食,或放赈,或平

---

① 汪道昆:《太函集》卷二八《汪处士传》,《四库全书存目丛书》集部第117册,第365—366页。

② 许国:《太医院吏目梅轩程季公行状》,见(清)程国栋修:《休宁榆村程氏族谱》卷九《杂文》第6册,乾隆二十五年刻本,南京大学历史系藏。

③ 歙县《济阳江氏族谱》卷九《明处士世俊公传》,转引自张海鹏:《明清徽商资料选编》,黄山书社1985年版,第165页。

④ 嘉庆《东台县志》卷二七《捐施》,《中国地方志集成·江苏府县志辑60》,第560—562页。

粜,以帮助灾民渡过难关。崇祯年间,杭州地区发生荒灾,当地徽典"奉上司明文,年例积济荒米 1000 石。除连日于预备仓专粜付赤脚人丁,余 500 石,奉正堂面谕,分派城外各铺,散粜乡农,以均利济。本宦窃见乡民纷纷陈诉,持钱入市,求粜无门。闻邑中高贤,原劝十典于千石外,合共加粜 600 石。今吴、朱二典,在西塘、风溪二镇,加惠区多,吴、程八典,悉照原详,共加出四百八十石,欣然乐轮,足征好谊"。① 徽州典商赈灾活动,极大缓解了官府压力,帮助灾民渡过难关,因而获得时人赞誉。徽州典商赈灾义举,"在神君为德政,在各典为义和,在各里为仁让,一事而三善具"。② 又弘治嘉靖间休宁率东程锁,经商溧水时,当地发生饥荒,"谷踊贵,长公(程锁)出谷市诸下户,价如往年平,境内德长公,诵义至今不绝"。③ 又明季某年江南发生灾疫,徽州典商吴仲虚慷慨解囊、捐资捐物,"其所活无万数,振人困乏,如或不及而耻任德"。④ 徽州典商的积极赈灾,不仅帮助官府和灾民渡过难关,而且有助于稳定当地民心,从而有利于维持社会稳定。

促进社会组织健康发展。明代以降,一些社会组织为了保证组织的正常运行,通常将募集来的资金进行投资以收取利润。投资渠道主要有三种:一是购置土地、收取田租,二是交商生息,三是购置店铺市房、收取租金。三种方式中,购置土地、收取田租本是最常见方式,后由于土地价格上涨,加上田地有限,兼之收益不高,便难以采用。同样购置店铺市房、收取租金也不够方便。因此交商生息便成为最通行方式金。交商生息,在当时情况下,主要是存典生息。存典生息是清代社会组织经费投资最重要途径。如清代道光年间,徽州地区书院、善堂、水利、桥梁等组织机构将经费存于隆泰典生息。对此,文书载道:

扣考棚生息本九五平纹四十五两九钱五分六厘,加色一钱二分九厘

---

① 陈龙正:《几亭全书》卷二五《劝徽典邑里分米平粜乡农谕》,《四库禁毁书丛刊》集部第 12 册,第 188 页。

② 陈龙正:《几亭全书》卷二五《劝徽典邑里分米平粜乡农谕》,《四库禁毁书丛刊》集部第 12 册,第 188 页。

③ 汪道昆:《太函集》卷六一《明处士休宁程长公墓表》,《四库全书存目丛书》集部第 118 册,第 22 页。

④ 杨维桢:《大泌山房集》卷七一《吴仲虚家传》,《四库全书存目丛书》集部第 152 册,第 237 页。

扣海阳书院生息本九五平纹九六色银三百两。

扣同卷烛生息本九五银五十二两九钱四分一厘,加平一钱四分。

扣惠济生息本九五平纹一百九十四两四钱四分,加色五两八钱八分三厘。

扣五孔石桥生息本库平纹二百零一两二钱七分,加平色三十两四钱一分七厘。

扣社谷生息本库平纹三百四十四两九钱八分八厘,加平色五十两五钱七分八厘。

扣津贴颜料生息本库平纹银八十六两三钱零三厘,加平色十三两零四分九厘。

扣大考生息本九五平银先领一百六十两八钱五分九厘,按年一分二厘,存息一年半,利银二十八两九钱五分五厘。

扣大考生息本九五平银后领一百五十三两一钱六分五厘,按年一分起息,存息一年半,利银二十二两九钱七分四厘。

扣巡江生息本库平纹五十五两三钱二分八厘,加平色八两二钱九分四厘。

扣紫阳书院生息本九五先后领银六十三两、七十九两零九分二厘。

扣黟邑碧阳书院生息本河平九六色银五百五十两,加平二十四两三钱一分。

扣同考棚盈余存贮乡会盘费本河平九六色银四百两,加平十八两四钱。

扣同周年六厘息该利一年半计银三十六两,加平一两六钱五分六厘。

扣海阳书院续捐膏火摊派生息本九五色三百三十两,加平六钱六分。

扣邵工水利生息本库平纹九十六两,加平色十四两九钱三分八厘。[1]

---

[1]　《道光二十二年隆泰、恒裕、敦和、泰丰、长隆、长兴、恒隆、润元盘总》第1册,中国社会科学院历史研究所藏。

　　道光年间,存于隆泰典生息的社会组织就有海阳书院、紫阳书院、碧阳书院、巡江机构、惠济善堂、社谷仓、颜料徭役、五孔石桥和水利机构等,所存经费为银 3000 余两,每年利息约银 300 两。这些生息银两表面看起来并不多,实际上社会组织机构经费并非存于一座典铺,而是分存多座典铺,甚至十数座乃至数十座典铺。如道光年间,绩溪宾兴经费 5600 两分存城乡 54 座典铺中。这些存典生息银两,不仅使原有经费保持不动,而且还收取利息,用以日常各种项目开支,从而保证社会组织正常运行。如道光年间,江苏泰州善会善堂将捐款存于徽州典商程鼎亨典铺生息。其中,育婴堂"旧存程鼎亨典回赎从前田亩银四百四十八两五钱,每年取息五十三两八钱三分。前任知州袁秉义捐制钱一百千文,存典一分生息,每年入制钱十二千文"。普济堂"存程鼎亨典回赎田亩银三百七十六两,每月一分生息,岁入息银四十五两一钱三分"。清节堂,"钱一万千交各典,每月一分二厘生息",年得利息钱 1440 千文。① 道光年间,泰州育婴堂经费存于程鼎亨典每年利息达钱 53 余两,全部经费生息当远远超过此数;普济堂经费存于程鼎亨典每年利息钱 12 千文,全部经费生息当远远超过此数全部经费生息当远远超过此数;清节堂经费存典所生利息达 1400 余千文。三堂将经费存典生息,使原来经费保持不动,所生利息用于日常开支,从而保证善堂正常运作。

　　徽商典铺收存社会组织基金,不仅保证原有基金安全,而且还向社会组织支付利息。社会组织将利息用以日常各项开支,使原有基金不动,甚至将盈余再存典生息,从而促进了社会组织的健康发展。

　　此外,徽州典商积极参与地方公益活动,建设便民措施。其中最主要的就是筑路修桥。乾隆年间,黟县胡学梓,"其人俭而好善,徽州之造桥、修路,大半皆其手创。数洞大石桥,造价数万者,独力为之。修路经由之处,为衣冠拜谒绅耆者,商请准其来修。盖恐有阻挠情事,所设典业,自徽州至江西省沿途皆有,东伙到江西省宿于内,免住旅馆"。② 其中,"造齐云山下登封桥、霭冈桥,襄造渔亭永济桥,修造本邑及歙、休、祁邑大路九处,前后费金逾

---

① 道光《泰州志》卷七《公署》,《中国地方志集成·江苏府县志辑 50》,第 48—50 页。
② 余鲁卿:《经历志略》不分卷,第 1 册,复旦大学图书馆藏。

八万两"①。又正德、嘉靖年间歙县汪通保经商上海,"吴会洞泾桥坏,费百缗新之。归则竭田、由溪各为桥。"②又万历年间,歙县临河人程杰经商巢湖柘皋,"捐赀治石梁于柘皋,如二虹岿然,而民不病涉"。③又嘉庆年间黟县程学本,不仅捐资赈灾,而且热心地方公益事业,筑路、修桥、建校,无所不为。"邑秀里至北庄亭,往羊栈岭大路,旧有土道,君捐赀墁石四百二十余丈。迎霭门者,城郭门也。自郭门至凤凰桥,为赴府道,君助族人修之。"乾隆十七年(1752)知县"移学宫于今地,议为楼奎。奎宿既甃石矣,因偪学垣而止。及是撤屋拓地池,遂议建奎楼。君与从昆弟学植学禧",出"遗赀独建是楼"。④筑路修桥,不仅方便了当地民众生活,加强民间之间的联系,更为重要的是,有利于商品货物的流通,从而促进了当地社会经济发展。

明清时期,徽州典商在经济、文化以及社会诸方面都作出了应有的贡献。这些贡献有大有小,有多有少;有主动而为,也有被动而作,无论哪种情况,客观上促进社会经济文化的发展,不应抹杀。毋庸讳言,徽州典商毕竟属于高利贷寄生行业,其负面作用亦不容否认。

第二节　徽州典商的社会关系

徽州典商在经营活动中与社会各界建立了广泛联系。在地方社会中,徽州典商与基层人役、民间组织和官僚机构联系紧密。基层人役中,徽州典商主要与基层行政组织保甲长、基层衙役和乡绅关系密切。民间组织中,徽州典商主要与徽商商业组织和善会、善堂关系密切。官僚机构中,徽州典商主要与州县、府、道、省等官吏关系密切。在诸多社会联系中,徽州典商与基层人役最为紧密,其次与地方官府关系和民间组织关系密切。

---

① 嘉庆《黟县志》卷七《人物·尚义》,《中国地方志集成·安徽府县志辑56》,第227—228页。

② 汪道昆:《太函集》卷二八《汪处士传》,《四库全书存目丛书》集部第117册,第366页。

③ 鲍应鳌:《瑞芝山房集》卷一二《程次公传》,《四库禁毁书丛刊》集部第141册,第259页。

④ 程鸿诏:《有恒心斋全集》文卷九《诰赠奉政大夫昭武都尉程府君墓碑铭》,参见沈云龙主编:《近代中国史料丛刊》第一编第355册,(台北)台湾文海出版社,第500页

一　基层社会关系

徽州典商与基层社会之间的关系主要反映在三个方面：一是徽商与基层行政组织人员之间的关系，二是徽州典商与地方基层衙役之间的关系，三是徽州典商与地方士绅之间的关系。

徽州典商与基层行政组织人员之间的关系。明清时期地方基层组织，城乡略有差别。就乡村基层组织而言：明代初年，建立了里甲制。里甲组织设有里长和甲首，承担赋役、治安和教化作用。明代中前期，在里甲制的基础上，建立了总甲制。其中，里甲组织仍设有里长和甲首，承担赋役和教化职能，总甲组织设有总甲和小甲，承担治安职能。明代中后期，在里甲制和总甲制的基础上，建立了保甲制和乡约制。其中，里甲组织仍设有里长和甲首，承担赋役职能；保甲组织设有牌长、甲长和保长，承担治安职能；乡约组织设有约正和约副，承担教化职能。明末清初，一些地方将保甲和乡约合而为一、称为乡甲制。乡甲组织设有保长和乡约，其中，有的地方将保长和乡约称为地保，有的地方仅将保长称为地保。乡甲组织承担治安和教化职能。清前中期，里甲制日益衰败，保甲正式基层组织。各地保甲组织略有不同，有的推行十家牌法，又称牌甲制，十家立一牌长，十牌立一甲长，十甲立一保长，保长有时称为地保；有的直接推行保甲制，十家立一甲长，十甲立一保长，保长有时称为地保。无论是哪种类型的保甲组织，职能都是一致的，即承担赋役、治安和教化职能。鸦片战争以后，为强化社会治安，保甲组织多推行十家牌法，十家立一牌长，十牌立一甲长，十家立一经董，同时设有地保。地保，"每图一人，由该图耆老业户选充，有领催条漕及巡查协捕之责，两年一更替，相沿已久，至今不废。按：地保不领工食，仰给予铺户年规，及受人任使之酬值，颇足资以为生。而衙役辄向索陋规以窘之，自好者每不屑为。及悬缺而名为管区之衙役，又促耆业报充，恫吓以为利，此其弊也"。[1] 同时在市镇，明清时期除设有坊甲、保甲等相应基层组织，以负责社会治安。不论是乡村还是市镇，徽商典铺与基层组织的关系主要为保长的关系。徽

---

[1]　宣统《太仓州志》卷七《赋役》，《中国地方志集成·江苏府县志辑18》，第96页。

商典铺与地方保甲长之间关系的建立主要有两种途径：一是通过各种规礼，一是日常之间的往来。其中，每逢寿诞和节庆，徽商典铺都要送给保甲长一定规礼。如光绪十一年（1885）八月二十五南浔地保谈茂春生日，振成典送给向"保谈茂春寿分一百文"。又该年十一月十二日，南浔地保林阿六生日，振成典送给"林阿六寿分洋一元"。① 又同治十三年（1874）六月，太仓州某图地保生日，义泰典送给其"寿分八钱一分六厘"。②

徽州典商与地方基层衙役之间的关系。主要反映在两个方面：一是徽州典商与巡检司之间关系，二是徽州典商与基层驻军之间关系。一、徽州典商与巡检司之间关系。巡检司是明清县级衙门底下的基层组织，通常设置于人烟稀少地方，设有巡检管理。巡检司无行政裁量权，功能以军事为主，设置的目的在于盘查过往行人，稽查无路引外出之人，缉拿奸细、截获脱逃军人及囚犯，打击走私，维护正常的商旅往来。此外，担负其他的一些政务，如参与到水利、诉讼、教化等行政事务。徽州典商与巡检司之间的关系主要与巡检及其辖下地保之间关系。徽州典商与巡检及其地保关系的建立，都是通过规礼实现的。每逢节日，徽州典商都要送给巡检节礼。如光绪十一年（1885）中秋节，振成典送给巡司"礼八百四十文"。③ 每逢巡检生日，徽州典商也要送礼祝贺。如同治十三年（1874）四月太仓甘草司巡检生日，义泰典送给寿礼银"二两三钱九分六厘"。同样，每逢节日或地保生日，徽州典商也要送礼祝贺。如同治十三年（1874）太仓州甘草司地保生日，义泰典送给寿礼银"二两二钱五分一厘"。④ 二、徽州典商与基层驻军之间关系。明清时期，为维护地方社会，在一些市镇或地势险要地方驻扎军队。清代兵制，凡千总、把总、外委所统率的绿营兵均称汛，其驻防巡逻的地区称汛地。如江西星子县长岭镇、青山镇、渚溪镇皆设有营汛。⑤ 又湖北谷城"右哨头

① 《光绪十一年振成典钱翔实存簿》第1册，南京大学历史系藏。
② 《同治十三年义泰典月总》第1册，中国社会科学院历史研究所藏。
③ 《光绪十一年振成典钱翔实存簿》第1册，南京大学历史系藏。
④ 《同治十三年义泰典月总》第1册，中国社会科学院历史研究所藏。
⑤ （清）蓝煦等修纂：同治《星子县志》卷一《疆域志·市镇》，同治十年刻本，中国国家图书馆藏。

司把总驻扎张家集,新建衙署分属县治东北。陆路龚家河、张家集,旱塘计二处,带兵五名,游巡盘奸,缉匪差防。每月带兵二名,至交界处侯家营,与均光营弁目兑旗会巡"①。徽州典商与基层驻军之间的关系,主要与营汛捕头和汛地地保之间关系。徽州典商与营汛捕头、汛地地保关系的建立,主要通过规礼实现。每逢捕头生日,徽州典商须送礼祝贺。如光绪十一年(1885)十月初六日,南浔汛营捕头生日,振成典送给礼钱"七十"文。② 同样,每逢节日或地保生日,徽州典商也要送礼祝贺。如同治十三年五月太仓州营汛地保生日,义泰典送给寿礼银"八钱三分四厘"。③ 同年八月,汛地地保蔡、张二人生日,义泰典送给寿礼"八钱一分六厘",④又光绪十一年十月二十二日南浔汛地地保生日,振成典送给"洋一元"。另营汛设防,徽州典商也要捐钱襄助。同治十三年(1874)十二月太仓州营汛设防,义泰典捐银"十一两六钱三分"。⑤

徽州典商与地方乡绅之间的关系。地方乡绅阶层主要指科举及第未仕或落第士子、当地较有文化的中小地主、退休回乡或长期赋闲居乡养病的中小官吏、宗族长老等一批在乡村社会有影响的人物。地方乡绅是乡村民众的代表,在乡民中拥有广泛的社会基础,维系着与乡民、官府的经济关系,近似于官而异于官,近似于民又在民之上,是官府之外的一股重要势力。徽州典商与地方乡绅之间的关系,主要是与科举人士、退职官吏、邻居和房东之间的关系。徽州典商与地方乡绅之间关系的建立,主要通过婚丧喜庆之事实现的。每逢地方乡绅科举有成,徽州典商都要备礼祝贺。如同治十三年(1874)太仓张某入泮,义泰典备礼约"一两九钱"祝贺;同年十月,太仓陆某入泮,义泰典也备礼约"一两四钱"前往祝贺。每逢官吏婚丧喜庆,徽州典商也备礼祝贺。如同治十三年(1874)太仓司房娶亲,义泰典备礼约"一两九钱"祝贺。每逢邻居婚丧喜庆,徽州典商都要备礼祝贺。如同治十三年

① 同治《谷城县志》卷二《兵卫》,《中国地方志集成·湖北府县志辑66》,第48页。
② 《光绪十一年振成典钱翔实存簿》第1册,南京大学历史系藏。
③ 《同治十三年义泰典月总》第1册,中国社会科学院历史研究所藏。
④ 《同治十三年义泰典月总》第1册,中国社会科学院历史研究所藏。
⑤ 《同治十三年义泰典月总》第1册,中国社会科学院历史研究所藏。

（1874）八月，邻居吴姓家有喜庆，义泰典特送"香分五钱九分六厘"；该年十月，邻居纪森父亲去世，义泰典也送丧给"香分一两五钱七分"；又该年十一月，邻居某去世，义泰典同样送给"香分一两七钱六分五厘"。尤其是，每逢房东家婚丧喜庆，徽州典商更是备礼祝贺。同治十三年（1874）三月，房东女儿出嫁，义泰典特备礼"二两四钱三分六厘"；同年十月，房东完姻，义泰典也备礼约"二两"祝贺。①

此外，徽州典商与地方厘金局和市镇衙门之间关系。厘金又称"厘捐"、"厘金税"，是晚清一项重要税收，创设于咸丰三年（1853），分为行厘和坐厘两种。行厘属于通过税性质，抽之于行商，坐厘属于交易税性质，抽之于坐商。税率皆为按货物价值抽取1%，故俗称厘金。市镇衙门指设置于市镇的官方机构。雍正、乾隆年间，鉴于治安问题越来越繁重，地方官府便在市镇中设置同知和分防县丞进行管理。如南翔镇，"地当繁杂，鸾远治城者，近例分州同、县丞驻防之"②。徽州典商与厘金局和市镇衙门关系的建立，是依靠馈送规礼实现的。每逢节日，徽商典铺都要送给厘金局相应节礼。如光绪十一年（1885）中秋节，振成典送给"厘卡礼钱九百八十文"。同样，每逢节日，徽商典铺都要送给市镇衙门相应节礼。如光绪十一年（1885）中秋节，振成典送给"本镇各衙门节日敬洋二十元"。③

基层人役中，徽州典商主要与基层组织保甲长、衙役、巡检、捕头、厘金局和乡绅保持联系。徽州典商与基层人役维系途径是徽州典商通过送给基层人役"年规"、"节礼"和"庆礼"④实现的。保甲长、衙役、巡检、捕头、厘金局在基层社会中手中握有赋役征收、基层管理等权力，乡绅属于地方社会中权势人物，徽州典商与之保持联系，有利于商业经营的顺利开展。

二　地方官府关系

徽州典商与地方官府之间关系主要表现在两个方面：一是地方官府对

---

① 《同治十三年义泰典月总》第1册，中国社会科学院历史研究所藏。
② （民国）《南翔镇志》卷四《职官》，《中国地方志集成·乡镇志专辑3》，第465页。
③ 《光绪十一年振成典钱翔实存簿》第1册，南京大学历史藏。
④ 韦庆远、柏桦：《中国官制史》，东方出版中心2001年版，第422页。

徽商典铺的经营管理,二是徽州典商与地方官吏之间的关系。

地方官府对徽商典铺经营管理。主要体现在三个方面。第一,徽商典铺开歇须向地方官府申请。首先,徽商典铺开业须向地方官府申请典帖。申请时,徽州典商将申请书、甘结书和拟定榜规交至州县收发部门,然后由收发部分转交户房,接着户房转呈相关官员。相关官员根据申请材料进行审核,并在原申请书批上意见,同时将批示的申请书交给户房。户房接到批示后,根据批示内容进行相应处理。若批准徽州典商开设典铺,则向省布政使衙门申报核准。省布政使衙门核准后,再由户部发给典帖。户房收到典帖后发给徽州典商。徽州典商领到典帖后,方准挂牌开张,否则被视为非法经营。非法开张,重则勒令停业,轻则罚款。其次,徽商典铺歇业时,也须向地方官府申请。其申请程序与开业过程基本相同。徽州典商将停业申请书交至州县收发部门,然后由收发部分转交户房,接着户房转呈相关官员。相关官员根据申请材料进行审核,并在原申请书批上意见,同时将批示的申请书交给户房。户房接到批示后,根据批示内容采取相应的方式处理。若准许徽州典商歇业,则向徽州典商颁发停业谕单。徽州典商领到谕单后,挂牌停当放赎。需要说明的是,在申请歇业前,若典铺存有社会公款,则应将存典社会公款本利还清,否则不准歇业。复次,徽州典商在经营过程中,还须定期向地方官府申请换帖。一般情况下,换帖期限为三年。换帖程序与开歇业过程基本相同,但稍简略,不需甘结。徽州典商开业申请书交代了典商姓名、典铺名称、地址和典业规章。如光绪芜湖同福典开张请帖内容为:

> 为遵章议呈榜规折结,恳请赏给帖示,开典便民事,窃查典铺之设,所以便民缓急,上裕国课,下济民艰,前奉各大宪出示招徕,各州、县、城乡、集镇,渐次报开,商民称便。伏查芜湖为通商口岸,商贾辐辏之区,人民繁庶,似应分投开设公典,以济民急。今商筹集资本,请在芜湖县城外西乡狮子桥地方,开设同福公典一座,遵照新章,按月二分取息,期以二十四个月为满。俾资周转,情愿领帖,输税缴捐。惟典帖印示,系为商人执凭遵守之件,向准径给只领开张,以免辗转稽延。今商所请,事同一律,理合议呈榜规,遵章出具甘保各结,援案禀求,伏乞大人鉴核,俯赐赏准,颁发典帖印示各一道,给商只领持回,赶紧择吉开张,悬

挂晓谕,执凭遵守,并恳移会筹议公所备案,暨札饬芜湖县加发告示,以资弹压,实为德便,上禀。计禀呈:榜折一扣,甘保结各一纸。①

徽商典铺开歇须向地方官府申请,有助于地方官府强化对徽商典铺的管理,主要要求徽商典铺依法经营,遵守法规,维护金融市场秩序。同时,便于收取徽商典铺税捐,增加政府财政收入。

第二,地方官府制定典业法规。地方官府为加强对典业管理,相继制定了当期、利率、赃物和赔偿制度等典业法规。首先,地方官府规定了典铺利率和当期。如光绪年间芜湖同福典,遵照地方官府颁布的新章,规定利率"按月二分取息,一月之外,过期五日方准收两月之利",当期则"连闰以二十四个月为满,愿留者,准其上利,或三月五月,听从其便,不得空留,过期不取,应听变卖归本"。② 其次,地方官府规定典铺收取赃物处理章程。如乾隆初年江苏规定:"盗贼供出当赃,先起给主认领,当本在于各盗家属名下追赔。"至乾隆八年(1743),重新调整为"如本贼及贼属实在无力追偿者,均令该地方官关查确实,听主备本赴典免利取赎,以认赃之日起,定限三十个月为满,如逾限不赎,听典商变价作本"。该条例制定后,"不但江省各属遵守奉行,邻省亦大率相同"。③ 光绪年间芜湖同福典据此规定:"盗窃行踪,本难预测,若有质当赃物,应由失主认明,备价取赎,俟获贼追出本银,给还失主,如此之事,原与典铺无涉,失主不得多生枝节,牵累典铺。"④最后,地方官府规定典铺失火失窃赔偿章程。如乾隆年间江苏对失火赔偿规定:"典物被焚,例应按照值十当五之数,扣除应输利息赔偿。"⑤又光绪芜湖同福典根据地方官府法规对失窃规定道:"典铺倘遇灾患窃劫之事,须报明地方官,踏勘明白,一面出示晓谕,查照定例办理。"⑥地方官府对典业经营中

---

① 《典业杂志》上册,油印本,安徽师范大学图书馆藏。

② 《典业杂志》上册,油印本,安徽师范大学图书馆藏。

③ 《湖南省例成案》卷三三《户律钱债·违禁取利·典商当贼盗赃物差票提起贼赃,追还当本》,转引自刘秋根:《清代典当业的立法调整》,未刊稿。

④ 《典业杂志》上册,安徽师范大学图书馆藏。

⑤ 《乾隆苏藩司批稿》不分卷,《宝山县一件详报事详李裕昌典失火焚毁当物一案由》第5册,南京图书馆藏。

⑥ 《典业杂志》不分卷,油印本,安徽师范大学图书馆藏。

的当期、利率、赃物和赔偿制度制定相应法规,目的在于兼顾当户和典商双方利益,保护典铺合法经营,维护当户正当利益不受损害。

第三,地方官府收取典当税捐。明末清初,为增加财政或筹集军饷,开始征收典税。至于典税额度,尚无统一标准。康熙三年(1664),清廷规定每座典铺纳税银5两。因三藩之乱,清廷于康熙十六年(1677)将典税增至10两,十九年(1680)增至15两。三藩平定后,清廷于康熙二十二年(1683)将典税减至10两,康熙二十六年(1693)复减至5两。① 雍正六年(1728),清廷实行典业经营领帖制度,但典税没有变化,仍为每座典铺纳税5两。雍正七年(1729),清廷将典税分为正税和耗银两部分。其中正税仍每座典铺纳税5两,耗银则按"正银一两,将外加耗银一钱"②计算。光绪二十四年(1898),因河工需要,典税由每座纳税银5两提高至50两。徽州典商遵照官方规定,按章纳税。如乾隆三十七年(1772)某典纳典税"银九两",乾隆四十八年(1783)张恒裕典纳典税银"六两五钱四分八厘",同治十三年(1874)义泰典纳典税银"十五两"。咸同兵燹时,为筹集军饷,清廷除征收典税外,还向典铺摊派月捐。月捐按典铺大小征收,下等典铺每月捐钱20千文,中等每月捐钱30千文,上等每月捐钱40千文。咸同兵燹后,月捐并没有废除,而是数量相应减少,分别捐钱10、20、30千文。如同治十三年(1874)义泰典"月捐春季六十两",该年共"月捐二百四十两",即每月捐钱20千文。又光绪年间芜湖同福典,根据"公典新章,除每年照章完纳典税外,乡典每月捐钱十千文,此外若遇地方各项公事,一概免捐,以杜分歧,凡遇隆冬及灾欠年岁,毋庸再议减息,筹议新捐,逐省定章,系按照上三年架本,酌中提息二厘,新开之典,架本多寡,无凭核计,应俟扣足一年期满后,再行核计架本,照章缴捐,以重税课。"③地方官府收取典当税捐目的在于,增加地方财政,强化对典铺的控制。

---

① 乾隆《江宁新志》卷八《民赋志》,《稀见中国地方志汇刊11》,中国书店出版社1992年版,第131页。

② 乾隆《含山县志》卷四《食货志·田赋》,《故宫珍本丛刊》第101册,海南出版社2001年版,第71页。

③ 《典业杂志》上册,油印本,安徽师范大学图书馆藏。

　　徽州典商与地方官吏之间的关系。明代地方官府实行省、府、(州)县三级制度,清代地方官府实行省、道、府、(州)县四级。徽州典商与省、道、府和州县都有或多或少的关系。

　　首先,徽州典商与州县官吏之间关系。明清时期,州县政府由官、吏、役、幕等不同等级人员分组成。其中,官员又分为正官、佐贰官、属官和教职等。正官为州县的长官,在州为知州,在县为知县;全权负责本州县一切事务。佐贰官,即副职和辅助官。州的佐贰官为州同知、判官,县的佐贰为县丞、主簿,分掌粮务、水利、河防等事。州县的直属官只有一职,在州为吏目,在县为典史,掌管禁戢奸宄、监察狱囚。吏员指州县衙门各房具体办事人员。一般州县都设有吏、户、礼、兵、刑、工六房,故俗称"六房书吏"。衙役即差役,州县衙役人数众多,分为三班和杂役两种,三班分别为壮班、快班和皂班。其中,壮班负责值堂、站班兼捕盗,快班负责缉盗维护治安,皂班负责仪仗护卫。杂役分为收发、前稿、后稿、候稿、班管、值堂、跟班和值帐 7 类。其中,收发部门负责收发公文,前稿部门负责公文标画,候稿部门负责公文签押,班管部门负责公文监督,值堂部门负责堂内事务,跟班部门负责侍候,值帐部门负责公文传递。① 在州县官吏中,徽商典铺主要与知县、典史、户房书吏和杂役之间关系。而徽商典铺与知县、典史、户房书吏和杂役关系的建立,主要依靠规礼实现的。每逢节日,徽商典铺都要给知县送上节礼;或者每年年终,徽商典铺送上规礼。如光绪年间用和质每季送给知县送上规礼洋 10 元,合计年规礼洋 40 元。又光绪年间,徽商馥记当铺每年送给知县规礼洋 80 元。又乾隆三十七年(1772)某典送给"县衙请酒封"银 2.84 两。甚至知县去世,典铺也要送给丧礼。如乾隆三十七年(1772),长洲知县去世,徽州典商遵从"道宪谕助黄令丧仪"银 40 两。同样,每年年终,徽商典铺也要送给典吏一定规礼。如光绪年间用和质送给典吏洋 1 元。同样,每年年终,徽商典铺送给户房书吏一定规礼,如乾隆张恒裕典送给"任司房预支丁酉戊戌两年规礼四两",同时送给经承"丁酉规礼八钱"。又乾隆三十七年(1772)某典"送典税经承沈"银 8 两。此外,徽商典铺办事时,尚送给

---

　　①　柏华、齐惠:《清代州县政治体制的特色》,《南开政治学评论》2002 年第 1 期。

当事杂役一定的礼金。如光绪年间馥记当铺赴县办事,曾送给"门包使用二十元零八钱"。

其次,徽商典铺与府级官吏之间关系。在府级官吏中,徽州典商主要与知府、经承、委员和衙役之间持有关系。徽州典商与知府、经承、委员和衙役关系的建立,也是依靠馈送规礼实现的。每年年终,徽商典铺都要送给知府相应的规礼。如光绪年间徽商馥记当铺送给"府宪每年六十二元二钱二分二厘"。同样,每年年终,徽商典铺要送给经承、委员和衙役相应规礼。如光绪年间,徽商馥记当铺送给"府门包每年二元,九年新增二府每年十元零六钱六分八厘,府经承每年八元"。又光绪年间用和质送给府委员庞洋3元。再次,徽商典铺与道级官员关系。在道级官员中,徽商典铺主要与道房之间关系。徽商典铺与道房关系的建立,同样依靠送给规礼实现的。每年年终,徽商典铺都要送给道房相应规礼。如光绪年间,徽商馥记当铺送给"台使四元",以及道房"二元,小礼五钱"。

最后,徽商典铺与省级官员之间关系。在省级官员中,徽商典铺主要与总督、巡抚和布政使司之间关系。徽商典铺与总督、巡抚和布政使司关系的建立,仍然是依靠送给规礼实现的。每年年终,徽商典铺都要送给这些省级官员相应规礼。如光绪年间,徽商馥记当铺送给"督房英洋六元,小礼英洋一元,十一年加一两八钱,抚房每年四元,小礼五钱,藩房每年代解月捐费十六元、规费十四元"。

官僚机构中,徽州典商与各级官府正官(总督、巡抚、布政使、道房、知府、知州、知县)、典史和书吏之间关系密切,而与县丞、教谕、训导等佐贰官联系甚少。徽州典商与正官、典史和书吏强化联系的原因,与其掌管赋役职能密切相关。

三 民间组织关系

徽州典商与民间组织的关系主要反映在三个方面:一是徽州典商与徽商组织之间的关系,二是徽州典商与商业组织之间的关系,三是徽州典商与善会善堂等社会公益组织之间的关系。

徽州典商与徽商组织之间的关系。明清时期,徽商建立的组织有书院、

会馆和同乡会等。其中以会馆和同乡会为主。(1)徽州典商是徽商组织的
参与者。无论是会馆,还是同乡会,徽州典商都积极参与,解囊襄助。如乾
隆三十七年(1772),苏州修建徽州会馆,某典商曾捐银"四十四两六钱一分
六厘"。又光绪二十二年(1896),鼎和典某店员向杭州唯善堂捐助"洋二
元,合计钱一千九百文"。① 又道光年间杭州新安唯善堂建立时,江南一带
的徽州典商大量捐助,其中"休东草市棣辉堂孙并各典捐钱一百千文"。自
同治七年至光绪五年(1868—1879)历年捐助经费中,徽州典商分别捐助钱
127870 文、126210 文、105310 文、94730 文、147780 文、180530 文、161740
文、153740 文、110961 文、123480 文、105000 文和176800 文,每年捐款占总
捐款近10%。② 民国十二年(1923)上海徽州同乡会成立,振大典休宁夏恂
如、顺和典休宁胡春生、庆和仁记当婺源曹耀华、增顺诵记詹月湖、正大当休
宁林醒民、合太休宁吴载之、顺泰当曹锦芳、信泰当发记休宁汪耀庭、仁昌当
吴礼庭、永炎号王菊墅、慎昌号王克仁、洽昌号汪元茂、公济号程松岩、兴昌
号黄少秋和裕昌号汪雨辰等皆为其会员。此后,来泰行婺源詹乾亲、宏济典
程雄甫、万济典休宁吴耀庭等相继加入同乡会。③ (2)徽州典商是徽商组织
的组织者。嘉庆年间,经商于六安的各业商人准备建立徽州会馆,其中徽州
典商不仅积极参与,而且还是组织者。"陶元森与职员程岭梅等,藉隶徽州
府歙县,在六安州生理,历有年所。因同乡在六贸易人,往来甚众,向无住歇
公所。经陶元森等公议,捐资置州城北门内儒林岗民房,改建会馆,藉为乡
亲棲止之所。"(3)徽州典商是徽商组织的管理者。同治年间,《典业须知》
作者曾在杭州主持或襄办惟善堂事务。该典商自称:"吾家习典业,至予数
传矣。自愧碌碌庸才,虚延岁月。兹承友人邀办惟善堂事,于身闲静坐时,
追思往昔,寡过未能,欲盖前愆,思补乏术。因拟典业糟蹋情由,汇成一册,
以劝将来。不敢自以为是,质诸同人,金以为可,并愿堂中助资刋[刊]印,
分送各典,使习业后辈,人人案头藏置一本,得暇熟玩,或当有观感兴起者,

① 光绪二十二年《店员收支簿》第1 册,南京大学历史系资料室藏。
② 《新安惟善堂征信录》第1 册,光绪七年刻本,南京图书馆藏。
③ 上海市档案馆藏:S187—1—1,S187—1—4,S187—1—50 和 1S187—1—5—32,转引自沈
树永:《徽宁同乡会研究》,上海师范大学2008 年硕士学位论文。

则此册未始无小补云尔。"①又民国十二年(1923)上海徽州同乡会成立,首届会长就是著名徽州典商余鲁卿。且在 29 名董事中,徽州典商占有两名。② 民国三十八年(1949)同乡会中,顺心当休宁汪静波担任监理。③ 徽州典商积极投身徽商组织之中,依托地缘关系,以维护自身利益,直接为商业经营服务。

徽州典商与商业组织之间的关系。清民时期,商业组织主要以行会和商会两种为主。就徽州典商而言,不仅是各类商业组织的参与者,而且还是各类商业组织的组织者和管理者。(1)徽州典商是商业组织的参与者。光绪二十一年(1895)江阴成立典业公所。典业公所成立之初,就附于新安会馆内。这说明江阴典当业中,徽州典商不仅颇成势力,而且是典业公所的参与者和组织者。④ 又民国四年(1915),杭州典业成立典业公所。杭州典业公所成立之初,其组织设于安徽会馆。这说明杭州典当业中,徽州典商不仅颇成势力,而且是典业公所的参与者和组织者。又民国年间上海商会中,徽州典商积极参与,黟县余鲁卿和汪安山当选为会员。(2)徽州典商是商业组织的组织者。清同治十年(1871),上海典业公所就是由徽州典商休宁黄焕英发起组织的。其后,徽州典商余鲁卿和汪安山分别担任过董事。(3)徽州典商是商业组织的管理者。徽州典商余鲁卿和汪安山两人担任过上海典业公所董事。又光绪三十三年(1907)成立的汉口商会,徽州休宁朱保三为当时汉口典当帮首士,于是先后担任二、三、四、六 4 届议董。又光绪三十三年(1907)成立的江西新建吴城商会,徽州典商积极参与。在宣统元年(1909)26 名董事中,徽商共有 6 名,占总数 23%。其中,典业董事为徽帮中泾县朱宗儒担任。又民国十八年(1929)安庆商务总会中,永祥当典业主休宁徐笃庵当选为商会主席。又民国五年(1916)苏州商会 50 名会董中,典业会董共 6 名,顺兴当铺休宁朱楷即是其一。又民国二年(1913)吴昆角直

---

① 《典业须知》不分卷,第 1 册,哈佛燕京图书馆藏。

② 上海市档案馆藏:S187—1—1,S187—1—4,S187—1—50 和 1S187—1—5—32,转引自沈树永:《徽宁同乡会研究》,上海师范大学 2008 年硕士学位论文。

③ 上海市档案馆藏:S187—1—1,S187—1—4,S187—1—50 和 1S187—1—5—32,转引自沈树永:《徽宁同乡会研究》,上海师范大学 2008 年硕士学位论文。

④ 光绪《江阴县志》卷四《民赋·赋额》,《中国地方志集成·江苏府县志辑25》,第 167 页。

商会中,共有 14 名董事,其中歙县陈光儒即是其一。① 徽州典商积极参与商业组织,依托业缘关系,以维护自身利益。

徽州典商与地方公益组织关系。徽州典商积对公益活动多是热心参与。民国年间余鲁卿其一:

> 予为典业数处经理,后被举为董事。以物价之腾贵,而典伙之出息不敷家给者居多,生时如是,死后何堪。设想因思设立保育会,预拟章程,在典业公所集议,董事沈君梅伯不赞成,只得搁起。次年复将章程删妥,至梅伯先生寓所讲论道德,以吾二人得子甚迟,现虽能以度日,而眼前之同业,日后不能苦度,实所不忍,蒙梅伯先生慨然醒悟,竟即签名发起此事,居然成功。予当捐助银壹百元,刊印章程,配成玻璃镜数十架,按典张挂,以垂久远,不胜忻幸之至。

为照顾典伙利益,余鲁卿多方奔走成立保育会。保育会成立之初,余鲁卿以身作则,捐资百元充当经费。此外,同治十三年(1874)间义泰典对公益组织及其事业倾心相助,如"付天饷会庙愿钱七两零四分,付正心局义学各庙愿钱二两九钱三分八厘,付本典圣帝会二两四钱七厘,付义学保婴局庙愿一两六钱四厘,付各款月愿一两一钱八分,付各庙保婴等愿二两六分四厘,付庙局各愿二两五钱四厘,付炯炀帝三社愿五两四钱五分八分,付清明会锭六分,付义学保婴庙愿二两一钱八分。付庙各款愿二两一钱二分和付太城义园各庙局愿九两一钱八分"。②

民间组织中,徽州典商利用血缘、地缘、业缘关系,极力与各类民间组织保持密切联系。徽州典商在经商致富后,积极参与地方公益事业,用实际行动回报社会,形成了徽州典商与地方社会的良性互动,从而在客观上对徽州典商自身以及地方经济社会的发展起到了一定的积极作用。③

徽州典商在经营过程中,不仅要建立广泛的商业网络,而且也要建立良

① 马敏、祖苏:《苏州商会档案丛编(1912—1919 年)》第 2 辑,华中师范大学出版社 2004 年版,第 40、68 页。
② 《同治十三年义泰典月总》第 1 册,中国社会科学院历史研究所藏。
③ 陈瑞:《清代淮河流域商业重镇亳州境内的徽商——以乾隆、光绪〈婺源县志〉为中心的考察》,《中国地方志》2008 年第 12 期。

好的社会关系,良好的社会关系是徽州典商商业经营的基础和后盾。除业务往来外,徽州典商在经营地与基层社会人役、民间组织以及官僚机构建立起多层次立体式社会网络。保甲长、捕头、士绅是基层社会中权势人物,各级官吏是上层社会中权力人物,而善会、善堂则是地方社会的公益团体。徽州典商与地方社会保持良好关系,目的在于确保商业经营正常开展、经营利益不受侵犯。徽州典商以血缘为纽带,以权势为导向,以公益为平台,以利益为依归,与地方社会保持互动关系。

第三节　徽州典商的商业伦理

徽州典商商业伦理主要反映在儒贾观、义利观和奢俭观三个方面。在儒贾关系方面,徽州典商秉持贾儒相济的职业观;在义利关系方面,徽州典商秉持义利并重的金钱观;在奢俭关系方面,徽州典商秉持奢俭并行的消费观。

一　儒贾观

徽州典商秉持儒贾相济儒贾的职业观。徽州典商大都幼习儒业,后因种种原因不得不弃儒经商;获得成功的徽州典商贾而崇儒,对儒业孜孜以求,要求他们的子弟弃贾服儒。

弃儒服贾。徽州典商大都幼习儒业,后业儒不成,遂弃儒服贾。万历年间歙县汪羽祥,"幼有异质,诵书不忘文,援笔立成,师事鲍祠部山甫、洪客部用章二先生,皆称其不凡,受毛氏《诗》,深明义,故学者宗之,戊子游乡校,小试辄居首。事亲立视,足坐视膝,母上于面,母下于带,愉色惋容,承欢备物亲瘵,行不翔,言不惰,笑不至,矧怒不至,訾言疾棘,衣不解带,目不交睫,祷祠医药,皇皇如朝不及夕,亲卒,丧容累累。既举于乡,不得赴南宫"。① 汪羽祥幼习儒业,其后不得不弃儒经商。明代嘉靖、万历年间蒋振

---

① 李维桢:《大泌山房集》卷七一《汪孝廉家传》,《四库全书存目丛书》集部第 152 册,第 219—220 页。

民也是幼习儒业，后因家计而弃儒服贾。蒋振民早岁"入太学，受博士诗，居数年"，后其父"命之代世父当户"。① 同样，明代嘉靖、万历年间吴良玠，也是幼习儒业，业儒不成，后弃儒服贾。吴良玠，字惟敬，梢云吴田人，"幼警敏，尝习士子业，未就，弱冠幹父蛊，亩作晦息，勤力劳心，追纵步武，每怀靡及，昂昂若千里逡足也"。② 徽州典商弃儒就商原因不一，有的因家庭变故不得不中断儒业，有的因家境贫寒无法继续儒业，有的因屡试不第而不得不放弃举业。徽州典商因家庭变故中断儒业最为常见。万历年间程继臣兄弟，"共承祖父之遗，幼而业儒，弱冠游太学。不幸先考年未及著，经理乏人，未兑少替，予兄弟□是弃儒就商，勤俭忍耐，历事江湖，不避风霜，未满十五载，而先人之赀复矣。方欲分发，更图恢拓祖业"。③ 程继臣兄弟幼习儒业，后因父亲去世，经理乏人，即弃儒经商。嘉靖年间休宁吴宗浩也是幼习儒业，后因父亲去世，不得不弃儒服贾。吴宗浩，"少授业于浙皋使宋公大武，谓业诵通，宋公逊席谢，小友畜之……甫弱冠，而会泉湖公卒，乃弃举子业而业贾"④。同样，嘉万年间歙县程杰也是幼习儒业，后因家庭变故，不得不弃儒就商。程杰，"一意举子业，公挟筴奋曰：将飞者翼伏，将跃者足蹋。欲先登而惮摩厉乎？遂昼夜读不辍，三月而能操觚，辄有胜语。其族□达汉阳公亟称之。就郡邑试，俱高等。时督学为耿恭简公来较士，亦拔公高业之生，肄紫阳书院，将班于子衿，而公以父病不能卒业矣，公走视父病彭城，且夕操药瞿瞿，父竟殁，公每哭恸绝，伯兄与简，遗赀仅二百缗，公叹曰：父操什一子，可致千里，今寡母而下，若两人不贾不皆立稿耶，于是以其赀遍贾江淮燕楚间"。⑤ 徽州典商因家境贫寒而无法继续儒业也为数不少。嘉靖、万历年间歙县岩镇郑萼，"幼孤出为叔父后，已叔父有子谢次公，无所归。次公受室于王，则相与儌一尘于水浒。王既举长公某，已复有身，岁庚辰泽水夜

① 汪道昆：《太函集》一九《寿逸篇》，《四库全书存目丛书》集部第 117 册，第 270 页。
② 金瑶：《金栗斋先生文集》卷七《吴畏轩君传》，《四库全书存目丛书补编》第 78 册，第 241页。
③ 《崇祯七年程继臣等立阄书》第 1 册，中国社会科学院历史研究所藏。
④ 盛稔：《迪功吴次公传》，《吴氏本枝墓谱》不分卷，万历刻本，中国国家图书馆藏。
⑤ 鲍应鳌：《瑞芝山房集》卷一二《程次公传》，《四库禁毁书丛刊》集部第 141 册，第 258—259页。

至,王濒危仅得脱,乃举次公,幼与方中丞同师,已从鲍司徒,受春秋于次公母兄汪文学,而中丞父赠公、司徒父封公,并具知人鉴,大奇次公,赠公语次公父:'君家固自有奇,君能倾橐得三十金,以居其息百倍。'父谢曰:兴即佣,穷身且惧,无以糊余口,安所得三十金。鲍封君数目次公曰:'嘻,若翁毋患贫矣。'属长公病羸,父属次公贾,则从宗人贾吴下"。① 郑蕚幼习儒业,因家境不佳,兼之其兄身体病弱,只得弃儒服贾。同样,明季休宁榆村程懋英也是幼习儒业,后因家境贫寒而主动放弃儒业。程懋英,"幼业儒,喜古文辞,不屑帖括之末,寻以家计分挈,伯仲皆专守一经,六七两弱,季又适襁褓,不戮力经营,恐隳其家声,因谢儒即商"②。徽州典商因屡试不第而不得不放弃举业代不乏人。明代万历年间歙县郑道治,字惟修,"自幼昂藏,有大人志,长而受业洪大行邻虞公之门。大行初以壁经为诸生都授著录,至今瞩目之,而公一再试有司,弗售。辄弃去服贾"。③ 郑道治幼习儒业,后屡试不第,不得不弃儒服贾。

综观徽州典商弃儒服贾的原因,无论是屡试不第而弃儒,还是外出治生而服贾,都说明弃儒服贾并非徽州典商的主观意愿,而是客观情况的使然。

贾而崇儒。徽州典商经商之余,对儒业念念不忘。明代嘉靖、万历年间歙县潘侃,"及公有子能受贾,公始归儒。比年虽托于贾人,而儒术益治,诸学士过真州者,辄屏刀布,相与挟筴论文。公少为大言,人谓公且以贾废,里少年举以为口实,且以靳公,公裂眦目少年,矢言如故:'吾头可断,妻子可辱,此志终不可渝!'"④商业上的成功并没有让潘侃放弃儒业,反而成为业儒动力。经过不懈的努力,潘侃终于在58岁时考中举人。嘉靖、万历年间吴继灼一生对儒业孜孜以求,"十岁从塾师,所见《左氏》、《春秋》,好之,塾师为解,故遂尽通晓。长而韶令美容仪,举止酝藉,襟情豁朗。典客公督之严,

---

① 汪道昆:《太函集》卷五九《明故处士洪桥郑次公墓志铭》,《四库全书存目丛书》集部第118册,第8页。

② 黄机:《清太学生季涵程公行状》,见(清)程国栋修:《休宁榆村程氏族谱》卷九《杂文》第6册,乾隆二十五年刻本,南京大学历史系藏。

③ 鲍应鳌:《瑞芝山房集》卷一一《礼部儒士仁庵郑公行状》,《四库禁毁书丛刊》集部第141册,第228页。

④ 汪道昆:《太函集》卷三四《潘汀州传》,《四库全书存目丛书》集部第117册,第439页。

学益勤,业益工,习百家言,以嘱文,叙致精丽,无何父母卒,哭呕血至升,乃入太学,许、张二相国为司成遇以国士,七上京兆试不第,意气自如"。吴继灼不仅业儒不辍,而且 7 次参加科举考试,可见其对儒业的痴迷和追求。徽州典商对儒业念念不忘,更多的是要求子孙攻读举业。嘉靖、万历年间程惟清在经商之余对儒业孜孜不忘,"幸而三子才,递遣之学。稍长,日讨而训之。而大父而父不终儒,承父志也,供子职也。吾志在儒不在贾,何承何供,勉之其修再世未界之业。有顷,递遣之受业成均"。① 程惟清因"志在儒不在贾",兼之自己早年弃儒服贾,便让诸子学习儒业。又嘉靖、万历年间岩镇程杰在经商之余同样对儒业孜孜不忘,"然贾非公志也。燕居深念,慨然太息曰:'吾本怀以儒显亲,不得已而弃身贾,吾每忆旧时书,如忆良朋;举子业,犹似面故人也,归乎? 归乎? 以课子乎?'乃命长子鹤翔入成均,而筑别馆课次子鹤翱,时程督之,间为解说书义,多窥奥突翱乎? 博士家言,进辄解颜,每评翱试文高下,多奇中。翱为诸生有声,公之教也……然公初脱贾而儒,不得已舍儒而贾,虽以贾起家,而精神常在儒,公之其将以儒显乎? 夫然后知薄者之不足厚者之有余,公叔言非欺我也"。② 程杰因"贾非公志"、"精神常在儒",故而让两子习儒而非服贾。万历年间吴文奎在经商之余对儒业念念不忘,教导其子,"经术由来足亢宗,多男分职各须供。也知盛世堪樗散,复尔那能更仲容"。③ 清代顺康年间的休宁榆村程嘉树,经商之后,"以赀入太学,捐授征仕郎鸿胪寺序班",诸子孙"各治一经,攻举子业"。④ 又乾隆年间休宁汪栋,"年十四,通六经四子书,拈题操觚,井井有法。是岁,就试海盐,受知于督学马公,补博士弟子员。明年岁试,又为文宗常识,拔置前茅……迨祖母及尊人先后即世,门以内事无大小悉赖北堂综理,门以外事

---

① 汪道昆:《太函集》卷三七《海阳长者程惟清传》,《四库全书存目丛书》集部第 117 册,第 470 页。
② 鲍应鳌:《瑞芝山房集》卷一二《程次公传》,《四库禁毁书丛刊》集部第 141 册,第 259—260 页。
③ 吴文奎:《苏堂集》卷六《即事示子可镜可晋可奇》,《四库全书存目丛书》集部第 189 册,第 150 页。
④ (清)程国栋修:乾隆《休宁榆村程氏族谱》卷六《世系》第 6 册,乾隆二十五年刻本,南京大学历史系藏。

无巨细,悉籍从祖维持。典业则择贤能者委之,因材授事,咸得其宜。尝语任事者曰:'祖宗创业艰难,吾惟守此不坠而已,幸勿苛刻,以失吾家忠厚风。'于是笃志下帷,更深攻苦。凡经传子史以及文艺诗词莫不浏览翻阅"。①

徽州典商贾而崇儒,主要目的在于通过科举走上仕宦之路,故而在屡试不第后,便捐资纳官。徽州典商汪礼,"是个财主,原住徽州,因到嘉兴开当,遂居秀水。那汪礼有了钱财,便思礼貌,千方百计要与儿子图个秀才。争奈云生学问无成,府县中使些银子,开了公折便已存案,一上道考,便扫兴了。故此汪礼便与他克买附学名色,到南京监里纳了监生,倒也与秀才们不相上下。就往南京坐监"。又徽州典商程绣生有4子,长子程爵,捐纳光禄寺署丞;次子光启,捐纳光禄寺署丞;三子光裕,贡生,历任江西布政使司正理问、广西布政使司经历、浙江都司经历和承德郎等官;四子光祚,捐纳光禄寺大官署丞,历官鸿胪寺序班事、征仕郎等职。程爵生有7子。其中,长子梦祯任官文华殿中书科中书舍人;次子梦鲤任官鸿胪寺序班;三子梦旸,贡入国学,历官文华殿中书科中书舍人、征仕郎、大理寺右寺正等职;四子梦熊,任官文华殿中书舍人;五子梦庚,监生,捐纳制敕房中书。又顺治、康熙年间榆村程嘉树,年轻时外出经商,经商之后,"以赀入太学,捐授征仕郎鸿胪寺序班",诸子孙"各治一经,攻举子业"。其中,长子维灿,"监生,考授州同,恭遇覃恩,以子廷俨赠儒林郎邠州州同",次子维炳"监生,考授州同",三字维焕"监生,考授州同",四子维炜"县学附贡生,候选儒学训导。"五子维燧"候选光禄寺典簿,以子逢位遵例急公赠奉直大夫。"②又雍正七年(1729)茗洲吴思端捐资纳监,"据俊秀吴思端,江南徽州府休宁县年廿八岁,身中面白微须,情愿助力出资营田一百亩,请以准作监生。议叙实收填存本府外,核合行给照本生收执,以防假冒,须至执照者"。③

徽州典商弃儒服贾,是出于治生需要;徽州典商贾而崇儒,则是价值追

---

① (清)汪立正纂修:休宁《西门汪氏大公房挥金公支谱》卷四《明经栋公传》,乾隆四年刻本,上海图书馆藏。

② (清)程国栋修:乾隆《休宁榆村程氏族谱》卷六《世系》第6册,乾隆二十五年刻本,南京大学历史系藏。

③ 茗洲吴氏:《往来手札要记三集》,中国社会科学院经济研究所藏。

求。徽州典商捐官纳爵,则是崇儒的直接体现。徽州典商弃儒服贾,以便致富后更好地习儒;徽州典商贾而崇儒,以便业举成功后更好地保护贾业利益。在两者互动过程中,儒贾观达到一种新的平衡。

二　义利观

徽州典商秉持义利并重的金钱观,在以义取利的同时,见利忘义者亦屡见不鲜。

以义取利。徽州典商大多秉持朱子义利观,以义取利。徽州典商以义取利表现形式有三种:一是诚信经营,二是舍利取义,三是化利为义。一、诚信经营。徽州典商在经营过程中,按照儒家道德规范,讲求诚信,不乘人之危而牟取暴利。如明代徽州典商汪通保经商上海,"与诸子弟约:居他县,毋操利权;出母钱,毋以苦杂良,毋短少;收子钱,无入奇羡,毋以日计取盈。① 汪通保经营典业,不仅遵守官府法令,而且讲究诚信,要求子弟放贷银钱时,不要以次充好,不要扣减钱数;在收取银钱时,不要多收钱数。二、舍利取义。徽州典商与他人利益发生冲突时,首先要保障他们利益不受损害,其次保障自己利益;有时即使自己利益受到损害,也要确保他人利益。徽州典商舍利取义的主要表现就是减息让利。徽州典商减息让利情形相当常见。在明清时期民间典当月息 2 分的情况下,徽商典铺仅取息 1.5 分甚至 1 分。如正德、嘉靖年间休宁程锁,在溧水经营典业,当地风俗,春天贷出的钱款,到秋天收一倍的利息,而程锁却"居息市中,终岁不过什一,细民称便"。② 程锁将贷款利率定为 10% ,低于官方规定。虽然 10% 利率使程锁少收一些利润,却让细民称便。又明代嘉靖、万历年间歙县蒋振民,"质剂肇于周官,不踰十一"。③ 蒋振民将典铺利率定为 10% ,低于官方规定,因而方便了平民。又,清代胡开源典和程新盛典为方便民众,曾将利率降至"一分八厘"。徽州典商舍利取义其次表现为非义之利不取。明代嘉靖、万

---

① 汪道昆:《太函集》卷二八《汪处士传》,《四库全书存目丛书》集部第 117 册,第 365 页。
② 汪道昆:《太函集》卷六一《明处士休宁程长公墓表》,《四库全书存目丛书》集部第 118 册,第 22 页。
③ 汪道昆:《太函集》一九《寿逸篇》,《四库全书存目丛书》集部第 117 册,第 270 页。

历年间休宁汉口程师文,不仅典铺利率"趣什一息",而且不妄取非法之利,"当质肆金陵,有误偿金二百者,已复有以珍宝器,质金百,未及授金,而其人夜暴死者,皆追还之,其主则定远侯王大司马舍人也"①。程师文没有隐瞒当户抵押物物品,而是悉数奉还,深获时人称赞。再次,徽州典商舍利取义还表现为损己利人。明代弘嘉年间休宁程良圭,"偕舅氏贾浙,乌程人大信之。后舅氏析赀乏公从旁设他肆,公以乌程人皆知予,予既有他肆,将不剩于舅氏,遂去之平湖。有人亦若乌程,信公无异也"。②程良圭宁愿自己利益受损,亦不损害其舅的利益。三、化利为义。徽州典商将经商所得利润并非用于个人消费,而是用于公共利益。徽州典商化利为义的表现为慈善义举。徽州典商化利为义例不胜举,休宁富昨汪天禄即是其中典型之一。汪天禄,"一生孝友,克敦伦常,处己接物,忠诚淳厚,勇于为义,虽弃儒就贾而所行,一合乎道。虽皓首穷经,志圣贤之所志,学圣贤之所学者,且莫能及也。试略举而陈之:本村水口架木为梁,历有年所矣,先祖母一日偶出,见一媪抱孩渡桥失足坠水,归而嗟叹。谓霉水泛滥,桥遭漂泊,苦莫能渡,若得建石梁,庶保无虞。父即唯应鸠工起建,需费数千金,不数月告成,祖母乃豁然喜。祠中祭器及神轿銮仪等项不时修理,费用一身任之。吴门普济堂、积功堂、渡僧桥,皆有乐输。皇上南巡三次,斌承父命恭办皇差,恩赐貂缎,并取职名记功。父旬寿诞,谕斌等毋庸庆寿,以所费制男女棉袄五百件,施送贫人。佃户本年租谷全免旧欠,并蠲典中让利三月,斌一一遵行,依然庆寿。外祖乏嗣,一切棺衾坟茔殡葬尽礼,乾隆丁卯岁荒,米价一石五两,斌往苏运米平粜,兼施棺木,至于周贫济困,排难解纷,又其所乐为者矣"。③汪天禄将所得利润用于修桥、捐助善堂等义行而非自己享受。徽州典商以义取利,虽有损一时的利益,但从长远看,则有利于商业经营。如明代歙县程杰,"复移质剂柘皋,一以信义行之,人心归往,财利辐辏,更倍于他贾"。④汪天

① 王世贞:《弇州山人四部续稿》,《明人传记丛刊》153号,(台北)台湾明文书局1991年版,第216—218页。
② 《率东程氏重修家谱》卷六,《兰谷程君行述》,抄本,南京图书馆藏。
③ 《汪氏通宗世谱》卷一三四《休宁富溪》,乾隆五十二年刻本,上海图书馆藏。
④ 鲍应鳌:《瑞芝山房集》卷一二《程次公传》,《四库禁毁书丛刊》集部第141册,第259页。

禄将所得利润用于修桥、捐助善堂等义行而非自己享受。程杰的诚信经营，不仅没有使自己的利益受损，反而受到时人的信赖，以致所获利润是原先的两倍。又休宁汪溪金烈，"以典之道行其间，出入增损，迄有定则，不为奸欺，虽五尺之童适市，而取与之数不爽也，故松人德处士甚殷。而处士之典至今不替益盛，所蓄之资视昔十倍"。①金烈的诚信经营，不仅没有使自己的利益受损，反而受到时人的信赖，以致所获利润是原先的10倍。同样，嘉靖、万历年间休宁孙从理，"什一取赢，矜取予必以道。以质及门者踵相及，趋之也如流"。孙从理以"什一取息"，虽然低于民间典业利率，却吸引众多当户，以致业务量大增，从而提高经营效益。又明代嘉靖、万历年间歙县郑萼，将典铺"徙之委巷，益减岁息，且自什一轻之，于是质者填门，即境外子钱家争来集，于是次公倾郡力足以役仆，其曹人言：公昔近市而今巷居，昔薄息而今滋薄，卒之赢得过当，何术哉？次公笑曰：夫人见利必趋，萼宁巨能与众争利？萼昔为中贾，非近市无以构之人，乃今藉吾父宠灵，贾道浸广，非杀岁息，有众胡来，息浸杀则众必归，毋委巷以也"。②郑萼的减息行为，不仅没有使自己利润受损，反而因当户增多而提高了经营效益。

见利忘义。所谓见利忘义，就是重利轻义。徽州典商见利忘义表现有两种：一为增息盘利，二为浮加平色。一、增息盘利。一些徽商典铺不时超过官方规定利率收取利息。徽商典铺增息盘利时有发生。如明代弘治年间嘉兴石门县，徽州典商"倍取民息"，知县汤沐将其逮捕，于是徽州典商"皆散去，阖境称快"。石门县的徽州典商既不遵守官府规定利率，也不减息惠民，而是"倍取民息"盘剥平民。"倍取民息"就是所收利率是官方规定的两倍，可见收息之重。当时徽州典商"倍取民息"，并非限于石门一县，而是存在诸多地方。对此，时人论道："徽人挟丹圭之术，析秋毫之利，使人甘其饵而不知。日以朘，月以削，客日益富，土著者日益贫。岂惟石门一邑而已，盖所至皆然也。"③这说明，弘治年间，徽州典商普遍存在"重利轻义"现象。

---

①　金瑶：《粟斋文集》卷七《东泉金处士传》，《四库全书存目丛书补编》第78册，第234页。

②　汪道昆：《太函集》卷五九《明故处士洪桥郑次公墓志铭》，《四库全书存目丛书》集部第118册，第9页。

③　焦袁熹：《此木轩杂著》卷八《货殖》，《续修四库全书》第1136册，第569页。

同样,万历年间杭州徽州典商,也是"坐享厚利,杭民屡受剥肤之灾"①。清代,徽州典商仍不时增息盘利。如康熙年间浙江平湖县,县令景贞运奉檄行查典铺违禁重利,徽州典商贿以银两,又借他案讦讼,景贞运因而遭弹劾罢官,"由是典利三分,视京师及他郡邑为独重",当地人由此发生感叹:"商横民凋,湖人之髓,其足供徽人之嗜吸耶!"②明清时期,徽州典商往往凭借群体力量,重利取息,又不择手段,抗衡官府,维持暴利,足见其"见利忘义"。

二、浮加平色。就是徽州典商通过银钱平色来牟利。徽商典铺浮加平色颇为多见。如,小说所载明代南京徽州典商卫朝奉不仅收取三分利率,而且增加平色盘剥当户,"却说那卫朝奉平素是个极刻薄之人。初到南京时,只是一个小小解铺,他却有百般的昧心取利之法。假如别人将东西去解时,他却把那九六七银子,充作纹银,又将小小的等子称出,还要欠几分兑头。后来赎时,却把大大的天平兑将进去,又要你找足兑头,又要你补勾成色,少一丝时,他则不发货。又或有将金银珠宝首饰来解的,他看得金子有十分成数,便一模一样暗地里打造来换了;粗珠换了细珠,好宝换了低石。如此行事,不能细述"。③ 卫朝奉利用平色牟利可谓花样百出。放银时,不仅用小戥称量,而且用低色银;收银时,不仅用大戥称量,而且须高色银。同样,小说所载清代安徽五河徽州典商也利用增加平色方法盘剥当户,后受到官府调查。"季苇萧道:'厉太尊因贵县当铺戥子太重,剥削小民,所以托弟下来查一查。如其果真,此弊要除。'虞华轩将椅子挪近季苇萧跟前,低言道:'这是太公祖极大的仁政!敝县别的当铺原也不敢如此,只有仁昌、仁大方家这两个典铺。他又是乡绅,又是盐典,又同府县官相与的极好,所以无所不为,百姓敢怒而不敢言。'"④除小说所载外,文献也载有徽州典商利用增加平色方

---

① (明)刘伯缙等纂修:万历《杭州府志》卷一九《风俗》,万历七年刊本,南京图书馆藏。

② 乾隆《平湖县志》卷四《风俗·习尚》,《稀见中国地方志汇刊16》,中国书店出版社1992年版,第124—125页。

③ 凌濛初:《初刻拍案惊奇》卷一五《卫朝奉狠心盘遗产 陈秀才巧计赚原房》,《古本小说集成》第5辑,上海古籍出版社1995年版,第577—578页。

④ 吴敬梓:《儒林外史》第四六回《三山门贤人钱别 五河县势利熏心》,《古本小说集成》第3辑,上海古籍出版社1993年版,第1538页。

法盘剥当户。如明末清初江苏金坛,徽商典铺"典利三分,银水等项几及五分"。① 金坛的徽州典商,不仅典利高于官方规定,而且浮加平色,以致所收利率相当于五分,可见徽州典商盘利之重。同样,清代康熙年间苏州,徽州典商,"每两浮一二不等,名曰二分起息,而实倍利"。② 徽州典商通过浮加平色,使得典利相当于原来的两倍。徽州典商重利本无可厚非,但巧夺豪取、高额剥削,则有悖伦理和法律。

明清时期,徽州典商在秉持朱子"以义取利"的同时,也出现重利轻义的义利观,使得传统的义利观发生变化。徽州典商"以义取利"的金钱观,强调诚信经营、舍利取义和化利为义。同时,徽州典商深谙义利之道,知晓义利两者相辅相成而非对立。

三　奢俭观

徽州典商秉持奢俭并行的消费观,在提倡节俭的同时,奢侈者亦相当常见惯。徽州典商奢俭观主要表现为崇俭黜奢和崇奢黜俭两种。

崇俭黜奢。明清时期,徽州典商大多秉持传统节俭观。清末民初余鲁卿对此有着深刻认识:"为人之道,认定勤俭二字,无论治国、治家、治商业,皆可希望成就。设才干不足,亦可助人成事。富贵贫贱,勤俭奢侈,此八字我看起来轮流之机,大势由勤俭而富贵,由富贵而奢侈,由奢侈而贫贱,此循环之理,若能终久勤俭而不奢侈,则贫贱可免,理想家定,必以为然也。"③在余鲁卿看来,只有勤俭才能致富,奢侈终将导致贫穷;勤俭是治家之本,奢侈是败家之源。明清时期,徽州典商崇俭黜奢例不胜举。明代嘉靖、万历年间休宁孙从理一生讲究节俭,"顾躬纤俭,以率徒属,无所纷华"④。明代嘉靖、万历年间休宁程惟清十分注重节俭,生病时宁吃粗饭不吃肉食。"诸子舍或进羞,悉屏之退。夫夫草食而殍,吾宁肉食而甘耶。病且死,趣具视绞衿,

---

① 计六奇:《明季南略》卷一六《金坛大狱》,中华书局 1984 年版,第 500 页。
② 《明清苏州工商业碑刻集》,江苏人民出版社 1981 年版,第 188 页。
③ 余鲁卿:《经历志略》不分卷,民国十二年铅印本,复旦大学图书馆藏。
④ 汪道昆:《太函集》卷五二《南石孙处士墓志铭》,《四库全书存目丛书》集部第 117 册,第 626 页。

含襚泣下,霑襟向吾父不能得之吾,而吾何修而得之。子靡宁速朽,吾何以面九泉。"①同样,清代黟县朱承玮也特别强调勤俭持家。朱承玮,"席世业,弱冠丧父,遂总家政,智量所周,巨细罔不,当俭于自奉,丰于施济"。② 徽州典商秉持节俭,深受徽州里俗影响。明代嘉靖、万历年间歙县蒋振民,在"以墨守保家浸假,富翁子良率务纤啬"影响下。平时居家,"长太息有生之谓,何如使吾用纤直臣房耳。吾患其不情,如使吾用,汝直旦暮耳。③ 徽州典商秉持节俭而不受当地奢风影响。万历年间歙县程杰"寻以广陵俗汏,恐开子孙侈心,复移质剂柘皋"④。程杰为了子孙不受奢侈之风影响,特将典铺从奢风日盛的扬州迁至巢县。嘉万年间歙县汪羽祥,"以俭朴起,米盐纤悉,虽逮耄耋,靡弗稽也。身累巨訾,垺素封矣,而茹淡犹故,衣无华也,虽俗日趋于侈,翩翩者自名,为豪举则以长公行过乎,俭云尔"。⑤ 汪羽祥不仅家庭富裕,而且时风奢侈,但羽祥仍然保持节俭习惯。明代嘉靖、万历年间吴文奎之妻,虽然"里俗竞簪珥袨服,相高锥髻刺天,帚裳曳地",但其"性朴茂,鬌取结束,布取渝浣绡縠,饰玩一无所御,即遇之与,并亦无艳羡,晚众口食繁,子女求纨绮者代以荅布,觅梨栗者啖以蹲(足枭),盖糈糠为力具。常与余曰:中人之产,七儿一女,倒庋倾筐不支也,日长炎炎,奈何掺胜人心,媰姤饱煖乎"。⑥ 文奎之妻不受当时社会奢风影响,勤俭持家,衣着朴素,饮食简单。不过,有的徽州典商过于节俭,近乎吝啬,遭人诟病。如小说所载明代徽州典商汪礼之子云生,"是个酸涩吝啬之人,故此银子只放进不放出,俗语叫名挟杀鸡,放放恐飞了去。这般为人,岂能受享。那家人们一日只给白米六合,丫环小使只给半升,如此克减,那食用之间,一发不需讲起。有人背后写了四句诗儿,粘在他的大门上,云:"终朝不乐眉常皱,忍饥攒得家赀

① 汪道昆:《太函集》卷三七《海阳长者程惟清传》,《四库全书存目丛书》集部第 117 册,第 471 页。

② 许懋和:《竹农先生传》,民国黟县《屏山朱氏重修宗谱》卷七《谱后》,安徽大学徽学研究中心影印本。

③ 汪道昆:《太函集》卷一九《寿逸篇》,《四库全书存目丛书》集部第 117 册,第 270 页。

④ 鲍应鳌:《瑞芝山房集》卷一二《程次公传》,《四库禁毁书丛刊》集部第 141 册,第 259 页。

⑤ 方弘静:《素园存稿》卷一二《汪长公行状》,《四库全书存目丛书》集部第 121 册,第 212 页。

⑥ 吴文奎:《苏堂集》卷八《亡妻程氏行状》,《四库全书存目丛书》集部第 189 册,第 199—200 页。

厚。锱铢舍命与人争,人算通时天不凑"。云生见了,大笑起来,也写四句贴在门上道:"生平不肯嫌铜臭,通宵算计牙关斗。杨子江潮翻酒浆,心中只是嫌不勾。"言后,人人晓得他是个涩鬼,遂取一个浑名"皮抓篱"。言其水篱不漏之意。"①汪云生所作所为,已超出节俭范畴,过于吝啬,故而深为时人取笑。

崇奢黜俭。在提倡节俭的同时,不少徽州典商生活奢侈豪华。他们穿戴华丽,饮食珍馐,居住高楼,器具金银,婚丧铺张。

服饰。不少徽州典商或其家庭成员衣着华丽,佩戴金银首饰。明代嘉靖、万历年间吴文奎,其妾傅氏,"绰约清扬,自持姿态,不肯作里丘俗装",在当时奢风影响下,"日索绮縠珠玉,余难之,间应以纨素簪珥与之"。② 吴文奎妾傅氏不仅衣着绮縠,而且头戴珠饰。

器具。一些徽州典商生活奢华,所用器具多为金银。万历年间程虚宇居家大量使用金银器皿。其中,崇祯二年孟房分得金银器具有:

金果盒顶一个,重四两;金杯盘一副,重一十两二钱;金爵三只,重二十四两;金小盘一副,重三两七钱;金镶茶钟六只,重四两八钱;金簪头一对,重一两五钱五分;金耳环一双,重三钱八分;金献珥一枚,重一两五钱五分;金镯一双,重二两九钱。

银果盒一个,重四十五两;银酒壶二把,重四十二两;银爵三只,重二十八两;银杯盘二副,重七两六钱,银盘盏十副,重四十七两;银桃杯三只,重八两七钱;银卮杯二只,重五两三钱;银盘盏四副,重一十四两三钱;银镯一对,重二两一钱。

大鎏金铜炉鉼一副,大朱红香卓一张,大满堂红一对,红方香几四张,大铜鼓点铍一副,朱红满堂红二对,大铜镯台一对,铜镶酒箱一担,纱灯一对,铜脚炉一个,铜火炉一个,铜水火炉一个,大小铜盆二个,大铜锣一面,描金漆盒一十二个,金谷园围屏一副。

---

① 西湖渔隐主人:《欢喜冤家》第一二回《汪监生贪财娶寡妇》,《古本小说集成》第1辑,上海古籍出版社1991年版,第499、500页。
② 吴文奎:《苏堂集》卷七《亡妾傅氏墓碣》,《四库全书存目丛书》集部第189册,第179页。

经统计,程虚宇长子孟房分得金器 16 件、重 51.58 两,银器 28 件、重 200 两。此外,仲房共有金器 17 件、重 51.45 两,银器 22 件、重 200.1 两;季房共有金器 11 件、重 51.3 两,银器 30 余件、重 200 两。三房共分受金器 44 件、重 154.33 两,银器 80 余件、重 600.1 两。

居住。一些徽州典商极尽奢侈,不仅建造高堂华屋,而且还大肆修建园林。明代嘉靖、万历年间祁门金德清,"筑书屋、池馆、园林于两溪胜地,作奇观堂,清旭阁,临池亭、静涵精舍",后又作"放鹤亭,园中萃怪石、珍果名花。不一而足"。① 清代乾隆年间,休宁汪栋在苏州吴江平望建有园林,"作亭榭其中,名流士咸造焉。园广三四亩,凿池当其前,曰'春雨楼者'。有杏树一株,花开轻红,凝艳于春雨为宜也。下有淡虑堂"。② 徽州典商所建园林面积广大,环境幽雅,所费不赀。明代嘉靖、万历年间吴文奎所建苏园,"前达横正,后达方干,西邻聚族栉比,惟东则沃野崇山,足称大观。先是余课子家塾,即所谓适园者,大仅半亩,喧嚣特甚,会先兄廷开以废圃售家佃,后割圃畔膏腴足之,遂得匠心议土物焉"。③ 清代歙县塘模许氏在家乡所建檀干园,内有人工湖、三潭印月、玉带桥、灵官桥、湖心亭、白堤等风景。其中,人工湖,模拟杭州风景,俗称为"小西湖"。

婚丧喜庆。一些徽州典商在婚丧喜庆方面极尽奢华。清代康熙年间程嘉树去世后,所用病葬费达银 2373.228 两、运柩回家及风水用银 557.555 两,安葬风水用银 2397.147 两。其两女酉、凤出嫁一次用银 776.507 两,另凤嫁妆又用银 1124.03 两。数笔婚丧费用超过银 7000 余两。④ 徽州典商婚丧费用,真可谓一掷千金。

明清时期,徽州典商在秉持传统节俭观的同时,也出现奢侈现象。奢俭并行的奢俭观,不仅存在于不同徽州典商之间,而且还存在同一徽州典商之中。两种奢俭观在徽州典商心目中的地位有所差别,其中节俭观更为徽州

---

① 金梦文:《先祖静斋公传略》,(清)金应礼等纂修:《金氏统宗谱》卷四之一《艺文内篇》,光绪三年木活字本,上海图书馆藏。

② 同治《苏州府志》卷四八《第宅园林四》,《中国地方志集成·江苏府县志辑 8》,第 415 页。

③ 吴文奎:《苏堂集》卷七《苏园记》,《四库全书存目丛书》集部第 189 册,第 173 页。

④ 康熙《程氏应盘存收支总账》第 1 册,中国社会科学院历史研究所藏。

典商称道和羡慕,恰如明代苏祈吴可献在万历三十八年(1610)所说:"是季总数较前十季长不满三千,后十季仍不足于此,非不撰钱,滥用故也。较之商山、榆村、汉口生意,俱未有胜此者,而彼一味不用,日积月累,遂成气候。我家自庚子辛丑以来如割韭,然明知榆汉之则,而不能法,奈何!"①对于节俭观,徽州典商不仅是倡导者,而且还是实践者;对于奢侈观,徽州典商仅是实践者,而非提倡者。

第四节　典当业与明清社会变迁

所谓社会变迁,指一切社会现象发生变化的动态过程及其结果,泛指一切方面和各种意义上的变化。所谓明清社会变迁,是指16—17世纪中国社会出现的近代化因素。对此,傅衣凌和吴承明等先生皆做过详细论述。其中,吴承明先生分别从经济、社会和思想三方面进行了详细阐述。经济因素表现为大商人资本的兴起、工场手工业的出现、财政的货币化、租佃制的演变、雇工制的演变和白银内流等。社会因素表现在就业结构变化和商人地位提高、"宗法制复兴"、乡绅权力的膨胀和奢侈之风。儒学思想变迁表现在宋明理学、16世纪反传统思潮和17世纪启蒙思潮。按其所言,徽州典商所见社会变迁应体现在商业资本、雇工制度、社会地位和奢侈之风等方面。此外,明清金融市场的兴起与发展,亦属当时社会变迁的范畴之内。因此,现从大商人资本、商人地位的提高、金融市场以及商人身份等,就明清社会变迁过程及其性质做一论述。

一　大商人资本的出现

明清时期,商人资本增加迅速,出现大资本商人。万历年间谢肇淛曾说过:"富室之称雄者,江南则推新安,江北则推山右。新安大贾,鱼盐为业,

---

① 《万历收支银两册》第1册,中国国家图书馆藏。

藏镪有至百万者,其他二三十万,则中贾耳。"①按其所言,明代万历年间,徽商出现了百万资本的大商人。徽州典商因联号经营,兼之兼业经营,故也出现大资本商人。

徽州典商联号经营不少,如前述徽州典商吴文奎、程爵、程虚宇、程嘉树和胡学梓等皆是。其中,吴文奎在湖北兴国州和蕲州等地开设典铺6座,程虚宇在安徽安庆府、江西九江府、湖北黄州府等地开设典6铺,程嘉树在苏州、武汉开设典铺5座,胡学梓在徽州歙县、休宁和黟县等地开设典铺13座,其子胡元熙亦先后拥有典铺8座。尤其是程爵开设典铺众多,在湖州、嘉兴、苏州和松江共开设典铺19座,分别为湖北外典、湖北内典、湖西内典、湖西外典、湖南老典、湖南新典、德清东典、德清西典、菱湖南典、菱湖北典、亭林北典、嘉兴典、吴淞典、王江泾典、平湖典、南浔典、震泽典和潞村典等。

同样,徽州典商兼业经营则更多。如前述徽州典商吴文奎、程惟清、程有敬、潘仕、潘侃、程虚宇、朱世荣、潘仲兰、程嘉树、戴城、吴淇和胡学梓等皆是。其中,万历年间的朱世荣在安徽巢县经营典业,同时在芜湖、苏州两地经营铜坊。康熙年间休宁榆村程嘉树在苏州、汉口一带经营典业的同时,在汉口、常德、湘潭等地经营布业,在南浔等地经营米豆,在樊湖等地经营渔业。又康熙年间孙贞吉在业典同时,在贵溪开有永泰店。康熙年间戴城兄弟在湖北黄陂业典同时,在湖北经营染业,在苏州经营布业。康熙年间姚克基祖父在业典同时,经营茶业。雍正、乾隆年间的黄炽父亲在经营典业的同时,还经营油业和棉布业。康乾年间休宁张氏在业典同时,尚在南浔经营油坊。乾隆年间的胡学梓在经营典业的同时,尚经营歙县聚和衣庄、休宁宇丰店、祁门裕泰米号、黟县裕城烟店、恒源油店、正兴布店、宇源油榨、饶州聚源、协裕烟店和景德镇利元米店等。

由于联号或兼业经营,徽州典商出现大资本商人。前引明代桐城人何如申所言:"徽州典铺盐商,大者千万,少亦万金。此皆有力者也。"②按其所

① 谢肇淛:《五杂组》卷四,《续修四库全书》第1130册,第412页。
② 康熙《桐城县志》卷七《艺文·浙西差役议》,《中国地方志集成·安徽府县志辑12》,第226页。

言,徽州典商与徽州盐商一样,都属于资本雄厚商人,其时已出现银千万两大资本商人。又小说描写徽州典商童自大,"家里真是豪富,金银满库,米豆千仓,圆的是珠,光的是宝。犀牛头上角,大象口中牙,十数座当铺,千百间佃房,南乡的田,江北的洲,山中的大木,江里的鱼套,都是有的。虽比不得老爷府上奢华,在南京也还颇充得第二。晚生愚意,像这样人家,将就同他相与也罢了"。① 小说描写童自大家开典铺 10 余座,家资在当时南京名列第二,可见为大资本商人无疑。同样,文献中对徽州资本典商也多有所载。如明代草市孙从理、商山吴氏、商山黄氏、榆村程绣和汪淇,清代的汪拱乾、唐模许翁等。其中,孙从理"慎择掌计若干曹,分部而治。良者岁受五秉,次者三之,又次者二之,岁会则析数岁之赢,增置一部,递更数岁,又复递增凡百"。② 孙从理将原有典铺分成若干座,分别选择若干人掌管,不同的掌管人分管资本有多有寡。每年年终,对资本进行汇总,计算出赢利数目,当经过数年之后,其赢利达到一定数目时,便增开典铺一座。就这样,随着资本赢利之不断扩张,新开设的典铺数目也日益增加,经过若干年后,孙从理的典铺达到百座。若按每座典铺资本银五千至一万两计算的话,孙从理典业资本超过 50 万两,这在当时显属大资本商人无疑。又明代商山吴氏最初在嘉兴开设典铺 1 座,资本不过"三千金",后陆续增开,达 83 座。"吴氏世居上山,主人年十八,身无寸缕,人轻之,呼为吴正官。一日早起,拾得银簪一枝,重二铢,即买牛血煮之,以食破落户。自此经营五十余年,由徽抵燕,为吴氏之典铺八十有三。东坡曰:'一簪之资,可以致富。'观之吴氏,信有然矣。盖此地为某氏花园,先大夫以三百金折其华屋,徙造寄园,而吴氏以厚值售其弃地,在当时以为得计。而今至吴园,见此怪石奇峰,古松茂柏,在怀之璧,得而复失,真一回相见,一回懊悔也。"③倘若该记载属实的话,按照每典银 5000 两计算,商山吴氏典业资本达 40 余万两,显属大资本商人,

---

① 曹去晶:《姑妄言》第五回《谄胁小人承衣钵为衣食计　膏粱公子仗富势觅富贵交》,金城出版社 2000 年版,第 211—212 页。

② 汪道昆:《太函集》卷五二《南石孙处士墓志铭》,《四库全书存目丛书》集部第 118 册,第 625 页。

③ 张岱:《西湖梦寻》卷五《芙蓉石》,《四库全书存目丛书》史部 237 册,第 60 页。

以致时人称赞"其富甲于新安"①。又休宁商山"黄母程孺人贤……佐夫子起家,盐策质库,江以北靡不推毂黄次公者,则内赞之力为多"。② 商山黄次公开设大量典铺,虽具体数量不清,但在江北首屈一指,亦属于大资本商人无疑。又明代歙县西溪南吴养春除在两淮、两浙业盐外,还在扬州、天津等地业典和业木。其父时佐曾一次捐银25万两,③时人称其家产达百万两,可见属于大资本商人无疑。又徽州典商汪箕也应大资本商人。汪箕,"徽州人也,居京师,家赀数十万。自成入城,箕自分家室不保,即奏一疏,乃下江南策,愿为先锋,率兵前进,以效犬马之劳。自成喜,问宋献策云:'汪箕可遣否?'宋曰:'此人家赀数百万,典铺数十处,婢妾颇多,今托言领兵前导,是金蝉脱壳之计也。'自成悟,发伪刑官追赃十万,三夹一脑箍。箕不胜刑,命家人取水,饮三碗而死"。④ 若此记载不虚,则汪箕资本至少为银数十万两。又清代唐模许翁,"主者按籍而计之,则四十余肆,其人几及二千,各如数拜赐而去,而许翁之钱罄矣。十数世之积,数百万之赀,一朝而尽,亦可骇也。"许翁共有典铺40多座,所雇伙计近2000人,资本数百万,亦属大资本商人无疑。又前述文书所载,明代万历年间休宁程爵商业资本达银80万两,清代黟县西递胡学梓家产达银50万两。显然,程爵和胡学梓属于当时大资本商人。如果说小说和文献所载尚存在夸大之嫌,则文书记载应真实可靠。这说明明清时期出现大商人资本无疑。

二 商人社会地位的提高

明清时期,商人地位显著提高,"大商人交通官宦,养掖文人;士大夫亦喜结富贾,乃至攀附婚姻。朝廷有捐输纳官之法,商人不乏名位,商人子弟

---

① 崇祯《嘉兴县志》卷一七《丛谈志·杂记》,《日本藏中国国罕见地方志丛刊》,书目文献出版社1991年版,第716页。

② 吴时行:《两洲集》卷四《黄母程孺人七十序》,海南出版社2000年版,第323页。

③ 鲍应鳌:《瑞芝山房集》卷八《寿光禄丞吴公六十序》,《四库禁毁书丛刊》集部第141册,第168页。

④ 计六奇:《明季北略》卷二三《富户汪箕》,《续修四库全书》第440册,第402页。

更多仰望仕途。大约民间从不贱视商人,甚多企羡"。① 同样,明清时期,徽州典商社会地位不断提高,乡望声高、联姻名家和结交名流。

乡望。明清时期,徽州典商在乡里多有较高声望,深获乡人信赖,常常成为乡里纠纷的主要调解人。明代嘉靖、万历年间歙县汪通保,"中外有构幸,处士居其间,即构者纷纷可立解。徐令居上海,系朱氏子毙狱中。朱氏诣阙下上书持令急。上海诸士大夫三老豪杰争赴令,愿为令货朱氏千金,乃相与谋,必处士来乃解。既而处士出,朱氏听之,会令徙官,诸士大夫三老豪杰皆散去,处士叹曰:千金易得耳,终不以一诺负之。处士乃出千金卒脱令。令寻罢。处士未尝以为言,居二年,徐奉千金归处士。朱方竭田私斗,连千人。有司谕祸福百端,不相下,乃嘱处士。处士遗咫尺书平之,其后出为临河、丛睦坊议和,悉听处士。中外皆曰:处士解纷排难,慷慨有国士风,即古人不啻也"。② 汪通保在乡里拥有很高声望,每遇纠纷,都邀请通保调解。明代祁门金溪金德清由于德高望重,被推荐为乡饮大宾。"县主周公、杨公咸重之,乡饮冠带一时,皆称为五更三老。每县主造仓、筑讲堂、修整学宫、复养济院、漏泽园,皆命王父督理,木屑竹头不轻废弃,县主学师皆有匾赠"。③

婚姻。徽州典商家庭富裕,联姻对象多名族显宦。如明代嘉靖、万历年间歙县郑萼,"婚诸子,妇皆闻右名家"。④ 徽州典商联姻名族显宦,以程爵家庭极为典型。其家未盛时,联姻皆普通人家;家业隆盛后,联姻网络迅速扩大,且多高官显宦。以其子孙为例:

长子梦桢,初聘文穆许国女,继娶督府李锡女;次子梦鲤,娶廷尉丞黄应坤女;三子梦旸,娶太学生吴继康女。四子梦熊,娶中丞吴中明女,继孙天驭女;五子梦龙,娶奉常吴应明女;六子梦蛟初聘民部胡玠女,继侍御史汪先岸

---

①　吴承明:《现代化与中国十六、十七世纪的现代化因素》,《中国经济史研究》1998 年第 4 期。

②　汪道昆:《太函集》卷二八《汪处士传》,《四库全书存目丛书》集部第 117 册,第 366 页。

③　金梦文:《先祖静斋公传略》,金应礼等纂修:《金氏统宗谱》卷四之一《艺文内篇》,光绪三年木活字本,上海图书馆藏。

④　汪道昆:《太函集》卷五九《明故处士洪桥郑次公墓志铭》,《四库全书存目丛书》集部第 118 册,第 9 页。

女;七子梦周,聘督学使洪翼圣女;长女嫁文学吴守约;次女嫁太学吴守周子。孙男:明宗娶比部方道通女,明佐聘民部张泰阶女,明翼聘参知政事金忠士子太学呈耀女,明儒聘太学吴怀让女,明辅聘侍御汪有功女,明卿聘廷尉丞洪文衡子太学嗣成女,明瑞聘仪部鲍应鳌子太学玄度女,明奎聘太学吴治女;孙女:一适内史吴养春子继续,一适文学汪时英子太学毅,一字文学朱文时子某,一字侍御毕懋康子某,一字汪羔子某,一字洪太学嗣成子某,即前廷尉孙,一字进士吴之俊子某,一字太学吴怀让子某。①

从中看出,程爵子孙联姻家庭有许国、李锡、黄应坤、吴继康、吴中明、孙天驭、吴应明、胡玠、汪先岸、洪翼圣、吴守约、吴守周、方道通、张泰阶、金忠士、吴怀让、汪有功、洪文衡、鲍应鳌、吴公治、吴养春、汪时英、朱文时、毕懋康、汪羔、洪嗣成、吴之俊。其中,许国,歙县人,万历十一年(1583)以礼部尚书兼东阁大学士,入阁参机务。累官至光禄大夫、柱国、少傅兼太子太保、吏部尚书、建极殿大学士。黄应坤,歙县人,隆庆二年(1568)进士,历官浮梁、新淦知县、云南道御史和大理寺丞。吴中明,歙县人,万历十四年(1586)进士,历官瑞州府推官、南京刑部主事、南吏礼二部,陕西布政、广东巡抚、南京户部侍郎总督粮储。吴应明,歙县溪南人,万历十四年(1586)进士,历官福安知县、工科都给事中和太常少卿。胡玠,休宁北山人,万历二十(1592)年进士,历任建安知县、南京刑部主事等职。汪先岸,休宁上资人,万历十七年(1589)进士,历官浙江佥事、南雄推官、光禄少卿、太仆。洪翼圣,歙县桂林人,万历二十六年(1598)进士,累官南阳知府、陕西提学副使和光禄寺卿。方道通,歙县岩镇人,万历三十二年(1604)进士,历官江夏知县、河北兵备副使。张泰阶,歙县亭子山人,万历三十二年(1604)进士,官至户部主事。金忠士,休宁古楼人,万历二十年(1592)进士,历官乐平知县和御史。汪有功,歙县丛睦人,万历三十二年(1604)进士,历官蒲圻知县、尚宝寺丞。洪文衡,歙县桂林人,万历十七年(1589)进士,历官户部主事、礼部主事、南京工部郎中、光禄少卿、太常卿。鲍应鳌,歙县堨田人,万历二

---

① 李维桢:《大泌山房集》卷九一《光禄署丞程公墓志铭》,《四库全书存目丛书》集部第152册,第608页。

十三年（1595）进士，历官至太常寺少卿。毕懋康，歙县人，万历二十六年（1598）进士，历任中书舍人、巡按陕西、右佥都御史。吴之俊，歙县茆田人，万历四十一年（1613）进士，南京刑部主事。吴怀让，休宁商山人，父继俊，祖父吴瀹，家故素封。① 万历中后期，程爵家庭姻亲不是显宦，就是富商。

交游。如前所述，徽州典商交游广泛，上至名流显宦，下至普通百姓。徽州典商与名流显宦的交结，彰显徽州典商社会地位的提高。徽州典商结交名流不胜枚举。明代歙县郑奉山，"所至之地，缙绅先生无不交欢者，其雅尚如此，时为人排难解纷。乡里有不平，辄就翁质。得翁片言，多心伏不复烦公府治也"。② 郑奉山不仅在乡里拥有较高声望，而且交游广泛，所交多为缙绅名流。徽州典商结交名流，明代休宁商山吴仲虚可谓典型代表。仲虚"所交，尽东南之美，周旋异常。携李冯开之为志，四明屠长卿为表，临川汤义仍为传，闽曹能始为书传后，武林黄贞父为状，长洲张伯起、王百谷，华亭王元翰、陈眉公、董玄宰、冯咸甫，广陵陆无从，新安方定之、罗德鸣、谢少廉，高安陈德远及申、王二相国，袾宏、洪恩二高僧，宗人吴体中为象赞，人歆艳之，以为令闻广誉，施于身不愿文绣也"。③ 在吴仲虚的交游中，冯开之为冯梦祯，明代文学家，浙江秀水人，万历五年（1577）进士，曾任南京国子监祭酒，著有《快雪堂集》等；屠长卿为屠隆，明代文学家、戏剧家，为"明末五子"之一，浙江鄞县人，万历五年（1577）进士，著有《栖真馆集》等；汤义仍为汤显祖，明代戏曲家、文学家，江西临川人，万历十一年（1583）进士，著有传奇《牡丹亭》等；董玄宰为董其昌，江苏华亭人，明代著名画家、书法家，万历十六年（1588）进士，著有《画禅室随笔》等。此外，曹能始为曹学佺、黄贞父为黄汝亨、张伯起为张凤翼、王百谷为王稚登、王元翰为王伯举、陈眉公为陈继儒、冯咸甫为冯大受、陆无从为陆弼、陈德远为陈邦瞻，皆署名重一时文

---

① 《商山吴氏祖墓四至图》，中国国家图书馆和南京图书馆藏；李维桢：《大泌山房集》卷七四《吴太学程孺人家传》，第280—282页。

② 鲍应鳌：《瑞芝山房集》卷一一《处士郑奉山翁行状》，《四库禁毁书丛刊》集部第141册，第220页。

③ 李维桢：《大泌山房集》卷七一《吴仲虚家传》，《四库全书存目丛书》集部第152册，第237页。

人雅士。申相国为申时行、王相国为王锡爵,两人身为相国,身份高贵。株宏为莲池大师、洪恩为雪浪,两人为当时著名高僧。此外,仲虚去世后,江西谢友可和江苏邹迪光亦曾为之撰写铭赞。可见吴仲虚不仅交游广泛,而且所交皆名流显宦。

三 金融市场的变迁

金融市场是指资金供求双方运用各种金融工具,通过各种途径实现货币借贷和资金融通的交易活动的总称。其含义有广义和狭义之分。广义是指金融机构与客户之间、各金融机构之间、客户与客户之间所有以资金商品为交易对象的金融交易与活动。狭义则一般限定在以票据和有价证券为交易对象的融资活动范围之内。

明中叶以前,中国金融市场的规模较小,水平较低,对商品经济的发展作用有限。金融市场的主体以信用放贷者和金融机构为主。信用放贷者以民间放贷者为主,其身份较为复杂,多属地主、商人或官僚。金融机构以典铺(质库、解库)为主,还有金银铺和兑便铺等。典铺的开设者以寺院和官府为主,兼以官僚、地主和商人。典铺多开设于通都大邑,甚少开设于乡村市镇,而且总量不多,分布不均,资本规模也不大,其业务以抵押放贷为主,放贷的对象则多为平民,旨在调剂余缺,甚少用于商业资本。金融市场与其他商品市场关系尚不够密切。同样,作为主要金融机构的典当业与当时商品经济亦不够密切。

明中叶以后,随着商品经济的发展和全国性市场的逐渐形成,金融市场开始兴起,并发生了明显变化。其主要标志是,金融机构地位不断上升,超过了信用放贷者,而成为金融市场的主体。于是,典铺竞立,当号纷置,从业典当者大增,典当业随之兴盛。而典商经营规模的扩大,地域的拓展,也推动了商品经济的发展和市场的繁荣。在商品经济进一步发展和全国性市场的需求与推动之下,金融业和金融机构都大大向前发展,进步十分显著。主要表现在以下几个方面。

金融机构的种类大为增多。明中叶以后,除典铺和金银铺外,相继出现了钱庄(钱铺)、银号、账局、票号和银行等新型金融机构;其中,钱铺出现于明中叶,银号出现于清代初年,账局出现不迟于乾隆初年,票号和外资银行先后出现于道光年间,中资银行出现于光绪年间。清代典铺也分成典、质、押、代当等不同类型。不同类型的金融机构,在不同时期地位亦有所变化。乾隆以前,典铺地位高于钱庄;道光以前,钱庄地位高于典铺;道光以后,银行的地位最高,其次为票号和账局,再次为钱庄和银号,最后为典铺,从而形成多层级金融市场机构。各类金融机构的创办者,商人广泛参与其中。在其创办中,无论从出资还是经营,商人多占据主体。作为典铺的创办者,寺院已基本销声匿迹,地主、官僚、官府渐居其次,商人成为主体。明中叶以后,大多数典商由其他行业商人转变而来,在其经营过程中,相继兴起了徽州典商、浙江典商、福建典商和山西典商等诸商帮;明代,徽州典商势力最强,独占鳌头;清代,徽州典商与山西典商势均力敌,平分秋色,江南由徽州典商把持,北方由山西典商控制。其他类型金融商也多由其他行业商人转变而来,并相继形成山西钱商和宁波钱商两大商帮,山西账局商、山西票号商和浙江银行家。明中叶以后,不同层级金融机构的相继出现,不同类型、不同地域金融商帮的兴起,深刻反映出金融市场的变迁,标志金融市场的水平不断提高,范围不断扩大。

金融机构设置的分布极为广泛。明中叶以后,典铺,明代正德以前主要开设于通都大邑,嘉靖、万历以后在江南地区的广大市镇以及全国大部分城市皆有开设,清代广大的乡村亦多有设置。钱庄,明末清初主要设置于商品经济发达的江南地区城市,乾隆以后较为广泛地设置于南北商业城镇,票号主要设置于商业中心城市,银行则集中香港、北京、上海、天津和杭州等主要大城市。不同区域不同都市,不同类型的金融机构设置多有不同,由此反映出金融市场的发育程度差别。主要商业都市金融市场发育程度高,次为商品较为发达的市镇,再次为广大乡村。

金融市场的资本量显着增加。明中叶以后,就典铺数量而言,清代甚于明代,清康熙二十四年(1685)全国共有 7695 户,至雍正二年(1724)9904户,乾隆十八年(1753)达 18075 户,至嘉庆十七年(1812)23139 户,从康熙二十四年至雍正二年(1685—1724)的四十年间,130 年间增加了 2 倍。同时,金融机构资本组织形态多采用合伙制,有利于资本集中,扩大资本规模。

典铺资本亦呈发展增大之势。明末一般多在万两以上,清代道光年间多在银两三万两。清代道光年间钱庄资本,多在两三万两以上,账局和票号资本则多在10万两以上,银行资本则更多,少在20万两,多至数百万,甚至上千万两。金融机构资本增加上百倍,不乏联号经营,设置总号和分号,成为大资本商人。金融商人资本也在增加。典商资本,明代达10万两以上,清代中期达30万两;钱庄资本,明代多在数千两,清代道光、咸丰年间可高达数十万两;票号、银行业者资本则更大,超过百万两甚至更多。大商人资本的出现,乃是明清社会变迁的主要标志之一。

金融机构经营业务趋于多样化。明中叶以后,已开始经营放贷、汇兑和兑换等各类业务。乾隆年间的钱庄已经营存款业务,其后的账局和银行都经营此项业务。存款业务的开展有利于吸收闲余资本、扩大金融市场资本规模,调剂社会资金的力度,充分发挥金融行业的作用。其存款对象,虽然包括一般平民的余钱,但更多的是社会组织资金以及商人闲余资本。汇兑业务的出现,不迟于明嘉靖年间。其时的汇兑业务,又称会票业务,形式有两种,一种即如现代意义的汇兑,另一种相当于信用借贷,无论哪一种形式,都是异地承兑。进行会票业务的,大多是商人,或用于商业往来资金的结算;或为商业资金的筹集。这种会票业务,便于不同区域间金融的调剂,无形中扩大了金融市场。放贷业务分为抵押放贷和信用放贷,抵押放贷主要为典铺经营,而信用放贷则不仅存在于典铺,同样存在于钱庄、账局、票号和银行。抵押放贷的额度较小,对象主要为小生产者、小商人和平民;而信用放贷的额度一般较大,对象主要为商人。乾隆年间钱票的使用和盛行,加强钱庄与商业之间的关系。金融机构商业放贷款,有利于商人的融资,促进工商企业发展。不同类型的金融业,适应当时不同层次的社会需要。金融机构的地域扩大和资本扩张,显示金融市场整合步伐加快,由区域性金融市场进而形成全国性金融市场。其基本标志,即是道光年间具有近代性质的票号和银行的出现。纵观明清时期的金融市场发展过程,乾隆以前属于初级阶段,以区域性市场为主;道光以后进入一个新的阶段,形成全国性市场体系;乾隆、道光年间属于过渡阶段,由区域性市场走向全国性市场。

就典业而言,经营业务始终以抵押借贷为主。以物质钱,为典业的基本特征。典业本质上仍属于传统的金融业。其经营种类和范围狭小,不经营存款和信用放贷业务,没能随商品经济的发展、全国金融市场的形成,而及时调整自己的经营业务,终究没有实现向现代银行业转变。其经营规模有限,由于典业不经营存款业务,也就不能有效地吸收社会闲余资金,难以壮大自己的资本规模,而始终徘徊在较低的水平上,无法充分满足商品经济发展的要求。其作用主要在于调剂平民余缺。随着钱庄、账局、票号、银行等金融业的蓬勃兴起,典业对社会的作用,尤其对商品经济的作用逐渐减弱,其地位在不断下降。乾隆以后,南方商品经济较为发达江浙地区,典业随着钱庄的蓬勃发展开始呈现衰落趋势;道光以后,北方的商品经济较为发展城镇,典业随着票号的蓬勃发展开始出现衰落趋势。典业的金融市场,层级较低级,适应商品经济发展初期市场的需求,难以适应商品经济发展高级阶段。由典业经营自身缺陷所造成的典业地位的下降,是徽州典商衰落根本原因。虽然晚清时期有些地区典当业除了具有传统典当业的基本职能外,还兼具些近代银行业的职能。晚清时期有些地区典当业除了具有传统典当业的基本职能外,还兼具些近代银行业的职能,具备了向新式金融机构银行业转变的可能和趋势,"然而战乱的影响、经济的衰退、传统的观念和行会规则的束缚使得典当向典当银行的全面转型没有完成"。①

四　明清社会变迁的性质

明清时期,虽然商人家产的显著增加,商人的社会地位得到明显提高。不过,其身份仍没有得到根本改变。徽州典商与盐商有着千丝万缕的联系,而且经商致富之后,多将商业资本转向土地。

徽州典商与盐商有着千丝万缕联系,主要表现在徽州典商多出身盐商家庭,多兼营盐业。(1)徽州典商多出身盐商家庭。前文已述的休宁钟泽程有敬、休宁苏祈吴宗浩和吴文奎父子、休宁率东程林、歙县大阜潘景兰,等等。(2)徽州典商多兼营盐业。前文已述的嘉靖、万历年间休宁钟泽程有敬,不仅业典,而且在扬州、安庆等处经营盐业,在芜湖经营布业。程有敬属

---

① 刘秋根、阴若天:《晚清典当的几个问题》,《文化学刊》2011 年第 4 期。

于盐、典、布三业商人。隆万年间休宁荪祈吴文奎,不仅业典,而且在扬州仪真和湖北两地经营盐业,吴文奎属于盐典两业商人。万历年间的休宁率东程林在安徽、江西和湖北等地经营典业,同时在安庆经营盐业,程林属于盐典两业商人。乾隆、同治年间王有兴号在经营典业的同时,尚经营盐业、茶业、木业、日用杂货等,属于典型兼业型商人,其经营范围基本包揽徽商的主要经营行当。道光年间歙县西沙溪汪左淇兄弟侄在经营典业的同时,尚经营盐业,属于盐典两业商人。又清代歙县上丰宋氏在业典的同时,尚经营盐业和茶业,属于盐、典、茶三业商人。对于徽州典商兼营盐业情形,不仅徽州文书有着大量记载,明清文献也记载甚多。如弘治、万历年间休宁程澧在典业同时,尚在扬州经营盐业,在松江经营布业,属于盐、典、布三业商人。又嘉靖、万历年间休宁程惟清在业典同时,尚经营盐业,属于盐典两业商人。又嘉万年间的歙县岩镇潘仕在业典同时,尚在昌江经营陶器,在江淮经营盐业,属于盐、典、陶三业商人。其弟潘侃"代贾真州,家世用陶,公独与时逐,或用盐盬,或用橦布,或用质剂,周游江淮吴越,务协地宜,邑中宿贾若诸汪、诸吴悉从公决策,受成皆累巨万"。① 潘侃在业典同时,尚经营陶器、盐、布等业,属于盐、典、布、陶四业商人。徽州典商兼营盐业现象应极为普遍。对此,明清小说皆有所记载。明小说载,"这个朝奉只在扬州开当中盐,大孺人自在徽州家里。今讨去做二孺人,住在扬州当中,是两头大的,好不受用!亦且路不多远"。② 可见明季时徽州盐典两商互为一体。又清小说载,"只有仁昌、仁大方家这两座典铺,他又是乡绅,又是盐典,又同府县官相与得极好,所以无所不为,百姓敢怒而不敢言"。③ 方家为徽州典商方老六,同样可见其时徽州盐典两商合为一体。明清时期的盐商,与官府也有着千丝万缕联系,与封建政权联系紧密。同样,徽州典商与官府有着千丝万缕联系,与封建政权联系紧密,本质上属于封建商人。

---

① 汪道昆:《太函集》卷三四《潘汀州传》,《四库全书存目丛书》集部第117册,第439页。

② 凌濛初:《二刻拍案惊奇》卷一五《韩侍郎婢作夫人 顾体控搛居郎署》,《古本小说集成》第5辑,上海古籍出版社1995年版,第741—742页。

③ 吴敬梓:《儒林外史》第四六回《三山门贤人钱别 五河县势利熏心》,《古本小说集成》第3辑,上海古籍出版社1993年版,第1538页。

　　徽州典商多为商人兼地主。徽州典商在经商之时,在家乡也努力购买土地。其购买的土地,并非由自己耕种,而是租佃给他人以收取地租。如万历年间的程有敬,共有家产达银 25000 余两。其中,土地等财产达银 14000 余两,商业资本银 1 万余两,土地财产超过商业财产。又万历、天启年间的朱世荣,经商之余,在家乡大肆购买土地。又万历、崇祯年间的程虚宇分家时共有田地山场近 250 亩,其中田地 180 余亩,这些田地都是租佃给他人以收取地租。据其崇祯《程氏置产簿》载,万历至崇祯年间,程氏购买田地山场屋宇共费银 19600 余两。崇祯七年(1634)的程继臣在分家之时,不仅分得典铺一座,而且分得不少土地,继臣其父先年在业典的同时,也不断购买土地,属于商人兼地主。顺康年间的孙贞吉康熙年间仅购买同图俞姓土地至少在银 1400 两以上。其中,康熙三十年(1692)十一月用银 45 两购买二十一都二图程谦六歙县廿五都二图七甲土地一块。① 孙贞吉居住休宁二十一都一图兖山,程谦六居住该都二图榆村。而程谦六为榆村程梦旸曾孙。程梦旸为明代著名徽州典商程绣之孙、程爵之子。孙贞吉购买程谦六土地表明,贞吉不仅购买本图田地,而且开始购买他图田地;不仅购买小姓田地,而且开始购买大姓田地;不仅购买本县田地,而且购买异县土地。康熙年间戴城兄弟,也是"迩年以来,遵父母遗言,建造厅堂,新构居屋,置买田地产业,而且节遭外侮,坎坷不测之耗,兼之人事繁剧,度支日大,以致经营转运为艰"。戴氏因以过多资金投入土地,以致影响商业的经营。康雍年间的王锡嘏祖父有声公"一生广置房屋田产,开创德元、日升两典,其为子孙计,诚深且远也"。至乾隆三十六年(1771),王锡嘏兄弟存有田地 180 余亩以上。可见,王锡嘏祖父有声公属于商人兼地主。② 又咸丰年间某徽州典商,在业典的同时,也购买不少土地。至光绪二十年(1894)其孙分家时,尚有田地 86 亩多。③ 由此可见,该典商属于商人兼地主。徽州典商对土地孜孜

---

　　① 《乾隆存众业簿》第 1 册,南京大学历史系藏。

　　② 《乾隆三十六王姓分家书序》第 1 册,藏中国社会科学院经济研究所,转引自章有义:《明清及近代农业史论集》,中国农业出版社 1997 年版,第 325—326 页。

　　③ 《光绪二十年祁门某姓分家书序》第 1 册,藏中国社会科学院经济研究所,转引自章有义:《明清及近代农业史论集》,中国农业出版社 1997 年版,第 351—352 页。

以求,文献和文书记载甚多,难以尽述。

不难看出,徽州典商的身份颇为多样,相当复杂。徽州典商虽是新兴的大商人资本的一个代表,但在他们身上,传统社会的因素极为浓厚。其商业经营并非放在第一位,多是当做一种赚钱的手段而已。又徽州典商多系盐商转变而来,与徽州盐商有着千丝万缕的联系。徽州典商对儒业孜孜以求,与官府的关系相当密切,显示了其自身传统因素的沉重。徽州典商本质上属于传统商人,难以向近代商人转变。频繁的社会危机和其他地域典商的兴起,加速了徽州典商的衰退进程。徽州典商的衰落乃是历史的必然。

明代徽州典商大资本的出现和社会地位的提高,以及由此引发经济、社会和思想方面诸多变化,说明明清时期社会确实发生一定程度的变迁。不过从徽州典商身份来看,这种变迁又相当有限。正如傅衣凌所言,从16世纪开始,中国在政治、社会和文化方面发生一系列变化,其时虽然资本主义生产方式的萌芽因素开始出现,可是并不能很成功地从前资本主义的经济形态转变为资本主义经济形态,反而转落到半封建半殖民地的社会。新思想、新意识在社会上也有反映,但没有飞跃的发展,并且是稀疏地、孤立散落着。吴承明进一步指出,产生于明后期中国现代化因素,进入18世纪,受到各种"逆流"的冲击,没能顺利发展,也没能引起根本性的制度变迁。按照日本学者富永健一的解释,所谓社会变迁,就是指社会结构的变迁。① 明清时期,社会结构并没有根本改变。由此来看,所谓明清社会变迁,乃是传统社会的内部变迁。

---

① [日]富永健一,董兴华译:《社会结构与社会变迁——现代化理论》,云南人民出版社1988年版,第21页。

附录 余鲁卿《经历志略》

  余避地居沪之二年,识同宗鲁卿先生,猝然儒者,不类阛阓中人。与之言,娓娓不倦,明古今之变,通中外之情,心惊异之。过从既久,出示所著《经历志略》一书,五万数千言。余拜而诵之,凡先生意会之所在,身世之所经,书籍之所陈,劝惩之所得,可以拓心胸,沦性灵,裨益学问,资助考证者,靡不具备。乃叹先生之高道德、能文章,不惟熙熙攘攘中,不数数觏耶。乡之敬异先生者,尚不意其至于斯也。夫人遭世变乱,不自振拔,与草木同腐者,无论已。即有一二贤豪者流芳,其困顿无聊,未始不发愤为雄思,自表见及,得时过顺,向之所值,陈迹遗之,甚或骄淫矜夸,谓后处之丰大,可补前此之啬,比比然也。先生为天所任,早遭兵燹,经商沪滨,虽大其业,年逾七十,而持盈保泰,居安思危,老而弥笃,著为论说,信今传后,岂惟自志不忘已哉。宜乎哲嗣,明德昆季,恪守家训,出为时用,日大其门,则丛集之,刊以问世,荷短焉,爰濡笔而为之叙。时辛酉冬至,望江余成格。

  鲁卿太姻丈,年高德劭,精勤如壮年人。在沪经商,垂六十载,阅历世变,记忆周详。邦平因进言曰:"昔丁韪良博士来华甚久,曾将见闻感触,笔之于书,名曰《花甲周忆》,著称于世。然外人之观察,究不如吾国亲历者之尤可信。我公曷作记载,以贻后来。"丈意欣然,纵笔直书,两月成帙。遂以见示,嘱为校订,藉得畅读数遍,而有感于老成之言,实为至宝。今之道德、学问、事业诸名家,每提倡德、智、体、群四育,为国家、社会及个人所必要。兹篇所言,不独彰明其理,抑且证实其事。读者细加体会,必可有益于身心。至于言辞通俗,质过于文,乃实行家之本色。吾人当于其意义上求之,则不负作者之苦心矣。辛酉岁除前二日,后学金邦平识。

序 言

　　太上立德,其次立功,其次立言,间尝思之功也。树德乃立,不然功业虽彪炳一时,苟非进德修业,无果之花,等诸幻影文章,非不渊博典丽,苟纯德不章,无源之水,焉能流远。杨子云:覆瓿之诮良有以也。黟县余丈鲁卿,盛德笃行之君子也。急公好义,有似于卜式输边;排难解纷,无异乎鲁连存赵。先生隐于商,清季筹振,为当路所重奖,以官非其志焉,遇灾募振,奔走不少,怠德至渥也,执是之故,不屑于文学,然所发议论,辄中窍要。其天分之高,蓄德之厚,初不假手于文学。吾故曰:功也,必德辅,乃立常侍。先生有年,恒聆謦欬,服膺勿失,兹以六十年经历,笔之于书,裒成若干篇,付之剞劂。俾览是编者,知涉世应对之方,借资考镜,其有功于世道人心,岂浅显哉。是为序。中华民国十年岁次辛酉秋,绍林纪于常谨序。

自 序

　　辛酉之岁,时年七十有三,晨兴甚早,盥漱进食之后,有五分钟八段锦之练习,即到典供职,其时阛市开门者寥寥,独坐无事,乃将平生经历之事实,随心想到之处,书于小册之中,每阅报纸,载有国事,不免有所感触,因亦拟有论说数篇,志在有益于后辈,俾知经历之艰苦也,借二三月之晨光,为笔墨之游戏,不觉凑成二集,其紊乱而无秩序,在所不计,适吾婿李彰甫来谒,吾孙昌菊,自交通大学暑假回家,借此暇暑,嘱渠等分类誊写,能否刊印,以送亲朋子孙辈,当请教大雅君子以决之,庶免贻嗤云尔。中华民国十年辛酉季秋,皖南古黟余之芹鲁卿氏序甫著,男光朝、明德校字。

经历志略目录

家世出身十五篇

徽州发匪乱时状况九篇

善举公益十一篇

交际十六篇

杂记四十五篇

时论十篇　世界论，自治论，导淮论，派员赴美考查水利农田事宜、商业论，道德与武力论，破坏建设之理想论，太平洋会议之理想论，人之自立国之自立论，欧美之平等自由论，

小言廿篇

家世出身一

忆昔幼年适逢洪杨之乱，避难十一次。南京与江西发匪，往来必由徽州。读书时间不满三载，唯性尚好学，自十三岁外贸，迄今七十有三，昼夜中未尝离书，日间无暇，必略观，此开卷有益之明征也。

予自十三岁，赴江西习杂货布业。父意二兄习儒，常在一处防，遇发匪被房。然初当小店学生，曾执炊三月，不料江西发匪又到，逃至鄱阳湖，缺粮售布为生，离家数百里，中隔发匪，偕族叔、姐丈，绕高山峻岭，日行百里，足踵之泡如蛋，停滞山蓬三日，雇车而行到家，得见父母，转忧为喜，此平生最快乐之事也。十四岁在家，读书一年，次年至沪。其时南京尚有发匪，即本年（同治三年）克复，嗣到浦东邬家桥油车习业，以其污垢弃去，复在沪习京货布号，改就布号账房，又改典业钱房。至二十五岁，将前经理之账理清，升为经理，其时账、包、钱、饰四缺，予一人担任。嗣各缺用齐，予空暇无事，以书画为消遣，深觉愉快。

家世出身二

丙子年，时年二十八岁，顾氏居停，被吴姓伙倒空，庄款十余万逃去。由顾子嘉居停，邀予同往北京，请人料理，朝夕与钟雨辰殿撰、吴观礼太史（吴伙系观礼太史亲近同族）诸君往还商议。其时为英人马嘉利往云南探险，遇匪被害。英公使威妥玛与吾政府交涉，要求不遂，竟至下旂回国，宛留不成，路过天津，由李文忠公再为挽留，订定烟台会议妥商。此时京师人心惶惶，唯我等不惧，缘顾子嘉居停，系旗昌洋行金利源东家而兼买办，有海轮开行之权。而在京上级官员，恳我代留舱位，作离京之计，我唯一笑置之。

家世出身三

前典业举我为董事,徽宁会馆亦举我为董事,并举我为养病寄宿所之总理。此寄宿所,乃我等办徽州水灾赈余之建造。典业复举为总商会典质业代表会员,继由总商会会员举为会董。一年后退职,自此各事冗杂,不复能游戏吮毫,享书画之清福矣。

家世出身四

前清予以工振请奖,得保县丞。嗣蒙四川总督鹿传霖札饬采办,盛宫保宣怀札委山东,工振捐请奖,嗣得漠河金矿采办差,前后保举知县,三品衔花翎等职,此不过虚荣而已。

家世出身五

予同治三年,奉父命结伴来沪,其时杭州南京皆有发匪,函令由义桥附轮船,可达上海,必须雇驳船,用洋伞撑起,招呼轮船,必可停趁轮舶,意在救济也。我到义桥,闻知杭州于数日前克复。因此改由杭州。比至杭城门,阻隔不能穿城而过,只得过万松岭,走西湖,沿到大关,无船可雇,见有一大粪船,新洗刷揩油装蓬,因雇之来沪,到大东门外王家嘴角,仁昌源记布号,见我父亲及沧谷堂兄,快慰之至。嗣至英大马路石路口,当大马路之中,有红栅栏一大座内排二炮,防发匪侵犯也。红栅栏之西,有英华街大牌湖,皆三层华屋,居人甚少,据云乃苏、杭、嘉、湖各处之人避难来此。嗣苏、杭、嘉、湖克复,均迁回原籍矣,再西有一洞天戏馆,余皆荒地也。

家世出身六

予长兄之莱,字侣仟,附贡生也,善书法。楷草隶篆,无所不精,能写竹镌图章,知堪舆,黟县大堂"清慎勤"三字之额,是其所书,并以知县谢永秦,是长兄老师出名,并书明伦堂之屏,后随程鸿诏业师,入两湖总督李文忠公幕府,职司奏折,师起稿,生誊写,后文忠公奉旨征回匪,师生二人不肯随行。因此回家,嗣就金利源旗昌洋行买办,顾子嘉昆仲聘办文墨,并为到苏州穹窿山看地。在山得病,至苏闻泰昶钱庄就医,予得信,趁脚划船到苏,侍奉汤药,竟不起,蒙其执事沈蓉轩君照顾,办理丧事。兄时年三十九岁,雁行折翼悲哉。

兄妾十九岁,要扶柩回家守节。予未许之,嘱令细想三日再来与我面决,以免后悔,嗣竟决定守志,现已物故,前清已请旌表矣。

家世出身七

先兄之莱,今已有曾孙筱臣、颂诚,元孙二人亦属幸事。

吾次儿光朝,字志汶,前清时以国防请奖,分发江苏县丞,向在圣约翰书院肄业,后到南京学堂读书。由友邀往河南道口,铁路工程办事,又在淞沪及江苏铁路工程办事,以练习生资格尚高,复到宁湘路工测量。又到徽州家乡测勘,候补帮工程师之职。曾蒙前清四川铁路督办端方处,派委工程事务。因事未即启行,而端方于光复时途中遭难,幸而未会偕行。今光朝为安徽驻蚌水利局测绘主任,蒙前督军倪嗣冲保举县知事,吾嘱其恪守"清慎勤"三字。必须充足无亏,方可做官,否则不准。

家世出身八

四儿明德,前清在上海青年会中学毕业后,到交通大学唐山部,于民国二年土木工科毕业。历任上海南洋铁路学校教员,中华工业专门学校校长,兼工科教员。陇海铁路、京绥铁路、皖水利局、安徽华洋义赈会等处工程师,著有《铁路湾线》及《导准图说》等书。

家世出身九

戊午人日,时年七十,蒙周维翘诸君,集九老会于大世界,诞叙同拍一照,今将黄楚九先生赠我笺屏,敬录于后:

余丈鲁卿、朱丈葆三、周丈维翘、谢丈纶辉、杨丈信之、陈丈润夫、周丈金箴、陈丈瑞海、干丈兰屏,于夏历戊午人日,在大世界共和厅,为九老之会,集耆英于洛社,四座生春,追韵事于香山,千秋继美,楚九得亲杖履,并侍儿诞,爰分长谣,借志佳话,录请莞政。

海上遥山有九峰,插天九朵青芙蓉,山山不老寿无极,千秋瑞霭长葱茏,山寿由于得天厚,人若得天亦长寿,九峰山畔九老人,恰似插天峰有九,九老海上俱寓公,平居闾巷不相同,岁戊午春寿星聚,笑言四座生春风,[春风]吹暖大世界一樽柏酒遐龄兮,共和厅上敞琼诞会期开,九老传佳话,朱颜相映,醉颜酡醉,后联吟发浩诰,如此江山,如此会林泉,占得太平多白描,安得龙眠。笔座上耆英图一图,圆成九老,媲香山千秋韵事,追前逸。知足庐主黄楚九恭纪,海上漱石生孙玉声稿,天台山农书。

家世出身十

予自幼好学,不免用心过度,至二十五岁冬腊,接手经理万安典事,在小南门外,起初账、包、钱、饰四缺,予一人经理,予非习典业出身,经此担负,不免操心,嗣新创万康典,老闸地方,又创仁大典,旗昌质,操劳更甚,后遭顾居停倒帐,陈居停殁于安庆,趸船中风,又值中法失和开战,庄款要还,而陈居停任上,欠解钱粮二万两,要我调款。家中嫂侄来沪纠缠,诸事丛脞,万分掣肘,竟至咯血,由肝阳而怔忡,乃赴苏就医,据马培之先生云操心太过,须将正事丢开,暂学荒唐,且云学荒唐者,决不至终于荒唐,医药不过当归、白芍等品,调理而已,又据陈莲舫医士云:诊予之太素脉甚好,必享高寿,返沪后,部署略妥,即至各东处,请假三个月,专事静养,服马医之方百剂,其病十去其八,后遇老友授予八段锦健身法,照抄本图说,而练习之,迄今三十余载,未尝一日间断,并以己之所得变化数段,早晚二次练习,每次仅五分钟,睡后摩挲胸腹,并认定六不字:曰:不饿不饱,不寒不热,不劳不逸,今年七十有三矣,步履如常,食眠办事如昔,岂非八段锦之效验乎,愿我子孙,暨诸亲友,效我之法,加以修养道德,履行勤俭,遇公益善举,量力勇为,不可畏难放弃,不但身健家兴,亦可救国也。八段锦商务书馆有卖,定价二角。谨将恩太宰吕太祖师乩示训谕,敬录于后。

余守伟,四月十四日蒙师训经,有真传八段锦功,用心摩挲,有妙用。历久不倦,三关破透出泥丸,达上穹功夫,虽与我道有异,其实异苔同芩,好自为之。

家世出身十一

乩坛缘友在洞庭山,四善坛发阴振礼忏,并化锡箔小锭,以振孤魂,非余迷信,乃从同缘之请,今将坛训,敬录于后。

余守伟,守伟系恩太祖师所赐坛名,取守此伟字之意。

一著皆著,四面求著,推广无穷,唯费舍白。有心相格,将此表白之也。赏尔红枣十八枚,半炙煎汤,半即食之。

右系三月二十日,奉终南太老师祖金训于四善坛,训意玄奥,他人不能详解,唯余知之,盖心心相印之故。如有人问我者,我能详解之。

家世出身十二

余年少之时,有暇好习字画竹正草隶篆,兼而学之,唯不久即辍,所绘竹石,约有十载。然事繁鲜暇。三十年前弃去,旧今二年偶检画箱,得见三十年前旧作竹石,恐其霉蠹,重裱补壁,善于绘事者见之,大为赞许,用敢再加题语,予乃贸易中人,恐不足供大方家之一哂也,题语录后。

前为邹咏春太史作伐,赴苏携眷漫游,以舟作寓,长宵寂寞别遣兴,作此拙谬,有所不计,三十载以来,尘事冗杂,无暇吮毫春宵,检出此幅,重志数语,观者莫谓聪明不及前也。辛酉季春七三老人鲁卿并记。

家世出身十三

吾余氏,夏禹王第三子,赐姓余。禹王治水,过家门而不入,其时水灾甚重,足见吾始祖勤劳,现在我之次子志汶、四子明德,办理水利局测勘事务。余尝训勉,以始祖之心为心,庶不负我教育之劳也。

家世出身十四

先严讳国谨,字慎斋,号敬符。旅沪之时,适南京克复,正在阅报,乃街上敲小锣所卖之报。其时中国尚无报馆,值画师来访,即依阅报时之形状,绘一小照,由亲朋题诗辞于幅。先严亦自题五古一篇,命先兄笔录幅尾,敬录于后。江南遭寇乱,屈指十二年,锋镝飘候至,寤寐不成眠,忆昔少失怙,中情如火煎,依旧在庭内,昆季共班联,姑苏早为客,遨游无所牵,忽忽越卅载,雁行悲尽捐,伊谁持门户,母老独仔肩。白发勤堂上,苍颜事阶前,咨嗟不自己,子职竟缺然,束装归梓里,弄雏效昔贤,三春敢云报,寸草漫言延,孰料当世变,岁岁恐戎旃,险阻数经历,奔鼠悉倒颠,恨不如江革,背负渡危巅,况复偕幼小,步缓岂能先,峰屯属癸亥,四顾胥烽烟,尽日不得息,越山更履田,高年受霜露,疴沉难获痊,罔极深抱痛,涕泪洒终天,贼去竟如洗,生逢此迍邅,何能支家计,申浦旅寓焉,一朝忽传檄,金陵奏凯旋,元恶尸受戮,斩尽葛藤缠,捷报持在手,胜获典宝篇,欢声遍原野,喜气溢阡陌,我人险水火,犹幸赌安全,绘图聊示后,立志穷益坚,徒兹干戈靖,粗粝愈珍鲜,同治三年孟秋月慎斋氏自识。

右录先严题句,见乱时之困苦。后辈暨国民须预为筹划,以杜乱萌之计划,唯有兴水利,开荒屯田,生产物品,创工业,使物价不致腾贵,民能生活,自然不乱矣。盖乱之一字,出于不得已也。如近时武人,集资千万,上催军饷,下欠兵粮,退职之后,家产被劫,心身及子孙,从此不安。此乃弃道德自寻苦恼耳。

余壬戌秋,蒙先天老祖,派为上海道院院监,护军使为院长。道院乃大道之道,非道士之道也。道院以修身、修心、慈善为宗旨,北京、南京、浙皖等省,皆有分院;山东省城为总院,王芝祥上将为院长,军界、政界,入院为修士者众。合耶、回、儒、释、道,五教统一,以冀五教永无冲突,天下太平矣。

徽州发匪乱时况状

吾父兄在发匪乱时,历尽艰苦。一闻发匪将来,举家远徙。先将老祖母,时年八十左右,乘舆而行。次则少妇幼孩,每人交洋两元、钱二百文、炒米一包、布套雨伞一把、小包袱一个,除派人保护外,壮年者后行。我家老幼行后,而歙县休宁之逃难者,接踵而至。祠内家中,皆已住满。先严为之照顾,煮粥供餐外,带同仆人,布置稻柴。俾可席地安眠。时曾文正公驻扎祁门,以阻发匪,由南京上蹿江西,统领鲍超驻扎渔亭镇,离我家三里许。鲍至祁门商议军事,行文到渔,令副统领备船三十只,限三日要用。届期到渔,一船未备,鲍大怒,升案喝持,令箭将副统领绑出斩首。众营官跪求,不许,营官转求董事,往求先严到营,跪在营官之旁,鲍超一见离座扶起,先严禀曰:船户恐发匪掠船,早将船只远避,河中实无一船,不能归咎于副统领,咎在董事,不能当差办船。鲍超怒遂解,将副统领松绑免斩,足见军令森严也。彼时尚有发匪被捕,到渔亭镇斩首,彼时休宁县有大股发匪,休渔相隔六十里。先严见有短发者,必是被房良民,保释不斩生命,赖以保全者不少,并为之资遣回籍。同治三年,先严在沪,遇见救出之常熟人,相见之下,追认前情,馈送食物。吾祖居黟县艾溪村,发匪之乱,常有兵数营,驻扎渔亭镇,因其地为七省通衢也。

先严为渔镇公局董事,时与统领交接,将地方深山道路要隘,绘图帖说,呈于统领,派兵放哨,驻扎隘口,军务赖以扼要,地方得以保护,曾文正公颁奖功之凭。而我村借以保全,只被焚去明代古屋一所,然近邻近上圩溪滩二村,全遭焚毁,现无居人,我村亦云幸矣。

吾徽郡休宁县汪廷宰者,前清发匪乱前之巨富也,乱后家业荡尽,其老太太避难于吾黟之乡,发匪来黟复避深山,身带金条两根,出一根向乡妇换麦饼两个,乡妇因防己饿,不肯与换,其老太太将饿毙也,幸家人带粮寻到,得免于死。

吾于幼年时,发匪大乱,难民遍野,冻饿而毙者不知凡几。曾见一难女与吾乡某甲结婚,凭媒言定各无礼仪聘物,仅以十四文买香烛一对,参拜天地祖先,成为夫妇,后来女家回籍时,婿以二斗为赆,发匪之乱,难民遍野,被客民兵丁带去徽州之妇女不少,后官绅会议设卡盘查阻行。时先严设卡于渔亭镇,见有一铺盖忽动,著令歇开看,内有一女孩,即留养于家,为之饮食,教诲成人,后嫁与休宁施可卿,无子立嗣,嗣子不孝,此妪尚在,今年七十余矣。予年寄数元,资其食用。仰副先人,始终善视之微意耳。

粤匪起自广西转战至江西,将到徽州时,吾乡已有土匪麕集,纠数十人为一起,凡稍有积蓄之家,即往索诈银钱,到倪太岳家,其孙翰章内兄产生未久,匪徒持刀放于桌上,向其言曰:如不将银钱交出,先杀尔孙,太岳大惊,只得交与本洋二百数十元始去,最后至吾家时,未曾持刀,盖因先严为公局董事之故,匪云太平天国之王将到,董事家财亦难保全,盍不与吾辈用之,时先严胸有成竹预定对付之策,先以烟茶点心款待,择为首者至后厅,向其言曰,尔等数十人力量薄弱,徽州府东三营有官兵数百名,设来捕捉,尔等何能自全,我虽为董事,届时亦难保护尔等,将奈之何,其实先严暗中已先面禀,县令行文东三营,请捕土匪,匪首闻之大悟,反跪于先严前求计,于是讽示伊等速逃为上策,后来东三营剿匪有逃不及远者被捕正法。

避乱时最隐之地,在祁门之深山,名曰松潭,俗呼拜堂石是也,时金达五姐丈,即邦平等之祖避乱于此,先严率阖家亦到其处,先住姐丈家,后赁屋分居,其村在半山之中,须越数岭始到松潭山麓,上山向高处行,约五千七百余步,父兄行所记之数,嫂与姐艰行号哭,先母系天足抱负而行,居住此村,前后两年,发匪官兵均未到过,无异避世桃源,民情淳朴。有老妪不识洋银为何物者,深山植树种竹,出笋时禁约掘食,家中如查见笋壳则罚。待将成竹,鸣锣择日开禁,以未成竹之笋,任人掘食,腌笋之味甚佳,隙地载食芭萝,即珍珠米以之制成糖及粉松等食品,味亦佳,又产茶叶,名曰毛尖,遐迩闻名得价最高,山中无市肆,如买豆腐,在山下数里;如买肉,须越岭行三十余里。先严欲买肉制,走油蹄以飨山中诸友。命予偕堂侄往购,晨去至上灯时始归。先严行三昆季五人。二兄二弟早殁,侍奉祖母三十余年,享寿八十有三,而五房老幼计七十余口,当此乱离之世,担负之重,不言而喻。彼时黟城人民,大半逃徙。县令谢君永泰,在渔亭镇随营当差,日持令箭巡查,夜宿吾家学塾,谢君系贤父母,与先严为患难之交,深知吾家底蕴,因赠"孝友承家"四字匾额,悬诸宗祠。

附 记

五房虽分爨收租婚嫁等事,仍须先严一手经理,家给不敷者接济之,有余裕者代为置田,唯四房成家无为之立嗣,五房成家,其室人患神经病,虽有子有孙,而子又早殁,先严及予兄弟为之抚养,其孙葆存在南浔乾裕典(后改振成)管钱房,现在常熟置有房产,开设怡大兴(原牌义大仁)布行义大咸货行该二行予均有分,布行颇获利,予只得让与芳五堂侄独开,咸货行之股份,予亦愿替出计洋一千二百元帮助我嫂侄等生息,以资家用,乃咸货行长房亦有股份,他房阴谋不遂,诬告竹甫侄孙,管押昭文县,光复(后并入常熟)寡侄媳,来沪哭诉于予。予赴常熟往,谒县令保释,意在和平了事,讵该堂侄父子执拗,缠讼年余,讯时县判该堂侄找出八百元,长房要求千元正,将结案之时,适逢光复,迄今案悬未结,予赔去讼费盘缠三百余元,所可慰者,竹甫侄孙,受该堂侄父子之欺侮,经此讼累,孑然无安身之处。予携其来沪,荐与源盛典,并为之担保,现为管包,予安心矣。

　　先严奉母逃难,先祖母因受风霜得病,殁于途次,距家尚有二日之程,用竹床抬回,夜宿旅舍,侍奉茶粥,一如生时,以掩旅馆主人之目,到家安殓开吊驻扎渔亭镇之营,县各官均来致祭尽礼,时发匪尚盘踞休宁县城,离我家仅六十里,可谓险极,幸营官颇有胆略,预先布置,在我村及渔亭镇毗连之山岭,能瞭见休宁城贼之举动,札哨兵一棚于此中竖一旗两边又各竖一旗,休若来攻中旗微摇近则急摇,最奇而可敬者,战马放草在野,一闻营中鸣号之声,见旗摇动,则马尾直竖,奔驰回营预备上鞍出战,虽畜类亦具忠勇之气概也。

　　驻扎渔亭镇官兵仅数营,而休宁发匪实有数万,适天降大雨山洪暴发,天甫晴,贼分三路进攻,官兵亦分三路应敌,分六处埋伏,预传号令通知百姓及随营。避难之民不必惊慌逃避,可在各山预观战,手持竹竿,或倒持雨伞,呐喊以壮声威,未几贼来势如潮涌,遇伏而败,是役也,发匪被杀及溺毙者大半,从此丧胆而退。

慈善公益一

　　四十年前山东大荒,居停顾氏诸君邀同筹捐募赈,正在公议,派予偕潘振声诸君,均发赈老手前往。予忽丁父忧奔丧,回籍开吊,尚未终七,忽奉黟县陈德明大令照会,委任董事,劝筹山东赈捐并任,予七都渔亭镇董事,固辞不获,有救荒善政,勉为其难,切勿推辞之语,只得凭借先严为地方董事数十载之声望,竭力劝募,集成款项,向邑尊除竹甫斋先生面缴时,奉旨通饬各省州县筹赈,相待甚优,倾谈半日,从此引为知己。委予集股开典。遂邀吴廷芬侍郎,黄焕烟世叔,合股开设仁大典。嗣因吴、陈、黄三东相继作古,后辈景况不同,意见不一,且黄氏子亏倒。遂将典盘顶与吴砚农、王驾六二君接开,改牌万昌。仍委予为经理,任事至今,忽忽四十余载矣。

慈善公益二

某年徽州水灾,谢筠亭亲家及募振诸君,并旅汉浔等处诸同乡筹集十余万元,托屯溪洪其相先生,暨在事诸君担任放赈,并以赈款修桥补路工,葳刊印征信录,事毕之际,予回籍安葬父母。因坟地难决,不得已具疏插标,敬请郭璞字景纯仙师乩示,卜何地相宜。正开乩时,忽恩太宰吕太祖师降坛,乩云:此间放赈不周,即须补放。彼时予自备之款,带至徽州,上白面粉及棉布裤袄,遵谕补放。乩示又云:尔一人精神不足,请亲友帮忙。继由郭仙师降坛乩示,又云:尔父兄殁已多年,在此伺候,当同尔父兄前去一观,稍待半支香回示。届时又云:所观三处非湿即蚁,均不可用,唯尔父厝所,今年山向大利,即在原处移进一尺五寸,可以堆土安葬,予谨遵仙师训示而行。汪振声姻兄最信堪舆,曾上疏请郭仙师六次未临,予请一次即到,或予有仙缘欤。

放赈较筹赈十倍之难,我自资所购之上白面,放完不敷,尚多。适在上海募得面皮、低次面粉数百袋,存屯溪,因休歙二县饥民不要者,即派船巡至渔亭,及我家发放,不料饥民大哗,骂我作弊,谓以上面粉之价,而发低黑之面,我即登桌高声表白,不致闹成事端。

慈善公益三

上海为卑湿之区,各会馆旅榇有不能回籍,必安葬于义冢之内,掘土数尺,湿不见水,日后子孙发达,有启义冢之柩回籍安葬者,而满棺皆水矣,唯有凿孔放水,见者不忍,余君锦镕邀予等发起,在屯溪置办义冢坟山,开会集议各县不能赞成,旋议决以吾黟一邑之力,募捐独办,予年稍长,排为领袖,募得数千元赴屯买地购山,建造思安堂丙舍,以安旅榇,并在思安堂之侧,建黟邑旅屯同乡会以垂久远。是役也。皆余君锦镕及诸公之力。事成,请示备案,予名居首,抚心惭恧,今公举何兰石先生为思安堂及同乡会会长,主持办事,深愿此后和衷共济,相继勿替,予心安矣。

慈善公益四

予平生筹赈经历几次,自光复后,安徽又遇水灾,前清显宦,如盛宫保宣怀、中丞冯梦华等皆不敢出面办赈，予邀请夏翊宸辅宜先生发起，为筹募主任，并蒙陈润夫、余寿平、陈劭吾诸先生列名相助，时润夫先生告夏君等通商银行存有前清度支部款卅万，可以请求拨作皖赈之用，于是行文吁恳，竟获允准，有此的款，再加筹募之捐，其数已巨，方可宽裕办赈，事毕将放赈款项，刊印征信录，以昭核实。

慈善公益五

八年前苏州亦遇水灾，饿毙不少，其时绅商因乱避住他方，而各业停滞，机织琢玉等工均歇业，一时无人办赈，凄苦情形不堪目睹，焦耀山先生偏觅绅商设法救济，并关照谓予通知有前清南米余息，系省有公款存放上海各典生息，计库平银一万五千两，须具公呈拨充赈济，再加绅富量力捐输，即可着手放赈，于是邀予帮助，其时适办皖振，予只可暗助，不能列名公呈，恐贻舍己耘人之诮耳。予星夜至上海县公署抄案，适各房科，正办民国交接，无暇抄录，商允将案卷带归自抄，若无信用，必然不许。以之禀准拨赈殊为愉快。

慈善公益六

予同事钟君秋泉，家居苏州之香山，由家来典，言及该处人民日有饿毙，盖水灾情形与苏城相仿，而僻处偏隅，为办赈者耳目所不及。适居停吴砚农先生避居沪渎，即往商议，许为捐赈，予当晚自备洋银三百元，交付秋泉先生请其次日即赴香山放赈，并嘱将灾户姓名住址开列清单，事毕来沪，呈单与研翁即蒙继续平粜放赈，灾民赖以存活，事毕之后，奈有残疾老幼，无力生活，停赈仍要饿死，只得每人暂给米四合，按月需米六担，预先买存，米店给折支领，迄今屈指十年，死亡者有继续补额，可见乡民穷苦之多也，年需七十余石之米，蒙研翁乔梓许在经租内，每年照米价开支八成，其二成由予等经手保险回用，项下支付，维持善举，幸获源源不绝耳。

慈善公益七

王驾六居停之二少君病笃时，予为之代请乩方并请其许愿捐办善举，其二少君病虽不起，仍捐助善举五千元，由吴砚农居停拨充苏城安节局等处经费,此亦子孙兴盛之预兆,盖作善降祥天之报施不爽云尔。

慈善公益八

予为典业数处经理,后被举为董事,以物价之腾贵,而典伙之出息不敷家给者居多,生时如是,死后何堪,设想因思设立保育会,预拟章程,在典业公所集议,董事沈君梅伯不赞成,只得搁起,次年复将章程删妥,至梅伯先生寓所讲论道德,以吾二人得子甚迟,现虽能以度日,而眼前之同业,日后不能苦度,实所不忍,蒙梅伯先生豁然醒悟,竟即签名发起此事,居然成功,予当捐助银壹百元,刊印章程,配成玻璃镜数十架,按典张挂,以垂久远,不胜忻幸之至。

保育会章程录

上海典质业保育会章程

窃思典业为伙出息甚微,当此各物腾贵之时,常虞不敷家计,以致拮据者居多,此典伙在日之大略情形也,一旦遽尔身故,遗下孤儿寡妇,既饔餐之不给,复棺敛以无措,白发黄口莫保晨昏,若不妥为矜全,必致转乎沟壑,因此同人议集一会,名曰上海典质业保育会。敬请典业执事诸君,慨发仁慈,设法捐助,可否于满货出售成交时,注明成单,每百元捐助二角,每典每月捐助一二元以上,二项之捐助各从自便只收其一,不收其二,至执事及柜友诸君,或于使用存箱内,捐助百分之二或每人每月捐助一二角,如自愿多捐者更好,以上二项,亦各从自便,只收其一,不收其二,自愿二项并助者更好,中缺学生每日助捐一文,愿者亦可如此办理,庶几轻而易举,集腋成裘,倘蒙典东执事特别筹募集成巨欵,存典生息更功德无量矣,所议规条详载于后。

计开规条

一、发起人请先签名,于后入本会者继续签名,并盖典章,入会之典,首先捐助银二十元,以作基础存典生息。二、是举专为上海典质业伙友,身后家况萧条、孤儿、寡妇及老废之辈,无可谋食,又无亲族可靠者,凭入会同业,经司事查实,照章抚恤。三、所立章程规条发起人斟酌妥善之后,即行排印,每典分交四张,典东处由执事自寄,日后章程或有增改,不妨商酌而行。四、保育会银钱账目由典业司年带管,另举总协理司年办理收捐调查发欵等事,至收捐发放抚恤俱用编号联票。五、凡一家之中,有壮男一人可以谋食者,均不准报。六、凡同业友故后,寡妻孤儿女及上至年逾花甲之父祖无生计者可报领,如伯叔旁枝一概不给。七、年老残废及寡妇无子孙者,给至寿终为止,有子孙者俟其成立,至二十二岁即行停止。八、幼女给至出嫁月为止,幼男给至十六岁为止,至二十二岁全家停止,将凭招收回涂销。九、大口每月给洋壹元,小口每月给洋五角,遗腹子女倍给三年。十、凡遇丧事给洋十二元,盘柩回籍给洋六元,安葬给洋四元。十一、给领抚恤,按季于正月四月七月十月初十日在典业公所发给,或在总理司年处发给,亦可本人,妇女或有不便当托可靠亲友代领,设有遗失,央原报人补立新折,旧折作废,但支折不准抵押,查有抵押情事,水远停给。十二、该寡妇是否苦守清贫,或有亲族可以津贴者,随时公议或停止减少抚恤,以图实济,如有再醮者,本妇停给,子女带去者亦停给,设有不端之事,察出合家停给。十三、倡办之始,经费尚无把握,倘有不敷,或议稍加捐欵,及稍减抚恤。十四、入会之典,各交募捐手折一扣,以便在本典劝募,本典愿助月捐或满货捐,典友愿月捐或使用存箱九八扣捐,各从自便写齐,后交与总协理,举劝捐员以免延搁。十五、收下之款,除抚恤外,或有盈余,存典生息,经理办事之人不支薪水,唯往外劝捐收捐之人,稍支车资,每逢春季,将上年收付结造清册,排印送交入会者。十六,此会成立后,入会之典质不再捐助,同业恤嫠愿此会成立以前之孤寡概不抚恤,外县典业调查不便,未可入会。发起人:陆履安、夏叔良、汪安山、俞少卿、王远堂、胡滋生、沈梅伯、王瑞卿、姚涤源、吴甘伯、傅佐衡、沈子允、穆子兰、吴树滋、邵念祖、余鲁卿。

慈善公益九

典伙之辛俸定章甚微,虽有亚禄,即满货使用,各典章程大小不同,近年生活程度之高数倍于前,中缺学生最苦,然工业能罢工,要求加增工资,商业不能罢市要求加俸,前年各典伙友纷纷致函董事,幸蒙诸典东酌量,各典情形略为加增,亦以沪市房租之巨,营业亏耗在所难免也。

慈善公益十

　　黟县在万山之中,山多田少,每年所出粮食不敷民食之半设遇荒歉,万分忧惧,常恃江西米接济,十年前吾黟绅耆来沪商于予,兴办积谷,并会同汉口芜湖九江景德镇等处吾黟同乡认募捐助,各埠分投劝募,约有两万余元,闻曾勒石明伦堂,唯推陈出新,平粜必有亏耗,经理此事者,颇忧持久之不易也。

慈善公益十一

　　前予襄办典质业学校,自四儿明德唐山路矿学校毕业后,屡任专门学校教员,并经办铁路水利等工程,自陇海铁路辞职返沪,因见中国缺乏工程人才,欲邀同学创办中国工业学校,请命于予。予即允之,认创办经费一千元,并邀他处资助,创办诸人兼为教习,半尽义务,举明德为主任,请黄涵之君为校长,嗣黄君赴浙江道尹任,复聘金邦平再甥为校长,皆尽义务,不取薪水,后邦平就商务印书馆,聘为协理,公举明德为校长,自本校创办以来,中学毕业百数十人,专科毕业二十余人,中有在路供职,每月薪水数十百外元者,唯该学校经费丝毫未得公家之助,遇有支绌,即由创办人诸人赔垫焉。

交　际　一

　　顾氏居停南浔有乾裕典,塘栖有春源典,各有架本三四十万,遇有为难之事,委我整顿,因塘栖胡雪岩先生设一典,与春源典邻近,硖石镇胡氏又设一典,亦与顾氏邻近,当由刘贯经先生高虎枚先生与予设法各处合并对调,当与胡雪岩先生面商定妥,立据各得一镇之营业议以架本少者付定银核计,顾氏之典价本大,由胡付银一万两,岂知我二次赴杭州塘栖,预备盘货交割,而胡氏典业总管王吉甫先生不允交割复,与胡雪岩先生交涉。顾氏居停素不出面,与人交涉典业,凡事委予代表居多。讵王吉甫先生以胡雪岩之母不肯为言,事竟不成。

交 际 二

上海金元典居停席子珊先生与黄春圃先生,以合股意见不合,源盛、晋元典皆黄席合开。屡次托我为公正人办理,多时始得成就,黄得源盛,席得晋元,嗣晋元及协来二典,因典伙亏空等事,由该典居停席子珊庞御槎,再三肯我整顿,并写亲笔信据,全权托我办理。妥当之后,复垦代为兼管,因此不能卸肩,自经理此二典之后,未出事故,皆代获利,此亦忻幸之事也。唯晋元一典,席妾当家好讼,家庭不和,幼辈浪用。当时托我兼管,只有资本三万串,而架本加至十七万,皆我调度。后以席氏家庭如是,只得任其出替与夏槐青先生接开。夏系前清粮道。讵夏与我素不相识,交谈按洽之次日,复邀我商议,浼我仍代经理晋元典,予未便遽行允许,复请介绍者来言,若予不允代为经理,则此典不愿替受,予只得应允,不料夏槐青先生前年古作,后辈不知节俭,以致收歇。收歇之结果,有官利,有余利,不免可惜。

交 际 三

吊脏领本之交涉。上海典业凡有盗窃之赃,被巡捕房吊去解至公堂,当业给半本,质押无当本领回,有包探伙自当之衣物,与窃贼串通,承认是赃,先至捕房报告,登于门簿,然后来吊,亦无当本。前黄焕烟、徐雨之二君,禀道台扎饬公堂,不能办妥。后予邀同业集议,佥云:此事难办,必办不到。予云:办不到亦要办。众以予言为狂谬。予即向众言曰:譬如我等同处一室,室内垃圾甚多,试问诸君,要扫否? 曰:"要扫。"又云:我等同坐一桌,桌上污点甚多,试问诸君要揩否? 曰:"要揩。"予云:譬如此二节,诸君既要与我同意,则典业办吊赃一事,典业开一日办一日,办到领本而后止,如办不到,终必歇业。黄、徐二前辈是从上办下,我意要从下办上,在包探衙役入手,当与此辈联络。予即邀汪禹丞襄办接洽齐备,即禀会审官。竟至办成。即用汪禹丞按日到公堂捕房领本,局外人不知。云汪是典当包打听,唯有一笑置之,此我最得意之事也。后汪禹丞赴常州佐杂任,请另他人办事。

交 际 四

与保险行之交涉。闸北新泳源质失慎货物焚尽,保险四万两。保险行延搁半年之久,屡次交涉不肯偿还保银。该质典居停,浼予设法当请律师葛福来,邀请保险行。公证人七位,而中国公正人只予一人,齐集律师处会议。各外国人云,该典失慎,有可疑之点,及先一二日有运货之事,予即问曰:可疑之点有何证据? 云先有运货之事,乃徽州典伙回籍搬上小车下船,俱系铺盖衣箱纲蓝杂物,有证人可凭。复向外国公正人言曰:予为典业董事,此事亦有关系。盖典业领公款生息,济贫者居多,或有存项汇票银钱往来,由董事负责。保险行不交保银,与董事之信用,典业之名誉,大有损失。况此事与承保各行有极大关系。予曾请该典东,将承保各行名开示于我,即开典业公所会议。予亦总商会董,再开商会集议,则承保之行名誉损矣,保险营业恐受影响等语。各外国公正人商议许久,即向予言曰:蜜司脱余之言,颇有道理,保险银一星期交来。蜜司脱乃英语先生之称。

交 际 五

见机行事。前认大典股东黄静园在上海独设广大典,仁大典即广大典分典,因分典省费也。汉口南京黄氏亦有典业,讵黄氏受钱庄之倒累等亏以致自亦倒账,未倒之先兄弟分家,托其妹丈系予作伐,邹福保太史来沪居业,予适答拜邹案头有黄氏分家阄书一册,邹交我看,徒见马家厂产间作价二十八万两予知静园之父从前置价只有二万两,后虽涨价约值五六万两,予因知其空虚矣,复见有分家草稿一纸,当静园弟仲英之面借我一看,当夜抄就一张,次晨去见静园,盖仁大典股东合同,黄氏有运筹调度之权,而账目银钱亦黄东,用人即其侄深甫。经理将仁大之银,由钱庄汇至南京、汉口,及自调用,共调六万两之多,比向静园收取此款。当时应许届时不来,予即请黄东昆仲应立据交房产于我收执,至十一月二十六日静园请钱庄董事大殡声言年关难过。从此庄款只能还不能用,予尚带管晋元、协来、祺昌三典早预布置不受影响,而仁大本典除已还零碎存项外,尚有万余元储蓄照常营业,然静园共倒空七十余万两,内广大典空积谷各公款十余万两,予预料静园之弟兄交我房产不妥,即与祺昌股东顾勉夫,即宝昌洋行买办,法工部局董事所开,商量将该房产抵与法工部局董事。白尔乃君在法领事公馆立案。予即面见上海县汪瑶庭,面禀情节。二月之后,抚藩宪行文上海县,将黄氏房屋。无论抵押与否,一并封,以备售还公款。黄之房屋抵与钱庄及严筱舫者,皆发封。而我之房屋不敢发封,因此陆续售去,得以结束。如此办法,延四年半之久,东家倒而我经理之典不倒,照常营业。静园要将仁大典出替与吴廷芬,前廷芬之股出替与黄,予不肯签押与各庄。声明若我签押,则庄款不能完全到手,盖黄尚欠吴及其亲家汪姓之款之故,嗣幸替与王吴二君,改牌万昌,仍予经理,此亦平生之幸事也。

交 际 六

整齐典业利息。邢某者资本家也,其父在上海城内开设一典,减利为一分四厘。然典业部章按月二分起息,若任该典如此减利,他典不能支持当邀同业在公所会议,同往邢处相商请求仍改为二分,至再至三不允,后恳刘贯经先生,与邢有亲谊,婉商亦不允,其时典董黄静园回籍,予为代表邀同业执事各乘一轿,并带随役至该典前后门,后门通路能营业,把守并到柜内,将其骑缝图章收取,以其不守公所规则,不遵木榜章程也,其时邢某亦到,予向其作揖请求,不料其出言不逊,激动众怒,拉扯到县禀官,县官黄爱堂即坐花厅,讯问,予等早已备就禀帖,内云:各典领有善堂公款三十余万,倘同其一分四厘取息,势必亏耗不支,唯有呈缴公款,典帖收歇,以免累及公款,邢某云公款由我承领,县官云:无此政体。本县不能相信于尔,邢某云:我减利便民无罪,尔可办我。官笑云:我不能办尔乎?即管押捕厅。我等乘兴而回。当晚由会审官蔡二源,与邢有亲戚之谊,保出,予知邢必有上控之举动,即拟就节略,以三十元雇小轮赴苏呈节略于藩宪邓小赤,以其至好时玉堂函附梁,梁往汉办红茶,去函由我等代写,将稿寄汉,请其再函提及,节略内云:善堂公款生息,以济无物可当之贫民等语。邢果上控府藩,控予在所难免,邢禀未批之先,适邓藩宪由沪赴吴淞查看炮台,奉抚台委,上海各官去接在船舱内,交上海县官,公文扎饬内开,邢某减利便民,实属可嘉,著上海县饬该典,仍遵部章,按月二分起息,其余六厘,饬上海县核算,按月向该典收取,以济无物可当之贫民,其他典商有所观感,惠及贫民,更无涯涘矣,后邢某进退两难,只得捐赈济一万两了案。

交 际 七

与捕房之交涉。捕房有盗窃之吊脏,三十年前,珠宝店受捐客之亏累,运动捕房吊脏。仁大典有三百余元之当本珠子,而他典有当本珠子一万余元,中外包探来吊赃我向彼等云:此非盗窃,乃生意往来,不能作赃,不许吊去,并通知源来等典,亦不许吊,以此挟恨于我,后捕房来商,唯须各典将捐客所当之珠子带至捕房查对一看即行带回,我即允之,次日邀同典业受当者,并请道署翻译曹润夫君同往,看后携回,唯当时交代,如有人来赎,须留住通知捕房。而仁大珠子有数票,不料柜友及饰房不慎,被赎去二票,捕房以仁大违不通知,请公堂议罚,一面带同包探巡捕,到仁大吊销执照。勒令闭门派巡捕看守,予即至新署,请见会审官杜兴之,禀明前情,并云:现值冬令,来赎者,恐千百聚集,让成事端,我不能负责,官即片请捕头来署,比时开门,予复至,预请之老威金生律师处说明前情,并言此事已请大律师保护,捕房并未通知贵律师,擅关我当门,不但贵律师失其体面,而我典大失名誉,请律师按律办理,查老威金生律师,乃英国国家律师,有为民伸冤之权,比即传电捕房,谕饬正副捕头带同包探门差,次日到伊公馆问话,并嘱予届时亦到,质问之下,以捕头无擅自关商店之门之权,当时认错,予向说中国人差错,要罚依英国法律,损人名誉,应偿损失,请律师酌之,比两造商谈,予不知英语,当时律师向予言曰:尔言甚是,我劝尔须留捕房,日后交接之情,就此了事,予即允之,副捕头与予握手各散。

交 际 八

与工部局之交涉。予于光绪七年建造仁大典屋之时,地皮升高二尺数寸,盖预知马路加高也,大门之前置有木阶,邻之店面二层市屋及泰和里,皆予手翻造,不料典门木阶被工部局巡街洋人取去,即讬工部局捐务总办徐俊良老友取回。三日后又被巡街洋人取去,再讬徐君向讨,据云:洋人说伊卖情未便再取回矣。但典内营业大有关系,在从前我自建造之邻屋石阶,出典墙有一尺之外,予即起函稿声明,典之木阶,系放在典地,与工部局无涉,有邻屋阶沿为凭,今工部局无故将我之阶取去,营业损失应认赔偿,否则控诉,此函由道契挂号洋人位霞转交,比即来查验,与吾信相符,即将木阶送来交还,我要赔偿损失,彼来一函道歉了事。

交　际　九

与自来水行之交涉。予营造泰和里房屋之时,用仁大典太平洋龙自来水,为化灰泥之需,用自来水行得知,传我到行说我偷他之水,要罚银五十两,怒不许坐,我笑而言曰:我有十数万银之营业,尔说我偷尔之水,何人相信,洋人云:我有章程在此,各家分送各处张贴,尔岂不知,故意偷我之水也,看其章程年份,即向其言曰,此年我适回籍,未曾见此章程,请尔免罚,洋人不允,予即作色向说,罚与不罚,是尔有权用与不用,是我有权,太平洋龙我不用矣,请尔将埋在我地内之铁管地上之龙头一并即速拆去,而我现兴造之屋,亦不用自来水矣。其时自来水用户甚少,洋人闻言和颜悦色向我言曰,请坐请坐,不罚不罚,大家和好,握手而散。

交　际　十

代人办事即是自己办事之效果。龚仰蓬钦差替受泰州典业二处,其少君景张太史委予前去盘货,共带八人办竣回沪,不料钦差为上海道,时为国家办军械,由道库拨付银二十万两,账房系其亲戚,已经解出报部,由其账房划交股,开之钱庄收入已账,后军械不办,部中查出此款。行文驻英龚钦差诘问,而其账房早经亏空,不得已将泰州二典替与李翰章先生股开,弥补此款。将草议交予商妥,予为注定洋价,照开印之日以上海典牌作价,岂知为其经理交替之人未将此条加入,其时盘货开印与盘竣之洋价每元忽涨至一百数十文,以十余万串之当货亏耗约有两万,彼此不肯承认,又来托我商议请酒数次,议决各认其半了事。

黄静园倒账累及仁大典,其时海防厅刘乙笙司马,有存项银一万两存仁大,屡遣其子刘湘荪即光复时上海道台来典向我催讨,予以数巨不能即还,诓乙笙司马上省,面禀抚藩二宪聂仲芳、陆春江二君云:伊年将古稀宦囊,只有万金,存于仁大典,要遣家人禀追,以备回籍养老。抚藩准之,即有上海县传票,传我到案。予即缮一禀,内开我前为仁大典经理,后奉四川总督鹿传霖札委采办差,告退典职,其实刘存银之时,予回徽并非辞职,至刘之存银,乃黄静园经收,存入存折签押为凭,与我无涉,现在黄已倒账,仁大典之股东,内有孤儿寡妇,请予再至仁大典料理。讵黄静园亏空太巨,一时难以理楚,忧急成病,即日赴苏常就医,借此以避到案,到苏后寓于前总捕府王竹甫世倳公馆中,竹甫与上海县系同寅知交,即赴上海,与知县王瑶庭商量此事。知县云:我与鲁翁亦至好,请其速来上海。我吩咐差役不许到他之门,以便缓缓料理,予即回申,登岸时,遇龚景张太史问我何来,予即将以上情形告之,景张曰刘乙笙吾之老师也,我去代为了好,次日大雨,景张持雨伞到我家中,云马病不能驾车,顷见刘老师此事已为说妥分年拨还,约明日凭公人谢论辉先生到署立约可也。此事予未专诚托之,景张先生竟自肩承,冒雨尽力,为我了结,岂非代人办事,即是自己办事之效果乎。

交际十一

清理积案。上海珠宝玉器公所苏帮与南京帮缠讼数年不能结案,后官举李平书为代表苏帮陈养泉诸君举予为代表南京帮举金琴荪为代表调查清理此案以期仍归和好,由道台照会三代表由上海县发出全案文件苏帮先交到我处,该帮案稿账簿等件有尺许之高,予费两星期之工夫,全案看过,摘要紧关键,临时与李金二代表议论辩驳。李金二君不能比我明白,后以该两帮人众各存意见一时未能即了,然大端已经明白遂息争了案。

交际十二

经历艰苦。从前沪市钱庄与各业往来投用银子不免滥放,而各业借庄款营业,不免滥做生意。一旦市面紧急,庄家必来取讨,设遇倒账,必用强硬手段。予经理之仁大典,大股东黄静园有运筹调度之权,载明合同,钱庄投用汇票,亦黄东面谈接洽,至黄静园倒账之时,庄家初则知我取有黄东房产,不来取讨,继则反受黄之唆使强来索取,盖黄知我经理他处三典,黄无分者,有银存庄之故,各庄伙来讨时说我有银存庄,必须划出付与伊等,我说譬如我是两江总督,江苏公用不能划安徽藩库之银,我将东家房产交与,汝称立据收去,各庄不肯,硬要现银,继则拍案丢碗大哄,行将动武。己出手势,仁大典司更知拳术,予唤出执住庄伙之手,不准司更动武,予之眷属住于典之后进,闻闹到典看守,防我受辱,一面函致钱业董事屠云峰君,庄伙见此情形,有跳柜而逃者,至晚间复派庄司十余人住宿典内及我家。予只得预将包楼饰房锁好,派人看守,自则到后进家内楼上安睡,楼下放自来水,庄伙带庄司踏进,满足皆湿,知难而退,不住宿矣。后蒙钱业董事谢论辉君商妥,伊承裕庄,仍与仁大典,另立新户往来营业,旧欠之款,以六厘算息,候典替出清楚,我请谢论辉翁,另派账房,蒙其相信不派,此亦我之知己也。

交际十三

刚愎自用料事不明之损失。黄静园居停,前开南北震源两钱庄,被宁波咸德庄倒空银十三万五千两,兴讼上海道,派委员到宁波查账料理,讬予同往,委员不知账情,咸德庄执事冯珊林逃避无踪,予知此事之结果不易,其时,冯珊林之兄冯梦篆,做过盐大使,出场与我商,愿先付四万元,余期票兴隆票,予回申劝静园早了为是,不但不听我言,反怪我不应来说,予见其刚愎,告退,静园即讬族兄黄厚存,继我办事,将冯梦篆诱至上海,以其亦欠咸德庄款,与其弟冯珊林串通倒骗为词,将其拘押捕厅,梦篆忽受此辱,夜投捕厅荷花池内溺毙。而震源钱庄执事黄楚宝及冯珊林,下皋台监牢,缠讼六载,分文无着,反用去讼费约近万金,而冯之讼费用去更多数倍,转瞬静园自己倒账矣,由严竹筱舫先生出场,以六千元了此十三万五千两之案。由是可知,凡遇一事,先存厚道之心,开诚布公,各无阻碍,而易了。则两造之得益匪浅也。予到宁波,其时同乡胡练溪先生,为该处太守,谒谈此事,亦以我意为然,可惜静园不听,盖胡太守与静园之父亦老友也。

交际十四

办事不易。吾友刘泳如先生为辰州知府,集资颇厚作古后其子刘君以四弟瞎子浪用屡至扬州阜成典取资,因此要将此典出盘,来投于予,乃为说李郎民观察及黄静园等向盘立有成约即带十人到该典盘货讵盘货未竣,叔裴悔议只肯盘出一半，予即函知各股东回信允之改换合同草议，予加上两条彼此如有悔议罚洋四千元，至于典中经理之全权应归我等，刘姓未可与闻，盖防四瞎子再来取资也。不料盘清结账之时，又来悔议，谓伊盘出之资无处安顿，作为罢论，我等岂能应允，渠恃官势不肯认罚，盖两淮盐运司婺源江仁镜先生与刘有儿女亲家，予即公函于运司，说明情形，拟即止当候赎，再与交涉，以制之叔裴，请教洪述祖，述祖曰：此易事也，可着人同原中到鲁卿处看合同，撕碎之即了矣。后果来要看合同，予曰今已交涉未便与看尔不到刘处看合同，而要看我之合同，颇不正当，以声色斥之，后刘恳我知交情商，予以其父与我为老友，以两千元罚款了事，可见事非经过，不知难也。要看我合同之言，为陈旭生昆仲所闻，旭生欲即函知其兄曰不必落此形迹，鲁卿世叔，必不交看也。

交际十五

襄办同乡会学务之难。同乡诸君十五年前邀余兴办安徽旅沪学会，设立旅沪学校同举方守六为会长所请教员皆属同乡内有教员住宅沪城，将校内之器具擅自移借而去物虽小犯规则大，不得不要开除职务，后该教员竟盘踞校中，又有旌德吕君留东毕业生，娶有日本女子为妻，自愿带同妻子来校教学日文，以尽义务，不料借端缠绕带日本男子来校交涉校长学董，避不与面，唯予及汪君蟾青，临场中日言语不通，彼此笔谈，日人写劝尔即速了结，否则有国际交涉，予写日女嫁与安徽人，自以安徽人论，旅沪学校尽义务与国际无关，日人下文不能写矣，该日女忽将校中之百科全书动手携去，其夫与夺争执多时，意在索钱，予与蟾翁酌给百余元了事，即将学校收歇后该同乡在他处赁屋复开，予与汪君拟稿登报声明，该校与我等无涉，讵教员去说汪端阊君阻勿登报，予将以上情节说明，始为许可，后该校师生在堂兴讼，我等不管矣。

交际十六

预筹免祸。予前知黄静园居停之亏空必倒账，惟余一人知之，而渠之兄弟至戚茫然不知者，乃不谙市面账情，及不知静园之各典有巨数之存项也，予以东家之内容不可稍露于人,然奈经理之仁大典存项颇多,予即设法归还至各存户处声说,东家存银甚多要还存项,请即来取,如不来取,下月止利,零星提去,约有数万,竟有不来提取者,予只得将其本利付账存储铁箱,候其存据携来交付,如工部局徐俊良老友,会审官蔡二源电报局总办赵叔泽谱弟之存项皆预为布置,而彼等不知也,及静园倒后,蔡二源蓝顶花翎乘舆拜予,言伊之亲戚四知堂有存项洋四千元,请予预备,予言早已预备,舒齐请即取去,因此典东虽倒,而典不倒,照常营业,此预筹之所致也。

盖余幼时见一小蜈蚣,被多数之蚂蚁噬住,不能逃脱,竟至噬死,此予先去多数蚂蚁之计也。我中国明达之士必有预计避祸之策,既不能宣布于众,又不能不合集群力,又须用久远之苦心,或可有济于事乎,然办事有随机应变之活法,而不离乎人情物理,现时士卒近似蚂蚁能设法安排法如屯田开河筑路明达君子以为如何。

杂 记 一

大马路今开银行,先施永安公司兴造高楼,屋成为金银世界,地价涨至十万两一亩,住家者迁徙一空,吾典业此间无立足矣。

杂 记 二

查光绪七年开仁大典之时,彼时建筑典屋,我预算将折(拆)造旧屋,升高二尺数寸,大门由木阶进出,三十年后,大马路由渐填高,与典屋之地平线,所以凡事不可不预算也。

杂 记 三

凡有济荒筹振事宜,本典挂出募捐之牌来,乐助者其数甚巨,今则强弩之末,由他处机关筹募矣。

杂 记 四

前交通总长叶恭绰先生致四儿明德函。明德先生阁下,日前都门把晤,快慰私衷,自足下分发用后,迄未得知近况,殊用悬系,绰日来幸卸仔肩稍资休息，唯对于交通前途之发展，及专门人才之培植，刻未去怀，故极欲知足下分发路用后，长官之待遇是否竭力提携，而足下所担任之职务是否能用其所学，此种情形时萦心曲，迩来我国交通事业方始萌芽，然受政治潮流及社会结习之影响，遂至摧残几尽，十五年来苦心经营，殆付东流，瞻顾前途，险象四伏，然剥极必复困极，必享事在人为，未宜放弃所冀群策群力，共图进步或可稍补救于万一。足下对于交通专门学术研究有素，兹更热心服务，自当共有此责，务望勿以一时之困难而却步，勿以一时之失意而灰心努力前进，策效将来则绰私心所祝祷者也，暇时恳将近来详细情形示知，俾藉作切磋，以资集益不胜幸甚，专此顺问日祉。叶恭绰启六月九日

杂 记 五

无道德之结果。忆予少年时，赴常州有事，适值端节有划龙船之举，友人设筵于快船，召往游览，见其时，龙船未到，忽闻喝彩之声，见一渡船，中坐四人，桌设数盆食品，旁设风炉，炉上置锅，锅内有新夜壶一把，炙酒猜拳，输则以夜壶酌酒而饮，友人曰：此穷秀才洪述祖请客也。次年仁大典之少居停，同洪述祖字荫之来沪，租公馆租器具，会过数面，予见其举止偏僻，敬而远之，并知照少居停留意，嗣洪交来一单，委办绸缎，并未交价，予设不办，彼亦就此不买，数年之后，倏见洪大阔，娶妾起居，服用甚华，知其奉前清台湾巡抚刘省三之差，委赴外国定制兵鉴二只，已造成带沪，名曰驾时斯美，当邀我等同往游玩，见其狭小不堪适用，予知其作弊太巨，后刘省帅查知，拟斩求免，钉镣下牟，台湾被日人所得，因此逍遥法外，此君笔墨敏捷，诸名人皆慕之，后在安徽铁路李伯行总办处办事，嗣知洪述祖在袁世凯处，国务院为秘书，予预知袁洪无好结果也，日前忽得京师奇闻云，洪述祖之知己老友在沪京处颇多，亦有在京乩坛者，偶禀主坛真人问洪述祖能否临坛，乩云此人之魂在十八重黑狱，不能来坛，复问能设法否，曰能可念二千部，某经可来一次，必有解差，同来各友如数念讫，再禀真人开乩，见沙盘中写我我我三字，继写苦苦苦三字，问尔何人乩云我洪述祖是也，问其他事，曰毋庸言矣，各友云我等今日设筵斋尔，不料真人判曰：此魂灵大罪甚重，不能上桌饮食，只可用罐头盛粗物食之而去，现闻与洪述祖在世之知己，朋友，见乩示情形

皆要做好人云。

杂 记 六

席子珊君所开之晋元典,在虹口四川路,因浼予整顿,请予兼管,见其典之中楼,设一净室,即乩坛供奉吕纯阳祖师,席君劝我入乩坛,予素不迷信此种事,回思此乃为善之意,姑且试之,见沙盘写出之诗,顷刻数十百句,并有训语,而训予之语,竟与吾意相合,且有我心中之事,他人不知者,乩隐示其意,故信仰崇拜,此乩坛为麦加利银行买办席锡蕃先生之母,医愈跌伤足疾,席君商请将此乩坛移至麦加利银行楼上,此即由席子珊君同席锡藩君与予等,将沙盘乩等用蓝呢轿敬谨送往,嗣又移至平桥路,构造楼房前二层后三层供奉,吕太祖师乩笔自题其名曰惠然轩,距今二年,又在惠然轩隔壁,购地建造惠旅养病院,规模宏大,此亦善举之一助也,予亦被举为董事。

杂 记 七

排难解纷亦属乐事。吴子敬者,吾黟人也,为怡和洋行丝楼买办,不幸壮年作古,子幼不过两三岁,产业数十万,一妻三妾,素与妻不睦,二妾系妓女出身,颇有权,盖先有子敬交彼遗嘱之故,子系三妾所出,亦有妇以子贵之,权在法律,应以正妻执家政,三面均难解决,情(请)律师兴讼,亲族函请子敬之叔,吴逊之世兄来沪就商于予,当邀请总商会协理兼丝茧业董事沈联芳君,及同乡诸君帮同料理,即阻律师勿讼,律费照送,如此办法清理数月,方得结束,每年约可得丝厂等租价,三万两,二妾适病故无分,至发妻、三妾、四妾及子除存储或置产外,其余作大小股分派,按年二月底结账一次,予亦前往查看,至吴逊之世兄,公人举为家外总理就此了事。

杂 记 八

予晚间回寓,喜卧床观览小说古今趣闻齐东野语,借以消日间仆人之烦恼,且西哲有言:笑谈可以延年,东坡先生喜与村妪讲鬼话,无非借资消遣,快畅心身,故窃效之,每每抛卷睡,去犹不知也,吾友钝根呼我为礼拜六(书名)之老主顾,然近坊间多出版淫书,善美其名,望青年诸君,必慎择购,免害心身也。

杂 记 九

孙炳生者,苏人也,为抵押地产纠葛,被华比银行买办胡寄梅先生控诉,羁押新衙门数月,托予代为调停,往返十数次,得以了结释出,其余解纷排难之事,不一而足。

杂 记 十

办事须防损德。黄星彩茂才,休宁县公局董事也,系黄钰孝侯侍郎之堂弟,流乱之时公局董事,有生杀之权,孥有匪徒即可枭首示众,后星彩为仁大出官,与予同事,朝夕相叙,有予二人长者,予为荐至漕运局司事,次者又为荐升仁大柜缺,并为作伐娶李鸿元之女妻,星彩每与予谈心自云,为公局董事时,杀去匪徒不少,后有促(捉)到者,渠不忍说一杀字,惟说拖出,然拖出即已杀去矣,予问曰当时何不审讯明白,渠而曰,毋庸再审,予知其损德矣,后伊之二子皆犯营业规则,失事流落而亡,今竟绝嗣,损德可不畏哉。

杂记十一

吾黟胡贯三者,巨富也,与歙县曹振镛宰相为儿女亲家,其人俭而好善,徽州之造桥修路大半皆其手创数洞大石桥造价数万者独力为之,修路经由之处为衣冠拜谒绅耆商请准其来修,盖恐有阻挠情事,所设典业,自徽州至江西省沿途皆有,东伙到江西省,宿于内,免住旅馆,据闻家资以典业计之当时约有三百六十万贯三先生出门步行素不乘轿,用雨伞一把布搭连(褡裢)一个,一头放钱二百文,一头放锅巴一包,到中途茶亭之中,出钱一文买开水泡锅巴饮而食之,既可当茶又可当饭,夜宿自开之典,内自家到江西省之盘川用不满二百文,有一日茶亭中遇见一路人同行互通姓氏住址,其人得知贯三先生住西递村,问其胡贯三是尔何人,曰本家也。其人又问曰家资究有若干,曰三十六万,其人闻而诘之云:胡所开当铺已有数百万,何得云三十六万,贯三向说典业非其所有,其所有者造桥修路用去之三十六万是其真家产也。度量明达可想而知。其他善举资助亦所不惜,贯三先生作古之后,发匪大乱,典业尽遭毁去,其子孙避难在外将绝粮,遇一老翁,前受贯三先生之惠者,接济粮食,并为布置住宿,得以平安,乱平回籍,现在子孙兴盛,屯溪镇房屋每年约可收租二万余元,可谓善人有后矣,贯三先生之子做过杭州知府。

杂记十二

新闸稍有乡市,且为盗薮,先父曾与杨静园股开一押铺在该处,安顿本家亲戚为难后糊口之计,后父回籍,嘱予时去照顾,有一日,予一人至新闸于荒野马路中独行,见背后有二人跟迹而来,甚疑之,复见前有二人,乃大声呼曰:请待我,我即,来前二人立定,予至与二人并不认识,问我何事,我底(低)声言曰:后之二人,恐非善类,故呼结伴。二人曰:可,后之二人乃不来矣,据押铺中人云,来当衣饰者,有数人是盗,伊等皆认识,每日在对门茶馆品茗,有一夜劫南货店,在押铺隔壁,由瓦上经过在天窗,内庭声言,曰尔等勿惊勿声。今之新闸兴旺与前相同矣。

杂记十三

二元之彩舆鼓吹娶迎。吾族兄余观礼,其高祖做过二府,集资回乡造屋,中为大厅,两边六个三间,以六子居之,大围墙中,有仆屋名曰一府六县,闻老辈言进新屋时,共九十九人,即日购一婢,配成百人,村口造一转洞石桥,名曰霭冈桥,自发匪乱后,穷苦不堪,只剩父子二人,父老而子未成婚,予屡欲设法以拯之,无如力量不及,曾嘱他处想法,予当补助,有一年予应轮值回籍,忽观礼族兄来言曰:即须回家娶媳,已经凑成百元余,托帮助云云,及予到家,知其吉期已定,届期彩舆鼓手人役齐集祠内,予到时,众役催行礼,而观礼族兄不见矣,寻至新房中,见其掩面而哭,大惊,问其何事,答曰我身上只有二元,所有进乾宅门礼仪花轿鼓手人役各开销分文无着,如何不哭,予见此情形恐弄成祸端,然予家中只存数十元,预备补助,比即将此数先行开销,余售存谷代了结,族兄见予布置,破涕而笑,向人言曰我之空城计成功了,现在其孙已成立习业成婚,子亦有补助也。

杂记十四

遇左右为难事勿急,当想合情合理妥善之出路,循循办去,自然而然可以办好,或有才干者,与其商之,更为妥善,此予屡试屡验者也。

杂记十五

凡事不可动怒,怒则乱性,怒必伤身,前与黟县知县陈德明君谈论,云伊在堂审案拍案大怒,系假怒也,亦恐乱性伤身,于案情有损而无益也。

杂记十六

为人伤心之事,在所难免,予长子三子患危症,竭尽心力为之医治,后竟不起,当时予开一单,如何收殓布置,交子侄等办理,自去斗牌散闷,冀免触目伤怀耳。

杂记十七

地无废土,世无闲人,何患国之不富,家之不治,此一定不移之理也,闻日本无闲人,无窃贼,其国所以富强也。

杂记十八

游山记。予今春为苏州纱厂事便道至灵岩山范坟一线天中白云等处,重游,三十年到过,蒙王驾六居停昆仲乔梓雇汽船拖带设筵优待,次日复到木渎镇山中看再来人墓及韩蕲王,即韩世忠墓,约高三四丈,乃罕有之物,蒋氏废圃,据闻海盐陈阁老之女嫁与常熟蒋家,乃雍正帝亲生女,以乾隆帝调来者。西施洞石鼓石龟,痴汉石和合西施梳妆台,西采莲池,西施琴台、吴王井、西施宫之墙脚用铁屑融化,砌成,因此数千年尚未灭迹,第三日到光福镇山三观,清奇古怪,四柏又到玄墓,香雪海观梅花,并得见古钟名人题咏梅花册页,又到石楼登万峰台,观太湖中之万峰,三日之中,平地坐轿,登山步行,登峰造极,尚不觉劳,行山是予当先,既到峰顶,见年轻陪伴予者有数人竟至跌仆因穿皮底鞋之所致也。

杂记十九

革命党。光复之初,革命党之势力甚盛,忽致函于予,要我捐银二万元,限期回话,否则另有对待,予即写回州信一封,内云年近古稀,尚在为伙,若有二万回家养老矣,况世界之银钱,如江海之水,尽可用之若从枯井汲饮,势难办到,倘能指实,予之银钱所在,不妨带领取之,应请将来信取消等语,予自带此信,自诣革命机关,自言与老革命陈其美诸君常晤,其时予适为黄秀伯,前清黄慎之殿撰之长公子老同盟之五弟作伐,文定王一亭之侄女,此时予将此事告诉黄秀伯及王一亭之长子,亦老同盟会,黄王二君云此事该后辈差矣,余君鲁卿乃慈善家,而有声誉者,非资本家也,若去捐资,是阻慈善之进行,后该党即补函,将前函取消,数月之后,又来一信,云革命军饷紧急,要在典业公所借银数万元,如有阻挠不肯者,著于指姓名通知,予即回信,云典业公所,乃议事机关,非金融机关,如有事,必须南北市各董事司年商定,然后发传单通知议事,如提地方公款,须县长发通知谕并发回领状息折方可解交,如能照以上办法,予可为力,否则作为罢论,此覆信去后无回音矣。

杂记二十

做事换新鲜,亦是卫生一道。凡人做一事,做到以后,必厌切,不可勉强再做,必须休息或换别样新鲜之事做之,譬如看书,看到后来,必有厌倦之意,目力或有不济,必宜弃去,休息、外行游玩,既以吸新鲜空气,觉身体爽快异常,岂非卫生一道乎。

杂记二十一

人生宜早起,最好先习八段锦,以养其身,再写楷字以养其心,如再有兴致挥毫作行书作画,觉手腕笔底大有乐趣,岂非卫生之一道乎。

杂记二十二

人生必须时时作乐观,切不可作悲观,游戏作乐,随处留心,亦有长进学问之趣,与人谈笑,察言观色便能知人之心,岂非作乐卫生之一道乎。

杂记二十三

宗教各有主宰，我皆信仰，吾必以心性脑筋为主宰，为善最乐，做成一件善举公益之事，觉得心身爽快，岂非卫生一道乎。

杂记二十四

按日做事，写在日记之内，配成秩序，要事在先，可免贻误，营业得利，亦最快乐之事也。

杂记二十五

种子良方。吾于数十年前，得一种子方，抄传于无子者，颇有效验，兹将此方录后：

调经种子方每日空腹服：当归身一钱，酒炒白芍八分，粉丹皮八分，川芎一钱，白茯苓八分，元胡索七分，大熟地一钱，制香附一钱五分，橘红八分，生姜三片，山萸肉一钱，右药十味，每逢月经初来之时，即照方服，以经降为止，如过期色淡者，加官桂五分，泡姜五分，熟艾五分，如先期色紫者加炒黄芩八分。此方因抄太繁，刷印分送，亦三十余载矣。

杂记二十六

损德骇闻。孙强甫者，老革命党也，为二次革命重要人物，有人诬以盗案，出二万元之赏格缉拿，适有孙祥甫者，亦革党也，其各有一字之不同，而音相像，贪重赏之人，将其捉去领赏，问官不慎审断，不实引渡，枪毙后，问此案之官避暑山中，山倒压死，沪人皆说冤枉之报，此非予之经历，录之以警世亦可。

杂记二十七

上海地价之涨。吾初到上海，新闻后之珊家园，地价每亩数十元，予光绪七年开创仁大典之时，大马路地价，每亩不过数千元，石路口以西，每亩约两三千元不等，后开仁大典之屋及大马路喜余里、二马路仁里即今泰和里，并二马路朝北之屋,过契约十一亩,除放马路实地九亩外,已为法兰西银行买办宋书升买去,计价七万两,予即关照黄静园,邀刘丙卿、张西园合股向宋想让,不肯后由予去商,蒙其加价五千两,成交只可写让契,即翻造泰和里,造价一万五千两,后静园售予盛葵臣计价十二万两,即在大马路翻造三层楼后,盛售予首善堂价三十余万,今时价值约可七八十万两,此志略将要发刊时此产已由哈同洋行买去计价八十万两。

杂记二十八

大度宽容。安徽吾乡出门贸易者,十居七八,三年回家一次,受不安本分之乡邻同族欺侮索借者,在所不免,先严每庇护之,难满欺侮者之欲,有一日,予同先严自渔亭镇回家,路过茶亭,后面有人詈我先严,予即扯衣关照,先严置若不知,到家后又有他人来告先严,答曰,此人必不詈我,你必听差,此人去后,予复告曰果有此事,先严曰,我亦听得,只可置之不理,然此人终必闯祸,必有一日来求于我,到彼时再劝化之,尔辈须效我行事,日后必有益也,后此人诈索他人,被告押县,其母果来跪求,先父时晤县官为之解释,着其亲族保出后,不敢为非矣。

杂记二十九

处世之方。吾幼在京货布号习业,执事称我勤能,然我不与其招呼交谈,适吾父自徽来沪,住在我号,见此情形问我曰,你何不与执事先生招呼,我答曰,只要勤做,何必周旋他,不意我父大为训饬,责我性傲,并谓与人交易,善于周旋,则交易可冀成就,尔能周旋世人,一生吃着不尽,甚傲则一世必苦,予谨遵教训而退。

杂记三十

我之理想。人之受病,皆自不慎所致,如慎风寒,节饮食不烦恼,忧郁何致得病也,受风受寒,受饮食之伤,譬如受了债务,将来偿还,不免受苦设难筹偿,岂不要告穷倒账,试问人之身体倒账,则性命休矣,予因此有六个不字之办法,不饱不饿,不寒不冷,不劳不逸是也,出门轿车随带衣,加以寻乐而解忧闷,朝夕有八段锦之练习,饱时不习,则自然身体无病矣,盖八段锦有三焦血脉流通之益也。

杂记三十一

道德之利益甚远强力之利益不久。每见报纸载吕宋,即今之菲列滨,美国以道德化而治之,为兴教育,各政并无专制,人民感德,至于日本治朝鲜,适与相反,智愚皆思抵抗,虽力有不及,而心终难服,无论家园,岂可失其道德哉。

杂记三十二

勤俭生产生利吾钦佩日本之计划。以日本之区域,与中国之比较,不过十之一二,日本何为富强,皆数十年来之勤俭,工业生产日多,生利日广,以法律军政辅之,自产之货出境免税,他国来货关税加重,此日本富强计划之实在情形也。即如台湾一岛,自日本得后,其生产及国家利益,约有十余倍于从前,今我中国军政诸公,尚在战争地盘,或有易其心思,立大计划,耕种废弃之土地,导水利以培养之,化军人及匪徒皆为勤俭之良民,为各国所钦仰,此吾之所希望者也。

杂记三十三

雷在牛山响,雨在牛山落。予父在籍病重,母差人来沪,伴予回家,趁轮船到大通,由青阳县过羊栈岭,到岭最高处茶亭内,烧中饭,忽闻雷声在岭顶之下半山,皆黑白云铺满,轿夫云山下大雷雨矣,饭后下岭,未到半山之处满地皆湿,山沟之内水声潺潺,此时以父病忧心如焚,不暇赏此雨景,到家后请医侍奉汤药,幸得痊愈。

杂记三十四

凡作一事难免无失败之处,然失败即是进步,必须知失败之内容,缘由方可见人之失败底细,则是自己之师也。

杂记三十五

凡人难免无过失,然过失有两种,为有心之过失,无心之过失,若果有心,事虽小,其人宜防而远之,若无心,宜原谅之,然有心过失中,亦有分别,或因万分为难,非行此冒险之道,失则有身家性命之危,有道德财力之亲朋,能为暗中修补其终身,及子孙必感德无涯矣。

杂记三十六

我想银钱传与子孙,子孙视为应得之物,并不感情,且有争多论少之事,此吾已数见不鲜,或因此浪用损志,甚至嫖赌有身败名裂之一事,此有财力者不免有失败之计划,若能将银钱照顾,无可奈何之亲朋,则其感情延及两造子孙,至于培植无力之人,及助社会有益之事,此耶稣教之主义,吾所钦仰者也。

杂记三十七

社会公益之事,谨慎吝惜者,必不肯为,譬如荒田无人耕种,是为懒人以田地终荒,成何世界,设有饥荒作乱,自己家业银钱皆非已有,然做善举公益及为人解难排纷者,声名一出,弄得大小便吃饭都无暇暑,此我父在日,予所目睹亲历者也,须另设法以处之。

杂记三十八

记游。丙子岁,时年二十有八,赴北京有事,赁居南半截胡同查家屋内,略习京话,一二月间竟学至八九成,同乡久在京师者,京话不如我也。或舌本活泼,亦未可料,至于苏杭湖常之话,予可效之,及徽州六县之话,予可说四县,日久不言,或有荒疎。在京之时,遇平湖王大经,前清藩台先生之少君,字良卿者,夏司善之妹婿,邀游南北海,其时禁地,费银数十金,由黄带子带入,并备茶叶糕饼,切面菜物,带入饮食,游太液池,金鳌玉𬟽桥,承光殿,殿外有架松,中有乾隆御题碑,镌刻碧玉金鱼缸,大如二八仙桌,殿有诸葛鼓古铜鼎,鼎盖有大玛瑙,中有明亮之处,如圆月复游琼华,岛白塔等处,白塔之顶能见紫禁城内,宫殿唯人稀少,黄带子即皇帝同族关照塔窗,只可一人观望,多人恐闯祸,忽黄带子来说王爷来了,请暂避勿声,幸片刻即去,后游假山,仿苏州狮子林式,而阔大异常,适在六月入内,冷不可挡,又见白塔之侧,隐避处有一小庙,内塑一像,像肩上横挂小人头十几个,又塑一虎坐于旁,当时及日后遍问于人,皆不知出典,有人云,避前清之讳,不便说也,或云明朝忠良大将忠魂在清宫吵闹,因此塑像敬礼祭之,金鳌玉蝀之白石桥,有九洞,太液池内红白荷花,盛开停泊大龙舟,黄带子浴于池内,采新鲜莲子来敬,剥而食之,大嫩味美,常给以碎银,乐哉,一大观也。

杂记三十九

附记息讼。上海城内晋泰典,即邀我游南北海,王良卿所设,良卿作古,后其子王范吾家道中落,以致倒账,范吾及晋泰典经理、内缺皆避匿,典中货物尚值数万元,内有公款。而债户数十人吵闹不堪,予为典董未可置之不问,费年余之心机,禀官出示招替,并为保险。九月二十三日邀集各债户在典业公所商议,因替款不敷,还债尚远。被各债户将我关闭在公所内,二十四日适我七秩寿辰,子孙辈隔晚在家设诞,为我上寿,竟不能回家。幸蒙姚涤源君赶到,将我救出帮同,由渐代为理楚,以息讼端,不禁有今昔之叹,富家子弟,宜勤俭,戒奢侈,不出此种之事为幸。

杂记四十

有益于人无冥于己无益于人有害于己。黄深甫者,休宁县人,与余同事仁大典管包先生也,其人直而不苟管束学生极严,每学生交小簿一本,饬令凡有出息支用,必登于簿,按月交账,必责积存十元交与管包,典业学生拜管包为师,有师生之谊,收存阖典学生,凑有五十元,收入本典存户,按月一分生息,按年结账一次,如此储蓄,数年之间,而学生之娶亲,资有着矣。此法不但有益于学生,且益于学生之全家,及终身并间接有益于本典,盖学生有资存于本典,必谨慎小心,不敢为非也。治兵若能如是,其国必兴。其时黄深甫有吐血病,且无子,自行此法后,病渐愈侧室生子矣,现在其子在镒昌典管饰房,非冥益于己乎。

姚云士者,南翔镇人,亦与予同事在小南门外万安典管包,其人不免有私见,管束学生不严,老年得子,溺爱不明,亦在本典为学生,予与黄深甫行此储蓄之法后,即自写立小簿面交姚云士作揖奉托,讵渠拒不应许置之不理,然予职任经理三四典,外场事甚繁,不能兼顾,此事付之,无可如何。不料万安典居停倒账,将典出替改牌德大,后学生包楼出弊,股东倒账竟至歇业,姚子吸鸦片而流落,岂非有害于己乎。

杂记四十一

了结教案。徽州信天主教者,恃教堂之势力,欺侮小民,休宁县有一教堂兴造堂屋,在吾黟山中采办木料,从小河运出,由黟县七都岩下村经过,时正天旱,深水筑碣(即坝)以救禾苗,该教民竟将碣折(拆)开放行木料,众农阻止,仍将碣彻筑不肯放行,而大木已放下数根,在碣下深水之中,余在碣上水中,该教民报告教士,行文黟县内,云兴造圣堂,重价大木在水朽烂,要求究办农民,责令赔偿,适予回籍扫墓,众农来商于予,予即谒县官,面禀民以食为本,当此天旱,岂可折(拆)碣,况木之性质干千年(干木千年不烂)湿千年(木浸水中千年不烂)不干不湿三年(日晒夜露)请即勘验函复教士,倘再为难,予当赴沪面禀法国主教,盖予与主教文案张君,系属至好,且此时法国正在政教分离之时,请县官胆大放心,勿累贫民,设有为难,予一力承当,该教民纠缠二月,知难欺诈,收谷登场,开碣放行了案。

杂记四十二

息讼成为义冢。吾黟七都楠木岭,有一高山,堪舆家称为冲天木,盖山乃木星之形也,迷信风水者,谓得此地点穴葬坟,子孙必能出将入相,因此来该山觅地者甚多,山主不肯出卖,此山本处朱家坞楠木岭,欧阳氏同族二村,亦有分之山主也,不料楠木岭欧阳氏,竟售山地与汪姓葬坟,而朱家坞同族出阻成讼,朱家坞与予有戚谊来商于予,予曰当还地价作为义冢,或可操胜,经办此事者,不以我意为然,堂讯失败,复与我商,以我意为然矣,查该山之麓,本有贫民葬坟者,坟堆垒垒,约有百数,商令绘图贴说,每坟堆插一小竹,竹上粘红棉纸一条,呈禀请官勘验,愿缴地价,永远作为义冢,予为带图诣县,面见邑尊陈德明,说明缘由,次日到山勘明,在山设案讯结,缴还地价,永作义冢。

杂记四十三

典业改用洋码。国家自铸铜元之后,其成本每枚四文几毫,其时洋价每元八百数十文,预料典业之亏耗,恐有歇业之忧。公泰典东,各处之典架本二百万串,后竟亏耗六十万串,以致公泰收歇。当邀同业会议,考为洋码。当时典质七十家,签允者只有九家,愿改洋码。予向众言曰:议事规则以多数为议决,然此事有存亡关系,唯有各逃性命,我定要改洋码,即函达居停函中,不敢言七十家中只有九家签允,盖恐居停疑惑复函从缓,而洋价日涨,则亏耗之巨,转瞬即至。予经理四典,架本七十万串,改洋码后,核计约余十余万串。而同业不改洋码者,阖邑约亏七八十万串。当时改洋码后,即邀姚涤源君面禀上海县汪瑶庭,私改洋码之缘由,盖恐亏闭,累及公款也。知县云:渠收下粮漕是铜元,解藩库是银亦,是不了之局。次年即交卸,他县亏耗破家者甚多。

杂记四十四

凭良心之言。窃思典业同袍,衣食之资,皆借贫民来当衣物之利息,而得分润居停之俸、给亚禄等项(亚禄即使用)。是吾等典伙,应敬重贫民,适为印花税事,财政部以一元起贴一分,须当户认票,纸费铜元一枚。典商情愿十元起贴一分,自认印花税。各省典商为体恤贫民,派代表来沪会议。姚涤源先生谈及各处当户,贫民对于典业同袍,每有怨言,此皆柜友与当户平日不肯和颜悦色之所致也。工界日渐发达,工人来当衣物,亦以和气为宗旨。因略记数话,奉劝典业柜友,对于当户应尽优待之义务,释去怨言,而化为感情,于吾东伙皆有益也。

忆昔发乱之后,各处无典,若新设一典,来当衣物之贫民,一开典门,拥挤而进,竟有由数十里之外枵腹而来者,典东悯之,煮粥给食,此予友目睹也。

吕纯阳示

第一号壬戌年十月初一日。余子来耶，汝氯性纯厚，心志慈祥，立善立功，人多感戴，乃天民也。本坛建醮与有大缘，先德之基，必宏于世，命汝名为德宏，诚不虚也。奉太上命特派副坛长之职望，尽心道德，戮力同心，海上群生，终将倚赖，以有形之功德，受无形之福泽，功圆之日必超上乘，该生勉之。

吕纯阳降

第一号壬戌年十月初二日。余子一片真诚常行慈善，济世利人，功德不浅，今既来坛，经吾派职望，即提倡道德，化度有缘善举力行，神钦人服，岂不美哉，岂不乐哉。

癸亥孟夏，继室五十九岁生辰，沪俗有逢九祝寿之举，余以免多应酬，偕内人避地西子湖头，至日即往云栖，适遇郑氏亲戚在莲池大师庙中，建水陆经忏，因嘱内人亦建水陆，念寿星等经，十六赴杭城寓西湖惠中旅馆，是日往谒老友张君庶询，现认杭嘉湖道尹，曾代理浙省长，以叙久别，蒙伊惠赠大悲心陀罗尼经，无垢子心经，注解畅谈毕，辞出即游览莲池大师之墓，观其山脉来龙之秀，青龙白虎，朝山之雄，善堪舆者，方知大师感化庶民之功，应以得善地，受万世之瞻仰，再游岳王庙坟，乃新重建规模宏大，足征忠孝二字，千古流芳不朽也，又往恭拜道院，恭叩乩坛，得遇王二南先生，道名鉴诚，乃杭沪二处道院儒教主任，年七十一岁，尚未留须，望之若五十许，人次日张君庶询，来访并邀至新新旅馆，午饍后同游苏小武松林，和靖等墓，及左蒋二公祠公园，放鹤亭、俞楼、西泠印社等名胜，兴尽而返，于十八趁车，回沪即椽笔以志（记）之。癸亥平五月初八日

吕纯阳祖师悬谕

无人扶之乩日悬谕。暂停鹤乘共谈经，借作梯航度众生，善帜招邀张彼岸，灵台光耀达天京。名传简册声传世，功在江淮德在民。试问何修方及此，福田留与子孙耕。

余子德宏，行检身心，品方珠玉，功施淮海，惠及梓桑，具不老之精神，援将沦之道德，为善最乐，力固本来，寿考且宁，忱坚素愿，本仙嘉奖，已为难遇之机，该生福缘，自是勤修之证，特赐玄名翼化子，仰即激劝愚氓，尊崇圣教出三期之刦，运登三会之龙华，共结同心，毋或异志此示。上海中国道德会录。

时 论 一

世论时。每见报载帝国续盟，及水利导淮自治等事，有所感触，因与明德四儿商谈，各拟意见，立论于后，现在世界民国多而帝国少，今帝国与帝国联盟，似有不得已之隐衷，某国岛国也，设一旦变为民国，势必有分治之事，所幸者立宪甚早，凡有政策顺从民意，由上下议院议决，然后施行，故其国中当不至有大乱耳，今各国人民繁盛，其势不得不筹备殖民之区域，以免本国人满之患，而生内乱，故向我国暗行其殖民政策，我国地废人众，繁盛之地虽多，而荒地亦属不少，国家素无安排预筹之法，又无理财之能力，是以田泽林矿皆不发达，夫理财之法，先立信用，确定预算，并筹预备，何患窘难调度，务使地无废土，民无闲人，以此为治，国可立富，吾国人民有勤俭耐劳之能力，唯学识不及外人，所以教育为当务之急，加以重奖，有新发明者，采而用之，授以权利，则利国利民利己，合而为之，众乐而就之，此所谓群策群力者也，军政两界，减人加俸奉，减人者派充实业，如矿务河道工艺商业等类，加俸者免其不敷家给，而作弊，如再作弊，绳以法律。

时 论 二

导淮意见论。国内有生产之地，任其灾荒，政府不为提倡，而失富源，岂不太可惜哉。导淮救荒以裁兵，及贫民工作，既免水旱之忧，又可得谷麦之出产，以冀赋税之渐裕，工商得以乐业。以导淮出海之处，立为商埠，设立海关，以关税为底（抵）押品，向中外银团借贷，以民国借款为妥，作导淮之费，并可将无主荒地，妥立章程，分别肥瘠，出售于民，借可归还借款。至导淮计划，张謇老早有筹议，近年安徽水利局派去明德等测勘数载，刊有图说，载有预算，设国家有开放门户政策，亦可与中外国民，及水利专家、资本团妥议兴办,凡事预则立,翘望政府国民共注意焉。

派员赴美考查水利农田事宜。省长公署咨行驻美公使云,为咨请事,查皖省连年水旱,民困日深,振兴农业实为当务之急,重农莫先于水利。而美国水利讲求最精,亟应派员前往考察,以资仿办。查有水利局员工余明德,素习水利工程,曾在唐山大学肄业,并在淮局一带实行测勘,时阅数年,具有学识经验,堪以派委该员前赴美国考查水利农田事宜。除令委暨函驻沪交涉员转请美领签发护照外,相应咨请贵公使,查照希于该员投到之后,随时保护,并指遵一切至纫公谊云。

时　论　三

自治意见论。言自治者久矣,未见有成效之处。盖人才经济武力,各事不能齐备,不足以言自治也。人才之备,先立教科书,要早办自治,先读此书,速成科毕业。将法制大纲编辑在内,加以自治其心,自治其家,自治其乡,自治其国,各要点参以道德、勤俭,期在简明,俾各学堂加入课程,使青年有自治之学识,则人才备矣,经济者在国家钱漕内,带征微资,绅富商业,听其合群自酌,按月捐助,微资不可强迫,其不肯捐助者,是其自弃自治之权。一旦被人欺侮,悔已无及,终必乐于捐助而后己。绅富借此保家势,必乐于捐助,且可公举自治会员,此经济筹谋,亦略备矣。武力者,自治之后盾也,可御地方匪徒,商有商团,工有工团,农有农团,各举团长,自置器械,须向本国制造厂定购,并设藏储器械所。自请教习,自举各团司令,公举合县总副司令,各县司令公,举全省总副司令。如此办理,则武力备矣。其余办法,如严禁私斗,犯者邻境邻县合省宣布,其事实,以法律制定其罪,各团按期操练,应立分数成绩,报告总司令,及县公署备案,以凭考核其成绩,较优者,则奖励之,各县各团,按岁轮值,司年以备省城会操,而兼预备省防、国防。至省防、国防之饷,由国家供给,由轮值供职者,得受外商团工团等,仍可领工商业之全俸,以供家给,而免其内顾之忧,惟省防国防之民军,出发作为后备军,应由国家军人出战,民军接应农团,另拟优给章程,自治者,维新法也。查世界历史,犹太古国也,不存道德而不肯维新,竟至灭亡,希腊亦古国也,初则不欲维新,内乱多年,嗣则各部联络,赶速维新,成为民立政体,今幸存在。望吾中华人民及早觉悟不胜盼祷之至。至于所欠抵借国债,应请政府省出军费分年拨还,以免破产亡国,而蹈外人干涉,代为治理之渐,为幸。

附自治种树开矿

订立规条,强迫种树,无轮(论)贫富,每人必种几株于山,无山之区,种于荒地,无荒地则免之,出产略抽学费,每年每县种树若干,由县报部,多者奖之,此意因木料多来自外国,将来之漏卮,涓涓不息,各色货物,皆困穷之由来也。

再立简括章程开矿,无论土法机器,总是出产,准地方自由开采,自立妥善章程,众民团签字,禀县报部,毋庸领部照,免多手续,或生掣肘。矿之出产,略抽学费,矿之邻地,有连带关系者,亦应许以利益。

时 论 四

道德与强力之比较论。地球之中近世之最有强力者,莫若德皇、俄皇,今德皇逃亡,俄皇全家消灭,此二人者,失其道德之结果,如此故某国鉴于前车,侵略之念,暂且搁过,专以柔软手段,诱我国权利,而操之吸收吾国商业、矿业之巨利,使吾国政府无可措其手足,不必用兵耗饷,冀使吾国恳其管理及监督,此种政策,在野明达之士岂不知之,而在政府之智识者,亦岂不知。此吾政府自招之祸,无如军政费用积重,各存地盘权利,南北不和,盖操军政者恐权之一失利,亦随之而去,尚属小事,而营官士卒旧部之饭碗碎矣,甚至克扣,延不发饷,空额之弊,各处皆有兵变之祸,良由于此。古之名将,与士卒同甘苦,今军阀之权利,和士卒国民众所共知,吾为其本身危惧,为其子孙危惧。无论古今,中外惟道德二字,不能灭绝,可享久远,可遗子孙,及人民于后世。试以华盛顿与秦始皇为比较,则道德与强力,有天渊之隔也,军政各界,人人觉悟此理,何患我国不兴哉。

时 论 五

商业论。查中国棉纱,乃土法摇机。手摇之时,出纱三根,自有机器纺纱以来,厂中出纱,每日有数万根之多,及至今日,而手摇之纺纱已在淘汰之列。以供求之比较,中国人民作为四万万,约计每人每年用布一丈,必须用纺纱锭子一千余万个,现在外国纺纱厂之锭子,祗有二百万十万个,供不应求,尚远,不得不购外洋之纱,查来自日本者六七成,来自他国者,二三成。吾中国最可宝贵之金钱,流入外洋者,请诸君试算,每年若干,此就一种货物而论,其余货物种类甚多,以此推算,吾国安得不穷,今有傅君明臣,发明脚踏铁机纺纱,可出纱十六根至二十根,已蒙农商部特许,专卖在案,现在上海浦东建厂开机制造,并设传习所于南京、上海,不收学费,一月毕业,再加三个月。可以自知修理机器,家置一机,值三十外元,亦挽回利权之一助也。于贫民生计大有益耳。予自到浦东。参观制造厂,并为出力觅传习所房屋。傅明臣君以机厂所用之皮带,皆向外洋购用,因在济南设立胶东制革厂,已经成效,利权可渐,不外溢,吾望商业工业科学界中诸君,多能发明新机,实中国大幸也。

时 论 六

上海近时之交易所终必失败。闻博览外国书籍者云,二百年前欧洲发起一大公司,性质与交易所相近,该公司中,有资本者合群联络,操纵涨落,按日之盈亏,合群者共之,而不合群者,亏累无穷,破产觅死者不少,几至酿成民变。由政府暗中调查明白,知何人盈若干,何人亏若干,忽出命令禁止该公司营业,盈者交出,亏者交还,欧战时闻美国亦有此种交易,亏累收歇者居其多数。日本亦有此营业,名曰取引所,亦已失败,前闻上海麸皮之价,大于面粉,亦属合群垄断,先包定各厂之麸皮,然后在公司操纵价值,按日盈亏,合群者共之,而不合群者,届期无货可交,只可结价缴亏,各物品有此类做法,为此破家,觅短见者耳闻不少,明眼人自必知之,奉劝商业人等,切勿做此空中楼阁之营业,是为至盼。

时 论 七

太平洋会议之理想论。自欧战以来,至罢战终止,欧洲之各国经济,涸辙债务甚巨。设太平洋、大西洋,再有战事,其危险有不堪设想之处,而有债权之国,亦无可措其手足,此太平洋会议,减少军队,乃最要之事也。至于中国,太平洋之最重要之区域,路矿之发展,水利之兴修,以冀生产民食,煤铁等类原料,而免饥变荒乱,中国不乱,邻国无侵略之念,则全球各国,不但各安其业,而有债权债务者,亦可由渐料理而免纠纷,此太平洋会议之寓意也。然此举,与吾中国大有利益,中国各界青年擅自预筹,养成国民学问,资格由渐必成,至于联省自治,南北统一,到彼时自然而然合成团体,以予之自治论,参观之,予之理想如此,然事有变迁,其如何变迁,必不外乎私见,私见不去,则干戈难免,随时办理之活法,以防止之此历史所常有也,吾中国之民先以本国着想,再以邻国全球着想,除奢而俭,除惰而勤,加以练身,而习学问工业,尤为需要,中国自然富强矣。

时　论　八

破坏建设之理想时论。窃思革命伟人,先具破坏手段,后备建设之计,然此二层问题,必有两途人物,闻法兰西之革命大乱八载亦久,革命伟人与帝党战亡将尽,始有建设伟人,出而布置。我国青年当以坚忍二字,随时以文武政治,及制造工业之练习,而建设自治之计划,今报纸译载,外报有共管中国之议论,予睹而畏惧,岂中国无建设之人才乎。窃闻梁启超先生有建设之才能,著作甚富,唯乏有才能之多数帮手,且闻有志士自备资斧,出外练习,建设各事,因内乱未靖,无从着手,今外报所论共管,若以假借共管,帮同相助,以成中国建设自治,无侵略之念,则和平之基础固矣。

各共和国起初之政治,或有外国暗中帮助,唯分实心帮助,而得感情,以冀将来,如此照顾。然私心帮助,冀得领土,及特权优越利益者居其多数,然无煤铁原料粮食之国,必存私心,恐其本国内乱也,此须另想活法办理耳,吾意当以四海一家,存心着想,殊免时遭兵祸,具有野心之国,显露兵端,各国必共当谋诛之。

吾国政治家,吴、王及出使诸君中,在部院诸君中,在督省诸君中,亦颇有建设之人才,将来组织,各用其长,不可使其掣肘灰心,并须有经验者最好,至于外人帮助,最好用共和国,如美法等,以资共和之经验,勒裁南北军人,而兴农工也。

时 论 九

人之自立国之自立论。人之自立者,先除依赖心,而求学问,习勤俭存道德,有此人格,方可为宝贵者也。人不自立,必为他人所弃,盖恐其依赖于我,而受其累也。国之自立者,有自治之权,有自卫之力,勤其农工,遵其法律,习其交武,修其内政,慎其外交。若国不自立,必为他国所弃,亦恐其有所依赖,被其所累也。甚至暗藏侵略,或冀得获利权,最存道德之美国,虽知别国,或有侵略权利之思想,未便于国际会议之间,彰显而谈,既任调停,已具公心,盖恐决裂,陷入漩涡,国交有互相维持,以保和平之策。英日联盟,日本大得其利,以其邻于中国,而适欧战之时代也,然中国不于此时预筹,此中国无自立之病也。人不自立,则是奴性,恐本身或子孙成为奴隶。国不自立,则皆亡国奴也。华盛顿太平洋会议,能自立之强国,有互相维持之利益,我中国难与列国平等,所提条件,结果不免失败。此不能自立之故也,执政诸公,以及国民,赶速预筹,可否照鄙人自治世界等论,参酌而行之,或能挽救于万一乎,挽救之法,先具公心,各尽力量,按部就班,群方而行,忆数十年报载,东方岛国,见西人东来,得中国之利益颇巨,且忧本国,岛隅之地,国小兵弱,预筹自卫之策,在深山练兵,不使外人得知,派学生游学各国,习其水陆兵法,工商法律,陆兵既于深山僻地练就,而海军除常操外,并于大风大雨时,放洋练习,又于太平洋沿岸,及中国各处测绘地图,及沿海岸水之深浅,暗造木质,活码头,及数节螺旋大炮作水陆之战备,复用秘密费,及男女侦探。日俄之战,俄之舰队绕道东来。日之舰队,海洋不见一舰,皆埋伏于要隘岛中。及俄之舰队到时,数分钟而轰灭之。此皆凡事,预则立之效果也、中国政府以及国民,当引为殷鉴,振军经武,幸勿彰明较著,必须隐藏。毋使他人洞见我之秘要,如内政修明,方可转贫为富。至开会演说,游行抗争,皆属空言无补,以实力行实事,庶几有济耳。不胜盼切之至。

时 论 十

欧美之平等自由论。窃闻南北美之战,为放奴主义。主放奴者战胜,而终归平等。至于自由,若犯法律,则不能自由矣。若男女交际以及婚姻,亦有礼节,隐喻文明法律之意。窃观税关查舱,洋人见有女客,只有略查,或竟不查。男女同餐,杯盘无声。男人不便吸烟,须另设烟室,以示敬意。至于男女交际,必须有女之亲属介绍,步游亦须介绍者,或亲属同行避嫌,或有通函,不得稍有越礼之言,此上等人之行为也。近时中国小说,或有情书,约游花园等事,乃下流社会之行为,不可为训也。

壬戌之冬,明德四儿奉安徽许省长命,同齐亦群世兄,翻译美国费礼门博士导淮书,在我家共历两月,约有十四万言,并邀纪绍林兄誊写,孙燕谋、顾健侠两君绘图。予朝夕盘桓,并见所译之书,意见精确,觉与予意竟多相符之处。惟觉予之前论略而不详,予虽无治水专门之学,而救灾济困生性如是。兹阅四儿等译本,再拟后论于左邦人君,子日后或能采用一二,而决断行之,救荒救人,以速为贵。

江北皖北一带,受淮河不治之害者,数十州县,皆膏腴之地也,因常遭水患,几至沦为废地。据四儿等言,洪泽湖边漂河洼等处之田,每亩只卖数百文,而无受主者。风颖泗三属内部有明系田地,而名为某湖某湖者,比比皆是。无非因河道淤塞,稍有雨水辄聚其中,纵无大水,收成己必歉薄。而况自前清末年以来,十余年间,大灾已四五见,合计损失何止数万万元,国贫如此,而担负此种绝大之损失,坐令膏腴之地,反为寓阶人民,流离死亡不计其数,赋税既必蠲除,赈抚动糜千万,工商百业尤受其害,影响全国之经济,愈致国步之艰难。牵一发而全身动。吾侪虽远隔千里,不可谓(漠)不相关也。既为国家计亦者,当谋导淮,以免自身之影响。

灾区之苦,更不忍言。据明德四儿等归述,丙辰辛酉之惨状,谓江北皖北人民,生计因迭受饥荒,本已贫苦,其房舍多系土墙茅顶,细小如舟,不过聊蔽风雨。一经水浸,完全倾圮。从此无家矣。然此犹小焉者也。低处平地,水深一二丈,汪洋如海,避无可避。壮丁偶栖树顶,日久亦多饥死,浮尸蔽水,随波漂流。某日四儿之助测员,在盱眙县西乡,见有男女老幼尸身八九具,系在一长绳之上,飘至高冈。经人捞出,则面目均腐,察其状貌,似系家人父子。殆因遇此惨灾,愿为同命之鸟者,真令人闻之酸鼻矣。街市鬻兄卖妇,无日无之,骨肉生离,哀声四起,衣不蔽体,绝粒而死者,相属于道。同是人类,罹兹鞠凶,仁人君子,当时固已矜怜赈济矣,然杨枝难遍,心必未安根本之图。唯有导淮,故力谋导淮之积德,胜于捐赈千万也。孟子有言,凶岁子弟多暴。今江北皖北,土匪充斥,枪(抢)劫掳人之事,日益加多,人民不得安居,兵额因此难减,无非淮水为害之故也。今人皆注意于治安及裁兵,何不于此根本上加意耶。况盗匪性质,择肥而噬,据闻潜往各地,勾结当地游民,为害地方者颇多,后患何堪设想。近年上海抢案加多,其兆已见矣。上海如此,他埠可知,稍有身家者,可不憬然悟耶。力谋导淮,刻不容缓矣。不但此也,近年生活日高,粮价昂贵,且常有缺乏之虞,前月檀香山举行太平洋商务会议,我国代表穆藕初、费吴生诸君,在上海总商会欢迎席上演说,谓各国均甚注意于粮食问题,当由彼等提出,以导淮为救济之一法,众皆赞成,云云。予在座闻之,甚以为然。盖据约略计算,导淮后,每年可增产粮食,运出数千万石。若不导淮,则每次赈济,尚需运往粮食数十万石,出入相衡,何可忽视。近年生齿日繁,米荒问题日益紧迫,已属显而易见。非急谋增加出产,必至不可收拾。人人有饥饿之虞,思之能不心悸。故导淮一事,又吾人自身之急图也。语有之,宜未雨而绸缪,毋临渴而拙(掘)井,明达君子,其可不急超力行哉。

盖导淮,非蚀本之事也。予前论中已称,其有增加国税,多产米麦,海口通商,荒地招领等项之利,以还借款。今视明德四儿等,所译之费礼门博士计划书,则谓洪泽湖、高宝湖全部可垦,十之七八为膏腴之田。即此一宗,已足偿还工费,其余无数之利,均可赠送人民,作为礼物,云云。更较予所料为多。然则导淮,不但有益,而且有利。即使借款举办,亦甚值得也。

予心切导淮,某日在上海道院乩坛叩问,究竟蒙乩谕。略云:汝之志愿真为大矣。但今人非古之比矣,汝当先思,一疏通水,及疏通人之法等因,并赐诗一首,曰心在泄滥百涛中,从来为业立意宏。但看佳儿归来日,不怕河伯乘鳖雄。因思年来,迭闻苏皖两省,对于导淮意见不合。乩谕所谓疏通,或即指此。但予以为苏皖两省,同受切肤之痛,正宜协力同心,早除此患。即豫省亦应加入,三省合谋,方得妥善之道。救灾如救火,有何畛域之分。须知灾民之苦,如在倒悬,务宜急起解救,不容意气相争。若心存私见,致缓整治之期。造孽非浅,天道可畏也。三省人士,宜各以此,自勉襄成,利国福民之业力,为自身积德焉。

四儿明德奉命赴美,考察治河事宜,因念予老,趑趄有不忍行之意,而予体甚健,每晨作八段锦四分钟,静坐十六分钟,长年无病,血气甚壮,四五十岁之人,多有不如我者。因谆谆勉其进行,今放洋有日矣。年来予悯淮灾,谋救愈切。常诫小儿恪遵吾命,致身导淮,非有万不得已之情形。虽有人以卑辞厚礼见召,亦不得往。故去年淮河大灾,即令四儿辞去京绥路事,仍回皖局,并理赈务。今年二、四两儿在局,已有七八月未领薪水,他处颇有良机,均不准去。彼等用度,均予汇给,而四儿因公赴美,预算所领官费,尚不敷数千元,亦由予助之,予非富者,聊以尽所愿耳。

邦人君子,力厚于予者,何止千万,尚乞一致力谋导淮,功德无量,谨为灾民九顿以请焉。

壬戌十月三十日鲁卿再识。

小 言 一

为人之道,认定勤俭二字。无论治国、治家、治商业,皆可希望成就。设才干不足,亦可助人成事。富贵、贫贱、勤俭、奢侈,此八字我看起来轮流之机,大势由勤俭而富贵,由富贵而奢侈,由奢侈而贫贱,此循环之理,若能终久勤俭而不奢侈,则贫贱可免,理想家定,必以为然也。

小 言 二

凡遇刁滑奸诈强横之人,吾等出言或出笔墨,必须留意,察其言、观其色、相其貌。蟑头鼠目而带凶恶者,格外留心,有智识者,必自知之,然歹人亦畏敬重。唯有表面敬重,心实防之,使其不能恼羞变怒,能化则化之,不能化速离去之,不致变生祸患于肘腋。此曾文正公待遇投降发匪头目李长寿之法也。

小 言 三

理想乱防。中国之米价,二三十年后,恐将涨到每担十五元至二十元以上,家常食物之价,自然有涨无落,推原其故,均以全地球各国之人来食。中国之食物者,渐次加多,及讲地建屋造厂屋,所占之地,不能耕种,更以中国人生育日多,食物所需亦多,占地居住亦多,死人埋葬占地亦多。我想导淮,开荒生产,谷麦食物既可免荒,又可借此减轻物价。兵额减少,废懒之民强迫耕种,则米面物价庶几不致大涨,而免生乱象。务希政府国民,预为筹备,他省荒地,亦可照此办法。中国人民之幸,实非浅显,翘望后世,杞忧甚切。

小　言　四

予想天下之人,必有私心。其私心为谁,必冀望自身及子孙之发达,而不愿子孙之灭亡。既有此私心,要将世界及地方自治做好,做好之后,则天下人皆其子孙也。

小　言　五

无论上至总统,下至庶民,须守法律。法律者,神圣不可侵犯者也。若违法律,天下乱兆露矣。

小　言　六

闻禁酒之国,将军私带酒货,查出后自认是将军,反遭加倍之罚。

小　言　七

闻近时外国市场,以汽车太快,因议事恐脱报到之故,巡捕干涉,罚停十分钟免去羁留,因其公事繁多也。

小　言　八

见外国书载:总统、总理出外,倘未预告巡警,设有车马汽车驰骤,巡捕干涉,照警律议罚。

小　言　九

日本之兴,由于不违法律,到日境者,见其无盗贼无赌博、无闲人,路不拾遗。吾国自治办成,亦可如此,吾切望之。

小 言 十

民之自治办成，政府实轻担负，财源亦可宽裕，外人不敢藐视，何乐而不为哉。况出自治之小费，而免借国债之重负，更为得计也。

小言十一

将来军人之制度。军人除体操、打靶、炮操、阵法外，兼习筑路造桥、水码头、大小浮桥等技，暇时再习工业纺纱、织布、栽种等类，以备退伍及年老之生计。

为善而得福之理想

吾观善书，谓为善可获福寿，此种迷信，余不过信其一二，以吾之理想，凡代人担了一为难之事，或救人生命，或筹赈放赈，妥善得手，心身为之畅快，岂非延寿之征，且为善得名，能取信用于人，凡为商业等事，人必深信不疑，因而得利，福亦随之，我观所译外国书籍，子孙贤与不肖，乃本人善念恶念之根由，外国有一富翁长子不肖，次、幼子皆贤，此富翁自咎自悔，而不咎其长子，盖此富翁少年时景况窘迫，且有亏空，筹思造伪，骗人财物，其妻适正受孕，此其恶念之根由，而产此不肖之子也，后家业兴隆，专办公益善举，心中之思想，皆有益于人之事，此后其妻所产之子皆贤，大致原因如是，此吾信其七八，诸君以为如何。

大同主义

窃观各国各守疆域，此一定之国法也，唯美国隐藏大同主义，各国之人迁居美国者，守其法律，皆为美民，故名合众国。然我中国各省之人，自督军以至庶民，不免有自分疆域省界之私见，不论贤愚，本省之人则信用之，他省之人贤者，亦弃而不用，此后宜一视同仁，效法于美，贤而有才者，尊重用之，愚者化之，不肖者，法律绳之，庶几于治乱之道，有裨益乎。

正当费用之乐

吾皖旧岁水灾,皖南皖中之圩堤,冲去二十余县之多,蚌埠水利局旧冬,得许省长来电,饬派测绘员到该处测量绘图,以备工振修筑,局长王君派明德四儿,带同测员前去兴办,到皖省之后,会议办法,不料省中库空如洗,竟无测费,明德倡义以测修堤圩,乃最要之事,设延缓明春,水再冲入,田中民人,何以为生,测绘之费无多,我等情愿捐助,因即兴办,毕事以办工赈,讵事后不敷尚多,故向同事王辅东君借贷,欲以水利局之薪水,分期归偿,不料水利局之经费,又以省中无款汇来,薪水不能发给,不但不能归还贷项,而家给零用无着,适儿女大病,医久乏资,大窘不得已,函告要求接济,予得函乐甚,即由银行汇资以助之,此予平生最乐之事也,因乐而脑病又愈其半,今春外国红十字会在皖北办工赈,举明德为董事,兼工程师之职,亦尽义务,故乐而记之。

改更称呼意在移风易俗

吾世居安徽黟县,大概媳呼翁曰老爷,呼姑曰奶奶,邻县亦然,予以谓称呼之不当,嗣予娶媳,饬随吾儿,称吾夫妻曰父曰母,俗呼父为爹,呼母为母妈,且黟县风俗为姑者,轻媳重女者多,或可以称呼,移其感情,使媳女并重,亦人伦之幸事也。

使女临嫁改为义女

吾见有虐待使女者,必恻然为之悲叹,盖使女亦人女也,古人有进羹污衣者,非但不责扑,且慰藉之,载诸史乘,虐待使女,是不仁者之所为耳,吾之使女,临嫁时,除略办衣饰器具外,另赠工艺机器,俾可易于谋生,助夫生活,令改称吾夫妻为父母,训其克勤持家,进德修业,常相往来,如至亲。然今吾且得贤婿,每逢星期,常来我家,较之亲生女婿,更为亲切,予顾而乐之,盖此婿,即予同事之子,幼年失怙恃,由予抚养,教育习业,所成就也。

亲爱之人物

试问天下最亲爱之人物为谁,无不曰父母也,人之初生,寒不能自衣,饥不能自食,母则乳哺之襁负之,父则供其衣食,继而教育学业,为谋生计,并为其授室成家,故亲爱恩,莫大于父母也,然而现在时代,物价腾贵数倍于前,为父母者,持家更苦矣,为人子者,初谙世事之时,当念父母之艰难,而存孝顺之道,以报鞠育之恩。忆二年前,予之长孙,年已成丁,予拟为之授室成家。予孙请求从缓,因询其故,曰:恐分心、荒学,而增祖父及父母之担负,且尚未有谋生之能力,家给莫筹,重贻家长之忧也,于嘉许之。旧冬见伊,肄业之交通大学,报告成绩,渠之几何一科竟考足一百分,其余各科,址(只)八十余分,此子或能成材,予唯有存心,以成其志耳。

前解以孝道,而劝世后,解系吾师之亲历,其乃孙昌菊世兄,德学俱备,不负吾师孜孜之苦心,他日郑兰谢草,芬芳未艾也。

黄干生谨注

休宁朱甫田世兄,随吾习典业二十余年,好学不俗,暇即攻究文学,予最爱之,予为典业公所,及徽宁会馆董事,凡办公事起稿,皆赐抄录誊正,现为休宁县推收所科长,足征好学之得益耳。

保养身心

予既习八段锦,身体较壮年健,自辛酉夏著此《经历志略》,将六十年前以来之事,记忆写出,且作论说,三月而成,时各处典务,及琐事甚烦,复因典屋由哈同洋行买去,催促迁移,而予十年前预备之典屋,暂租与采芝堂药铺者,延不迁让该,药铺等竟兴讼延宕,以上种种,烦扰,竟至患病,其病饮食如常,唯失记忆力,如看书览报,十字之中,竟忘一二,即弃书报不看,稍停再取观之,前忘之字,复能认识或竟不能识者,此脑筋受伤之故也。因此弃书籍报纸不看,专习静坐法,除理正事外,盘膝静坐,不生他念,心对脐下丹田,匀其呼吸,使气血无所阻滞,以润脑筋,如此静养一月之后,病愈其半,从此当与书籍报纸分离,以保吾身心,特记之,为养心之鉴耳。

七四老叟再记

吾二儿光朝,客腊归家,省亲在沪,度岁,适万昌典迁移,见予检出二十外岁及中年所绘竹石山水,并有楷草隶篆书,箧持去请教书画家,皆嘱摄印,经历志略中,予哂而许之,然恐贻笑方家耳。

予于壬戌春夏之交,忽奉先天老祖乩命,派予为上海道院,乃大道之道院,非道教之道院。院监,派护军使为院长,合耶回儒释道五教为一气,统一诸宗教,以冀永无冲突,天下太平。

先天老祖者,乃未开辟天地之前,出世无父母、无姓名,乃天地未辟之前,结成一球,而得人身。

纯阳祖师,济佛祖到坛,皆云奉老祖师命而来,劝人以修身行善,济世为宗旨,现在北京南京苏皖鄂浙各省,皆有分院,山东济南是总院,王芝祥上将系总院院长,军界政界入院修身修心者甚多,此乃太平之兆,予因此乐入此群求道也。

予生平好书画,因幼年遭乱世失学,近时遇友人施德之邀,至伊家得观大名家,古字画,以及古磁,目所未睹者甚多,予数十年前,在顾氏居停昆仲家,见古字画、瓷器,价值数十万,皆不如施德之家藏之富,而且美,盖有前清大内之物甚多,每件有值价数万者,有人称其为古董字画大王,斯言不谬也。

跋

闻之古人有不朽者三:曰立德、立功、立言,顾立德、立功,非在上位者不能,以人虽具此心,而无从措手也。至于立言,则凡正人君子,苟言而可以为天下,则斯其言立矣。黟县余公鲁卿英奇祖也,沪上商界,颇为闻人,盖公寓沪垂六十年,凡遇公益。灾赈事,孜孜不倦,靡但力任其劳,而且勉助其费,至于为朋友之排难解纷,提挈亲族之孤寒无依者,更不可缕指,是公之立德、立功,何尝不可传而不朽,而公殊以为不足挂诸齿类,且以为如琐记之,以称述于人,虽属劝人为善之心,未免近于自炫,斯册乃公生平所阅历,颇足以为昭鉴者,公恐其老而遗忘也,竭数月之精神,笔而存之,盖公已登古稀,外虽矍铄哉,是翁心卜耄耋期颐之享,而公以为年愈高,未免有龙钟恍惚之虞,并拟付诸梨枣,以分饷亲朋,留遗子孙,或者生平之阅历,有裨补于后生之立身处世者,至于立言,不朽一端,乃英之颂公而非公之所计也,读竟之余,谨跋于末,且喜附公以不朽焉。

民国十年十月九日汪英宾谨跋

予十五龄来沪习商典业,得拜余夫子鲁卿太世伯之门,十度春风矣,得其教诲修业之术,调度经济之学,交易成效之方,立品勤俭之要,辄尝以道德,谆谆戒勉,顽石见生,公亦能点首樗栎,得良工亦可成材,其十载之间,融融泄泄,欣欣然如临沂水也,且吾师对于公益,更不遗余力,不辞劳苦,负商场之硕望,乃吾乡之要人,如囊者,皖灾千里,哀鸿遍野,吾师痛关桑梓,代灾黎之请求,辄集巨万以活生灵,何可成计,至今口碑载道,闾里称贤,虽对于外省,亦尽力而为之,盖抱大同主义也。试观川赈,得前清大显之嘉奖,投其官爵,吾师淡然置之,非所愿也,创办典质业保育会,吾业穷苦伙友,身后之事,吾师尤关至切,生者受其嘉惠,殁者亦得安心,于九泉矣,发起徽宁贫病寄宿所,贫苦同乡,不幸染疾,医药乏资,赖其医治获全,难以缕指,他如匡勷红十字会也,妇孺救济会也,慈善团也,会馆也,医院也,及各慈善机关,能力助者必勉为之,间有不济之时,盖吾师非资本家也,所以每有余愧自疚,再于排难解纷,见义勇为,虽年届耄耋,犹无倦色,而吾师视为人生之要职,毫无自炫之言,秋七月吾师得晨昏之片暇,将其数十载经历事实笔志于书,恐其年迈,难免恍惚之虞,历三阅月成一巨册,聊以示传子孙,修身齐家之本,得乃郎志汶、明德,世叔及亲朋之请,付诸剞劂,名曰《经历志略》,可传久远。俾后生亦得以立身准绳,今者是书。告成,干为之校字,一一读览,首端则有大人先生之序,后有采风君子之跋,嘉其有立言之要旨。干何人,斯碌碌一小子,且胸无点墨,不足以光吾师,反污是书,然吾师不以词藻为重爱,我以德许滥竽于卷末,故敢琐琐屑屑,陈管,见吾师之生平,太上所谓立功、立德、立言,吾师兼得之矣,谁曰不钦。

受业世再姓黄干生拜撰

民国十年秋七月于役绥远,严亲寄谕,谓偶于每晨暇暑,将生平之所经历,记述成书,名曰《经历志略》,将以辛苦艰难,昭戒后世,十月德归拜而读之，感极欲涕，夫德之受庭训三十年于兹矣，耳提面命，严亲一以其所经历指示，周行德不肖未能效其步于万一，然平居深念，亦知非有吾严亲，备尝艰苦之经历，则无以宏我室家，而菲材如，德将遂以不得栽培，而沦于鄙贱，今也忝受教育，渐用于世，贤士大夫又从而诱掖奖励之，凡此遭逢，孰非吾亲庇荫之福，为辛苦艰难之所缔造者哉，溯自髫年入校，壮岁游学，十余年间，销金矩万，而严亲以古稀之年，外营商业，内顾家庭，一唯勉励成人，乃至期望深厚以，德从事皖北水利，谓余氏远祖，厥为禹王，谆命于治水，尽心无忝祖考，手谕盈尺，无非以益国利民为教训，从不多及家事，使稍忧内顾，授室以来，四方奔走，新妇诸儿，又劳顾护，罔极之恩，已觉百身莫报，而严亲爱深虑远，更以处世之情，立身之道，笔之书册，永诏来兹，今而后，虽违侍远游，捧书恭读，其无异趋庭侍坐，时矣，感激为何，如耶，仲兄志汶，亦同斯感，侄儿众多，后世子孙，丁口或繁，故请于严亲，将是书付梓藏之于家，人给一篇，传之万世，永以为法，其有亲朋投契之交，亦以赠送用示，善与人同之道，亦严亲之所许也。

民国十年十二月　男明德恭记

今晤前安徽督军柏文蔚君，言及伊世居皖北，淮河边境，于袁世凯当权时，曾带同荷兰工程师到淮考察情形，据该工程师云，该处地形，河道高低不一，恐遇洪水，水与水有冲突之患，必须造一架空长河，方可免灾，盖荷兰最精治水，有此工程，小儿明德绕至该国考察，归国报告，然串资旅费赔累甚距，予虽在典业为伙，勉力为之所愿也，治淮事，日后尚需军政各界互助为幸。

民国十二年夏历四月　添排刷印于后

癸亥年正月二十五降：

吕纯阳道人降赐余德宏，即太上老君赐鲁卿之名。无谓人间乏智储，聿修清德匪光誉，精英自出龙山秀，硕画原从风水舒。济世多功增寿福，克家成宪有诗书。三千路达蓬莱境，方识仙缘不弃余。月二十八日申刻，龙山在安徽省境内风水在凤阳淮地方。

慈仙奉老祖命,赞临赐酒一杯,以卫其生,知之治水之方已成,特赐天篆等知之。

癸亥年三月初五日

陈抱一子祖师降示:张子之禀阅悉。天之生人,各具有才,即各有用,必因其才,而用之斯为美也。余子专办慈善,其功甚宏。

吕老仙感召来坛,乃办理慈善,必人事有所接洽,方可抒诚赞助,而并引善缘,方今世局迷离,人情凋瘝,干戈四起,无所逃避,果天为之欤。乃人心之感召也。虽云气数有在,究竟人事挽救可回,天意慈善,即挽救之方也。善坛即避劫之地也。

佛仙垂文显化,即劝导之章也。引渡善缘,即不善之锦标也。不善者从而向善,则恶日减,而善日增也。恶少善多,即消弭浩劫之凭证也。

佛仙圣神,不忍膜视,日与几夫混合,谆谆劝勉,不惜烦劳,皆抱一片慈祥,诞敷道德,回天怒济民生,是不得已而为之也,不过必借人力,行天道,挽人心,济末劫,乩坛之设,旨在兹乎。

癸亥三月初五日　上海中国道德会录

善种良因作本纲,一生功业格穹苍,两功允著仁慈布,风世深垢道德扬。堂构增新传千百,国家遗旧匪寻常。瑶台有约何时践,姓字钦题玉版芳。

查余子德宏,以上界散仙,下临末劫,功深济世,志切便民,不昧本原,克成大愿。尚望宣扬道德,远布慈仁,果位益高,勋名永著,不尘世一游也。奉道君勅命,特授名誉会长之职,着即就职,毋旷天命。此令。

吕纯阳笔,癸亥年三月二十一日

抱一子陈降。赤日当空照八埏,无私火德造坤乾,生生庶物感冥化,都得真元合上天。顷间余生德宏获受吕祖师奖劝,并蒙道祖勅授本会名誉会长之职,虽有前定,亦由该生好德所致,三千行滞、八百功圆之际,当居天上要职,人间永传功德,乐颂慈仁,末劫之时,有者贤哲,斡旋其间,众生受其福利者,良非浅显,聿修厥德,有加无已,则功愈多,而果愈大也,哈哈。

中国道德会录

以上之训有二，悬乩非人所扶写者。查悬乩，国内祇有二处，湖南辰州1处，上海一处。

导淮事最关紧要，以免水灾，既可免生民之遭劫，而房屋田园不致淹没，则荒田成为熟田，可冀米价减小，贫民生计宽矣，而裁兵可安插。导淮并开荒种田，亦有生计，不致流为匪类，幸甚。

吾四儿明德，先蒙安徽许省长派往美国考察河工水利，寓于费礼门博士家中。日则往各处考察，夜则览博士水利著作。盖博士两次来华，研究淮河等处水利故也。现在明德四儿，复往德、英、比、法和兰等国及印度，考察各国河工水利工程，以冀回国报告政府，仰可导治淮河等处水利，既免屡年水灾，而荒地成为熟田，课有着，米粮之价，可以跌落，贫民工人小贩度日较易也，今由各国绕印度之行程，是环游地球一周矣。然旅费，愚父子约赔数千矣。

此书自壬戌春版印千册，及秋间已赠送告罄，又再板千本，亦陆续索完。癸亥又补印千本，将随时乩谕及小言加入，未免拉杂，再急于饷索者，匆促付梓，恐有排错，鱼鲁之误在所难免，统希诸君察之，幸甚。

参 考 文 献

一、文书类

1.《乾隆十五年王有兴典帖》1件,黄山市徽州文化博物馆藏。

2.《光绪二十三年鄱阳县谕江永泰典歇业告示》1件,安徽省图书馆藏。

3.《当字初阶》1册,安徽省图书馆藏。

4.《民国十一年汪记当字簿》1册,南京大学历史系藏。

5.《当字簿》1册,南京大学历史系藏。

6.《至宝精求》1册,南京图书馆藏胶卷。

7.《珠谱》1册,安徽省图书馆藏。

8.《金珠宝石论》1册,安徽省图书馆藏。

9.《银洋珠宝谱》1册,南京图书馆藏胶卷。

10.《皮货论》1册,安徽省图书馆藏。

11.《典业博谈》1册,黄山学院图书馆藏。

12.《文谟典条约》1册,中国社会科学院经济研究所藏。

13.《典业须知》1册,哈佛大学燕京图书馆藏,南京图书馆藏胶卷。

14.《典业杂志》1册,安徽师范大学藏。

15.《乾隆五十年八月二十二日程新盛典当票》1件,中国社会科学院历史研究所藏。

16.《嘉庆七年十月初五日程新盛典当票》1件,安徽师范大学图书馆藏。

17.《嘉庆十年四月二十六日程新盛典当票》1件,安徽师范大学图书馆藏。

18.《嘉庆十年五月十一日程新盛典当票》1件,安徽师范大学图书馆藏。

19.《嘉庆十年十二月二十七日程新盛典当票》1件,安徽师范大学图书馆藏。

20.《嘉庆十一年二月三十日程新盛典当票》1件,安徽师范大学图书馆藏。

21.《嘉庆十一年三月二十一日程新盛典当票》1件,安徽师范大学图书馆藏。

22.《嘉庆十年三月二十日胡恒丰典当票》1件,安徽师范大学图书馆藏。

23.《嘉庆十年九月十二日胡恒丰典当票》1件,中国社会科学院历史研究所藏。

24.《道光二十年和泰典当票》6件,黄山市徽州文化博物馆藏。

25.《同治德安押当票》23件,安徽省档案馆、黄山市徽州文化博物馆、南京大学历史系藏。

26.《民国十三年十月初八日恒升公典当票》1件,徽州税文化博物馆藏。

27.《民国十九年九月一日万源典当票》1件,徽州税文化博物馆藏。

28.《同治十二年闰六月宝字号源来典当簿》1册,南京大学历史系藏。

29.《同治十三年□月□字号礼和典当簿》1册,上海图书馆藏。

30.《光绪十四年三月上字号□□典当簿》1册,上海图书馆藏。

31.《宣统二年十月缘字号、十一月善字号善茂典当簿》1册,南京大学历史系藏。

32.《宣统三年二月分字号鼎颐典当簿》1册,南京大学历史系藏。

33.《民国三年十一月弊字号□□典当簿》1册,南京大学历史系藏。

34.《民国八年六月遐字号朱均和典当簿》1册,南京大学历史系藏。

35.《民国十一年十月鼎泰典谷字号当簿》1册,安徽省图书馆藏。

36.《民国十三年四月恒和典光字号当簿》1册,上海图书馆藏。

37.《□□年七月□字号朱□□典当簿》1册,南京大学历史系藏。

38.《赎取簿》1 册,南京大学历史系藏。

39.《光绪二年用和质架总簿》1 册,南京大学历史系藏。

40.《光绪十九年二月立架本抄底》1 册,中国社会科学院经济研究所藏。

41.《光绪十一年振成典钱翔实存簿》1 册,南京大学历史系藏。

42.《乾隆四十二年张恒裕典总账》1 册,中国社会科学院经济研究所藏。

43.《乾隆四十八年吴丰典总账》1 册,中国社会科学院经济研究所藏。

44.《同治十三年义泰典月总》1 册,中国社会科学院历史研究所藏。

45.《光绪二年用和质银洋钱实存簿》1 册,南京大学历史系藏。

46.《乾隆元年时顺典总账》1 册,中国社会科学院历史研究所藏。

47.《乾隆五年时顺典总账》1 册,中国社会科学院历史研究所藏。

48.《道光十八年隆泰、恒隆、恒裕、敦和年总》1 册,中国社会科学院经济研究所藏。

49.《道光二十二年隆泰、恒裕、敦和、泰丰、长隆、长兴、恒隆七典年总》1 册,中国社会科学院历史研究所藏。

50.《道光二十四年隆泰、恒裕、敦和、泰丰、长隆、长兴、恒隆、元达年总》1 册,中国社会科学院经济研究所藏。

51.《咸丰三年隆泰、恒裕、敦和、泰丰、长隆、长兴、恒隆、元达年总》1 册,中国社会科学院经济研究所藏。

52.《咸丰四年隆泰、恒裕、敦和、泰丰、长隆、长兴、恒隆、元达年总》1 册,中国社会科学院经济研究所藏。

53.《万历收支银两册》1 册,中国国家图书馆藏。

54.《康熙程氏应盘存收支总账》1 册,中国社会科学院历史研究所藏。

55.《道光十年隆泰、益泰、恒裕、恒隆、恒丰、泰丰、敦和、泰源典盘总》1 册,中国社会科学院经济研究所藏。

56.《道光二十二年隆泰、恒裕、敦和、泰丰、长隆、长兴、恒隆七典盘总》1 册,中国社会科学院历史研究所藏。

57.《咸丰四年姚记统盘总账》1 册,中国社会科学院经济研究所藏。

58.《咸丰七年姚记统盘总》1 册,中国社会科学院历史研究所藏。

59.《同治八年胡锡卿收支总登》1 册,南京大学历史系藏。

60.《同治十二年收支总登》1 册,南京大学历史系藏。

61.《光绪八年收支总登》1 册,南京大学历史系藏。

62.《光绪二十二年收支总登》1 册,南京大学历史系藏。

63.《民国十三年叶蹦弼银洋总登》1 册,南京大学历史系藏。

64.《光绪典业账簿》1 册,残,中国社会科学院经济研究所藏。

65.《崇祯休宁率东程氏置产簿》1 册,安徽省博物馆藏。

66.《康熙孙氏文契簿》1 册,南京大学历史系藏。

67.《乾隆祁门县颁给张氏产业簿》1 册,南京大学历史系藏。

68.《乾隆存众业簿》1 册,南京大学历史系藏。

69.《乾隆潘氏置产簿》1 册,南京大学历史系藏。

70.《道光休宁茗洲吴氏各堂契券目录》1 册,中国社会科学院经济研究所藏。

71.《正德二年吴尚贤分书》1 册,上海图书馆藏。

72.《万历十六年程有敬分家书》1 册,南京大学历史系藏。

73.《万历三十八年程少轩立遗嘱托孤议墨》1 件,安徽师范大学图书馆藏。

74.《天启渭南朱世荣分家簿》2 册,上海图书馆藏。

75.《崇祯七年程继臣等立阄书》1 册,中国社会科学院历史研究所藏。

76.《顺治十四年张同官等立阄书》1 册,安徽省博物馆藏。

77.《康熙五十三年戴城等立阄书》1 册,中国社会科学院历史研究所藏。

78.《乾隆元年金钟文等立阄书》1 册,中国社会科学院经济研究所藏。

79.《乾隆三十六年王姓立阄书》1 册,中国社会科学院经济研究所藏。

80.《乾隆三十九年姚阿汪立分析阄书》2 册,中国社会科学院历史研究所藏。

81.《乾隆六十年胡氏分家书》1 册,中国社会科学院经济研究所藏。

82.《嘉庆十一年天字号阄书》1 册,中国社会科学院经济研究所藏。

83.《嘉庆十四年佩兰兄弟分家书》1册,中国社会科学院经济研究所藏。

84.《嘉庆十九年天字号豆租阄书》1册,中国社会科学院经济研究所藏。

85.《道光五年立天字阄书》1册,中国社会科学院经济研究所藏。

86.《道光十四年程氏阄书》1册,南京大学历史系藏。

87.《道光十九年笃字阄书》2册,中国社会科学院经济研究所、南京大学历史系藏。

88.《道光二十六年汪左淇等立议墨》1件,安徽师范大学图书馆藏。

89.《道光二十六年盘查二十五年总及各业实本总》1册,安徽师范大学图书馆藏。

90.《道光二十六年盘查道光二十五年德新典实本总》1件,安徽师范大学图书馆藏。

91.《道光二十六年盘查协和典实本总》1件,安徽师范大学图书馆藏。

92.《道光二十六年盘查怡和典实本总》1件,安徽师范大学图书馆藏。

93.《道光二十六年盘查敬义典实本总》1件,安徽师范大学图书馆藏。

94.《道光二十六年丽南公项》1件,安徽师范大学图书馆藏。

95.《咸丰三年程尚勤分家书》1册,中国社会科学院经济研究所藏。

96.《雍正四年至十年休宁黄氏家用账》1册,中国社会科学院历史研究所藏。

97.《雍正十一年至乾隆八年休宁黄氏家用收支账》1册,中国社会科学院历史研究所藏。

98.《乾隆九年至十三年休宁黄氏家用收支账》1册,中国社会科学院历史研究所藏。

99.《乾隆三十二年至三十六年休宁黄氏松房家用收支账》1册,中国社会科学院历史研究所藏。

100.《乾隆四十六年至五十一年休宁家用收支账》1册,中国社会科学院历史研究所藏。

101.《乾隆二十五年立家用收支》1册,南京大学历史系藏。

102.《乾隆五十八年各处资本》1 册,中国社会科学院经济研究所藏。

103.《往来手札要记三集》1 册,中国社会科学院经济研究所藏。

104.《祖父芝亭公信稿(乾隆五十三年至五十六年信底)》1 册,中国社会科学院经济研究所藏。

105.《光绪收支大总》1 册,中国社会科学院经济研究所藏。

106.《崇祯十年至康熙祝圣会簿》1 册,南京大学历史系藏。

107.《康熙休宁茗洲吴氏各堂祭文草底》1 册,中国社会科学院经济研究所藏。

108.《雍正九年陈广盛振记月总》1 册,安徽省图书馆藏。

109.《雍正十年腊月终盘存总账》1 册,安徽省图书馆藏。

110.《乾隆三十年家用收支账》1 册,南京大学历史系藏。

111.《嘉庆六年孙晋轩记万载根源》1 册,南京大学历史系藏。

112.《嘉庆十二年溆浦裕馀》1 册,南京大学历史系藏。

113.《嘉庆二十二年公记簿》1 册,中国社会科学院经济研究所藏。

114.《嘉庆朝我徽郡在六安创建会馆兴讼底稿》1 册,黄山学院图书馆藏。

115.《道光二十六年隆兴庄字号誊清》1 册,中国社会科学院历史研究所藏。

116.《咸丰六安恒生钱店众友往来》1 册,南京大学历史系藏。

117.《二房赀产清簿》1 册,黄山学院图书馆藏。

118.《乾隆案件批底》1 册,南京大学历史系藏。

119.《同治十一年刘介眉等立同裕公典股本合同》1 件,日本东洋文库藏。

二、典籍类

120.汪栋:《澹虑堂遗稿》2 册,乾隆八年刻本,中国社会科学院历史研究所藏。

121.余鲁卿:《经历志略》1 册,民国十二年铅印本,复旦大学图书馆藏。

122.佚名:《江苏全省典业公会第一年纪事录》1 册,民国三年铅印本,安徽省图书馆藏。

123. 佚名:《溧城各典抢案》1 册,抄本,南京图书馆藏。

124. 徐会烜:《绩溪捐助宾兴盘费规条》1 册,清刊本,安徽省图书馆藏。

125. 胡正仁:《遗爱堂征信录》1 册,道光刻本,安徽省图书馆藏。

126. 佚名:《塘栖新安怀仁堂征信录》1 册,光绪四年刻本,黄山学院图书馆藏。

127. 佚名:《杭州新安惟善堂征信录》1 册,光绪七年刻本,南京图书馆藏。

128. 佚名:《汉口新安笃谊堂征信录》1 册,光绪十三年刻本,上海图书馆藏。

129. 佚名:《罗店怡善堂征信录》1 册,光绪二十六年刻本,上海图书馆藏。

130. 佚名:《九江新安笃谊堂征信录》1 册,光绪三十二年刻本,黄山学院图书馆藏。

131. 洪廷俊:《徽属义赈征信录》1 册,宣统二年刻本,上海图书馆藏。

132. 安徽思义堂辑:南汇《思义堂征信录》1 册,宣统三年石印本,上海图书馆藏。

133. 徽宁思恭堂辑:上海《徽宁思恭堂征信录》1 册,民国六年石印本,上海图书馆藏。

134. 佚名:松江《新安义园征信录》2 册,民国七年铅印本,上海图书馆藏。

135. 黟县旅休同仁编:《新安思安堂征信录》1 册,民国九年石印本,上海图书馆藏。

136. 许钺黼:《重修万年桥征信录》1 册,光绪二十四年刻本,南京图书馆藏。

137. 佚名:《南浔育婴堂征信录》1 册,铅印本,南京图书馆藏。

138. 佚名:《金陵崇善堂征信录》1 册,光绪二十四年刻本,南京图书馆藏。

139. 佚名:《苏州府公牍录存》1 册,抄本,南京图书馆藏。

140. 佚名:《西江政要》40 册,光绪刻本,南京图书馆藏。

141. 佚名:《乾隆苏藩司批稿》5 册,稿本,南京图书馆藏。

142. 补留生:《印雪斋官商便览 840 种》1 册,光绪三十二年刊本,南京图书馆藏。

143. 佚名:《刑部咨江苏司案》3 册,抄本,南京图书馆藏。

144. 祁彪佳:《按吴审录词稿》4 册,明抄本,南京图书馆藏。

145. 程演生:《天启黄山大狱记》1 册,刻本,南京图书馆藏。

146. 俞鸿渐:《印雪轩随笔》4 册,光绪刻本,哈佛大学汉和图书馆藏。

147. (清)倪涛:《六艺之一录》,《四库全书》835 册。

148. (元)方回:《桐江续集》,《四库全书》1193 册。

149. (元)陈栎:《定宇集》,《四库全书》1205 册。

150. (明)程敏政:《篁墩文集》,《四库全书》1252 册。

151. (明)王世贞:《弇州山人四部稿》,《四库全书》1280 册。

152. (明)李流芳:《檀园集》,《四库全书》1295 册。

153. (清)彭贻孙:《平寇志》,《四库全书存目丛书》史部 55 册。

154. (明)周孔教:《救荒事宜》,《四库全书存目丛书》史部 275 册。

155. (清)吕种玉:《言鲭》,《四库全书存目丛书》子部 98 册。

156. (明)詹景凤:《詹氏性理小辨》,《四库全书存目丛书》子部 112 册。

157. (明)潘之恒:《亘史钞》,《四库全书存目丛书》子部 193 册。

158. (明)顾起元:《客座赘语》,《四库全书存目丛书》子部 243 册。

159. (明)汪循:《汪仁峰先生文集》,《四库全书存目丛书》集部 47 册。

160. (明)王寅:《十岳山人诗集》,《四库全书存目丛书》集部 79 册。

161. (明)汪道昆:《太函集》,《四库全书存目丛书》集部 117—118 册。

162. (明)汪道昆:《太函副墨》,《四库全书存目丛书》集部 119 册。

163. (明)方弘静:《素园存稿》,《四库全书存目丛书》集部 121 册。

164. (明)吴国伦:《甔甀洞稿》,《四库全书存目丛书》集部 122—123 册。

165. (明)归有光:《归先生文集》,《四库全书存目丛书》集部 138 册。

166. (明)吴子玉:《大鄣山人集》,《四库全书存目丛书》集部 141 册。

167.（明）潘之恒：《涉江集选》，《四库全书存目丛书》集部 142 册。

168.（明）江瓘：《江山人集》，《四库全书存目丛书》集部 143 册。

169.（明）方于鲁：《方建元集》，《四库全书存目丛书》集部 146 册。

170.（明）李维桢：《大泌山房集》，《四库全书存目丛书》集部 150—153 册。

171.（明）方扬：《方初庵先生集》，《四库全书存目丛书》集部 156 册。

172.（明）冯梦祯：《快雪堂集》，《四库全书存目丛书》集部 164—165 册。

173.（明）丁元荐：《尊拙堂文集》，《四库全书存目丛书》集部 170—171 册。

174.（明）吴士奇：《绿滋馆稿》，《四库全书存目丛书》集部 173 册。

175.（明）谢肇淛：《小草斋集》，《四库全书存目丛书》集部 175—176 册。

176.（明）屠隆：《白榆集》，《四库全书存目丛书》集部 180 册。

177.（明）屠隆：《由拳集》，《四库全书存目丛书》集部 180 册。

178.（明）方承训：《方郊邨复初集》《四库全书存目丛书》集部 187—188 册。

179.（明）吴文奎：《苏堂集》，《四库全书存目丛书》集部 189 册。

180.（明）程可中：《程仲权先生诗集》，《四库全书存目丛书》集部 190 册。

181.（清）赵吉士：《万青阁全集》，《四库全书存目丛书》集部 220 册。

182.（清）林云铭：《挹奎楼选稿》，《四库全书存目丛书》集部 230 册。

183.（清）赵士麟：《读书堂采衣全集》，《四库全书存目丛书》集部 240 册。

184.（清）廖腾煃：《慎修堂诗集》，《四库全书存目丛书》集部 242 册。

185.（明）金瑶：《栗斋文集》，《四库全书存目丛书补编》78 册。

186.（清）翟灏：《通俗编》，《续修四库全书》194 册。

187.（清）汪辉祖：《病榻梦痕录》，《续修四库全书》555 册。

188.（明）金日升：《颂天胪笔》，《续修四库全书》439 册。

189.（清）李清：《三垣笔记》,《续修四库全书》440 册。

190.（清）计六奇：《明季北略》,《续修四库全书》440 册。

191.（明）毕自严：《度支奏议》,《续修四库全书》483—490 册。

192.（明）祁彪佳：《宜焚全稿》,《续修四库全书》492 册。

193.（明）焦竑：《国朝献征录》,《续修四库全书》530 册。

194.（清）李斗：《扬州画舫录》,《续修四库全书》733 册。

195.（清）昆冈、吴树梅等：《钦定大清会典》,《续修四库全书》794 册。

196.（清）昆冈、刘启瑞等：《钦定大清会典事例》,《续修四库全书》
799—814 册。

197.（清）赵申乔：《赵恭毅公自治官书类集》,《续修四库全书》880—
881 册。

198.（清）凌燽：《西江视臬纪事》,《续修四库全书》882 册。

199.（清）刚毅、安颐：《晋政辑要》,《续修四库全书》883—884 册。

200.（清）焦袁熹：《此木轩杂著》,《续修四库全书》1136 册。

201.（清）钱泳：《履园丛话》,《续修四库全书》1139 册。

202.（清）郑光祖：《醒世一斑录》,《续修四库全书》1139—1140 册。

203.（清）俞樾：《春在堂随笔》,《续修四库全书》1141 册。

204.（清）俞樾：《湖楼笔谈》,《续修四库全书》1162 册。

205.（清）平步青：《霞外攈屑》,《续修四库全书》1163 册。

206.（明）丁元荐：《西山日记》,《续修四库全书》1172 册。

207.（清）赵吉士：《寄园寄所寄》,《续修四库全书》1196—1197 册。

208.（清）梁章钜：《称谓录》,《续修四库全书》1253 册。

209.（明）钱希言：《狯园》,《续修四库全书》1267 册。

210.（清）俞樾：《右台仙馆笔记》,《续修四库全书》1270 册。

211.（明）张凤翼：《处实堂集》,《续修四库全书》1353 册。

212.（明）屠隆：《栖真馆集》,《续修四库全书》1360 册。

213.（明）朱国桢：《朱文肃公集》,《续修四库全书》1366 册。

214.（明）谢肇淛：《小草斋集》,《续修四库全书》1366、1367 册。

215.（明）谢肇淛：《小草斋续集》,《续修四库全书》1367 册。

216．(明)曹学佺:《曹大理集石仓文稿》,《续修四库全书》1367 册。

217．(明)陈仁锡:《皇明世法录》,《四库禁毁书丛刊》史部 13—14 册。

218．(明)陈龙正:《几亭全书》,《四库禁毁书丛刊》集部 11—12 册。

219．(明)董其昌:《客台集》,《四库禁毁丛刊》集部 32 册。

220．(明)黄汝亨:《寓林集》,《四库禁毁书丛刊》集部 42—43 册。

221．(明)钟惺:《隐秀轩集》,《四库禁毁书丛刊》集部 88 册。

222．(明)金声:《金正希先生文集辑略》,《四库禁毁书丛刊》集部 50 册。

223．(明)陈继儒:《白石樵真稿》,《四库禁毁书丛刊》集部 66 册。

224．(明)董其昌:《客台集》,《四库禁毁丛刊》集部 70 册。

225．(明)金声:《金正希先生燕诒阁集》,《四库禁毁书丛刊》集部 85 册。

226．(明)鲍应鳌:《瑞芝山房集》,《四库禁毁书丛刊》集部 141 册。

227．(明)范凤翼:《范勋卿文集》,《四库禁毁书丛刊》集部 112 册。

228．(明)艾南英:《天佣子集》,《四库禁毁书丛刊补编》72 册。

229．(清)董含:《三冈识略》,《四库未收书辑刊》4 辑 29 册。

230．(明)汪可进:《公余草就》,《四库未收书辑刊》5 辑 24 册。

231．(清)廖腾煃:《海阳纪略》,《四库未收书辑刊》7 辑 28 册。

232．(清)郑虎文:《吞松阁集》,《四库未收书辑刊》10 辑 14 册。

233．(清)汪梧凤:《松溪文集》,《四库未收书辑刊》10 辑 28 册。

234．(明)吴时行:《两洲集》,《故宫珍本丛刊本》538 册,海南出版社 2000 年版。

235．(清)张英:《恒产琐言》,《丛书集成初编》977 册,中华书局 1985 年版。

236．(清)高宇泰:《雪交亭正气录》,《丛书集成续编》252 册,(台北)新文丰出版公司 1985 年版。

237．(清)花村看行侍者:《花村谈往》,《丛书集成续编》278 册,(台北)新文丰出版公司 1985 年版。

238．(清)程趾祥:《此中人语》,《丛书集成三编》77 册,(台北)新文丰出版公司 1997 年版。

239.（清）李岳瑞：《春冰室野乘》，《近代中国史料丛刊》第 6 辑，（台北）文海出版社 1967 年版。

240.（清）程鸿诏：《有恒心斋全集》，《近代中国史料丛刊》第 6 辑，（台北）文海出版社 1969 年版。

241.（明）王世贞：《弇州山人续稿》，《明代传记丛刊》153 号，（台北）明文书局 1991 年版。

242.（清）朱鹤龄：《愚庵小集》，《清人别集丛刊》，上海古籍出版社 1979 年版。

243.（明）冯梦龙：《古今小说》，《古本小说集成》第 4 辑，上海古籍出版社 1994 年版。

244.（明）冯梦龙：《警世通言》，《古本小说集成》第 4 辑，上海古籍出版社 1994 年版。

245.（明）冯梦龙：《醒世恒言》，《古本小说集成》第 4 辑，上海古籍出版社 1994 年版。

246.（明）凌濛初：《拍案惊奇》，《古本小说集成》第 5 辑，上海古籍出版社 1995 年版。

247.（明）凌濛初：《二刻拍案惊奇》，《古本小说集成》第 5 辑，上海古籍出版社 1995 年版。

248.（明）西湖渔隐主人：《欢喜冤家》，《古本小说集成》第 1 辑，上海古籍出版社 1991 年版。

249.（明）西湖渔隐主人：《贪欢报续集》，《古本小说集成》第 1 辑，上海古籍出版社 1991 年版。

250.（明）陈玉秀：《古今律条公案》，《古本小说集成》第 4 辑，上海古籍出版社 1994 年版。

251.（清）艾纳居士：《豆棚闲话》，《古本小说集成》第 3 辑，上海古籍出版社 1993 年版。

252.（清）天然痴叟：《石点头》，《古本小说集成》第 5 辑，上海古籍出版社 1995 年版。

253. (清)《照世杯》,《古本小说集成》第 3 辑,上海古籍出版社 1993 年版。

254. (清)李渔:《十二楼》,《古本小说集成》第 2 辑,上海古籍出版社 1992 年版。

255. (清)吴敬梓:《儒林外史》,《古本小说集成》第 3 辑,上海古籍出版社 1993 年版。

256. (清)浦琳:《清风闸》,《古本小说集成》第 3 辑,上海古籍出版社 1993 年版。

257. (清)严思庵:《艳囮二则》,《丛书集成续编》211 册,(台北)新文丰 1985 年版。

258. (清)倚云氏:《升仙传》,《古本小说集成》第 4 辑,上海古籍出版社 1994 年版。

259. (清)俞万春:《结水浒全传》,《古本小说集成》第 4 辑,上海古籍出版社 1994 年版。

260. (明)京江醉竹居士浪:《龙阳逸史》;陈庆浩、王秋桂:《思无邪汇宝》5 册,(台北)台湾大英百科股份有限公司 2000 年版。

261.《明神宗实录》,(台北)台湾"中央研究院"历史语言研究所校刊本 1962 年版。

262.《明熹宗实录》,(台北)台湾"中央研究院"历史语言研究所校刊本 1962 年版。

263.《清高宗实录》,中华书局 1985 年版。

264.《福建省例》,《台湾文献丛刊》,(台北)大通书局 1987 年版。

265.《古今图书集成》,(台北)鼎文书局 1977 年版。

266. 顾廷龙:《清代硃卷集成》,(台北)成文出版社 1992 年版。

267. 徐珂:《清稗类钞》,中华书局 1984 年版。

268. 傅岩:《歙纪》,黄山书社 2007 年版。

269. 许承尧:《歙事闲谭》,黄山书社 2001 年版。

270. 李燧、李宏龄:《晋游日记 同舟忠告 山西票商成败记》,山西人民出版社 1989 年版。

271. 段光清：《镜湖自撰年谱》，中华书局 1997 年版。

272. 李乐：《见闻杂记》，上海古籍出版社 1986 年版。

273. 计六奇：《明季南略》，中华书局 1984 年版。

274. 邵廷采：《东南纪事》，上海书店出版社 1982 年版。

275. 陈去病：《五石脂》，江苏古籍出版社 1999 年版。

276. 懒道人：《李闯小史》，浙江古籍出版社 1985 年版。

277. 柯悟迟：《漏网喁鱼集》，中华书局 1997 年版。

278. 俞正燮：《俞正燮全集》，黄山书社 2005 年版。

279. 冯梦龙：《智囊全集》，中华书局 2007 年版。

280. 曹去晶：《姑妄言》，金城出版社 2000 年版。

281. 李渔：《李渔全集》，浙江古籍出版社 1991 年版。

282. 李伯元：《文明小史》，上海古籍出版社 1982 年版。

283. 程颂嘉：《宝砚斋遗稿》，出版地及出版年份不详。

284. 杨荫杭：《老圃遗文辑》，长江文艺出版社 1993 年版。

三、志谱类

285. 宣统《皖政辑要》，黄山书社 2005 年版。

286. 康熙《徽州府志》，《中国方志丛书·华中地方》237 号，（台北）成文出版社 1975 年版。

287. 道光《徽州府志》，《中国地方志集成·安徽府县志辑》48—50 册。

288. 万历《歙志》，万历三十七年刊本，南京图书馆藏。

289. 乾隆《歙县志》，《中国方志丛书·华中地方》232 号，（台北）成文出版社 1975 年版。

290. 道光《重修歙县志》，道光八年刻本，中国国家图书馆藏。

291. 民国《歙县志》，《中国地方志集成·安徽府县志辑》51 册。

292. 万历《休宁县志》，万历三十五年刊本，南京图书馆藏。

293. 康熙《休宁县志》，《中国方志丛书·华中地方》90 号，（台北）成文出版社 1970 年版。

294. 道光《休宁县志》，《中国地方志集成·安徽府县志辑》52 册。

295. 同治《祁门县志》，《中国地方志集成·安徽府县志辑》55 册。

296. 嘉庆《黟县志》，《中国地方志集成·安徽府县志辑》56 册。

297. 道光《黟县续志》，《中国地方志集成·安徽府县志辑》56 册。

298. 同治《黟县三志》，《中国地方志集成·安徽府县志辑》57 册。

299. (民国)《黟县四志》，《中国地方志集成·安徽府县志辑》58 册。

300. 嘉庆《绩溪县志》，《中国地方志集成·安徽府县志辑》54 册。

301. 光绪《婺源县志》，光绪九年刊本，中国国家图书馆藏。

302. (民国)葛韵芬、江峰青修纂：(民国)《重修婺源县志》，民国十四年刻本，中国国家图书馆藏。

303. 康熙《含山县志》，《中国地方志集成·安徽府县志辑》6 册。

304. 乾隆《含山县志》，《故宫珍本丛刊》101 册，海南出版社 2001 年版。

305. 嘉庆《无为州志》，《中国地方志集成·安徽府县志辑》8 册。

306. 康熙《桐城县志》，《中国地方志集成·安徽府县志辑》12 册。

307. (民国)《宿松县志》，《中国地方志集成·安徽府县志辑》14—15 册。

308. 同治《六安县志》，《中国地方志集成·安徽府县志辑》19 册。

309. 光绪《亳州志》，《中国地方志集成·安徽府县志辑》25 册。

310. 康熙《全椒县志》，《故宫珍本丛刊》104 册，海南出版社 2001 年版。

311. 嘉庆《芜湖县志》，《中国方志丛书·华中地方》715 号，(台北)成文出版社 1983 年版。

312. 嘉庆《南陵县志》，《故宫珍本丛刊》104 册，海南出版社 2001 年版。

313. (民国)《南陵县志》，《中国地方志集成·安徽府县志辑》47 册。

314. 嘉庆《旌德县志》，《中国地方志集成·安徽府县志辑》53 册。

315. 光绪《青阳县志》，《中国地方志集成》·安徽府县志辑》60 册。

316. 宣统《建德县志》，《中国地方志集成·安徽府县志辑》63 册。

317. 嘉庆《松江府志》，《中国地方志集成·上海府县志辑》1—2 册。

318. (民国)《南汇县续志》，《中国地方志集成·上海府县志辑》5 册。

319. 光绪《青浦县志》，《中国地方志集成·上海府县志辑》6 册。

320. (清)林达泉、李联琇修纂：光绪《崇明县志》，光绪七年刻本，国家图书馆藏。

321.周之珂:《崇明县志》,上海人民出版社 1989 年版。

322.乾隆《江宁新志》,《稀见中国地方志汇刊》11 册,中国书店出版社 1992 年版。

323.同治《江宁府志》,《中国地方志集成·江苏府县志辑》1 册。

324.同治《苏州府志》,《中国地方志集成·江苏府县志辑》7—10 册。

325.民国《昆新两县续补合志》,《中国地方志集成·江苏府县志辑》17 册。

326.光绪《太仓直隶州志》,稿本,中国国家图书馆藏。

327.宣统《太仓州志》,《中国地方志集成·江苏府县志辑》18 册。

328.(民国)《镇洋县志》,《中国地方志集成·江苏府县志辑》19 册。

329.康熙《常熟县志》,《中国地方志集成·江苏府县志辑》21 册。

330.光绪《常昭合志稿》,《中国地方志集成·江苏府县志辑》22 册。

331.(清)张延恩、李兆洛纂修:道光《江阴县志》,道光二十年刻本,中国国家图书馆藏。

332.光绪《江阴县志》,《中国地方志集成·江苏府县志辑》25 册。

333.(民国)《江阴县志》,《中国地方志集成·江苏府县志辑》26 册。

334.乾隆《镇江府志》,《中国地方志集成·江苏府县志辑》28 册。

335.康熙《常州府志》,《中国地方志集成·江苏府县志辑》36 册。

336.光绪《武进阳湖县志》,《中国地方志集成·江苏府县志辑》37 册。

337.(清)凌坮、张先甲、张福谦纂修:嘉庆《重修泰兴县志》,嘉庆十八年刻本,中国国家图书馆藏。

338.道光《重修仪征县志》,《中国地方志集成·江苏府县志辑》45 册。

339.(民国)《三续高邮州志》,《中国地方志集成·江苏府县志辑》47 册。

340.(民国)《续修兴化县志》,《中国地方志集成·江苏府县志辑》48 册。

341.道光《泰州志》,《中国地方志集成·江苏府县志辑》50 册。

342.光绪《泰兴县志》,《中国地方志集成·江苏府县志辑》51 册。

343.（民国）《南通县志》，《中国地方志集成·江苏府县志辑》51 册。

344.光绪《通州直隶州志》，《中国地方志集成·江苏府县志辑》52 册。

345.（民国）《泗阳县志》，《中国地方志集成·江苏府县志辑》56 册。

346.嘉庆《东台县志》，《中国地方志集成·江苏府县志辑》60 册。

347.（清）周际霖等修，周顼等纂：同治《如皋县续志》，同治十二年刻本，中国国家图书馆藏。

348.万历《扬州府志》，《北京图书馆古籍珍本丛刊》25 册，书目文献出版社 1991 年版。

349.康熙《扬州府志》，《四库全书存目丛书》史部 214—215 册。

350.康熙《泰兴县志》，《故宫珍本丛刊》88 册，海南出版社 2001 年版。

351.嘉庆《重修泰兴县志》，嘉庆十八年刻本，中国国家图书馆藏。

352.（清）金鸿修纂：乾隆《镇洋县志》，乾隆十年刊本，南京图书馆藏。

353.乾隆《淮安府志》，《中国方志丛书·华中地方》第 397 号，（台北）成文出版社 1973 年版。

354.沈秋农、曹培根：《常熟乡镇旧志集成》，广陵书社 2007 年版。

355.（明）刘伯缙等纂修：万历《杭州府志》，万历七年刊本，南京图书馆藏。

356.光绪《杭州府志》，《中国方志丛书·华中地方》199 号，（台北）成文出版社 1974 年版。

357.光绪《余杭县志稿》，《中国地方志集成·浙江府县志辑》5 册。

358.崇祯《嘉兴县志》，《日本藏中国罕见地方志丛刊》，书目文献出版社 1991 年版。

359.光绪《嘉兴府志》，《中国地方志集成·浙江府县志辑》12—15 册。

360.乾隆《平湖县志》，《稀见中国地方志汇刊》16 册，中国书店出版社 1992 年版。

361.光绪《平湖县志》，《中国地方志集成·浙江府县志辑》20 册。

362.（清）胡承谋修纂：嘉庆《吴兴旧闻》，嘉庆九年刻本，中国国家图书馆藏。

363.（民国）《海宁州志稿》，《中国地方志集成·浙江府县志辑》22 册。

364.同治《湖州府志》,《中国地方志集成·浙江府县志辑》24—25 册。

365.光绪《乌程县志》,《中国地方志集成·浙江府县志辑》26 册,上海书店出版社 2000 年版。

366.(民国)《德清县新志》,《中国地方志集成·浙江府县志辑》28 册。

367.(清)谭肇基修,吴莱纂:乾隆《长兴县志》,乾隆十四年刻本,中国国家图书馆藏。

368.道光《武康县志》,《中国地方志集成·浙江府县志辑》29 册。

369.万历《秀水县志》,《中国地方志集成·浙江府县志辑》31 册。

370.(民国)《定海县志》,《中国地方志集成·浙江府县志辑》38 册。

371.乾隆《绍兴府志》,《中国地方志集成·浙江府县志辑》39—40 册。

372.(清)高植等纂修:乾隆《德化县志》,乾隆四十五年刻本,中国国家图书馆藏。

373.(明)秦镛修纂:崇祯《清江县志》,顺治二年刻本,中国国家图书馆藏。

374.(清)蓝煦等修纂:同治《星子县志》,同治十年刻本,中国国家图书馆藏。

375.(清)金策、杜绍斌修,同治《万载县志》,同治十一年部本,中国国家图书馆藏。

376.(民国)《同安县志》,《中国地方志集成·福建府县志辑》4 册。

377.(民国)《沙县志》,《中国地方志集成,福建府县志辑》39 册。

378.(清)杨桂森等纂修:嘉庆《南平县志》,同治十一年刻本,中国国家图书馆藏。

379.(清)谢昌霖修,刘国光纂:光绪《长汀县志》,光绪五年刻本,中国国家图书馆藏。

380.光绪《黄州府志》,《中国地方志集成·湖北府县志辑》14—15 册。

381.(民国)《黄州府志》,(台北)成文出版社 1976 年版。

382.同治《广济县志》,《中国地方志集成·湖北府县志辑》25 册。

383.乾隆《东湖县志》,《中国地方志集成·湖北府县志辑》51 册。

384.同治《谷城县志》,《中国地方志集成·湖北府县志辑》66 册。

385. (清)蒋炯修,李廷锡纂:咸丰《安陆县志》,咸丰三年刻本,中国国家图书馆藏。

386. 嘉庆《郴州总志》,《中国地方志集成·湖南府县志辑》22 册。

387. 光绪《衡山县志》,《中国地方志集成·湖南府县志辑》39 册。

388. 光绪《峄县志》,《中国地方志集成·山东府县志辑》9 册。

389. (民国)《临沂县志》,《中国地方志集成·山东府县志辑》58 册。

390. 光绪《文登县志》,《中国地方志集成·山东府县志辑》54 册。

391. 临清市人民政府编:乾隆《临清州志》,山东省地图出版社 2001 年版。

392. (清)沈渊纂修:康熙《金乡县志》,康熙五十一年刻本,中国国家图书馆藏。

393. (清)万邦维等纂修:雍正《莱阳县志》,雍正元年刻本,中国国家图书馆藏。

394. 道光《阳曲县志》,《中国地方志集成·山西府县志辑》2 册。

395. 乾隆《大同府志》,《中国地方志集成·山西府县志辑》4 册。

396. 雍正《阳高县志》,《中国地方志集成·山西府县志辑》7 册。

397. 光绪《汾阳县志》,《中国地方志集成·山西府县志辑》26 册。

398. 乾隆《武乡县志》,《中国地方志集成·山西府县志辑》41 册。

399. (清)王嘉谟纂修:康熙《徐沟县志》,康熙五十一年刻本,南京图书馆藏。

400. (清)范绳祖修,庞太朴纂:顺治《高平县志》,顺治十五年刻本,中国国家图书馆藏。

401. (清)潘钺修,何世勋等续纂:雍正《猗氏县志》,光绪六年刻本,中国国家图书馆藏。

402. (清)王大年等纂修:雍正《定州志》,雍正乾隆年间刻本,中国国家图书馆藏。

403. (民国)《续修陕西通志稿》,《中国西北文献丛书·西北稀见方志文献》第 7 卷,兰州古籍书店 1990 年版。

404. 道光《榆林府志》,《中国地方志集成·陕西府县志辑》38 册。

405. 嘉庆《白河县志》,《中国地方志集成·陕西府县志辑》55 册。

406.（清）许隆远纂修:雍正《怀来县志》,雍正年间刻本,中国国家图书馆藏。

407.（清）张钺修,万侯纂:乾隆《信阳州志》,乾隆十四年刻本,中国国家图书馆藏。

408.（清）赵希璜修,武忆纂:嘉庆《安阳县志》,嘉庆四年刻本,中国国家图书馆藏。

409. 宣统《东莞县志》,《中国方志丛书·华南地方》52 号,(台北)成文出版社 1967 年版。

410.（民国）《宣汉县志》,《中国地方志集成·四川府县志辑》61 册。

411. 咸丰《紫堤村志》,《中国地方志集成·乡镇志专辑》1 册。

412.（民国）《南汇二区旧五团乡志》,《中国地方志集成·乡镇志专辑》1 册。

413. 光绪《法华乡志》,《中国地方志集成·乡镇志专辑》1 册。

414. 乾隆《续外冈志》,《中国地方志集成·乡镇志专辑》2 册。

415. 嘉庆《珠里小志》,《中国地方志集成·乡镇志专辑》2 册。

416. 宣统《蒸里志略》,《中国地方志集成·乡镇志专辑》2 册。

417.（民国）《重辑张堰志》,《中国地方志集成·乡镇志专辑》2 册。

418. 乾隆《绿溪志》,《中国地方志集成·乡镇志》8 册。

419. 道光《璜泾志稿》,《中国地方志集成·乡镇志专辑》9 册。

420.（民国）《淮安河下志》,《中国地方志集成·乡镇志专辑》16 册。

421.（民国）《王家营志》,《中国地方志集成·乡镇志专辑》17 册。

422.（民国）《丰南志》,《中国地方志集成·乡镇志专辑》17 册。

423. 光绪《唐栖志》,《中国地方志集成·乡镇志专辑》18 册。

424. 乾隆《濮院琐志》,《中国地方志集成·乡镇志专辑》21 册。

425. 咸丰《南浔镇志》,《中国地方志集成·乡镇志专辑》22 册上。

426. 同治《南浔镇志》,《中国地方志集成·乡镇志专辑》22 册下。

427.（民国）《双林镇志》,《中国地方志集成·乡镇志专辑》22 册下。

428.（民国）《南浔志》,《中国地方志集成·乡镇志专辑》22 册上。

429. 乾隆《橙阳散志》,《中国地方志集成·乡镇志专辑》27 册。

430. 乾隆《岩镇志草》,《中国地方志集成·乡镇志专辑》27 册。

431. (清)马承昭纂修:光绪《续当湖外志》,光绪元年刻本,中国国家图书馆藏。

432. 康熙《紫堤村小志》,《上海乡镇旧志丛书》13 辑,上海社会科学院出版社 2006 年版。

433.《新安武口王氏总谱》264 卷,清乾隆四十五年刻本,南京图书馆藏。

434.《三田李氏重修宗谱》48 卷首 1 卷末 1 卷,清乾隆三十六年刻本,中国国家图书馆藏。

435.《新安月潭朱氏族谱》10 卷,清康熙四十六刻本,安徽大学徽学中心藏影印本。

436.《新安月潭朱氏族谱》22 卷首 1 卷,民国二十年刻本,安徽大学徽学中心藏影印本。

437.《黟县屏山朱氏重修宗谱》8 卷,安徽大学徽学中心藏影印本。

438.《金氏统宗谱》8 卷,清光绪三年木活字本,上海图书馆藏。

439.《古黟环山余氏宗谱》22 卷首 1 卷末 1 卷附件 1 卷,民国刻本,安徽大学徽学中心藏影印本。

440.《歙南西溪南吴氏族谱》6 卷,明崇祯刻本,中国国家图书馆藏。

441.《歙县昌溪太湖吴氏族谱》1 卷,清光绪活字本,安徽省图书馆藏。

442.《商山吴氏重修族谱》2 卷,明崇祯十六年刻本,中国国家图书馆藏。

443.《商山吴氏祖墓四至图》不分卷,明崇祯十七年刻本,中国国家图书馆藏。

444.《新安商山吴氏宗祠谱传》1 卷,清康熙二十一刻本,中国国家图书馆藏。

445.《吴氏本枝支墓谱》不分卷,明万历刻本,中国国家图书馆藏。

446.《休宁茗洲吴氏家记》12 卷,清抄本,南京图书馆藏。

447.《茗洲吴氏家典》8 卷,清雍正十一年刻本,哈佛大学汉和图书馆藏。

448.《汪氏通宗世谱》140 卷首 2 卷,乾隆五十二年刻本,上海图书馆藏。

449.《西溪汪氏族谱》13 卷,清道光五年刻本,南京图书馆藏。

450.《歙西碣田汪氏家谱》4 卷首 1 卷,清光绪七年刻本,安徽大学徽学中心藏影印本。

451.《岩镇汪氏家谱》不分卷,万历二十七年刻本,安徽大学徽学中心藏影印本。

452.《休宁西门汪氏大公房挥签公支谱》10 卷,清乾隆四年刻本,上海图书馆藏。

453.《汪氏世谱》6 卷,清嘉庆四年刻本,上海图书馆藏。

454.《潭渡黄氏族谱》10 卷首 1 卷末 1 卷,清雍正九年刻本,南京大学历史系藏。

455.《休宁古林黄氏重修族谱》12 卷首 2 卷末 1 卷,清乾隆三十一年刻本,南京图书馆藏。

456.《海阳商山黄氏家谱》1 卷,清抄本,安徽图书馆藏。

457.《新州叶氏家乘》7 卷首 1 卷,民国十四年铅印本,上海图书馆藏。

458.《新安岑山渡程氏支谱》6 卷首 1 卷,清乾隆六年活字本,中国国家图书馆藏。

459.《新安荷池程氏家谱》8 卷,明万历刻本,安徽大学徽学中心藏影印本。

460.《程典》32 卷,明万历二十六年家刻本,中国国家图书馆藏。

461.《率东程氏重修家谱》12 卷,明嘉靖刻本,中国国家图书馆藏。

462.《率东程氏家谱》8 卷,明抄本,南京图书馆藏。

463.《率口程氏续编本宗谱》6 卷,隆庆四年刻本,安徽大学徽学中心藏影印本。

464.《休宁榆村程氏族谱》10 卷首 1 卷,清乾隆二十二年刻本,南京大学历史系藏。

465.《棠樾鲍氏三族宗谱》200 卷首 1 卷,清乾隆二十五年刻本,上海图书馆藏。

466.《歙新馆鲍氏宗谱》16 卷,清光绪元年刻本,南京图书馆藏。

467.《戴氏家谱》不分卷,明嘉靖二十一年刻本,上海图书馆藏。

468.《休宁戴氏族谱》15 卷首 1 卷,明崇祯五年刻本,上海图书馆藏。

469.《休宁戴氏荆墩家谱》不分卷,民国二十三年抄本,上海图书馆藏。

470.《休宁县隆阜紫竹园戴氏人房家谱》,清抄本,上海图书馆藏。

471.《新安苏氏重修族谱》5 卷,清乾隆元年活字本,中国国家图书馆藏。

472.《祁门王源谢氏孟宗谱》10 卷,明嘉靖十六年刻本,上海图书馆藏。

473.《祁门金吾谢氏宗谱》4 卷,明嘉靖九年刻本,上海图书馆藏。

474.《祁石溪张氏宗谱》1 卷,清道光抄本,上海图书馆藏。

475.《西递明经胡氏壬派宗谱》12 卷,清道光刻本,南京图书馆藏。

476.《黟县南屏叶氏族谱》8 卷,清嘉庆刻本,安徽大学徽学中心藏影印本。

477.《绩溪旺川曹氏宗谱》,清光绪刻本,安徽大学徽学中心藏影印本。

478.《绩溪东关冯氏家谱》8 卷首 3 卷末 3 卷,清光绪二十九年活字本,上海图书馆藏。

479.《婺源庆源詹氏宗谱》24 卷首 1 卷,清乾隆五十年活字本,上海图书馆藏。

480.《绩溪涧洲许氏宗谱》10 卷,民国三年刊本,安徽大学徽学中心藏影印本。

481. 吴志棠纂修:《上海吴氏族谱》不分卷,民国三十年抄本,上海图书馆藏。

482.《苏州大阜潘氏支谱》正编 14 卷附编 10 卷,民国三十三年铅印本,南京图书馆藏。

483.《中湘程氏三修族谱》15 卷,清同治木活字本,上海图书馆藏。

484.《新安名族志》2 卷,黄山书社 2007 年版。

485.《休宁名族志》4 卷,黄山书社 2007 年版。

四、论著类

486.《江淮论坛》编辑部编:《徽商研究论文集》,安徽人民出版社 1885 年版。

487.《中国金融史》编写组编:《中国金融史》,西南财经大学出版社 1993 年版。

488. 卞利:《明清徽州社会研究》,安徽大学出版社 2004 年版。

489. 常梦渠、钱椿涛主编:《近代中国典当业》,中国文史出版社 1995 年版。

490. 陈朝曙:《苏雪林与她的徽商家族》,安徽教育出版社 2008 年版。

491. 董继斌、景占魁:《晋商与中国近代金融》,山西经济出版社 2002 年版。

492. 范金民:《明清江南商业的发展》,南京大学出版社 1998 年版。

493. 范金民:《明清商事纠纷与商业诉讼》,南京大学出版社 2007 年版。

494. 范金民:《国计民生:明清社会经济研究》,福建人民出版社 2008 年版。

495. 方行:《清代经济论稿》,天津古籍出版社 2010 年版。

496. 方行:《中国经济通史·清代经济卷》,经济日报出版社 2002 年版。

497. 冯俊杰:《山西戏曲碑刻辑考》,中华书局 2002 年版。

498. 傅为群:《老上海的当铺与当票》,上海古籍出版社 2006 年版。

499. 傅为群:《近代民间金融图志》,上海书店出版社 2007 年版。

500. 傅衣凌:《明清时代商人及商业资本》,人民出版社 1956 年版。

501. 郭道扬:《中国会计史稿》上,中国财政经济出版社 1982 年版。

502. 郭道扬:《中国会计史稿》下,中国财政经济出版社 1988 年版。

503. 黄鉴晖:《中国银行业史》,山西经济出版社 1994 年版。

504. 黄鉴晖:《山西票号史》,山西人民出版社 2002 年版。

505. 黄鉴晖:《明清山西商人研究》,山西经济出版社 2002 年版。

506. 黄山学院徽州文化研究所:《汪世清谈徽州文化》,当代中国出版社 2004 年版。

507. 李必章：《上海近代贸易经济发展概况》，上海社会科学出版社 1993 年版。

508. 李琳琦：《徽商与明清徽州教育》，湖北教育出版社 2001 年版。

509. 李俨、杜石然：《中国古代数学简史》，中华书局 1963 年版。

510. 刘和惠、汪庆元：《徽州土地关系》，安徽人民出版社 2004 年版。

511. 刘建生等：《山西典商研究》，山西经济出版社 2007 年版。

512. 刘淼：《徽州社会经济史研究译文集》，黄山书社 1987 年版。

513. 刘秋根：《中国典当史研究》，上海古籍出版社 1995 年版。

514. 刘秋根：《明清高利贷资本》，社会科学文献出版社 2000 年版。

515. 刘秋根：《中国古代合伙制初探》，人民出版社 2007 年版。

516. 宓公干：《典当论》，商务印书馆 1936 年版。

517. 欧阳卫民：《中国消费经济思想史》，中共中央党校出版社 1994 年版。

518. 彭信威：《中国货币史》，上海人民出版社 1965 年版。

519. 曲彦斌：《典当史》，上海文艺出版社 1993 年版。

520. 曲彦斌：《中国典当手册》，辽宁人民出版社 1998 年版。

521. 史若民、牛白琳编：《平、祁、太经济社会史料与研究》，山西古籍出版社 2002 年版。

522. 石毓符：《中国货币金融史略》，天津人民出版社 1984 年版。

523. 唐长孺：《吐鲁番出土文书》第一册，文物出版社 1981 年版。

524. 唐力行：《商人与文化的双重变奏——徽商与宗族社会的历史考察》，华中理工大学出版社 1997 年版。

525. 唐力行：《明清以来徽州区域社会经济研究》，安徽大学出版社 1999 年版。

526. 王尚义：《明清晋商与货币金融史略》，山西古籍出版社 1995 年版。

527. 王廷元、王世华：《徽商》，安徽人民出版社 2005 年版。

528. 王振忠：《徽商与淮扬社会变迁》，三联书店 1996 年版。

529. 王振忠：《徽州社会文化史探微》，上海社会科学院出版社 2002 年版。

530. 韦庆远：《明清史辨析》，中国社会科学出版社 1989 年版。

531. 韦庆远：《明清史新析》，中国社会科学出版社 1995 年版。

532. 吴承明：《中国的现代化：市场与社会》，三联书店 2001 年版。

533. 严桂夫：《徽州历史档案总目提要》，黄山书社 1996 年版。

534. 严桂夫、王国健：《徽州文书档案》，安徽人民出版社 2005 年版。

535. 杨国桢：《明清土地契约文书研究》，人民出版社 1988 年版。

536. 杨肇遇：《中国典当业》，商务印书馆 1929 年版。

537. 叶世昌：《中国货币理论史》，中国金融出版社 1986 年版。

538. 叶世昌：《中国古近代金融史》，复旦大学出版社 2001 年版。

539. 殷俊玲：《晋商与晋中社会》，人民出版社 2006 年版。

540. 张海鹏、王廷元：《徽商研究》，安徽人民出版社 1995 年版。

541. 张海瀛、张海鹏：《中国十大商帮》，黄山书社 1993 年版。

542. 张家骧：《中华币制史》，民国大学出版社 1925 年版。

543. 张涌泉：《汉语俗字研究》，岳麓书社 1998 年版。

544. 张正明：《晋商兴衰史》，山西古籍出版社 2001 年版。

545. 张忠明：《艰难的变迁：近代中国公司制度研究》，上海社会科学出版社 2001 年版。

546. 章有义：《明清徽州土地关系研究》，中国社会科学出版社 1984 年版。

547. 章有义：《近代徽州租佃关系案例研究》，中国社会科学出版社 1988 年版。

548. 章有义：《明清及近代农业史论集》，中国农业出版社 1997 年版。

549. 赵华富：《徽州宗族研究》，安徽大学出版社 2004 年版。

550. 赵华富：《'98 国际徽学学术讨论会论文集》，安徽大学出版社 2000 年版。

551. 周绍泉、赵华富：《'95 国际徽学学术讨论会论文集》，安徽大学出版社 1997 年版。

552. 郑小娟、周宇:《15—18 世纪的徽州典当商人》,天津古籍出版社 2010 年版。

553. 周晓光、李琳琦:《徽商与经营文化》,上海世界图书出版公司 1998 年版。

554. 林美玲:《明代辽饷研究》,福建人民出版社 2007 年版。

555. 〔日〕岸本美绪:《清代中国的物价与经济变动》,社会科学文献出版社 2010 年版。

556. 〔日〕夫马进:《中国善会善堂史研究》,商务印书馆 2005 年版。

557. 〔日〕臼井佐知子:《徽州商人の研究》,(东京)汲古书院 2005 年版。

558. 〔日〕寺田隆信:《山西商人研究》,山西人民出版社 1986 年版。

559. 〔日〕田仲一成:《明清的戏曲——江南宗族社会的表象》,北京广播学院出版社 2003 年版。

560. 杨勇:《近代江南典业研究》,复旦大学 2005 年博士学位论文。

561. 何建木:《商人、商业与区域社会变迁——以清民国的婺源为中心》,复旦大学 2006 年博士学位论文。

562. 吴向红:《典之风俗与典之法律》,福建师范大学 2008 年博士学位论文。

563. 李莎:《典当业与明清社会发展关系探析》,郑州大学 2000 年硕士学位论文。

564. 鲍正熙:《二十世纪上半叶苏州典当业述论》,苏州大学 2001 年硕士学位论文。

565. 祝碧衡:《明清以来浙东金衢严的徽州人群及其社会影响》,复旦大学 2001 年硕士学位论文。

566. 赵力:《商业移民与社会变迁——以 1644—1949 年黟县为例》,复旦大学 2003 年硕士学位论文。

567. 徐玲:《明清以来徽州典当业的地理分布及其社会影响——以长江三角洲的苏州等地为中心》,复旦大学 2004 硕士学位论文。

568. 李国俊:《近代苏南典当资本经营分析》,苏州大学 2005 年硕士学位论文。

569. 张艳:《清代典当业税收问题——以华北地区为中心的研究》,陕西师范大学 2007 年硕士学位论文。

570. 武世刚:《明清以来徽州休宁县的社会经济变迁及其旅外商人》,复旦大学 2007 年硕士学位论文。

571. 陈宝宏:《民国时期河南省典当业研究》,河南大学 2008 年硕士学位论文。

572. 沈树永:《徽宁同乡会研究》,上海师范大学 2008 年硕士学位论文。

573. 耿传友:《汪道昆商人传记研究》,安徽大学 2002 年硕士学位论文。

574. 孙长城:《明清时期歙县江村商人研究》,安徽大学 2004 年硕士学位论文。

575. 封越健:《论清代商人资本的来源》,《中国经济史研究》1997 年第 2 期。

576. 封越健:《清代前期一个徽州典铺的典当制度和经营管理》,未刊稿。

577. 刘秋根:《清代典当业的法律调整》,未刊稿。

578. 桑良至:《珍贵的徽商经营档案——咸丰年间经商账簿》,《大学图书情报学刊》2008 年第 1 期。

579. 马勇虎:《〈典业博谈〉及其史料价值》,《黄山学院院报》2008 年第 6 期。

580. 梅树平:《〈典业杂志〉的文献价值》,《宿州教育学院院报》2010 年第 1 期。

581. 栾成显:《明末典业徽商一例:崇祯二年休宁程虚宇立分书研究》,《徽州社会科学》1996 年第 3 期。

582. 范金民、夏维中:《明清徽州典商述略》,《徽学》第二卷,安徽大学出版社 2002 年版。

583. 倪清华:《黄山市博物馆徽州文书简介》,黄山市徽州文化研究院编:《徽州文化研究》第一辑,黄山书社 2002 年版。

584. 王汎森:《程廷祚与程云庄——清代中期思想史的一个研究》,《文化与历史的追索——余英时教授八十寿庆论文集》,(台北)联经出版公司 2009 年版。

585. 王世华:《明清徽州典商的盛衰》,《清史研究》1999 年第 2 期。

586. 王廷元:《徽州典商述论》,《安徽史学》1986 年第 1 期。

587. 王振忠:《清代徽州典铺伙计之信函汇集》,《历史文献》第 9 辑,上海古籍出版社 2005 年版。

588. 王振忠:《清代江南徽州典当商的经营文化——哈佛燕京图书馆新藏典当秘籍四种研究》,《中国学术》总 25 辑,商务印书馆 2009 年版。

589. 王振忠:《寄往上海安亭镇的晚清徽州典商信札考释》,《迎接亚洲发展的新时代》,复旦大学出版社 2003 年版。

590. 汪世清:《不疏园与皖派汉学》,《江淮论坛》1997 年第 2 期。

591. 汪崇筼:《徽州典当资本的增值:以程虚宇家族为例》,《中国社会经济史研究》2004 年第 3 期。

592. 汪崇筼:《徽州典当业研究中三个可能的误区》,《安徽师范大学(人文社会科学版)》2006 年第 2 期。

593. 汪庆元:《徽商会票制度考略》,《文献》2000 年第 1 期。

594. 汪庆元:《汪氏典业阄书研究——清代徽商典当业的一个实例》《安徽史学》2003 年第 5 期。

595. 吴敏:《发掘近百年来徽商信札侧记——附录王家瑞、江耀华等商界名人书信十八通》,安徽省徽学学会编:《徽学丛刊》第二辑,2004 年。

596. 周惊涛、李琳琦:《2004 年中国徽学国际学术研讨会综述》,《安徽师范大学学报(人文社会科学版)》2004 年第 6 期。

597. 陈忠平:《明清徽商在江南市镇的活动》,《江淮论坛》1985 年第 5 期。

598. 陈瑞:《制度设计与多维互动:清道光年间徽州振兴科考的一次尝试——以〈绩溪捐助宾兴盘费规定〉为中心的考察》,《安徽史学》2005 年第 5 期。

599.李东侠:《试论徽商的情与理》,安徽省徽学学会编:《徽学丛刊》第6辑,2008年。

600.梁洪生:《吴城商镇及其早期商会》,《中国经济史研究》1995年第1期。

601.(台湾)罗炳锦:《中国典当业的起源和发展》,《食货》1978年第8卷第7期。

602.(台湾)方豪:《乾隆二十六年等赴六合事录》,《食货月刊》1972年复刊第2卷第7期。

603.[日]新宫学:《明末清初苏州常熟县的同业组织与徽州商人》,《江淮论坛》1996年第2期。

五、资料类

604.王钰欣、周绍泉主编:《徽州千年契约文书》,花山文艺出版社1991年版。

605.刘伯山主编:《徽州文书》第一辑,广西师范大学出版社2005年版。

606.刘伯山主编:《徽州文书》第二辑,广西师范大学出版社2006年版。

607.刘伯山主编:《徽州文书》第三辑,广西师范大学出版社2009年版。

608.周向华编:《安徽师范大学馆藏徽州文书》,安徽人民出版社2009年版。

609.陈智超:《明代徽州方氏亲友手札七百通考释》,安徽大学出版社2001年版。

610.安徽省博物馆编:《明清徽州社会经济资料丛编》第一集,中国社会科学出版社1988年版。

611.中国社会科学院历史研究所徽州文契整理组编:《明清徽州社会经济资料丛编》第二辑,中国社会科学出版社1990年版。

612.张传玺编:《中国历代契约会编考释》上、下,北京大学出版社1995

年版。

613. 唐长孺主编:《吐鲁番出土文书》第 1—3 册,文物出版社 1981 年版。

614.《故纸堆》编委会编:《故纸堆》,北京图书馆出版社 2003 年版。

615. 张海鹏、王廷元主编:《明清徽商研究资料选编》,安徽人民出版社 1985 年版。

616. 张正明、薛慧林主编:《明清晋商资料选编》,山西人民出版社 1989 年版。

617. 张正明、科大卫:《明清山西碑刻资料选》第 1 辑,山西人民出版社 2005 年版。

618. 张正明、科大卫、王勇红:《明清山西碑刻资料选》续一,山西古籍出版社 2007 年版。

619. 张正明、科大卫、王勇红:《明清山西碑刻资料选》续二,山西经济出版社 2009 年版。

620. 山西省政协《晋商史料全览》编纂委员会编:《晋商史料全览》(《太原卷》、《大同卷》、《晋中卷》、《临汾卷》、《吕梁卷》、《忻州卷》、《阳泉卷》、《运城卷》),山西人民出版社 2006 年版。

621. 山西省政协《晋商史料全览》编纂委员会编:《晋商史料全览》(《字号卷》、《商镇卷》、《会馆卷》、《金融卷》、《宅院卷》、《家族人物卷》),山西人民出版社 2007 年版。

622. 金陵大学农学院农业经济系调查编纂:《豫鄂皖赣四省之典当业》,金陵大学农业经济系民国三十六年印行。

623. 中国国家图书馆编:《中国古代当铺鉴定秘籍》,北京全国图书馆文献缩微复制中心 2001 年版。

624. 赵金敏:《当铺鉴别珠宝文玩秘诀》,北京燕山出版社 1991 年版。

625. 中国人民银行上海市分行编:《上海钱庄史料》,上海人民出版社 1960 年版。

626. 中国人民银行总行参事室金融史料组编:《中国近代货币史资料》第一辑(1840—1911),中华书局 1964 年版。

627. 江苏省金融志编辑室编:《江苏典当钱庄》,南京大学出版社 1992 年版。

628. 江苏省博物馆编:《江苏省明清以来碑刻资料选集》,三联书店 1959 年版。

629. 苏州博物馆、江苏师范学院历史系、南京大学明清史研究室合编:《明清苏州工商业碑刻集》,江苏人民出版社 1981 年版。

630. 王国平、唐力行主编:《明清以来苏州社会史碑刻集》,苏州大学出版社 1998 年版。

631. 上海博物馆图书资料室编:《上海碑刻资料选辑》,上海人民出版社 1980 年版。

632. 李华编:《明清以来北京工商会馆碑刻选编》,文物出版社 1980 年版。

633. 嘉兴市文化广电新闻出版局编:《嘉兴历代碑刻集》,群言出版社 2007 年版。

634. 包备五编:《齐鲁碑刻》,齐鲁书社 1996 年版。

635. 李文治编:《中国近代农业史资料》第一辑(1840—1911),三联书店 1957 年版。

636. 洪焕椿编:《明清苏州农村经济资料》,江苏古籍出版社 1988 年版。

637. 章开沅、刘望龄、叶万忠主编:《苏州商会档案丛编》第一辑 (1905—1911),华中师范大学出版社 1991 年版。

638. 马敏、祖苏主编:《苏州商会档案丛编》第二辑(1912—1919),华中师范大学出版社 2004 年版。

639. 天津市档案馆、天津社会科学院历史研究所、天津市工商业联合会编:《天津商会档案汇编》(1903—1911),天津人民出版社 1989 年版。

640. 上海市工商业联合会、复旦大学历史系编:《上海总商会组织史资料汇编》,上海古籍出版社 2007 年版。

641.《徽志资料选编》第一辑,安徽省徽州地区地方志办公室 1985 年编印。

642. 曲阜师范学院历史系编:《曲阜孔府档案史料选编》第三编《商业高利贷工食物价》,齐鲁书社 1981 年版。

643. 中国第一历史档案馆编:《清代档案史料丛编》第五辑,中华书局 1980 年版。

644. 中国第一历史档案馆编:《康熙朝汉文朱批奏折汇编》,档案出版社 1985 年版。

645. 中国第一历史档案馆编:《康熙朝满文朱批奏折全译》,中国社会科学出版社 1996 年版。

646. 中国第一历史档案馆编:《雍正朝汉文朱批奏折汇编》,江苏古籍出版社 1991 年版。

647. 中国第一历史档案馆编:《乾隆朝惩办贪污档案选编》全四册,中华书局 1994 年版。

648. 杜家骥编:《清嘉庆朝刑科题本社会史料辑刊》,天津古籍出版社 2008 年版。

649. 赵所生、薛正兴主编:《中国历代书院志》,江苏教育出版社 1995 年版。

650. 李文海、夏明方主编:《中国荒政全书》第一辑,北京古籍出版社 2002 年版。

651. 李文海、夏明方主编:《中国荒政全书》第二辑,北京古籍出版社 2004 年版。

652. 秦国经主编:《清代官员履历档案全编》,华东师范大学出版社 1997 年版。

653. 杨一凡等编:《中国珍稀法律典籍续编》,黑龙江人民出版社 2002 年版。

654. 杨一凡等编:《历代判例判牍》,中国社会科学出版社 2005 年版。

655. 郭成伟、田涛点校:《明清公牍秘本五种》,中国政法大学出版社 1999 年版。

656. 太平天国李氏博物馆编:《太平天国史料丛编简辑》第 6 册,中华书局 1863 年版。

657. 南京大学太平天国研究室编:《江浙豫皖太平天国史料选编》,江苏人民出版社 1983 年版。

658. 中国科学院近代史研究所近代史资料编辑室编:《近代史资料》总30 号,中华书局 1963 年版。

659. 中国社会科学院近代史研究所近代史资料编辑室编:《近代史资料》总 71 号,中国社会科学出版社 1988 年版。

后　记

　　本书是在我的硕博论文基础上修改完成的。1998 年,我利用南京大学历史系所藏徽州文书撰有硕士论文《近代典当票簿研究——以长江中下游地区为重点》;2007 年,在广泛搜集徽州典商文书文献资料基础上撰成博士论文《徽州典商研究》。2011 年年初,本书稿《徽州典商研究》获得国家社科基金后期资助立项。经过半年多的补充与完善,最终完成拙著《明清徽州典商研究》。本书出版之际,谨向曾经为我传道、授业、解惑的各位导师致以崇高的敬意,向给予我关心、帮助、支持的师友表示由衷的感谢。

　　特别感谢我的博士生导师栾成显先生。本书从选题到定稿,凝聚了先生大量心血。先生每次外出,皆留心替我搜集资料;本书定稿后,先生又在百忙中为我润色把关,并不吝题序,使本书生辉不少。多年来,先生和师母给予我无微不至的关心。我曾三上北京,吃住皆在先生家,虽相扰多日,先生反而十分欢喜。南京大学范金民教授是我的硕士生导师,引导我走上学术之路。南京大学陈得芝先生、罗仑教授、夏维中教授和南京农业大学叶依伦教授,给我的硕士论文提出良好建议。安徽师范大学王世华教授、河北大学刘秋根教授,中国社会科学院经济研究所封越健研究员、安徽大学张金铣教授,给我的博士论文诸多指导。台湾中央研究院王汎森先生、台湾东吴大学周敏华博士、安徽省博物馆汪庆元研究员、安徽省社会科学院陈瑞研究员、安徽师范大学刘道胜博士、董家魁博士、安徽大学徽学中心胡中生博士、巢湖学院郑小春博士、黄山学院马勇虎博士和复旦大学博士生刘猛曾为本书惠赐珍稀资料。中国社会科学院历史研究所阿风研究员、南京大学历史系资料室张爱妹副研究馆员、韩文宁副研究馆员为本书资料查阅提供热情帮助。安徽大学张朝胜教授、福建师范大学宋立中博士、江苏省社会科学院胡发贵研究员、江苏教育电视台刘正美先生和南京师范大学储少莹博士在学习和生活上给我诸多关照。江苏省社会科学院王卫星研究员为本书书稿申报国家社科基金后期资助热情推荐。江苏省社会科学院院所领导,在各方面也给予我很多照顾。对诸多先生的关爱,致以深深谢意。

南京大学历史系资料室、南京大学图书馆古籍部、南京图书馆、南京博物院、江苏省社会科学院图书馆、中国社会科学院历史研究所资料室、中国社科院经济研究所经济史资料室、中国国家图书馆、上海图书馆、安徽省图书馆、安徽大学图书馆、安徽大学徽学研究中心资料室、安徽师范大学图书馆、黄山学院图书馆等藏书单位和有关个人,为我学习和查阅资料提供了极大方便。

爱人张叶青正值孕期,对我的无暇照顾给予十分理解和支持。

国家社科基金为本书提供后期资助,省去了我缺乏研究与出版经费的烦恼。国家社科基金后期资助诸位匿名评审专家所提修改建议,切中肯綮,使我受益匪浅。人民出版社王世勇博士的精湛编审,为本书增色不少。

书中错误一定不少,恳请专家学者不吝指正。

王裕明

2011 年于南京

责任编辑:王世勇
封面设计:徐　晖

图书在版编目(CIP)数据

明清徽州典商研究/王裕明 著. —北京:人民出版社,2012.9
ISBN 978－7－01－010767－7

Ⅰ.①明… Ⅱ.①王… Ⅲ.①典当业－经济史－研究－徽州地区－明清时代
　Ⅳ.①F832.38

中国版本图书馆 CIP 数据核字(2012)第 051605 号

明清徽州典商研究
MINGQING HUIZHOU DIANSHANG YANJIU

王裕明　著

人民出版社 出版发行
(100706　北京市东城区隆福寺街 99 号)

涿州市星河印刷有限公司印刷　新华书店经销

2012 年 9 月第 1 版　2012 年 9 月北京第 1 次印刷
开本:710 毫米×1000 毫米 1/16　印张:39
字数:580 千字　印数:0,001~2,000 册

ISBN 978－7－01－010767－7　定价:89.00 元

邮购地址 100706　北京市东城区隆福寺街 99 号
人民东方图书销售中心　电话 (010)65250042　65289539